135 HAUTE-SAVOIE

Du Léman au Mont-Blanc, d'Annecy à Chamonix, la Haute-Savoie est une terre de contrastes aux paysages fascinants. Culture et gourmandise sont aussi présentes.

211 HAUTES-ALPES

De la vallée de la Clarée au lac de Serre-Ponçon, entre Queyras et Parc des Ecrins, les Hautes-Alpes sont la terre authentique des amoureux de la montagne.

247 ISÈRE

Au cœur des Alpes, l'Isère est une terre d'évasion. Autour de Grenoble, Chartreuse, Vercors et Belledonne offrent en toute saison des bulles de bonheur en altitude.

L'Alpe d'Huez. © ULTRAMARINFOTO - ISTOCKPHOTO.COM

...DOBE.COM

319 SAVOIE

Nature, culture et gourmandise, villages et stations, la Savoie multiplie les raisons d'y séjourner. Les plus grands domaines skiables et des plaisirs à partager.

391 ORGANISER SON SÉJOUR

Hiver comme été, il vaut mieux être organisé pour se déplacer et séjourner dans les Alpes. Déplacements, hébergements, informations : préparez bien votre séjour !

La ville d'Annecy. © ROLFST

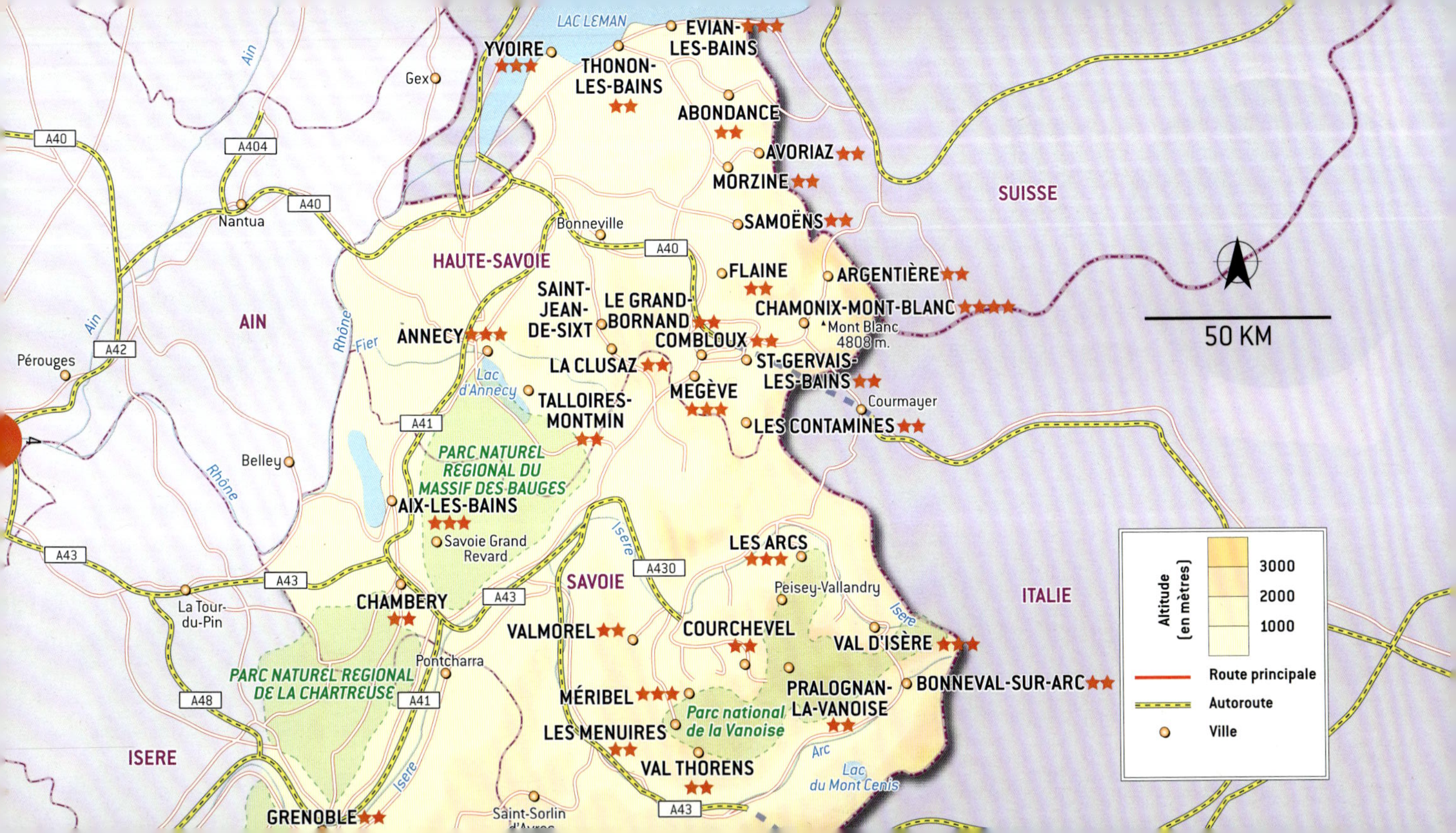
LAC LEMAN
EVIAN-LES-BAINS
YVOIRE
THONON-LES-BAINS
Gex
ABONDANCE
AVORIAZ
MORZINE
SUISSE
SAMOËNS
Bonneville
Nantua
HAUTE-SAVOIE
FLAINE
ARGENTIÈRE
CHAMONIX-MONT-BLANC
Mont Blanc 4808 m.
50 KM
SAINT-JEAN-DE-SIXT
LE GRAND-BORNAND
COMBLOUX
AIN
Ain
Rhône
Fier
ANNECY
Pérouges
LA CLUSAZ
ST-GERVAIS-LES-BAINS
Lac d'Annecy
TALLOIRES-MONTMIN
MEGÈVE
Courmayer
LES CONTAMINES
PARC NATUREL RÉGIONAL DU MASSIF DES BAUGES
Belley
AIX-LES-BAINS
Savoie Grand Revard
Isere
LES ARCS
SAVOIE
Peisey-Vallandry
ITALIE
CHAMBERY
La Tour-du-Pin
VALMOREL
COURCHEVEL
VAL D'ISÈRE
Pontcharra
PARC NATUREL REGIONAL DE LA CHARTREUSE
MÉRIBEL
Parc national de la Vanoise
PRALOGNAN-LA-VANOISE
BONNEVAL-SUR-ARC
LES MENUIRES
VAL THORENS
Arc
Lac du Mont Cenis
ISERE
GRENOBLE
Saint-Sorlin d'Arves
A40
A404
A42
A43
A41
A430
A48
Altitude (en mètres)
3000
2000
1000
Route principale
Autoroute
Ville
4

Alpes

VARIATIONS DE SAISON

Le monde entier nous envie les Alpes. Ce massif transfrontalier offre ses plus beaux paysages dans sa partie française entre les rives du lac Léman et la Méditerranée. De hautes montagnes infranchissables, des paysages sauvages impénétrables qui furent explorés au fil des siècles par des hommes téméraires, avant d'être assaillis par les touristes à la recherche d'air pur et de sensations sur les pentes blanchies par la neige. Les Alpes doivent largement leur notoriété à la pratique du ski et les plus grandes stations, les plus beaux domaines se trouvent ici. Mais depuis que le climat change et davantage depuis la crise énergétique, les Alpes et des stations devenues quatre saisons inventent un tourisme de plus en plus responsable et durable. Immense territoire de nature préservée – trois parcs nationaux et cinq parcs régionaux –, les Alpes multiplient les offres en toutes saisons : randonnée à pied ou en raquettes, VTT musculaire ou électrique, parapente, rafting… sans oublier les bienfaits des eaux thermales. Autre bonheur des Alpes, une gastronomie qui varie de vallée en vallée, même si les spécialités fromagères restent incontournables dans tout le massif. Des grandes tables étoilées, une vingtaine, aux auberges perdues dans les alpages, les chefs cuisinent des produits régionaux. Ce guide vous propose tout cela : sites d'exception, loisirs en toutes saisons et nos meilleures adresses pour bien manger et dormir. À vous de varier les plaisirs en découvrant les Alpes avec *Le Petit Futé*.

Retrouvez cette offre en page 70

SOMMAIRE

Randonnée dans le parc national du Mercantour. © TOMFRY - STOCK.ADOBE.COM

Marmotte. © LEGNA69 - ISTOCKPHOTO.COM

6 INSPIRER

Prendre une belle inspiration en suivant le guide pour se retrouver à destination aux meilleurs moments, aux meilleurs endroits, aux meilleures adresses des Alpes.

29 DÉCOUVRIR

Les Alpes, c'est toute une histoire qui va de massifs en vallées, de lacs en sommets, de villes en stations. Découverte d'une région où les cultures se mêlent.

71 ALPES-DE-HAUTE-PROVENCE

Du Verdon au lac de Serre-Ponçon en passant par les géosites spectaculaires, les Alpes-de-Haute-Provence offrent grands espaces et petits coins de paradis.

103 ALPES-MARITIMES

La destination la plus au sud des Alpes. Haut-Var, Verdon, Cians, Ubaye, Tinée, Vésubie, Roya et Bévéra, c'est le pays des Vallées et du Parc du Mercantour.

Edelweiss. © CORRADOBARATTAPHOTOS - ISTOCKPHOTO.COM

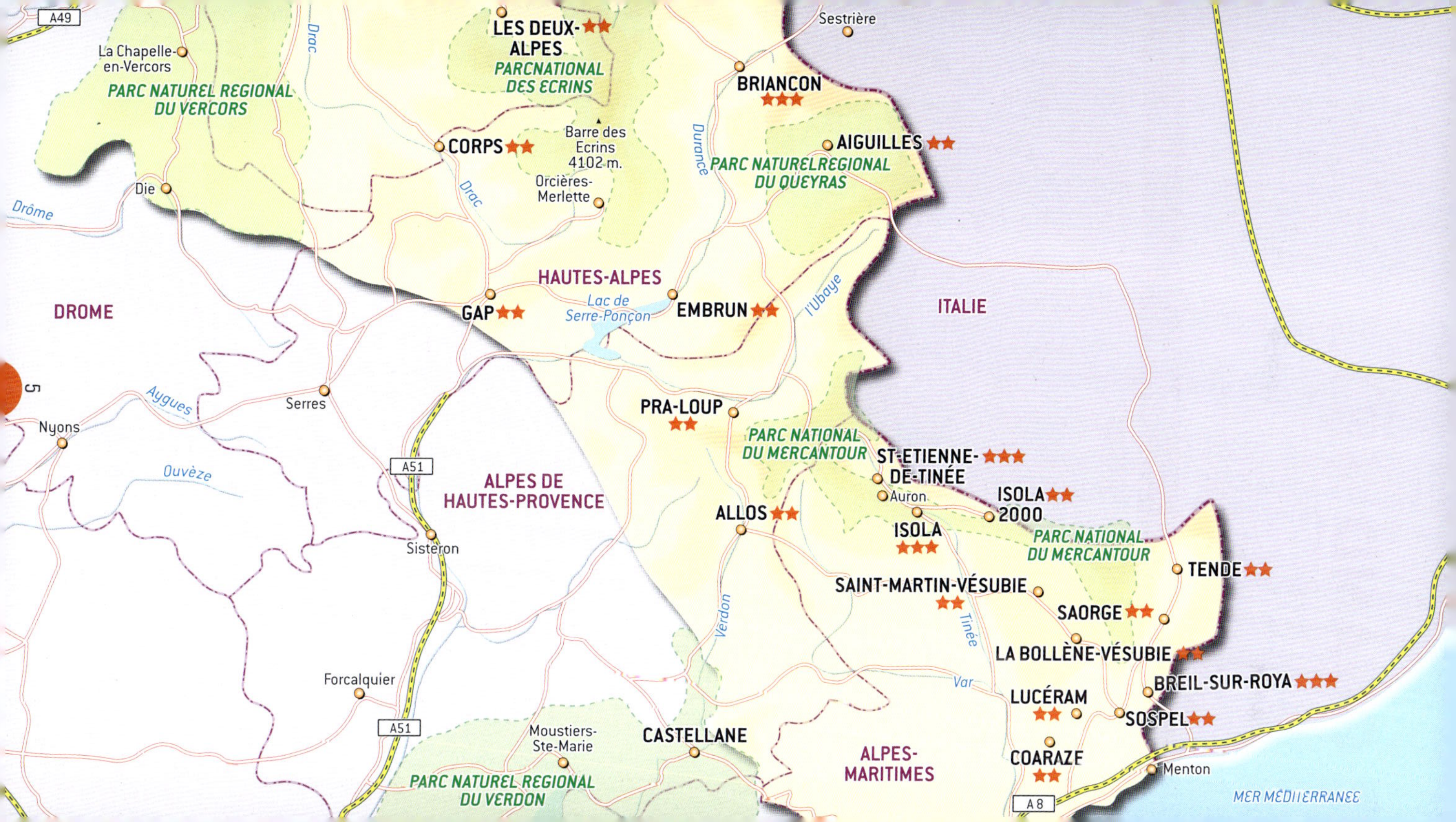

A49
La Chapelle-en-Vercors
PARC NATUREL REGIONAL DU VERCORS
Die
Drôme
Drac
LES DEUX-ALPES ★★
PARCNATIONAL DES ECRINS
CORPS ★★
Barre des Ecrins 4102 m.
Orcières-Merlette
BRIANCON ★★★
Sestrière
AIGUILLES ★★
Durance
PARC NATURELREGIONAL DU QUEYRAS
DROME
HAUTES-ALPES
GAP ★★
Lac de Serre-Ponçon
EMBRUN ★★
l'Ubaye
ITALIE
Aygues
Serres
Nyons
Ouvèze
A51
ALPES DE HAUTES-PROVENCE
PRA-LOUP ★★
PARC NATIONAL DU MERCANTOUR
ST-ETIENNE-DE-TINÉE ★★★
Auron
ISOLA 2000 ★★
ALLOS ★★
ISOLA ★★★
Sisteron
PARC NATIONAL DU MERCANTOUR
TENDE ★★
SAINT-MARTIN-VÉSUBIE ★★
SAORGE ★★
Verdon
Tinée
LA BOLLÈNE-VÉSUBIE ★★
Forcalquier
Var
LUCÉRAM ★★
BREIL-SUR-ROYA ★★★
SOSPEL ★★
A51
Moustiers-Ste-Marie
CASTELLANE
PARC NATUREL REGIONAL DU VERDON
ALPES-MARITIMES
COARAZE ★★
Menton
A8
MER MÉDITERRANÉE

QUAND
Y ALLER

JANVIER

GRENOBLE

-1° / 7°

GAP

-2° / 8°

LA GRANDE ODYSSÉE SAVOIE MONT-BLANC
(VAL-CENIS)

© VENTDUSUD - ISTOCKPHOTO.COM

La plus grande et la plus belle des courses de chiens de traîneau qui traverse les montagnes de Savoie et Haute-Savoie.

FOULÉE BLANCHE
(AUTRANS-MÉAUDRE EN VERCORS)
Incontournable rendez-vous des skieurs nordiques, la Foulée Blanche reviendra plus forte avec des milliers de participants.

$ $

FÉVRIER

GRENOBLE

-1° / 9°

GAP

-2° / 9°

CHAMPIONNATS DU MONDE DE SKI ALPIN
(COURCHEVEL)
Plus grande compétition de ski réunissant 6 disciplines de ski alpin qui se déroulera sur les pistes de Courchevel et Méribel.

$ $

MARS

GRENOBLE

3° / 15°

GAP

1° / 14°

PIERRA MENTA
(BEAUFORT)
L'épreuve reine du ski alpinisme. Et si vous n'êtes pas un athlète, soyez spectateur de cette course de légende au sommet.

$ $

Avant, le tourisme dans les Alpes c'était l'hiver pour skier. Puis ce fut l'été pour randonner, respirer et profiter de températures bien plus fraîches qu'en ville. Maintenant, les Alpes, c'est toute l'année ! Il n'y a pas vraiment de saison pour être bien dans les Alpes. Bien avoir en tête tout de même que la saison de ski a tendance à raccourcir pour battre son plein de fin décembre jusqu'au mois d'avril selon l'altitude. Les cols sont alors dégagés pour pratiquer le vélo !

AVRIL

GRENOBLE

7° / 20°

GAP

4° / 16°

SARENNE SNOW BIKE
(ALPE D'HUEZ)

A la fin de la saison hivernale, les 16 km de la mythique piste de la Sarenne à l'Alpe d'Huez se descendent aussi en VTT.

MAI

GRENOBLE

10° / 23°

GAP

8° / 21°

MUSÉES EN FÊTE
(GRENOBLE)

© PIERRE JEAN DURIEU - SHUTTERSTOCK.COM

Les Alpes c'est aussi de la culture avec les 11 musées départementaux de l'Isère, gratuits toute l'année, qui font la fête en mai.

JUIN

GRENOBLE

14° / 27°

GAP

11° / 25°

FESTIVAL DU FILM D'ANIMATION D'ANNECY
(ANNECY)

Annecy, une des plus belles villes des Alpes, est une ville de festivals. Le plus incontournable est consacré au film d'animation.

QUAND Y ALLER

JUILLET

GRENOBLE

15° / 29°

GAP

13° / 28°

FESTIVAL DES ENFANTS DU JAZZ
(BARCELONNETTE)
Sous le ciel bleu et les étoiles de Barcelonnette, les Enfants du Jazz est l'un des nombreux festivals de jazz des Alpes.

MUSILAC
(AIX-LES-BAINS)
Sur les rives du lac du Bourget, la musique ne suspend pas son vol en été. 4 jours pour l'un des plus grands festivals de rock.

AOÛT

GRENOBLE

14° / 28°

GAP

13° / 28°

FÊTE DU LAC
(ANNECY)

© AIMERIC - SHUTTERSTOCK.COM

Un des plus grands spectacles pyrotechniques d'Europe avec pour cadre le majestueux lac d'Annecy. Fabuleuse soirée à partager.

LES FÊTES LATINO-MEXICAINES
(BARCELONNETTE)
Une des fêtes les plus surprenantes et des plus colorées des Alpes qui s'ouvrent vers d'autres cultures. Rencontres mexicaines.

SEPTEMBRE

GRENOBLE

12° / 24°

GAP

10° / 23°

COUPE ICARE
(GRENOBLE)
La fête du vol libre. Envol depuis le plateau des Petites Roches au-dessus de la vallée du Grésivaudan. Spectacle fantastique.

OCTOBRE

GRENOBLE

7° / 19°

GAP

6° / 18°

DESCENTE DES ALPAGES
(GRENOBLE)
Plusieurs grandes villes des Alpes organisent un « Retour des alpages » à l'automne, notamment Grenoble dans un quartier gourmand.

RETOUR DES ALPAGES
(ANNECY)
Annecy aussi voit ses rues envahies par les troupeaux pour le plus grand bonheur des visiteurs. Une fête authentique et conviviale.

$

NOVEMBRE

GRENOBLE

2° / 12°

GAP

1° / 12°

FESTIVAL INTERNATIONAL DU FILM DE MONTAGNE
(AUTRANS-MÉAUDRE EN VERCORS)
Le seul festival du genre en France. Pour voir toutes les pratiques de montagne sur grand écran à Autrans-Méaudre-en-Vercors.

$

DÉCEMBRE

GRENOBLE

-1° / 7°

GAP

-2° / 8°

RISE FESTIVAL
(LES DEUX-ALPES)
Le festival hivernal de la station des 2 Alpes pour danser sur les pistes, les pieds dans la neige, la tête dans les étoiles.

$ $

LES BONNES RAISONS D'Y ALLER

© ELISALOCCI - ISTOCKPHOTO.COM

CHAMONIX MONT-BLANC AU SOMMET

Chamonix, capitale de l'alpinisme, au pied du mont Blanc, le plus haut sommet d'Europe.

VILLES D'ART ET D'HISTOIRE

Annecy, Grenoble, Aix-les-Bains, Albertville, Chambéry, Briançon : un patrimoine remarquable.

© FRANCESCO BONINO - SHUTTERSTOCK.COM

© PRANEE MANKIT - ISTOCKPHOTO.COM

SE RAFRAÎCHIR LES IDÉES

Léman, Annecy, Bourget, Serre-Ponçon... Les plus beaux lacs français sont dans les Alpes.

VILLAGES DE MONTAGNE

De Bonneval-sur-Arc à Saint-Véran, les Alpes abritent des villages de carte postale.

PARCS NATIONAUX GRANDEUR NATURE

Vie sauvage et biodiversité préservée dans trois parcs nationaux : Vanoise, Ecrins, Mercantour.

GLISSER AU PARADIS BLANC

Du plus grand domaine de ski du monde, Les 3 Vallées, aux petites stations familiales.

STATIONS POUR TOUTES LES SAISONS

Les Alpes, c'est toute l'année. Les stations multiplient les activités pour toutes les saisons.

LES BONNES RAISONS D'Y ALLER

PLEIN AIR

Randonner, courir, pédaler, voler... Les Alpes offrent le plus grand terrain de sport.

SE FORTIFIER

Bastille de Grenoble ou forteresse Vauban de Briançon, elles défendent les Alpes.

PRENDRE SOIN DE SOI

Tous les bienfaits des eaux des Alpes dans les nombreuses stations thermales.

LES 12 MOTS-CLÉS

#ALPAGES

Les alpages comptent parmi les plus beaux paysages de nos montagnes. Parcourus par les randonneurs et vététistes, ces pâturages d'altitude à l'herbe verte et abondante sont des lieux de travail pour les bergers et paysans locaux. Leurs troupeaux entretiennent naturellement ces espaces. C'est pourquoi il faut veiller à respecter leur tranquillité.

© VENTDUSUD

#FROMAGES

Les fromages de montagne sont les vedettes gourmandes des Alpes. Elaborés selon des recettes ancestrales, les fromages divisent nos montagnes. Au nord, de nombreux fromages de vache à cuisiner en fondue ou à manger cru : Reblochon de Savoie, Abondance, Beaufort, Tome des Bauges ou Bleu du Vercors. Au sud, Tomme du Champsaur et fromages de chèvre.

© PHOTOSIMYSIA - ISTOCKPHOTO.COM

#COLS

Dans les Alpes, il faut grimper un col. Lieu stratégique lors des conflits avec l'Italie, les cols sont devenus « mythiques » avec les passages d'Hannibal ou, plus récemment, du Tour de France cycliste. Le plus haut col routier est celui de l'Iseran (2 764 m). Le Galibier, l'Izoard, la Croix de Fer sont des défis à relever pour les cyclistes.

© MICHEL PERES - ISTOCKPHOTO.COM

#DOMAINES

Dans les Alpes, les domaines sont skiables. C'est une spécialité française que ces immenses domaines reliés, offrant aux skieurs des centaines de kilomètres de pistes. On compte 16 domaines skiables, dont plusieurs transfrontaliers avec la Suisse ou l'Italie, et le plus grand domaine skiable au monde, avec 600 km de pistes : les 3 Vallées.

#GLACIERS

Ils sont les témoins vivants – pour combien de temps ? – du réchauffement climatique. Les glaciers des Alpes souffrent, à commencer par le plus célèbre d'entre eux : la Mer de Glace à Chamonix Mont-Blanc. Le glacier des Deux-Alpes en Isère reste le plus grand glacier skiable d'Europe pour le ski d'été avec les glaciers des Ecrins au premier plan.

#GLISSES

Qui dit Alpes dit glisses. A diviser entre « glisses traditionnelles » – ski alpin et ski nordique – et « nouvelles glisses » – snowboard, snake, yonner... le véloski, le snowtubing, le kitesnow ou le Bun J'Ride. Des glisses, traditionnelles et nouvelles, qui se pratiquent dans des espaces aménagés ou en version « freeride » avec tous les risques.

#JEUX

Terrain de jeux pour les sportifs, les Alpes sont aussi le berceau des Jeux olympiques d'hiver qui ont laissé de nombreuses traces – infrastructures routières, sportives et quartiers d'habitation – sur le territoire. En 1924, Chamonix fut la toute première ville à accueillir les JO d'hiver, suivie par Grenoble en 1968 et Albertville en 1992.

#MARMOTTE

Petit animal trop mignon avec sa fourrure se dorant au soleil, élément vivant du paysage de carte postale, la marmotte est devenue l'un des emblèmes des Alpes (avec le chamois et le bouquetin). Longtemps considérée comme un animal à chasser, elle est aujourd'hui un acteur essentiel du rapprochement de l'homme et de son environnement naturel.

© RUDI GOBBO - ISTOCKPHOTO.COM

#RANDO

Il n'y a pas que le ski dans la vie (et dans les Alpes). L'activité la plus pratiquée, parce qu'elle ne demande que très peu d'équipement et ne coûte quasiment rien (sauf quelques efforts), c'est la randonnée. Du Sentier de grande randonnée, comme le fameux TMB (Tour du Mont-Blanc), au chemin montant à l'alpage, toutes les randonnées sont belles.

#RÉSISTANCE

Difficiles d'accès, terres d'hommes libres, les Alpes ont abrité d'importants foyers de résistance pendant la Seconde Guerre mondiale. Parmi les maquis les plus célèbres, ceux du Vercors et du Plateau des Glières ont réuni de nombreux combattants originaires de la région et de toute la France. Des maquis héroïques qui connurent des fins tragiques.

#PIERRES

Sous la neige et les alpages, les pierres. Les Alpes sont une mine inépuisable pour trouver les plus belles pierres, les minéraux les plus rares. Les cristaux de roche des Alpes étaient convoités bien avant l'Antiquité. Le cuivre, le plomb, le fer, l'argent, mais aussi les quartz et autres cristaux sont les trésors cachés des montagnes alpines.

#THERMALISME

Dans les Alpes, les stations ne sont pas que « d'hiver », elles sont aussi « thermales ». Les eaux des Alpes, sources sulfureuses, sont enrichies de sels minéraux et oligo-éléments des montagnes. Allevard, Aix, Brides, Challes, Divonne, Evian, La Léchère, Saint-Gervais, Thonon, Uriage… Des villes auxquelles on adjoint le complément « les Bains ».

VOUS ÊTES D'ICI, SI…

- **Vous avez des pneus hiver sur jantes dans votre garage** (pour rappel, les pneus hiver sont obligatoires depuis le 01/11/2021 en zone montagneuse) et vous savez rouler en toutes saisons sur les routes de montagne.
- **Vous avez au moins des skis** ou un snow et des bâtons et des chaussures de randonnée dans votre garage (ou ailleurs).
- **Vous avez un forfait à l'année…** et vous skiez hors période de vacances scolaires.
- **Dès le lundi, vous vous demandez quelle balade vous ferez** ou quel sommet vous viserez le week-end prochain.
- **Vous connaissez le nom des montagnes** visibles depuis votre fenêtre.
- **Les termes ubac et adret** vous parlent encore.
- **Vous passez plus de temps sur les sentiers que dans les boutiques**, exceptées Décathlon, Le Vieux Campeur, Sport 2000…
- **Vous tenez une recette de votre grand-mère** de (au choix) : beignets de pommes de terre, farcement, gratins, tourtons, tarte aux myrtilles…
- **Votre cave contient au moins un digestif** à base de plantes des Alpes (génépi, sapin, chartreuse…).

MES ALPES

Anthony Serex, auteur du guide

Interview

Basé en Auvergne-Rhône-Alpes, auteur des guides pour le *Petit Futé* Annecy, Grenoble, Savoie-Mont-Blanc et Alpes, Anthony Serex parcourt les Alpes du nord au sud depuis plus de 25 ans. Passionné de randonnée, de ski alpin et nordique, il aime découvrir les nouvelles activités proposées par les stations. Gourmand, il aime aussi partager ses bonnes tables et les adresses des producteurs.

TOP 10

SE RESTAURER

Se restaurer dans les Alpes, ça peut vite partir au cliché autour d'une raclette, d'une tartiflette ou d'une fondue au feu de bois dans un chalet d'alpage. Des auberges d'altitude avec vue sur les montagnes aux petites adresses paysannes de nos vallées, la gastronomie des Alpes est avant tout populaire, faite simplement de bons produits du pays. Mais avec une vingtaine de tables étoilées, dont 4 triple macaron, les Alpes abritent aussi de grands chefs inspirés par ces bons produits. Ce top est un florilège gourmand des meilleures adresses dans toutes les catégories. Régalez-vous !

16ÂME

Le Monêtier-les-Bains
Restaurant bistronomique du chef Julien Momon. Créations originales à partir de produits frais surtout d'ici et un peu d'ailleurs.

L'ARAIGNÉE GOURMANDE

Laragne-Montéglin
Une Araignée gourmande qui ne cesse de grimper pour se classer parmi les meilleures tables des Hautes-Alpes. Cuisine sincère.

L'ÔTREMENT

SCIEZ
Le chef Cédric Plassat cuisine avec talent des poissons pêchés uniquement dans le lac Léman, à deux encablures de son restaurant.

LE CAP HORN

Chamonix-Mont-Blanc
Voyage gourmand à Chamonix avec une cuisine mariant terre et mer, ainsi qu'une carte de sushis. Cap Horn qui tutoie les sommets.

EN PHOTO

274

MAISON ARIBERT

Uriage-les-Bains
Fusion gourmande entre gastronomie et environnement dans la cuisine du chef Christophe Aribert. Maison actuelle et durable.

333

CHATEAU BRACHET

Grésy-sur-Aix
Dans un château entièrement rénové, le chef Nicolas Roux ouvre sa table gastronomique en sublimant les produits du terroir.

264

LE FANTIN LATOUR

Grenoble
En plein cœur de Grenoble, la cuisine du chef Stéphane Froidevaux nous emmène en pleine nature. Cadre hors-norme, table étoilée

102

LA TABLE RONDE

Colmars
Parce qu'une « petite table », labellisée Pays Gourmand, nous offre aussi de grands plaisirs gourmands au cœur de Colmars.

335

LE BELVÉDÈRE

Entrelacs
Cadre époustouflant avec vue imprenable sur le lac du Bourget. Cuisine de qualité à partir de produits régionaux de saison.

110

AUBERGE QUINTESSENCE

Roubion
Dans un environnement préservé de montagne, une superbe auberge tenue par le chef Christophe Billau. Cuisine qui tutoie les sommets.

TOP 10

SE LOGER

Du refuge de haute montagne au palace des bords de lac, de l'hôtel familial en station au gîte de village, les Alpes offrent une incroyable mosaïque d'hébergements tous plus tentants les uns que les autres. Ce top 10 de nos meilleures adresses pour se loger mélange les genres, du chalet-hôtel chaleureux au village d'apparts-hôtels de charme en passant par des chambres d'hôtes confortables ou un incroyable hôtel mexicain. Chaque destination propose un hébergement différent, mais avec la même qualité d'accueil et du service rendu par des passionnés du terroir alpin.

© LES BULLES DE SAVOIE

LES BULLES DE SAVOIE

Billième
Des bulles de bonheur, un hébergement insolite pour avoir un ciel de lit grandeur nature, en véritable harmonie avec les éléments.

© BLANC STEPHANE

CHALET HOTEL LES AIRELLES***

Pralognan-la-Vanoise
Dans un petit paradis de nature au cœur de la Vanoise, les Airelles offrent tous les bonheurs des Alpes sans se ruiner.

CHALET-HÔTEL CRYCHAR****

Les Gets
Le Chalet-Hôtel qui comblera tous vos désirs. Accueil adorable, service au top par des passionnés de l'hôtellerie-restauration.

© XAVIER FERRAND

CHALET MOUNIER****

Les Deux-Alpes
Premier hôtel des Deux Alpes, toujours tenu par la même famille, le Chalet Mounier est devenu l'un des plus beaux hôtels des Alpes.

© MOJOCOM

EN PHOTO

HÔTEL LA FERME DE L'IZOARD****

218

Arvieux

Une ferme du Queyras rénovée où la tradition se marie au meilleur de la modernité pour des prestations accessibles à tous.

CHÂTEAU ET SPA DE LA COMMANDERIE***

260

Grenoble

Pour séjourner dans un château avec piscine chauffée, non loin du centre-ville de la capitale des Alpes, au cœur des montagnes.

HÔTEL AZTECA***

76

Barcelonnette

Sans doute l'hôtel le plus atypique des Alpes, puisqu'il rend hommage aux liens qui unissent Barcelonnette et le Mexique.

LE FER À CHEVAL*****

179

Megève

L'hôtel de la famille Sibuet a traversé les époques pour devenir un hôtel 5 étoiles qui n'a rien perdu de son authenticité.

LE GREEN ÉCOLODGE****

108

La Colmiane

Un hébergement écologique et responsable, une véritable audace dans les alpages. Ecolodge naturel aux portes du Mercantour.

PANORAMIC VILLAGE***

242

La Grave

Location saisonnière de charme dans un cadre exceptionnel, face à la Meije, proposant chambres, appartements et chalets.

TOP 10

ACTIVITÉS

Sur terre, sur l'eau, dans les airs, sur la neige, dans les arbres... Les Alpes offrent le plus grand, le plus beau, le plus sauvage des terrains pour pratiquer tellement d'activités qu'il est difficile de toutes les nommer sans en oublier ! Dans ce Petit Futé, des randonnées pour tout le monde, y compris pour les personnes en situation de handicap, et des pistes de ski pour tous les niveaux. Parmi les activités phare de nos montagnes, le VTT, le parapente, le rafting... mais aussi le stand-up paddle ou la pêche dans les eaux calmes des lacs alpins. Ré-activez-vous dans les Alpes !

TÉLÉPHÉRIQUE GRENOBLE-BASTILLE

Grenoble
Les « bulles » de Grenoble, plus célèbre téléphérique de France, vous emmènent vers de nombreuses activités au fort de la Bastille.

ESCAPE GAME DES GROTTES DE SAINT-CHRISTOPHE

Saint-Christophe
Concilier la visite de deux grottes fantastiques avec d'autres activités, dont un « spectacle à énigmes » dans un décor magique.

GROTTE DE CHORANCHE

Choranche
Le spectacle naturel d'une grotte fantastique sublimé par une mise en scène et des jeux de lumière extraordinaires. Incroyable !

VIA FERRATA DU ROC DU VENT

Beaufort
Une superbe via ferrata avec de nombreuses activités sur le parcours. Vue panoramique sur les lacs de Roselend et de la Gittaz.

©FABIEN THIBAULT

EN PHOTO

119

VESUBIA MOUNTAIN PARK

Saint-Martin-Vésubie
Un lieu unique qui réunit sur un même site de nombreuses activités indoor et outdoor de montagne. Espace aquatique en plus.

246

DIABOLO GYR

Vallouise-Pelvoux
Rivières, torrents et canyons des Alpes offrent le plus beau des terrains de jeu pour les sports d'eau vive. Fun et fraîcheur.

191

ÉCOLE DE PARAPENTE LES CHOUCAS

Mieussy
A Mieussy, où est née la pratique du parapente en France, une école réputée pour voler et apprendre à voler en toute sécurité.

357

PISTE OLYMPIQUE DE BOBSLEIGH

La Plagne Tarentaise
L'unique piste de bobsleigh de France est ouverte à tous pour une descente elle aussi unique ! Sensations fortes garanties.

204

FANTASTICABLE

Châtel
I believe I can fly ! Une incroyable sensation de vol sur près de 2,5 km au-dessus de la station de Châtel. En solo ou en duo.

SENTIER DU LAUZANIER

Val d'Oronaye
Pour que la première activité pratiquée dans les Alpes, la randonnée dans un superbe vallon, soit accessible à tous les publics.

IDÉES DE SÉJOUR

La pluralité des Alpes vaut aussi pour les idées de séjour, avec autant de séjours possibles que de voyageurs. Que vous ayez décidé de suivre une thématique, comme nous avec les lacs, le vélo ou le vin, ou bien de découvrir un massif alpin, tout devient possible en parcourant notre guide. D'un séjour bien-être dans une des nombreuses stations thermales à un séjour sports extrêmes dans une station d'altitude, les Alpes offrent une incroyable palette de séjours pour tous les publics. D'ailleurs, pour trouver des séjours à la mesure de votre tribu, les stations des Alpes disposent de labels spécifiques : Famille Plus pour les stations familiales ; Nordic France pour les sites nordiques ; Top of The French Alps pour les grandes stations plutôt haut de gamme ; Tourisme et Handicap pour des stations tous publics ; Plus beaux village de France ; Station Verte pour séjourner aussi en été avec de nombreuses activités… Bon séjour personnalisé !

D'UN LAC À L'AUTRE À TRAVERS LES ALPES

Parcourir les Alpes d'un point à l'autre, c'est possible en suivant cet itinéraire estival proposé par le Petit Futé. Parce qu'il est difficile de passer d'une station de ski à une autre, encore plus en saison hivernale, la meilleure thématique à notre avis pour sillonner tout le massif alpin, c'est de séjourner aux bords des lacs et de profiter de leurs attraits.

› Jour 1 - Les bords du lac Léman

Selon une logique géographique facilement modifiable (on peut aussi partir du sud pour remonter dans le sens inverse), notre séjour commence au nord des Alpes au bord du lac Léman. Véritable petite mer intérieure entre la France et la Suisse, le lac Léman offre un patrimoine architectural et naturel exceptionnel. Du village médiéval d'**Yvoire** ★★★ (p.192) aux sources thermales d'**Évian-les-Bains** ★★★ (p.199) et **Thonon-les-Bains** ★★ (p.196), en passant par les berges du lac et les montagnes des Alpes du Léman toutes proches, il est facile de varier les plaisirs. Navigation sur le lac, déjeuner de filets de perche du Léman et soirée au casino. Nuit au Château de Coudrée à Sciez-sur-Léman.

› Jour 2 - Les bords du lac d'Annecy

Direction **Annecy** ★★★ (p.140) et son célèbre lac à l'eau tellement pure – l'une des plus pures d'Europe – qu'elle en est presque transparente. Visite de la vieille ville et du château, photos devant le Palais de l'Isle baigné par les eaux du Thiou. Il faut flâner sur le Pâquier, les Jardins de l'Europe et s'arrêter sur le Pont des Amours. Petit tour en bateau à pédales, en paddle ou en bateau croisière avec arrêt dans les différents villages qui bordent le lac. Les plages permettent de faire une pause détente et les nombreux restaurants vous invitent en terrasse. C'est aussi l'occasion de visiter la fonderie des célèbres cloches Paccard et/ou de monter vers le sommet de la Tournette pour voler en parapente. Nuit à **Annecy** ★★★ (p.140).

© MAX LABEILLE - ISTOCKPHOTO.COM

Le port de Thonon-les-Bains et le lac Léman.

© CONTEMPLATIONS - STOCK.ADOBE.COM

Le lac du Bourget.

› Jour 3 - Les bords du lac du Bourget

L'étape du jour n'est pas la plus longue, puisque moins de 40 km séparent le lac d'Annecy du lac du Bourget. Un lac qui offre une configuration très différente, puisqu'il est difficile d'en faire le tour complet en voiture. Sur la rive ouest, quelques beaux belvédères (dont un abrite un restaurant gourmand), pour admirer le paysage. Sur cette même rive, l'abbaye de Hautecombe est un joyau d'architecture. Les plages et accès au lac se situent sur l'autre rive, côté **Aix-les-Bains** ★★★ (p.330). La belle ville thermale étale ses charmes jusqu'à son port avec de nombreuses terrasses de restaurant. Tour en voilier sur les eaux du lac du Bourget. Nuit à **Aix-les-Bains** ★★★ (p.330), ville animée en soirée.

› Jour 4 - Des lacs entre Savoie et Isère

Journée intermédiaire pour passer des Alpes du Nord aux Alpes du Sud en douceur. Passage par **Chambéry** ★★ (p.324) avec un détour par le lac d'Aiguebelette, plus petit, mais très beau (et très fréquenté en été), puis descente vers **Grenoble** ★★ (p.252), avant d'emprunter la fameuse route Napoléon. Plusieurs lacs sur le parcours avec le lac de Laffrey, le lac de Pétichet, le lac de Pierre-Châtel, mais surtout le lac du Sautet entre l'Isère et les Hautes-Alpes. Panorama exceptionnel et nombreuses activités à la base nautique. Nuit à **Corps** ★★ (p.276).

› Jour 5 - Les bords du lac du Serre-Ponçon

En passant par **Gap** ★★ (p.236), direction le lac de Serre-Ponçon. Les plus matinaux auront eu la chance d'assister à un merveilleux lever de soleil sur ce lac très étendu entre les Hautes-Alpes et les Alpes-de-Haute-Provence. Au Muséoscope du lac de Rousset, c'est l'occasion d'en apprendre plus sur la création du plus grand barrage d'Europe et sur ce lac qui recouvre plusieurs villages. À **Embrun** ★★ (p.232), en plus de la plage, possibilité de pratiquer de nombreuses activités nautiques. Nuit à **Barcelonnette** ★ (p.75).

› Jour 6 - Les bords du lac de Castillon

C'est la fin du séjour avec une dernière escapade dans les Alpes-de-Haute-Provence vers le lac le moins connu – mais pas le moins beau – de ce parcours : le lac de Castillon. Ciel bleu et plages sauvages entre les montagnes. Pas sûr que vous ayez envie de continuer jusqu'aux rivages de la Méditerranée tant les Alpes sont belles.

LES PLUS BEAUX COLS DES ALPES À VÉLO

L'arrivée du vélo électrique a changé notre rapport aux ascensions dans les Alpes. Pour traverser l'intégralité des Alpes françaises, vous pouvez vous référer à Route des Grandes Alpes® qui a découpé l'itinéraire en 26 étapes d'environ 50 km avec un dénivelé positif total de 18 000 m ! Voici un « enchainement » de quelques grands classiques et de cols moins connus du nord au sud.

› Jour 1

En Haute-Savoie, départ de Bonneville au bord de l'Arve. Première montée originale pour se mettre en jambe avec le col de Solaison en direction du plateau de Brison. Une pente régulière à 10 % pouvant atteindre 14 %. Descente par le Mont-Saxonnex. Avant d'arriver à **Cluses** (p.182), repartir vers les sommets par la mythique route du Reposoir… qui n'a rien de reposant ! En route vers votre premier grand col du Tour de France, le col de la Colombière. Une petite grimpette de 1 100 m de dénivelé à 6,8 % de moyenne. Attention à ne pas vous mettre dans le rouge sur la fin, partie la plus difficile. Nuit au **Grand-Bornand** ★★ (p.163) ou à **La Clusaz** ★★ (p.161).

› Jour 2

Départ de la station de **La Clusaz** ★★ (p.161) vers celle de La Giettaz par le col des Aravis qui est une mise en jambe idéale. Passage à **Flumet** (p.345) et c'est reparti pour 15 km de montée en direction du col des Saisies. Avec une pente moyenne d'environ 5 %, il vous amène dans la magnifique région du Beaufortain. Si vous vous sentez fort ou que vos batteries ne sont pas encore déchargées, le Cormet de Roselend vous tend les bras. Un véritable petit paradis, mais un petit enfer aussi de 20 km à 6 % de moyenne depuis **Beaufort** ★ (p.343). Nuit à **Albertville** ★ (p.347).

© FONT83 - ISTOCKPHOTO.COM

Le Col d'Izoard.

› Jour 3

Depuis **Albertville** ★ (p.347), les cyclistes longent la rive droite de l'Isère vers **Moûtiers** (p.349) dans la vallée de la Tarentaise. Pour rejoindre la vallée de la Maurienne, passage par un « hors catégorie » du Tour de France : le Col de la Madeleine. 26 km d'une ascension irrégulière qui casse les pattes avec des passages à 10 %. Les plus aventuriers sont partis très tôt pour faire le tour par l'incroyable Col de l'Iseran, plus haut col routier des Alpes à 2 764 m d'altitude. Près de 50 km d'ascension pour un col de légende réservé aux mieux préparés. Repos des guerriers à **Saint-Jean-de-Maurienne** (p.372).

› Jour 4

Journée la plus difficile ! Depuis **Saint-Jean-de-Maurienne** (p.372), deux routes s'ouvrent à vous. À l'ouest, celle des 21 virages mythiques de l'**Alpe d'Huez** ★★★ (p.284) par le col de la Croix de Fer. Sachant qu'il vous faudra encore grimper la Sarenne, puis le Lautaret avant de basculer vers **Briançon** ★★★ (p.224). L'autre option n'est pas moins dure, puisqu'elle vous fait enchaîner le Col du Télégraphe, petit marchepied, et le légendaire Col du Galibier et son dernier « mur » à 9,5 %, frontière naturelle entre les Alpes du nord et les Alpes du sud. Descente et nuit à Briançon.

› Jour 5

Dernier jour de route (mais vous pourrez prolonger avec plaisir vers le terrible Col de Vas ou la cime de la Bonnette) avec un autre « grand » des Alpes, le Col d'Izoard et sa fameuse Casse Déserte. Encore près de 20 km d'ascension qui commencent « doucement » sur la première moitié pour devenir dantesques en seconde partie, toujours au-dessus des 7,5 % de dénivelé. Passage ou fin de parcours à **Guillestre** ★ (p.216) ? Tirez plutôt jusqu'à **Embrun** ★★ (p.232) pour vous détendre les jambes au bord du lac de Serre-Ponçon... À moins que vous ne décidiez de repartir vers **Barcelonnette** ★ (p.75) !

VIGNOBLES DES ALPES, L'ŒNOTOURISME AUTREMENT

Dans la riche région AURA, quand on pense œnotourisme, on se tourne vers le Beaujolais ou la Vallée du Rhône, rarement vers les Alpes. C'est encore plus vrai pour la région PACA qui ne possède pas vraiment de vignoble alpin. L'œnotourisme est donc une idée de séjour qui se développe surtout entre les rives du lac Léman et Chambéry. Une « petite » région où la viticulture ne cesse de progresser.

› Jour 1

Le séjour démarre en douceur sur les magnifiques coteaux du Léman avec le vin de Marin issu du cépage chasselas. Première dégustation au domaine Delalex (ouvert uniquement l'après-midi) ? En attendant, autre chasselas, autre blanc au Domaine de Ripaille à **Thonon-les-Bains** ★★ (p.196). Déjeuner à l'une de nos tables coup de cœur chez L'Otrement à **Sciez** (p.194). Dégustation dans deux autres vignobles du Chablais avec le vin de Savoie Marignan (au Château de Marignan) et le vin de Savoie Crépy (Domaine de la grande cave du Crépy à Ballaison). Nuit à Genève ★★★★ pour goûter aux vins de Suisse.

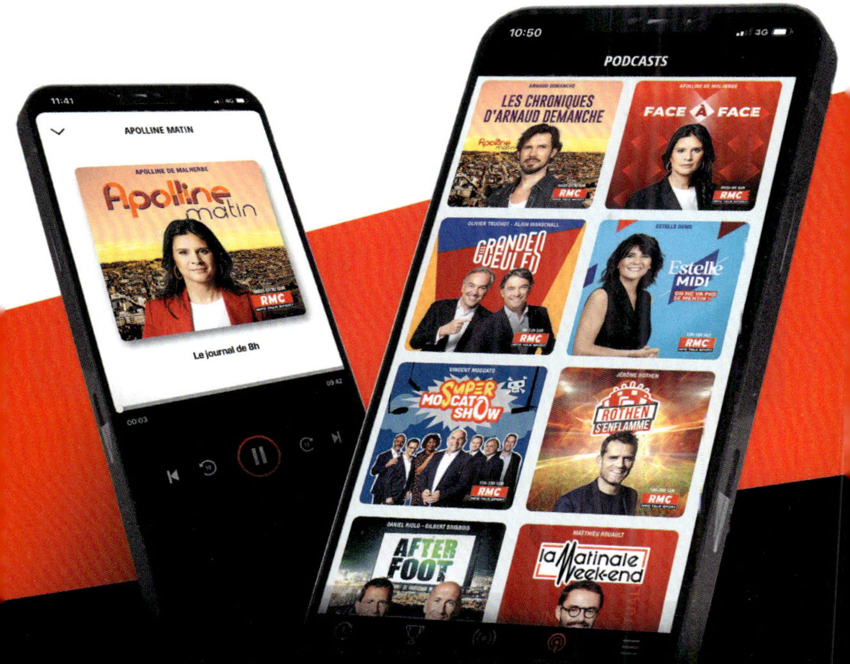
PODCASTS
LES CHRONIQUES D'ARNAUD DEMANCHE
FACE A FACE
APOLLINE MATIN
Apolline matin
Le journal de 8h
GRANDES GUEULES
Estelle MIDI
SUPER MOSCATO SHOW
ROTHEN S'ENFLAMME
AFTER FOOT
la Matinale Week-end

Vignoble d'Apremont et le Mont Granier.

› Jour 2

Après une journée Chasselas, découverte du vignoble de la vallée de l'Arve et de son cépage unique en son genre : le gringet. Sur les coteaux ensoleillés au pied du Môle, une poignée de viticulteurs (dont 3 vous reçoivent directement au caveau) perpétuent la tradition et améliorent la qualité d'un vin d'exception. Le vin d'Ayze, vin blanc aux notes délicates, se décline en version tranquille ou en version pétillante. Possibilité de passer la journée dans cette belle région au vignoble méconnu ou de descendre vers **Annecy** ★★★ (p.140) et **Seyssel** (p.168) (limite des Alpes) à la découverte du vignoble de Frangy où pousse un autre cépage local : la roussette. Nuit paisible à **Aix-les-Bains** ★★★ (p.330) sur les bords du lac du Bourget.

› Jour 3

Cette journée entre Bugey (à l'ouest du Rhône) et Savoie se passe sur les hauteurs du lac du Bourget, région dont il faut absolument découvrir le vignoble qui s'ouvre sur les Alpes. Le vignoble de Chautagne bénéficie d'un climat presque provençal produit des vins blancs à base de cépages régionaux (jacquère, altesse, roussette…), mais également des rouges délicieux (gamay, mondeuse, pinot noir…).

Le vignoble de Jongieux, le plus occidental des Alpes, utilise les mêmes cépages et offre une merveilleuse qualité. Nombreux domaines avec accueil au caveau. Déjeuner au restaurant étoilé Les Morainières à Jongieux ou au Belvédère à Entrelacs pour profiter de la vue sur le lac du Bourget. Nuit à **Chambéry** ★★ (p.324).

› Jour 4

Encore une belle journée de découverte et de dégustation avec les vins de la Combe et de la cluse de Savoie aux portes de Chambéry. Un vignoble millénaire qui bénéficie du label Vignoble et découvertes depuis une dizaine d'années. Au total, une centaine de vignerons s'engagent à vous recevoir dans les meilleures conditions pour vous faire découvrir la richesse et la qualité des vins de Savoie. En voiture, sillonnez la Route des Vins de Savoie en Cœur de Savoie. À pied, le Chemin des Vignes vous mènera de Fréterive à Chignin sur une ancienne voie romaine qui traverse le vignoble sur 30 km environ (prévoir un retour en voiture). Parmi les grands vignobles : Apremont, Abymes, Chignin, Chignin-Bergeron, Arbin… Si tous les vins sont à déguster avec d'autres produits du terroir, le cépage Persan – vieux cépage local – mérite toute votre attention. Si vous avez besoin d'être accompagné pendant votre séjour, vous pourrez toujours faire appel à Bernard Vissoud, créateur d'Alpes Flaveurs qui propose des séjours d'œnotourisme dans les Alpes.et Savoie se passe sur les hauteurs du lac du Bourget, région dont il faut absolument découvrir le vignoble qui s'ouvre sur les Alpes. Le vignoble de Chautagne bénéficie d'un climat presque provençal produit des vins blancs à base de cépages régionaux (jacquère, altesse, roussette…), mais également des rouges délicieux (gamay, mondeuse, pinot noir…). Le vignoble de Jongieux, le plus occidental des Alpes, utilise les mêmes cépages et offre une merveilleuse qualité. Nombreux domaines avec accueil au caveau. Déjeuner au restaurant étoilé Les Morainières à Jongieux ou au Belvédère à Entrelacs pour profiter de la vue sur le lac du Bourget. Nuit à **Chambéry** ★★ (p.324).

DÉCOUVRIR

Découvrir les Alpes, c'est une source d'émerveillement permanent. Car les Alpes ne se découvrent pas que l'hiver, pendant la saison de ski, ou l'été, pendant la saison des randonnées. Désormais, et pour répondre à notre besoin légitime de bien-être, les Alpes se découvrent à toutes les saisons. Si l'histoire des Alpes s'est longtemps confondue avec celle des sports d'hiver, elle s'inscrit dans une nouvelle dynamique, incluant toutes sortes d'activités outdoor – avec l'essor de sports comme le VTT ou le trail à pratiquer du printemps à l'automne – et des activités bien-être avec les spas des nombreuses stations thermales des Alpes en tête. Découvrir les Alpes, c'est encore rayonner du nord au sud, du lac Léman à la Méditerranée, en empruntant les petites routes et les grands cols. C'est se perdre dans des hameaux du bout du monde et fréquenter les grandes villes capitales. Une nature grandiose qui semble sans limite.

LES STATIONS 4 SAISONS

Il faut imaginer les montagnes des Alpes vierges de tout aménagement lié aux sports d'hiver. Une période pas si éloignée que ça, puisque les premiers skieurs déboulèrent sur les pentes du massif alpin au début du XXe siècle. L'émergence de ce nouveau sport, une pratique d'abord réservée aux locaux et à une élite, va amener la création des « stations de ski ». Des stations villages aux stations intégrées à l'architecture tournée vers le tourisme de masse, les Alpes ont accueilli de plus en plus de skieurs sur des domaines de plus en plus grands recouverts d'or blanc. La fin du XXe siècle marquera l'apogée des sports d'hiver. Mais avec un enneigement de plus en plus aléatoire dû au réchauffement climatique, les crises économiques successives, la crise sanitaire et une « saison blanche », les stations ont revu un modèle trop orienté vers la saison hivernale pour attirer les touristes toute l'année.

Naissance et histoire des stations des Alpes, tout pour la pratique du ski

La première station française voit le jour dans les années 1920 autour du village de Megève sous l'impulsion de la baronne Noémie de Rothschild. Inspirée par la station suisse de Saint-Moritz fréquentée par l'aristocratie européenne, elle décide de construire au mont d'Arbois un chalet luxueux et une patinoire. Ici, le ski se développe peu à peu grâce à des chenillettes pour remonter les pentes, avant l'ouverture du premier téléphérique en 1933. Un modèle qui s'étendra à travers toutes les Alpes à d'autres villages voulant profiter de cette nouvelle manne financière. C'est le cas des Gets, station village qui sera la première à s'équiper d'un télésiège en 1947 pour faciliter l'accès aux pistes à un plus grand nombre de skieurs. Après la Seconde Guerre mondiale, un nouveau type de station voit le jour où tout est organisé pour une meilleure pratique du ski. Il est intéressant de noter que la première station du genre, Courchevel 1850, fut créée après-guerre au-dessus du village de Saint-Bon qui profitait jusqu'alors du tourisme estival lié à la station thermale de Brides-les-Bains. Courchevel 1850 fut la première station entièrement construite sur un terrain totalement vierge avec de nouvelles habitations. Si l'industrie du ski était née, elle n'était pas encore accessible à tous, les chalets de Courchevel 1850, sur le modèle des chalets traditionnels, ne permettant pas d'accueillir un trop grand nombre de skieurs. Il faudra attendre les années 1960 et le modèle des « stations intégrées », conçues entièrement pour la pratique de masse du ski (foncier, urbanisme, loge-

VTT dans la station de Châtel, en Haute-Savoie.

ments, domaine skiable…), pour voir se développer la pratique du ski alpin. C'est la naissance de grandes stations comme Flaine, Avoriaz ou Les Arcs, véritables laboratoires pour les architectes. D'immenses bâtiments couvrent les pentes, créant des « quartiers » reliés entre eux par des ascenseurs, abritant de grandes galeries marchandes, favorisant au maximum la pratique du départ « skis aux pieds » depuis son appartement cabine. Les sports d'hiver sont devenus une industrie florissante au détriment de la nature et de l'environnement. A tel point qu'il faudra voter une Loi Montagne en 1985 pour réconcilier développement et protection de la montagne. Après d'indéniables excès en matière d'aménagement et d'urbanisme, les promoteurs des stations reviennent à la raison avec un style « néorégionaliste » avec l'essor des stations villages. Des stations qui ne se contentent plus de promouvoir la saison hivernale et la pratique du seul ski alpin. Les Alpes redécouvrent leur patrimoine naturel avec la pratique d'une activité estivale qui redonne sa dimension naturelle à la montagne : la randonnée. Après l'âge d'or du ski alpin et des aménagements gigantesques uniquement tournés vers cette pratique hivernale, les stations des Alpes se tournent désormais vers d'autres sports plus « nature » et d'autres saisons.

Du « tout hiver » à l'essor des activités d'été

Quand les premières stations de ski fréquentées par l'aristocratie ont vu le jour, il n'était pas question de les fréquenter en été, saison réservée aux bains de mer sur la côte. La montagne n'a longtemps connu qu'une seule saison, sauf pour les alpinistes et quelques férus de marche qui firent les beaux jours de certaines stations comme Chamonix. Ce n'est pas un hasard si le premier sentier de grande randonnée, GR®, des Alpes fut le Tour du Mont-Blanc en 1951. Le balisage des chemins de randonnée, souvent d'anciens sentiers utilisés par les bergers et leurs troupeaux, se développe à travers les Alpes, permettant la pratique par un large public d'une activité familiale et peu onéreuse. Dans les années 1980 a lieu une première prise de conscience autour de la pollution de notre environnement et d'une fréquentation abusive du littoral en été avec un besoin croissant d'évasion vers des territoires inoccupés… comme la montagne en été ! Mais que faire à cette saison dans ces stations tournées vers le ski ? Les premiers VTT font leur apparition en France en 1983 à La Plagne. Cette nouvelle activité de descente, qui utilisera les infrastructures réalisées pour la saison hivernale et qui offrira une nouvelle activité économique aux stations, prendra très vite son essor dans les Alpes françaises. Si la première piste dédiée à la pratique du VTT a vu le jour dans le massif du Jura, les zones réser-

© LITCHI CYRIL PHOTOGRAPHE - SHUTTERSTOCK.COM

Rafting.

vées aux vélos tout-terrain se multiplient dans les Alpes avec la création des « bike parks ». Chaque station a désormais son terrain réservé aux VTT, activité qui remplace le ski en été. En parallèle, les cyclistes suivent les exploits des coureurs du Tour de France et veulent à leur tour gravir les cols des Alpes. Des stations comme l'Alpe d'Huez mettent à leur disposition un balisage spécifique pour se chronométrer et se mesurer aux champions. Mais la randonnée, le vélo de route et le VTT ne sont pas les seuls sports à animer les stations en saison estivale. Avec le réchauffement climatique qui raccourcit chaque année la période skiable, les amoureux de nature ont développé de nombreuses activités profitant de l'environnement exceptionnel des Alpes. Dans les airs, après le deltaplane, c'est le parapente qui s'est démocratisé. Des voiles de toutes les couleurs parcourent aujourd'hui le ciel des stations françaises avec des vols découverte accessibles à tous les publics. Sur les falaises verticales, la via ferrata facilite la pratique de l'escalade tout en procurant le frisson du vertige. Avec la randonnée, dont le nombre d'adeptes ne cesse d'augmenter, la pratique du trail – course sur des sentiers en milieu naturel – s'est largement développée dans les Alpes, notamment depuis la création des Stations de Trail®. Sur les pentes, les luges d'été sur rails reproduisent la sensation de glisse. Dans les arbres, ce sont les parcs aventure qui proposent des activités ludiques à sensation. Les rivières des Alpes sont aussi mises à contribution avec le rafting et le canyoning, deux activités aussi rafraîchissantes que sensationnelles. Toutes ces activités estivales, auxquelles on pourrait rajouter le golf, l'équitation, le tir à l'arc…, font que les stations de ski sont devenues des stations aussi animées l'été que l'hiver.

© LITCHI CYRIL PHOTOGRAPHE - SHUTTERSTOCK.COM

Randonneurs dans la vallée de Chamonix.

Des stations été/hiver aux stations 4 saisons

Certaines stations des Alpes ont accueilli historiquement les touristes en toute saison. C'est le cas de Chamonix, station qui a tout d'une ville animée toute l'année autour de nombreuses activités de montagne, de l'alpinisme au ski en passant par la randonnée. C'est aussi le cas de Briançon dans les Alpes du Sud, petite capitale régionale profitant d'un fort patrimoine architectural – forteresse Vauban – qui s'est reliée aux sommets de Serre-Chevalier Vallée pour élargir son offre et participer au développement d'un vaste domaine. Si quelques stations ont toujours connu une activité à l'année, la grande majorité des stations des Alpes ne s'est longtemps tournée que vers les sports d'hiver, puis vers les sports d'hiver et les activités d'été. Pendant les longues périodes appelées « intersaisons » – entre avril et juin, et entre septembre et décembre (périodes qui s'allongent avec la diminution de l'enneigement) –, les stations connaissent une « saison morte ». D'ailleurs, de nombreuses stations, sauf certaines stations villages, communiquent en disant qu'elles sont tout simplement « fermées ». A ces périodes, les hébergements et les commerces n'ouvrent pas leurs portes et aucune activité n'est proposée aux visiteurs. Pourtant, de nombreux urbains vivant à proximité des montagnes – de Grenoble, de Chambéry, de Lyon, de Marseille ou de Nice – veulent prendre l'air le temps d'un week-end ou de « petites » vacances hors période pour du loisir outdoor, demande qui connaît une forte dynamique. Désormais, toutes les stations intègrent dans leurs aménagements des équipements qui assurent une exploitation à l'année, pour attirer de nouveaux clients comme les seniors, les touristes d'affaires ou les séminaires. Ce sont les stations dites de « moyenne altitude », celles qui vont subir les premières le manque d'enneigement, qui vont devenir les premières stations 4 saisons des Alpes. Pour ces stations, comme Chamrousse au-dessus de Grenoble – station créée pour les Jeux olympiques de 1968 –, le défi est tout simplement vital. Il faut attirer à la fois plus d'habitants à l'année pour faire vivre les commerces et les services locaux et plus de touristes pour développer les activités. Cette transformation en station 4 saisons passe par la construction de nouvelles infrastructures, comme un grand centre aquatique et tonique dans le cas de Chamrousse ou d'une salle « multi-usages », des hôtels avec spa pour un tourisme bien-être en constante progression. Les massifs de Chartreuse ou du Vercors, le Dévoluy ou certaines parties méridionales du Mercantour moins élevés que d'autres vont devoir s'adapter à la fois au changement climatique et à la nouvelle demande d'un public en quête d'air frais, d'air pur, de bien-être et de sensations. Même des stations d'altitude comme Saint-Gervais Mont-Blanc s'affichent ouvertement « 4 saisons » avec le développement d'activités intermédiaires comme les balades en forêt, les balades en raquettes, la découverte d'un patrimoine étonnant qui va des églises baroques à un tout nouveau lieu culturel, un parking de béton entièrement peint par des artistes. Trop longtemps simple terrain de jeu hivernal, la montagne devient un terrain de vie à l'année. Les Alpes s'offrent comme un territoire attractif où se développent ensemble tous les secteurs de l'économie, agriculture en tête mais aussi tertiaire, et l'incontournable tourisme. Nouvelles activités sportives outdoor et indoor, nouvelles activités de détente pour couples et familles, patrimoine et culture, les stations 4 saisons sont aussi écoresponsables pour un développement durable avec ou sans neige. Partout dans les Alpes, les stations 4 saisons sont en pleine métamorphose pour assurer des activités toute l'année.

GÉOGRAPHIE

Montagneux, c'est une évidence. Mais ce terme qui caractérise si bien le relief des Alpes ne doit pas nous faire oublier les autres aspects d'une région qui ne se limite pas à ses hauts sommets. Les Alpes, qui s'étendent de l'Europe centrale à la Méditerranée en un gigantesque arc blanc de 1 200 km, sont nées il y a des millions d'années de la convergence des plaques africaine et européenne. Sur 350 km, la partie des Alpes qui nous concerne se nomme les Alpes occidentales. Autrefois recouvertes d'un océan, soulevées jusqu'à former les plus hautes montagnes du continent, les Alpes occidentales offrent une importante variété de paysages. Il suffit de franchir une ligne de crête pour passer d'un paysage lunaire de haute montagne à la verdure des pâturages. Une géographie particulière, souvent extrême, qui permet les plus folles ascensions et des descentes vertigineuses dans les gouffres ou les canyons les plus profonds. Alpes surprenantes.

Les massifs, divisions naturelles des Alpes

De loin, les Alpes peuvent se voir comme un ensemble montagneux constitué de plusieurs blocs. C'est en se rapprochant que l'on constate des irrégularités, des décrochages, des particularités qui font l'originalité et la beauté des Alpes à travers leurs différents massifs. Au total, ce sont une trentaine de massifs alpins qui composent la partie française allant du Chablais au nord (au bord du lac Léman) aux Préalpes de Nice au sud. Les massifs alpins les plus grands par la superficie sont aussi les plus hauts par l'altitude de leurs sommets : Mont-Blanc, Vanoise, Ecrins (le plus grand) ou Mercantour. Les Préalpes, plissées et calcaires, forment un tremplin vers les hautes montagnes. Elles ressemblent parfois à de véritables forteresses, comme le Vercors, le Dévoluy ou les Baronnies. De profondes vallées, à la fois voies de passage et foyers industriels, séparent les massifs : Tarentaise, Maurienne, Arc, Oisans, Romanche, Ubaye… C'est dans ces montagnes, pour pallier la désertification, que sont nés les sports d'hiver et le tourisme hivernal.

Au sommet de l'Europe

Le titre convoité du plus haut (et du plus célèbre) sommet parmi toutes les montagnes européennes est remporté depuis plus de deux siècles – avant on ne savait pas le mesurer – par le mont Blanc qui culmine à 4 807,81 m – mesure effectuée en septembre 2021. A noter que le sommet, composé d'un manteau neigeux d'environ 14 m, perd de l'altitude depuis quelques années en raison du réchauffement climatique et se déplace vers le nord-ouest, dans les Alpes du Nord. Vaincu le 8 août 1786 par Paccard et Balmat, il doit en grande partie sa renommée au Suisse Horace-Bénédict de Saussure qui l'a longtemps étudié puis gravi à son tour dès 1787 avant de le faire connaître à travers ses écrits dans toute l'Europe. Pour l'admirer, de près ou de loin, il faut se rendre à Chamonix, au pied du géant blanc. La capitale mondiale de l'alpinisme permet d'atteindre les plus grands sommets par leur altitude et leur difficulté : Dôme du Goûter (4 304 m), Aiguille du Midi (3 842 m), Aiguille Verte (4 122 m), Grandes Jorasses (4 208 m) et barrière des Aiguilles Rouges. Autour du mont Blanc, c'est un concentré de hautes montagnes.

Parmi les autres hauts sommets, il ne faut pas manquer du nord au sud la Pointe de la Grande Casse – 3 852 m – qui domine majestueusement le Parc de la Vanoise, la reine Meije (3 983 m) et la Barre des Ecrins (4 102 m) qui semble protéger le massif et le parc du même nom, l'Aiguille de Chambeyron (3 411 m) qui fait partie de ces plus de 3 000 qui ont dessiné la frontière avec l'Italie ou le mont Pelat (3 051 m) qui ouvre le Parc du Mercantour et regarde déjà vers la Provence.

Les cols alpins, sur la route des montagnes

Entre les hauts sommets des Alpes, ce sont les cols routiers à plus de 2 000 m qui se sont fait aussi de grands noms : col de l'Iseran, plus haut col routier français à 2 764 m ; col Agnel, à la frontière avec l'Italie, à 2 744 m ; col de la Bonnette, dans le massif du Mercantour, à 2 715 m ; col du Galibier, haut lieu du cyclisme à 2 642 m ; col du Lautaret, col d'Izoard, col de la Madeleine, cols du Petit-Saint-Bernard, du Mont-Cenis, de Vars ou de la Croix-de-Fer. Permettant la circulation entre les vallées, au palmarès des cyclistes qui ne redoutent pas les efforts intenses, ils ont ouvert à tous l'accès aux montagnes et offrent une voie routière unique à travers les Alpes de Thonon sur le lac Léman jusqu'à Menton sur la Méditerranée.

© FRANCOIS-ROUX - ISTOCKPHOTO.COM

Le massif des Ecrins.

Des profondeurs des Alpes aux grottes du Vercors

Si les Alpes nous invitent à lever la tête vers les sommets enneigés, elles abritent aussi des cavités parmi les plus profondes. D'ailleurs, les cavités souterraines naturelles les plus profondes de France sont le gouffre Mirolda (-1 733 m) et le gouffre Jean-Bernard (-1 602 m), 2e et 3e européennes, 6e et 7e mondiales. Ces gouffres abyssaux sont situés tous les deux dans le massif du Haut-Giffre, sur la commune de Samoëns.

Le Vercors, massif calcaire par excellence, est aussi un paradis pour les spéléologues. Le gouffre Berger, situé au nord du massif, est mondialement réputé. Même les non-spécialistes des galeries souterraines peuvent profiter des beautés cachées sous leurs pieds. La Grotte de la Luire, 6e grotte de France avec un développement de 40 km et 547 m de profondeur, ne vaut pas seulement d'être visitée comme un haut lieu de la Résistance, mais encore comme une superbe cavité souterraine aux développements particulièrement étendus. Autre grotte à visiter, la Draye-Blanche. Cette grotte aux dimensions impressionnantes (100 000 m^3) est une étape obligée de la découverte du Vercors. On admire une dernière fois le trou béant par où de nombreux animaux préhistoriques ont chuté (15 000 os retrouvés de 45 espèces différentes) et dont l'histoire est exposée. On revient à la surface pour retrouver la lumière des Alpes.

Les lacs, perles des Alpes

Si les Alpes sont avant tout connues pour les montagnes, il ne faut jamais oublier une autre particularité géographique de ce massif : les lacs. Ces lacs, immenses ou minuscules, forment un chapelet tout au long de la chaîne alpine et sont une source de vie tant pour une faune particulière que pour les touristes qui se déplacent en été pour admirer les couleurs (bleu profond, vert émeraude, noir insondable, etc.) des lacs de montagne et y pratiquer les mêmes activités nautiques qu'en bord de mer. Voici quelques lacs du nord au sud des Alpes.

Le lac Léman compte parmi les plus grands lacs d'Europe. Partagé entre la Suisse et la France – 234 km^2 et 53 km de rives côté français –, au pied des montagnes du Chablais, c'est un véritable petit océan intérieur qui, derrière son calme apparent, cache bien des tempêtes capables de couler une embarcation. Dans ce lac où le Rhône vient se laver, car il arrive tout boueux des montagnes du Valais pour ressortir plus limpide du côté de Genève, on trouve quantité de poissons – une cinquantaine de pêcheurs professionnels vivent sur la rive française – et parmi la vingtaine d'espèces recensées les fameux ombles-chevaliers, truites, féras, brochets ou perches qui font le régal des gastronomes.

Le lac d'Annecy est réputé pour être le lac le plus pur d'Europe. Il faut dire qu'il était sûrement le plus pollué au milieu du XXe siècle et que c'est au prix de travaux d'assainissement considérables qu'il a retrouvé sa couleur bleu azur. Traversé par le Fier, le lac d'Annecy mérite largement que l'on en fasse le tour pour contempler de petits villages charmants. Il mérite aussi que l'on s'y arrête longuement pour savourer une « baignade bronzage » et la qualité de ses eaux et de ses plages.

Le lac du Bourget est le plus grand lac naturel de France avec ses 18 km de long, ses 3,5 km de large et sa profondeur moyenne de 85 m. Ce lac, comme celui d'Annecy, fut très pollué et si sa faune est d'une richesse exceptionnelle c'est qu'elle est aujourd'hui préservée.

Le lac de Serre-Ponçon à 800 m d'altitude est un autre genre de lac, de la race de ceux bâtis par l'homme pour retenir l'eau afin de créer une énergie propre et renouvelable. Le lac de retenue de Serre-Ponçon est plus grand que celui d'Annecy et son barrage en terre mesure 120 m de haut ! Serre-Ponçon sert à maîtriser le cours d'une rivière capricieuse, la Durance, à produire de l'énergie électrique et à irriguer la Provence. Ce sont deux villages qui ont été détruits par la montée des eaux en 1960. Aujourd'hui, on peut admirer le travail de l'homme depuis le belvédère EDF, visiter Embrun qui offre les trésors de sa vieille ville ou encore aller au pied des demoiselles coiffées, curiosités naturelles qui bordent le lac.

Si l'on n'a cité que les plus grands parmi les lacs alpins, il ne faut pas oublier tous les autres qui offrent aux randonneurs d'agréables points d'eau où se rafraîchir et se reposer pour comprendre que les Alpes ne sont pas façonnées que par les montagnes, mais bel et bien par l'eau qui court en surface et en sous-sol.

La forêt et les rivières, des ressources naturelles exploitées par l'homme

La forêt est omniprésente dans les Alpes, sauf dans les étages alpins les plus élevés bien entendu. Cette immense forêt joue un rôle de protection des milieux, mais assure également un fort approvisionnement en sapin-épicéa, procurant aux communes forestières des ressources durables. Parmi les plus grandes forêts des Alpes, citons la remarquable forêt de la Grande Chartreuse (38), la forêt de Boscodon (05) et la forêt du Vercors (38 et 26) qui couvre environ 365 km². Il en va de même pour l'eau qui traverse les Alpes avec toute la puissance fournie par un relief fait de gorges et de chutes. Une ressource naturelle largement exploitée par l'homme à travers les nombreux barrages et autres conduites forcées de torrents afin de créer une énergie propre et renouvelable. Parmi les grands cours d'eau des Alpes, citons le Rhône (qui passe peu dans les Alpes françaises), la Durance, l'Isère, l'Arve, le Drac…

Géographie et sports outdoor

La géographie tourmentée des Alpes est à l'origine de nombreuses pratiques sportives, à commencer par l'alpinisme qui a vu le jour dans les Alpes du côté de Chamonix. La via ferrata est née dans les Alpes italiennes avant d'essaimer sur les parois françaises. Si le ski n'est pas né sur les pentes des Alpes, le ski dit alpin s'est largement développé dans les montagnes françaises. Le relief abrupt a permis l'essor de nouveaux sports à sensation, comme le parapente qui a vu le jour sur la montagne du Perthuiset à Mieussy en Haute-Savoie. Les spéléologues, pour qui les Alpes sont un terrain d'exploration providentiel, ont également développé la technique du canyoning pour accéder aux gorges. Sur les eaux torrentielles des Alpes, d'autres sports attirent le grand public encadré par des professionnels : le rafting ou l'hydrospeed pour la nage en eaux vives.

© ADRIEN BAUD - STOCK.ADOBE.COM

Le lac du Bourget.

NATURE

La nature des Alpes compte parmi les plus riches, les plus protégées et les plus menacées de l'Hexagone avec un nombre remarquable – 3 parcs nationaux et 5 parcs régionaux – de parcs naturels qui ont pour mission de sauvegarder la richesse de la biodiversité de ce vaste territoire. Abritant des espèces rares et menacées comme le chamois, le bouquetin, l'aigle royal, le gypaète barbu, le lagopède alpin, le tétras lyre, mais aussi le loup qui a fait son grand retour sur le territoire par l'Italie, avec une rare diversité de fleurs – elles contiennent plus de la moitié des espèces poussant en France ! –, les Alpes conservent un patrimoine naturel vivant à découvrir avec respect et prudence. Les Alpes au naturel, ce sont celles que l'on ne peut pas atteindre afin de ne pas mettre en péril un écosystème unique qui s'est mis en place dans des conditions extrêmes ; celles qui dépassent tous les sommets pour atteindre le sublime.

Une biodiversité exceptionnelle, une région menacée

En dépit de la forte pression exercée par l'homme sur la nature, notamment dans les vallées et sur les sommets parfois transformés en pistes de ski, les Alpes offrent encore d'immenses espaces de nature intacte. Ici, à tous les étages, la biodiversité est absolument remarquable. Les Alpes, dans leur ensemble, abritent environ 30 000 espèces animales (et 13 000 espèces végétales) et pas seulement les grands et petits mammifères auxquels on pense immédiatement – chamois, bouquetin, mouflon, loup ou marmotte –, mais encore de grands rapaces – dont les emblématiques aigles royaux, vautours fauves et gypaètes barbus –, quinze espèces de reptiles et une vingtaine d'amphibiens, sans oublier les chauves-souris sévèrement menacées dans les vallées alpines.

Les parcs nationaux, protection maximum

Sur les 11 parcs nationaux de France, espaces totalement vierges de toute activité humaine en zone centrale, les Alpes en abritent 3. D'autres espaces sont protégés d'une activité humaine trop intense, c'est le cas des parcs régionaux, 5 au total sur le territoire, des Zones Naturelles d'Intérêt Ecologique, Faunistique et Floristique (Znieff) et des zones Natura 2000. Un ensemble qui couvre à peu près 30 % du territoire ! C'est dire l'intérêt écologique que présente ce massif, mais surtout les nombreux dangers – tourisme de masse en tête – dont il a fallu préserver les montagnes.

Bouquetin des Alpes.

Le **Parc national de la Vanoise** fut le premier parc créé en France en 1963 afin de sauvegarder le bouquetin des Alpes. Sur ce territoire sauvage, où les conditions de vie hivernales sont d'une rigueur extrême, il n'y a pas que les bouquetins à être protégés. Il y a aussi une faune et une flore très diversifiées avec plus de 2 000 variétés de fleurs, dont quelques-unes ne se trouvent que sur cette zone. Egalement, une centaine d'espèces d'oiseaux, dont l'aigle royal et la bartavelle, mais encore tous les grands mammifères qui peuplent les Alpes. Des glaciers aux prairies alpines, c'est tout un univers à l'état pur.

Le **Parc national des Ecrins**, créé en 1973, a profité de la forte activité écologique dans les Hautes-Alpes pour couvrir une zone des Alpes parmi les plus riches et les plus belles avec de nombreux sommets qui atteignent – ou presque – les 4 000 m. Avec une superficie de 270 000 ha, c'est le plus grand parc de France. Situé entre l'Isère et les Hautes-Alpes, sa position centrale dans les Alpes – bénéficiant des influences continentales, océaniques et méditerranéennes – explique sa richesse exceptionnelle et sa beauté : près de 2 000 espèces végétales, dont 40 espèces rares ou menacées, une soixantaine d'espèces animales rares ou menacées dont le bouquetin qui a été réintroduit il y a une quinzaine d'années et l'emblématique aigle royal. C'est un parc sauvage et rude que peu de randonneurs atteignent vraiment en son cœur.

Le **Parc national du Mercantour** est né en 1979 entre les Alpes-de-Haute-Provence et les Alpes-Maritimes. Il est le parc alpin le plus au sud de la chaîne. A l'origine de ce parc, une réserve de chasse que l'on préservait pour le roi italien Victor-Emmanuel II et que l'on doubla pour abriter une zone centrale de protection totale sur près de 70 000 ha. Un parc à la forme étrange qui s'étale d'est en ouest et qui abrite de véritables merveilles puisque l'on y trouve notamment la Vallée des... Merveilles. Dans ce parc, on recense la moitié des espèces végétales que l'on peut trouver en France – soit 2 000 sur 4 000 –, des chamois mais aussi des mouflons de Corse, des bouquetins et des loups venus d'Italie. C'est encore là que l'on retrouve des oiseaux comme le mythique gypaète barbu.

Réserves des Alpes, une autre façon de protéger la nature

Les Alpes sont encore une terre sauvage protégée par une enceinte de réserves créées par l'homme.

En Isère, la **Réserve naturelle des hauts plateaux du Vercors** domine l'ensemble d'un massif montagneux qui a su dans son ensemble préserver son aspect sauvage. Nature majestueuse, forêts impénétrables, prairies grandioses de la plus grande réserve naturelle de France (17 000 hectares). Sur ce vaste territoire, aucun habitat permanent, aucune route autre que forestière, pour une sauvegarde totale d'une nature intacte. Ici vivent en liberté chamois, chevreuils, bouquetins, renards roux, vautours, aigles royaux, mais aussi deux symboles du monde sauvage : le lynx et le loup. L'homme ne peut qu'imaginer les pas de ces grands prédateurs dans la neige, leurs cris nocturnes, leurs chasses, leurs amours, leurs vies. Cette réserve conserve une flore précieuse avec près de 600 espèces, dont 19 protégées.

La **Réserve nationale de chasse et de faune sauvage des Bauges,** qui contient les plus hauts sommets du massif au cœur du Parc, abrite de nombreux oiseaux nicheurs et mammifères de montagne, en particulier le chamois. Les Bauges forment un massif alpin remarquable, une citadelle délimitée par le triangle des autoroutes alpines reliant Chambéry, Annecy et Albertville. Ce havre perché de nature sauvage a été progressivement délaissé par l'homme au profit d'une sauvegarde d'un patrimoine naturel exceptionnel. Véritable mosaïque de milieux écologiques, le massif des Bauges abrite une flore et une faune remarquables. Parmi les 1 600 espèces végétales représentées, soit environ un tiers de la flore française, figurent le cyclamen d'Europe, et des spécimens très rares comme l'iris de Perier, le sabot-de-vénus, le chardon bleu et la gentiane pneumonanthe.

La **réserve naturelle des gorges de Daluis,** dans les Alpes-Maritimes, abrite une grande variété d'espèces végétales et animales. Au carrefour des Alpes et de la Méditerranée, la réserve connue comme le Colorado niçois abrite des espèces rares, voire endémiques, telles que la saxifrage à feuilles en languettes qui orne de ses fleurs blanches les falaises rouges au printemps. Des falaises qui offrent des nichoirs parfaitement adaptés aux chauves-souris comme aux rapaces : aigle royal et faucon pèlerin.

La **Réserve naturelle des Aiguilles Rouges,** dans le massif du Mont-Blanc, couvre une amplitude exceptionnelle de 1 100 à 3 000 mètres d'altitude, incarnant par excellence la vie sauvage aux limites du possible pour le monde animal et végétal. Sur ce territoire extrême, entre glaciers et éboulis, bouquetin, chamois, lagopède alpin, aigle royal, rhododendron se sont adaptés à l'environnement. Le monde sauvage ne peut se contenter de ces espaces

© PETE STUART - SHUTTERSTOCK.COM

Parc national de Vanoise.

© JEF WODNIACK - SHUTTERSTOCK.COM

Ancolie des Alpes.

frontières où sa survie est constamment menacée et l'homme doit partager le territoire pour conserver la biodiversité et une nature grandiose.

Faune et flore, une nature étagée

Si l'on excepte les poissons, et encore les truites remontent les rivières des Alpes jusqu'à des altitudes impressionnantes (autour de 1 000 m d'altitude depuis les lacs alpins), les animaux des Alpes montent et descendent les montagnes, variant les étages selon les saisons et les pâturages disponibles. Cependant, chacun a son étage préféré, là où il se sent dans son habitat naturel. Dans les Alpes, les grands carnivores que sont le loup et le lynx (l'ours ne se trouvant plus dans les Alpes françaises) se déplacent sur un vaste territoire, à des altitudes variables.

A **l'étage collinéen**, en dessous de 800 m, on retrouve chevreuils, cerfs ou belettes. Des oiseaux comme le martin-pêcheur suivent les grands cours d'eau en vallée. A **l'étage montagnard**, aux alentours de 1 500 m, les grandes forêts mixtes de feuillus et de conifères abritent encore cerfs, chevreuils, sangliers, renards, mais aussi le Grand Tétras. C'est à **l'étage subalpin**, alors que l'on dépasse les 2 000 m d'altitude, que la faune et la flore deviennent plus spécifiques. Les feuillus disparaissent petit à petit au profit des résineux, qui cachent les splendides sabots de Vénus, magnifiques orchidées des Alpes. Autre fleur symbole de cette moyenne altitude : l'ancolie des Alpes. Cette renoncule bleue ne pousse en effet que dans les Alpes sur les pentes des prairies d'alpage. Si ses grandes fleurs se dressent au cœur de l'été, ne les touchez pas, elles sont toxiques ! Les marmottes apparaissent doucement et l'on peut croiser chamois et mouflons. Entre 2 500 et 3 000 m, **l'étage alpin** marque la limite des arbres, mais offre une grande biodiversité. Les pelouses alpines se couvrent d'une incroyable variété de fleurs. C'est à cet étage que les gourmands cherchent le groseillier des Alpes et la myrtille, ainsi que de nombreuses fleurs qu'il faut se contenter d'observer (et non cueillir...) : soldanelle des Alpes, rhododendron, campanule... et la fameuse edelweiss. Cette fleur synonyme de romantisme et de hauts sommets s'est couverte d'un duvet blanc pour se préserver des vents froids qui soufflent sur les pentes calcaires entre 2 000 et 3 000 m. Mais on trouve encore de nombreuses espèces de gentiane dont la gentiane acaule souvent peinte sur les objets souvenirs avec sa belle couleur bleue. Les marmottes font provision de fleurs. Le lièvre variable, le chamois, le bouquetin sont dans leur élément. Enfin, à **l'étage nival**, au-dessus de 3 000 m où commencent les neiges dites éternelles (en fait, là où la période d'enneigement est supérieure à la période de déneigement...), la flore est essentiellement constituée de mousses et de lichens, même si la saxifrage à feuilles opposées s'est adaptée à ces conditions extrêmes. Sur les pelouses rases, les derniers lagopèdes alpins – espèce menacée – peuvent être observés. C'est à cet étage, entre les vols de chocards à bec jaune que l'on peut observer deux grands rapaces, eux aussi menacés : l'aigle royal et le gypaète barbu.

Attention, la flore des Alpes est belle et variée, mais elle reste protégée et de nombreuses plantes ne doivent pas être ramassées – de toute façon elles périssent très vite si on les arrache. Des panneaux signalent les espèces protégées à l'entrée des parcs naturels. Pour mieux admirer toute l'étendue de cette flore, nous vous conseillons de vous rendre dans l'un des jardins alpins qui fleurissent le long de la chaîne.

HISTOIRE

Les Alpes forment un territoire qui ne partage pas la même histoire. Savoie, Dauphiné et Provence, les trois grandes régions qui composent les Alpes, ont chacune leur propre histoire, aussi riche que l'histoire de France. Par ailleurs, il est évident que l'histoire ne se déroule pas au même rythme entre les grandes cités des Alpes, les vallées alpines et les villages reculés de haute montagne. Cette mémoire régionale, voire locale, reste fortement ancrée sur un territoire longtemps marqué par la ruralité et l'absence de communication. Explorées dès la Préhistoire, comme en attestent de nombreux témoignages du Néolithique, les Alpes partagent certaines caractéristiques qui en feront une terre de passage dès l'Antiquité, mais aussi une terre de conflits avec l'Italie, une terre de repli pour les maquis et une terre qui a connu un nouvel essor avec l'arrivée des touristes attirés par l'or blanc à la fin du XXe siècle.

DÉCOUVRIR

20 000 À -4 000 AV. J.-C.

Sur les traces d'Ötzi

Jusqu'alors recouvertes par les glaciers qui commencent à se retirer vers la plaine du Rhône, les Alpes commencent leur histoire à l'échelle humaine autour de 10 000 ans avant J.-C. A cette époque lointaine, les hommes – des chasseurs cueilleurs – commencent à coloniser les Préalpes où ils trouveront refuges dans les grottes creusées dans les roches calcaires. Le climat était rude, les bêtes féroces et les grottes des Alpes se transformaient en abris encore visibles dans le Vercors ou le Royans. Chassant marmottes et cervidés avec des armes de plus en plus sophistiqués, profitant d'un climat plus doux, les hommes vont sortir des grottes pour commencer à vivre de l'agriculture pastorale. Au bord des lacs des Alpes émergent de véritables civilisations lacustres, la plus célèbre voyant le jour au lac de Paladru. Désormais, des tribus occupent les territoires : les Tricores dans le Champsaur, les Uceni dans l'Oisans, les Brigani autour de Briançon et les Quariates dans le Queyras. Celui que l'on a appelé Ötzi, après la découverte de son corps congelé en Italie en 1991, vécut environ 2 600 ans av. J.-C., et franchissait un col avant de se faire tuer d'une flèche dans le dos… Les Alpes, lieux de passage et de conflit, entre les hommes débutaient leur histoire.

-218 AV. J.C. AU Ve SIÈCLE

Où est passé Hannibal ?

Quelques centaines d'années avant notre ère, alors que les Allobroges ont pris le contrôle des Alpes du Nord, la naissance et l'extension de Rome vont bousculer l'histoire. Bien avant que les légions romaines interviennent en Provence et délogent les Allobroges en créant la *Gallia Transalpina* en 121 av. J.-C, le tout premier contact entre les Alpes et les romains aura lieu de manière curieuse. Il se fera en 218 av. J.-C. grâce au général carthaginois Hannibal. A la tête d'une armée de 40 000 hommes et de 40 éléphants – qui laisseront une empreinte indélébile dans l'histoire –, Hannibal franchira les Alpes sans que l'on sache par quel col tout ce monde, pourtant pas très discret, a bien pu passer pour prendre à revers les troupes romaines ! Au milieu du premier siècle avant Jésus-Christ, les habitants du massif alpin sont intégrés à la civilisation romaine. Des Romains qui, selon leurs habitudes, construisent plusieurs voies dans les Alpes. Ainsi, la route reliant Arles à Suse par la vallée de la Durance passe par le Montgenèvre au-dessus de Briançon. Les Romains créent également des villes pour imposer leur domination sur la région, comme Embrun, Moûtiers… Les Alpes prospèrent sans encombre sous la domination romaine jusqu'au milieu du IIIe siècle et l'arrivée des barbares.

Les Alpes, un royaume divisé

Le Moyen-Âge est une période mouvementée dans les Alpes. Après les invasions barbares, le territoire est instable. Sous domination Bourguignonne, les frontières des Alpes varient constamment. Il faut attendre le traité de Verdun en 843 pour que les choses s'éclaircissent. Les Alpes appartiennent désormais à Lothaire et font partie du royaume de Provence. Prise en tenaille entre les Lombards et les Sarrasins qui envahissent la Provence, la population alpine souffre. Les villageois vont alors se regrouper autour de seigneurs locaux qui remplaceront le pouvoir royal défaillant. Les Alpes se couvrent de nombreux châteaux en des lieux stratégiques qui sont autant de sites remarquables, comme le château des Sires de Faucigny à Bonneville. A la recherche de la paix dans ce royaume divisé, ce sont les religieux qui vont marquer les montagnes de leur empreinte. Vers l'an 1000, trois ordres monastiques majeurs voient le jour dans les Alpes : les Chartreux, les Antonins et les Chalais. D'autres ordres s'installent, profitant de la quiétude pour prier. De nouveau divisées entre Dauphiné au sud et Savoie au nord, les Alpes sont l'objet de toutes les convoitises car on y exploite désormais un sous-sol riche en minerais : cuivre, fer, argent…

VIe SIÈCLE AU XIVe SIÈCLE

© NASTASIC - ISTOCKPHOTO.COM

Le Traité de Verdun en 843.

Fortifications et défenses des Alpes

XVe AU XVIIIe SIÈCLE

Le vaste Dauphiné, rattaché au royaume de France en 1349, souffre des guerres d'Italie menées successivement par Charles VIII, Louis XII et François Ier. À cette période, le col de Montgenèvre est le plus emprunté par les troupes pour franchir les Alpes. Les soldats du roi se ravitaillent dans les vallées, se mettant à dos une population de plus en plus attirée par la Réforme. Entre guerres de territoire et guerres de religion, les Alpes connaissent des heures sombres. Au début du XVIIe siècle, le duc de Lesdiguières, fin politicien et chef de guerre efficace, réussit à réconcilier tout le monde et lance de vastes travaux pour fortifier les montagnes, à commencer par la Bastille de Grenoble. Mais la grande œuvre de fortifications des Alpes est l'entreprise menée par Vauban à partir de 1693. Sous les ordres de Louis XIV, Vauban verrouille les montagnes du nord au sud par des constructions toutes plus vertigineuses les unes que les autres. D'Antibes à Briançon en passant par les forts de Colmars-les-Alpes, ces places fortes imprenables ont conservé leurs murailles pour accueillir les visiteurs qui font un bond dans le temps.

XIXᴱ SIÈCLE ET DÉBUT XXᴱ SIÈCLE

La route Napoléon et l'ouverture des Alpes

Si les romains avaient les premiers créés un réseau de communication à travers les montagnes, la population alpine a longtemps été menacée de vivre en autarcie dans des conditions climatiques souvent difficiles, surtout en altitude. Au XIXᵉ siècle, les Alpes forment toujours une barrière naturelle que les hommes ont bien des difficultés à traverser. Mais cet obstacle va se révéler un atout pour un homme au destin exceptionnel. Empereur en exil sur l'île d'Elbe depuis plus d'un an, Napoléon pose le pied sur la plage de Golfe-Juan le 1ᵉʳ mars 1815 afin de reconquérir le pouvoir. Accompagné d'un millier d'hommes, et afin d'éviter les troupes royalistes, il remonte vers Paris en suivant les sentiers muletiers à travers les Alpes jusqu'à Grenoble. Aujourd'hui, il faut parcourir en voiture la route Napoléon (N85) qui suit assez fidèlement le trajet de l'empereur, notamment au village de Laffrey. La fin du XIXᵉ siècle voit le désenclavement progressif de toute la région. Notamment dans les Alpes du nord avec l'arrivée du chemin de fer (dès 1856 pour Grenoble) et la construction de nombreuses routes carrossables (vallée de l'Arve, Isère…). La situation est moins favorable au sud où seule la vallée de la Durance permet un accès facile dans le massif alpin.

DÉCOUVRIR

L'alpinisme, le ski et les premiers touristes

DÉBUT XXᴱ SIÈCLE

L'alpinisme est né au XVIIIe siècle avec la première ascension du Mont-Blanc qui eut lieu le 8 août 1786 avec Jacques Balmat et Michel Gabriel Paccard. Une pratique qui va s'accentuer tout au long du XIXe siècle, alors que la pratique du ski alpin commence en 1878 quand Henri Duhamel trouve une paire de planches au pavillon scandinave. A l'aube du XXe siècle, voici l'avènement du tourisme dans les Alpes. Les premiers venus sont quelques mondains fortunés qui vont découvrir les charmes et les bienfaits des stations thermales comme Aix-les-Bains avec leurs hôtels luxueux et leurs bâtiments Belle Epoque. Les soldats blessés lors de la Grande Guerre, atteints de la tuberculose, découvriront les sanatoriums des Alpes. A cette époque, on s'observe entre touristes, mot popularisé par Stenchal, auteur originaire de Grenoble. Les touristes vont prendre de l'altitude et conquérir à leur tour les sommets, encouragés en cela par des entrepreneurs locaux qui vont créer les stations de sports d'hiver à partir des années 1930. Megève est la plus ancienne des stations de ski françaises. Nouvel atout pour le développement des sports d'hiver dans les Alpes françaises, la création des Jeux Olympicues d'hiver à Chamonix en 1924.

Les maquis de la Seconde Guerre mondiale

1942-1945

Alors que la Première Guerre mondiale avait relativement épargné les Alpes, la Seconde Guerre mondiale sera plus marquante pour un territoire qui deviendra un refuge pour la Résistance. La Savoie et le Dauphiné se distinguent à partir de 1942 par des rassemblements importants de Résistants. Les deux maquis les plus actifs seront ceux de la forteresse du Vercors (Isère et Drôme) et des Glières (Haute-Savoie). Sur ces alpages difficilement accessibles, les Résistants organisent des opérations coups de poing contre l'occupant. L'épisode le plus connu se déroula en 1944 sur le plateau des Glières qui avait été choisi pour réceptionner des parachutages d'armes par les Britanniques en vue du débarquement des Alliés. Après avoir reçu 3 parachutages, les maquisards du Bataillon des Glières furent bombardés par l'aviation allemande, pilonnés par l'artillerie, encerclés par les soldats allemands et la Milice française. L'attaque générale du 26 mars 1944 fut fatale aux maquisards qui, fuyant le plateau, sont attendus en bas par les miliciens de Vichy et par la Wehrmacht. Les maquisards subirent de lourdes pertes avec 129 morts. Le Monument National de la Résistance a été inauguré le 2 septembre 1973 sur le plateau des Glières.

Désertification, Jeux olympiques et or blanc

FIN XXᴱ SIÈCLE

L'après-guerre voit les zones rurales se dépeupler au profit des grandes villes de plaine. Grenoble est ainsi, dans les années 50-60, la ville de France qui connaît le plus fort taux d'accroissement. L'industrie se concentre dans les zones les plus basses ne laissant guère aux vallées d'altitude que l'énergie hydroélectrique et l'agriculture comme ressource. Mais les paysans des hautes montagnes vont bientôt pouvoir diversifier leur activité grâce à l'essor d'une nouvelle industrie, celle du tourisme. En altitude, c'est le boum des sports d'hiver qui sont popularisés par le retour des Jeux Olympiques dans les Alpes organisés à Grenoble en 1968 (après ceux de Chamonix en 1924 et avant ceux d'Albertville en 1992). C'est l'avènement des grandes stations aux longues barres informes et imposantes qui vont défigurer une partie du massif alpin, mais aussi apporter de nombreux emplois aux enfants du pays qui souhaitent rester et vivre toute l'année au village – combien de paysans sont-ils devenus moniteurs de ski ? De nouveaux domaines skiables apparaissent régulièrement, des stations parfois créées sur des pages vierges telles que Chamrousse, Tignes, La Plagne, Avoriaz, Superdévoluy… pour accueillir toujours plus de skieurs dans ce nouveau paradis de l'Or Blanc, pas encore menacé par le réchauffement climatique.

DÉVELOPPEMENT DURABLE ET ENJEUX ENVIRONNEMENTAUX

L'histoire a fait des Alpes une grande région divisée en deux parties : Alpes du Nord (Savoie et Dauphiné) et Alpes du Sud (Provence), la frontière se situant quelque part entre Grenoble et Gap. L'histoire récente a fait des Alpes le massif montagneux le mieux aménagé du monde pour la pratique des sports d'hiver, mettant ce territoire au cœur d'une des régions les plus dynamiques d'Europe. Des villes comme Grenoble, Annecy, Chambéry attirent une population active qui profite des infrastructures routières et urbaines, mais surtout d'une nature sauvage et préservée malgré la bétonisation des montagnes exploitées pour leurs pentes neigeuses et la force de leurs torrents (énergie hydraulique).

Prise de conscience face aux menaces

Dans les années 1960, les hommes prennent conscience que les Alpes ne sont pas qu'un terrain à construire et à skier, mais un territoire à préserver pour la richesse de sa biodiversité. Afin de protéger un environnement exceptionnel, le premier parc national français est créé en 1963 dans la Vanoise. Sur les 11 parcs nationaux français, 3 se trouvent dans les Alpes (le parc des Ecrins sera créé en 1973 et celui du Mercantour en 1979). Le tourisme de masse hivernal a abimé la montagne et les Alpes ont été confrontées à de nouveaux phénomènes qui impactent sans doute ce territoire plus que tous les autres. Le réchauffement climatique raccourcit de plus en plus la saison d'hiver en moyenne altitude. Une étude récente montre que la période d'enneigement en dessous de 2 000 mètres d'altitude a diminué en moyenne de 22 à 34 jours en 50 ans. Chaque demi-siècle, les Alpes perdent 1 mois d'enneigement. Sans compter que la quantité de neige se réduit chaque année, encore plus dans les Alpes du Sud où l'on perd environ une hauteur de 5 cm de neige chaque décennie (3 cm pour les Alpes du nord). Autres fléaux liés à l'activité humaine, l'urbanisation et la pollution qui mettent en péril une biodiversité riche et fragile. Grenoble, Albertville, la vallée de l'Arve comptaient, jusqu'à très récemment, parmi les ensembles les plus pollués de France en raison du trafic routier pendant et hors vacances scolaires, mais aussi en raison du chauffage au bois très utilisé dans les Alpes où cette matière première est abondante. Protégée dans les parcs et dans les Zones naturelle d'intérêt écologique, faunistique et floristique, la biodiversité diminue et certaines espèces sont menacées.

Protéger la nature pour protéger l'activité

Les enjeux de la transition écologique et énergétique sont donc particulièrement marqués dans sur un territoire fortement menacé et qui s'engage de plus en plus vers un développement durable tout en cherchant à préserver son activité économique et ses emplois touristiques. Les stations de ski font des efforts de plus en plus importants afin de réduire l'impact de leurs activités (hiver/été) sur l'environnement : gestion des déchets, utilisation réduite des canons à neige, utilisation de modes doux et des transports en commun pour se déplacer… avec l'apparition d'un nouveau label de qualité garantissant l'engagement durable des stations de ski, le Flocon Vert : Megève, Valberg, Chamrousse, Les Arcs, Châtel et les Arcs. Un label dont l'un des critères est le soutien à l'économie locale. Longtemps la population alpine a dû faire appel à l'extérieur pour ses biens de consommation, même les plus courants. Aujourd'hui, les gens plébiscitent des produits locaux de haute qualité : nourriture, mais aussi énergie avec des énergies renouvelables issues, par exemple, des barrages hydroélectriques. Au XXIe siècle, les premiers gardiens de l'environnement dans les Alpes restent les agriculteurs. Après un déclin historique des surfaces dédiées à l'élevage et aux cultures, le déclin du pastoralisme -activité essentielle à l'entretien des alpages-, les Alpes connaissent un regain de l'agropastoralisme. De la Haute-Savoie aux Alpes-Maritimes, les régions, les départements, les communes favorisent l'installation de nouveaux agriculteurs et la pratique du pastoralisme afin d'entretenir les terres dans des écosystèmes ouverts.

(Ré)Concilier environnement et économie pour mieux vivre les Alpes, voici le sens d'une histoire qui s'écrit plus en vert qu'en blanc. Aujourd'hui, les Alpes sont un véritable laboratoire du vivant où l'homme doit trouver des solutions mêlant nouvelles technologies et respect des traditions pour créer un modèle écologique durable.

ARCHITECTURE

Plusieurs éléments architecturaux apparaissent comme des évidences sur la carte postale des Alpes : les chalets en bois en altitude, les églises baroques avec leur clocher à bulbe étincelant au milieu des montagnes enneigées et les grands immeubles des stations de ski, inscrits au patrimoine du XXe siècle. Certes, ces éléments sont majeurs et nous les évoquerons largement dans ce dossier, mais ils ne doivent pas faire oublier que les Alpes abritent bien d'autres trésors d'architecture : châteaux, fortifications militaires et de nombreux ouvrages d'art. Car dans les Alpes, l'architecture doit se plier aux contraintes d'une nature qui pousse vers les extrêmes : pentes escarpées, froids intenses et poids de la neige... Des contraintes incontournables qui vont créer des similitudes architecturales à travers toutes les Alpes. Aujourd'hui, le patrimoine architectural des Alpes raconte une histoire qui s'est ancrée dans les montagnes.

Le chalet, emblème architectural des Alpes

Tout le monde emploie le terme de chalet pour désigner ces petites maisons douillettes et trop jolies disséminées dans les Alpes françaises et qui ont pour particularité d'avoir des fondations en pierre, des étages d'habitation en bois, un toit en large saillie pour abriter les murs, une façade décorée avec des ornements sculptés et un balcon pour profiter du soleil et des magnifiques paysages. Mais à l'origine, le chalet – mot qui nous vient de Suisse – désigne plutôt des constructions d'alpage, lieu de travail qui permettait d'abriter les animaux et les hommes. C'est Jean-Jacques Rousseau qui popularisera le terme de « chalet » dans *La Nouvelle Héloïse*, alors que locaux, puis touristes feront du chalet l'habitat traditionnel des montagnes.

Tous les chalets des Alpes ne se ressemblent pas et chaque région a ses particularités. La plus importante étant liée aux matériaux employés pour la construction. De manière ingénieuse, les hommes ont utilisé le peu de matériaux trouvés sur place. C'est ainsi que dans les régions riches en bois, les toits sont recouverts de tavaillons, sortes de tuiles en bois, ou de lauzes, grandes pierres plates très résistantes aux intempéries. Du chalet d'alpage rustique et isolé au chalet contemporain tout confort et regroupé dans les villages stations, quel que soit son style et son époque le chalet reste un élément emblématique de l'architecture des Alpes.

Les stations de ski, réussites et échecs de l'architecture de montagne

Bien avant que l'on ne parle de stations de ski, il y eut des villages de montagne pour accueillir les premiers touristes des sports d'hiver. Des villages comme Montgenèvre dans les Hautes-Alpes, Megève et Combloux en Haute-Savoie, L'Alpe d'Huez en Isère installent les premiers téléskis dans les années 1935/36. Le plaisir de la glisse gagne les touristes, remporte vite un franc succès obligeant les promoteurs de l'or blanc à créer des infrastructures adaptées. Pendant les Trente Glorieuses (après Guerre 1946/1975), les stations de ski poussent comme des champignons sur les pentes des Alpes. Les grands espaces naturels deviennent un terrain de jeu où l'homme joue à l'apprenti sorcier urbaniste. Chaque architecte y va de son concept pour recevoir un maximum de skieurs dans des appartements souvent réduits au minimum. Mais si certaines barres de logements défigurent les montagnes et n'offrent que peu de confort, d'autres visions sont plus abouties. L'architecture de la station des Arcs, station qui veut s'intégrer au paysage grâce au travail de Charlotte Perriand, s'inspire des réflexions de Le Corbusier. La plus réussie des stations de ski reste certainement Avoriaz, station sans voiture à l'architecture harmonieuse. De nombreux édifices des stations de ski sont labellisés Architecture contemporaine remarquable.

© FOTOVOYAGER - ISTOCKPHOTO.COM

Chalet typique des Alpes.

DÉCOUVRIR

© BTWIMAGES - SHUTTERSTOCK.COM

Fort Queyras.

Eglises et abbayes, le baroque en point d'orgue

Territoire reculé du monde et devenu vite très religieux, les Alpes sont parsemées d'églises et d'abbayes toutes plus belles les unes que les autres. Si l'art roman a donné bien des merveilles, notamment dans les Alpes du Sud sous l'influence lombarde, les lieux de culte les plus caractéristiques des Alpes sont bien les églises baroques, dont les plus beaux exemplaires se trouvent en pays de Savoie. Il existe même des Chemins du Baroque qui vous emmèneront visiter 90 sites où l'imagerie religieuse, à travers les anges, les dorures, les sculptures du retable… est omniprésente. Des ors et des couleurs remarquables qui se signalent de loin avec ces fameux clochers à bulbe qui dardent leur flèche au milieu des montagnes. Plus austères, plus confidentielles, les abbayes s'installent dans ces lieux propices au silence, au recueillement et au travail des moines. Parmi les plus célèbres : Abbaye de Hautecombe, Notre-Dame de Tamié, Monastère de la Grande Chartreuse ou Abbaye de Boscodon. Enfin, l'église Notre-Dame-de-Toute-Grâce au plateau d'Assy est un écrin moderne construit par l'architecte savoyard Maurice Novarina (église consacrée en 1950) pour des œuvres d'art de grands artistes (Matisse, Léger, Lurçat, Braque, Chagall…) inspirées par le sacré.

Châteaux et places fortes des Alpes, forteresses imprenables

Les Alpes ne sont pas connues pour abriter les plus beaux châteaux français. Mais ce serait méconnaître leur patrimoine architectural que de négliger des fortifications qui n'ont pas toujours reçu les soins nécessaires pour arriver jusqu'à nous dans les meilleures conditions. Preuve que les choses changent, des châteaux remarquables sont en cours de rénovation dans les Alpes, comme le superbe château médiéval des Sires de Faucigny à Bonneville. Parmi les châteaux à visiter lors d'une escapade sur le territoire, citons : le château de Ripaille au bord du lac Léman, le château d'Annecy qui veille sur la vieille ville, le château de Menthon-Saint-Bernard qui domine le lac d'Annecy, le château de Chambéry, résidence des Ducs de Savoie richement décorée. Les Alpes du Sud comptent moins de châteaux, mais offrent d'impressionnantes citadelles. Formant un réseau de fortifications édifiées par Vauban. Le Fort Queyras, le Mont Dauphin, la cité de Briançon sont autant de forteresses imprenables offrant aujourd'hui un décor de rêve. D'autres forts ont été élevés plus tardivement pour protéger la France pendant la Grande Guerre, comme le Fort de Tournoux dans les Alpes de Haute-Provence, surnommé le Versailles de l'art militaire, un des plus beaux ouvrages de la ligne Maginot qui résista aux assauts de l'armée Mussolinienne en 1940. Imprenables !

Barrages et tunnels, les ouvrages d'art des Alpes

Les Alpes, barrière naturelle difficilement franchissable, appellent naturellement à la construction d'ouvrages d'art aux dimensions gigantesques. Ainsi, les deux plus grands tunnels de France se situent dans les Alpes : Tunnel du Fréjus (12,87 km) et Tunnel du Mont-Blanc (11,60 km). Si l'on excepte le Tunnel sous la Manche, le Tunnel ferroviaire du Fréjus entre Modane et Bardonnechia est le plus long de France, alors que le tunnel du col de Tende se classe au troisième rang. Autre record détenu par les Alpes, celui du plus haut barrage de France avec le barrage du Chevril (barrage de Tignes) qui culmine à 180 m de hauteur. Bien d'autres barrages des Alpes dépassant les 100 m (Grand'Maison et Monteynard en Isère, Roselend en Savoie…).

BEAUX-ARTS

Au carrefour de la France et de l'Italie, deux pays de fortes traditions artistiques, les Alpes se sont couvertes de peintures au fil du temps. Les plus anciennes gravures connues – entre 3 300 et 1 800 ans av. J.-C. – se trouvent dans le parc du Mercantour dans la bien nommée Vallée des Merveilles. Si les hommes ont été très tôt inspirés par les Alpes, il faut reconnaître que les grands maîtres de la peinture et de la sculpture ont peu fréquenté cette région belle mais hostile. Même Cézanne n'apprécia guère son séjour sur les rives du lac de Talloire. Dans les Alpes, ce sont surtout les murs des églises qui vont se couvrir de peintures, des plus baroques aux églises modernes avec la sublime Notre-Dame de Toute Grâce à Passy décorée par les plus grands artistes du XXe siècle. Enfin, ce sont encore des murs qui portent aujourd'hui les œuvres des street-artistes dont la ville de Grenoble est devenue une capitale européenne.

Les églises, refuge de l'art dans les Alpes

Les Alpes abritent d'importants musées des Beaux-Arts, notamment à Grenoble, mais il est incontestable que les collections d'œuvre d'art les plus importantes dans nos montagnes se trouvent dans les églises et les chapelles. Qu'il s'agisse de peintures murales, de tableaux, mais encore de sculpture ou de pièces d'orfèvrerie remarquables. Dans les Alpes, aux XVIIe et XVIIIe siècles, la foi des habitants et le talent d'artistes locaux – venus de France et d'Italie selon les vallées – ont permis la création de véritables joyaux. Et si certaines églises peuvent paraître austères de l'extérieur, il faut absolument rentrer à l'intérieur pour découvrir de petits paradis où les peintures nous racontent de belles histoires. Impossible de citer tous les lieux à visiter, mais les églises baroques de Savoie et Haute-Savoie, les chapelles des Hautes-Alpes offrent des trésors de fresques murales à découvrir au gré de vos escapades. Parmi nos coups de cœur, l'église abbatiale d'Entremont abrite un retable fantastique et un incroyable trésor. Le Musée d'Art Sacré du Monêtier-les-Bains regroupe une riche collection de bois polychromes.

Plus près de nous, deux églises attireront les amoureux des beaux-arts : l'église Saint-Hugues de Chartreuse en Isère et Notre-Dame de Toute Grâce à Passy en Haute-Savoie. La première a été décorée de 111 vitraux par l'artiste Arcabas. La seconde ornée par des artistes parmi les plus importants du XXe siècle est un véritable écrin d'œuvres modernes signés Rouault, Bonnard, Fernand Léger, Jean Lurçat, Henri Matisse, Marc Chagall, Georges Braque, Théodore Strawinsky, Jean Bazaine, Germaine Richier, Odette Ducarne… Sans doute un des lieux les plus inspirants des Alpes.

DÉCOUVRIR

© ALASTAIR WALLACE - SHUTTERSTOCK.COM

Notre-Dame-de-Toute-Grâce, à Passy en Haute-Savoie.

Naturalisme et paysages dans les Alpes au XIXe siècle

Autrefois les peintres sortaient finalement peu de leur atelier pour peindre un paysage qu'ils composaient plutôt à l'intérieur. Et si les campagnes françaises les inspiraient, ils ne connaissaient que très peu les montagnes. Suivant la vague des premières expéditions d'alpinistes et la piste des premiers touristes en directions des montagnes des Alpes du nord, de nombreux peintres des XVIIIe et XIXe siècles ont voyagé vers les sommets enneigés et ont été inspirés par les paysages. Joseph Mallord William Turner (1775-1851) a pris la route des Alpes en compagnie de Newbey Lowson, lui-même peintre amateur. C'est Lowson qui prendra en charge presque les frais de route, parmi lesquels la location d'un cabriolet et les services d'un guide suisse, dont les connaissances permettront à Turner de documenter et d'annoter ses dessins avec une précision inaccoutumée. L'itinéraire de Turner l'emmena de Grenoble à Genève. En l'espace de quelques semaines, Turner va découvrir des sites d'une extraordinaire diversité : solitude et âpreté du mont Blanc et de Chamonix, calme et sérénité du lac Léman.

Les dessins exécutés au cours du voyage montrent l'évolution – pratiquement au jour le jour – de l'imagination picturale et de la technique graphique de Turner, et ouvrent une fascinante perspective sur l'esprit d'un artiste dans une période d'intense stimulation. Turner choisit différents supports pour son travail, tantôt crayon sur papier teinté, tantôt couleurs. A son retour à Londres, il rassemblera les plus beaux dessins dans un album à l'intention de ses clients, qui en commanderont par la suite des versions plus achevées. Le Suisse Ferdinand Hodler ou le Français Henri Deluermoz, élève de Gustave Moreau, peintre animalier feront également de superbes représentations des Alpes au tout début du XXe siècle.

Les affiches publicitaires, une certaine image des Alpes

Bien avant les méthodes numériques actuelles, la publicité mettait à profit le talent des plus grands dessinateurs pour faire passer ses messages auprès d'un large public. A partir de 1880, les Alpes découvrent le besoin de se faire connaître pour attirer à elles des touristes essentiellement parisiens séduits par la nouvelle ligne de chemin de fer PLM – Paris-Lyon-Méditerranée – qui dessert les grandes villes des Alpes. Si les premières lithographies – Hugo Alési – sont plutôt naturalistes essayant de montrer les charmes des alpages, elles n'en sont pas moins ravissantes. Les plus belles affiches publicitaires voient le jour au début du XXe siècle pour vendre les charmes des stations de ski comme Chamonix ou plus encore, celles qui – dans les années 20 – s'inspirent du cubisme pour nous proposer des sujets – souvent des femmes en train de pratiquer une activité sportive – aux lignes droites et aux couleurs vives. On peut encore admirer les affiches réalisées par Roger Broders ou le Suisse Eric de Coulon qui ont permis au style Art déco de s'inscrire dans l'imaginaire populaire au moyen de ces affiches – qui valent aujourd'hui une fortune.

Les Alpes-de-Haute-Provence, tous les chemins mènent à l'art

Sortir des sentiers battus, c'est le propre d'un Petit Futé. Alors, sortons un peu des Alpes du nord qui reviennent très fréquemment dans ce dossier consacré aux Beaux-Arts, pour parcourir ensemble une route, explorer la **Route de l'art contemporain** à la découverte d'œuvres d'art installées de manière pérenne en pleine nature ou dans des lieux patrimoniaux le long d'un nouveau territoire d'itinérance transfrontalier entre France et Italie qui passe par Digne-les-Bains, Jausiers, Château Arnoux, Seyne-les-Alpes et le col de Larche. L'occasion d'admirer une nature merveilleuse, des sites exceptionnels et des œuvres comme élément d'un paysage recomposé par l'artiste, comme ce Donjon de l'ours qui dort par Mark Dion à Seyne-les-Alpes.

Et si vous appréciez le Land Art, mouvement artistique où l'artiste fait cohabiter son œuvre avec la nature, l'arboretum de Roure, dans la vallée de la Tinée, propose un parcours en forêt parsemé d'œuvres alimentant la réflexion sur les rapports entre l'homme et son environnement. Autre aventure artistique à vivre dans les Alpes-de-Haute-Provence, le Refuge d'art Andy Goldsworthy : une randonnée pédestre de 150 km autour de la plus grande réserve géologique d'Europe avec, à chaque étape, une œuvre sentinelle à découvrir.

Grenoble Alpes Métropole, du musée au street-art

Chaque grande ville des Alpes – Annecy, Chambéry, Grenoble, Gap – possède un musée, un lieu dédié aux Beaux-Arts. Mais le Musée de Grenoble, considéré comme le premier musée d'art moderne en France, compte parmi les plus grands musées d'Europe pour ses collections d'art ancien ou d'art du XXe siècle. Les amoureux de peinture et de sculpture se régalent avec des collections allant du XIIIe siècle au XXIe siècle avec de grands chefs-d'œuvre de la peinture classique flamande, néerlandaise, italienne, espagnole, sans oublier toutes les grandes tendances de l'art contemporain. Parmi les artistes incontournables du Musée de Grenoble : Le Lorrain, Fantin Latour, Véronèse, Paul

© BEQUEST OF WALTER C. BAKER, 1971 - THE MET

« Le Fort de L'Esseillon, Val de la Maurienne, France » par Joseph Mallord William Turner, aquarelle, 1835-36.

Gauguin, Claude Monet, Georges de la Tour, Gustave Doré, Canaletto, Ingres... pour les « classiques » ; Delaunay, Chagall, Picabia, Matisse, Modigliani, Léger, Delacroix, Giacometti, Klee ou Picasso pour les modernes. Sans oublier Munoz, Nauman, Andy Warhol, Polke ou Boltanski pour les contemporains.

Grenoble est une véritable capitale culturelle, non seulement à l'échelle des Alpes, mais aussi de la France et de l'Europe. C'est là que vit le jour en 1968 la MC2, maison de la culture, une des plus importantes scènes nationales de France. Placer l'art au centre du quotidien des Grenoblois, telle était la volonté d'Hubert Dudebout, maire de la ville de 1965 à 1983. Mais à cette époque, le street-art n'en était qu'à ses balbutiements et s'inscrivait de manière totalement illégale sur les murs de la ville sous forme de tags, graffs et autres gravures urbaines. Aujourd'hui, le street-art à Grenoble est non seulement reconnu comme art à part entière, mais il est aussi encouragé, notamment à travers la tenue d'un important festival – Street Art Fest Grenoble Alpes – qui se déroule chaque année. En 2022, ce sont 50 nouvelles fresques qui ont vu le jour sur les murs de la métropole grenobloise. L'office de tourisme vous propose même 3 parcours pour explorer la métropole tout en admirant les œuvres de street-art ! Si vous ne voulez pas suivre une visite guidée passionnante (*Petit Futé* vous la conseille vivement), vous pouvez aussi charger l'application du Street Art Festival qui vous conduira vers l'ensemble des œuvres créées depuis 2015.

La photo à l'assaut des Alpes

Les Alpes ne manquent pas de clichés. D'ailleurs, parmi les sites les plus photographiés de France, les Alpes comptent quelques spots incontournables, dont le palais de l'île et le pont des Amours à Annecy qui se classent dans le top 10. Mais au-delà des téléphones portables, et des selfies qui n'ont pas grand-chose d'artistique, la photographie a permis aux alpinistes de témoigner de leurs exploits sur des sommets vertigineux, réalisant de véritables œuvres d'art. Là encore, et sans doute pour des raisons pratiques d'accès aux montagnes du côté de Chamonix, les photographes les plus remarquables réalisent leurs clichés dans les Alpes du nord. Pierre Dalloz, membre fondateur du maquis du Vercors, ami d'Antoine de Saint-Exupéry, était un alpiniste accompli – avec à son actif plus d'une trentaine de premières, il fut aussi rédacteur en chef de la revue du club alpin français – avant d'être un photographe de montagne qui contribua à faire connaître la beauté des Alpes et dans quelles conditions extrêmes se pratiquaient les ascensions. Pour voir les Alpes avec le regard des premiers alpinistes, vous pouvez visiter le site de la Maison Tairraz de Chamonix, spécialiste de la photographie alpine, avec ses collections qui vous font voyager dans le temps et à travers le massif du Mont-Blanc.

LITTÉRATURE

Avant d'être source d'inspiration pour les écrivains, les Alpes ont fait l'objet de nombreuses descriptions par des géographes et historiens craintifs et curieux. Les grecs et les latins, Tite-Live en tête dans son *Histoire romaine*, racontent les peurs engendrées par la traversée des Alpes. Le premier ouvrage consacré aux Alpes fut le *De Alpibus Commentarius* par le Suisse Josias Simmler en 1574. Mais c'est au XVIIe siècle que les Alpes acquirent leurs lettres de noblesse avec Jean-Jacques Rousseau et sa *Nouvelle Héloïse* où l'auteur imagine le massif comme un lieu paradisiaque à l'écart du monde. Lieu privilégié du romantisme – Byron, Shelley… –, les Alpes seront aussi le théâtre des romans de montagne, de leurs nombreuses tragédies et morceaux de bravoure à la suite d'alpinistes tel Frison-Roche. Entre réalité et fiction, les Alpes livrent leur démesure, continuent d'émerveiller et d'effrayer à travers thrillers et polars.

Jean-Jacques Rousseau, promenade dans les Alpes

Le philosophe des Lumières, dont la lecture ne vous passionnait sans doute guère au lycée, a parcouru les Alpes pendant quelques années. L'auteur de *La Nouvelle Héloïse*, des *Rêveries du promeneur solitaire* et des *Confessions* a vécu à Chambéry de 1731 à 1742. Installé dans une modeste demeure avec sa protectrice madame de Warens, « avec peu d'air, peu de jour, peu d'espace » (*Les Confessions*, livre V), Jean-Jacques Rousseau préfère le calme et la verdure du vallon des Charmettes à Chambéry (maison devenue musée) où il connaîtra le bonheur. Le séjour chambérien est important dans la vie du philosophe car c'est là que madame de Warens entreprit l'éducation littéraire et philosophique du jeune Rousseau avant que celui-ci ne voyage dans les Alpes, préférant les lacs aux montagnes.

Lamartine.

Les frères de Maistre, la plume militante et voyageuse

La statue de ces deux Savoyards se dresse depuis 1899 à l'entrée du château de Chambéry. L'aîné, Joseph (1753-1821), mit sa plume au service de la contre-révolution chrétienne et ultramontaine. L'annexion française de la Savoie l'amena à s'exiler pour Lausanne puis en Sardaigne où il rédigea ses *Lettres d'un royaliste savoisien* et *Considérations sur la France*. Envoyé en Russie en qualité de ministre plénipotentiaire du roi de Sardaigne auprès du tsar, il y écrivit les célèbres *Soirées de Saint-Pétersbourg*.

Xavier de Maistre (1763-1852), son frère, est davantage porté vers l'aventure. Il fut tour à tour inventeur, militaire au service du royaume sarde, peintre – certaines de ses œuvres sont exposées au musée des Beaux-Arts de Chambéry –, poète et écrivain. Il cultiva notamment l'art de la nouvelle dont les plus connues sont *Voyage autour de ma chambre*, *Le Lépreux de la cité d'Aoste* ou *La Jeune Sibérienne*.

Lamartine et le lac du Bourget, aux sources du romantisme

C'est en 1820 que Lamartine se retrouve seul au bord du lac du Bourget alors que son amie est malade à Paris et qu'il compose ces vers pour demander au lac majestueux de conserver dans son éternité la trace de ses amours éphémères. « [...] Un soir, t'en souvient-il ? nous voguions en silence ; On n'entendait au loin, sur l'onde et sous les cieux, Que le bruit des rameurs qui frappaient en cadence Tes flots harmonieux. Tout à coup des accents inconnus à la terre Du rivage charmé frappèrent les échos ; Le flot fut attentif, et la voix qui m'est chère Laissa tomber ces mots : « O temps, suspends ton vol ! et vous, heures propices ! Suspendez votre cours : Laissez-nous savourer les rapides délices Des plus beaux de nos jours ! [...] ». Les Alpes éternelles ont-elles ce pouvoir d'arrêter le temps ?

Cures littéraires, inspiration dans les stations thermales

La mise en service de la ligne de chemin de fer du Paris-Lyon-Méditerranée dans la seconde moitié du XIXe siècle donne aux personnes fragiles et rentières une nouvelle excuse pour quitter une capitale polluée. Aux voyageurs avides de pittoresque, on conseille les excursions et le dépaysement. Aux rentiers cherchant oisiveté et détente, on prescrit de longs séjours dans les stations mondaines, où les distractions sont considérées comme un élément essentiel de la cure. Cette justification de pratiques par le discours médical a fortement contribué au développement touristique et économique des stations thermales des Alpes. Des réputations se fondent durablement. Ainsi Colette, avant de fréquenter la Côte d'Azur, part en cure à Uriage, Verlaine est à Aix-les-Bains et Proust découvre d'autres figures de la bonne société à Evian où l'on peut transposer une partie de *La Recherche du temps perdu*.

Géo Charles, champion olympique de littérature !

C'est dans une discipline plutôt inattendue que Charles Guyot, connu sous le pseudonyme de Géo-Charles, a remporté une médaille d'or aux Jeux olympiques de Paris en 1924. Ce sportif accompli, amoureux des arts, aurait pu sans doute pu concourir dans des disciplines athlétiques, mais c'est bien dans le cadre des « Concours d'art et littérature », chers au fondateur des Jeux, Pierre de Coubertin, que Géo-Charles devint champion olympique ! Le musée Géo-Charles se trouve à Echirolles en Isère, abritant un patrimoine unique du XXe siècle concernant la littérature, mais aussi l'art et le sport.

Du roman de montagne au Premier de cordée

Le roman de montagne est un genre populaire qui apparaît au début du XXe siècle pour permettre au grand public de suivre la trace des alpinistes. Si les débuts du genre sont plutôt laborieux sous la plume d'alpinistes ne sachant pas trop comment partager leurs exploits, Frison-Roche se révèle être un auteur majeur. Alpiniste et grande figure des Alpes, reporter et écrivain, qui ne connaît pas Frison-Roche pour son best-seller *Premier de cordée* ? Une histoire où se mêlent la passion pour l'alpinisme d'un jeune garçon qui veut devenir guide à tout

© GEORGIOSART - ISTOCKPHOTO.COM

Jean-Jacques Rousseau

prix, le courage et la solidarité des hommes de la montagne face à l'adversité. Frison-Roche a écrit de nombreux ouvrages sur les montagnes qu'il faut tous recommander aux amoureux de l'alpinisme. Les alpinistes René Demaison (*342 heures dans les Grandes Jorasses*), Gaston Rebuffat (*Le Massif du Mont-Blanc*), Lionel Terray (*Les Conquérants de l'inutile*) dépeignent avec talent leurs ascensions verticales. Les Alpes constituent un réservoir inépuisable pour raconter d'incroyables aventures humaines, comme celle d'un Frison-Roche avec ces *Montagnards de la nuit* ou celle contée par Roger Canac dans son *Gaspard de la Meije*.

Les Alpes noires, thrillers et polars

Après s'être longtemps tournées vers le blanc des sommets et la beauté des montagnes, sans éluder les drames liés à l'alpinisme, les Alpes révèlent un côté plus sombre avec le succès de genres contemporains que sont le polar et le thriller. Les Alpes offrent un décor de rêve pour des genres très en vogue qui aiment les lieux reculés et inaccessibles, parfaits pour commettre des crimes ou cacher des secrets monstrueux. *Crime sous le Mont-Blanc* et *Un guide pour la mort,* publiés en 1970 et 1971, de Dominique Arly, préfigurent une déferlante de romans mettant en scène des meurtres dans les montagnes. De *Mystère à Isola 2000* de Jean Emelina au terrifiant *L'Illusion* de Maxime Chattam, sorte de *Shining* version alpine, les Alpes n'ont pas fini de nous effrayer.

MUSIQUES ET SCÈNES

Dans l'imaginaire français, la musique des Alpes se confond trop souvent avec un cor ou un chant yodle des Alpes… suisses. Si quelques cors, mystérieux instrument de 3,70 m de long, résonnent dans les Alpes françaises, vous entendrez plus souvent la musique de deux instruments traditionnels de nos montagnes : le violon et l'accordéon. Ce sont eux qui mettent en musique les fêtes de village et leurs danses joyeuses. Comme pour les écrivains, les Alpes accueillirent de nombreux musiciens venus profiter (et travailler) des plaisirs des cures thermales. De grands événements perpétuent ce souvenir, comme les Rencontres musicales d'Evian ou les Nuits romantiques d'Aix-les-Bains. Le jazz trouve également une large place dans l'agenda des festivals d'altitude, de Chamonix – ville refuge de nombreux musiciens – à Barcelonnette. Enfin, les musiques actuelles s'épanouissent aussi dans les Alpes, notamment sur d'incroyables scènes en plein air.

Violons et accordéons, les instruments des Alpes

On ignore que les Alpes, terre d'échanges culturels entre la France et l'Italie notamment, portent une véritable histoire musicale au son d'un instrument qui revient régulièrement à la mode : le violon. Autrefois dans le Dauphiné, les ménétriers joueurs de violon étaient les artisans principaux du paysage sonore des « petites provinces » alpines. Présents aux fêtes officielles, aux vogues, aux veillées, ces musiciens ont développé une musique originale étroitement associée à la danse du rigodon. A travers quelques groupes comme Arco Alpino ou Rigodon, on peut aujourd'hui continuer d'écouter cette musique qui fit tant danser dans les villages des Alpes.

Berlioz, le génie à la hauteur des Alpes

S'il est un génie à la hauteur des Alpes, c'est Hector Berlioz. Né en Isère en 1803, il passera les 18 premières années de sa vie à la Côte Saint-André.

Hector Berlioz.

Ce génie absolu de la musique classique, artiste complet – compositeur, chef d'orchestre, mais aussi écrivain –, l'un des plus grands représentants du mouvement romantique, sera inspiré par la vision des Alpes. L'auteur de la *Symphonie fantastique*, tout comme d'autres compositeurs de la même époque (Mahler en Autriche, Grieg en Norvège), affectionne l'ambiance romantique des alpages. Parmi les œuvres que l'on pourra écouter pour voyager dans les Alpes avec Berlioz : *Harold en Italie*, *La Marche des pèlerins* ou *Sur les monts les plus sauvages*.

Musique mécanique : un air de fête, une précision horlogère

Tout d'abord, qu'est-ce que la musique mécanique et pourquoi s'est-elle développée dans les Alpes du nord ? La musique dite mécanique est réalisée à partir d'instruments – principalement les orgues (limonaire, orgue de Barbarie), le piano mécanique, les boîtes à musique… – capables de jouer un air de manière autonome en lisant un support comme des bandes perforées. La musique mécanique a connu son essor au XIXe siècle, avec la démocratisation des bals populaires où l'on ne pouvait pas toujours réunir un orchestre. Et pourquoi particulièrement dans les Alpes ? Sans doute parce que la première boîte à musique a été inventée en 1796 par un horloger suisse et que, par la suite, de nombreuses pièces mécaniques seront fabriquées par les paysans devenus « décolleteurs » de la vallée de l'Arve. Un magnifique Musée de la Musique mécanique se trouve dans la station des Gets en Haute-Savoie.

Chansons populaires des Alpes

La chanson la plus célèbre des Alpes du Nord – si l'on excepte *Étoile des Neiges* (écrite en allemand par un Autrichien en 1944, cette chanson n'est arrivée en France qu'en 1950, chantée par Line Renaud) que d'aucuns chantent encore sur

© GWENGOAT - ISTOCKPHOTO.COM

Orgue de Barbarie.

les télésièges de nos stations de ski… –, c'est sans doute *Le Petit Savoyard* d'Alexandre Guiraud. Cette chanson populaire du début du XXe siècle disait tout le malheur d'une mère qui voit partir son fils, car les Alpes ne peuvent plus le nourrir. En effet, de nombreux Alpins sont partis pour d'autres régions françaises devant la pauvreté et la rudesse des montagnes. Ils sont devenus pour la plupart les célèbres ramoneurs qui arpentaient les rues de Paris.

Les scènes nationales des Alpes, décentralisation culturelle et espaces de création

Lieux de création par excellence, elles sont le point d'expression de nombreuses formes d'art : les scènes nationales. Rassemblant les anciennes maisons de la culture créées par André Malraux, le réseau des scènes nationales a vu le jour en 1991. Il en existe 76 en France, dont 5 se trouvent sur le territoire alpin : Bonlieu à Annecy, MC2 à Grenoble, Hexagone à Meylan, Malraux à Chambéry et La Passerelle à Gap. La plus emblématique est très certainement la MC2 de Grenoble, inaugurée par Malraux en 1968 : elle fait partie des structures phares de la décentralisation culturelle. Des scènes qui proposent chacune une programmation pluridisciplinaire dans le domaine du spectacle vivant : musique, danse, théâtre… Des scènes à faire vivre et à fréquenter avec la plus grande curiosité.

Le jazz et les Alpes, notes bleues sur les montagnes

Les Alpes ont cet effet de nous rendre contemplatifs devant les plus beaux paysages. Un sentiment profond, mêlant bonheur et mélancolie, partagé par de nombreux artistes de jazz qui affectionnent particulièrement les Alpes. Musique souvent considérée comme réservée à une élite, le jazz est arrivé très tôt dans les Alpes, notamment dans les grandes stations thermales pour le divertissement des curistes ou dans les grands hôtels des villages et stations d'altitude comme Chamonix. Ce n'est pas un hasard si l'un des plus grands festivals de jazz au monde, le Montreux Jazz Festival, se tient sur les rives du lac Léman, face aux Alpes. Ce qui est remarquable, c'est le nombre de festival de jazz, tous plus populaires les uns que les autres, qui se déroulent tout au long de l'année dans le massif. Parmi les plus importants, citons le Cosmo Jazz Festival de Chamonix, ville où s'est installé le célèbre pianiste André Manoukian ; Jazz' Alp, le festival de l'Alpe du Grand Serre, station familiale en Isère ; l'Altitude Jazz Festival de Briançon et Serre Chevalier Vallée dans les Hautes-Alpes ou Les Enfants du jazz à Barcelonnette, un des plus importants festivals des Alpes-de-Haute-Provence.

Festivals et scènes indépendantes, les Alpes qui vibrent

Romantiques, mélancoliques, les Alpes – source de jeunesse, c'est bien connu – savent aussi se montrer festives et dansantes sur des scènes où l'on joue des musiques actuelles. Les salles de qualité à la programmation éclectique – du rock à l'électro en passant par le metal – ne manquent pas à travers les Alpes. Citons le Brise Glace et l'Arcadium à Annecy, la Belle Electrique, l'Ampérage ou la Bobine à Grenoble, la ville des Alpes qui bouge le plus en matière de musiques actuelles. Autres lieux fréquentés par les amoureux de musique, les festivals des Alpes : Musilac, le plus grand festival pop-rock de France sur les bords du lac du Bourget ; le Rock'n Poche, festival super sympa à Habère-Poche ; l'incroyable Tomorrow Land version Winter à l'Alpe d'Huez ou l'Outdoormix Festival mêlant sports extrêmes et musique à Embrun dans les Hautes-Alpes. Et si vous souhaitez découvrir un bon son électro, doux et dansant à la fois, évoquant le charme des Alpes françaises, écoutez le titre *Annecy* de Kazy Lambist.

QUE RAPPORTER ?

Une fois votre séjour dans les Alpes terminé, que rapporter dans vos bagages pour garder les meilleurs souvenirs ? En faisant le tour des boutiques de souvenirs, vous pourrez constater que le choix est immense. Mais comme vous ne voulez pas rapporter dans vos valises les chaussons en forme de marmotte fabriqués de l'autre côté de la planète, nous allons vous aider à choisir d'authentiques produits de producteurs et artisans locaux. A commencer par les produits gourmands, comme les fromages, la charcuterie, les vins et spiritueux qui sont les « best sellers » des Alpes. Pour les fromages et la charcuterie, prenez soin de demander un emballage sous vide pour une meilleure conservation lors du transport. L'artisanat des Alpes offre un large choix d'objets manufacturés à rapporter : poteries, objets en bois, peaux... Enfin, il est possible de rapporter des vêtements, techniques ou mode, fabriqués dans les Alpes.

Des souvenirs gourmands qui sentent bon le terroir alpin

La première chose que l'on pense à rapporter des Alpes, c'est un morceau gourmand de ce terroir exceptionnel. Même chez son fromager ou chez son caviste habituel, les produits des Alpes ont une saveur différente que ceux achetés chez les meilleurs producteurs et artisans locaux. Dans les Alpes, il est recommandé d'acheter directement dans les fruitières, à la ferme, sur les marchés et chez les fromagers. Pour les fromages, les pâtes pressées non cuites (la plupart des fromages fermiers alpins) peuvent se conserver pendant un long transport. Mais parce qu'ils sont sensibles à la chaleur et qu'ils peuvent évoluer rapidement (et sentir très fort...), il est préférable de faire emballer les fromages sous-vide et de les mettre dans un endroit frais. Idem pour les salaisons que l'on aura pris soin d'acheter dans une charcuterie ou dans une épicerie spécialisée (pas dans une boutique de souvenirs...). Vins de Savoie, liqueur de génépi, chartreuse offrent d'autres plaisirs gourmands à rapporter facilement, tout comme les chocolats – Bonnat à Voiron et de nombreux chocolatiers – ou un étonnant et délicieux gâteau de voyage Vauban fabriqué à Briançon par le chef Bruno Desclaux.

Les couteaux des Alpes, de l'Alpin à l'Opinel

Rapporter un couteau des Alpes, c'est s'assurer de sa robustesse et de sa qualité de fabrication. A l'origine, les couteaux étaient utilisés par les bergers et les montagnards aussi bien pour partager un repas que pour sculpter un morceau de bois, voire tailler un bloc de glace. Rustique, nomade, c'est un couteau solide et tranchant idéal pour les randonneurs. On trouve plusieurs artisans couteliers dans les Alpes, dans toutes les grandes villes (Annecy, Grenoble, Chambéry...), mais aussi dans les montagnes, comme la forge de Robert Nicolas installée à Chabottes au cœur des Hautes-Alpes ou la Forge de l'Ubaye à Barcelonnette. L'Alpin, le Savoyard, le Montagnard..., vous trouverez forcément le couteau qui vous correspond.

Le couteau emblématique des Alpes, fabriqué en Savoie du côté de Chambéry, c'est l'opinel. Au fond de sa poche, un bon montagnard n'a pas un couteau, mais un opinel. Ce nom propre, devenu nom commun, est entré dans le dictionnaire. Créé en 1890, la renommée de l'opinel a dépassé depuis longtemps les frontières des Alpes : on en trouve dans presque tous les pays du monde, mais la seule boutique de la marque à la main couronnée gravée sur la lame se trouve à Annecy. La réputation de ces couteaux, sobres et rustiques, mais à la solidité légendaire, n'est plus à faire, c'est le fidèle compagnon des bergers, des paysans et des randonneurs.

L'artisanat du bois, une spécialité des Alpes

Dans les Alpes, de nombreux artisans perpétuent la tradition ancestrale du travail du bois. Matière première présente dans tous les massifs avec les résineux – épicéa, mélèze et, plus rare, le pin cembro –, le bois a servi à construire les chalets et à réaliser de nombreux objets usuels ou décoratifs. Des couverts de table et ustensiles de cuisine faciles à rapporter, des saladiers et autres contenants, le bois prend toutes les formes. L'une des plus belles, et des plus traditionnelles, étant représentée par les colombes de la vallée d'Abondance en Haute-Savoie. La colombe d'Abondance fait partie des objets d'art populaire. Elle était réalisée par les paysans lors des longues soirées d'hiver ou par les bergers dans les alpages. Symbole de paix, elle protégeait la maison et était une preuve forte d'amitié de ceux qui l'offraient. Aujourd'hui, sculptées à la lame d'un couteau, les colombes sont encore fabriquées par quelques artisans passionnés. Il faut environ 3 heures pour réaliser une pièce d'une finesse incomparable ! Avec le pin cembro, les artisans des Hautes-Alpes confectionnent des meubles d'art et des objets d'art qui dureront plus longtemps que des meubles suédois... Autres réalisations à partir ce matériau remarquable, le pin cembro, les jouets 100 % en bois des Artisans du Queyras. Créée en 1920 à Arvieux, cette coopérative perpétue un circuit durable : forêt du Queyras, scierie du Queyras, artisans du bois, décoration à la main... du véritable « fait dans les Alpes ».

Les poteries aux motifs des Alpes

La poterie culinaire et décorative est très présente dans les Alpes. De la Haute-Savoie aux Alpes-Maritimes, chaque région, chaque massif même, possède son style spécifique, avec souvent en commun une décoration faite à la main avec des couleurs vives et des motifs naïfs du plus bel effet sur une table rustique. Dans les Alpes du Nord, pots à lait à pois – le décor de base de la poterie savoyarde –, bols d'alpage jaspés – des marbrures –, plats à matouille à fleurs – souvent des edelweiss et autres fleurs de montagne – garnissent les armoires. Dès le petit-déjeuner, ils apportent un peu des Alpes dans votre vie quotidienne. En descendant vers le sud des Alpes, les poteries prennent des allures plus provençales. La terre devient plus rouge, les couleurs pastel et les motifs s'estompent. Dans tous les cas, les poteries fabriquées par les artisans des Alpes sont de magnifiques objets à rapporter avec soin dans ses valises.

Vêtements de fabrication alpine

Et si les vêtements rangés dans votre valise pour aller dans les Alpes cette année, en été comme en hiver, étaient ceux que vous avez rapportés de votre précédent séjour ? Températures et conditions extrêmes, pratique sportive, les Alpes cassent les codes de votre garde-robe, leur donnant un aspect plus technique dans les tissus et matériaux utilisés, plus décontracté et confortable pour le style. Ne nous leurrons pas, la grande majorité des vêtements techniques dédiés au ski ou à la randonnée, même pour les grandes marques françaises des Alpes (Millet, Salomon, Rossignol, Moncler...), ne sont pas fabriqués en France. Certaines entreprises font perdurer une longue tradition. La filature Arpin en Haute-Tarentaise continue de filer la laine et crée de chaudes étoffes pour fabriquer des vêtements aux lignes épurées. D'autres entreprises innovent pour fournir des vêtements techniques performants. Située dans la région d'Annecy, la société SNC fabrique sur place depuis plus de 40 ans des vêtements confortables adaptés à la montagne (boutique pas très loin du lac d'Annecy).

SPORTS ET LOISIRS

Les temps changent, parce que la météo change. Depuis les années 1970, quand on pense Alpes, on pense ski. Normal, puisque tout a été mis en œuvre pour faire des Alpes françaises la première destination au monde pour le ski. Avec près de 300 000 hectares de domaine skiable, de nombreux sites de ski nordique, les Alpes offrent un territoire exceptionnel aux sports sur neige. Cependant, à cause des aléas climatiques, et de la crise sanitaire, les amoureux de la montagne se tournent de plus en plus vers la pratique de sports et de loisirs hors saison hivernale. La randonnée dans les Alpes s'adapte à tous les niveaux, sans parler du trail qui gagne du terrain chaque année. Le canyoning, le rafting, le parapente, la via ferrata sont devenus des sports à sensations fréquemment pratiqués dans les Alpes. Plein air, pleine nature, la montagne est l'espace idéal pour faire des activités sensationnelles, c'est-à-dire qui remuent tous vos sens.

Des chemins de randonnée dans un environnement exceptionnel

Toutes les Alpes sont parcourues de centaines de kilomètres de chemins de randonnée. Sur ce vaste territoire sauvage, les chemins ont été naturellement tracés par les hommes pour passer d'une vallée à l'autre, pour monter dans les alpages ou pour approcher les sommets. La plupart de ces chemins sont praticables de mai à octobre, à condition que l'on ne monte pas trop haut ! Même en plein été, il n'est pas rare de rencontrer des névés – plaques de neige – à 2 500 m d'altitude. Malgré l'excellent balisage et les moyens modernes dont on dispose – de l'hélicoptère au téléphone portable –, les Alpes rappellent chaque année qu'il faut toujours préparer une randonnée et prendre quelques précautions : toujours dire où l'on va, avoir une bonne condition physique, un matériel adapté (les chaussures surtout), de l'eau, des lunettes de soleil et une crème solaire efficace, prendre des renseignements auprès des services météorologiques et demander conseils à l'office de tourisme ou partir avec un guide pour mieux découvrir le milieu alpin… A vous les plus beaux chemins des Alpes !

Sentiers des Alpes, la grande marche

Parmi les grands sentiers de randonnées des Alpes : le superbe GR®5, avec la GTA (Grande

© SANDERSTOCK - ISTOCKPHOTO.COM

Randonnée près de Chamonix-Mont-Blanc.

© SUBBOTSKY - ISTOCKPHOTO.COM

Via Ferrata vers Chamonix.

Traversée des Alpes) qui trace une voie du Léman à la Méditerranée ; le GR® TMB (Tour du Mont-Blanc), sentier mythique de 215 km dans une ambiance de haute montagne ; le GR®54, le tour de l'Oisans et des Ecrins, un des sentiers les plus longs, 184 km, et des plus difficiles des Alpes ; les GTV, les Grandes Traversées du Vercors, avec un tour complet de 350 km pour les marcheurs en quête de solitude sur les hauts plateaux ; le GR®58, le tour du Queyras, une boucle de 128 km et l'un des sentiers les plus réputés des Alpes avec ses 7 700 m de dénivelé ; le GR®52 qui traverse les Alpes-Maritimes en révélant aux randonneurs les gravures de la Vallée des Merveilles.

Courir, c'est dans la nature des Alpes

Les *runners* ont pris les montagnes par les chemins. Jusqu'alors, on ne parlait que de randonneurs sur les sentiers. Désormais, on croise des coureurs, appelés *trailers*, empruntant des sentiers balisés pour faire de jolies boucles au milieu de paysages sublimes. Mais si les paysages sont à couper le souffle, les dénivelés le sont encore plus ! Une sortie en trail s'exprime donc en kilomètres, mais aussi en D+ et - (dénivelé positif et négatif). Pour faire un trail dans les meilleures conditions, le *Petit Futé* vous recommande les stations de trail : Les Saisies, Val d'Isère, Chartreuse, Oisans Huez, Vercors Villard-de-Lans, Pays des Ecrins, Vésubie.

A l'assaut des cols, les cyclistes aux sommets

Depuis l'ouverture des grands cols alpins, les cyclistes ont toujours essayé de suivre les traces des géants du Tour de France en franchissant des noms mythiques : Galibier, Lautaret, Izoard, Iseran, Taillefer, Granon, Croix de Fer… Sans oublier la mythique montée de l'Alpe d'Huez, ses 21 virages et ses 13,8 km à 7,9 % de moyenne ! Tous des cols dits « hors catégorie » tant les pentes sont vertigineuses. Mais le cyclisme, même sur les routes goudronnées, se pratique désormais aussi avec des VAE (Vélos à Assistance Électrique) qui permettent de gravir toutes les pentes, même les plus raides, avec aisance. Entre plaisir de l'effort sportif et plaisir de rouler dans les Alpes, tous les cyclistes sont bienvenus.

VTT, descente et fun sur deux-roues

Le vélo tout-terrain a gagné les Alpes depuis de nombreuses années et permet aux sportifs de haut niveau comme aux amoureux de la nature de profiter de parcours qui vous emmènent toujours plus loin et toujours plus haut. Le VTT, lui aussi devenu électrique, se pratique en famille. Toutefois, ce sport nécessite une bonne condition physique et le port du casque est vivement recommandé sinon obligatoire sur certains domaines. Un système de parcours de couleurs permet aux amateurs de *Mountain Bike* de ne pas s'aventurer vers des circuits trop difficiles pour eux. Les stations, qui plébiscitent ce sport en pleine expansion, ont mis leurs remontées mécaniques à disposition du VTT de descente et ont créé des espaces dédiés, avec des modules pour sauter et faire des figures acrobatiques, appelés *Bike Park*. Parmi les stations les mieux équipées : Châtel, Les Saisies, l'Alpe d'Huez, Les 2 Alpes, Les Gets, Pra Loup.

Parapente au coeur des Alpes.

Grimper dans les Alpes : alpinisme, escalade et via ferrata

L'alpinisme, discipline extrême autrefois réservée à des spécialistes bien entraînés, s'est largement démocratisé. Si gravir le mont Blanc est aujourd'hui à la portée du plus grand nombre – avec un permis d'ascension obligatoire depuis cette année –, il ne faut jamais négliger la sécurité et ne pas se surestimer avant de faire une course. Le meilleur moyen de se protéger et de profiter de la montagne, c'est encore de faire appel à des spécialistes qui la pratiquent toute l'année. N'hésitez jamais à contacter le bureau des guides de votre station avant de partir à l'aventure.

Les sites **d'escalade** sont très nombreux à travers les Alpes. Certaines parois sont raides et les corniches à franchir ne manquent pas. Mais l'escalade se contente de superbes falaises que l'on ne trouve pas forcément dans les Alpes du Nord réputées à bien d'autres titres. Les grimpeurs aiment le Vercors avec les voies de Presles, plus de 300 voies réputées à travers la France. Les offices de tourisme et les bureaux des guides proposent en saison des initiations ou des confirmations pour tous ceux qui veulent se mesurer à la roche.

La **via ferrata** est le chemin par lequel vous pourrez connaître les premiers émois que peut vous procurer le vide. Des câbles, des échelons, les voies sont équipées pour vous faciliter la tâche afin de franchir chaque obstacle dans les conditions de sécurité optimales mais avec des sensations maximales. Il est impératif d'être bien équipé – ne partez pas sans un baudrier et un casque –, et de ne pas craindre d'affronter le vide ! N'hésitez pas à vous renseigner auprès des bureaux des guides et d'accompagnateurs, ils sont souvent à l'origine de leur aménagement.

Le ski, retour sur les planches

La saison blanche, sans ouverture des remontées mécaniques dans les stations, que nous avons traversée en 2020-2021, a mis en lumière une autre pratique de la glisse sur neige : le **ski de randonnée**. Jusqu'alors réservé aux amoureux des grands espaces, skieurs et sportifs aguerris, grands connaisseurs des risques de la montagne, le ski de montagne – autre appellation du ski de randonnée - a connu un grand succès. Une pratique ancienne facilitée par le matériel moderne, un peu plus coûteux que celui du ski traditionnel. Une position marche et des peaux (dites de phoque mais qui sont en réalité en fibres synthétiques ou en mohair) fixées sous les skis permettent de monter les pentes, pas trop abruptes, tout en zigzaguant. Il ne reste plus qu'à se régaler avec la vue au sommet et le plaisir de la descente. Autre pratique qui ne nécessite pas de remonte-pentes, et qui a connu un essor spectaculaire pendant la période, le **ski nordique** profite de paysages de rêve dans toutes les Alpes françaises et d'excellents résultats de nos athlètes pour se développer. Le **ski alpin** et toutes ses variantes modernes – snowboard, free style, ski extrême… – continuent d'être largement pratiqués sur les pistes et, de plus en plus, en dehors des pistes, dans des snowparks ou en hors-piste avec tous les risques et dangers que cela comporte.

S'envoyer en l'air dans les Alpes

Puisque les montagnes des Alpes nous rapprochent du ciel, autant décoller dans les airs ! Le **parapente** – voile rectangulaire, pilote en position assise –, est né en Haute-Savoie sur les pentes de Mieussy. Une aérologie très favorable à la pratique de cette activité ainsi qu'un relief tout à fait approprié font des Alpes une région leader en ce domaine. Autre lieu mythique des Alpes, Saint-Hilaire-du-Touvet en Chartreuse où se déroule la célèbre Coupe Icare du vol libre. Bien sûr, les autres stations ne sont pas restées à regarder voler ces ailes sans agir et les stations des Alpes du Sud organisent de nombreuses compétitions.

Pour augmenter encore d'un cran les sensations, vous pouvez pratique le **parachutisme**, ou chute libre, au-dessus des Alpes. Si vous voulez voler quelques minutes dans l'air des grands sommets avant d'ouvrir votre voile, rendez-vous dans les Hautes-Alpes à l'aérodrome de Gap-Tallard pour sauter en toute sécurité avec les meilleurs parachutistes du monde. Autre *drop zone* pour sauter en tandem au-dessus des Alpes, l'aéroport de Grenoble Saint-Geoirs en compagnie d'un septuple champion du monde : Franck Bernachot.

Autre moyen de voler dans les Alpes, le **vol à voile** depuis le site de Château-Arnoux dans les Alpes-de-Haute-Provence, Centre National de Vol à Voile, depuis le site de Tallard dans les Hautes-Alpes ou depuis le site d'Habère-Poche (74) pour survoler le lac Léman en toute quiétude. Enfin, la **montgolfière** permet de voler en sécurité et en silence au-dessus des montagnes. Parmi les principales bases d'envol, Praz-sur-Arly où se déroule chaque année les Montgolfiades Internationales.

Les eaux vives

Dans les airs, sur terre, sur neige et sur l'eau, les Alpes se pratiquent sur tous les terrains ! S'il est possible de faire de la voile ou du ski nautique sur les grands lacs alpins, on peut préférer des activités aquatiques plus remuantes. Le **canyoning** est une discipline très physique avec des rappels dans les cascades, des sauts dans les vasques, la brasse dans les eaux bouillonnantes. Une activité tonique, accessible à tous à condition d'aimer l'eau et de savoir nager, qui consiste à descendre un cours d'eau dans son intégralité dans sa partie la plus verticale. Aujourd'hui, seuls les professionnels de la montagne agréés pour le canyoning sont habilités à vous encadrer. Entre natation et canyoning, **l'hydrospeed** permet de partir sur les eaux vives des torrents de montagne, protégé d'une véritable carapace pour se préserver aussi bien des rochers que de la température d'une eau qui dépasse rarement les 10 °C. Le **rafting** est le sport d'eaux vives le plus pratiqué, car le plus accessible, sur les cours d'eau agités des Alpes. Depuis le « hot dog » à deux places qui vous rappellera le bateau gonflable de votre enfance aux gros pneumatiques où l'on embarque à huit personnes, il va falloir tout de même pagayer pour éviter les obstacles naturels en travers de votre descente. Le classement des rivières s'échelonne de 1 à 4, sachant que ce dernier niveau n'est accessible qu'à une élite bien entraînée. Les plus beaux sites se trouvent sur l'Isère – Bourg-Saint-Maurice dispose d'une Base internationale d'eaux vives –, sur la Guisane dans la vallée de Serre-Chevalier, sur le Vénéon, sur le Giffre à Samoëns, sur le Chéran dans les Bauges ou sur le Rabioux non loin de la Durance et sur le Verdon qui accueille toutes les disciplines d'eaux vives.

© ROBERTO CAUCINO - SHUTTERSTOCK.COM

Groupe de skieurs dans la Vallée blanche.

GASTRONOMIE

Alpes et gastronomie, ce n'est pas une association évidente pour qui a en tête une fondue roborative, associée à un vin trop piquant, mangée dans un mauvais restaurant de station. Pourtant Alpes et gastronomie, c'est un mariage parfait salué par les plus grands chefs – sur 30 restaurants 3-étoiles Michelin en France, 4 se trouvent dans les Alpes ! – qui se régalent de trouver dans les montagnes des produits d'exception : les meilleurs fromages de vache ou de chèvre, les charcuteries et la viande de bœuf, l'agneau des Hautes-Alpes, le miel de Provence, la noix de Grenoble, les poissons de lac, les légumes et les fruits, les vins issus de cépages autochtones ou les spiritueux. La liste est longue et permet de varier les plaisirs de la table à l'infini avec une gastronomie qui tend, elle aussi, vers le développement durable. Recettes d'autrefois ou créativité d'aujourd'hui, l'essentiel c'est d'avoir les meilleurs produits des Alpes !

Aliments à conserver et plats typiques

La gastronomie des Alpes a été élaborée à partir d'une donnée simple : la disponibilité des quelques produits réussissant à pousser sur des terres difficilement cultivables en altitude, des produits laitiers et des viandes issus de l'élevage de races locales, des produits qui pouvaient arriver régulièrement depuis les vallées proches ou dans les sacs des marchands franchissant les montagnes depuis les contrées de l'est (épices notamment...). C'est ainsi que, selon les cultures, les traditions, chaque village, massif, vallée a constitué son livre de recettes à base de fromages, crème et beurre, pommes de terre, farine de blé, charcuterie... Des produits et des plats qui doivent se conserver pendant les longs hivers de disette tout en apportant un maximum de calories aux travailleurs des Alpes, mais aussi des plats de fête et de partage. Parmi ces plats typiques, citons :

- **Les crozets** : les pâtes des Savoyards. Plus petites que les pâtes italiennes, elles n'ont que cinq millimètres de côté, elles sont composées de farine de blé tendre pure ou mélangée à de la farine de sarrasin. Les crozets accompagnent tous les plats de charcuterie et notamment les diots, saucisses à qui on les marie volontiers.
- **Le gratin dauphinois** : la grande spécialité des Alpes du Nord. Chacun pense détenir la meilleure recette et est convaincu de savoir faire le meilleur gratin. Il n'y a qu'à poser la question à quelques Dauphinois et Savoyards pour s'en rendre compte. En tout cas, ce qui est sûr, c'est qu'on y met des pommes de terre, de l'ail et du lait.
- **Les ravioles** : plat traditionnel du Vercors, que l'on retrouve à travers les Alpes du nord et du sud, elles sont un plat simple à réaliser – cuisson minimum – mais difficile à préparer. C'est au pied du Vercors que l'on fait les meilleures plaques de ravioles au fromage et au persil.

Les crozets de Savoie.

Tartiflette.

© PAGE FREDERIQUE - SHUTTERSTOCK.COM

Dégustation de Beaufort.

• **Les rissoles** : chaussons de pâte feuilletée, frits doucement et servis chaud dans les Alpes du nord. Leur préparation peut beaucoup varier : pour les uns, il s'agit de fruits cuits en compote ou confitures. Pour les autres, d'un hachis de viande ou de poisson !

• **La tartiflette** : il y a celle avec oignons et celle sans oignons, avec des pommes de terre dorées à la poêle avant de les passer au four ou au four tout court, avec un reblochon écroûté ou non… Variantes selon les régions, dont une Pela sans oignons ni lard.

• **Les tourtons** : petits chaussons carrés frits, à base de produits du terroir des Hautes-Alpes. Ils se consomment tout au long de l'année, de l'entrée au dessert, dans toutes les occasions. Ils se mangent avec les doigts et ce n'est que meilleur !

Dans cette liste de recettes ni fondue ni raclette, car ces deux plats, proposés dans toutes les Alpes, sont originaires des Alpes suisses et non françaises.

Fromages et produits laitiers, richesses des Alpes

Les fromages sont l'un des plus grands, et des plus délicieux, trésors des Alpes. Toujours dans le but de conserver pendant les longs hivers des produits réalisés à la belle saison, les paysans ont su créer de nombreux fromages. Essentiellement à base de lait de vache – mais aussi de chèvre et de brebis –, ces fromages participent pleinement à la réputation gastronomique des Alpes. Quelques fromages emblématiques :

• **L'abondance** : fabriqué à partir de lait cru et entier, ce fromage AOP à croûte ambrée et à pâte souple et onctueuse est issu originellement du lait de la race bovine abondance. Aujourd'hui, on utilise aussi celui des races tarine et montbéliarde.

• **Le bannon** : c'est l'une des plus petites AOP de France par sa production. Il s'agit d'un fromage de chèvre produit dans les Alpes-de-Haute-Provence et les Hautes-Alpes. Un fromage au lait cru qui a la particularité d'être emballé dans des feuilles de châtaignier.

• **Le beaufort** : ce fromage savoyard est produit sur les terroirs du Beaufortain, de la Maurienne et de la Tarentaise. Surnommé le « prince des gruyères », le beaufort est un fromage à pâte cuite et pressée. Fondant, dégageant des effluves de noisette, on le consommera de préférence en fines lamelles, en dés ou dans la fondue savoyarde.

• **Le bleu de Termignon** : produit grâce au lait des vaches qui paissent dans les alpages du mont Cenis et de Termignon, ce fromage à pâte persillée possède un goût que l'on qualifiera de prononcé.

• **Les persillés de Savoie** : sous ce nom générique sont regroupés des fromages fabriqués à partir de lait de chèvre, parfois mélangé à du lait de vache. A mettre sur votre plateau, le persillé des Aravis, le persillé de Tignes et le persillé de la Haute-Tarentaise. De productions souvent confidentielles difficiles à trouver ailleurs que dans les fromageries des Alpes.

• **Le reblochon** : ce fromage AOP des Aravis, reconnaissable à sa croûte jaune safran et à sa pâte ivoire au goût crémeux, est fabriqué depuis le XIIIe siècle à partir du lait de vache issu d'une seconde traite appelée la « rebloche ».

• **Le sérac** : un fromage fabriqué traditionnellement dans nos alpages à partir du petit-lait qui reste après avoir fabriqué le fromage, comme le beaufort par exemple. Le sérac rappelle la « pauvreté » des alpins et leur maigre nourriture.

• **La tome des Bauges** : fabriquée uniquement à base de lait cru de vache. Fromage fruité de longue tradition.

• **La tomme de Savoie** : avec 2 *m*, elles sont toutes au lait cru de vache. Leur croûte est de couleur grise et couverte de moisissures rouges ou jaunes. La pâte offre un goût caractéristique de noisette.

Du cochon au poisson, des produits de terroir exceptionnels

Si les produits des terroirs alpins offrent une qualité exceptionnelle, c'est que les fruits et les légumes poussent sur un sol pas toujours très riche, mais souvent préservé de toute pollution. Et que dire de la qualité des pâturages sur les alpages ou de la qualité de l'eau des lacs et des rivières ! La liste est longue de produits à déguster simplement lors d'un pique-nique en randonnée, de produits préparés de manière traditionnelle ou de manière créative par les plus grands chefs français :

• **L'agneau** : dans les Alpes du Sud, on trouve davantage de recettes à base d'agneau – le département des Alpes-de-Haute-Provence nous offre l'incomparable agneau de Sisteron –, dont la célèbre daube d'agneau.

• **La charcuterie des Alpes** : en montagne, l'élevage bovin est essentiellement destiné à la production de lait et aux nombreux produits dérivés dont les fameux fromages de montagne. On consomme peu de viande rouge et l'on possède la « religion » du cochon : le « caïon », facile à transformer, facile à conserver. Les produits fabriqués à base du cochon changent d'une vallée à l'autre même si l'on retrouve dans toutes les Alpes les grands classiques que sont les diots, petites saucisses de porc cuites à la poêle avec du vin blanc, des oignons et des herbes aromatiques. Outre les plats mythiques à base de cochon, comme la « fricacha coffa » qui utilise essentiellement les abats, il existe le saucisson mythique des Alpes : le saucisson de Magland.

• **Fruits et légumes** : noix, pommes et poires. Peu de fruits dans les Alpes en raison des gelées tardives qui ont lieu dans les vallées. Pourtant, on trouve des poires et des pommes renommées pour leur goût prononcé et des… noix qui bénéficient d'une AOP. L'Y grenoblois renferme une grande production de noix, l'une des plus importantes de France. Celles-ci sont à la base d'une multitude de produits gastronomiques qui font la fierté du patrimoine culinaire des Alpes : confiseries, huiles, gâteaux, vins, confitures… Mille et une douceurs à consommer sans modération.

• **Le miel** : dans une région où le sucré n'a pas une grande importance dans le repas, si l'on excepte le gâteau de Savoie et les nombreuses versions de la tarte aux myrtilles, le miel tient une place importante. C'est un produit phare des Alpes qui sont la première région apicole de France, offrant divers miels de fleurs. Le « miel de montagne » est un miel composé de toutes les fleurs qui ornent les pentes ou les forêts et ses variations sont multiples – en fait, tout dépend de la zone de récolte des nectars par les abeilles. Il existe également un « miel de sapin » dont la production n'est pas toujours assurée en raison de facteurs climatiques.

• **Les poissons :** L'abondance et la pureté des eaux des Alpes feront le bonheur de tous les pêcheurs et de tous les amateurs de poisson. Qu'ils soient poissons de lac ou poissons de rivière, on se régale de les manger. Bien sûr, ce sont les salmonidés qui ont nos faveurs et il n'est pas rare de savourer une truite après une bonne partie de pêche. Dans les lacs, ce sont les perches, les féras et l'omble-chevalier qui fraient avant de s'inviter dans nos assiettes. Autres habitantes des rivières des Alpes, les écrevisses font encore le délice des connaisseurs. Mais attention, leur capture est très réglementée.

• **Les volailles**. Si l'on élève de la volaille en plaine, notamment du côté de Grenoble où l'on cuisine un délicieux et traditionnel poulet à l'écrevisse, la volaille reste un plat exceptionnel souvent réservé pour les fêtes. Parmi les volailles emblématiques des Alpes, signalons la poule grise du Vercors ou le pintadeau de la Drôme.

De l'eau, du vin et des spiritueux… Une qualité qui coule de source

Personne ne risque de mourir de soif dans les Alpes ! Et il y en a pour tous les goûts dans les bouteilles, à commencer par les **eaux minérales** qui coulent naturellement à travers les montagnes. Des eaux qui sont plus célèbres que toutes les autres boissons (il faut le noter, chose rare en France) de la région. Les eaux minérales d'Evian, de Thonon-les-Bains et d'Aix-les-Bains, pour ne citer que les plus connues, possèdent de nombreuses vertus. Pour les vins, eux aussi ont une longue histoire. Longtemps dénigrés pour leur qualité, les **vins de Savoie** sont aujourd'hui servis sur les plus grandes tables. Repris en main par une nouvelle génération de viticulteurs, le vignoble a cette particularité d'être essentiellement composé de cépages autochtones – roussette, altesse, mondeuse… –, donnant des vins uniques qui se marient avec de nombreux plats (pas seulement savoyards !).

Profitant de la qualité des eaux des Alpes et d'une nouvelle mode, les microbrasseries ont poussé comme des champignons dans les montagnes pour fabriquer des **bières** délicieuses et variées. Autre alcool produit dans une région où les pommiers poussent plus facilement que d'autres arbres fruitiers : **le cidre**. Enfin, s'il est un alcool des Alpes connu dans le monde entier, c'est la **chartreuse**. Cette liqueur produite par les moines de la Grande Chartreuse ne contient que des plantes, 130 au total, et de l'alcool soigneusement sélectionné pour un vieillissement remarquable. Autre alcool traditionnel de nos montagnes, toujours extrait d'une plante, le **génépi** se déguste à travers toutes les Alpes.

AGENDA

Après 2 années où le calendrier des manifestations a été bousculé par la crise sanitaire, retour à une certaine « normalité » dans les Alpes comme ailleurs. Un agenda qui se partage entre événements sportifs d'envergure internationale, avec l'organisation pour la troisième fois en France de la Coupe du monde de ski alpin dans les stations de Méribel et Courchevel. D'autres grandes dates sportives avec des épreuves souvent « extrêmes » comme les ultra-trails ou le passage régulier du Tour de France sur les plus hauts cols de nos montagnes. Du sport de haut niveau, de la musique pour tous au bord des lacs, notamment à Aix-les-Bains, et dans les montagnes, mais aussi de nombreux événements culturels, autour de toutes les musiques et du cinéma, qui font des Alpes une destination complète. A noter que l'offre d'événements, autrefois essentiellement estivale et hivernale, a tendance à s'étendre à présent tout au long de l'année.

LA GRANDE ODYSSÉE SAVOIE MONT-BLANC

VAL-CENIS

www.grandeodyssee.com

Du 7 au 19 janvier 2023.

La 19e édition de La Grande Odyssée Savoie Mont-Blanc se déroulera, comme chaque année, entre Haute-Savoie et Savoie (de Samoëns à Val Cenis en passant par Megève). Il s'agit d'une course internationale de chiens de traîneaux qui offre aux spectateurs un grand moment festif plein d'émotions. Des animations accompagnent les étapes et c'est aussi une occasion spéciale pour voir de très près le travail des mushers avec leurs chiens, qui sont eux aussi de grands athlètes.

OUTDOORMIX WINTER FESTIVAL

VARS

Du 11 au 15 janvier 2023.

C'est quoi ce mix ? Le jour, tu suis un rythme endiablé sur les pistes. Le soir, tu suis d'autres rythmes sur d'autres pistes et tu recommences pendant 4 jours ! L'Outdoormix Winter Festival, c'est un mélange entre sports de glisse – partagés entre compétition sur les snowparks ou sur les pentes pour le snowboard freestyle ou le freeride, le VTT de descente sur neige ou... le snow kayak ? – et d'autres activités fun comme les concerts ou le ciné. Festif et sportif, un festival plaisir.

FOULÉE BLANCHE

AUTRANS-MÉAUDRE EN VERCORS

✆ 04 76 95 37 37

www.lafouleeblanche.com

Du 18 au 22 janvier 2023.

Une course mythique qui verra sa 45e édition se dérouler en 2023 dans une version plus classique. Depuis sa création en 1979, La Foulée Blanche a déjà réuni plusieurs centaines de milliers de participants qui gravissent les pentes du Vercors. Champions et amateurs, c'est toujours un grand moment d'émotion à vivre en famille tout un week-end avec de nombreux challenges, réunissant dans un même peloton soudé par l'effort l'élite du ski nordique et tous les amoureux de la glisse dans un décor de rêve. En été, Sentier des Ours et défi estival pour tous les niveaux.

ALTITUDE JAZZ FESTIVAL

www.altitudejazz.com

Du 20 au 28 janvier 2023.

La montagne, ses grands espaces enneigés, sa liberté... et sa musique qui semble être naturellement le jazz en altitude. Un festival qui célèbrera sa 17e édition en 2023 en accueillant à la toute fin janvier, pendant une dizaine de jours, de nouveaux artistes. Une quinzaine de grandes dates, une vingtaine de Jazz Bars et une vingtaine de Jazz hors piste sur tout le territoire du Briançonnais, de Serre-Chevalier à Montgenèvre sur les hauteurs enneigées. Des artistes de renommée internationale qui nous font vibrer sous les étoiles.

CHAMPIONNATS DU MONDE DE SKI ALPIN

COURCHEVEL

www.courchevelmeribel2023.com

Du 6 au 19 février 2023.

Un événement rare – qui ne s'est tenu que trois fois en France – et intense puisqu'il concentre sur 12 jours d'épreuves 6 disciplines de ski alpin : descente, super G, slalom géant, slalom, combiné et parallèle. Des épreuves intenses qui se dérouleront sur deux pistes mythiques de deux grandes stations françaises : la piste de l'Eclipse à Courchevel et la piste du Roc de Fer à Méribel. Le Français Alexis Pinturault skiera à domicile pour remporter tous les trophées !

MUSÉES EN FÊTE

GRENOBLE

https://museesenfete.isere.fr

En mai 2023.

Un rendez-vous printanier à ne surtout pas manquer ! Dans les 11 musées départementaux de l'Isère, la nuit européenne des musées dure deux jours et c'est gratuit. L'occasion de découvrir les extraordinaires collections permanentes de ces musées lors de visites guidées, mais aussi les expositions temporaires et des animations spéciales mises en place pour l'événement. Il y en a pour tous les goûts ! Du Musée Champollion au Domaine de Vizille - Musée de la Révolution française, en passant par la Maison Bergès. Faites la fête aux Musées.

PIERRA MENTA

BEAUFORT

www.pierramenta.com

Du 8 au 11 mars 2023.

La plus belle et l'une des plus populaires courses de ski alpinisme. Une course internationale qui se déroule chaque année au mois de mars depuis 1986 sur les pentes exigeantes du Grand-Mont. Elle rassemble environ 200 équipes de 2 skieurs constituées des meilleurs sportifs de leur discipline pour une course de 4 étapes. Une course de légende. La plus longue, avec un dénivelé positif de 10 000 mètres et 4 jours de course. La plus populaire avec des milliers de spectateurs pour encourager les athlètes, y compris à 2 686 mètres d'altitude, au sommet du Grand Mont.

FESTIVAL DU FILM D'ANIMATION D'ANNECY

18, avenue du Trésum

ANNECY

✆ 04 50 10 09 00

www.annecy.org

Du 12 au 17 juin 2023.

Que la Force soit toujours avec le plus grand Festival organisé à Annecy. Que la fête soit belle avec une programmation riche en événements, de la soirée d'ouverture et ses surprises à la remise des nombreux prix qui viendront célébrer cette 61e édition d'un festival où le Mexique sera à l'honneur. Réservez vos places pour ne rien manquer. En parallèle se tient le Mifa pour les professionnels et les étudiants intéressés par ce secteur de l'animation.

SARENNE SNOW BIKE

ALPE D'HUEZ

www.alpedhuez.com

22 avril 2023.

Même si la saison de ski dure plus longtemps à l'Alpe d'Huez, il faut bien fêter la fin de l'hiver en déchaussant les skis. Oui, mais pour les troquer par un autre moyen de glisse (afin que ça roule) avec une dernière descente en VTT... Et pas n'importe laquelle, puisque c'est la piste de la Sarenne qu'il faut dévaler. Départ du pic Blanc à 3 330 mètres, en haut de la station, et arrivée 1 800 m plus bas après 16 kilomètres de pure descente sur une piste noire. Certains serreront les freins, d'autres iront tout schuss, chacun son style, mais du fun pour tous !

FESTIVAL DES ENFANTS DU JAZZ

Place Frédéric-Mistral

BARCELONNETTE

✆ 04 92 81 04 71

www.barcelonnette.com

En juillet 2023.

Le Festival des Enfants du Jazz reviendra comme chaque été en 2023 avec une programmation toujours très attendue. Après Keziah Jones, Electro Deluxe, Selah Sue et Dire Straits Experience qui sera le prochain coup de cœur du public ubayen ? Profitez également de l'occasion pour découvrir aussi le festival Off où des anciens stagiaires et des jeunes musiciens jouent dans des cafés, des restaurants ou des terrasses renforçant ainsi les animations du festival.

LES FOLIES DES LACS

LA COLMIANE

En juillet 2023 (concerts gratuits).

Depuis plus de 20 ans, ce festival est devenu un incontournable estival ! Les folies des lacs, ce sont des concerts gratuits, à ciel ouvert, organisés dans le cadre naturel exceptionnel de la commune de Valdeblore-La Colmiane. Le public est nombreux chaque année à venir écouter du classique, du jazz et des musiques du monde autour du lac de La Colmiane mais aussi du lac Nègre. Un festival musical hors norme, où le public est aussi varié que les genres musicaux proposés : touristes, locaux ou simples curieux, tout le monde y trouvera de quoi être satisfait !

ULTRA-TRAIL DU MONT-BLANC

CHAMONIX-MONT-BLANC

✆ 04 50 53 47 51

www.ultratrailmb.com

Août 2023.

Le rendez-vous annuel des trailers de l'extrême et des inconditionnels du Mont-Blanc. L'UTMB est tout sauf une promenade de santé ; il s'adresse à l'élite du trail mondial. 2 300 coureurs, 170 km et 10 000 m de dénivelé positif à des altitudes dépassant les 2 500 m, à la lueur de la lampe frontale. Les meilleurs le parcourent en 21 heures… quand il faut normalement une semaine aux randonneurs confirmés. Une course mythique, une aventure extraordinaire au cœur du Massif du Mont-Blanc !

FÊTES MÉDIÉVALES

Village

COLMARS

✆ 04 92 83 41 92

Du 11 au 13 août 2023. Restauration.

Bienvenue au cœur de réjouissances moyenâgeuses ! Installées dans un magnifique écrin de vieilles pierres chargées d'histoire le temps d'un week-end, de multiples animations rythment de belles journées : concert de musique, spectacles hippiques et de rapaces, repas médiévaux, conférences, vieux métiers, batailles, jet de drapeaux à l'ancienne... Grand marché d'artisans sur les places de la ville. Et pour participer à votre tour, locations de costumes. Des journées riche en apprentissage et en contemplation autant visuelle qu'auditive !

FÊTE DU LAC

ANNECY

www.lac-annecy.com

Premier samedi du mois d'août.

C'est l'événement incontournable, celui qui, profitant d'un cadre prodigieux – la baie d'Albigny et ses eaux peu profondes sur lesquelles les lumières dansent –, qui contribue à faire d'Annecy une ville féerique. Depuis 1860, Annecy accueille chaque premier samedi du mois d'août l'un des plus merveilleux spectacles pyrotechniques d'Europe. Le lac devient la plus belle salle de spectacle à ciel ouvert. Plus d'une heure de spectacle selon un thème revu tous les ans par un artificier mondialement réputé. Réservez vos places pour ce spectacle unique.

MUSILAC

AIX-LES-BAINS

✆ 04 79 88 09 99

www.musilac.com

Du 13 au 16 juillet 2023. Restauration.

Créé en 2002, il y a plus de 20 ans, le festival Musilac se déroule pendant 4 jours pendant lesquels des centaines de milliers de festivaliers prennent une grande cure de rock sur les bords du lac du Bourget (tous à la plage après les concerts !). Un festival pop-rock devenu l'un des plus importants de France et d'Europe avec toujours plus de grands noms dont on attend qu'ils « tombent » avec impatience et des découvertes. Incontournable. À noter que ce festival d'exception a un « petit frère » qui se tient en avril : Musilac Mont-Blanc.

FÊTE DES GUIDES

✆ 04 50 53 00 88

www.fetedesguides.com

15 août 2023.

La figure du guide de haute montagne est mythique depuis 1821, date de la création de la Compagnie des guides de Chamonix. Créée en 1924, la Caisse de secours vient en aide aux guides et à leurs familles. Pour l'alimenter et honorer ses fameux guides, la Compagnie des guides a créé la Fête des guides : toute la vallée de Chamonix Mont-Blanc leur rend un hommage appuyé pendant 4 jours de fêtes et de chants. Le 15 août, parade des guides dans le costume que portait Jacques Balmat en 1786 lors de la première ascension du mont Blanc.

LES FÊTES LATINO-MEXICAINES

Dans les rues du village de Barcelonnette
BARCELONNETTE ✆ 04 92 81 04 71
www.barcelonnette.com
Le 15 août 2023. Manifestation gratuite. Restauration.

Les liens qui unissent Barcelonnette et le Mexique sont si forts que chaque année au mois d'août, la ville tout entière célèbre ce pays et sa culture. Au programme : des concerts gratuits, des cours de danses, des ateliers artistiques, des découvertes gastronomiques et des manifestations culturelles qui permettent à quiconque présent dans la place de se plonger dans l'ambiance originale de la plus mexicaine des villes des Alpes. Vibrez au son des mariachis !

COUPE ICARE

Saint-Hilare-du-Touvet - **GRENOBLE**
www.coupe-icare.org
Du 19 au 24 septembre 2023.

La Coupe Icare, c'est un événement qui nous fait tourner la tête (vers le ciel). Un événement local et international qui prendra une dimension supplémentaire en 2023, puisque la Coupe Icare – plus importante manifestation de vol libre au monde – fêtera sa 50e édition. Pendant 6 jours les défis se succèdent, où les pilotes montrent leur audace, leur technique, exécutent des prouesses pour mieux nous faire rêver. Sans oublier les « Icare du cinéma » et les « Icare tests ». Pour se rendre sur le site, il est conseillé d'emprunter les navettes gratuites mises en place ou de venir à vélo. Un événement unique, incontournable pour les passionnés de vol libre mais aussi pour le grand public.

LA PRISE DE LA BASTILLE

Chemin de la Bastille
GRENOBLE
✆ 04 76 42 09 47
http://laprisedelabastille.free.fr
Septembre 2023.

Bien que le but final de cette course incroyable soit de monter au restaurant Chez le Pèr'Gras, au sommet de la Bastille, pas sûr que les coureurs à l'arrivée s'assoient en terrasse pour admirer la vue. Il faut être combatif pour parcourir 2 km de calvaire, 6 lacets d'enfer et 320 m de dénivelé à 17 % avec des passages à 25 % ! Une superbe course contre la montre que les meilleurs au monde font en 7 minutes (record à 6'50"), quand les derniers mettent environ 20 minutes. Nous, on se contente de les encourager dans les moments les plus difficiles de l'ascension.

DESCENTE DES ALPAGES

4, rue de Strasbourg
GRENOBLE
www.la-descente-des-alpages.fr
En octobre.

Elles descendent en ville, convergeant vers la place de Metz ! Elles, ce sont les vaches qui descendent des alpages. Une tradition qui perdure à travers les Alpes et particulièrement à Grenoble du côté de la rue de Strasbourg. 12e édition en 2022 pour cet événement festif et gourmand. Les producteurs de produits du terroir sont également présents pour une fête dédiée à la gastronomie locale animée par de grands chefs – ne pas manquer le fameux « Combat des Chefs » organisé en amont – et des M.O.F. bleu blanc rouge, le fromager Bernard Mure-Ravaud en tête.

LE GRAND BIVOUAC

✆ 04 79 32 48 64
www.grandbivouac.com
Octobre 2023.

Le Grand Bivouac, festival du film documentaire et du livre qui se déroule depuis 2002 à Albertville, offre un événement unique autour du voyage et de la découverte. Projections, conférences, expositions sont propices à faire ici se croiser des mondes différents, des expériences de voyage. Problématiques d'actualité et interrogations diverses sur le monde, l'environnement... Pendant toute une semaine de festival, une cinquantaine de films documentaires du monde entier, des rencontres d'auteurs, des conférences avec de grands témoins, des débats, expos, concerts.

FESTIVAL INTERNATIONAL DU FILM DE MONTAGNE

AUTRANS-MÉAUDRE EN VERCORS
www.festival-autrans.com
Décembre 2023

Ce superbe festival – le seul dans son genre en France, 40e édition début décembre 2023 – existe depuis 1984. Il met sur nos écrans les plus belles images de toutes les pratiques de montagne à travers le monde : voyages, aventures, expéditions, grandes traversées, hautes altitudes, exploits alpinistes, compétitions, découverte des peuples de montagne... En parallèle au Festival, les Bobines de l'Extrême sont dédiées aux glisses extrêmes qui remportent un vif succès.

Besoin
de nature ?
Par ici
la sortie !
petit futé.com
Avis et conseils rédigés par des auteurs du cru depuis 45 ans
© PILAT666 - ISTOCKPHOTO.COM
SELJALANDSFOSS - ISLANDE
63° 36' 56.243'' N 19° 59' 18.848'' W

VERSION NUMÉRIQUE
OFFERTE
Obtenez votre guide numérique en scannant ce QR code
ou rendez-vous sur le site
www.ebookfute.com
avec le code avantage
LKKQ5H
petit futé
2023
Alpes
VERSION NUMÉRIQUE OFFERTE
OFFRE VALABLE JUSQU'À L'ARRÊT DE COMMERCIALISATION DU TITRE EN FRANCE MÉTROPOLITAINE
ET DANS LE MONDE ET SOUS RÉSERVE QUE LE NOMBRE DE TÉLÉCHARGEMENTS SOIT INFÉRIEUR

ALPES-DE-HAUTE-PROVENCE

Grand département par la taille, les Alpes de Haute-Provence sont partagées entre la Provence des champs de lavande à l'ouest et les pistes de ski des Alpes à la frontière avec l'Italie. C'est bien sûr cette seconde partie qui va nous intéresser dans ce guide dédié aux Alpes. Au nord du département, les hautes montagnes se dressent autour de Barcelonnette, ville à l'histoire originale tournée vers le... Mexique et qui dénote dans le massif alpin. Les stations villages ont conservé leur charme authentique, alors que l'Espace Lumière – reliant Val d'Allos La Foux et Pra Loup – permet de pratiquer tous les sports d'hiver et d'été outdoor. Le Parc national du Mercantour abrite l'une des plus grandes réserves naturelles européennes, protégeant une flore et une faune d'une incroyable diversité. Autre espace alpin à découvrir, la Réserve naturelle nationale géologique de Haute-Provence vous permet de découvrir les paysages autrement.

10 KM
Alpes-de-Haute-Provence
D937
MONTMAUR
D1075
VEYNES
N85
Haute Plaine
Romette
GAP
N94
HAUTES-ALPES
D942 A
D942
D900 B
D20
Espi
Remollon
TALLARD
SERRES
D994
D21
D4
Turriers
D949
D1075
D942
D104
D951
Trescléoux
LARAGNE-MONTÉGLIN
A51
Thèze
La Motte-du-Caire
D116
D30
Le Poët
D304
D170
D942
Ribiers
Lachau
Séderon
D948
Sisteron
D946
Thoard
Peipin
Château-Arnoux
Revest-du-Bion
D113
Volonne
D17
Les Augie
D12
D950
Saint-Étienne-les-Orgues
Mallefougasse
Saint-Auban
Cruis
Le Thoro
Peyruis
Les Mées
Mallemoiss
Saint-Christol-d'Albion
Banon
D950
A51
Simiane-la-Rotonde
Limans
Mézel
Puimichel
Forcalquier
Estoublon
E712
Mane
D14
D101
Bras-d'Asse
Rustrel
Saint-Michel-l'Observatoire
Saint-Maime
La Brillanne
D907
Oraison
Caseneuve
Viens
Reillanne
D4100
Dauphin
Villeneuve
D115
D953
Saint-Martin-de-Castillon
Céreste
Puimoisso
Manosque
Valensole
Mous Sainte
Cabrières-d'Aigues
La Bastide-des-Jourdans
Montagnac
Les Salle Verd
La Motte-d'Aigues
Corbières-en-Provence
Saint-Martin-de-Brômes
D11
Bauduen
Esparron-de-Verdon
D15
VAUCLUSE
Artignosc-sur-Verdon
Baudinard Verdor
Quinson

AINT-LÉGER-LES-MÉLÈZES
N94
Risoul Station
Vers GUILLESTRE
P.N.R. du Queyras
Parc National des Écrins
Sainte-Marie
EMBRUN
Les Claux
Saint-Apollinaire
D902
Baratier
RGES
N94
SAINT-PAUL-SUR-UBAYE
ITALIE
PONTIS
Les Orres Station
Le Sauze-du-Lac
LA CONDAMINE-CHÂTELARD
D900 B
LE LAUZET-UBAYE
JAUSIERS
MONTCLAR
MÉOLANS-REVEL
FAUCON-DE-BARCELONNETTE
Les Thuiles
BARCELONNETTE
SELONNET
SS21
PRA-LOUP
SAUZE-SUPER-SAUZE
SEYNE
D908
M2205
Parc National du Mercantour (Cour)
D900
LA FOUX D'ALLOS
SAINT-ÉTIENNE-DE-TINÉE
ALLOS
LE SEIGNUS
M2205
Entraunes
COLMARS
D2
Villars-Colmars
D2202
Parc National du Mercantour
BEAUVEZER
Thorame-Haute
VALBERG
Sauze
BEUIL
D955
Méailles
D19
D2202
D28
Le Fugeret
SAINT-ANDRÉ-LES-ALPES
ANNOT
ENTREVAUX
Barrême
Touët-sur-Var
Saint-Julien-du-Verdon
N202
D911
D10
D4085
ROQUESTÉRON
D102
Soleilhas
D2211
D10
P.N.R. du Verdon
D4085
D952
Séranon
D603
D52
D71
ALPES-MARITIMES
Comps-sur-Artuby
Gourdon

ALPES-DE-HAUTE-PROVENCE

BARCELONNETTE ★

Sur la route des Grandes Alpes, Barcelonnette est sans doute la ville la plus « inattendue » des Alpes pour qui ne connaît pas son histoire passionnante. Au pied des stations de l'Ubaye que sont Sauze Super-Sauze et Pra-Loup, Barcelonnette est une ville de montagne avec ses ruelles étroites où l'on peut lire plus d'une fois « Attention, chute de neige ! ». Entourée de sommets, la ville n'est pourtant pas enfermée sur elle-même et c'est son extraordinaire ouverture sur le monde, notamment son aventure mexicaine, qui en fait une ville d'exception à découvrir hiver comme été, lors de fêtes magiques et colorées.

L'histoire de cette petite ville de l'Ubaye, fondée en 1231 par Raymond Bérenger IV de Barcelone, se confond presque, depuis deux siècles, avec celle des Barcelonnettes. En 1812, des habitants de Barcelonnette et de ses proches environs ont décidé, selon la grande tradition de colportage de la région, de conquérir de nouvelles terres. Ils choisirent le Mexique pour faire valoir leur savoir-faire commercial et technique dans les métiers de la laine et de la soie. Les débuts seront difficiles mais, dès le Second Empire, ceux que l'on appelle les Barcelonnettes réussissent à créer et entretenir un réseau très puissant dans tout le pays. La présidence de Porfirio Diaz, entre 1876 et 1911, va permettre aux émigrants français de connaître un véritable âge d'or. Ce dernier fait en effet tout pour favoriser l'entrée de capitaux étrangers et voue de surcroît une véritable admiration pour la France. Les Barcelonnettes ouvrent d'immenses fabriques, certaines comptant plusieurs milliers d'ouvriers et, parallèlement, s'investissent de plus en plus dans la direction des grandes banques mexicaines. La longue révolution mexicaine marque le début du déclin industriel des Barcelonnettes. Les immigrants continuent pourtant d'arriver – au total, entre 1850 et 1950, ils seront plus de 2 500 à quitter l'Ubaye pour tenter l'aventure –, aujourd'hui il y aurait environ 60 000 descendants de Barcelonnettes au Mexique.

Le centre historique de Barcelonnette regorge de superbes maisons, les villas des Mexicains, pour la plupart construites entre 1880 et 1930. Commandées par des fils du pays ayant réussi dans le commerce du textile au Mexique, elles sont à l'origine d'un véritable nouvel urbanisme, s'approchant de celui des villes d'eaux. Les Barcelonnettes les plus riches ont rivalisé, surtout au tournant du siècle, pour construire des villas toujours plus grandes et plus belles. Elles sont, pour la plupart, dans la partie est de la ville.

Barcelonnette et les Alpes françaises.

ÉGLISE SAINT-PIERRE ✝

Place Saint-Pierre
✆ 04 92 81 01 41
Accès libre.

Datant du XIIIe siècle, restaurée au XVIIe siècle après l'incendie de la ville, elle se compose d'une nef unique et un grand auvent s'ouvrant sur la place qui abritait souvent un marché aux grains. Le clocher carré supporte un campanile entouré de quatre pyramides et porte une vierge en métal doré. Avec les fortunes faites au Mexique, l'espace intérieur fut d'abord agrandi et l'église elle-même fut reconstruite en 1912. Outre les remarquables volumes, on peut admirer la grande mosaïque aux inspirations byzantines, ainsi qu'un autel dédié à saint Joseph.

UBAYE TOURISME

Place Frédéric-Mistral
✆ 04 92 81 04 71
www.barcelonnette.com
Ouvert toute l'année. En juillet et août, tous les jours de 9h à 19h.

L'équipe de l'office de tourisme de Barcelonnette met à disposition des visiteurs des brochures illustrées vous permettant d'aller à la découverte de la commune et ses rues. C'est l'occasion de mieux connaître l'étonnante histoire de la ville, ses liens historiques avec le Mexique et l'architecture originale qui en a découlé, les fameuses « villas mexicaines ». Elle participe avec les autres offices de tourisme de la vallée de l'Ubaye à la billetterie pour la visite des forts lors des époques où elles sont possibles. Également un petit espace d'objets-souvenirs.

MUSÉE DE LA VALLÉE - LA SAPINIÈRE

10, avenue de la Libération ✆ 04 92 81 27 15
www.museedelavallee.fr

Ouvert toute l'année, sauf de mi-novembre à mi-décembre. L'été 7j/7 de 10h à 12h et de 14h30 à 18h30. Adulte : 5 €.

Le visiteur comprendra ici les liens qui unissent Barcelonnette au Mexique, depuis l'installation des frères Arnaud en 1804. On peut y admirer des collections superbes de beaux-arts, les toiles orientalistes des peintres voyageurs Jean Caire et Marie Tonoir, les objets et photographies rapportés par l'émigrant-collectionneur Émile Chabrand de son voyage autour du monde (1882), les céramiques de Chililico (Mexique) données par Guy et Claude Stresser-Péan et les costumes des hauts plateaux indochinois offerts par la famille Louppe-Gassier.

Après travaux en fin 2019, ce Musée de la Vallée à la villa de la Sapinière a fait peau neuve et sa muséographie a été entièrement renouvelée pour 2020. Elle présente en nouveauté deux grandes thématiques sur les Piémontais dans le Pays de Barcelonnette et les Colporteurs de la vallée de l'Ubaye. S'y ajoute un petit trésor archéologique avec la totalité de la Donation Gleize qui comprend 82 pièces (essentiellement des bronzes), accompagnée de 17 photographies inédites de la collection Olivier de Saint-Marcel Esseric datant de 1890. Une salle est consacrée aux Barcelonnettes aux Amériques de 1805 à 2014.

La salle rose expose aussi « 1 000 petits chefs-d'œuvre du Mexique » : statuaire aztèque, objets d'art populaire, d'art colonial ou aussi d'art moderne mexicain. Quant à la salle Chabran, voyageur et naturaliste elle vous permettra de découvrir ses collections d'animaux ramenées de ses pérégrinations en Argentine puis au Mexique.

LES GUIDES DE L'UBAYE

15, rue Manuel
✆ 06 08 46 04 53
www.guide-montagne-ubaye.com

Bureaux ouverts de 9h30 à 12h30 et de 15h30 à 19h30.

Le Bureau des Guides de l'Ubaye vous ouvre les portes pour toutes les activités de montagne et haute montagne pratiquées été comme hiver, en toute sécurité avec des professionnels reconnus sur tous les cours d'eau, les terrains escarpés et les montagnes de l'Ubaye ou des environs. Ski de randonnée, raid à ski hors piste, cascade de glace, escalade (adultes et enfants de moins de 12 ans), alpinisme, canyoning (Blache, Chaudan, Coste Plane...), via ferrata de la Motte-du-Caire… Laissez-vous transporter et découvrez d'en haut les plus beaux sommets de la région !

CAMPING LE TAMPICO*** €€

70, avenue Émile-Aubert ✆ 04 92 81 02 55
www.letampico.fr

Ouvert de fin avril à fin septembre. Emplacement pour 2 personnes de 14,90 € à 19,90 €. Chalets pour 5 de 495 € à 725 €.

Anne et Thierry vous réservent un excellent accueil dans leur camping 3* ! En mi-saison, comme en été, de nombreuses activités s'offrent à vous : randonnées, promenades à vélo ou sports d'eau vive... Vous pouvez rejoindre facilement le centre-ville à pied avec ses activités et commerces ou, si vous le préférez, profiter du calme environnant. Possibilité d'hébergement à la nuitée dans des Pods et cabanes ! Toutes les locations sont récentes et bien entretenues. Côté restauration, vous pourrez choisir, à la carte, entre pizzas au feu de bois, grillades, salades…

HÔTEL AZTECA*** €€

3, rue François-Arnaud
✆ 04 92 81 46 36
www.azteca-hotel.fr

Ouvert toute l'année. Chambre double à partir de 76 €. Spa, massages.

Construite en 1888, son nom fait référence au lien historique qui unit Barcelonnette au Mexique depuis cette époque. Récemment rénové, l'hôtel fait également office de galerie d'art : des petites séries à des prix abordables y sont exposées et à vendre. Les chambres, à la décoration soignée et unique, sont confortablement équipées. On aime la bibliothèque avec ses nombreux livres à disposition, la grande salle de réception, les salons, la salle de jeu, le bar, et la sublime terrasse ombragée face aux montagnes. Sur place, un centre de bien-être est accessible.

LE GAUDISSART €€

15, place Aimé Gassier
✆ 04 92 81 00 45
www.legaudissart.fr

Ouvert toute l'année, tous les jours sauf dimanche soir et lundi soir. Menu déjeuner 21,90 €.

Au cœur de Barcelonnette, une adresse qui a traversé le temps pour satisfaire les gourmands d'ici et d'ailleurs. Plat du jour et traditionnel aïoli le vendredi, carte de spécialités avec un foie gras de canard maison à la confiture d'oignon, une escalope de veau à la carline, une andouillette au vinaigre d'échalote, la fondue aux morilles, pour terminer sur le baba maison au génépi et sa crème, etc. Décidément, ici il y en a pour tous les goûts ! En salle ou sur la terrasse ombragée, venez ici vous restaurer et faire plaisir à vos papilles.

Ô TANDEM €€

12, rue Manuel ✆ 04 92 81 54 31

www.otandem.com

Ouvert toute l'année, du mardi au samedi de 16h à 1h. Tous les jours pendant les vacances scolaires.

Tous les gourmands veulent monter sur ce Tandem qui nous tend les bras dans la rue Manuel, la rue centrale piétonne de Barcelonnette. Aux manettes, le duo Emilie et Vincent, elle spécialiste du vin, lui des cocktails. Cuisine soignée et actuelle dans une ambiance conviviale. Autour d'un cocktail création maison ou d'un bon verre de vin – comme ce Marius en Ubaye à base de pastis de la distillerie locale Lachanenche –, on savoure des planches gourmandes et originales, toujours composées de bons produits. Douceurs signées de la maison Padiou. Plaisirs à partager.

LE PATIO €€

1, rue Manuel

✆ 04 92 81 36 86

Ouvert toute l'année. Midi et soir, sauf le mardi et le mercredi hors vacances scolaires. Menus à partir de 15 €.

L'atout majeur de ce restaurant est le vaste patio verdoyant et fleuri qui se cache derrière la façade de la rue Manuel. Aux beaux jours, on prend ses repas dans ce jardin privé, calme et protégé, dont on apprécie le cadre vraiment superbe et reposant. Jean-Jacques Serres est aux commandes depuis plus de 15 ans et vous réserve toujours un accueil chaleureux et attentionné. Au choix, pizzas et pâtes qui fleurent bon l'Italie toute proche, grillades de viandes et de poissons et spécialités montagnardes. Tout est fait maison à base de produits frais de saison.

LE CHOUCAS BAR

4, place Manuel

✆ 04 92 81 15 20

lechoucas-barcelonnette.fr

Ouvert toute l'année. Haute saison, tous les jours de 7h à 2h. Terrasse. Animations.

Véritable institution située sur la place Manuel, le Choucas s'adresse à une clientèle variée où se côtoient habitants de la vallée et touristes. Un petit-déjeuner complet est servi tous les jours. Des cartes soignées de vins, cocktails contribuent à la réputation du lieu. Pour accompagner, le Choucas joue la carte d'une restauration qui met en avant les produits régionaux, bio si possible, comme la salade de truite fumée ou le croque Ubayen. Le Choucas est aussi un hôtel qui offre des chambres récemment rénovées avec goût et une boutique, sur place et en ligne !

LE CHEVAL BLANC** €€

12, rue Grenette

✆ 04 92 81 00 19

www.chevalblancbarcelonnette.com

Ouvert toute l'année. Chambre double à partir de 68 €. Petit déjeuner buffet : 11 €. Restauration. Relais motards.

© LE CHEVAL BLANC

Cet authentique relais de diligence est géré depuis 1911 par la même famille. Aujourd'hui, c'est Christophe Barneaud et son équipe qui vous accueillent dans un confort moderne, tout en ayant su conserver le charme du passé. Les chambres sont décorées dans un style classique et épuré. La réception d'origine, toute en bois, est magnifique. L'hôtel dispose de deux salles de restaurant qui offrent un service attentif et chaleureux. La cuisine traditionnelle de Christophe, est préparée avec des produits du terroir et favorise le circuit court selon les recettes maison.

MONTAGNES D'UBAYE TREKKING & AVENTURE

37, rue Manuel

✆ 04 92 81 29 97

www.ubaye-aventure.com

Ouvert toute l'année. Activités selon la saison.

Chez Montagnes d'Ubaye, il y en a pour tous les goûts, tous les âges et tous les budgets, en toutes saisons, avec de nombreuses activités dans le respect de l'environnement. Rappelons que Montagnes d'Ubaye, avec à sa tête le sympathique Renaud, accompagnateur en montagne diplômé et passionné, est une agence locale spécialisée dans la randonnée, le trekking et les activités nature dans les magnifiques cadres de la vallée de l'Ubaye, des Alpes du Sud et du Parc national du Mercantour.

MAISON PADIOU

47, rue Manuel
✆ 04 92 81 01 46
www.patisserie-padiou-barcelonnette.fr
Du mardi au samedi de 8h à 12h30 et 15h à 19h ; le dimanche de 8h à 12h30. Vente en ligne de confiseries et pâtisseries.

© MAISON PADIOU

Nicolas Padiou, maître pâtissier et maître chocolatier, vous invite à découvrir son savoir-faire à travers ses réalisations : *Émeraude* (praliné noisettes ganache citron vert), Feuilletine (praliné amandes noisettes croustillant)... Au total, plus d'une vingtaine de variétés de chocolats entièrement confectionnés sur place sont à découvrir dans cette fabuleuse boutique ouverte toute l'année. À partir du site Internet dédié, vous pourrez confectionner votre propre panier... La maison fait aussi de succulentes glaces artisanales et des spécialités salées.

RANDO PASSION - MAISON DE LA MONTAGNE

31, rue Jules-Béraud ✆ 04 92 81 43 34
www.rando-passion.com
Label Qualité Tourisme - Esprit Parc National. Ouvert hiver comme été. Haute saison : tous les jours de 9h à 19h.

Bienvenue donc dans ces bureaux, où vous accueillent Chantal, Stéphane et Bruno, tous diplômés ! Une entrée en matière conviviale, pour passer des moments inoubliables en été comme en hiver, dans le respect de l'environnement. Vous partagerez des prestations innovantes de qualité, guidé la passion de vos hôtes et leur bonne humeur. Ubaye et Mercantour, produits locaux, et personnages hors du commun vous attendent. Une adresse que vous n'êtes pas près d'oublier !

UBAYE PARAPENTE

Le Pont-Long ✆ 04 92 81 34 93
www.ubaye-parapente.com
Ouvert toute l'année. Baptêmes, journées découverte, stages. Tous les jours en saison. Baptême de l'air de 85 € à 175 €.

L'Ubaye Parapente est à l'origine du développement de l'activité parapente dans la vallée. L'école, labellisée Ecole Française de Vol Libre et agréée par le Ministère de la Jeunesse et des Sports, a été fondée en 1986 par Matthieu de Quillacq avec à son actif 32 ans d'expérience. En toute sécurité, accompagnés par des moniteurs professionnels, expérimentés et passionnés, envolez-vous pour admirer le monde d'en haut. Le baptême hélico + parapente offre un rendez-vous personnalisé, un package unique au monde pour encore plus de souvenirs de l'Ubaye.

JAUSIERS ★

Pour l'Histoire, la commune restera celle des frères Arnaud, c'est-à-dire des hommes qui furent à l'origine de l'exode des habitants de l'Ubaye au XIXe siècle. Jacques Arnaud fut le premier à partir et à s'établir en Louisiane – la cité qu'il fonda, Arnaudville, est jumelée avec Jausiers. Son frère s'installa pour sa part à Mexico et connut le succès dans le commerce de l'étoffe. Il fut rejoint par ses deux frères et la famille fit véritablement fortune : c'est leur retour fanfaronnant en « nababs » – les oncles d'Amérique, ce sont eux ! – qui suscita l'enthousiasme des jeunes de l'Ubaye, désireux de conquérir à leur tour une part du Nouveau Monde. On trouve donc tout naturellement de nombreuses références aux frères Arnaud dans toute la vallée, et Jausiers s'enorgueillit, à juste titre, de cette origine. On trouve d'ailleurs plusieurs « maisons de Mexicains » dont l'incontournable manoir de Magnans avec son architecture baroque évoquant de loin un château de Louis II de Bavière.

Ne manquez pas non plus le musée de la vallée, dont le bâtiment a été joliment rénové en 2018. Il raconte les différentes relations entre l'homme et le paysage avec pour fil conducteur l'eau à travers plusieurs expositions, et notamment les risques pris par des habitants qui choisirent de s'établir près de la rivière afin de profiter de sa force vive. Une visite très intéressante et instructive.

Outre le musée de la Vallée, vous pourrez voir avec intérêt l'église Saint-Nicolas-de-Myre, joliment ornementée dans le style baroque, et pour les gourmands, un détour par la Maison des Produits de Pays s'impose.

Balade

Plus qu'une simple balade, c'est un véritable défi physique que les 7 majeurs imposent à tous les cyclistes aguerris ! Entrer dans la légende des 7 majeurs, c'est défier 7 cols géants des alpes franco-italiennes à plus de 2000 m d'altitude. Vars, Izoard, Agnel, Sampeyre, Fauniera, Lombarde, Bonette, ces 7 cols appartiennent à la légende du cyclisme. Une épopée cyclomontagnarde qui compte au total 360 km avec plus de 10 000 m de dénivelé positif. Enchaîner ces 7 monstres sacrés en moins de 24 heures tel est le challenge à relever pour devenir Chevalier ou Grand Maître de la confrérie des 7 Majeurs. Alors, serez-vous à la hauteur du défi ?

LES CADRANS SOLAIRES

Dans le village

www.jausiers.com

Visibles en accès libre toute l'année.

Apprenez à lire l'heure du soleil à la découverte des cadrans solaires anciens et nouveaux disséminés dans la vallée de l'Ubaye qui possède un riche patrimoine en la matière. Au détour d'une promenade dans le village de Jausiers, ne manquez pas d'admirer ces « horloges solaires » parfois richement décorées. A voir en particulier, les cadrans de l'église Saint-Nicolas-de-Myre situés de part et d'autre du portail d'accès, celui de la Maison Léon Bosc - Les Mats, sans oublier celui de l'église Notre-Dame-Del-Bosc - Lans, et de la Maison Graugnard - Les Sanières.

ÉGLISE SAINT-NICOLAS DE MYRE

Le Chef Lieu

Accès libre, toute l'année.

Bâtie vers 1686 et classée à l'inventaire des Monuments historiques depuis 1921, il s'agit du plus grand édifice baroque du pays de la Durance. L'église est dédiée à Saint-Nicolas, évêque du IIIe siècle de la ville de Myre (aujourd'hui en Turquie). Si l'extérieur de l'édifice est sobre, ne manquez pas l'intérieur, somptueux : d'inspiration italienne, le décor est baroque. Huit chapelles latérales se font face : toutes décorées de retables et d'œuvres datant des XVIIe et XVIIIe siècles.

MOULIN D'ABRIÈS

550, route du Moulin

✆ 04 92 81 11 42

www.ville-jausiers.fr/moulin-dabries

Tous les mercredis, du 10 juillet environ à fin août, visite à 16h. Adulte : 7 €. Se renseigner avant de se déplacer.

C'est le torrent d'Abriès qui a donné son nom au moulin situé dans le hameau des Gueyniers. Il fut autorisé à fonctionner par le duc de Savoie dès 1713. On recensait à l'époque environ 70 petits moulins dans la vallée de l'Ubaye. Celui-ci ferma en 1972. C'est à la patience et à la détermination de Robert Martin, un des derniers meuniers ubayens qu'on doit sa réouverture en 2001. Il vous reçoit pour vous faire découvrir cet artisanat d'autrefois, et vous faire partager sa passion. Sur place, également vente de farine lorsqu'il y en a et de cartes postales.

MUSÉE DE LA VALLÉE

Grand-Rue

✆ 04 92 84 63 56

Ouvert toute l'année. L'été, tous les jours de 14h30 à 19h, fermé le mardi. Plein tarif : 3 € par personne.

Le thème central du musée est « l'eau au fil du temps », en lien direct avec l'histoire d'un village rebâti au XVIe siècle en plein lit de l'Ubaye, aux confluents de trois autres torrents parfois impétueux. Est aussi abordée le thème de « la vie en l'hiver dans le village et les fermes », une saison où l'on était autrefois coupé du reste de la Vallée, et donc du monde ! Enfin, sont également présentées l'archéologie et la géologie d'une région qui abrita il y a fort longtemps un océan ainsi que l'histoire plus récente du village à travers ses hameaux.

PLAN D'EAU DE SIGURET

✆ 04 92 61 29 97

Entrée payante du 1er juillet au 31 août, de 10h à 17h30. Tarif unique : 2 €. Restauration.

Un beau plan d'eau bordé de pelouses et d'arbres avec plages aménagées et baignade surveillée, terrains de tennis, basket et *beach volley*, mur d'escalade, jeux pour enfants et aires de pique-nique ombragées, mais aussi une tyrolienne géante qui arrive directement dans l'eau et un téléski nautique ! Le prix d'entrée comprend l'utilisation des aires de jeux et l'accès à la plage. On trouve sur place un snack, le Chalet du Lac, ouvert toute la journée et qui, le soir venu, devient un restaurant convivial et accueillant où l'on peut dîner à la carte.

LES BARTAVELLES €€

51, Grand-Rue
✆ 04 92 84 69 86
www.gite-des-bartavelles.fr
Ouvert toute l'année sauf avril et novembre. Chambre double 74 €, demi-pension 58 €. Table d'hôte 25 €. Jardin, parking.

Une belle bâtisse du XIXe siècle en plein cœur de Jausiers. Convivialité et simplicité des nouveaux propriétaires Céline et Lionel. Le gîte a subi des transformations récemment, avec désormais 9 chambres sur deux niveaux. Une décoration soignée, des chambres personnalisées de niveau 3 épis. C'est une adresse idéale pour une simple étape ou un séjour prolongé plein de charme et d'attentions. Le jardin est très agréable également et la table d'hôtes propose une cuisine simple, familiale et faite maison « avec amour ». Bref on s'y sent comme à la maison.

HÔTEL LE SANS SOUCI** €€

800, avenue des Mexicains
✆ 04 92 81 06 20
www.le-sans-souci.com
Fermé de mi- novembre à fin décembre. Basse saison : chambre double de 70 € à 72 €. Pension complète. Garages motos.

Le Sans Souci est un bar restaurant hôtel situé à l'entrée du village. Hélène et Alain, tiennent à préserver une ambiance familiale et un service chaleureux et convivial. La carte affiche une cuisine traditionnelle maison élaborée à partir de produits frais. Les chambres, quant à elles, sont entièrement équipées et offrent une magnifique vue côté montagne. Les gérants motards de ce bel établissement agréablement décoré vous renseigneront avec plaisir sur l'histoire du patrimoine local, les coins à visiter. L'hôtel est labellisé « Eco hébergeur de l'Ubaye ».

MONTAGNE ATTITUDE €€

465, avenue des Mexicains ✆ 07 68 77 03 57
www.montagne-attitude.fr
Ouvert toute l'année sur réservation préalable. Chambre double à partir de 75 € ; suite de 95 € à 205 €. Sauna 8 €.

Sylvie et Eric vous hébergent dans leur maison d'hôtes authentique construite en pierres de la vallée pour des séjours d'évasion, grâce à des activités en montagne organisées par Eric, accompagnateur diplômé, associées à un hébergement chaleureux. Entièrement rénovée, la bâtisse offre 3 chambres confortables décorées sur le thème des montagnes du monde. L'une d'entre elles, La *« Grande Séolane »,* montagne de l'Ubaye, est une suite que vous pouvez partager en famille ou amis jusqu'à 7 personnes. Aux beaux jours vous avez accès à un jardin clos avec sa terrasse.

VILLA MORÉLIA**** €€€

9, avenue des Mexicains
✆ 04 92 84 67 78
www.villa-morelia.com
Ouvert du 18 mai à fin octobre, vacances de février. Chambre double à partir de 150 €. Restaurant gastronomique.

Située dans un joli parc clos de 1 ha, aux arbres âgés plus que centenaires, cette belle villa de style mexicain – édifiée en 1900 pour un « Barcelonnette » de retour du Mexique – est devenue un Château-Hôtel de prestige de la vallée de l'Ubaye. Entre souvenirs historiques et modernité, ambiance mêlant baroque et contemporain, l'harmonie est une vraie réussite. Son restaurant gastronomique, sa piscine extérieure chauffée et la vue splendide offerte sur les montagnes alentour vous apportent l'assurance d'un séjour empreint de bien-être et de sérénité.

CHÂTEAU DES MAGNANS €€€

189, route des Magnans ✆ 04 92 33 99 27
www.chateaudesmagnans.net
Ouverture selon saison. Appartement à partir 850 €/semaine en hiver.

Un lieu dépaysant au cœur de la vallée de l'Ubaye. Marqué par l'empreinte de la Bavière et construit début 1900, son architecture s'inspirait de celle du château de Louis II de Bavière. Il a été réaménagé en 15 appartements de grand standing. Déployées en arc-de-cercle autour du château, 3 résidences attenantes offrent 50 appartements neufs. Cette magnifique architecture originale, associant baroque et modernité, offre non seulement luxe et calme, mais aussi volupté : accès libre à la piscine intérieure chauffée, spa, sauna, et solarium. Un rêve éveillé !

HÔTEL RESTAURANT BEL AIR €€

764, avenue des Mexicains ✆ 04 92 81 06 35
www.hotel-belair04.com
Fermé de novembre à fin janvier. En hiver sur résa. En saison, ouvert le soir. Menu à partir de 25 €. 18 chambres.

Bien situé à Jausier, cet établissement vous propose restauration et hébergement. C'est également une halte appréciée des voyageurs en moto, à vélo ou en voiture parcourant la mythique route des grandes Alpes ou celle du col de la Bonette. Pour cela il dispose de 18 chambres tout confort avec salle de bain privative. Avec sa grande salle de restauration ou sa grande terrasse ensoleillée aux beaux jours, cet établissement est idéal pour les groupes d'amis. Le service n'a lieu que le soir. Menu et plat du jour pour découvrir les spécialités du terroir.

CHEVALEYRE

16, Grand Rue
✆ 06 70 63 02 78
Ouvert du lundi au vendredi de 9h à 12h et de 14h à 17h.

Solenn travaille le cuir depuis 15 ans et a décidé de s'installer à Jausiers depuis 2021. Si vous demandez Solenn, tout le monde la connaît, et on comprend pourquoi car sa bonne humeur est contagieuse. La créatrice sélectionne chaque peau parmi les plus beaux cuirs français et italiens pour créer des pièces uniques. Vous venez choisir votre cuir dans cette boutique au cœur de Jausiers et Solenn vous fabrique l'article de votre choix : sac, petite maroquinerie (ceinture, porte-monnaie, bracelet, pochette de naissance)... Une adresse shopping à ne pas manquer !

MAISON DE PAYS DE L'UBAYE

325, route des Mexicains
✆ 04 92 84 63 88
www.produitsdepays.fr
Ouvert tous les jours de 9h30 à 12h et de 14h à 18h30. En juillet-août de 9h à 19h en continu.

Elle a été créée pour exposer à la vente des produits authentiques en circuits courts de la vallée de l'Ubaye, dans un grand espace de 350 m² ! La maison est née en 1992 et regroupe aujourd'hui plus de 80 producteurs indépendants de la vallée formant cette coopérative dynamique. Que vous soyez gourmands (chocolats, tartes de montagne, génépi) ou esthètes (artisanat, faïences, sculptures), ou curieux de mieux connaître la région (livres, vidéos, posters), c'est l'endroit à découvrir !

L'ARDOISIÈRE €€

3, impasse de l'Ardoisière
✆ 04 92 32 03 82
www.gite-etape-auberge-jausiers-ubaye.fr/fr/
7 chambres, 84 € en double avec pdj, triple 124 € en demi-pension, capacité 20 pers. Table d'hôtes 23 €. Parking privé.

© ARDOISIÈRE

A 10 minutes à pied du centre de Jausiers, au pied du col de la Bonette-Restefond, cette ancienne ferme de village, datant de 1789, entièrement restaurée vous accueille dans une ambiance conviviale et un authentique décor de montagne : meubles anciens en bois, piano... l'Ardoisière vous régale d'une cuisine privilégiant les produits locaux et faits maison. Une belle terrasse ensoleillée toute la journée et des chambres équipées de salles de bains avec douche et WC, linge de lit et serviettes fournis. Local fermé pour entreposer skis et vélos.

LE LAUZET-UBAYE ★

Un village qui s'est agrandi avec la construction du barrage de Serre-Ponçon à la fin des années 50 et l'engloutissement de la commune d'Ubaye. Surtout connu pour son charmant petit lac et son pont romain qui date du XIIIe siècle, un magnifique ouvrage suspendu au-dessus de l'Ubaye, le Lauzet s'anime l'été avec le début de la pratique des sports d'eaux vives. Le Lauzet est surtout connu des randonneurs pour offrir, après environ 3h d'effort, un petit coin de paradis avec le site de Dormillouse. On y admire ses trois lacs de montagne. Depuis le plateau à près de 3 000 m, on peut jouir d'une belle vue sur le lac de Serre-Ponçon et la vallée de l'Ubaye.

LE LAC DU LAUZET ★★

✆ 04 92 85 51 27
www.ubaye.com/le-lauzet-ubaye.html
Accès gratuit. Baignade gratuite et surveillée en saison. Pêche accessible à tous. Location paddle de 12 € à 27 €.

Voici un petit mais magnifique lac naturel, d'origine glaciaire, entouré de montagnes qui se reflètent dans ses eaux émeraudes. L'été, l'endroit est idéal pour qui souhaite se rafraîchir et se détendre sur les rives aménagées pour la baignade. Les plus sportifs pourront en faire le tour à pied, tandis que d'autres se reposeront quelques instants à l'ombre accueillante des mélèzes. L'endroit est également réputé pour la pêche. Des tables de pique-nique et une buvette sont installées sur les rives pour une halte repas dans ce cadre bucolique enchanteur.

MUSÉE DU LAUZET - UBAYE

Le Village
✆ 04 92 81 00 22
L'été, tous les jours (sauf le mercredi) de 14h à 19h30. Le reste de l'année sur réservation. Adultes 3 €.

Entièrement refait en 2017, ce musée met en valeur la montagne et l'ingénuité de ses habitants au travers des plantes utiles, soit pour se soigner (tisanes par exemple), soit pour varier sa nourriture (légumes sauvages, fruits et baies), soit pour la vie domestique (paniers, balais et manches d'outils). Plus largement, il est dédié aux traditions et à l'actualité de la chasse et de la pêche, et les activités ancestrales y sont remises à l'honneur. À signaler que pendant ses ouvertures le musée abrite aussi un Point Info Tourisme.

LES CABANES DU DOMAINE DE L'ESPERLUETTE €€

Le Villard-Sud
✆ 06 21 08 58 78
5 cabanes sur pilotis à partir de 115 €/nuit pour 4 pers.

Plus près de la nature et des étoiles, qui n'a pas rêvé de dormir dans une cabane ? Sur les hauteurs du Lauzet, sur un domaine écoresponsable tenu par les adorables Fanny et Pascal, 5 cabanes montées sur pilotis pour un séjour entre détente, repos et contemplation. Des cabanes tout en bois particulièrement chaleureuses et cosy, parfaitement équipées et sans trop d'éclairage pour admirer la voûte céleste à la nuit tombée. La table, délicieuse, privilégie les produits en circuit-court.

HÔTEL LA LAUZETANE*** €€

Route de Barcelonnette ✆ 04 92 85 55 00
www.hotellauzetane.fr
Fermé de mi-mars à mi-avril, de novembre aux vacances de Noël. Basse saison, chambre double de 80 € à 139 €. Restaurant.

On vous réserve un accueil chaleureux depuis plus de vingt ans. Les 68 chambres spacieuses, confortables et agréables se répartissent sur trois étages avec ascenseur. Rien ne manque pour un séjour réussi : salles de sport, de ping-pong, cours de tennis, coin jeux pour les enfants, billard, flipper, salon TV grand écran avec console, bar à cocktails, animations, excursions, piscine extérieure chauffée, sauna, jacuzzi, sans oublier, à quelques mètres de l'hôtel, le lac naturel du Lauzet-Ubaye. Le restaurant la Pergola du Lac vous offre sa terrasse aux beaux jours.

MÉOLANS-REVEL

Bienvenue à Méolans-Revel, près de Barcelonnette, dans la vallée de l'Ubaye belle en toute saison, dans un coin de nature préservé avec ses charmants hameaux montagnards ! Ici, tous les sports peuvent être pratiqués et les occasions d'activités en plein air dans les environs ne manquent pas, été comme hiver : ski, rafting, raquettes, pêche, kayak, vélo, découverte du patrimoine... Les randonneurs seront ravis de découvrir les splendeurs du sentier des Eaux Tortes. On se perdra également volontiers dans le vallée du Laverq pouvant vous conduire jusqu'aux Trois-Évêchés, un écrin de verdure comme seule la nature est capable d'en fabriquer.

LES TERRES BLANCHES €€

45, Le Village ✆ 04 92 81 94 37
www.les-terres-blanches.com
Ouvert toute l'année. Chambre avec petit déjeuner pour 2 personnes à partir de 60 €. Panier pique-nique : 8,50 €.

Sandrine et Laurent ont repris Les Terres Blanches en juin 2021 et vous accueillent chaleureusement dans leur gîte-auberge, pour passer un séjour simple et convivial. Les chambres sont confortables et conviennent aussi bien aux couples qu'aux groupes. Que vous soyez randonneur sur le GR6 ou le GR56, motard, cycliste, ou tout simplement en vacances en famille dans l'Ubaye, vous découvrirez un lieu authentique, au cœur du village de Méolans-Revel. Très pratique, à côté de la terrasse, vous aurez accès au chalet qui fait office d'abri pour les vélos et les motos.

CHAMBRES D'HÔTES LES MÉANS €€€

490, les Méans ✆ 06 19 25 93 45
www.les-means.com
2 chambres, 3 suites avec cuisine (de 22 à 80 m²) de 80€ à 150€. Ouvert à l'année. Terrasse, jardin, spa. Parking privé.

Diane et Frédéric ont repris cette maison d'hôtes de charme qui comprend 3 suites et 2 chambres. A l'entrée de la vallée de l'Ubaye, le site est exceptionnel : au cœur du hameau des Méans, la maison est une demeure historique du XIIe siècle, ancien monastère bordé d'un parc arboré de 3 000 m². Elle a été rénovée avec goût, avec des matériaux naturels. Les vastes suites sont équipées de poêle écologique. L'espace bien-être vient compléter l'expérience d'un séjour ressourçant.

EAU VIVE PASSION

Pont du Martinet
✆ 04 92 85 53 99
www.allo-rafting-ubaye.com
Tous les jours d'avril à octobre, de 8h à 20h. Tarifs complets en ligne.

Amateurs de sensations fortes ? Voici une sorte de petit paradis pour les amoureux de la nature et plus particulièrement pour les inconditionnels des sports d'eaux vives. La base située directement au bord de l'Ubaye (départ direct pour 30 rapides) vous garantit des sensations fraîches. Son équipe de professionnels de la montagne vous invite à pratiquer l'aquarando, le canyoning, la via ferrata et un nombre incroyable d'autres sports de pleine nature particulièrement ludiques tels l'hydrospeed ou encore le hot-dog. De quoi passer un moment inoubliable !

PONTIS ★

Ce village est situé sur la rive est du barrage de Serre-Ponçon, presque à la frontière avec les Hautes-Alpes. En venant de Barcelonnette, quelques kilomètres avant d'arriver à Pontis, on franchit le col du même nom, où on peut profiter d'un panorama superbe sur le lac de Serre-Ponçon. Ce village d'à peine cinquante habitants dispersés dans sept hameaux présente un site remarquable avec ses demoiselles coiffées. Les demoiselles sont des roches aux formes étonnantes (comme de longues dames élancées coiffées d'un chapeau) dues à l'érosion. En effet, ces cheminées se construisent d'abord dans le sol, puis sont dégagées progressivement à la surface par l'érosion.

PRA-LOUP ★★

Agréable et conviviale, Pra-Loup est LA grande station vedette des Alpes du Sud. Son ensoleillement et la beauté de son cadre expliquent aisément son succès. Pra-Loup est aujourd'hui la douzième station française pour son domaine skiable, relié à celui de la Foux-d'Allos par les Agneliers. La station compte une cinquantaine de remontées mécaniques dont 4 télécabines, 80 pistes dont une mauve labellisée Milka… Et le fameux Rider Space, qui offre 40 ha d'aménagements pour les sports extrêmes. La station mise sur une ambiance familiale (Label Famille Plus Montagne en 2006) avec des activités pour tout âge : espace luge aménagé, animations enfants…

Pra-Loup.

OFFICE DE TOURISME

Maison de Pra-Loup
✆ 04 92 84 10 04
www.praloup.com
L'Office de Tourisme vous accueille tous les jours, de 9h à 12h et de 14h à 18h.

Bienvenue dans ce grand espace d'accueil où vous trouverez toutes les informations nécessaires au bon déroulement de votre séjour. Facile à trouver, l'Office de tourisme se situe à deux pas du front de neige, accolé au cinéma. Une équipe charmante et souriante vous aidera à passer des vacances au top ! Tous les dimanches pendant la saison d'hiver, elle vous invite à prendre un pot d'accueil dans le hall. Elle vous propose aussi : un espace Wi-Fi gratuit, un espace détente, une salle de jeux pour les enfants et même la location d'une salle de réunion.

AUBERGE DE PRA-LOUP €€

Pra-Loup 1600
✆ 04 92 84 10 05
www.auberge-de-praloup.fr
Chambre de 60 € à 90 € par personne / nuit.

Cette belle ferme, la plus ancienne de Pra Loup fut entièrement rénovée et convertie en auberge et est aujourd'hui tenue par Amandine, Guillaume, Jérôme, Théo et Nicolas qui apportent un nouveau souffle au lieu. Bien placé à l'entrée de la station, le gîte offre 16 chambres de 2 à 4 personnes au confort simple. Certaines d'entre elles possèdent une salle d'eau complète avec WC privatifs, pour les autres les toilettes sont collectives. Dans la grande salle à manger, des repas généreux sont servis midi et soir. Un lieu de rencontres et d'échanges à découvrir !

CHALET-HÔTEL LES BLANCS €€

Les Molanès ✆ 04 92 84 04 21
www.chalet-hotel-lesblancs.fr
Fermé de mi-avril à fin mai, et de fin septembre à mi-décembre. Chambre double de 89 € à 136 €. Restauration.

Au pied des télécabines des Molanes, ce chalet-hôtel 2 étoiles est un hébergement agréable. On y trouve tout le confort nécessaire avec des chambres de 20 m² et des suites de 30 m² avec mezzanine. Exposées plein Sud, les chambres sont lumineuses et bénéficient toutes de casiers à ski. L'établissement dispose de deux salles de restauration, avec spécialités de montagne préparées sur réservation préalable. De belles salades-repas peuvent être savourées avec un accès à la piscine, surtout en été. L'espace détente comprend aussi sauna, salle de sport et solarium.

LA CHARLISA €€

Quartier des Marteaux
✆ 04 92 31 34 73
Chambre double de 95 € à 135 € ; suite à 125 €. Demi-pension : 25 € (sur réservation). Petit déjeuner inclus.

Isabelle vous accueille toute l'année dans ses chambres d'hôte de charme ! L'ancienne ferme se trouve sur les hauteurs de Pra-Loup, non loin des pistes de ski. Elle offre une vue panoramique sur la vallée et vous pourrez en profiter à loisir sur sa grande terrasse. A l'intérieur, 5 chambres et une véranda où sont pris les petits déjeuners, ainsi qu'un agréable salon, vous attendent. L'ensemble est très confortable avec des matériaux de qualité. Isabelle est très bonne cuisinière et on pourra en profiter en partageant son repas traditionnel de la région.

LA FERME DU COUVENT €€

Pra-Loup 1500 ✆ 04 92 84 05 05
www.fermeducouvent.com
Ouvert toute l'année. Sur réservation. Chambre double à partir de 100 €. Demi-pension : 70 €/pers (dîner, nuit, pdj).

Dans une ferme du XIVe siècle bâtie par des moines de l'ordre de Chalais, Jean-Pierre et Nathalie vous accueillent chaleureusement dans un cadre charmant et chargé d'histoire. Jean-Pierre étant moniteur de ski, il vous proposera des balades en raquettes en hiver ou des randonnées estivales aux beaux jours. Nathalie, hôtesse attentionnée, saura vous conter l'histoire de cette ferme atypique. En table d'hôtes, elle vous proposera de découvrir des spécialités savoureuses du terroir. Dans ce lieu au passé historique chaque pierre, chaque poutre se raconte...

L'AIGLE BLEU €€€

Les Molanès
✆ 06 66 04 10 20
www.laiglebleu.com
Accessible toute l'année. Huit chambres, 3000 € la semaine en basse saison, 6000 € en haute saison.

Un vaste chalet entièrement rénové en 2019, idéalement situé dans le quartier des Molanès à l'écart de la route, avec des prestations haut de gamme. Du balcon, et depuis les 8 chambres réparties sur trois étages, vue exceptionnelle sur les montagnes et la vallée. Dans sa magnifique pièce à vivre, on se sent rapidement à l'aise. Avec ses beaux volumes, sa cheminée, son esprit montagne chic, sa cuisine ouverte et ses grandes baies vitrées, l'ambiance du lieu est chaleureuse et sereine. Idéal pour partager un séjour en famille, entre amis ou en tribu.

LA BERGERIE €

Immeuble le Chamois
✆ 04 92 84 14 20
www.restaurant-bergerie-praloup.fr
Ouvert en même temps que la station. 7j/7 midi et soir pendant vacances scolaires et week-ends. Carte environ 25 €.

Brasserie le midi et restaurant le soir, La Bergerie vous accueille avec une jolie salle chaleureuse et spacieuse ainsi qu'une grande terrasse. Nombreuses spécialités de montagne. Le midi, ambiance brasserie sur la terrasse ensoleillée face aux pistes. Le soir, ambiance conviviale autour de la belle cheminée centrale. Ce restaurant propose également un bar avec une belle carte de bières à la pression, une sélection de vins et des cocktails à savourer près de la cheminée ou sur la terrasse. Accueil chaleureux, emplacement idéal et prix raisonnables.

EDOUARD'S PUB

Immeuble Miraval-Miramont
✆ 04 92 84 07 43
www.edouards-pub.fr
Fermeture annuelle du 1er mai au 30 juin et du 1er septembre au 30 novembre. Bar ouvert de 9h30 à 2h. Restaurant.

Ce pub, est bien connu à Pra-loup. Pina Colada, Mojito, Alésia… c'est toute une gamme très variée de cocktails savoureux qui vous y attendent dans l'ambiance feutrée et musicale de ce pub. Vito, en véritable maître de cérémonie, propose toujours les plus qui font la différence : apéritifs garnis et happy hours maison ! L'Edouard's Pub offre également un service de restauration, largement apprécié. Envie d'une fondue, d'une raclette ou encore d'un Mont d'Or ? Tout est bon au Edouar's Pub ! Le plus : profitez de sa belle terrasse avec vue sur la montagne !

LA DALLE EN PENTE €

Arrivée du télémix de la Clappe
✆ 06 48 18 48 14
www.ladalleenpente.com
Réservation recommandée pour le restaurant.

© LA DALLE EN PENTE

Ce lieu d'exception à 2 006 m d'altitude est sans aucun doute un lieu emblématique de Pra Loup avec un bar, un restaurant bistronomique, un self-service et un snack. Aux commandes, Florian et Guillaume gèrent dans la bonne humeur La Dalle en Pente depuis 2016 pour en faire un lieu de vie et redorer l'image de ce lieu culte pour les Ubayens. En plus de faire une pause entre deux pistes et d'admirer la vue, vous pouvez également profiter des événements sportifs et culturels organisés tout au long de l'année (concerts, animations, DJ).

SAINT-PAUL-SUR-UBAYE

Le village de Saint-Paul-sur-Ubaye se situe à 1 470 mètres d'altitude, et le col de Vars marque la frontière avec les Hautes-Alpes. Installé au pied du massif de Chambeyron, il est le plus haut village des Alpes-de-Haute-Provence. Sa commune occupe 22 000 hectares au cœur d'une nature magnifique et préservée, et c'est la seule de France à avoir plus de 30 sommets supérieurs à 3 000 mètres sur son territoire. Vous pourrez y pratiquer diverses activités de plein air : randonnées pédestres en été ou en raquettes et ski de fond en hiver. Enfin, découvrez un lieu riche en histoire militaire avec de nombreuses fortifications à visiter.

LE MUSÉE DE SAINT-PAUL-SUR-UBAYE

Grange de l'ancienne Maison-Arnaud
✆ 04 92 81 00 22
Du mi juin à mi-septembre : tous les jours de 14h30 à 19h (sauf jeudi après midi). Adulte : 3 €. Boutique.

Ce musée fait partie du réseau Musée de la Vallée, qui compte au total cinq établissements sur l'ensemble de la vallée de l'Ubaye, un réseau très instructif pour qui veut connaître la vie d'autrefois dans cette vallée.

À Saint-Paul-sur-Ubaye, venez découvrir ici le panorama des machines et outils agricoles collectés en Ubaye. Ce musée expose les outils, les gestes et les travaux de la société rurale ubayenne, avant qu'elle ne soit envahie par la mécanisation et la généralisation des échanges. Il présente également deux activités spécifiques dans ce territoire : le travail du chanvre et celui de la laine à cette époque. Il est dédié au forgeron Albert Manuel qui l'a doté de maquettes à la fois belles et pédagogiques, enseignant les gestes traditionnels de la vallée : transport du bois, moulin à eau... Une cuisine à l'ancienne a également été reconstituée, collection de vêtements anciens et d'animaux naturalisés.

À noter un très bon point : cette structure est sensibilisée à l'accueil des personnes handicapées. Visites commentées, petits ateliers, projection de films... aident à sa découverte. Des expositions temporaires y sont également régulièrement proposées.

Enfin, nous vous signalons que pendant sa période d'ouverture et uniquement en haute saison, il abrite un Point Info Tourisme, ce qui peut être bien pratique sur place, car sinon le plus proche Bureau d'Information Tourisme se trouve à Jausier. Une double raison d'aller visiter ce sympathique petit musée !

PONT DU CHATELET ★★★

Suivre la route donnant l'accès à Fouillouse
Accès libre toute l'année.

Un ouvrage d'art un peu vertigineux, seul accès au hameau de Fouillouse. Construit entre 1880 et 1882, cet ouvrage d'art d'une longueur de 27 m, surplombe l'Ubaye d'une centaine de mètres (108), se poursuivant par un tunnel creusé dans la roche de 28 m de long. Un ensemble impressionnant. Avec son arche unique de pierre de 18 m d'ouverture, il semble maintenir écartées les parois rocheuses. Minée en 1944, l'arche a résisté et le pont fut restauré dès 1945. Le panorama est splendide, même s'il vaut mieux avoir le cœur bien accroché. Un ouvrage qui vaut le détour !

ALPES-DE-HAUTE-PROVENCE

© LE PEGUIEOU

© LE PEGUIEOU

LE PEGUIEOU €€

Crête du Peguieou
✆ 06 37 05 23 06
www.peguieou.fr
Ouvert tous les jours de 9h à 16h30, de décembre à avril et en juillet et août.

Un burger montagnard ou une tartiflette dans le restaurant le plus haut de Pra-Loup, ça vous dit ? En 2022, le restaurant d'altitude au cadre panoramique renversant a célébré ses 40 ans. Frédéric a tout d'abord commencé à Pra Loup en tant que spécialiste de l'aventure aérienne des vols découvertes en Parapente et ULM en Ubaye qu'il propose toujours. Perché à 2365 m d'altitude, le Peguieou vous suggère un voyage gourmand en chenillette pour une soirée plus près des étoiles été et hiver, découvrez une carte avec des produits frais dans ces 2 espaces de restauration.

© LE PEGUIEOU

© LE PEGUIEOU

© LE PEGUIEOU

CAMPING BEL ISCLE €

Le Village

© 04 92 84 38 31

Ouvert de juin à septembre. Emplacement pour 2 de 12 € à 14 €. Mobil-homes de 365 € à 390 € la semaine.

Le camping municipal Bel Iscle est idéalement situé entre deux parcs naturels régionaux, le Mercantour et le Queyras, en bordure de l'Ubaye. Ni trop grand, ni trop petit, sa taille lui confère un cadre où règne la tranquillité. Deux mobil-homes avec terrasse sont également disponibles en location pour ceux qui souhaitent plus de confort. On trouve sur place un jeu de boules et un plan d'eau au bord de la rivière, bien agréable pour se rafraîchir en été. Le Camping vous propose à la belle saison des possibilités d'hébergements intéressantes à deux pas du village.

MAISON D'HÔTES LES ZÉLÉS - MALJASSET €

Hameau de Maljasset

© 09 88 18 84 16

www.leszeles.com

Ouvert en été. Demi-pension 57 € par personne, petit-déjeuner, repas du soir. 2 gîtes.

Ouvert seulement l'été, le lieu est exceptionnel car situé dans la splendide vallée de Maurin, bordée par la rivière Ubaye. Cette maison d'hôtes à l'architecture authentique du pays est idéalement placée sur le GR 5. Les 5 chambres sont bien équipées avec salle d'eau privative. Léa propose une cuisine familiale et traditionnelle. Le reste de l'année, on peut réserver le gîte de Léa et Lucas un peu plus haut, en continuant sur 1 km cette route du bout du monde jusqu'à Combe-Brémond.

SAUZE-SUPER-SAUZE ★

Le Sauze est une des plus anciennes stations des Alpes du Sud. Créée en 1934 sous l'impulsion de deux frères, complétée dans les années 1970 par Super-Sauze, elle est aujourd'hui une station été-hiver parmi les plus prisées de la région. On apprécie sa proximité avec Barcelonnette et son domaine skiable aux multiples vallons qui donnent à la fois douceur et technicité aux 65 km de pistes ensoleillées s'étalant de 1 400 à 2 450 mètres d'altitude. Moins fréquentée que les grosses stations, elle a plein d'atouts et de charme. On pense notamment à ses nombreuses balades en raquettes. L'été, ce sont les randonnées et les vélos qui sont à l'honneur.

RANDONNÉES EN HAUTE-UBAYE

7 km (16 min) seulement entre Saint-Paul et Fouillouse et 8,6 km (12 min) entre Saint-Paul et le col de Vars.

La Haute Ubaye offre des sites particulièrement favorables pour satisfaire les grimpeurs chevronnés tout comme les randonneurs ou les pêcheurs à la ligne. Saint-Paul-sur-Ubaye, bien situé, est un point de départ commode pour ces activités sportives et de nature. Les randonneurs peuvent alors emprunter le GR56, qui rejoint le GR5 à Fouillouse, autre commune typique de Haute Ubaye. On peut aussi accéder en voiture à ce site, à partir de l'extraordinaire pont du Châtelet, à arche unique entre les pans de la montagne.

Fouillouse est une base de départ très appréciée par les alpinistes, car desservant le vallon de Maurin vers les sources de l'Ubaye, le Brec de Chambeyron – 3 389 m –, la pointe d'Aval – 3 320 m – ou la tête de la Courbe – 3 088 m –, par le col de Mirandol. À partir du pont du Châtelet, la grimpette continue jusqu'au hameau de Maljasset (que l'on peut atteindre par le GR6) et qui marque, pour tous les alpinistes, le point de départ de nombreuses autres courses en montagne.

Les simples randonneurs sont également gâtés : de nombreux lacs (lac du Marinet), de beaux points de vue, toute la magie sauvage de l'Ubaye leur sont ici somptueusement offerts.

De nombreux établissements sont présents dans le coin pour vous conseiller si le besoin se fait sentir. Les amateurs du bivouac ne seront pas en reste non plus, car dans l'Ubaye, il est possible de poser sa tente où vous le souhaitez (pour la nuit), tant que vous respectez bien ce beau patrimoine naturel.

OFFICE DE TOURISME DU SAUZE

Chalet de la Montagne

© 04 92 81 05 61

www.sauze.com

Ouvert tous les jours. En intersaison, du mardi au samedi de 9h à 12h et de 14h à 18h.

L'office de tourisme réserve un accueil chaleureux aux familles en particulier. Il met à votre dispostion de nombreux services : ateliers pour enfants, jeux de piste, ludothèque à partir de 2 ans, bibliothèque enfants et adultes, prêt gratuit de poussette, coin change-bébé… Et toutes les informations utiles pour un séjour réussi. Sur sa boutique en ligne vous pouvez acheter directement ses bonnet, tour de cou, bonnet, auto-collant, estampillés Le Sauze.

ALPES-DE-HAUTE-PROVENCE

ECOLE DE SKI INTERNATIONALE

Immeuble le Soleil des Neiges
✆ 04 92 81 58 43
www.esi-lesauze.com

Ouvert du 15/12 jusqu'à date de fermeture de la station. Vacances scolaires 8h45-18h. Hors vacances scolaires 8h45-17h

L'Ecole de Ski Internationale du Sauze et Super Sauze regroupe une équipe dynamique et professionnelle. Ces moniteurs expérimentés vous enseigneront le ski et le snowboard dans la bonne humeur insufflée par son directeur Bastien et vous feront découvrir la joie de la glisse sur 65 kilomètres de pistes, entre 1400 et 2500 mètres d'altitude. Des cours collectifs sont également disponibles pour un maximum de neuf élèves. Des sorties raquettes, randonnées sont aussi proposées.

© ESI

© ESI

JACQUES MARTIN SPORTS

Route du Sauze,
✆ 04 92 81 05 52

Novembre : 09h-12h20 / 14h-18h30. Décembre : 8h30-19h. Possibilité de retirer le matériel la veille à partir de 17h.

© JACQUES MARTIN SPORTS

Dans cette boutique de famille, vous pouvez venir louer votre matériel de ski en toute quiétude entre amis ou pour toute la famille, vous serez agréablement accueilli par Jacques Martin, ancien skieur professionnel et toute son équipe qui vous conseillerons parfaitement. A travers leurs conseils, c'est aussi l'amour pour la Vallée qu'ils vous partagent. Et pour toute envie de shopping, laissez-vous tenter par la collection de vêtements, il y en a pour tous les goûts : amateurs de ski, de surf, de randonnée avec des exclusivités.

CHALET SAINTE-VICTOIRE €€

Route du Sauze
✆ 04 91 24 31 61
www.laligue13.fr

Accessible handicap mental, PMR. Ouvert toute l'année. 21 chambres. Chambre double à partir de 23€. Petit déjeuner : 5€.

L'équipe du Chalet Sainte-Victoire vous accueille dans un cadre convivial. Une cuisine familiale et une ambiance chaleureuse vous attendent pour des séjours en pleine nature en famille ou en groupe, à 30 mètres des pistes. Soucieux de proposer des séjours de qualité, l'équipe s'est entourée de partenaires locaux passionnés, qualifiés et fiables qui vous feront vivre des expériences uniques. Les activités variées conviendront à tous, et laisseront à tous une montagne de beaux souvenirs. Un centre de vacances à prix doux pour toutes les envies.

LE SOLEIL DES NEIGES** €€

Centre station
✆ 04 92 81 05 01
www.soleildesneiges.fr

24 chambres. Tarifs HS demi-pension à partir de 87 €/pers. Wifi gratuit. Restauration.

Idéalement situé au pied des pistes, au cœur de la station du Sauze, le Soleil des Neiges porte bien son nom dans le cadre préservé d'un village de montagne au milieu des alpages. L'hiver, le ski, l'été, les rando. Pour les bambins, la garderie. Les 24 chambres sont au calme et bien équipées. Trois menus et la carte sont proposés au restaurant, avec cheminée l'hiver. Aux beaux jours, petits déjeuners et repas sur la terrasse plein sud. Les plus du Soleil des Neiges : piscine couverte chauffée avec balnéo et solarium. Des vacances réussies !

MONTANA CHALET-HÔTEL**** €€€

La Savonette ✆ 04 92 81 05 97
www.montana-chalet.com

Ouvert mi-juin à mi-septembre et mi-décembre à mi-avril. Chambres doubles à partir de 284 €. Restauration.

Eco hébergeur, label Famille Plus, Charte Qualité Tourisme, label Tourisme & Handicap... Au pied des pistes l'hiver et des alpages l'été, le Montana vous réserve un accueil chaleureux au cœur des Alpes de Haute Provence et de la vallée de l'Ubaye. Pour un séjour de rêve, avec vue exceptionnelle, faites une halte en famille, en amoureux ou entre amis. Quant au restaurant la Terrasse, le chef concocte une cuisine aux couleurs locales à base de produits frais et régionaux. Pour prolonger l'instant, le Montana café. Un chalet à découvrir hiver comme été !

CHALET LA PROVIDENCE €€€

Le Sauze
✆ 06 81 21 91 59
www.chaletlaprovidence.com

Fermé en novembre. Petit déjeuner inclus. Demi-pension sur demande. Locations meublées possibles dans le chalet à côté.

© CHALET DE LA PROVIDENCE

Parmi les chalets-hôtels qui bordent les pistes, celui-ci est un véritable havre de paix. Sa décoration chaleureuse fait qu'on s'y sent rapidement bien, en toutes saisons : l'hiver, on est réchauffé par l'ambiance cocooning, la cheminée en pierres, tandis que l'été, on déjeune et on se prélasse sur la grande terrasse ouverte sur le jardin et les prés. Les 5 chambres sont douillettes, équipées de salles de bains privatives et d'une TV. Quelle que soit la formule choisie, on profite d'un accueil irréprochable et d'une table de grande qualité le matin comme le soir.

LE 2100 €

Domaine de l'Alp Remezin
✆ 06 75 68 04 21
www.le2100.fr

Ouvert de décembre à avril et de juillet à août 7j/7 de 9h30 à 16h. Plats entre 21 et 25 €. Menu skieur à 20 €.

© LE 2100

Ce bistrot d'altitude est idéal lorsqu'on vient skier au Sauze. Repris par Laura et Emmanuel, qui ont décidé de quitter la ville pour s'offrir le grand air de la vallée de l'Ubaye, ce lieu reflète leur bonne humeur. Venez déguster le burger de l'Ubaye, un gratin de gnocchis au fromage ou d'autres spécialités de montagne. La cheffe propose un plat du jour quotidien. Si le temps s'y prête vous profiterez de la belle terrasse toujours ensoleillée. En hiver, l'accès se fera par le télésiège de l'Alp, pour piétons et skieurs, ou par le chemin de raquettes en ski rando.

LA CABANE À JO €

Restaurant d'altitude, chemin du Col-de-Fours ✆ 04 92 81 02 86
www.lacabaneajo.fr
Ouvert tous les jours de l'année. Plat du jour : 18 €.Sur réservation.

© LA CABANE À JO

À 2 000 mètres d'altitude, cette « cabane » est un lieu idéal pour une halte bien méritée pendant sa journée de ski ou de randonnée. Accessible par télésiège ou à pied (avec équipement adapté en hiver), elle correspond parfaitement à ce que l'on attend d'un restaurant d'altitude : un cadre rustique magnifique, un accueil chaleureux et des plats revigorants. Depuis 2022, Marie et Laurent aux commandes, proposent une cuisine familiale et ont à cœur de mettre en valeur les produits de la région. Hiver comme été, on apprécie la superbe vue sur la vallée de l'Ubaye.

PROMENADE EN RAQUETTES

Chalet de la Montagne
✆ 04 92 81 05 61
De novembre à mars. Gratuit hors location de matériel : à partir de 6 € la paire de raquettes, 10 € avec chaussures.

À ceux qui en ont assez des stations de ski surfréquentées : venez profiter des plaisirs de la neige dans un cadre dénué de toute présence humaine. Le domaine du Sauze dispose de 5 circuits de randonnée balisés mais non damés, dans un environnement préservé. Parmi eux, certains sont même agrémentés de jeux de pistes pour ajouter une dimension ludique à cette activité déjà pleine d'atouts. Si vous êtes débutants, nous conseillons particulièrement le circuit « La Rente-Le Super Sauze-La Rente ». Enfin, vous pouvez vous faire accompagner d'un guide professionnel.

L'OFFICE GOURMAND €

Galerie du Sauze
✆ 06 29 27 14 84
Ouvert toute l'année. 7j/7 en saison. Service continu de 10h à 22h.

Au cœur de la station, l'Office Gourmand propose une cuisine du monde : gambas sauce au curry, nouilles sautées, rougaille saucisses... Sa chef Aurore vous invite à découvrir ses plats faits maison avec des produits frais, le tout dans la bonne humeur. Vous pouvez choisir de vous restaurer sur place à l'intérieur ou en terrasse, ou bien commander en vente à emporter ou être livrés. Parallèlement, l'Office Gourmand propose également une carte de cuisine traditionnelle avec soupes, raclettes, hamburgers, sandwiches froids ou chauds.

© L'OFFICE GOURMAND

© L'OFFICE GOURMAND

ENTREVAUX ★

Ancienne place fortifiée que l'on doit à Vauban, Entrevaux a su conserver son authenticité qui lui a valu de recevoir le label d'un des 1 000 « Plus Beaux Villages de France ». Petite ville construite en amphithéâtre sur un éperon rocheux, elle est enlacée par un méandre du Var qui coule au pied de ses fortifications deux fois millénaire. Cette cité fortifiée a gardé intact son charme des temps passés, et l'on aime se perdre dans les ruelles tortueuses témoins de temps anciens. N'oubliez pas de monter à la Citadelle perchée pour profiter d'une vue exceptionnelle à l'entrée des gorges rouges.
Autrefois frontière entre la France et le duché de Savoie à travers le comté de Nice, elle est demeurée une ville aux surprenants vestiges d'art militaire ancien : pont fortifié, remparts et citadelle en nid d'aigle n'ont pas changé depuis les derniers aménagements de Colbert. Son accès s'effectue toujours par l'une de ses trois portes à pont-levis. On retrouve encore les empreintes de son histoire avec ses casernes, ses échoppes médiévales et maisons étroites des XVIIe et XVIIIe siècles, mais aussi ses échauguettes et meurtrières, ponts et tours de corps de garde… Pour finir, mentionnons la renommée culinaire d'Entrevaux avec sa spécialité, la secca, fine tranche de bœuf séché à déguster arrosée d'un filet d'huile d'olive et de citron, un plat qui rappelle le carpaccio venu d'Italie, du temps où la Savoie n'était pas française.

LA CITADELLE

✆ 04 93 05 46 73
www.tourisme-entrevaux.fr
Ouvert toute l'année. 7j/7 en achetant l'accès au distributeur (prévoir de la monnaie). Adulte : 3 €.
Construite sous l'impulsion de Vauban et sur les flancs d'un éperon rocheux dominant le village d'Entrevaux, la citadelle d'Entrevaux offre une vue panoramique remarquable. Le pont-levis date de 1650. De la poudrière jusqu'aux cellules contemporaines des prisonniers de la Grande Guerre, la visite de ce fort permet d'imaginer ce qu'était la vie au sein de cette forteresse. À noter : l'accès se fait uniquement à pied, par 800 m de chemin pavé, réparti en 9 rampes et 156 m de dénivelé… Armez-vous de courage, il faudra compter 25 minutes de marche environ.

MUSÉE DE LA MOTO

Rue Serpente
✆ 06 62 16 12 70
Ouvert tous les jours en juillet et août et les week-ends d'avril, mai, juin, et septembre. Entrée gratuite.
Michel et Franck Lucani, le père et le fils, partagent depuis longtemps la même passion pour la moto. Venez profiter de leur visite organisée gratuitement pour découvrir l'un des plus originaux musées de la moto ancienne. Sur ces deux étages, il y en a partout du sol au plafond avec 75 engins au total en parfait état de marche. Cette superbe collection est originale de par son importance et sa qualité. Le lieu laisse aussi place à bon nombre d'affiches et objets en lien direct avec la moto ancienne. Convivialité et passion, pour les experts et les novices !

ALPES-DE-HAUTE-PROVENCE

Entrevaux.

MUSÉE DE LA POUDRIÈRE

La Citadelle
✆ 04 93 05 46 73
www.verdontourisme.com
Ouvert 7j/7. Compris dans la visite de la citadelle (à partir de 3 €).

Installé dans une ancienne poudrière du XVIIe siècle (au départ de la montée vers la citadelle), le musée rend hommage aux barons de Glandèves, seigneurs d'Entrevaux issus d'une grande famille de la noblesse provençale qui donna à la France bon nombre d'évêques, d'officiers, d'amiraux, de parlementaires et autres hauts dignitaires. Sur place, une dizaine de panneaux d'exposition retracent l'histoire militaire d'Entrevaux. À noter que pendant la guerre de 1914-1918, le fort accueillit des officiers allemands prisonniers : ce fut sa dernière mission militaire.

LA VIEILLE VILLE

✆ 04 93 05 46 73
www.tourisme-entrevaux.fr
Visites libres toute l'année. Visites guidées (office de tourisme) en juillet et août le vendredi à 16h. Adulte : 3 €.

Commencez par les remparts, la porte Royale et les deux tours rondes. Sous cette porte, dans la salle des gardes, une bonne adresse : le bureau du tourisme. En empruntant le chemin de ronde, vous pouvez accéder à deux portes : la Royale, celle de France. Pour celle d'Italie il vous faudra faire un détour. L'ancien chemin vous mènera aux séculaires jardins du Moyen Age. Trois rues principales tissent la toile des vieux quartiers. La rue Haute, la rue Basse et la rue du Marché relient le quartier de la cathédrale au quartier Saint-Martin et sa grande place.

HÔTEL LE VAUBAN €€

4, place Moreau
✆ 04 93 02 13 05
www.hotel-le-vauban.com
Ouvert midi et soir du mardi au samedi et le dimanche midi. Chambre double : 95 €, petit déjeuner offert. Restauration.

À l'entrée de la cité médiévale, classée « Villages et cités de caractère », cet hôtel restaurant vous ouvre grand ses portes avec une vue imprenable sur le bourg et la citadelle. Les chambres sont confortables. La terrasse située au nord, est bien agréable l'été. L'hiver, vous prendrez place dans la grande salle à l'ambiance provençale et familiale. Tout est fait maison par le chef qui met les recettes traditionnelles au goût du jour, et à base de produits frais. Un accueil chaleureux, souriant et dynamique. Une étape qui vous plaira !

LA MAISON DE JULIE €€

Place Sainte-Marguerite
✆ 04 93 02 46 42
www.maison-julie.com
Fermé du 15 novembre au 31 mars. Chambre double 63 € ; chambre triple 80 €. Petit déjeuner inclus.

C'est dans un très joli site arboré, à la sortie du village d'Entrevaux, que Carole et Christian vous accueillent chaleureusement dans cet havre de paix avec vue sur la montagne et le lit du Var. Dans cette ancienne et belle bastide de 1720, vous pourrez profiter du calme, mais aussi du cadre et du confort de ces deux belles chambres d'hôtes décorées avec goût. Le petit déjeuner sur la terrasse est un moment privilégié. La piscine et les petits animaux qui peuplent le jardin raviront les amoureux de nature et calme préservé.

LE PONT-LEVIS €€

Place Moreau
✆ 04 93 05 40 12
Ouvert du mercredi au lundi, de 6h à 21h. Bar et cave à vin. Vin au verre à partir de 4 €. Plat et dessert du jour 22 €.

Idéalement situé sur la place face au pont-levis de l'entrée principale d'Entrevaux, ce restaurant accueille ses hôtes depuis bientôt 40 ans. Loïc Lefebvre a transformé le lieu en bar et cave à vin où il met en valeur les vignerons indépendants et présente une sélection pointue de vins issus de l'agriculture biologique et biodynamique, à déguster sur place ou à emporter. Ce passionné des bons produits propose aussi un Class' Croûte pour accompagner vos dégustations, avec plats du jour, assiette fromagère et desserts maison, ou snacking en été.

LES VERGERS D'ENTREVAUX

Le plan de Puget
✆ 06 07 80 60 19
https://lesvergersdentrevaux.com
Magasin ouvert tous les jours de 9h à 18h

Que ce soit dans leur magasin d'Entrevaux ou dans leur ferme située plan de Puget, Isabelle et Eric Mermet proposent une sélection de légumes frais de saison dont une partie importante sont bio. Chaque semaine, vous pourrez choisir un panier de fruits ou de légumes. Et aussi des fromages de chèvre, brebis et vache de la haute vallée du Var, des confitures maison, des miels produits localement, ou encore du jus de pommes d'Entrevaux. Vous pourrez également vous faire livrer chez vous ou sur un point à proximité de votre domicile, et ce jusqu'à Nice.

ANNOT

Au bord de la Vaïre, à 700 m d'altitude environ, s'est établi ce charmant bourg à double allure : celle de la montagne, avec les Alpes, et celle de la Provence. Les premiers habitants de la cité ont certainement été aussi les premiers de la vallée. Entourés de ces étranges formations de grès, les Annotains se trouvèrent en fait et avant tout sur la voie romaine qui reliait Nice–Cimiez à Digne, via Riez. Ces groupements de rochers inattendus et sculptés par l'érosion, chaotiques, désordonnés, arcs entiers ou coupés, nous promettent de belles promenades en pleine nature. Elle est aussi appelée plus confidentiellement « le paradis des peintres ».

Balade

Comme dans la majorité de ces anciennes villes, on se promène dans la rue Basse et la rue Grande, rue qui s'ouvre sur une porte fortifiée ogivale du XIVe siècle, puis monte vers l'église qui nous accueille avec ses belles portes sculptées des XVIe, XVIIe et XVIIIe siècles. De type romane, hormis le bas-côté datant de 1604, on remarque aussi son joli clocher Renaissance. À sa gauche, l'ancien hôtel de ville nous montre lui aussi une belle porte. Repassant rue des Vallasses, on y découvre un lavoir, et la « tour des peintres ». Pour redescendre, c'est la rue Notre-Dame qui nous reconduit jusqu'à la Grande rue. Tout au long du petit périple, c'est un souffle provençal qui nous promène entre les façades, les maisons enduites à la chaux, souvent modestes, avec greniers et remises, à vocation agricole à tours et fontaines, puis nous arrête devant un ancien hôtel particulier du XVIIe siècle de style génois, « la maison des Arcades » et son décor en trompe-l'œil. C'est au XIXe siècle que la ville est sortie de ses murs et s'y prolongèrent alors faubourgs, places, résidences aux allures piémontaises, propriétés et villégiatures de notables. Aujourd'hui station de vacances appréciée, elle mène comme il se doit sa vie de petite ville commerçante et animée. Une promenade, d'une grosse heure de marche et de raide montée, vous conduira à la « Chambre du roi », un superbe enchevêtrement de grès, ou la mystérieuse « Dent du diable », le « Rocher aux cent marches ». Si vous êtes un grimpeur, vous remarquerez les blocs et voies qui ponctuent cette randonnée : vous êtes sur un site d'escalade sur grès de renommée internationale.

HÔTEL DE L'AVENUE*** €€

Avenue de la Gare ✆ 04 92 83 22 07
www.hotel-annot.fr

Fermé de décembre à fin février. 9 chambres. Chambre double de 70 € à 110 €. Demi-pension à partir de 2 nuits.

Entre lacs et montagne dans une nature luxuriante, cet hôtel de charme est venu se lover au cœur du village. Eve, la maitresse des lieux, vous réserve non seulement un accueil chaleureux mais elle a aussi rénové toutes ses chambres dans une ambiance cocooning, entre modernité et authenticité. Le petit déjeuner est à base de produits frais. Côté détente, vous profiterez du salon de l'hôtel dans un esprit comme à la maison pour lire, jouer aux cartes, ou même prendre l'apéro. L'établissement est au départ des plus belles randonnées dans les célèbres grès d'Annot.

PIZZERIA LE CÉSAR €€

Place du Revelly
✆ 04 92 83 31 50

Ouvert midi et soir sauf dimanche soir et lundi. En juillet-août, fermé le lundi midi seulement. Carte 20 € environ.

Cette pizzeria existe depuis 40 ans à Annot et Olivier, le chef et pizzaïolo y officie depuis 20 ans. Il est aidé au service par des jeunes du pays. Bien située sur une place avec une grande terrasse ombragée sous des platanes, elle dispose à l'intérieur d'une salle décorée sur le thème de la scénographie de Pagnol avec un petit coin musée. À la carte, outre une vingtaine de pizzeria au choix, dont la César délicieuse, Olivier propose une cuisine simple traditionnelle et régionale. Un lieu agréable avec un bon accueil et un excellent rapport qualité/prix.

LES GRÈS D'ANNOT

Accessibles toute l'année sauf en cas d'enneigement. Attention certains accès sont interdits par sécurité.

Formés il y a près de 40 millions d'années, les grès d'Annot suscitent pour des raisons diverses un intérêt croissant de la part des sportifs admiratifs de cette manifestation géologique unique dans la région. L'aspect grandiose de ces falaises dominant le village ne laisse personne de « marbre »... Les bancs gréseux peuvent atteindre 250 mètres d'épaisseur ! Pour les marcheurs, empruntez le sentier balisé et découvrez ces rochers hors du commun ainsi que la flore qui les entoure. Les grimpeurs, quant à eux, trouveront près de 150 voies équipées.

ALPES-DE-HAUTE-PROVENCE

SAINT-ANDRÉ-LES-ALPES

Le village de Saint-André-les-Alpes est une porte d'entrée des stations de ski. Cette commune juchée à 900 m d'altitude est surtout la porte des gorges du Verdon et du parc naturel régional du Verdon avec ses belles randonnées, situé sur le territoire de la réserve géologique de Haute-Provence. Sur les hauteurs, qui vous sont accessibles par des sentiers balisés, vous pourrez vous envoler – en parapente, pas tout seul ! – à partir de sites mondialement reconnus et ainsi remplir vos mirettes de somptueuses cartes postales qui resteront à jamais ancrées dans votre esprit. Ce petit village de caractère, qui fleure bon les Alpes, est entouré par la montagne de Maurel et la barre blanche des crêtes de Serres et de Chamatte, bénéficiant d'un climat exceptionnel.

Et en été, on apprécie les rives du joli lac de Castillon où l'on peut pratiquer à loisir voile et canotage. Tout autour du lac, de multiples lieux de baignade sont accessibles pour tous par le biais de plages sauvages et agréables, plus ou moins faciles d'accès, mais sans surveillance. Les amateurs de bateaux à pédales ou à moteurs électriques et autres planches à voile ont la possibilité d'embarquer à bord grâce aux loueurs installés sur les différentes plages. Et si le cœur vous en dit, laissez-vous aller à une petite pétanque entre amis, le terrain s'y prête à merveille ! En somme, qu'importe la saison, vous ne risquez pas de vous ennuyer lors de votre visite de Saint-André-les-Alpes !

LE BARRAGE ET SON CADRAN SOLAIRE

✆ 04 92 89 02 39

www.castellane-verdontourisme.com

Accès libre.

Un barrage hydroélectrique impressionnant qui offre une vue superbe. Une véritable barrière de contrastes entre le paisible lac et la tortueuse rivière qui jaillit une centaine de mètres en dessous de vos pieds. Surtout, le barrage est célèbre depuis 2009 et la mise en place du plus grand cadran solaire du monde. Encore mieux, c'est aussi un cadran de conception originale : l'heure solaire est connue lorsque l'ombre du parapet tangente l'une des lignes horaires.

VERDON TOURISME - BUREAU D'INFORMATION TOURISTIQUE

1, place Marcel-Pastorelli

✆ 04 92 89 02 39

http://www.verdontourisme.com

Ouvert toute l'année. L'été, du lundi au samedi de 9h à 12h30 et de 14h à 18h, dimanche de 9h30 à 12h30

Ce bureau d'information touristique local de Verdon Tourisme propose de nombreuses informations pratiques et touristiques, également consultables sur son site internet. Il n'organise pas lui-même d'activités mais travaille en étroite collaboration avec plusieurs prestataires spécialisés (parapente, voile sur le lac, pêche dans le Verdon...). En cas de fermeture vous pouvez vous adresser à l'office intercommunal de Castellane dont il est un bureau annexe.

© MARINA - STOCK.ADOBE.COM

Le Verdon près de Saint-André-les-Alpes.

© MARC CECCHETTI - FOTOLIA

Le lac et le barrage de Castillon.

HÔTEL LAC ET FORÊT*** €€

Route de Nice
✆ 04 92 89 07 38
www.lacforet.com

Ouvert de mi-avril au mi-novembre. 20 chambres à partir de 75 €. Restaurant 7j/ 7 midi et soir en saison.

L'hôtel Lac et Forêt est une vaste demeure au charme certain à l'écart du village et au calme. Installé sur les bords du lac de Castillon, il offre une vue panoramique à couper le souffle. La terrasse vous permettra de suivre et d'admirer les parapentistes dans leurs évolutions. Côté restauration, le chef Nicolas Brencz vous propose une cuisine variée comprenant des mets raffinés respectant le rythme des saisons avec des produits du marché. Au programme de votre séjour : nature, baignades, randonnées, activités multiples, repos, gourmandise et air pur.

L'ARDOISE €€

Place Charles-Bron
✆ 06 22 51 88 02

Ouvert toute l'année. Du lundi au dimanche midi et soir (selon la saison).

« Gourmet ou gourmand, vous apprécierez notre cuisine simple et raffinée », voici comment les nouvelles chefs Emilie et Joanna aiment présenter l'esprit des lieux. Elles proposent une carte de cuisine traditionnelle mettant à l'honneur des produits frais et du terroir pour de belles suggestions. Les bons desserts finiront de vous décider à y effectuer une halte appréciée. Cette sympathique adresse se situe en plein cœur du village de Saint-André-les-Alpes. Et en été il borde les rives du joli lac de Castillon où l'on peut pratiquer à loisir voile et canotage.

RESTAURANT LAC ET FORÊT €€

Route de Nice ✆ 04 92 89 20 45
https://lacforet.com/le-restaurant

A partir d'avril. Tous les jours midi et soir, fermé le mardi en basse saison. Carte 50 €. Menu découverte le soir 75 €

Dans l'enceinte de l'hôtel éponyme, sur les bords du lac de Castillon, voilà une belle découverte ! Côté culinaire, la cuisine est inventive, les saveurs subtiles et les assiettes joliment présentées Le chef travaille des produits de saison et conjugue à merveille les légumes du terroir : Suprême de volaille label rouge, farcis aux écrevisses ou des saint-jacques marinées aux épices tandoori... Le menu est digne d'un restaurant gastronomique ! Ajoutez à cela une belle carte des vins, un personnel au petit soin et une superbe terrasse.

LE LAC DE CASTILLON

Sur la route rejoignant Saint-André à Castellane

Accessible toute l'année. En été, baignades surveillées et location de bateaux, pédalos. Voile possible en accès libre.

Long de 8 kilomètres, le lac de Castillon couvre 500 hectares, enchâssé entre les montagnes. Sous un ciel bleu (le plus souvent) le cadre est splendide. L'extrémité de la partie sud, proche du barrage, est une zone strictement réservée à la Marine nationale.. Les sports nautiques sont autorisés sur toute la partie restante. Les lieux d'embarquement et les mises à l'eau sont situées au Cheiron (4 km de Castellane) à Saint-Julien-du-Verdon (13 km de Castellane) et à Saint-André-les-Alpes (25 km de Castellane). Quelques baignades y sont surveillées en eté.

ALPES-DE-HAUTE-PROVENCE

SEYNE

Seyne-les-Alpes et ses 1 300 habitants vivent au cœur de la Vallée Blanche. Les premières maisons furent des cabanes construites à flanc de collines, sur le site des Edenats, où diverses peuplades gauloises vivaient alors. La cité s'appelait alors Sedena, ce qui voulait dire « ceux d'Edenats ». Des paysages somptueux entourent le village : la montée vers la crête de la Roche Close passe près de la cabane des Mulets et ses pâturages d'herbe grasse pour parvenir, après le col de la Pierre, jusqu'à 2 739 m d'altitude. Cette crête haut perchée domine la région et permet d'apercevoir à l'horizon, le mont Ventoux et la montagne Sainte-Victoire.

LE VIEUX TILLEUL** €€

Les Auches

✆ 04 92 35 00 04

www.vieux-tilleul.fr

Ouvert toute l'année (sauf congé en novembre et janvier). Chambre double à partir de 70 € à 78 €. Demi-pension : 70 €.

C'est dans une ancienne ferme rénovée et transformée en élégant hôtel deux étoiles par les propriétaires, que Pascale et son fils Matthieu vous proposent un séjour paisible. Que vous profitiez du parc de 2 hectares qui longe la rivière en admirant les montagnes des alentours ou bien que vous plongiez dans la piscine en été pour vous rafraichir, vous apprécierez la qualité de l'accueil du lieu. Les chambres sont classiques et bien entretenues. Sur place un restaurant, *l'Insolent*, où Matthieu, maître restaurateur, élabore une cuisine moderne et créative.

LA CITADELLE VAUBAN

Montée du Fort

✆ 04 92 35 31 66

http://fortetpatrimoine.free.fr

Ouvert toute l'année. Du 15/06 au 15/09, tous les jours de 10h à 18h. Adultes 6 €, enfants 4 €, gratuit -8 ans

La visite de cet impressionnant ouvrage militaire dû à Vauban et dominant la cité est parfaitement organisée par une association locale *Fort et Patrimoine du Pays de Seyne*. Fort, remparts et bastions ceinturant une tour de guet antérieure au XIIe siècle, la visite est aujourd'hui un « must » pour les enfants comme pour les adultes. Du haut des remparts, éventuellement à travers les meurtrières, vous aurez une vue imprenable sur la vallée… et même la possibilité de faire un petit pique-nique sur une des belles tables de bois disposées à cet effet !

RESTAURANT L'INSOLENT €€

Quartier des Auches ✆ 04 92 35 00 04

www.vieux-tilleul.fr/restaurant

Ouvert du mercredi au dimanche le midi et le soir. Et tous les jours en saison. Formule du midi en semaine de 19 à 24 €.

Dans son restaurant semi-gastronomique, le jeune chef Matthieu Bonnoure vous propose une carte originale de mets composés principalement de produits locaux, bio si possibles, et soigneusement sélectionnés sur le marché local. Le résultat en est une cuisine de qualité moderne, équilibrée et savoureuse. La carte suit les saisons et l'inspiration du moment du chef avec un menu du jour changeant. La salle de restaurant s'ouvre sur une magnifique terrasse panoramique baignée de soleil, à la vue imprenable sur les montagnes de L'Aiguillette et de Rocheclose.

CAMPING DE LA BLANCHE** €

Les Tarettes ✆ 04 92 35 02 55

www.campingdelablanche.net

Ouvert toute l'année. Qualité Tourisme. Tentes, camping-cars, mobil-homes. Camping-car 21 € en été.

Les emplacements sont spacieux, plats et bien équipés. Valérie et Bruno, les sympathiques gérants, proposent des jeux pour enfants, un arboretum, des jeux « découvertes rurales » pour petits et grands et des soirées conviviales en saison estivale. Pour les cavaliers en randonnées, un champ est à disposition pour leurs chevaux. Aire pour les camping-cars. Ce camping est décidément une adresse à connaître pour tous les adeptes de nature et de grands espaces dans ces Alpes du Sud encore sauvages et préservées. Piscine municipale gratuite à 500 m.

LE FANGET

✆ 04 92 34 86 07

www.blancheserreponcon-tourisme.com

13 km de sentiers balisés, des boucles de 1 à 8 km.6 parcours raquettes en accès gratuit. 1 piste de luge.

Situé à 1 450 m d'altitude au cœur du massif des Monges, ce site de pleine nature propose des activités et animations lors des 4 saisons. Le Fanget est le point de départ de nombreuses randonnées dans la réserve géologique des Alpes-de-Haute-Provence. Vous pouvez aussi emprunter la direction des Clues de Barles ou des gorges de la Blanche, en toutes saisons. La station dispose de pistes de ski de fond et des itinéraires dans les sous-bois sont balisés pour les promenades en raquettes. Au foyer de ski de fond, il est possible de manger une cuisine traditionnelle.

STATION DU GRAND-PUY

✆ 04 92 35 19 19

www.seynelesalpes-tourisme.com

Ouvert tous les jours de mi-décembre jusqu'à mi-mars en fonction de l'enneigement. Journée adulte : 19 €.

Quand vous arrivez de Digne-les-Bains, la station du Grand Puy se trouve un peu avant Seyne, sur la gauche, au début de la descente du col de Maure, à 5 km du village. Cette petite station familiale – 5 remontées mécaniques pour 22 km de pistes et 520 m de dénivelé –, n'a pas encore été envahie par les immeubles de béton. Située dans un cadre montagnard, naturel et préservé, elle est dominée par les décors grandioses des montagnes de l'Aiguillette, de Roche Close et du Pic des Têtes. Vous pouvez également goûter aux plaisirs des raquettes ou du ski de fond.

MONTCLAR

Située dans la vallée de la Blanche, au pied du sommet de Dormillouse qui culmine à 2 500 m d'altitude, et entourée de forêt, la station de Saint-Jean-de-Montclar est née il y a une trentaine d'années de la volonté des habitants de Montclar de sauver leur village d'une diminution de la population et d'une régression économique, tout en respectant l'environnement typiquement montagnard du pays. Cette station sociale et solidaire vous permet donc de profiter de magnifiques panoramas, et de profiter de toute les activités des sports d'hiver en famille, dans un belle environnement naturel et encore à taille humaine. Une réussite actuelle !

LE FORT DE DORMILLOUSE

✆ 04 92 30 92 01

www.montclar.com

Fort gratuit en accès libre. Restaurant d'altitude ouvert l'été uniquement sur réservation.

Cette forteresse date de 1862 et faisait partie intégrante du processus de défense des Alpes du Sud contre l'Italie, servant de relais sur une ligne de transmission optique qui reliait Grenoble à Toulon. Outre sa situation géographique sur un sommet, Dormillouse, dont le nom évoque la marmotte et situé à 2 500 m d'altitude, on retient un site superbe qui nous offre un panorama dantesque sur l'Ubaye et le lac de Serre-Ponçon. Chaque année, en juillet, une randonnée « ran'dormillouse » est organisée sur le site avec fanfare dans le fort.

HÔTEL ESPACE** €

Col Saint-Jean ✆ 04 92 35 37 00

www.hotel-espace.com

Fermé en avril, octobre et novembre. Chambre double à partir de 95 €. Restauration. Hammam, sauna.

Face au sommet de Dormillouse au cœur de Montclar, cet hôtel/restaurant ne manque pas de charme. Françoise et Sébastien savent accueillir convivialement petits et grands. Chez eux, vous êtes chez vous ! Les 43 chambres spacieuses et confortables ont été entièrement relookées en changeant tout le mobilier, dans un style montagne. Idéalement situé, été comme hiver, vous y passerez un séjour inoubliable. On a aimé le restaurant panoramique à la cuisine traditionnelle, avec sa terrasse face à la montagne, son coin cheminée au bar et ses animations en soirée.

LE SAINT-JEAN €€

Col Saint-Jean ✆ 04 92 35 03 28

www.hotelstjean.com

Chambre double de 70 € à 98 €. Pension complète (91 € par personne). Restauration (menus de 19,50 € à 28 €).

Surnommé « un petit coin de Suisse égaré en Provence », toute l'équipe de l'hôtel Saint-Jean, situé au pied des pistes, est aux petits soins pour ses hôtes. Dans une ambiance conviviale, vous pourrez admirer les montagnes de Dormillouse et le lac de Serre Ponçon ! Les chambres sont confortables, spacieuses et faites de bois, ce qui rend l'atmosphère encore plus chaleureuse. Au restaurant le Clos Madarin, on retrouve le chef Bruno Savornin, Maitre Restaurateur, qui propose une cuisine riche en créativité où se mêlent tradition et modernité à base de produits frais.

LES ALISIERS €€

Col Saint-Jean

✆ 04 92 35 34 80

www.les-alisiers.fr

Ouvert 7j/7 pendant les vacances scolaires d'été et de février midi et soir. Menu à 30 €.

Ce restaurant situé au col Saint-Jean est une adresse sûre pour tous les amateurs de bonne cuisine. Les plats, élaborés avec des produits véritablement frais et locaux, par un passionné sont un vrai régal. L'établissement vous suggère, outre sa recette fétiche, les Picatons, incroyablement bons, d'autres spécialités telle son épaule d'agneau de pays confite, ou ses pintades de producteur local. La réputation de la table des Alisiers tient autant à l'art maîtrisé de son chef qu'à la sélection rigoureuse des producteurs, artisans et éleveurs locaux qu'il pratique !

LE CLOS MADARIN €€

Col Saint-Jean ✆ 09 74 56 13 88

www.restaurant-le-clos-madarin.fr

Maître Restaurateur. Fermé le mardi et mercredi soir hors vacances. Menus de 19,50 € à 28 €. Terrasse

Au pied de la station de ski Saint-Jean de Monclar, partez à la rencontre de Bruno Savournin, disciple d'Escoffier et Maître Restaurateur, pour une parenthèse gourmande qui ne compte plus ses adeptes. Bruno ne travaille que le produit frais et de pays, la plupart bio, au goût inimitable, comme ces viandes garanties 100 % pays de Seyne. À chaque jour, une idée de suggestion selon l'inspiration et l'humeur du chef. Des créations culinaires originales aux saveurs d'origines locales et d'ailleurs. Une cuisine moderne et inventive où chacun trouve son bonheur.

LE BLANCHON** €€

Station de Chabanon

✆ 04 92 35 27 79

www.hotelleblanchon.com

Ouvert toute l'année. Chambres à partir de 40 €. Pension complète à partir de 89 €.

A trois minutes à pied des remontées mécaniques, c'est le seul hôtel/restaurant ouvert tous les jours, toute l'année sur la station. Les vingt-six chambres, de la simple à la familiale pouvant accueillir jusqu'à huit personnes, ont été toutes rénovées. À votre disposition : salle de détente avec sauna, fauteuil massant et tapis de marche, bibliothèque et jeux de société. Le restaurant, dans une salle au cadre charmant avec cheminée et terrasse sud, présente une carte aux couleurs locales, avec des spécialités montagnardes et de délicieux plats créoles !

LE DORMILLOUSE €€

Col Saint-Jean ✆ 04 92 35 37 00

www.hotel-espace.com

Fermé au mois d'avril et de fin septembre à mi-décembre. Le restant de l'année, ouvert 7j/7 midi et soir. Formule 18 €.

Face au sommet de Dormillouse, au cœur de Montclar les 2 vallées, Françoise et Sébastien vous accueillent dans leur hôtel/restaurant. Vous prendrez place à l'intérieur d'une salle au thème de montagne ou encore aux beaux jours, sur la belle terrasse panoramique donnant sur les pistes. C'est une cuisine traditionnelle copieuse et de montagne qui vous attend, et qui suit les saisons à base de produits de terroir comme cette charcuterie artisanale de qualité. Pour prolonger votre séjour, l'hôtel Espace avec spa offre 43 chambres confortables entièrement revisitées.

CHEZ LE POÈTE €€

Place du Village

✆ 04 92 35 06 12

www.chezlepoete.fr

Ouvert toute l'année. Chambre simple 52 € ; chambre double 75 €. Restauration (Menu à 16 €).

Vingt-neuf ans et ce Poète, situé dans un ancien relais de poste, n'a pas pris une ride. Derrière le piano, on retrouve avec plaisir Florence, qui nous concocte aussi une cuisine de pays goûteuse à base de produits frais et de terroir. Vous prendrez place dans une salle au décor rustique et aux beaux jours sur l'agréable terrasse. Quant aux onze chambres, elles ont été récemment rénovées et sont spacieuses, lumineuses et confortables. Dans la vallée de la Blanche, cet hôtel/restaurant/bar est une halte incontournable à l'excellent rapport qualité/prix.

SELONNET

Selonnet est une jolie petite ville possédant un intrigant clocher, séparé de l'église. En dehors de ce monument, vous pouvez également admirer l'antique chapelle Saint-Léger datant du XIIe siècle. À quelques kilomètres, la station de Chabanon vous offre, en hiver, son domaine skiable et ses équipements. En été, vous pouvez ici, comme dans toute la vallée, pratiquer de nombreux sports et randonnées qui vous mèneront peut-être jusqu'au fort de Dormillouse – 2 505 m – où les soldats qui y tenaient garnison entre 1800 et 1900 organisaient pour tromper leur ennui des bals et pour ce faire, allaient chercher toutes les jeunes filles des environs.

LES DRAILLES €€

144, place du Champ de Foire

✆ 04 92 35 08 29

www.bistrotdepays.com/les-drailles

Ouvert toute l'année. Ouvert du jeudi au lundi à midi, du jeudi au dimanche le soir. Menu 17 €.

Marie-Ange et Daniel Blanc vous accueillent à cette table rustique avec pizzas au feu de bois, plats du jour aux accents de Haute-Provence et une série de plats mijotés à partager. Une cuisine de plats simples mais élaborée grâce aux produits frais et locaux. Vous trouverez avec plaisir une terrasse en prairie l'été et un intérieur douillet en hiver avec poutres apparentes et vue sur les pics de la Blanche. Les Drailles c'est également un lieu de rencontre, un magasin de produits locaux, avec presse, tabac et dépôt de pain. Une halte s'impose !

ALLOS ★★

Le Val d'Allos 1400 est constitué autour de l'ancien village d'Allos. C'est là que se trouvent la mairie et l'office de tourisme ainsi que la Poste et la majeure partie de la population résidente à l'année. Il est, comme son nom l'indique, situé autour de 1 400 mètres d'altitude. À 200 m au sud du village, se trouve l'église Notre-Dame-de-Valvert, classée au titre des monuments historiques en 1846. Cette chapelle de style roman datant du XIIIe siècle (avec des vestiges des IXe et Xe siècles) est située à la confluence des rivières du Chadoulin et du Verdon. Comme toutes les églises de style alpin, seul le mur sud est percé de trois baies.

L'EDELWEISS €

Grande-Rue

✆ 04 92 83 41 45

Ouvert toute l'année. Haute saison : tous les jours de 11h à 18h. Menu à 17,50 €. Terrasse.

Cette crêperie est située au sein du vieux village, véritable institution depuis 1934. La carte se décline en plusieurs volets. Si elle fait bien évidemment la part belle aux crêpes, le chef vous propose la spécialité du village : les macarons rôti de porc sauce à l'ail. Amateurs de viandes et de salades composées, vous ne serez pas oubliés. Le choix est également vaste pour les sucrées. Quant au cadre, il est authentique avec son allure de ferme et sa salle typiquement montagnarde. Les beaux jours venus, n'hésitez pas à prendre place sur la belle terrasse.

HÔTEL PASCAL** €€

✆ 04 92 83 00 04

www.hotel-pascal.com

Ouvert toute l'année. Chambre double à partir de 124 €. Restaurant labellisé Pays Gourmand.

Cet hôtel-restaurant familial vous ouvre ses portes tout au long de l'année dans une ambiance chaleureuse et conviviale. L'Hôtel Pascal dispose de 14 chambres, dont 10 avec douche et WC et 6 avec télévision. Le restaurant Le Goût des Mets appartenant à l'établissement, il propose une carte qui évolue au fils des saisons, élaborée à partir de produits locaux, avec pour but de vous faire découvrir les producteurs de la région. La boutique met quant à elle en avant des charcuteries de la vallée de l'Ubaye, des liqueurs, vins et autres génépis biologiques.

LA FOUX-D'ALLOS ★

Le Val d'Allos 1800, (ou plutôt, la Foux d'Allos comme l'appellent ses fidèles fréquentations), est une belle station de ski en hiver et de montagne en été. Baignée de soleil et de lumière en toute saison, vous y découvrirez le plaisir des grands espaces et d'une nature encore préservée, ou de l'immensité de l'horizon avec ses sommets escarpés... Sachez que vous êtes ici au cœur d'un des plus beaux domaines skiables des Alpes du Sud, et surtout le plus grand. En effet, son domaine skiable est relié à celui de la Station de Pra-Loup, dans la vallée de l'Ubaye, et se dénomme désormais l'Espace Lumière : une appellation bien méritée !

LE BERCAIL €

Grande-Rue

✆ 04 92 83 07 53

Ouvert 7j/7 en saison, de décembre à avril et l'été. Fermé le reste de l'année. Plats de 18 à 22 €.

Situé au milieu de la Rue Grande qui traverse le village, le Bercail occupe une grande bâtisse en pierres apparentes avec une arcade qui abrite une jolie terrasse, laquelle se prolonge dans la rue aux beaux jours. La salle est superbe, toute en pierres naturelles et la décoration raffinée crée une ambiance accueillante. La cuisine comprend des spécialités de montagne. Au choix, il n'y a pas moins de 10 fondues, des tartiflettes... Les produits sont pour la plupart d'origine locale et tout est fait maison y compris les pizzas et les desserts.

LES CHALETS DU VERDON*** €€

Quartier Pont-de-Labrau ✆ 04 92 83 83 14

www.vacanceole.com

Ouvert de mi-décembre à mi-avril et de fin juin à fin août. Studio / appartement de 313 € à 2 078 € la semaine.

Située en plein cœur de la station, cette résidence haut de gamme dispose d'un hébergement mêlant modernisme et tradition. Les trois grands bâtiments abritent 76 appartements meublés, dont 65 appartiennent au groupe Vacanceole, allant du studio au 4-pièces (qui permet un couchage jusqu'à 8 personnes). Tous possèdent une TV à écran plat et une terrasse avec vue panoramique sur la montagne ou la forêt. Le matin, un service de boulangerie est disponible de 7h30 à 10h. Vous apprécierez également la piscine intérieure chauffée avec bassin pour enfants, hammam.

HÔTEL DU HAMEAU*** €€

Val d'Allos 1800
✆ 04 92 83 82 26
www.hotel-du-hameau.fr

Ouvert de mi-décembre à mi-mai et de mi-juin à début septembre. Chambre double de 96 € à 138 €. Espace bien-être : 20 €.

Voici un superbe complexe hôtelier familial 3-étoile. Les chambres sont grandes : de 18 à 42 m² pour les T2 avec mezzanine. Décorées de tons pastels, elles sont lumineuses grâce aux lambris de bois clair qui recouvrent murs et plafond. Dans un cadre cosy, le restaurant propose quant à lui un large choix de plats traditionnels et régionaux. Pour se ressourcer, l'espace bien-être avec spa, sauna, hammam, bain bouillonnant massages et soins est dédié à la détente du corps et de l'esprit. Il complète la belle piscine extérieure chauffée en saison de baignade.

LE 106 €€

L' Edelweiss
✆ 04 92 83 67 62

Ouvert l'été et l'hiver. Menus à partir de 15 €. Terrasse.

Le 106 est un bar-restaurant qui vous accueille avec une grande salle habillée de boiseries et de rideaux rouges lui donnant une ambiance cosy et confortable en toute saison. Elle est prolongée par une belle terrasse orientée au sud où l'on s'installe avec plaisir les jours ensoleillés. On peut aussi y arriver directement à ski pour faire une pause. Le 106 propose des spécialités de montagne ainsi qu'une cuisine traditionnelle de brasserie. Le patron a disposé un coin jeux pour tous (jeux vidéo, baby-foot, billard). L'endroit est accueillant, le service attentif.

L'IGLOO BY LA COTE €€

Rue Principale
✆ 04 92 89 02 73

Ouvert les saisons d'été et d'hiver, tous les jours midi et soir. Terrasse. Animations. Salon de thé.

Changement de propriétaires et montée en gamme de la carte pour ce restaurant, mais ce qui n'a pas changé, c'est le cadre unique pour un bon repas à La Foux. De l'extérieur, on aperçoit un grand chalet en bois. On monte quelques marches pour se retrouver sur une terrasse qui offre une vue splendide sur le village et les montagnes. Au milieu de l'immense salle circulaire en bois avec poutres et piliers apparents, entièrement vitrée, se trouve une magnifique cheminée moderne entourée par un banc où l'on peut s'asseoir avec un verre pour se réchauffer.

MERCANTOUR ECOTOURISME

www.mercantourecotourisme.eu

Nombreuses propositions toute l'année. Recommandé par le Parc.

Envie de découvrir la nature autrement ? Sur le site Internet de cette association dédiée à l'écotourisme local, vous trouvez une multitude d'adresses, d'activités, de découvertes et des propositions plus ou moins insolites sur les chemins du Mercantour. Par exemple, louer un âne bâté en partance du Hameau de la Foux. Vous pouvez partir seul sur les sentiers du Haut-Verdon ou accompagné au rythme des ânes, des crêtes ensoleillés aux hameaux oubliés. Un répertoire d'habitants des vallées du Mercantour unis par des passions communes : la nature et la montagne.

LE SEIGNUS

Le Seignus est la petite station la plus proche du village. Principalement destinée à recevoir les familles, elle est reliée à Allos par une télécabine (gratuite), et à la Foux par une navette. Justement appelée « station village », elle est située à environ 1 500 mètres d'altitude et constituée de petites résidences complétant l'habitat traditionnel, l'ensemble étant regroupé autour d'un large front de neige auquel on accède en skis.Labellisée « Famille Plus Montagne », la station a développé une grande variété de pistes tous niveaux. Les enfants découvrent leurs premières sensations de glisse sur un domaine skiable adapté et sécurisé… Ou sur les pistes de luge ! Divers parcours en raquettes et 39 km de pistes de ski de fond pour partir sur les traces de la nature sauvage et fragile du Parc National du Mercantour. Mais Le Seignus, c'est également 50 km de pistes pour le ski alpin s'étalant entre 1 500 m et 2 426 m d'altitude où il est possible de dévaler près de 1 000 m de dénivelé en une seule descente magnifique ! Mais le Seignus, c'est aussi une adresse idéale pour des séjours VTT et pour les randonnées l'été. Vous aurez la joie de dévaler plusieurs niveaux, et vous y trouverez également des zones de northshore (modules en bois), un boardercross, ainsi qu'un parcours ludique pour les enfants, sans oublier l'itinéraire familial de Prémin. De quoi découvrir pour tous les joies de la descente en bike en toute sécurité !

CHEZ FRANZ €€

✆ 04 92 83 01 06
www.hotel-franz.com

Ouvert en juillet et août et de mi-décembre à début avril. Chambre double à partir de 68 €.

Dominant la place centrale, au pied des pistes, l'hôtel Franz est une adresse incontournable au Seignus, tant pour l'hébergement que pour le restaurant et bar. La salle est accueillante et confortable, divisée en plusieurs espaces plus intimes. Bancs et tables rustiques en bois, décoration soignée et vaste cheminée complètent le décor. Les midis ensoleillés, on peut se restaurer sur la terrasse abritée du vent. Côté hébergement, l'hôtel propose des chambres individuelles avec bain, douche et WC pour 2 à 6 personnes ou des dortoirs de 5 personnes pour les groupes.

L'OURS BLANC** €€

✆ 04 92 83 01 07
www.hotel-loursblanc.com

Ouvert toute l'année. Chambre double à partir de 85 €. Restauration.

Depuis que Corinne et Patrick ont repris les rênes de cet hôtel-restaurant, l'adresse a changé de mine. Douze chambres sont disponibles, de la simple à la quadruple. La salle de restaurant a été entièrement rénovée, tout comme le bar et le hall d'entrée. L'accueil, quant à lui, n'a pas changé, il est toujours aussi chaleureux. L'assiette est intéressante avec une cuisine de montagne, mais aussi des spécialités comme ces pâtes à la meule de parmesan l'hiver ou encore les spécialités du Nord (d'où sont originaires Corinne et Patrick), carbonnade, welsch...

BEAUVEZER

Beauvezer, du haut de ses 1 170 m d'altitude, est une commune historique qui fut au siècle dernier l'hôte de la seule industrie du Haut-Verdon ayant connu un essor formidable : les draperies. Cette tradition du Moyen Âge avait une vocation locale au départ, mais elle a connu une ampleur inimaginable, la vente s'étendant même dans les États de Savoie. Une petite industrie naquit donc de cette activité artisanale au XIXe siècle mais, rapidement à bout de souffle, s'effondra au grand dam des nombreux ouvriers et ouvrières qui garnissaient ses rangs. Un fort exode s'ensuivit et aujourd'hui le Haut-Verdon ne conserve pour mémoire que les grandes bâtisses.

LE LACUSTRE €€

Parc du roufleiran ✆ 04 92 83 47 30
www.restaurantlacustre-beauvezer.com

Ouvert 7j/7 en juillet août et vacances scolaires, sinon du jeudi au lundi midi. Menus 28 € et 41 €. Carte, environ 20€.

Émilie et Étienne veulent retranscrire leur passion du métier dans l'assiette, et on le sent ! Ils vous accueillent dans leur restaurant en bordure de lac, dans le parc du Roufleiran. Vous prendrez place dans une jolie salle avec cheminée, ou sur l'agréable terrasse au bord de l'eau. Vous y dégusterez une cuisine traditionnelle française montée en gamme privilégiant les produits de qualité frais et locaux. Tout est fait maison, jusqu'aux pâtes sucrées des crumbles, et une carte des vins soigneusement élaborée accompagne votre dégustation. Une halte conseillée !

COLMARS ★

Cette ancienne ville frontière entre la Savoie et la France est marquée, comme de nombreux villages des Alpes, par son architecture militaire. Des murailles puissantes qui ceignaient la ville depuis le XIIIe siècle, il ne reste presque rien aujourd'hui. Au contraire, les fortifications menées par les architectes délégués par Vauban à la fin du XVIIe siècle sont demeurées intactes. On remarquera le fort de Savoie – à l'est – et le fort de France – à l'ouest –, ce dernier, contrairement aux plans habituellement dressés par le célèbre ingénieur, n'est pas bâti en étoile. La promenade dans ce petit village de 400 habitants à peine est très agréable.

© GUILLAUME BESNARD - FOTOLIA

Tourelle de Colmars.

ALPES-DE-HAUTE-PROVENCE

FORT DE FRANCE

Ancienne Auberge Fleurie
✆ 04 92 83 41 92
www.verdontourisme.com
Inscription aux visites guidées au bureau d'information touristique de Colmars.

Non, il ne s'agit pas d'une erreur, c'est bien le fort de France, et pas question de cocotiers ni d'Outre-mer ici ! En arrivant à Colmars, c'est le premier fort que l'on voit à l'entrée sud de la ville. C'est à la fin du XIVe siècle que Colmar devient, comme Entrevaux, une ville frontière avec le duché de Savoie (allié aux Espagnols) nécessitant alors d'être protégée. Au XVIIe siècle, ses fortifications sont renforcées selon les préconisations de Vauban. Cet ouvrage militaire servait à surveiller la ville et les 2 versants de la vallée.

FORT DE SAVOIE

✆ 04 92 83 41 92
www.colmarslesalpes-verdontourisme.com
Ouvert toute l'année. L'été, tous les jours de 10h à 12h et de 14h à 18h. Fermeture le lundi matin. Adulte : 4 €.

C'est à la fin du XIVe siècle que Colmars devient, comme Entrevaux, une ville frontière avec le duché de Savoie (allié aux Espagnols) nécessitant alors d'être protégée par une enceinte. Plusieurs forts lui sont ajoutés dont le fort de Savoie, situé sur une colline au nord de la ville, construit à partir de 1793. Dominant le village, il possède un pittoresque escalier permettant d'accéder à la tour ronde puis à la salle d'armes. On admirera les charpentes en mélèze. Des expositions sont présentées dans chacune des quatre salles occupées autrefois par la garnison.

HÔTEL LE FRANCE** €

Place de la Tour ✆ 04 92 83 42 93
www.hotel-le-france.com
Ouvert toute l'année. Chambre double de 59 € à 71 €, studio / appartement de 405 € à 625 € la semaine. Restauration.

Cet hôtel-restaurant offre modernité et confort au pied de la ville fortifiée. Le France a été entièrement rénové pour vous proposer des chambres et des appartements de bon confort, équipés de télévisions LCD et de salles de bain complètes. Les appartements pouvant accueillir de 4 à 6 personnes sont dotés d'une cuisine équipée. Le restaurant ouvert toute l'année midi et soir vous propose une cuisine traditionnelle ainsi que des pizzas l'été. Possibilité de pension ou 1/2 pension. Nombreux services à disposition : paniers pique-nique, abris vélos, local à skis...

AUBERGE L'OUSTALET €€

La Colle Saint-Michel - **THORAME-HAUTE**
✆ 04 92 83 23 80
https://gite-auberge-oustalet.com
Ouvert toute l'année. Chambre et petit-déjeuner 30 € par personne. Menus de 18 € à 22 €.

Perchée à 1 450 m entre Vaïre et Verdon, cette ancienne ferme restaurée du XVIIe siècle vous accueille pour un séjour ou un déjeuner des plus agréables. L'auberge propose 8 chambres confortables et spacieuses dont 6 avec douches et WC privatifs et une suite parentale. Un décor magnifique, un cadre chaleureux et une cuisine labellisée Pays gourmand, gage de qualité et de fraîcheur. Vous dégusterez des spécialités locales d'une cuisine orientée nature dans l'ancienne bergerie aux murs voûtés. Les conditions idéales pour passer un agréable moment sont ici réunies !

LES TRANSHUMANCES €€

Quartier Les Espiniers ✆ 04 92 83 44 39
lestranshumances.pagesperso-orange.fr
3 chambres : de 73 € à 130 €. Demi-pension : 130 €. Petit déjeuner inclus. Gîtes ruraux à partir de 480 €/semaine.

Exploitation agricole dès le XIXe siècle, cette belle ferme restaurée s'est lovée dans un site naturel exceptionnel. Perchée à 1 300 mètres d'altitude, elle domine la vallée et offre un panorama superbe sur le Verdon, Colmars et les massifs environnants. Vous résiderez dans des chambres d'hôtes confortables et spacieuses ou dans des gîtes ruraux labellisés Panda. Les petits-déjeuners sont servis dans l'ancienne étable qui a conservé toute son authenticité. Le plus : Colmars est à un kilomètre, avec commerces et services. Un accueil charmant et familial.

LA TABLE RONDE €€

Place Neuve
✆ 04 92 83 41 54
www.tourisme-alpes-haute-provence.com
Ouvert de fin avril à mi-novembre. En juillet-août ouvert 7j/7. Carte de 12 à 22 €. Menu, plat du jour et suggestions.

Depuis dix ans Olivier, jovial enfant du Pays, vous accueille à sa Table Ronde labellisée Pays Gourmand, sur une place au centre de la vieille ville. Vous prendrez place dans la salle à la décoration rustique avec exposition de vieux objets et outils de pays montagnard ou sur son agréable terrasse déployée au calme sur la place piétonnisée. Vous y dégusterez une cuisine traditionnelle régionale à base de produits frais et locaux. À midi, menu du jour, plat du jour et carte. Le soir suggestions avec le génépi offert par le patron ! Un établissement chaleureux.

ALPES-MARITIMES

Nice, Cannes, Antibes… Des Alpes-Maritimes, il ne faut pas retenir que les rivages des grandes stations balnéaires. Dans Alpes-Maritimes, il y a Alpes et la zone de montagnes couvre 86 % du département ! Une zone sinistrée par la tempête Alex qui s'abattit en octobre 2020 sur les vallées de la Roya, de la Vésubie, du Boréon et de la Tinée, emportant tout sur son passage. Trois ans après, la reconstruction des routes et le réaménagement des sites n'est pas fini. Mais les visiteurs peuvent de nouveau accéder à de nombreux sites. Et si le tunnel de Tende vers l'Italie ne devrait pas rouvrir avant octobre 2023, que les accès restent parfois limités dans les vallées en raison des travaux et que les sentiers de randonnée sont en cours de réfection, la plupart des sites touristiques, notamment l'incroyable Vallée des Merveilles, sont accessibles. Des Alpes-Maritimes à soutenir par nos découvertes.

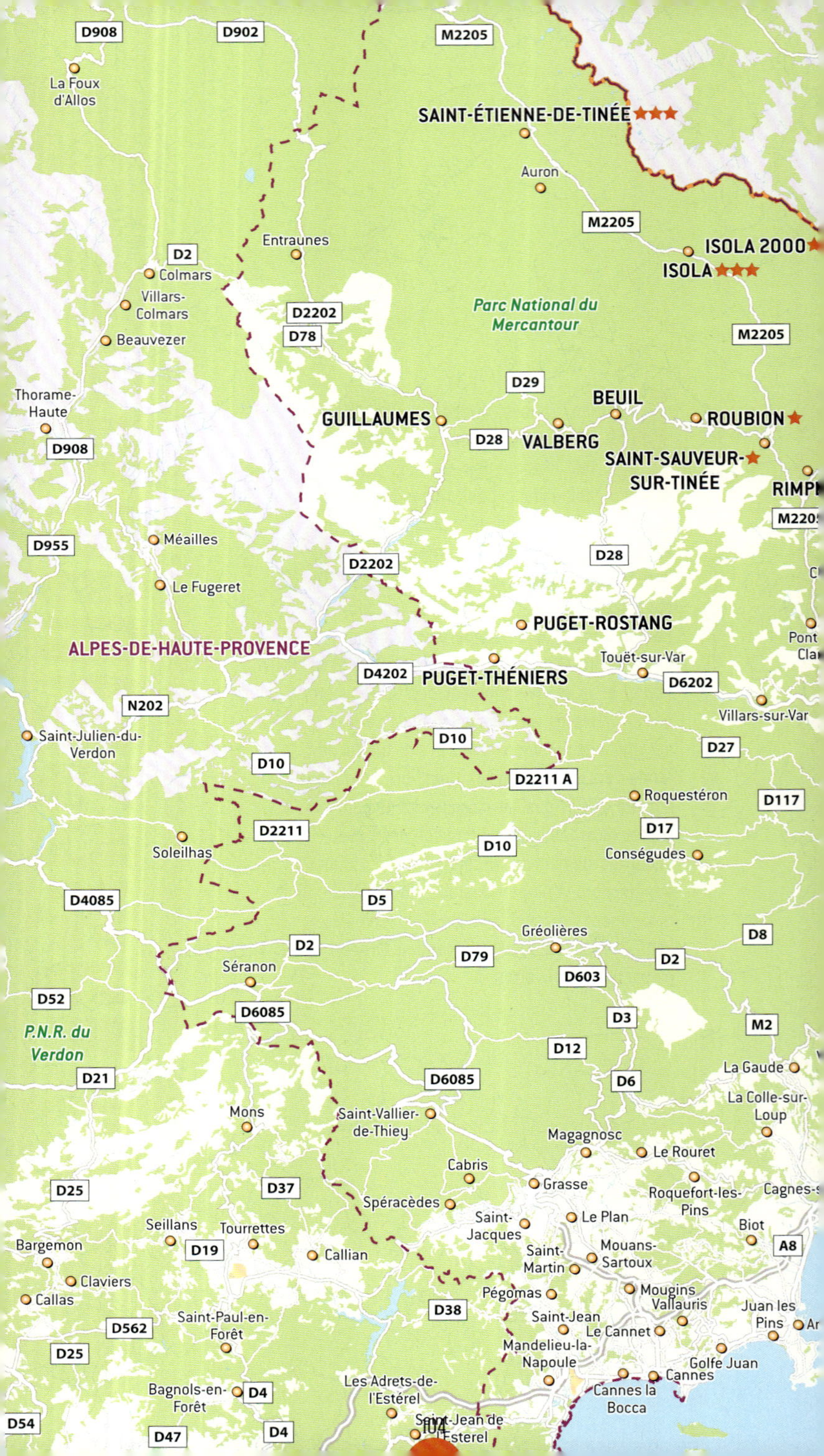
D908
D902
M2205
La Foux d'Allos
SAINT-ÉTIENNE-DE-TINÉE
Auron
M2205
Entraunes
ISOLA 2000
D2
Colmars
ISOLA
Villars-Colmars
Parc National du Mercantour
D2202
D78
M2205
Beauvezer
D29
Thorame-Haute
BEUIL
GUILLAUMES
ROUBION
D28
VALBERG
D908
SAINT-SAUVEUR-SUR-TINÉE
RIMP
M220
Méailles
D955
D2202
D28
Le Fugeret
PUGET-ROSTANG
ALPES-DE-HAUTE-PROVENCE
Touët-sur-Var
Pont
D4202
PUGET-THÉNIERS
D6202
N202
Villars-sur-Var
Saint-Julien-du-Verdon
D10
D27
D10
D2211 A
Roquestéron
D117
D2211
D17
Soleilhas
D10
Conségudes
D4085
D5
Gréolières
D8
D2
D79
D2
Séranon
D603
D52
D6085
D3
M2
P.N.R. du Verdon
D12
La Gaude
D21
D6085
D6
La Colle-sur-Loup
Mons
Saint-Vallier-de-Thiey
Magagnosc
Le Rouret
Cabris
D25
D37
Grasse
Roquefort-les-Pins
Cagnes-s
Spéracèdes
Saint-Jacques
Le Plan
Biot
Seillans
Tourrettes
Bargemon
D19
Callian
Saint-Martin
Mouans-Sartoux
A8
Claviers
Pégomas
Mougins
Callas
Vallauris
D38
Juan les Pins
D562
Saint-Paul-en-Forêt
Saint-Jean
Le Cannet
D25
Mandelieu-la-Napoule
Golfe Juan
Les Adrets-de-l'Estérel
Cannes
Cannes la Bocca
Bagnols-en-Forêt
D4
D54
D47
D4
Saint-Jean de l'Esterel

Aisone
SS21
SP5
Lurisia
Roccaforte Mondovì
SP22
SS20
Valdieri
ITALIE
Entracque
ITALIE
Parco Naturale delle Alpi Marittime
Parco Naturale Argentera
SS20
E74
SP154
LE BORÉON
TENDE
Cosio di Arroscia
LA COLMIANE
Mendatica
SAINT-MARTIN-VÉSUBIE
SP3
LA BRIGUE
VALDEBLORE
Montegrosso Pian Latte
Saint-Dalmas de Tende
ROQUEBILLIÈRE
Fontan
Triora
LA BOLLÈNE-VÉSUBIE
SAORGE
Molini di Triora
ANTOSQUE
Buggio
SP65
Moulinet
Pigna
M2565
BREIL-SUR-ROYA
SP75
D2566
SP54
D73
Rocchetta Nervina
D21
M19
LUCÉRAM
SOSPEL
ITALIE
COARAZE
D15
D2204
SS20
D2566
A10
Bussana
Camporosso
D21
Vallecrosia
Sanremo
E80
D53
D22
Menton
Bordighera
Tourrette-Levens
Ventimiglia
Colomars
Pont de Peille
Roquebrune-Cap-Martin
La Turbie
E80
Monte-Carlo
Saint-André-de-la-Roche
Monaco
Cap-d'Ail
Nice
Beaulieu-sur-Mer
Villefranche-sur-Mer
Alpes-Maritimes
Mer Méditerranée
20 KM

ALPES-MARITIMES

ISOLA ★★★

La Tinée, rivière alpestre, court sur près de 75 km des hauts sommets (le mont Ténibre dépasse les 3 000 m) en direction du Var (le fleuve). La Tinée désigne aussi la vallée formée par les eaux entre les montagnes. Des montagnes sur lesquelles l'homme a construit de superbes villages pleins de charme et les principales stations de sport d'hiver des Alpes-Maritimes : Auron et Isola 2000. Cette dernière créée il y a un peu plus quarante ans, est l'une des stations les plus agréables de France. Ses pistes de 120 km et une altitude de 1800 à 2610 m, lui confèrent un enneigement d'exception et un soleil méditerranéen de Nice (1h30 de l'aéroport).

LA COLMIANE ★

Situé 1 450m d'altitude, La Colmiane fait partie de la commune de Valdeblore. La station se situe entre 1 500 m et 1 800 m et sa création remonte aux années 1930. Station familiale aux dimensions intimes qui dispose d'une installation moderne et performante pour 21 pistes s'étendant sur 30 km, desservies par 7 remontées mécaniques. La station possède tous les atouts pour séduire les familles : tyrolienne, canons à neige, École de Ski Français (ESF), tapis roulant, manège, piste de luge, des itinéraires raquette ou ski de randonnées et bientôt une luge 4 saisons. Et l'été lugé, via Ferrata, tyrolienne, accrobranche, trampoline, parapente, randonnée...

CHAPELLE SAINTE-ANNE DES PÉNITENTS BLANCS ✝ ★★

23, avenue Sévigné

Accès libre et gratuit.

Appartenant à la confrérie des Pénitents-Blancs encore très active aujourd'hui, cette chapelle date de 1425. Enrichie par des transformations sardes et piémontaises, et des vagues artistiques allant de la contre-réforme à l'école de peinture du comté de Nice du XVIIe siècle, elle fut restaurée entre 1818 et 1823. Toutes les peintures intérieures des plafonds sont en terre de Sienne. On y trouve des objets du culte, une sainte Anne en bois du XIVe siècle, un beau tableau de l'Ascension.

COL DE LA COUILLOLE

Le col peut être fermé en hiver. Prévoir l'équipement neige durant l'hiver.

À une altitude de 1 678 m, le col de la Couillole offre un panorama à couper le souffle en toute saison sur les gorges du Cians. Un monument commémoratif de l'ouverture de la route y est érigé. Si en été, les VTTistes trouvent des sentiers balisés, les fondeurs s'en donnent à cœur joie en hiver ! Mais attention, il n'est pas rare qu'il soit fermé pour cause d'enneigement. En moyenne, il est ouvert durant 6 à 7 mois par an. Alors pour profiter de la liaison routière entre les gorges du Cians à l'ouest et la vallée de la Tinée à l'est, vérifiez l'état de la route !

LES LAVOIRS COMMUNAUX ★★

Rue Supérieure

✆ 04 93 23 15 1

www.isola2000.com

Accès libre et gratuit.

Dans ces magnifiques lavoirs, vieux de trois siècles, coule une eau de source fraîche et claire, alimentée par les sources locales. Ils ont été usés et polis par les petites mains de milliers de lavandières qui y ont fait tant de lessives à la « cendre ». Depuis les années 1970, avec l'arrivée de la modernisation, ils ne sont plus utilisés mais restent les témoins historiques d'une époque révolue. La mairie a entrepris des travaux de réhabilitation avec un bardage de bois en hauteur, des lambris en plafond et un éclairage approprié pour mettre le site en valeur.

HÔTEL DE VALDEBLORE** €€

La Bolline

✆ 04 93 03 28 53

www.hotel-valdeblore.fr

Ouvert toute l'année. 10 chambres. Petit déjeuner buffet : 8,50 €. Chambre double à partir de 78 €. Animaux acceptés.

Ce petit hôtel de charme placé au cœur du village vous accueille toute l'année. Avec sa belle façade en pierres, vous aurez le choix entre des chambres individuelles ou familiales équipées de lits confortables. Les salles de bains sont spacieuses comprenant chacune cabine de douche ou baignoire selon vos souhaits. L'accueil est agréable et convivial. Été comme hiver, on apprécie surtout la beauté du paysage et l'agréable jardin, qui permet de s'installer dehors lorsque le soleil apparait. Une adresse idéale pour vous reposer et sortir du quotidien.

ALPES-MARITIMES

LE GREEN ÉCOLODGE**** €€€

Route du Télésiège La Colmiane
© 04 93 03 00 00
www.greenecolodge.com

Ouvert toute l'année. 6 chambres. Chambre double de 100 € à 250 €. Séminaires. Restauration. Terrasse, jardin.

« Une audace dans les alpages » dixit les patrons qui proposent un hébergement à la montagne réalisé dans le respect de l'environnement. Les propriétaires ont développé un concept écolodge novateur : chauffage solaire avec pompe à chaleur et chauffage au sol, toilettes japonaises, douches à l'italienne, isolation Bio en chaume. Chaque meuble et chaque objet sont façonnés en bois, en écorce ou avec des matériaux récupérés et recyclés. La décoration offre une autre réflexion sur la consommation. On vient ici se ressourcer et savourer les plaisirs sains.

ISOLA-2000 ★★

Le projet d'Isola 2000 est né en 1947 lorsqu'un Anglais, découvrant le site merveilleux du Chastillon, décide d'y implanter une station de sports d'hiver. L'idée fait son chemin jusqu'en 1964, date à laquelle le conseil municipal adopte le principe de création d'une station de sports d'hiver sur le plateau de Chastillon. L'inauguration eut lieu en 1972. Aujourd'hui, la station d'Isola 2000 propose 120 km de pistes. Au cœur des Alpes du Sud, dans le massif du Mercantour, à 97 km de Nice, c'est à présent une station de grande notoriété, en partie grâce à sa situation. La neige et le soleil pour le grand bonheur des amateurs de tous les sports de glisse.

ÂNES DE BLORE

L'Intraou © 06 88 47 19 70
www.anesdeblore.fr

Circuits de 1h30 (30€ / âne) à 7 jours (320€) en autonomie et en bivouac. Ouvert tous les jours de 9h à 17h. (en saison)

Marcher léger avec des ânes, la bonne idée ! Mais pourquoi est-ce qu'on n'y avait pas pensé avant ? Ânes de Blore vous propose de partir à la découverte du Mercantour en agréable compagnie. Plusieurs formules sont adaptées à tous les publics à l'instar de la promenade découverte, une petite boucle familiale pour aller à la rencontre de l'âne et du village ou encore la randonnée avec les ânes bâtés pour une durée de deux à sept jours en direction de l'Italie. Pour les groupes scolaires, une ânière sensibilise les enfants à l'environnement montagnard et aux ânes.

CHALET MARANO €€

Le Hameau Lieu-dit La Clairière
© 04 93 02 74 13
www.chaletmarano.com

Ouvert toute l'année. Chambre double à partir de 255 €, petit déjeuner compris. Restauration. Hammam, sauna, spa.

Pour se reposer après une belle journée sur les pistes, se ressourcer en jouissant d'un espace bien-être et détente avec spa, hammam et enfin se régaler autour de plats locaux élaborés à partir de produits frais : le chalet Marano offre une expérience de plaisir complète aux sommets des cimes. On apprécie tout particulièrement la terrasse panoramique accessible directement par la piste bleue dédiée « Chalet Marano » et les chambres modernes et confortables, de véritables petits nids douillets.Un repos bien mérité… et sans aucunes contraintes !

VIA FERRATA DU BAUS DE LA FREMA

Régie Vésubie Valdeblore © 04 93 02 83 54
www.colmiane.com

Ouvert de mai à octobre en fonction de l'enneigement et des conditions météorologiques. Entrée adulte : 5,50 €.

La Colmiane s'est dotée d'une remarquable Via Ferrata, celle du Baus de la Frema. D'une longueur de 1 600 m avec un dénivelé de 446 m, le parcours est très sportif. Les rampes aériennes permettent d'observer le paysage et il n'est pas rare de faire des pauses pour apprécier ces moments de communion avec la nature. Il faut compter environ 4h30 pour réaliser l'ensemble du parcours et les difficultés sont différentes suivant les parties du circuit, qui dispose deux ponts de singe.

HÔTEL LE DRUOS*** €€

Hôtel sur le Front de Neige © 04 93 23 12 20
www.hoteldruos.com

Ouvert de début décembre à fin avril et de mi-juillet à fin août. Chambre double à partir de 80 €. Bar. Terrasse.

Son emplacement plein sud sur le front de neige est très prisé : on en sort et on y entre par la terrasse, skis aux pieds que l'on dépose ensuite dans son casier personnel avec chauffe-chaussures ! Les chambres habillées de bois sont confortables et lumineuses, certaines sont communicantes ce qui est pratique pour les familles avec enfants. On aime se retrouver au salon où trône une cheminée majestueuse pour déguster l'en-cas de l'après-ski ou au bar pour un apéro convivial en début de soirée. Le personnel est attentionné et répond au mieux à vos requêtes.

Station d'Isola 2000.

LE PAS DU LOUP*** €€

Galerie Marchande, Centre Station
✆ 04 93 23 27 00

Fermé de mi-avril à mi-juin, de septembre à décembre. À partir de 80 € la nuit ou 125 € tout compris. Sauna. Animations.

L'établissement propose des chambres modernes et confortables ainsi que des appartements pouvant accueillir jusqu'à 6 personnes. La formule all inclusive avec pension complète et accès au bar offre un bon rapport qualité/prix. Le restaurant de l'hôtel propose quant à lui un choix varié de cuisine traditionnelle dans un cadre agréable. On peut aussi profiter à tout moment de la terrasse ensoleillée donnant sur la piste. Les autres atouts sont la petite piscine située dans le centre de remise en forme et le sauna. Idéal pour ceux qui aiment tout avoir sur place.

LA RACLETTE €€

Front de neige
✆ 04 93 23 10 34

Ouvert toute l'année. Haute saison : tous les jours le midi et le soir. Carte : environ 25 €.

La Raclette : c'est une table table incontournable de la station et ce, depuis 1975. Le Chef met l'accent sur la fraîcheur des produits et sur un accueil très affable. Si les spécialités de la montagne sont bien entendu mises à l'honneur (raclette dans les règles de l'art à volonté), la carte s'oriente également sur des traditionnelles pizzas et des pâtes. À conseiller, surtout le soir pour l'ambiance et pour la terrasse chauffée et couverte sur les pistes. Accueil sympathique et souriant, service rapide et agréable. Bon rapport qualité-prix.

RESTAURANT LE COW-CLUB €€

Front de Neige ✆ 04 93 23 12 01
www.cowclub.com

Ouvert durant la saison d'hiver, de début décembre à avril, le midi et le soir. Carte : 25 € environ. Terrasse.

Changement de décor pour ce restaurant qui, à l'origine, était une vacherie, achetée et rénovée en 1977. Le poids du passé a donc inspiré le nom, et la carte généreuse ainsi que l'emplacement de choix sur le Front de neige donnent un cachet particulier à l'établissement. Au menu on retrouve des salades, des pâtes, pizzas et bien entendu des spécialités montagnardes qu'on apprécie confortablement installés sur les chaises longues de la terrasse pour paresser un peu au soleil. L'ambiance est chaleureuse et conviviale. Il est prudent de réserver.

VACHERIE DE CHASTILLON

La Vacherie
✆ 04 93 23 12 48
www.isola2000.com

Ouvert toute l'année et tous les jours de 9h à 13h et de 15h30 à 20h. Atelier de fabrication.

Cet endroit incontournable propose à la vente une sélection de produits du terroir ainsi que des salaisons de qualité élaborés dans la pure tradition de fabrication piémontaise : fromages au lait cru, rigatello, reblochon, yaourts au lait entier ou fromages frais. Les plus curieux pourront également visiter l'atelier de fabrication de ces produits et assister à leur préparation tandis que les plus petits découvriront la traite des vaches et l'alimentation des veaux. Une savoureuse visite qui s'impose aux papilles dans cette vacherie devenue une institution.

BIKE PARK

✆ 04 93 23 15 15
www.isola2000.com/pistes-vtt
Ouvert les week-ends en juin et septembre, l'été en continu, de 9h à 17h.

Dans un cadre magnifique, découvrez le domaine de descente d'Isola 2000 pour profiter des pistes de ski pour faire chaque été des descentes en VTT ! Vous aurez ainsi le choix entre 1 piste verte (Green Snake), 3 piste bleues (Big Loop - Roubines Wood - Northshore), 4 pistes rouges (Jungle Speed - The Wall - Red River) et 2 pistes noires (Black Line). De quoi faire du sport dans un cadre grandiose pour un parcours total de 27,5 km. N'oubliez pas de vous équiper d'un casque. Sensations fortes garanties, peu importe votre niveau. Locations possibles.

AUBERGE QUINTESSENCE €€

Route du Col de la Couillole
✆ 04 93 02 02 60
www.auberge-quintessence.com
Fermé en mars. Ouvert du jeudi au lundi le soir. Menu 67 €.

Au cœur de cette très belle auberge datant de 1962, se trouve une table au niveau gastronomique qui nous emmène vers les sommets. Le chef Christophe Billau s'occupe de proposer une carte adaptée régulièrement aux meilleurs produits de saison, afin d'offrir un mélange de saveurs locales et de produits frais en s'accordant à mettre tous les fins gourmets d'accord. La salle est aussi bien aménagée que vos plats, et comme si ce n'était pas suffisant, vous pourrez profiter d'une magnifique baie vitrée ouverte sur les sapins et la montagne pour sublimer votre repas.

ROUBION ★

La station Roubion-Les Buisses est ouverte les week-ends et les vacances scolaires uniquement. Son domaine skiable, de 1410 m à 1920 m, s'étend sur 30 km dans un cadre naturel préservé. Par temps clair, le sommet du mont Pommier vous offre une vue splendide sur la mer et la Corse, les pieds dans la neige ! Convivialité, famille et nature sont au rendez-vous à 1h de Nice au tarif le plus attractif des Alpes maritimes. Le Club Piou-Piou avec un tapis-ski accueille les jeunes enfants de 10h30 à 12h30 sous l'égide de l'ESF. Sur le site du Pommier, on pratique le snowkite soit avec un snowboard ou soit avec des skis, tiré par une voile de cerf-volant.

Balade

Amoureux du sport à la montagne, vous serez servis ! Il faut dire que c'est une des communes du parc national du Mercantour et que la nature sauvage est ici d'une exceptionnelle beauté. C'est donc le paradis des randonneurs et des amateurs de VTT qui choisiront l'un des circuits balisés pour découvrir des lieux de pleine nature magnifiques. Les amateurs d'escalade se rendront avec bonheur dans ce village pourvu d'un site d'escalade équipé et adapté à tous les niveaux. Quant aux adeptes de canyoning, ils peuvent profiter du canyon du Moulin situé en contrebas du village. Le patrimoine n'est enfin pas en reste grâce à trois sentiers d'interprétation.

SAINT-ETIENNE-DE-TINÉE ★★★

Sans doute habitée depuis la préhistoire, nommée « Daeliae Insula » par les Romains, puis « Sancti Stephani Tinænsis » au début de l'ère chrétienne, Saint-Etienne-de-Tinée a bien une histoire. Rattachée à la France en 1860, on y vivait replié en raison des liaisons difficiles avec les vallées voisines et avec le littoral. À partir de 1900, l'élargissement des routes et l'avènement de l'automobile permirent au village de se développer, mais un dramatique incendie le ravagea en 1929. La moitié de la commune fut détruite et elle ne dut sa renaissance qu'à une souscription lancée à toutes les communes qui fut à l'origine du lancement de la station d'Auron.

Balade

Le village de Saint-Etienne-de-Tinée est le point de départ de nombreuses randonnées pédestres dans le parc national du Mercantour.

Le lac de Vens

Situé à 2 475 m d'altitude, il faut compter environ 2h30 de marche depuis le hameau du Pra. Des paysages splendides vous attendent tandis que les plus chanceux apercevront mouflons ou chamois. Ce circuit vous amène sur un plateau où se trouve la maison forestière de Tortisse. De là, vous apercevrez les arches de Tortisse formant une spirale. Une fois arrivé aux lacs, un refuge de montagne y est implanté pour permettre à de nombreux randonneurs de se reposer et d'apprécier une soirée près des étoiles.

Le lac de Rabuons

Situé à 2 523 m d'altitude, il faut grimper pendant 4h dans la vallée de la Tinée. C'est le plus grand lac de la région. Le mont qui le surplombe est le mont Ténibre qui culmine à plus de 3 000 m, le plus haut des Alpes du Sud. Cette randonnée est sensationnelle et les paysages sont grandioses !

Piste cyclable

Pour une promenade sportive seul, en famille ou entre amis, empruntez la piste cyclable entièrement sécurisée qui relie le village de Saint-Etienne-de-Tinée à celui d'Isola situé à 14 kilomètres environ en contrebas de la vallée. Le circuit vous permet de découvrir des paysages sublimes au bord de la rivière la Tinée qui borde la route. Le dénivelé est d'environ 300 m.

VALDEBLORE ★

Valdeblore, ou Val-de-Blore, signifie le val qui s'ouvre vers l'ouest, vers la vallée de la Tinée. « Blore » signifierait en provençal « pente herbeuse, très raide, entre forêt et rochers », ce qui correspond à la physionomie de la région. Cette vallée prospère cultive un art de vivre qu'il fait bon partager. Partager, comme le Valdeblore, qui est constitué de 4 villages : La Bolline, La Roche, Saint-Dalmas et Mollières. A La Bolline, on flânera dans les rues anciennes, où les maisons sont ornées de couleurs chatoyantes et de cadrans solaires. A La Roche, on découvrira un habitat plus montagnard avec des chalets à balcons de bois et toits de lauzes.

CHAPELLE DES TRINITAIRES ✝ ★★

1, route de Demandols

Ouvert toute l'année. Un guide du patrimoine religieux est en vente dans les OT d'Auron et Saint-Etienne-de-Tinée.

Il s'agit de la chapelle du couvent désaffectée des Trinitaires datant de la fin du XVIIe siècle, cet ordre religieux avait pour mission l'évangélisation des barbaresques d'Afrique du Nord et le rachat des captifs. A l'intérieur se trouvent de magnifiques fresques dédiées à Notre-Dame-du-Bon-Remède de 1685 et d'autres représentant le combat naval de Lépante du 12 octobre 1571 lors duquel la flotte chrétienne envoya par le fond la flotte turque. Pour la petite anecdote, c'est lors de ce conflit que Cervantès perdit sa main droite.

© GÉRARD BOTTINO

L'église Saint-Jacques-le-Majeur de Valdeblore.

ALPES-MARITIMES

SAINT-SAUVEUR-SUR-TINÉE ★

Bâties en pierre locale, les maisons rouge sombre du village ancien de Saint-Sauveur-sur-Tinée méritent un détour. L'église Saint-Michel-Archange, construite au XIVe siècle, a été plusieurs fois restaurée et remaniée. Son clocher est pyramidal. A l'intérieur, on peut admirer plusieurs retables : de la Transfiguration, de la Vierge, de l'autel du Rosaire, mais aussi un reliquaire de saint Blaise et plusieurs objets de culte : croix processionnelle, calices et ciboires complètent le trésor de cette église. La chapelle des pénitents blancs abrite un portrait du roi Louis XIII.

LE PETIT RESTAURANT DE LA MONTAGNE €

Plateau de la Colmiane

✆ 06 77 30 91 07

Fermeture hebdomadaire mercredi et jeudi. Ouvert de mai à sept et de déc à mars. Randonnées gourmandes l'été. Terrasse.

Pour entrer au Petit restaurant de la montagne dit « Le Club », pas besoin de carte de membre. Cette adresse chaleureuse et conviviale est faite pour les gourmands respectueux de l'environnement. A la carte, les produits locaux et du terroir sont rois : légumes du potager, volailles du jardin, bière ou encore formage artisanaux. On aime la simplicité des lieux, et l'engagement global de Patricia Garelli, la gérante, pour qui tous les petits gestes comptent.

PUGET-THÉNIERS

Ancienne sous-préfecture des Alpes-Maritimes au confluent de la Roudoule et du Var, Puget-Théniers fait figure de petite capitale régionale. Au XIXe siècle, de nombreuses fabriques faisaient vivre la ville : tanneries, mégisseries, tissages de draps, moulins à huile et à farine. Après un déclin inexorable, l'ouverture de la route et de la voie ferrée a redonné un deuxième souffle à Puget-Théniers qui mise davantage sur le tourisme et les nombreuses activités outdoor (rando, via ferrata, eaux vives) et son complexe sportif (piscine, fitness) que sur l'industrie pour assurer son avenir. La vieille ville se trouve sur la rive droite de la Roudoule.

Le clocher et le campanile de l'église de Puget-Théniers.

EGLISE NOTRE-DAME-DE-L'ASSOMPTION

2, montée des Martyrs de la Résistance

Cette chapelle du XIIIe siècle a été remaniée au XVIIe siècle. On remarquera son clocher carré du XVIIe siècle surmonté d'un élégant campanile, le retable Notre-Dame-du-Bon-Secours (1525) attribué à Antoine Ronzen, le groupe sculpté de la Passion (également du XVIe siècle) ainsi que de très belles fresques dans le chœur, réalisées par le peintre tessinois Adami suite au tremblement de terre de 1887. Cette charmante église paroissiale est inscrite aux Monuments historiques.

LA VIEILLE VILLE

La ville est fière de ses maisons anciennes, de ses échoppes, de ses linteaux ornés d'insignes de maîtrise, de ses inscriptions templières, des vestiges des remparts, dont il ne reste qu'une porte d'accès à la ville et du ghetto de la rue Gisclette qui était fermée pour la nuit. On peut encore voir les énormes anneaux de fer, qui servaient à tendre des chaînes d'obstruction chaque soir. Dans la chapelle des Pénitents blancs, du XVIe siècle, des statues en bois polychrome du Christ et des deux larrons grandeur nature et des tableaux des XVIe et XVIIe siècles.

LE TRAIN DES PIGNES

✆ 07 81 92 67 75

www.traindespignes.fr

En circulation les dimanches de mai à octobre. Autres jours en juillet et août, se renseigner.

Une autre façon de découvrir l'arrière-pays niçois en direction des Alpes. Un voyage formidable au départ de Nice avec les Chemins de Fer de Provence et un autorail qui vous conduit à travers les collines du pays Niçois avant de remonter la vallée du Var. Correspondance avec le Train des Pignes à vapeur à Puget-Théniers, direction Entrevaux pour un saut dans le temps à bord de la vaillante locomotive vapeur « Portugaise » E211. Le voyage n'a lieu que de mai à octobre, les dimanches et vendredis en juillet et les jeudis, vendredis et dimanches en août.

CAMPING VILLAGE ORIGAN**** €€€

2160, route du Savet ✆ 04 93 05 06 00

www.origan-village.com

Ouvert mi-avril à mi-octobre. Camping de 22 à 36 €, chalet, mobil-homes. Restauration. Hammam, bain bouillonnant, sauna.

Une route bien indiquée vous emmène vers ce centre naturiste réputé. Le climat unique et l'ambiance de l'arrière-pays provençal, des possibilités de randonnées en toute quiétude dans des paysages de carte postale, des vues splendides sur les collines, des installations complètes donnent une certaine idée du bonheur que l'on se fait à l'Origan. Un centre complet pour passer de belles vacances en profitant de toutes les beautés de la Provence, soleil et sourire compris !

BEUIL

Dominant le Haut Cians et les gorges du même nom, Beuil est une cité médiévale qui présente une architecture remarquable avec ses maisons en pierre sèche aux toits en bardeaux de mélèze qui formaient une enceinte contre les brigands et les loups. Les Seigneurs de Grimaldi y régnèrent pendant trois siècles. En suivant le sentier de l'histoire, on admire au détour des ruelles un patrimoine préservé : le lavoir en trois parties voûtées, le four à pain communal, les granges traditionnelles, l'arcade de la reine Jeanne d'où partaient les passages secrets menant au château. Beuil est devenue le berceau du ski et des sports d'hiver dans les Alpes maritimes.

GORGES DU CIANS ★★

D28

© TOMFRY

Parcourues par le Cians, un petit affluent du Var, ces gorges impressionnantes par leurs formes et par leur couleur, sont des merveilles géologiques et s'apparentent à un petit Colorado des Alpes-Maritimes. On circule dans un univers grandiose datant de l'ère primaire et taillé dans les roches schisteuses rouges, avec de nombreuses fissures, clues, déversoirs, cascades... Les randonneurs peuvent réjouirent quelques sommets par des sentiers de GR : le mont Raton (2 066 m), les Cluots (2 105 m), la Tête du Giarons (2 025 m) et la cime de Courbaissa (2 065 m).

LE CIANS*** €

Route du col de la Couillole
✆ 04 93 02 57 29
www.camping-le-cians.fr

Labellisé Clef Verte. Hébergements insolites. Spa, bain nordique. Animaux acceptés (sur demande).

Situé aux portes du Parc National du Mercantour et à deux pas de la station de Valberg, ce camping sera ravir toutes les bourses et répondre à toutes les envies... Les plus insolites ! De l'emplacement simple où placer sa tente à l'hébergement type bulle aux étoiles, cabane perchée ou encore chalet roulotte, chacun pourra profiter du calme dans une ambiance chaleureuse et conviviale. De nombreux équipements (bar, restaurant, espace restauration, sanitaires, épicerie bio, tables de jeux) viennent parfaire une offre aussi complète que personnalisable.

GÎTE NATURE ET MONTAGNE €

80, chemin de la Sagne ✆ 06 10 54 85 45
www.gitenatureetmontagne.com

Nuit simple 22 €. Nuit + petit déjeuner 27 €. Demi-pension 47 €. Location skis de fond et VTT.

Situé entre les gorges du Cians et du Daluis, ce gîte affiche une ambiance chalet de montagne tout confort. On profite toute l'année de la belle terrasse avec vue panoramique sur les alentours. Les gérants vous feront partager leur amour de la nature et le soir venu, ils vous prépareront de bons petits plats. Le gîte peut accueillir au total une quarantaine de personnes : l'établissement propose ainsi des buffets pour les grandes occasions. L'endroit idéal pour se reposer, en été après une session randonnée ou VTT, et en hiver après une bonne glisse.

L'ESCAPADE €€

15, boulevard Colonel-Marcel
✆ 04 93 02 31 27
www.hrlescapade.fr

Ouvert toute l'année. Restaurant ouvert midi et soir. Chambre à partir de 70 € la nuit. Carte 25 € environ.

En été, on est tout de suite attiré par la très jolie terrasse fleurie qui s'étend devant les murs en pierre de l'hôtel. En hiver, on lui préférera la grande salle rustique avec son ambiance chaleureuse, son plafond et ses murs couverts d'antiquités et d'objets culinaires et agricoles d'antan. La cuisine a des accents régionaux et tout est fait-maison, de l'entrée au dessert. Une excellente adresse à retenir. Pour ceux qui veulent rester quelques jours dans ce cadre magnifique, pas de problème : votre chambre vous attend à l'Escapade !

ALPES-MARITIMES

GUILLAUMES

Au cours des siècles, le village de Guillaumes a changé souvent de souverains. Il a été maintes fois conquis, pillé, incendié, démantelé, rançonné. Ce n'est que depuis 1860 que le village a retrouvé une paix durable et une relative prospérité. Baladez-vous dans le centre ancien, principalement dans la rue Bérenger avec ses trois portes et dans la rue du Viguier où l'on trouve la maison du Roy, lieu de résidence du gouverneur militaire, un ancien moulin à huile de noix, la maison Barety. L'église Saint-Étienne, d'origine lombarde, construite au XIIe siècle, fortifiée et massive avec des fenêtres très étroites, a été appelée à jouer un rôle défensif.

MUSÉE DES ARTS ET TRADITIONS ★★

Rue Raymond-Berenger
© 04 94 47 05 72
www.guillaumes.fr/musee

Ouvert en été tous les mardis de 16h à 18h. Toute l'année sur demande. Groupes jusqu'à 60 personnes. Gratuit.

Au cœur du village, le musée retrace le quotidien des hommes et des femmes de l'avant-dernier siècle. On découvrira l'évocation d'un quotidien dédié au travail, la réplique parfaite d'une salle de classe, de la maison de famille et de la cave de maître Lions. Alimenté principalement par les dons des habitants du village et de la région, il constitue aujourd'hui un témoignage très intéressant sur la vie quotidienne d'autrefois et l'artisanat traditionnel de cette vallée.

LE CENTRAL €€

Place de Provence
© 04 93 05 50 30

Ouvert toute l'année. Du mardi au dimanche midi et du mardi au samedi soir.

Besoin de vous restaurer après une randonnée en haute altitude ? Le restaurant Le Central est l'endroit idéal pour se détendre tout en profitant d'un bon repas : cannelloni croustillant à l'avocat et pomme verte, gaspacho de pastèque au yaourt ; canette entière désossée farcie à l'olive noire, kumkat et amandes fraîches ; magret de canard aux myrtilles, assiette de fromage locale ou encore salade d'artichaut au jambon cru... La qualité des produits est au rendez-vous et l'on ne saurait que trop vous conseiller cette belle petite adresse.

TOP JUMP

Pont de la Mariée
© 06 62 46 64 57
http://topjump.free.fr

Ouvert tous les jours sauf le lundi et le jeudi en juillet et en août de 11h à 15h. Prix du saut : 80 €.

Laurent Cottin, cascadeur de métier et 6 fois champion du monde de saut en élastique, garantit des sensations fortes puisque vous pourrez sauter en élastique depuis le Pont de la Marié, situé à plus de 80 m de hauteur. L'encadrement est professionnel et de haut niveau : Top Jump bénéficie d'ailleurs de la reconnaissance de l'AFNOR qui règlemente cette activité dans toute la France. Alors que ce soit pour une occasion exceptionnelle ou juste pour frissonner, lancez-vous ! Possibilité également d'organisation de sauts sur site partout en France à partir d'une grue.

PUGET-ROSTANG

Au confluent de la Mairola et du riou d'Auvare, le charmant village de Puget-Rostang s'est bâti en fer à cheval autour d'un puissant donjon construit au XIIIe siècle pour se défendre des comtes de Provence. Dans ce village à l'habitat fortement resserré sur un téton rocheux, les maisons s'organisent en hauteur. A voir, en plus de l'Ecomusée de la Roudoule qui fait revivre de façon dynamique l'histoire locale, une église de la Sainte-Trinité dont les fondations romanes datent de la fin du XIIIe siècle et la Chapelle Saint-Julien qui offre un but de promenade toute l'année et de pèlerinage à la Pentecôte. Randonnée sur le circuit des Oratoires.

L'ÉCOMUSÉE DE LA ROUDOULE ★

Placette de l'Europe © 04 93 05 13 25
www.roudoule.com

Ouvert du juillet à octobre, tous les jours sauf lundi et mardi, 10h à 12h et 14h à 18h. De nov à mai sur rdv groupes.

Roudoule, Ecomusée en terre Gavotte, propose un itinéraire géologique grandeur nature, avec des haltes guidées permettant de mieux comprendre les caractéristiques géologiques de la région. Des objets de la vie quotidienne d'hier, qui demeurent les témoins de l'histoire de cette terre en mouvement, y sont mis en scène. Boutique d'objets artisanaux et souvenirs. Cet écomusée dispose d'une boutique où l'on peut retrouver les publications de l'Ecomusée en lien avec les expositions.

GORGES DE DALUIS ★★

D2202

Le long de la D2202, la route offre un superbe point de vue vertigineux sur le fleuve Var qui gronde comme un torrent au fond de la gorge. La route en encorbellement taillée dans le roc est coupée de nombreux tunnels et permet d'apprécier de nombreux points de vue impressionnants. Quelques parkings facilitent les haltes sans couper la circulation et méritent des arrêts pour profiter des points de vue impressionnants. Pour des envies d'aventure et de baignade, vous pouvez même emprunter certains sentiers et vous rendre directement dans le lit du Var.

VALBERG

Située à la lisière du parc de Mercantour, entre les communes de Guillaumes, Péone (patrie des Clary dont l'un des membres, Désirée, fut la fiancée de Napoléon), Beuil (ancienne baronnie qui accueillit une branche de la famille Grimaldi). Cette station renommée avait déjà des admirateurs au début de sa carrière, tel Marcel Pagnol. En effet, connue sous le nom du Quartier, elle sera rebaptisée en 1937 et commencera à se faire connaître. Aujourd'hui, elle occupe un espace entre 1500 et 2011 m d'altitude, doté de 56 pistes de ski, de 23 remontées mécaniques et de 400 canons à neige. Innovation et développement sont les deux mots d'ordre de la station.

HÔTEL LE CHALET SUISSE*** €€€

4, avenue de Valberg © 04 93 03 62 62
www.chaletsuisse.fr

Ouvert toute l'année. Chambre classique à partir de 149 €. Restauration. Hammam, sauna. Espace bien-être.

Avec la touche helvétique sur la façade, cet hôtel de 23 chambres est situé en plein centre près des pistes. L'intérieur affiche un esprit maison chaleureux renforcé par des couleurs ensoleillées. Quelques petits plus ne sont pas à négliger avec hammam et sauna. Le lounge bar donne envie avec son large choix de cocktails, de vins et d'apéritifs accompagnés de tapas. À la brasserie, attablé à la terrasse ensoleillée, on savoure spécialités de montagne et cuisine traditionnelle.

HÔTEL-RESTAURANT L'ADRECH DE LAGAS*** €€

63, avenue de Valberg
© 04 93 02 51 64
www.adrech-hotel.fr

Fermé en octobre/novembre et en avril/mai. Haute saison : chambre double de 118 à 245 €.

Ravissant établissement départ skis aux pieds, cet hôtel bénéficie d'une orientation de rêve avec une exposition plein sud. Les chambres disposent d'une terrasse face aux pistes avec table et transats. Côté restauration, la table a bonne réputation. Si la formule du midi séduit les skieurs, le soir apéro autour de la grande cheminée pour ensuite savourer les spécialités de la montagne. Sur place, on trouve également une salle de jeu avec billard, un espace fitness et deux saunas.

L'ITALIANO €€

Route de Beuil
© 04 93 02 36 93

Ouvert toute l'année midi et soir. Compter 25 €.

Un petit bout d'Italie au cœur même du village. De l'accueil au service en passant par la cuisine et les assiettes, tout rappelle la générosité et l'authenticité si typiques de nos voisins transalpins. La carte propose bien-entendu de savoureuses pâtes et pizzas mais aussi de délicieuses viandes et des poissons accompagnés de légumes de saison. Le chef Rino Collazzo sait ravir ses clients à tous les niveaux : les saveurs mettent les papilles en ébullition tandis que les assiettes sont joliment présentées. En un mot : bellissimo !

LE VAL D'AZUR**** €€

5, avenue Saint-Bernard © 04 93 23 10 76
www.valdazur-valberg.com

Ouvert toute l'année. Studio pour 3 à partir de 140 € la nuit et 800 € la semaine environ. Animations selon affluence.

Dans cette résidence cossue composée de 100 appartements au pied des pistes, profitez d'équipements très fonctionnels, de beaux volumes et d'une décoration contemporaine soignée. Plusieurs types de logement sont proposés, du simple studio au 4 pièces pouvant recevoir jusqu'à 8 personnes. De nombreux artistes se produisent aussi durant la saison dans la salle de spectacle de la résidence : chanteurs et comédiens humoristes se retrouvent ainsi à Valberg. Ajoutez à cela une magnifique piscine intérieure chauffée et une bonne humeur ambiante dans ce cadre privilégié.

LES MÉLÈZES €€

5, avenue de Valberg
© 04 93 03 55 32

7j/7 en saison, de 8h à 23h, fermé le dimanche soir et lundi hors saison. Carte 25 € environ.

La terrasse extérieure située aux pieds des pistes vous accueille en continu, quel que soit le moment de la journée, du petit-déjeuner de bon matin au repas du soir, et bien sûr pour le déjeuner aussi. La carte est plutôt classique : pizzas, burgers, pâtes et spécialités montagnardes... Mais idéale pour les gros appétits ! L'après-midi, les habitués se retrouvent après le ski pour savourer une crêpe ou boire un verre. Le soir, l'ambiance se fait un peu plus cosy à l'intérieur. Un accueil toujours charmant et une carte simple mais efficace.

ALPES-MARITIMES

© VALBERG

Village de Valberg.

LE REFUGE €€

17, avenue de Valberg
✆ 04 93 02 42 45
www.lerefugevalberg.eatbu.com
Ouvert toute l'année. Tous les jours de décembre à avril, fermé le jeudi, de 10h à 23h30. Carte 25 € environ.

Le Refuge, c'est l'endroit idéal pour déguster des spécialités de la montagne à deux pas des pistes et au cœur de Valberg sans se ruiner. Côte de bœuf, fondue gauloise, raviolis niçois, daube, grillades et canard... Ici, on se ressource après une journée d'effort et on savoure un des nombreux plats concoctés par le chef et son équipe dont le savoir-faire n'est plus à prouver. Les amateurs de fromage se régaleront de la qualité et de la quantité car les portions sont copieuses. Comme un bonheur ne vient jamais seul : la terrasse est plein sud face aux pistes.

LA TABLE D'EMILY €€

Place du Cluot de la Mule
✆ 06 77 03 22 16
Ouvert midi et soir. Carte 35 € environ. Terrasse.

Amateurs de spécialités corses, voici une adresse que vous allez particulièrement apprécier. Avec la maman en cuisine et la fille en salle, ce petit restaurant familial des plus accueillant, situé au cœur de la station, propose des menus du midi copieux, élaborés avec des produits frais pour un tarif tout à fait correct. Les grands classiques montagnards (raclette, Mont d'Or) sont évidemment à la carte mais revus et corrigés façon corse, évidemment ! Le service est très convivial, les patronnes sont heureuses de vous servir la Corse à Valberg et cela fait plaisir.

LE VALBERGAN PANORAMIQUE €€

2, avenue de Valberg ✆ 04 93 02 50 28
Ouvert de 12h à 15h et de 19h à 23h. Fermé le mardi soir et le mercredi. Carte : 35 € environ. Terrasse.

Le restaurant se situe à l'étage et la brasserie-crêperie au rez-de-chaussée, une situation privilégiée au cœur du village face aux pistes de ski. La grande terrasse orientée plein sud vous tend les bras, ensoleillée à souhait. Le chef vous accueille dans ce nid douillet qui fleure bon la montagne. La cuisine se scinde en 2 avec d'un côté les spécialités montagnardes et de l'autre, les suggestions à l'ardoise qui s'affichent en fonction des trouvailles du marché. La cuisine est inventive et évolue sans cesse, pour l'une des tables les plus réputées de la station.

SENTIER PLANÉTAIRE

Traversée panoramique. Possibilité de télécharger l'itinéraire sur Internet (avec des variantes).

Cette promenade de 10 km de long vous fait voyager entre ciel et terre. Le parcours est jalonné de structures monolithiques représentant les planètes du système solaire dans une sorte de reconstitution à l'échelle 1/1 000 000. La première partie mène à Jupiter puis au lac Sénateur. C'est une portion plutôt familiale : compter 1h30 aller-retour. L'itinéraire se poursuit sur le thème des astres pour atteindre l'abri Sainte-Marie (3h AR). Les plus courageux iront jusqu'à Neptune, point culminant du parcours (5h AR). Renseignements auprès de l'office de tourisme.

SAINT-MARTIN-VÉSUBIE ★★

Situé au cœur d'une forêt de 3 600 ha à 1 000 m d'altitude, ce joli village est né au confluent des torrents du Boréon et de Fenestre qui forment la rivière Vésubie. Fortifié au XIIe siècle, le bourg évolue en un lieu stratégique par sa proximité avec le col de Fenestre. Au XIVe, le village est un entrepôt important sur la route du Sel reliant Nice au Piémont et sa prospérité s'étend jusqu'au XVIIIe. Annexé à la France en 1860, il devient le lieu de villégiature des aristocraties italiennes et anglaises ce qui lui vaut son surnom de « Suisse niçoise ». Une rue droite et pentue le traverse du nord au sud (rue du Docteur-Cagnoli) parcourue par un canal central construit en 1411 qui servait au drainage des eaux et à l'irrigation. En suivant le canal du Béal, on découvre l'architecture gothique de la cité médiévale : place de la Frarie, ruelles étroites, portes voûtées ornées de linteaux ouvragés et maisons à colombages. Les remparts sont réduits à de simples vestiges : des quatre portes qui permettaient l'accès au village, seule Sainte-Anne a résisté. L'église baroque de l'Assomption (XVIIe siècle), aux grandes colonnes blanches et clocher roman, renferme des tableaux du XVe attribués à Louis Bréa.

Mais dans ce village des Alpes-Maritimes, la vie quotidienne a été bouleversée par le passage de la tempête Alex, en octobre 2020. Depuis, les habitants font leur possible pour reconstruire, pourtant certaines routes sont encore impraticables et certains sites inaccessibles. On vous conseille de vérifier votre itinéraire avant départ.

Tourisme

- www.puremontagne.fr, le site qui fédère les professionnels de la Vésubie :
Pure Montagne® est la marque territoriale qui regroupe sur 15 km autour de Saint-Martin-Vésubie, toutes les activités sportives et ludiques, indoor et outdoor, découvertes, contemplation, relaxation. Leur accroche publicitaire résume parfaitement le concept Une montagne de sensations. La marque fédère les professionnels des deux vallées (Vésubie et Valdeblore), et aura à cœur de vous proposer en effet une offre inédite d'activités en toutes saisons. Tout est présenté sur le site, avec le détail des prestataires, les événements et une boutique en ligne.

© NICOLAS THIBAUT/PHOTONONSTOP

Le village de Saint-Martin-Vésubie.

ALPHA - LE PARC DES LOUPS DU MERCANTOUR

548, promenade du Lac
✆ 04 93 02 21 11
https://alpha-loup.com

Basse saison week-end de 10h à 17h. Haute saison ouvert tous les jours de 10h à 18h.

Savez-vous que le couple dominant d'une meute de loups s'appelle le couple alpha ? Qu'un loup peut pister et identifier une proie sur 16 km ? Autant d'informations que vous allez pouvoir découvrir sur cet animal mythique. Le Parc Alpha, seul parc animalier en zone cœur d'un Parc National, vous promet une visite aussi instructive que magique. Et si vous vous souciez naturellement des conditions de vie des loups sur le parc, sachez que celui-ci est le premier établissement français à obtenir le Label Bien-Etre Animalier Garanti qui atteste du respect des conditions optimales de bien-être pour les animaux ! Bien sûr, la tempête Alex n'a pas épargné le parc et les meutes de loup. Mais, autour d'une meute de loups gris du Mercantour, le parc est reparti, accueille les visiteurs en leur proposant de nombreuses activités, animations et ateliers hiver comme été. Parmi les activités à réserver pour se rapprocher de la meute : Soigneur d'un jour – une matinée en compagnie d'un soigneur spécialiste du loup –, Apprenti soigneur – découverte des métiers autour des animaux du parc Alpha – et la visite guidée de 2h – avec des explications sur la tempête Alex, une animation pédagogique autour de l'odorat du loup et des explications sur la meute. Mini-parcours aventure, boutique snack et aires de pique-nique, tout est prévu pour que vous passiez une journée complète et divertissante en famille, les enfants étant les bienvenus. Prévoir une tenue adaptée, car vous êtes à 1 500 m d'altitude.

BUREAU D'INFORMATION TOURISTIQUE

Place du Général-de-Gaulle ✆ 04 93 03 21 28
www.saintmartinvesubie.fr

Ouvert toute l'année. Tous les jours (sauf dimanche après-midi hors saison) de 9h à 12h30 et de 13h à 18h30.

Vous trouverez ici toutes les informations sur les activités à faire dans et autour de la commune : le centre nordique, l'accro-branche, l'escalade, la via ferrata, les balades, les randonnées équestres et pédestres, le canyoning, le parapente... Les bonnes idées pour vivre la nature ne manquent pas dans ce décor splendide. Mais si vous avez un doute quant à ce qui pourrait être ouvert suite à la tempête Alex, n'hésitez pas à vous rapprocher de l'office de tourisme pour tout savoir.

LA TAVERNE DES PIRATES €€

3, rue Kellerman ✆ 04 93 03 31 34
www.saintmartinvesubie.fr

Du mardi au dimanche de 11h à 0h. Jusqu'à 2h30 les vendredis et samedis. Carte : 15 € environ (pour un plat). Terrasse.

Cette belle brasserie située juste en contrebas de la place de Saint-Martin est le lieu de toutes les soirées incontournables du village. Ouvert tout au long de la journée, on peut selon son humeur y déguster un café en terrasse, ou quelques pressions. Côté restauration, le cuisine est simple mais très bonne, avec de delicieuses pizzas, ou des plats du jours copieux. Et plus la soirée défile, plus vous risquez de voir le patron et sa femme se transformer en DJ pour mettre de l'animation et de la bonne ambiance dans un établissement qui n'en manquait déjà pas !

LA BONNE AUBERGE** €€

98, allée de Verdun
✆ 04 93 03 20 49
www.labonneauberge06.fr

Fermé de novembre à février. 12 chambres. Chambre double à partir de 79 €. Restauration (menus 30 € environ).

Accueillantes, dans une superbe maison en pierres de taille noyée dans des massifs de verdure, les chambres sont confortables et bien équipées. Coté restaurant, vous serez charmé par le décor, la belle terrasse et la qualité de la cuisine. Le patron prépare des plats à base de produits frais, et le restaurant dispose même de son propre vivier où les truites sont pêchées à la minute, pour découvrir, entre autres la truite au bleu, une spécialité de la région. Pour terminer une autre spécialité : les cèpes du Boréon (glace vanille, meringues maison et chocolat).

AUX HALLES DU MERCANTOUR

77, rue du Docteur-Cagnoli
✆ 04 93 03 20 32
hallesdumercantour.fr

Ouvert du mardi au dimanche de 7h à 13h et de 16h à 19h30. Durant les vacances scolaires : ouvert le dimanche.

Une boucherie-charcuterie de premier choix labellisée Cuisine Nissarde et un service traiteur qui l'est tout autant. Thierry Jurion prépare les spécialités locales : raviolis niçois, daube provençale, farcis, ratatouilles, tourte de blettes... et bien d'autres recettes (choucroute, couscous, foie gras...). Sur place également, un rayon épicerie avec un large choix de fromages (tome de vache et crottin de chèvre de la vallée, tome de brebis et de chèvre des Hautes-Alpes...) et des conserves maison (notamment sa délicieuse terrine vésubienne et son stockfish).

LA CAVE €

62, rue du Docteur-Cagnoli ✆ 04 93 03 24 36
www.saintmartinvesubie.fr

Ouvert tous les jours le midi (sauf mercredi), le week-end et vacances scolaires midi et soir. Carte : environ 20 €.

Thérèse Verdegl a investi cette petite cave voûtée située sur la place où se prolonge une salle en véranda. On descend quelques marches pour accéder au restaurant, décoration rustique, cuivres au mur et meubles en bois. Outre un choix de pizzas, de salades ou de pâtes fraîches, elle y sert une généreuse cuisine traditionnelle et des plats régionaux. Parmi les spécialités montagnardes de la cave : la reblochonnade (fromage cuit sous la braise) ou la clocherade (viandes suspendues). Desserts maison et vins du Var au pichet. Ambiance familiale et conviviale.

VESUBIA MOUNTAIN PARK

Allée du Docteur-Fulconis ✆ 04 93 23 20 30
www.vesubia-mountain-park.fr

Ouvert 7j/7 de 9h à 20h (le vendredi jusqu'à 21h30) sauf le lundi en période scolaire. Horaires susceptibles de varier.

Le Vesubia Mountain Park est un espace sportif de loisirs, innovant et visionnaire, qui réinvente les sports de montagne. On vous y propose de nombreuses activités sportives pour tous les âges, indoor ou en pleine nature : canyoning, grimpe ludique, escalade, piscine, aquaforme, cardio et musculation. Le Vesubia Mountain Park est aussi un lieu de prédilection pour se détendre, avec une offre de sauna, hammam, massages et, pour se restaurer, une cafétéria proposant snacks, salades et boissons. À noter : des formules vous permettent de coupler plusieurs activités.

LA BOLLÈNE-VÉSUBIE ★★

L'histoire de la Bollène est peu connue. On sait qu'à l'origine, en 1156, le village portait le nom de Abolena, dérivant du provençal voulant dire Terre Neuve. Le nom de la Bollène n'apparaîtra qu'au XIVe siècle. L'église baroque Saint-Laurent sera achevée en 1725 et consacrée par monseigneur Recrosio le 26 juillet 1728. Elle sera réparée et restaurée en 1862, puis en 1891 après le tremblement de terre du 15 janvier 1884. Le jour du tremblement de terre, il y eut beaucoup de dégâts matériels, mais pas de morts. Depuis, le conseil municipal a fait le vœu de célébrer le 15 janvier la Saint Maur, pour honorer le protecteur des Bollénois.

Balade

Le massif de l'Authion, qui culmine à 2 082 m d'altitude, est situé sur une ligne de crêtes, au cœur du Parc national du Mercantour, offrant un panorama exceptionnel sur les vallées. Il abrite une flore et une faune spectaculaires. Véritable forteresse naturelle, le site a toujours été considéré comme un lieu stratégique pour le contrôle des frontières. Cet ancien espace militaire conserve un caractère exceptionnel : le « circuit de l'Authion » accessible aux véhicules de mai à novembre en permet la découverte. On peut également rejoindre la vallée des Merveilles depuis l'Authion à travers un joli sentier de randonnée.

Faune et Flore

▸ Le col de Turini :

Situé sur la D 2566, au-dessus des gorges de la Bévéra, le col de Turini (1 604 m) doit son nom à l'ancienne route de Nice à Turin qui le franchissait. Aujourd'hui encore, il constitue la frontière naturelle et climatique entre le moyen et le haut pays. La différence est surtout sensible par le changement des essences des arbres.

Au sud, ce sont plutôt des oliviers, des chênes-lièges et des pins maritimes tandis qu'au nord, on trouvera des châtaigniers et des conifères (sapins, épicéas, mélèzes, hêtres et érables). Les nombreux virages de la D2566 qui monte jusqu'au col font de cet itinéraire un haut lieu d'exploits – et de dérapages contrôlés – lors du Rallye de Monte-Carlo où les bolides rivalisent de vitesse en prenant tous les risques sur la chaussée verglacée...

Du col, on peut monter à Authion par la D68 pour apprécier les fortifications, mais aussi où plusieurs vacheries témoignent de l'intérêt du village à conserver et à valoriser une ancienne tradition pastorale.

Ce site est l'une des portes d'entrée du périmètre protégé du Parc Naturel du Mercantour signalé par la cabane du Tueis où l'on peut trouver sur place toute la documentation nécessaire. La D68 permet de s'élever jusqu'au monument aux morts érigé à la mémoire des soldats de l'An II qui combattirent les Sardes en 1793 et à celle de la Première Division de la France Libre qui délogea les Allemands en 1945. Un peu plus haut, la pointe des Trois Communes offre un magnifique panorama sur le Mercantour et les Alpes du Sud.

La Bollène-Vésubie.

MUSÉE DES PAPILLONS

En haut du village, à côté de l'église.
✆ 04 93 03 60 54

Ouvert en juillet/août : de jeudi à dimanche, de 9h à 12h et de 14h à 18h. Entrée gratuite. Boutique.

Ce musée d'entomologie (l'étude des insectes) rassemble une très belle collection privée réalisée par le docteur W. Hansen sur les papillons, les insectes volants et rampants. Vous trouverez surtout des coléoptères vivants dans les montagnes environnantes et serez ébloui par les milliers de couleurs des papillons régionaux et par la diversité des espèces exotiques. Cette collection d'une grande richesse vaut le détour lors d'une de vos balades dans la région. Pour parfaire le tout et ne rien rater, une visite guidée est également possible sur rendez-vous.

L'AUTHION CHEZ JEANJEAN €€

Camp d'Argent
✆ 04 93 91 57 61

Ouvert du mercredi au dimanche le midi (tous les jours en haute saison). Carte : 25 € environ.

Un petit resto au pied des pistes, à la décoration authentique et à l'accueil chaleureux. Dans les assiettes, les plats simples mais goûteux ont de quoi ravir les estomacs les plus difficiles. Et pour cause, tout est fait maison, y compris le pain ! Les raviolis sont extras, tout comme la daube. Mention spéciale pour la cassolette de l'Authion, la spécialité, un mélange gratiné de légumes et de champignons fraîchement cueillis par le propriétaire. Un conseil, gardez de la place en dessert pour la tarte à la confiture de myrtille !

LE RANCH DE TURINI €

Col de Turini
✆ 04 93 91 57 23
www.ranch-turini.com

Ouvert toute l'année. Chambre double à partir de 65 €. En demi-pension : à partir de 120 € (pour 2).

Le Ranch, c'est un petit hôtel rustique niché à 1 607 mètres d'altitude, doté de 9 chambres confortables. Vous serez au calme pour profiter du cadre exceptionnel du massif de l'Authion, avec le chant des oiseaux en prime ! L'idéal pour se ressourcer, surtout qu'ici, pas de télé ni de téléphone dans les chambres ! L'hôtel propose un service de restauration dans une très jolie salle où l'on prend plaisir à s'installer au bord de la cheminée. Dans les assiettes, une cuisine familiale et authentique, ou des sandwichs pour partir à l'assaut de la montagne environnante.

LES CHAMOIS €€

Col de Turini ✆ 04 93 91 58 31
www.hotel-les-chamois.com

Ouvert toute l'année. Menu de 19 à 25 €. Accueil des groupes (banquets, réunions familiales). Terrasse.

Dans ce charmant hôtel-restaurant, Corinne est aux fourneaux et Michel au service pour vous faire passer un agréable moment. Confortablement installé l'hiver au coin du feu, on savoure les spécialités montagnardes et niçoises comme les gibiers de saison. Sur la terrasse en été, on goûte à la cuisine du haut-pays niçois, sans oublier la fondue savoyarde. Et à toute heure, on apprécie de passer y prendre un bon café avant ou après les randonnées... Les clients, dont une bonne moitié est étrangère, sont des habitués. Une très bonne adresse à (re) découvrir.

LES CHAMOIS** €€

Col de Turini ✆ 04 93 91 58 31
www.hotel-les-chamois.com

Label Clef Verte. 15 chambres. Tarif chambre double : de 49 à 60 € selon la saison. Restauration.

Il fait bon vivre dans cette auberge familiale, située au cœur d'une forêt de conifères sur le passage du célèbre GR52. Michel et Corinne vous accueillent avec le sourire dans leurs 15 chambres spacieuses et confortables. L'équipement est au complet. La plupart disposent de balcons avec vue sur la vallée, orientés plein ouest pour profiter du coucher du soleil. Le restaurant propose une excellente cuisine montagnarde au coin du feu. À noter qu'en plus de cet hôtel, les propriétaires possèdent deux gîtes situés en pleine nature, à quelques kilomètres de Belvédère.

LE BORÉON ★

Cette station, située à 10 min après Saint-Martin-Vésubie, était spécialisée dans la pratique du ski de fond et les randonnées en raquettes. Malheureusement, suite à la tempête Alex du 2 octobre 2020, l'accès au Boréon a été longtemps rendu impossible. Il aura fallu 9 mois de travaux pour remplacer des portions entières de route et les 11 ponts qui ont été emportés. Au moment du bouclage de ce guide Alpes, la route du Boréon était de nouveau accessible. Autre bonne nouvelle, l'accès au lac du Boréon et la réouverture du refuge de la Cougourde très apprécié des amoureux de montagne dans la région. Une renaissance à soutenir par votre visite.

LANTOSQUE ★

Lantuscia, comme on le nomma au XIIe siècle, juché sur un promontoire situé juste au-dessus du cours de la Vésubie, est sans doute malencontreusement placé à la jointure de plusieurs plaques tectoniques. C'est pourquoi ce village a payé un lourd tribut aux tremblements de terre au cours de son histoire : en 1494, en 1556, en 1566, en 1618, en 1644 et en 1887, lors du dernier grand tremblement de terre qui secoua toute la région de Nice à Gênes. Mais la grande beauté du site et le caractère très attachant de ce village ont fait que ses habitants ne l'ont jamais déserté. Et ce n'est pas l'histoire récente, avec la tempête Alex, qui dira le contraire.

Balade

Le village est intéressant à visiter, avec ses hautes maisons anciennes, ses portes sculptées et ses linteaux décorés. L'église Saint-Sulpice (1668), à la large façade basse remaniée, mélange plusieurs styles. Le portail est classique, c'est une belle porte sculptée. Le devant d'autel représente la naissance de la Vierge et les fonts baptismaux en pierre datent de 1605.

Lantosque est aussi le point de départ de nombreuses randonnées dans les sites environnants : la Pointe de Siruol, 2 020 m, les grottes de La Balme et des Limaces, les chapelles rurales Saint-Arnoux, Saint-André, Sainte-Claire, Saint-Roch, les hameaux de Pélasque et de Loda.

AUBERGE DU BON PUITS** €€

Le Suquet

✆ 04 93 03 17 65

vesubiehotellebonpuits.com/index.html

Fermeture annuelle de décembre à mars.
8 chambres. Chambre double de 64 € à 68 €.
Restauration.

Dans cette maison cossue en pierre de taille, ancien relais de diligence, vous irez de bonne surprise en bonne surprise. Toutes les chambres offrent un confort optimum, insonorisées, climatisées. Les pêcheurs trouveront leur bonheur dans le plan d'eau et les rivières. Dans la salle à manger avec poutres apparentes, feu de bois et décoration d'objets rustiques, vous pourrez déguster la cuisine régionale de tradition : tripes mitonnées à la niçoise, raviolis « maison » à la sauce daube, truites meunières aux amandes, glaces et sorbets maison.

RIMPLAS

Curieux village perché sur une arête rocheuse à 1 000 m d'altitude. Le fort qui domine Rimplas, construit dans les années trente, est inachevé. Il comporte plusieurs niveaux souterrains et devait constituer une pièce maîtresse du système défensif de la frontière franco-italienne. Le château, construit au XIIe siècle, a été détruit par les guerres et un incendie total au XVIIIe siècle. L'église Saint-Honorat, baroque, a été remaniée de manière assez malheureuse. Son clocher n'est pas d'époque. A l'intérieur, les voûtes sont décorées de motifs baroques, et l'on peut admirer un retable du XVIIe siècle et des toiles des XVIIe et XVIIIe siècles.

FORT DE LA FRASSINÉA ★

M2205

✆ 06 32 16 30 10

www.frassinea.asso.fr

Fort ouvert de mai à septembre inclus, samedi après-midide 14h30 à 18h. Entrée libre.

Des visites commentées d'une trentaine de minutes permettent de découvrir cette construction militaire dont l'objectif était de faire barrage à l'intrusion des chars italiens pendant la Seconde Guerre mondiale. Vous apprendrez comment s'organisait la vie dans le bunker avec la découverte des parties techniques et celle des casernements. Des expositions thématiques renseignent aussi sur le contexte historique. Cet ouvrage dépend du fort de Rimplas, qui culmine à 1 000 m d'altitude sur un pic rocheux. La construction de l'ensemble a duré 11 ans.

FORT DE LA MADELEINE

Route de la Madeleine

✆ 06 76 51 56 66

www.ville-rimplas.fr

Sur réservation uniquement.

Situé à quelques dizaines de mètres du village, le fort de Rimplas fut la première construction de la ligne Maginot. Une ligne construite entre les deux guerres de Menton jusqu'aux Ardennes. Après 11 ans de travaux, débutés en 1928, le fort est doté des derniers équipements modernes : trois moteurs alimentent l'ouvrage en électricité. Il dispose aussi d'un hôpital avec bloc opératoire, des réserves d'eau potable, d'un téléphérique l'alimentant en vivres et munitions depuis le fond de la vallée... Plus de 300 hommes y ont vécu à partir de 1935.

ROQUEBILLIÈRE ★

Roquebillière est le chef-lieu de canton. Au cœur du pays vésubien, ce joli village est également devenu une destination touristique prisée grâce à l'unique station thermale de la Côte d'Azur (Berthemont-les-Bains). Mais ça n'a pas toujours été le cas : Roquebillière avait déjà été reconstruit six fois depuis le VIe siècle quand un énorme éboulement détruisit une partie du village en 1926, faisant de nombreuses victimes. Il se réimplanta sur la rive opposée où se trouvait déjà l'église qui avait été construite à cet endroit pour bénéficier d'une meilleure stabilité du sol (une bien curieuse église des Templiers !). Le village actuel a donc été reconstruit en face, sur la rive droite de la rivière. Ancienne communauté médiévale et siège d'un prieuré, on trouve quelques maisons alpines à greniers-loggias en hauteur, un moulin à farine et des granges traditionnelles de montagne. Ville d'eau connue depuis les Romains, il revint en vogue vers 1850. Sur la rive droite toujours, l'église Saint-Michel-du-Gast, commencée au XVe siècle, achevée en 1533 sous l'impulsion des chevaliers de Malte, allie le roman provençal finissant – le clocher – au gothique, avec ses trois nefs à croisées d'ogives. À l'intérieur, un très beau retable niçois de Saint-Antoine-du-Désert datant du XVIe siècle avec prédelle. La cuve baptismale est ornée d'une croix de Malte. Et on visite aussi, sur la rive gauche, le vieux village.

LE RENDEZ-VOUS VÉSUBIEN €€

Place Corniglion-Molinier ✆ 04 93 03 04 61

Ouvert toute l'année. Du mardi au dimanche de 9h à 23h. Plat du jour : 14 € (à partir de). Snack non-stop. Terrasse.

Ce « Rendez-vous » est une belle brasserie idéalement située sur la place du village, face à l'imposante mairie de brique rouge. La salle au décor contemporain est prolongée par une terrasse couverte et ombragée, mais aux beaux jours on lui préfère l'autre terrasse, bien exposée à côté de la fontaine, d'où on embrasse un panorama magnifique sur les montagnes alentour. Difficile de s'extraire de cette contemplation... La carte brasserie offre un choix de viandes grillées, pâtes, salades, etc. La cuisine à base de produits du terroir est simple et savoureuse.

L'ÉCHOPPE DU PAYS

13, rue Dalloni

✆ 06 63 71 40 89

Ouvert du mardi au samedi de 9h30 à 12h20 et de 15h30 à 18h30.

Voilà une bien belle échoppe tenue par Audrey ! Sa petite boutique regorge de produits locaux et/ou bio. Miel, confitures, sirops, biscuits, céréales, pâte d'olive, thé, vin, poichichade, pain d'épices... de quoi ramener quelques souvenirs de la gastronomie vésubienne dans vos valises ! Le Petit Futé s'est laissé tenter par un apéritif à base de vin et de fleurs de sureau produit par la ferme le Mérinos à Utelle. Avec en plus des huiles essentielles, des cosmétiques et de l'artisanat local, on est prêt à parier que vous allez aussi vous laisser tenter !

LE SAINT-SÉBASTIEN** €€

Avenue de Verdun

✆ 04 93 03 09 01

www.hotel-saintsebastien06.com

Ouvert d'avril à novembre. 20 chambres. Chambre double de 70 € à 84 € ; piscine extérieure chauffée, jardin.

Situé dans le vieux village, l'hôtel-restaurant Saint-Sébastien vous ouvre ses portes. De belles prestations avec un espace détente, une piscine chauffée dès le mois de mai, un terrain de pétanque, une salle de séminaires pouvant accueillir jusqu'à 25 personnes, un parking... Les chambres ont de beaux volumes et sont bien équipées. Lieu idéal pour un séjour paisible dans un décor somptueux. Au restaurant de l'hôtel, les plats sont concoctés à base de produits locaux. La cuisine est familiale mais élaborée. Et tous les desserts sont faits maison !

STATION THERMALE

✆ 04 93 03 47 00

www.valvital.fr

Fermé l'hiver. Accès spa 20 €/jour en semaine, 24 €/jour le week-end. Demander les tarifs en fonction des soins.

Cette belle station thermale continue d'exploiter les vertus de cette eau thermale, type sodique sulfuré particulièrement riche en soufre, déjà connues des Romains. Cette structure offre donc des cures de bien-être permettant de profiter des bienfaits des eaux thermales, grâce à un panel d'activités soulageant douleurs rhumatismales ou problèmes respiratoires. Au sein de ce spa et espace aqua-détente, on peut en outre profiter de 3 piscines, d'un hammam, d'un sauna, de 20 cabines, des soins d'eau, d'un institut de beauté, d'une salle de sport...

TENDE ★★

La Roya prend sa source au col de Tende et poursuit sa route au pied de sommets de plus de 2 000 m d'altitude, jusqu'à rejoindre la Bévéra et se jeter dans la Méditerranée à Vintimille, en Italie. Altitude et relief sont très variés sur le parcours de la Roya et la richesse de la biodiversité est exceptionnelle : on passe de la forêt de montagne à une végétation méditerranéenne, avec une grande variété de couleurs et d'espèces endémiques.
Le village de Tende, niché à 850 m d'altitude au pied du col éponyme, est la plus vaste commune des Alpes-Maritimes comprenant Tende, Saint-Dalmas-de-Tende et les hameaux de Castérino, Viévola, Granile et Canaresse. C'est sur son territoire que se situe la remarquable Vallée des Merveilles dans le Parc national du Mercantour. Le col de Tende culminant à 1 871 m est le passage des Alpes le moins élevé et le plus direct entre la Provence orientale et le Piémont. Les forteresses militaires qui le surplombent offrent une vue époustouflante jusqu'au mont Rose situé à 4 364 m. Ainsi, la vallée n'est pas seulement un beau site naturel : son histoire est riche en péripéties ! Comme tous les villages de cette vallée, Tende a changé maintes fois de domination : en 1581, le comté de Tende fut acquis par la Maison de Savoie ; puis les territoires de Tende et de La Brigue furent ballottés entre France et Italie et ne furent définitivement cédés à la France qu'au traité de paix de Paris le 10 février 1947. Comme un bel héritage de l'histoire, de nombreux dialectes subsistent encore dans les villages.

Histoire

▸ Découvrez la fête de la Saint-Éloi :
Depuis le Moyen Âge, la route du sel partait de Nice pour rejoindre le Piémont. Sous la domination savoyarde, cette voie muletière devint un axe fondamental d'échange et Tende en fut une étape incontournable. Le sel arrivait des salins de Camargue à bord de navires qui accostaient dans les ports de Nice ou de Villefranche. Les sacs étaient chargés à dos de mulets jusqu'à Tende, ville étape où l'on changeait de montures, car les mulets tendasques étaient réputés pour leur robustesse et leur force.
Les ducs de Savoie puis les rois de Sardaigne eurent recours aux muletiers tendasques pour le transport de matériel militaire et le ravitaillement de leurs troupes qui guerroyaient souvent de part et d'autre du col de Tende. Ils se regroupèrent rapidement en corporation et créèrent la confrérie des muletiers de Tende sous le patronage de saint Éloi qui a traversé les âges.
De nos jours, les membres perpétuent la fête patronale de la Saint-Éloi chaque deuxième week-end de juillet à travers le feu d'artifice du samedi soir ainsi que la bénédiction dominicale des chevaux et des mulets. Ceux-ci, héritiers d'une tradition séculaire, sont parés d'habits de fête, menés par le prieur de l'année et sont les vedettes d'une cavalcade à travers le village. Vous pourrez également profiter de concerts gratuits de certains groupes folkloriques à travers le village de Tende. Une belle fête historique qui vaut le détour !

▸ Pour en savoir plus, consultez le site officiel de la confrérie : http://fetesainteloi.fr/

COLLÉGIALE NOTRE-DAME-DE-L'ASSOMPTION

Rue Cotta
✆ 04 83 93 98 82
www.tendemerveilles.com
Ouvert juin-septembre tous les jours de 9h-18h. Octobre-mai tous les jours 9h-17h. Visite guidée (sur réservation).
Sur la route du baroque nisso-ligure, ce monument mérite une visite. Sa construction fut ordonnée par le comte de Tende, Honoré Lascaris Ier vers la fin du XVe siècle. Un portail style Renaissance en pierre verte de Tende est venu l'achever en 1562 ; il représente le Christ entouré des douze apôtres. Un ciel bleu profond étoilé décore l'ensemble de la voûte centrale. Le buffet d'orgue de 1673 fut rénové en 1807 par Carlo Serassi et fait partie des orgues italiens de la Roya.

MUSÉE DES MERVEILLES

Avenue du 16-Septembre-1947
✆ 04 89 04 57 01
www.museedesmerveilles.com
Ouvert tous les jours, sauf le mardi, de 10h à 17h. L'été, jusqu'à 18h. Entrée gratuite.
La Vallée des Merveilles est un site exceptionnel de gravures rupestres en Europe. Le conseil départemental des Alpes-Maritimes a créé ce musée pour contribuer à la protection, la mise en valeur et la diffusion de ce patrimoine archéologique exceptionnel. De conception moderne, spacieux et multifonctions sur 750 m², il regroupe 3 parties ayant chacune une thématique particulière : l'histoire naturelle, l'archéologie et les arts et traditions populaires, le tout retraçant vingt mille ans d'histoire. L'espace temporaire accueille des expositions de grande qualité.

VALLÉE DES MERVEILLES

Parc national du Mercantour
www.tendemerveilles.com
Renseignements sur le site Internet, auprès de l'office de tourisme ou à la maison du Mercantour à Tende.

Le Parc national du Mercantour regroupe 6 vallées, 28 communes, un patrimoine historique, culturel et économique exceptionnel, une quantité d'ouvrages moins connus du petit patrimoine traditionnel bâti, une faune sauvage protégée abondante très variée ainsi qu'une flore hors du commun dont la diversité est unique en Europe.

La Vallée des Merveilles et le val de Fontanalbe forment l'un des plus grands sites archéologiques en plein air du monde. Ce vaste territoire, émaillé de lacs glaciaires et dominé par le mont Bégo (2 872 m), est un véritable sanctuaire païen issu de l'âge du bronze qui concentre des milliers de « ciappe », des gravures rupestres sur des dalles de pierres colorées, qui inspirèrent ce beau nom de merveilles.

La vallée de la Valmasque possède quant à elle trois remarquables lacs d'altitude (le lac Vert, le lac Noir et le lac du Basto). Pour protéger ce patrimoine inestimable, il est interdit aux randonneurs de sortir des sentiers autorisés.

- Depuis 2018, le parc national du Mercantour, en partenariat avec le syndicat local d'accompagnateurs montagne « *Merveilles, Gravures et Découvertes* », a mis en place un système de réservation en ligne obligatoire pour les visites guidées sur le site archéologique classé Monument historique du mont Bégo, dans les deux vallées : Merveilles (au départ du refuge des Merveilles), et Fontanalba (au départ du refuge de Fontanalbe à 8h, et pour les autres horaires départ de la Vacherie supérieure).
- **Pour plus d'informations et pour réserver : www.vallee-merveilles.com**

BUREAU DU TOURISME DE TENDE

103, avenue du 16 Septembre 1947
✆ 04 83 93 98 82
www.menton-riviera-merveilles.fr
Ouvert selon saison se renseigner

La sympathique équipe sur place donne tous les renseignements sur les itinéraires et conditions des randonnées, fournit de la documentation sur le parc, la route des forts de Tende et les sentiers des villages perchés. Pour mieux découvrir tous les trésors d'un pays qui se reconstruit progressivement, renseignez-vous régulièrement pour connaître tous les prestataires ouverts lors de votre visite, notamment dans la vallée de la Roya. Des merveilles à vite retrouver.

AUBERGE VAL CASTÉRINO** €€

Hameau de Castérino
✆ 04 93 04 64 38
www.valcasterino.fr
Fermé de novembre à janvier. Chambre double à partir de 72 €. Demi-pension : 136 € (pour 2 personnes). Restauration.

L'Auberge Val Castérino fait partie du patrimoine du hameau de Castérino (dont l'accès routier sera rétabli au printemps prochain). C'est une affaire de famille et les sœurs Dominique et Audrey sont la troisième génération de propriétaires à vous accueillir chaleureusement. Les 10 chambres, ambiance chalet en bois, sont confortables et toutes équipées de salles de bains privatives. Dans la belle salle à manger rustique, ornée d'une cheminée en pierre, on goûte la cuisine du terroir et du Piémont. Une formidable étape pour une semaine ou un week-end en montagne.

LA MARGUERIA €

19, avenue du 16-Septembre-1947
✆ 07 76 14 90 79
Ouvert toute l'année. Midi et soir sauf le mardi. Juillet et août, ouvert 7j/7. Carte : 20 € environ. Terrasse.

Situé dans la rue principale qui traverse Tende, ce restaurant familial propose une cuisine méditerranéenne aux accents italiens, ainsi que des spécialités fromagères comme la tartiflette la raclette, la fondue savoyarde ou la reblochonnade. On trouve également à la carte un grand choix de pizzas cuites au feu de bois et, en été, des assiettes gourmandes composées avec des produits frais. Sans oublier l'excellente carte des vins d'artisans provenant de toute la France. La terrasse offre une vue splendide sur les montagnes au-dessus des toits de la ville.

LE MIRAMONTI €€

5, rue Antoine-Vassallo
✆ 04 93 04 61 82
Ouvert en haute saison, tous les jours sauf dimanche et lundi soir. Horaires susceptibles de varier. Carte 25 €.

Une salle intérieure rustique, une grande terrasse extérieure ensoleillée et un petit jardin d'été, voilà pour le décor. La cuisine traditionnelle et familiale propose des spécialités italiennes : pâtes fraîches, charcuteries et fromages de la région. Goûtez la truite de pays en papillote, cuisinée au citron et au vin blanc. La carte des vins est composée d'appellations venues d'Italie, de Corse et de métropole à prix raisonnables. Côté hébergement, le Miramonti dispose de chambres confortables situées au-dessus du restaurant, équipées pour 3 ou 4 personnes.

MAISON DU MIEL ET DE L'ABEILLE

Place du Lieutenant-Kalck

✆ 04 93 04 76 22

Ouvert l'été, du mercredi au vendredi de 14h à 17h ; le week-end de 9h à 12h30 et de 13h à 17h.

Conçue sur le modèle d'un rucher, cette maison vous permettra de découvrir pas à pas la vie des abeilles. Vous distinguerez tout au long d'un parcours ludique et varié le monde de ces animaux fascinants en faisant appel à votre vue, à votre ouïe et à votre odorat. La boutique propose tout un éventail de produits locaux réalisés à base de miel qu'on aura plaisir à rapporter dans ses valises pour prolonger le plaisir des vacances de retour à la maison.

BUREAU DES GUIDES DU MERCANTOUR

6 bis, rue Sébastien-Grandis

✆ 04 93 04 67 88

www.mercantour-roya.com

Séjour randonnées dans le Mercantour sur réservation. Séjours canyoning et multi-activités.

Ce groupement d'amis, tous professionnels aguerris de la montagne, partage des expériences avec le public tout en les sécurisant. Leurs activités incluent l'accompagnement et l'encadrement de toutes les activités de montagne en toutes saisons : sports d'eau vive, escalade, randonnées à pied ou en raquettes, via ferrata de Tende, La Brigue et Peille. Ils fournissent l'équipement nécessaire et proposent également des séjours multi-activités adaptables aux familles avec enfants.

BREIL-SUR-ROYA ★★★

La haute vallée de la Roya a constitué pendant des siècles la route traditionnelle entre Nice et le Piémont par le col de Tende. Lors du rattachement du comté de Nice en 1860, cette vallée demeura italienne à la demande du roi Victor-Emmanuel qui voulait conserver ses territoires de chasse du Mercantour. Elle devint définitivement française en 1947.

Édifiée dans une boucle de la rivière Roya, Breil possède en elle cette histoire mouvementée et compte indéniablement une culture franco-italienne. Ce beau petit village s'étend jusqu'au pied de la montagne de l'Arpette (1 610 m), son rempart de défense naturel. L'ancienne cité fut désenclavée à la fin du XIXe siècle grâce à la route la reliant à Vintimille en Italie puis avec l'arrivée du train. Breil fut longtemps une étape sur la route du sel, cette voie muletière entre le Piémont et la Méditerranée. Agrandie et rendue carrossable après la création du port de Nice, elle devint la « Voie Royale » qui reliait Nice à Turin permettant le transit des marchandises et favorisant l'essor des villages traversés. Breil a gardé de l'époque médiévale les ruelles étroites et les passages couverts (courreou) et de l'architecture ligure, les places à arcades, les maisons aux façades colorées, les décors peints en trompe-l'œil et les tuiles vernissées des clochers. Chef-lieu de canton, Breil fut donnée à la France en 1860. Les hameaux qui lui sont rattachés ne devinrent français qu'en 1947 seulement : Libre, réputé pour la culture des oliviers, et Piène-Haute, à la cime d'un éperon rocheux.

La ville aujourd'hui

La vallée de la Roya relie la Côte d'Azur au Piémont. Elle regroupe une multitude de magnifiques villages perchés, chargés d'histoire et de traditions : Sospel cité médiévale, Saorge ancienne plate-forte féodale, Tende porte d'entrée dans l'univers préservé de la vallée des Merveilles... Loin de l'agitation touristique en été, c'est le paradis de la randonnée, des sports d'eaux vives et des loisirs culturels. La route suit la rivière et traverse des paysages superbes. Malheureusement, la tempête Alex d'octobre 2020 a également touché cette vallée, dévastant des villages (on pense notamment à Fontan) et coupant certaines routes.

ÉCOMUSÉE DU HAUT PAYS ET DES TRANSPORTS

Plateau de la Gare SNCF

✆ 06 10 61 28 89

Ouvert tous les jours sauf le lundi de 14h à 17h30, du 1er mai au 30 septembre. Adulte : 5 €. Visite guidée. Boutique.

Situé sur un terrain du Réseau ferré de France dans l'ancien dépôt de locomotives de Breil-sur-Roya, à proximité de la gare SNCF, il présente une exposition permanente de véhicules ferroviaires historiques. Élément spectaculaire du site : une vaste et remarquable maquette représentant sur 160 m^{2} une partie de la ligne Nice-Cuneo et son vaste réseau ferroviaire. Enfin, le musée contient une collection de véhicules routiers, autobus et trolleybus, dont certains peuvent être loués.

Breil-sur-Roya.

ÉGLISE SANCTA MARIA IN ALBIS

Place de Brancion

Accès libre.

Construite sur l'emplacement d'une ancienne église romane, sa façade est étroite, à deux niveaux d'élévation. L'église est bâtie selon un plan en croix grecque, à quatre bras égaux. Le clocher jouxte la façade. Sa nef est courte, le chœur profond entouré de deux absidioles. Le maître-autel est richement décoré de boiseries sculptées et dorées. Tout autour, des stalles en noyer. Magnifique buffet d'orgue au-dessus de l'entrée couronné par un envol d'angelots.

BUREAU D'INFORMATION TOURISTIQUE

17, place Biancheri

✆ 04 83 93 98 34

www.breil-sur-roya.fr

Ouvert toute l'année. L'été, du lundi au samedi de 9h à 12h30 et de 14h à 18h et le dimanche matin de 9h à 12h30.

La vallée de la Roya, labellisée Pays d'art et d'histoire par le ministère de la Culture, présente un patrimoine naturel et culturel d'une richesse et d'une diversité remarquables. Zone de passage et d'échanges, à la croisée de la mer et de la montagne, le territoire du Pays d'art et d'histoire s'étend le long de l'actuelle frontière avec l'Italie, sous la protection du Mont Bego (2 872 m), point de repère pour les hommes depuis des temps millénaires.

GÎTE ROYA MERCANTOUR €

202, route de la Maglia

✆ 04 93 04 91 46

www.gite-roya-mercantour.com

Ecogîtes. Ouvert toute l'année. 5 chambres. Chambre d'hôtes 37 € par personne avec petit déjeuner. Demi-pension : 60 €.

Sur les hauteurs du village, ce gîte est niché au milieu de l'oliveraie de la Maglia. Il est même écogîte, pour ses grandes qualités environnementales. Il dispose de 5 chambres d'hôtes confortables dont 4 doubles et 1 pour 4 personnes aux vues paysagées panoramiques. Le salon est le lieu convivial de rencontre l'hiver autour du poêle à bois. L'été, on lui préfère la terrasse qui domine l'oliveraie. À la table d'hôtes, on découvre une cuisine familiale à base de produits frais et bio des producteurs locaux, de savoureuses spécialités breilloises ou italiennes.

LA BONNE AUBERGE €

52, rue Pasteur

✆ 04 93 04 41 50

www.labonneaubergebreil.fr

Ouvert toute l'année. Tous les jours sauf le dimanche. Carte : 15 € environ. Terrasse.

L'auberge est installée au cœur d'une authentique maison de village, située dans la principale rue piétonne. La carte est évolutive et les suggestions sont à l'ardoise. Le chef, Franck Masséglia, compose une cuisine traditionnelle avec des produits frais adaptés aux saisons. Il se fournit surtout chez les producteurs locaux et propose des assiettes savoureuses, fromages essentiellement, du fait de l'importance de l'élevage dans la région. Ses spécialités breilloises sont savoureuses. Le site comporte aussi un hôtel : bonne adresse pour les randonneurs gourmets !

LE FLAVIE €€

17, boulevard Jean-Jaurès

✆ 04 93 54 65 74

www.leflavie.eresto.net

Fermé pour une durée indéterminée à la suite de la tempête Alex. Carte : 30 € environ.

L'adresse a conservé un esprit de brasserie, avec décoration soignée et mobilier confortable, et il mérite sa réputation dans la vallée de la Roya, tant par la qualité des produits, que par la cuisine traditionnelle et familiale. Les viandes sont labellisées (montbéliard, charolais, etc.) et les plats travaillés en fonction des saisons. Les desserts sont faits maison. Les portions sont généreuses. À noter le petit bar en antichambre et la grande terrasse fleurie, ensoleillée au printemps et ombragée l'été. Bon accueil et service attentif du patron.

DOMAINE DE LA CHAPELLE SAINT-JÉRÔME

Piene Haute

✆ 06 07 40 46 35

https://800trees.com/fr/3-pate-d-olive

Uniquement sur rendez-vous. Vente dans divers magasins listés sur le site. Boutique en ligne.

Spécialisé en phytothérapie (huiles essentielles, plantes médicinales), le domaine de la chapelle Saint-Jérôme a naturellement pensé à inclure l'huile d'olive dans sa gamme de produits. Cultivés en biodynamie, les 800 oliviers plantés au cœur montagneux d'un cirque voisin du parc naturel du Mercantour donnent une huile AOP Nice entièrement fabriquée de façon artisanale et conditionnée dans des flacons en grès afin que le nectar soit préservé de l'air et de la lumière.

FERME SAVEUR CAPRINE

3103 A, chemin de Praghiou
✆ 06 76 60 93 88
www.saveurcaprine.fr
Découverte de la ferme : 5 €, dégustation : 15 €. Accueil des visiteurs sur rdv. Membre de Mercantour Ecotourisme.

Sur le sentier pédestre reliant Breil au hameau de Libre, Saveur Caprine est une ferme de découverte et une exploitation agricole d'élevage de chèvres laitières menée en agriculture biologique. Possibilité de découvrir l'élevage, la basse-cour, de faire provision de fromages de chèvre et de pâte d'olive, les deux spécialités de la maison. Casse-croûte, goûter et dégustation sur réservation. Saveur Caprine, c'est aussi une association dont le projet est d'éduquer le public à la vie de la ferme animale et végétale, à travers des visites guidées ludiques.

ROYA ÉVASION

11, boulevard Rouvier ✆ 6 78 75 16 64
www.royaevasion.com
Ouvert toute l'année. Tous les jours de 9h à 19h. Canyon, Canoë Rafting, VTT, Randonnée, Raquettes et Via Ferrata.

Toute l'équipe de Roya Évasion entraîne les passionnés de montagne et de sports d'eau vive dans ces lieux magiques où la sensation et l'aventure sont à chaque tournant. Ils proposent toute l'année des randonnées, pédestres trekking ou raquettes. Via ferrata, VTT et enduro dans le Mercantour, ou encore canyoning à la découverte de sublimes canyons comme le sauvage Carleva, le Guiou aux eaux limpides, le tropical Barbera ou le top Maglia. Sans oublier le kayak-raft (monoplace), le canoë-raft et le rafting. Il y en a pour tous les goûts et tous les plaisirs !

COARAZE ★★

Au cœur des Alpes-Maritimes, à 650 m d'altitude, Coaraze marque l'un des passages entre la Méditerranée et les Alpes. Ici on sent encore l'influence de la Côte d'Azur tout en regardant vers la montagne. Ce village – qui compte parmi « Les Plus Beaux Villages de France » –, où il fait bon se perdre dans ses ruelles pavées, est baigné de soleil et d'une beauté que l'on a fait intelligemment resurgir d'une restauration menée avec goût.

Au milieu des oliviers et des mimosas, on arpente les ruelles escarpées de ce véritable nid d'aigle. Il faut « monter » à la place de l'Église pour découvrir la vue admirable sur le cirque des montagnes et les cadrans solaires, la spécialité de Coaraze. Dans ce village appelé « village du soleil » grâce à un ensoleillement exceptionnel, l'heure se lit aux flèches des fameux cadrans solaires signés par de célèbres artistes contemporains. L'église du XIIIe siècle abrite les ornements extraordinaires de 118 angelots dans un décor polychrome réalisés au XVIIe sous l'influence du baroque italien. La chapelle Bleue, décorée de fresques par Ponce de Léon, est un oratoire dédié à la Vierge. La chapelle Saint-Sébastien ornée de fresques du XVIe borde l'ancien chemin muletier qui reliait le bourg à Nice. Au-dessus du hameau de l'Engarvin se trouve le village en ruines de Rocasparvièra (le rocher de l'épervier en niçois) : une randonnée de 4h à 5h avec des paysages magnifiques.

MUSÉE COUPOLE FIGAS

Hameau l'Engarvin
✆ 04 93 55 57 51
http://musee.figas.free.fr
Ouvert le week-end de 14h30 à 17h30. Gratuit jusqu'à 7 ans. Adulte : 5 €.

Le Musée Coupole Figas, l'œuvre d'une vie ! Au cœur de l'arrière-pays niçois, ce musée est entièrement dédié au peintre fantastique et futuriste Marcel Figas. Né à Nice en 1935, les recherches picturales de cet artiste se caractérisent par différentes phases qui jalonnent son œuvre : la phase interne (1958-1968), périphérique (1969-1975), ultraphysique (1976-1981) et visiosynthèse (1982-1986). Une visite pleine de charme où vous apprécierez plus de 300 tableaux, ainsi que la coupole de 60 m² au cœur de l'édifice qui finalise l'ensemble.

MAISON DU PATRIMOINE DE COARAZE

7, montée du Portal ✆ 04 93 79 37 47
www.coaraze.eu
Mardi, mercredi et jeudi 9h30-15h, vendredi 9h30-17h, samedi 9h30-17h30. Horaires variables selon saison.

Niché sur son piton rocheux, le village présente fièrement au-dessus de la vallée ses grandes maisons de pierres ou colorées aux tons pastel à la façon traditionnelle des bâtisses italiennes. Et l'association "*Li Luèrnas*", par convention avec la mairie, gère la Maison du Patrimoine – *Ostau dau Patrimòni*. Vous y trouverez tous les renseignements pour dénicher les cadrans solaires ainsi que des informations sur les artistes locaux. Visites commentées du village sur demande.

LA BRIGUE ★

La Brigue est située à 770 m, au bord de la Levenza, affluent de la Roya. Autrefois zone de chasse du roi Victor-Emmanuel, cette portion de territoire fut rattachée à la France en 1947. Riche commune peuplée de négociants et de bergers dont l'histoire se confond avec celle des puissants seigneurs de Lascaris, elle possède un patrimoine architectural composé de 7 édifices classés aux monuments historiques. Le cœur médiéval du village réunit la plus belle collection répertoriée de linteaux armoriés ou historiés du milieu du XVe siècle à nos jours réalisés dans un schiste noir autrefois exploité dans la région ou dans de la pierre verte de Tende.

COLLÉGIALE SAINT-MARTIN

Ouvert toute l'année. De 9h à 17h30.

Cette somptueuse collégiale de style romano-lombard surmontée par un clocher de style gothique du XIIIe siècle a été partiellement reconstruite au XVe siècle. Elle doit son nom à saint Martin, venu prêcher à La Brigue avant d'être élu évêque de Tours. Le campanile est typique des clochers lombards avec sa flèche polygonale et ses clochetons d'angle. Le principal intérêt réside dans les œuvres picturales que contient la collégiale dont *L'Adoration de l'Enfant* de Louis Brea ou le triptyque *Notre-Dame-des-Neiges* attribué à Fuseri de Fossano.

CHAPELLE NOTRE-DAME-DES-FONTAINES

D 143

✆ 04 83 93 95 49

www.labrigue.fr

Ouvert toute l'année. Haute saison : tous les jours de 10h à 12h30 et de 14h à 17h30. Sur réservation sinon.

Ce sanctuaire prestigieux doté de sources bienfaisantes fut un lieu de pèlerinage depuis les premiers siècles de notre ère. Son aspect extérieur n'a rien qui retienne particulièrement le regard mais les peintures qui constituent sa décoration intérieure en font la « chapelle Sixtine » des Alpes méridionales. Elles sont dues à deux artistes italiens de très grand talent : Giovanni Canavesio et Giovanni Baleison. Cette chapelle est un joyau artistique sans équivalent.

VIA FERRATA LA CIAPPÉA

Place Saint-Martin

✆ 04 93 79 09 34

www.labrigue.fr

Accessible toute l'année, suivant conditions météorologiques. Dénivellation du parcours : 250 m. Accès adulte : 5 €.

Surplombant le village médiéval et ses falaises verticales de 80 m, l'itinéraire est très sportif. C'est une succession d'équipements suspendus sur 600 m de long qui procurent des sensations vertigineuses. Les points forts du circuit sont les 8 ponts de singe et la tyrolienne de 120 m. L'achat des billets se fait dans les bureaux de l'information touristique. Le bureau des guides de Tende, situé au 6 bis rue Sébastien-Grandis, propose des demi-journées pour découvrir en toute sécurité le parcours avec encadrement et équipement de façon à mieux progresser.

CHÂTEAU LASCARIS

3, rue château Lascaris

Accès libre.

Situé au cœur du village et inscrit à l'inventaire des Monuments historiques depuis 1949, le château des Lascaris, était de pur style médiéval défensif, avec son originale et très rare tour ronde. Ce fut la première demeure du comte Ludovic Lascaris, seigneur de la moitié de Limone, premier seigneur de La Brigue en 1376. Le château fut détruit en 1564 par un tremblement de terre, et il fallut attendre 1625 pour que l'une des héritières, épouse du comte de La Brigue entreprenne sa rénovation. Laissé à l'abandon depuis, il a été en partie restauré.

FLEUR DES ALPES €

1, place Saint-Martin

✆ 04 93 04 61 05

Ouvert toute l'année. Chambre double 55 €. Demi-pension 110 € pour 2. Restauration.

Un hôtel charmant, à la décoration réussie et aux équipements de qualité pour des chambres bien cosy qui ont vue sur l'église ou la rivière. La salle de restaurant est avenante avec ses grandes baies vitrées laissant entrevoir un paysage magnifique sur la vallée. La propriétaire est aux fourneaux et en complément des plats traditionnels aux saveurs méditerranéennes, elle concocte des spécialités de Sète, sa ville d'origine : seiches, poulpes, encornets… Aux beaux jours, une terrasse est aménagée sur la place. Une halte gourmande où les poissons sont rois !

LE MIRVAL €€

3, rue Vincent-Ferriet ✆ 04 93 04 63 71
www.lemirval.com

Fermé de novembre à avril. Chambre double de 51 € à 67 €. Demi-pension (à partir de 80 € par personne). Restauration.

À l'entrée du village, une bâtisse de 1893 abrite un hôtel entièrement rénové avec des chambres bien équipées. La salle de restaurant est aménagée dans une grande véranda rajoutée en façade et offre un superbe panorama sur les montagnes environnantes. La cuisine du terroir est influencée par la gastronomie italienne. L'ambiance est familiale et l'accueil chaleureux. L'établissement propose de juin à septembre des excursions guidées à la découverte des richesses patrimoniales du parc national du Mercantour ou du site archéologique de la vallée des Merveilles.

LUCÉRAM ★★

Aux sources du Paillon, la commune de Lucéram-Peïra-Cava est composée du village médiéval de Lucéram, et à 14 km de celui-ci, par une belle route en lacets, vous atteignez la station d'altitude de Peïra-Cava : deux caractères qui se complètent et définissent une identité forte pour ce vieux village très réputé dans le coin.

Lucéram, probablement fortifiée à l'époque romaine, fut une cité médiévale prospère grâce à sa situation sur la route du sel. Situé à 27 km de Nice et dominant la vallée du Paillon depuis son éperon rocheux, le village est aujourd'hui réputé pour son patrimoine historique et culturel : architecture médiévale, chapelles Saint-Jean des Pénitents Blancs et Saint-Pierre des Pénitents Noirs, église Sainte-Marguerite-et-Sainte-Rosalie, fortifications, ainsi que son fameux circuit des crèches. En effet, chaque année depuis Noël 1998, des crèches, petites ou grandes, sont installées dans les rues, sur les balcons, dans les chapelles ou encore chez les particuliers. Ce circuit de 300 crèches attire de nombreux visiteurs qui se pressent dans les rues du village lors des fêtes de fin d'année.

Le site de Peïra-Cava est, quant à lui, un plateau forestier situé à 1 580 m d'altitude où trônent épicéas, mélèzes et hêtres. Hameau jadis occupé par les bergers en été, il a accueilli un casernement militaire en 1876 destiné à surveiller les trois vallées (Vésubie, Bévéra et Paillon) et la frontière italienne. Au début du XXe siècle, il devient la première station d'hiver du département, puis une station d'altitude offrant des activités de plein air en toutes saisons.

TOUR OUVERTE À LA GORGE

✆ 04 93 79 46 50
www.luceram.fr/divertissements

Accès libre. Plus de renseignements auprès de la Maison de Pays, du lundi au samedi (sauf mercredi) 9h-12h et 14h-18h.

Le village doit son essor à sa position stratégique. Les comtes de Provence s'y installent au XIIIe siècle, édifient leur château et perçoivent les droits de passage des caravanes sur la route du sel. Son système défensif fut renforcé en 1295 sous le règne de Charles II d'Anjou, roi de Naples et comte de Provence. Les vestiges de la « tour ouverte à la gorge » témoignent de cette période. Ce nom étrange est donné à un ouvrage fortifié à plan circulaire ouvert vers la cour du château qui permettait de le protéger aussi bien vers l'extérieur que vers l'intérieur.

LA FERME DU VAL-DEL-PRAT

3841, chemin du Mount
✆ 04 93 79 54 66

Ouvert toute l'année, visite et vente à la ferme sur rendez-vous.

Émile Tihy vous accueille avec un grand sourire dans sa ferme et son vieux moulin à huile et vous initie aux secrets de la fabrication de l'huile d'olive, de la pâte d'olive et autres tapenades délicieuses. Après la visite, il est bon de déguster puis d'acheter les produits oléicoles, mais aussi des confitures, conserves et autres essences de lavande sauvage maison. En plus des ventes organisées dans la ferme, vous pouvez retrouver ces produits dans divers supérettes Bio (du type Biocoop) ainsi que sur les marchés, ou les foires…

SAORGE ★★

Saorge est classé village monumental et offre un parfait exemple de l'urbanisation au Moyen Âge. Il abrite des escaliers pavés en calade, des maisons du XVe siècle agrémentées de remarquables portes et linteaux tandis que les toits sont recouverts de lauzes de schistes rouges ou verts de la Roya. L'histoire de cette commune située sur la Route du Sel fut étroitement associée à celle du Comté de Nice. Elle changea plusieurs fois de souveraineté : sarde jusqu'en 1794, elle fut conquise par Masséna en 1794 qui fit démolir ses remparts. En 1814, elle fut à nouveau sarde, jusqu'à son rattachement définitif à la France en 1860.

ÉGLISE SAINT-SAUVEUR

Place de l'église Saint-Sauveur

Accès libre.

L'église est construite au XVe siècle, restaurée et revoûtée au XVIIIe siècle. Les autels latéraux, dont les ornementations baroques et les angelots donnent une impression de mouvement, et les motifs décoratifs de stuc doré apportent une note formellement baroque. À l'intérieur se trouvent des retables des XVIIe et XVIIIe siècles. L'orgue, fabriqué par les frères Lingiardi, facteurs à Pavie, fut apporté par bateau jusqu'à Nice et monté à Saorge à dos de mulets en pièces détachées en 1847. Relevé en 1979, il est depuis régulièrement joué lors de concerts.

MONASTÈRE DE SAORGE

Avenue du Docteur-Joseph ✆ 04 93 04 55 55

www.saorge.fr

Fermé de novembre à janvier. Ouvert tous les jours, sauf mardi en basse saison. Visite libre ou commentée. Adulte : 5 €.

Cet ancien couvent des Franciscains est un remarquable témoignage de l'architecture baroque dans la vallée de la Roya. Construit sur les hauteurs de Saorge c'est aujourd'hui un musée et un site de retraite d'écriture géré par le Centre des monuments nationaux dans lequel de nombreuses manifestations culturelles sont organisées. L'église Notre-Dame-des-Miracles, construite au XVIIe siècle, se compose d'une nef unique flanquée de quatre chapelles latérales remarquables. On peut également visiter librement le jardin aménagé en terrasses, le potager et la pergola.

CA'DA BARRERA €€

1, rue du Président-Doumergue

✆ 06 16 44 08 26

www.chambresdhotes-saorge.fr

Chambre double 90 €. Demi-pension : 25 € (repas du soir sur réservation). Petit déjeuner inclus.

Lucas Sinda et sa famille ont restauré une maison de village qui fut à l'époque une ancienne école. La vue est splendide sur toute la vallée de la Roya avec une belle exposition sud-est. Les chambres ont été rénovées avec soin : confort et authenticité restent les maîtres mots et sont poussés à haut niveau avec des lits de 160 ou de 180 cm séparables. Une pièce à vivre est à disposition des hôtes avec une grande table et une cuisine équipée. Vous serez ici parfaitement situés et parfaitement reçus, avec des prestations de qualité comme pour la table d'hôtes.

OSTERIA LOU POUNTIN €

56, rue Lieutenant-Revelli

✆ 04 97 20 15 94

Ouvert toute l'année. Tous les jours 9h-15h (23h week-end). Carte : 20 € environ (plat + dessert).

Cet établissement présente une cuisine saine inspirée de la gastronomie italienne à base de produits frais. Les recettes évoluent en fonction des saisons pour respecter le terroir. On déguste les spécialités d'Italie en commençant par les traditionnels antipasti. Ensuite, aubergines parmesan, escalope milanaise, ou un choix de pâtes aux sauces délicieuses, raviolis ou lasagnes... Les pizzas sont aussi italiennes, tout comme les desserts maison traditionnels. Pensez à réserver, la salle intérieure voûtée est petite. La terrasse fleurie aménagée donne sur la rue.

SOSPEL ★★

Point de passage obligé sur la route du sel par où transitaient les marchandises de Turin à Menton, Sospel possède encore un vieux pont à péage à deux arches avec une tour de contrôle construite sur la pile centrale. En 1388, Sospel « se donne » aux comtes de Savoie : ce fut en quelque sorte l'âge d'or de la ville. Plus tard, sous l'autorité et la protection des rois de Sardaigne, tout exalte la grandeur du style baroque : la nouvelle église, les confréries, les couvents, le collège royal, les maisons des riches notables. Or en 1794, les armées révolutionnaires partent à la conquête du royaume de Piémont-Sardaigne et Sospel devient une simple commune.

MUSÉE DES FORTIFICATIONS ALPINES FORT SAINT ROCH

✆ 04 93 04 14 41

www.sospel-tourisme.com

Fort Saint-Roch ouvert tous les samedis et dimanches de 13h30 à 18h00. Adultes 9 €.

Ce fort édifié en 1932 est l'un des plus importants de la ligne Maginot, construite pour défendre la frontière italienne. Il a nécessité 5 000 m^3 de béton et 385 tonnes d'acier. Une centrale de production d'énergie électrique avec filtrage et ventilation de l'air lui assurait un confort certain. Il est encore équipé d'un canon de 149 mm pesant 13 tonnes et plusieurs salles sont toujours équipées et ouvertes à la visite, expliquant la vie quotidienne des troupes des chasseurs alpins.

ALPES-MARITIMES

BUREAU D'INFORMATION TOURISTIQUE DE SOSPEL

1, Place Saint-Pierre ✆ 04 83 93 95 70
www.sospel-tourisme.com
Ouvert le lundi de 9h à 12h30 et de 13h30 à 17h et du mardiau samedi de 9h30 à 12h30 et de 13h à 17h00.

Où manger, où dormir, que faire à Sospel, quel patrimoine découvrir ? On vous accueille ici avec le sourire pour concocter avec vous le programme de votre visite de cette jolie ville située aux portes du parc du Mercantour. Brochures et documentations sont disponibles gratuitement pour connaître les points d'intérêt et manifestations organisées en toutes saisons à Sospel, mais aussi dans les communes alentour. Ne manquez pas « Les Baroquiales » le festival de l'art baroque.

HOSTELLERIE DU PONT VIEUX €

3, avenue Jean Médecin, face Pont Vieux
✆ 04 93 01 01 32
www.aubergedupontvieux.fr
Ouvert tous les jours de 11h à 22h. Chambre à partir de 65€.

Dans une ambiance familiale, ce tout petit hôtel propose des chambres modestes, mais propres et très bien placées, au centre du village, juste devant le Pont Vieux. L'accueil y est chaleureux et le petit salon de thé-crêperie, situé au rez-de-chaussée, ajoute au charme du lieu. Un établissement qui convient bien aux randonneurs, aux adeptes du vélo (possibilité de rangement) et aux motards qui peuvent laisser leur moto sur un emplacement réservé.

AUBERGE PROVENÇALE** €€

Route du col de Castillon ✆ 04 93 04 00 31
www.aubergeprovencale.fr
Ouvert toute l'année. 12 chambres. En cas d'arrivée tardive : contacter l'hôtel. Animaux acceptés. Restauration.

Cette maison accueillante et confortable située en pleine nature au milieu des arbres possède des chambres lumineuses : on vous conseille lors de votre réservation de demander celles avec la jolie vue sur le village de Sospel. Dotées d'un décor moderne, elles sont également très bien équipées (climatisation dans chaque chambre). Accueil agréable et chaleureux. Sur place, le restaurant de l'hôtel propose une cuisine provençale que l'on déguste sur la terrasse panoramique sur Sospel ou dans la salle intérieure à la décoration claire et authentique.

CAMPING SAINTE MADELEINE*** €€

3803, route du Moulinet ✆ 04 93 04 10 48
www.camping-sainte-madeleine.com
Du 1er avril au 30 septembre. Aire camping-cars. Location de chalets/maisonnettes. Emplacement : 14€ minimum

Sur la route de Moulinet, à 4km de Sospel, ce camping s'étale sur plusieurs terrasses ombragées. L'établissement offre plusieurs types de logements, de l'emplacement classique à la location de chalets et d'une maisonnette pour 5 personnes (40 m^2) complètement équipée. L'accueil est sympathique, le lieu particulièrement agréable l'été pour sa fraîcheur. On trouve au camping toutes les possibilités d'activités sportives de la vallée. Une grande piscine est à la disposition des clients.

ALPES-MARITIMES

Le village de Sospel.

LE SAINT PIERRE €€

14, rue Saint-Pierre
✆ 09 53 29 00 15

Ouvert toute l'année. Location à la semaine possible. Chambre double de 60 à 120 €. Petit déjeuner compris.

Cette maison de caractère au cœur du village médiéval de Sospel nous plonge dans la vie authentique de l'intérieur du pays. Un accueil chaleureux, des pierres apparentes, un décor traditionnel : c'est une invitation à partager une passion pour la région. L'appartement est situé au 5e étage avec ascenseur et escaliers. Il se compose d'un espace de vie avec cuisine, coin repas et salon, d'une chambre principale et d'une deuxième chambre en mezzanine spacieuse ainsi que d'une salle de bains avec douche, machine à laver et étendoir à linge.

LA CABRAÏA €

1, place de la Cabraïa
✆ 04 93 04 00 54
www.la-cabraia.com

Tous les jours, midi et soir, sauf le jeudi et le mercredi soir. Réservation recommandée. Terrasse. Carte : 15€ environ.

Dans un cadre ravissant à mi-chemin entre la montagne et le littoral azuréen, la carte de ce charmant établissement affiche une cuisine française traditionnelle (salades, viandes, poissons) et quelques spécialités italiennes et alsaciennes. Ces plats savoureusement et copieusement préparés par le Chef se dégustent dès l'arrivée des beaux jours sur la belle terrasse. On apprécie également l'accueil souriant et dynamique de Marjorie qui opère en salle. Une ambiance conviviale et un décor parfait pour une belle escapade gourmande.

LE RELAIS DU SEL €€

3, boulevard de Verdun ✆ 04 93 04 00 43
www.le-relais-du-sel.fr

Ouvert toute l'année. Du mardi au samedi le midi et le soir ; le jeudi et dimanche midi. Prix de 16 à 45€ environ.

Le Relais du Sel propose des assiettes goûteuses et bien présentées : viandes accompagnées de produits frais de saison, pintade aux pruneaux, salade de fruits de mer ou encore tarte aux pommes maison pour la note sucrée. Lors de votre visite, ne manquez pas de demander les plats du jour qui sauront satisfaire vos papilles. En plus, des menus gourmands et autres plats sont à déguster le soir et le week-end. Fleurs fraîches, lumières tamisées, terrasse romantique installée au bord de l'eau et décoration de goût posent le décor de ce petit coin de paradis.

LES RUCHERS DES OLIVIERS

1535, Route de Moulinet
✆ 04 93 04 02 46
www.lesruchersdesoliviers.com

Pour les visites, il est conseillé de téléphoner avant. Ouvert jeudi et samedi. Possibilité de commander en ligne.

Cela fait trente ans que Catherine et Marc consacrent leurs journées de travail à leurs abeilles et à la fabrication de miels délicieux, primés au Concours général du Salon de l'Agriculture de Paris : 43 médailles et trois prix d'excellence sont à leur actif ! Dans leur point de vente à Sospel, découvrez leurs produits phares, comme les miels liquides ou crémeux (acacia, pin, romarin, fleurs de printemps, châtaignier…) mais aussi le nougat et le pain d'épice. Une belle idée cadeau à offrir ou pour se faire plaisir. Possibilité de commander en ligne.

SOFFIOTTI ET FILS

Le Col Saint-Jean
✆ 04 93 04 08 81
http://www.soffiotti.com

Ouvert du mardi au samedi, 15h-19h. Appel téléphonique conseillé avant votre venue.

Le domaine, dans la famille depuis 1974, comprenait des oliviers laissés à l'abandon. À force de travail, quelques deux cents arbres centenaires ont été remis en production, pour aujourd'hui donner une des meilleures huiles de la région. La plantation a été densifiée, ce qui nous amène aujourd'hui, à environ 800 arbres de la variété cailletier, cultivés en agriculture biologique, sur 4 ha d'un terrain en restanques, à 600 m d'altitude. Rajoutons à cette production quelque 150 oliviers centenaires pris en fermage par les exploitants sur la commune de Castillon. Deux types d'huile d'olive sont ainsi produites, au moulin de Lucéram : le cru Amandine, AOP Nice, en fruité mûr aux arômes d'amandes fraîches, de noisettes, et le cru Annette, également en AOP Nice, mais en fruité vert à mûr, aux arômes plutôt d'artichaut et de zestes de citron. Les huiles sont décantées et stockées en fût inox, à l'abri de la lumière et mises en bouteille au fur et à mesure de la vente. Le domaine produit également de la pâte d'olive AOP Nice, de la tapenade et des olives en saumure au naturel. Depuis 2004, Fréderic Soffiotti a donné une nouvelle impulsion à l'entreprise. Il a développé la gamme de produits, créé une identité visuelle, construit un laboratoire à confitures, aménagé un magasin de vente, organisé visites et goûters... À présent, son huile est vendue directement au domaine, mais aussi en épiceries fines, en région et à Paris (Lafayette Gourmet), dans une œnothèque à Milan, et même jusqu'au Japon !

HAUTE-SAVOIE

Réputée pour ses charmantes stations-villages de moyenne montagne et son patrimoine naturel unique, la Haute-Savoie recèle de nombreux trésors touristiques. Parmi les « stars » : le majestueux mont Blanc, 4 807 m aux dernières mesures, la Mer de Glace qui disparaît peu à peu et la superbe vallée de Chamonix ou Annecy, son lac et son incroyable patrimoine architectural. La Haute-Savoie compte plus de 50 stations de ski pour toutes les pratiques. L'été, le choix est tout aussi varié : trails, VTT, sports nautiques et sports d'eau vive, parapente, etc., et les randonnées accessibles à tous ! La Haute-Savoie conserve également une forte identité culturelle, mélange d'influences françaises et transalpines, qui s'exprime aujourd'hui encore à travers ses produits de terroir et sa gastronomie locale. La Haute-Savoie, avec ses sites remarquables, est l'une des destinations touristiques les plus attractives de France.

Haute-Savoie
Cinquétral
Saint-Claude
Parc Jura Vaudois
Gland
E25
Prangins
Nyon
YVOIRE
Divonne-les-Bains
Crans-Près-Céligny
Messery
Chens-sur-Léman
Gex
Grilly
P.N.R. du Haut-Jura
Commugny
A1
Mies
Chilly
Versonnex
Ségny
Maconnex
Ornex
Versoix
Veigy-Foncenex
Sergy
Prévessin
Genthod
Bellevue
Ferney-Voltaire
Chambésy
Saint-Genis-Pouilly
Meyrin
Vesenaz
Saint-Cergues
Cologny
Saint-Jean-de-Gonville
Vernier
Châtelaine
D1206
Champfromier
D884
Grand-Lancy
Genève Carouge
ANNEMASSE
Onex
Vessy
Gaillard
Borly
Confignon
Thônex
Vétraz-Monthoux
Bonne
Collonges-sous-Salève
SAINT-JULIEN-EN-GENEVOIS
Reignier
Archamps
Bellegarde-sur-Valserine
Vulbens
A40
Le Châble
LA ROCHE-SUR-FORON
D123
Cruseilles
A410
D1508
Groisy
Allonzier-la-Caille
Thorens-Glières
Saint-Martin-Bellevue
CLERMONT
D172
SEYSSEL
Bromines
Argonay
Pringy
Épagny
VAULX
Gillon
Annecy-le-Vieux
SAINT-JEAN-DE
Anglefort
ANNECY
Vallières
LOVAGNY
D231
Seynod
MARCELLAZ-ALBANAIS
A41
VEYRIER-DU-LAC
THÔNE
SEVRIER
Vieugy
RUMILLY
BOUSSY
MENTHON-SAINT-BERNARD
D31
TALLOIRES-MONTMIN
Vers VIONS
D153
Chindrieux
Chède
SAINT-JORIOZ
Alby-sur-Chéran
Vers CHANAZ
LE SEMNOZ
Albens
Saint-Félix
Saint-Ferréol
D162
Saint-Pierre-de-Curtille
D911
La Biolle
Allèves
Giez
Brison-Saint-Innocent
Saint-Offenge
Faverges

Montreux
Amphion-les-Bains
ÉVIAN-LES-BAINS ★★★
Saint-Gingolph
Lugrin
Publier
D21
D24
Bouveret
D32
Champanges
THONON-LES-BAINS ★★
BERNEX
Roche
D32
Vouvry
Noyer
Lyaud
D122
D22
Aigle
LA CHAPELLE-D'ABONDANCE
E62
Ollon
Geopark Chablais
D32
ABONDANCE ★★
CHÂTEL ★
Muraz
Collombey
Monthey
D902
HABÈRE-POCHE
Morgins
SAINT-JEAN-D'AULPS
201
Choëx
Saint-Maurice
D228
Val-d'Illiez
AVORIAZ ★★
Epinassey
MORZINE ★★
Champéry
D328
D308
LES GETS ★
ITALIE
Saint-Jeoire
D902
D354
Les Marécottes
PRAZ-DE-LYS—SOMMAND ★
Verchaix
D26
SAMOËNS ★★
MORILLON
Vougy
A40
CLUSES
SIXT-FER-À-CHEVAL ★
Scionzier
D119
Magland
LES CARROZ-D'ARÂCHES
D1506
E25
FLAINE ★★
ARGENTIÈRE ★★
SALLANCHES ★
Les Praz-de-Chamonix
GRAND-BORNAND ★★
SERVOZ
CORDON
PASSY
CHAMONIX-MONT-BLANC ★★★★
E25
Le Fayet
COMBLOUX ★★
LES HOUCHES ★
SAINT-GERVAIS-LES-BAINS ★★
D909
MEGÈVE ★★★
D902
E25
PRAZ-SUR-ARLY
LES CONTAMINES-MONTJOIE ★★
Réserve Nat. Contamines-Montjoie
SAVOIE
16 KM

PAGES

PAGES

ANNECY ★★★

Annecy doit son surnom de Perle des Alpes à sa situation géographique mêlée à la beauté de son architecture médiévale. Au pied de la montagne du Semnoz, au bord du lac d'Annecy avec une perspective panoramique exceptionnelle sur les massifs des Bauges et des Aravis, Annecy présente un décor digne des plus belles cartes postales. Le centre historique d'Annecy borde le lac et s'ouvre sur la grande esplanade du Pâquier où se déroule chaque année début août la Fête du Lac. Très prisée des touristes, « la petite Venise » évoque le romantisme italien avec ses canaux et ses vannes qui régulent le cours du Thiou et le niveau du lac. Construit sur une île naturelle, le Palais de l'Ile est l'un des monuments les plus photographiés de France. Le château qui le surplombe offre l'un des meilleurs panoramas sur l'ancien bourg médiéval et les rives du lac. Très active dans le domaine culturel, avec un environnement de qualité, Annecy est une ville fleurie que la circulation encombre à dates régulières, victime de son succès touristique, et qui ne cesse d'inciter les visiteurs et les résidents à emprunter les transports en commun et les pistes cyclables pour bénéficier de ses meilleurs aspects. C'est l'une des villes touristiques les plus attractives des Alpes. Le Grand Annecy est né de la fusion de 5 intercommunalités du bassin annécien : Annecy-le-Vieux, Cran-Gevrier, Meythet, Pringy et Seynod. Désormais, Annecy se classe parmi les plus grandes communautés d'agglomération françaises regroupant 34 communes, accueillant un quart des habitations de la Haute-Savoie !

HAUTE-SAVOIE

ÉGLISE NOTRE-DAME-DE-LIESSE ✝ ★

Place Notre-Dame

Au cœur de la vieille ville, cette église Notre-Dame-de-Liesse faisait partie d'une collégiale fondée en 1360 par les comtes de Genève. En 1566, l'église a conservé le célèbre Saint-Suaire (aujourd'hui dans la crypte de l'église du Saint-Suaire à Turin). Détruit sous la Révolution française, l'édifice actuel fut reconstruit au milieu du XIXe siècle, représentant le style néoclassique sarde. Le bourdon la Salésienne, qui pèse plus de 5 tonnes, a été créé par la fonderie Paccard.

ÉGLISE SAINT-FRANCOIS-DE-SALES ✝ ★

Rue Saint-Maurice

✆ 04 60 38 88 88

Datant du XVIIe siècle, cette église située au cœur de la ville abritait jadis les sépultures de saint François de Sales et de sainte Jeanne de Chantal. Lieu de pèlerinage, l'église Saint-François reçoit les hommages des souverains européens, mais la Révolution française va mettre fin aux processions en la transformant en manufacture ! L'église de style baroque fut rachetée par la ville en 1968. Restaurée, elle abrite un Mémorial Saint-François-de-Sales.

CATHÉDRALE SAINT-PIERRE ✝ ★

8, rue Jean-Jacques-Rousseau

✆ 04 50 33 45 05

http://musees.annecy.fr

Ouverte toute l'année.

Au cœur d'Annecy, en partie bâtie sur des canaux, la cathédrale Saint-Pierre devait au XVIe siècle servir à l'ordre des franciscains avec une façade de style Renaissance surmontée d'une rosace, des frontons triangulaires et des pilastres. C'est en 1822 que cette église devient la cathédrale du diocèse. Façade remarquable. L'intérieur s'apparente au dernier style gothique avec un chevet orné d'une œuvre de Mazzola (XVIIIe siècle), ainsi qu'une autre attribuée au Caravage. Deux cloches de la fonderie Paccard. Le grand orgue est classé aux Monuments historiques.

ÉGLISE SAINT-MAURICE ✝ ★

Place Saint-Maurice

✆ 04 50 45 08 56

http://musees.annecy.fr

Ouvert toute l'année. Gratuit.

Au cœur de la ville, cet édifice d'architecture gothique, trapu, au-dessus d'un canal, ancienne chapelle du couvent des dominicains construite au XVe siècle, possède une façade austère, à la différence de son intérieur aéré. Le chœur est orné de sculptures aux formes d'angelots portant les attributs du cardinal de Brogny datant de 1422, père de cette église et des dominicains. L'église abrite un important patrimoine avec l'exceptionnelle peinture funéraire (milieu du XVe siècle) du tombeau de Philibert de Monthoux, conseiller des ducs de Savoie et de Bourgogne.

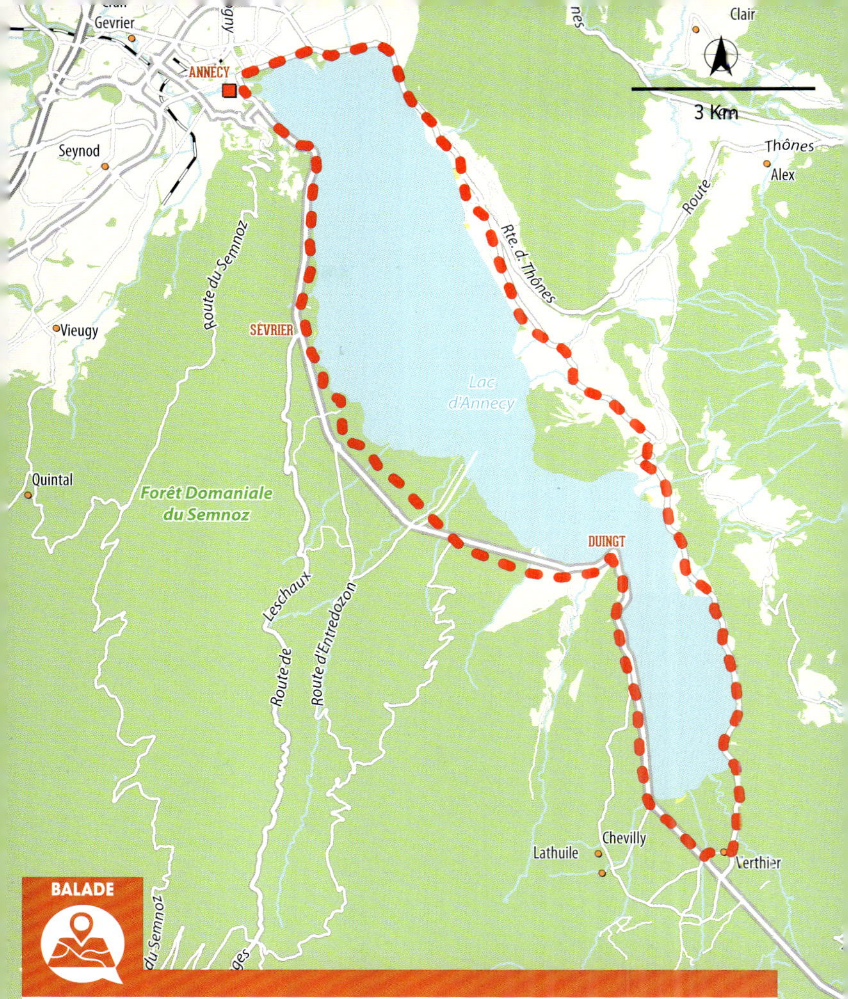

LE TOUR DU LAC D'ANNECY

Le tour du lac à vélo est l'une des balades phares autour d'Annecy. Comptez environ 3 heures de vélo pour venir à bout des 42 kilomètres à parcourir sur la piste cyclable qui longe entièrement le lac.

Cette balade est parfaite pour tout type de profil : les familles loueront des VTC et une remorque pour transporter les enfants en toute sécurité, les cyclistes peu expérimentés prendront un vélo électrique, et les cyclistes plus expérimentées se feront plaisir en vélo de route. La location d'un VTC vous coûtera entre 20 et 25 € par jour, celle d'un vélo électrique entre 40 et 45 €.

Nous vous recommandons de démarrer la balade par la rive est (Veyrier-du-lac), qui permet de faire la partie la plus difficile au début, car la promenade monte jusqu'en haut de Menthon-Saint-Bernard, puis de se reposer sur le reste du tour, qui est plat. Un arrêt est recommandé à la plage municipale de Talloires, qui offre un merveilleux point de vue sur le château lacustre de Duingt et la crête du Taillefer, puis à Duingt pour se balader dans les jolies ruelles médiévales, et enfin à la plage de Saint-Jorioz pour se baigner ou à l'Oasis, agréable beergarden à Sevrier, pour prendre un verre au bord du lac. Bonne balade !

BASILIQUE DE LA VISITATION ★★

20, avenue de la Visitation
✆ 04 50 45 22 76
https://visitationannecy.org
Ouvert tous les jours de 7h à 12h et de 14h à 18h. Gratuit. Label Tourisme & Handicap. Messe le dimanche à 10h.

Sur les hauteurs d'Annecy, cette basilique bâtie au XXe siècle veille sur la ville. Son élément le plus représentatif est la flèche du clocher-porche surélevé, atteignant 72 m. L'apparente austérité extérieure des lieux contraste avec un intérieur richement décoré. Cette basilique est le lieu où repose saint François de Sales. Celui qui a fait ses classes à Annecy chargera en 1610 Jeanne de Chantal de fonder avec lui l'ordre de la Visitation afin de donner assistance aux pauvres.

GROTTE ET CASCADE DE SEYTHENEX

576, route des Grottes - **FAVERGES-SEYTHENEX**
✆ 04 50 44 55 97
www.grotte-cascade-seythenex.com
Du 01/05 au 18/09. HS : tous les jours 9h30-17h30. Reste de l'année se renseigner. Grotte 8 €. Double tyrolienne 15 €.

Forgées par la nature, la grotte et la cascade de Seythenex ont été mises en valeur par Christophe qui a fait de ce site 100 % naturel, classé Géosite, un lieu féérique et spectaculaire. Seule galerie souterraine ouverte au public en Haute-Savoie, la grotte vous réserve des surprises avec son nouvel éclairage. Dehors, les eaux du Saint-Ruph chutent de près de 45 m en formant des marmites de géant. Deux tyroliennes pour survoler l'ensemble ! Un enchantement pour petits et grands.

MUSÉE ARCHÉOLOGIQUE DE VIUZ ★

855, route de Viuz-Faverges
FAVERGES-SEYTHENEX ✆ 04 50 32 45 99
www.archeoviuz.fr
Ouvert toute l'année, sauf jours fériés. Haute saison lundi au samedi de 14h30 à 18h30. Adulte 3,50 €.

Le Musée archéologique de Viuz-Faverges présente des objets de la Préhistoire, de l'époque gallo-romaine et du Moyen Âge. L'ancienne voie romaine Turin-Genève passait derrière l'actuel musée, au pied du rocher de Viuz. Le Musée archéologique est en cours de labellisation Tourisme & Handicap et est accessible aux visiteurs en fauteuil. Sur demande, des visites peuvent être faites et adaptées (visites guidées) pour les trois autres types de handicaps.

MUSÉE-CHÂTEAU D'ANNECY ★★

Place du Château ✆ 04 50 33 87 30
http://musees.annecy.fr
Ouvert tous les jours, sauf le mardi, de 10h à 12h et de 14h à 17h. Adultes 5,50 €. Enfant 3 €. Gratuit -12 ans.

Il veille sur la vieille ville avec puissance et bienveillance. Ancienne résidence des comtes de Genève, c'est au XIIIe siècle que débute sa construction. La forteresse médiévale va peu à peu laisser la place à l'élégance de la Renaissance. Après l'incendie de 1952, le château fut sauvé grâce à la Société des Amis du Vieil Annecy. Aujourd'hui, un musée présente des collections variées (art, archéologie, nature), tandis que la tour Perrière est dédiée aux lacs alpins. Sur demande, visites guidées pour les groupes. Superbes expositions temporaires.

LE MUSÉE DES PAPILLONS ET DES INSECTES

293, chemin de la Vie-Plaine
FAVERGES-SEYTHENEX ✆ 07 78 41 33 51
https://museumfaverges.fr/
En été du lundi au vendredi de 14h30 à 18h30, le samedi 10h à 12h et 14h à 16h. L'année sur rdv. Adulte : 3,50 €.

Un musée insolite et spectaculaire, au sein du majestueux château des Seigneurs de Faverges. Petit par sa taille, le Musée des Papillons et Insectes possède néanmoins une collection de plus de 5 000 spécimens de lépidoptères, coleoptères, etc., des cinq continents répartis en trois salles. A la sortie, la boutique offre l'opportunité de cadeaux originaux : insectes naturalisés, objets avec inclusion d'insectes, ambre... Un lieu idéal pour passer un bon moment en famille.

OFFICE DE TOURISME DU LAC D'ANNECY

1, rue Jean-Jaurès
✆ 04 50 45 00 33
www.lac-annecy.com
Eté : du lundi au samedi de 9h à 18h30 ; le dimanche de 9h à 12h30 et de 13h45 à 18h.

L'office de tourisme du lac d'Annecy aide à découvrir ce territoire riche et varié, entre vieilles pierres, lac et montagnes. Découverte de la vieille ville avec un guide, ou activité outdoor ? Le choix est large et l'office regroupe la majeure partie de l'offre, notamment sur le site web, très bien fait. Il permet d'accéder à de multiples informations et d'acheter directement vos activités. Sur place, dans le bureau d'Annecy ou autour du lac, accès à des cartes et guides utiles.

ANNECY A LA CARTE

✆ 06 34 47 78 81
https://annecyalacarte.fr
Infos et réservation sur le site web. Appel de 10h à 20h du lundi au vendredi.

Vous souhaitez visiter Annecy, son lac et ses montagnes en suivant un programme adapté à vos envies et contraintes, sans passer du temps et de l'énergie à faire toutes les recherches ? Noémie, passionnée par sa région, vous prépare un carnet de voyage sur mesure et très détaillé. Balade, aventure, culture ou événement, tout est expliqué jour après jour pour vous permettre de découvrir Annecy en toute simplicité. Vous n'avez plus qu'à réserver les activités conseillées ! Pour les plus pressés, un programme « minute » est également disponible en version 3 ou 7 jours.

© LIONEL MONTICO

LE PALAIS DE L'ÎLE ★★

3, passage de l'Isle
✆ 04 56 49 40 37
http://musees.annecy.fr
Octobre-mai, mercredi-dimanche, 10h-12h/14h-17h. Juin-septembre, 10h30-18h. Tarifs 3,90 €, 2 €. Fermé les jours fériés.

Ce Palais, aussi appelé « Vieilles prisons », fend de son étrave de pierre les eaux du canal du Thiou. Construite sur une île rocheuse naturelle, cette maison forte fut tour à tour prison – un jeu d'énigmes pour les enfants lui rend aujourd'hui cette fonction –, atelier monétaire, palais de justice et asile de vieillards. Le Palais de l'Île est classé aux monuments historiques en 1900 et abrite le Centre d'Interprétation de l'Architecture et du Patrimoine, ainsi qu'un parcours muséographique. Le Palais de l'Île accueille des expositions temporaires remarquables.

VIEILLE VILLE D'ANNECY ★★★

C'est la signature de la ville, la visite incontournable. Des petites rues pavées et sinueuses, au maillage irrégulier hérité du Moyen Age, de vieilles maisons aux fenêtres à meneaux géminées, des arcades où se tenaient jadis les commerces ou des portes en bois surmontées d'un arc en accolade. Et des portes d'accès monumentales subsistent encore comme la porte Sainte-Claire. Au Moyen Age, la rue formait l'axe principal de la ville, alors très étroite et bordée d'échoppes diverses où les artisans étaient regroupés par métiers. Mais il ne faut pas s'y tromper : les acheteurs potentiels n'entraient pas toujours à l'intérieur des boutiques. Les marchands ouvraient leurs volets et y posaient une partie de leurs biens : les clients triaient alors les marchandises sur le volet, d'où l'expression « trier sur le volet » !

Plus globalement, il faut savoir que la décrépitude et les taudis menaçaient l'ensemble du site après la Seconde Guerre mondiale. Ce sont au moins trois décennies d'efforts conjoints des élus, des commerçants et d'une minorité active d'habitants qui ont réellement sauvé ce que l'on appelle aujourd'hui la Vieille Ville. On a alors dû traiter à la fois tous les canaux, l'ensemble du mobilier urbain et toujours davantage de façades. La voirie s'adaptait en même temps au « sans voiture » et un excellent fleurissement a mis la cerise sur le gâteau, au moins pendant toute la saison estivale qui se prolonge désormais par des animations en hiver. Le surnom de « petite Venise » n'est pas usurpé et des centaines de milliers de visiteurs l'ont peu à peu plébiscité. A tel point que votre guide n'a guère à chercher son conseil de base : si vous tenez à éviter les grandes foules, choisissez pour votre visite un jour hors saison ou une journée chaude et de grand beau temps, comme on dit ici. La forte concurrence des plages lacustres vous permettra alors de déambuler sans trop de bousculades dans les ruelles. Parmi les nombreuses boutiques présentes, il y en a pour toutes les envies. Si les boutiques de souvenirs ne sont pas toujours du meilleur goût, que les glaciers s'enchaînent pour le meilleur et pour le pire, reconnaissons que le niveau général est bon et que tous les restaurants ne sont pas des attrape-touristes, bien au contraire, surtout dans la partie des faubourgs au début et à la fin de la Vieille Ville. On peut y dîner sur nombre d'agréables terrasses et elle est le siège de marchés alimentaires pittoresques 3 fois par semaine. Ceux du mardi et du vendredi sont les plus agréables, avec des stands typiques.

CYCLABLE

6, rue de Bonlieu
✆ 04 56 73 97 71
https://annecy-bonlieu.cyclable.com
Ouvert du mardi au samedi de 10h à 12h30 et de 14h30 à 19h. Location VTC journée : 22€.

Une boutique présente dans deux localisations, près de Bonlieu et à la sortie de la vieille ville. Le large stock permet de louer son type de vélo préféré pour la balade phare : le tour du lac à vélo. La location de vélos électriques est recommandée pour les débutants, et les VTC conviennent au plus grand nombre. L'enseigne loue même des vélos de route qui permettent de partir à l'assaut des cols de la région. Cyclable ne propose pas que de la location, puisqu'on peut aussi y tester et acheter tous types de vélos auprès d'une équipe très sympa et professionnelle.

SIBRA

21, rue de la Gare
✆ 04 50 10 04 04
www.sibra.fr
Ouvert du lundi au vendredi de 7h30 à 19h ; le samedi de 9h à 12h et de 14h à 17h. Ticket à l'unité : 1,50 €.

Pour se déplacer dans le Grand Annecy, pensez d'abord à la SIBRA. Dans l'agglomération, le bus est un choix naturel avec 3 lignes Rythmo cadencées toutes les 10 min de 7h à 19h et prolongées en soirée jusqu'à 1h du matin. Des itinéraires plus directs vous permettent de rejoindre facilement votre lieu de travail ou votre rendez-vous. Rythmo et toutes les autres lignes de la SIBRA offrent la solution la mieux adaptée aux déplacements des résidents. Toujours plus pratique, l'appli permet de trouver son chemin sur le réseau et d'acheter des tickets en ligne.

VÉLONECY

Place de la Gare
✆ 04 50 51 38 90
www.velonecy.com
Ouvert toute l'année du lundi au samedi de 9h à 13h et de 14h à 18h30.

Pourquoi est-il plus facile de se déplacer à vélo avec Vélonecy ? Parce que Vélonecy offre une large gamme de vélos adaptés aux besoins de chaque utilisateur à des tarifs légers, services compris ! En ville, où les déplacements sont pour la plupart inférieur à 3 km, le vélo est le moyen de transport le plus rapide, zéro pollution et bon pour la santé. L'agglo dispose de plus de 120 km de voies cyclables et plus de 3 500 emplacements de parking gratuit. Vélonecy permet de louer facilement le vélo qui vous correspond grâce aux conseils de spécialistes.

ADAGIO**** €€

2, place Marie-Curie
✆ 04 50 05 65 00
www.adagio-city.com
24h/24. 104 chambres. Studio/appartement à partir de 105 €. Petit déjeuner : 15 €. Parking fermé : 13 €. Wifi. Sauna.

Ce qui n'a pas changé, c'est l'emplacement idéal de cette résidence de tourisme haut de gamme au cœur de la ville. Ce qui n'a pas changé, c'est la qualité d'accueil et de service d'une équipe dirigée par Franck Mugnier. Ce qui a changé, c'est que l'Appart-hôtel Adagio Annecy Centre a été entièrement refait. A commencer par l'espace d'accueil, devenu un espace de coworking cosy ouvert à tous. Toutes les chambres ont été refaites, avec la possibilité de choisir du studio au 3-pièces familial. Salle de fitness et sauna pour se détendre. Vivez Annecy chez Adagio.

HÔTEL DU NORD** €€

24, rue Sommeiller
✆ 04 50 45 08 78
www.annecy-hotel-du-nord.com
30 chambres. Chambres doubles de 70 à 110 €. Chambres familiales. Petit déjeuner : 9 €. Parking offert de 19h à 8h.

La bonne direction quand on arrive à Annecy, c'est l'Hôtel du Nord. Situation de rêve pour une visite de la vieille ville, faire du shopping ou une balade au bord du lac. Annecy est à votre portée et encore plus grâce aux conseils de l'adorable Christophe. A l'Hôtel du Nord, vous êtes un ami reçu avec les meilleures attentions. Décor charmant, chambres douillettes et fonctionnelles, meublées avec goût, literie de qualité, climatisation, TV écran plat HD, wifi haut débit... Petit déjeuner gourmand à base de bons produits locaux. Que du plaisir !

HÔTEL LES TERRASSES*** €€

15, rue Louis-Chaumontel
✆ 04 50 57 08 98
www.hotellesterrasses.fr
Ouvert toute l'année. 20 chambres. Chambre double 98 €. Petit déjeuner 12 €. Parking inclus. Jardin.

Quel privilège de prendre un délicieux petit déjeuner avec de bons produits locaux sur une terrasse ouverte sur un jardin en ville ! Aux Terrasses, des tarifs tout doux pour des prestations qui n'ont pas de prix ! Comme ce parking gratuit ou ce grand jardin à 5 minutes à pied de tous les sites d'Annecy et à proximité de la gare. Sans oublier la gentillesse de l'accueil et le professionnalisme du service, le confort de chambres chaleureuses. Salle de réunion pour vos séminaires. Séjour d'affaires ou vacances, les Terrasses, c'est toujours un excellent choix.

HÔTEL MERCURE - ANNECY SUD - BRASSERIE LE 76**** €€

76, avenue d'Aix-les-Bains
✆ 04 50 52 09 66
www.mercure.com
Ouvert toute l'année. 66 chambres (chambres PMR, chambre familiale sur demande) de 95 à 215 €. Petit déjeuner 14 €.

Proche de la sortie d'autoroute, ouvrant vers toutes les directions - du lac d'Annecy aux stations des Aravis -, l'Hôtel Mercure est le point d'arrivée et de départ idéal pour rayonner dans la région. Une adresse haut de gamme qui nous réserve de belles surprises. En plus de la piscine extérieure, l'hôtel va se doter d'un spa. Accueil et service remarquables, confort dans les chambres, restauration de qualité, organisation de séminaires et événements familiaux.

HÔTEL-RESTAURANT LES ROCHERS*** €€

24, route de Paris
LA BALME-DE-SILLINGY
✆ 04 50 68 70 07
www.hotellesrochers.fr
Les Rochers, chambre double de 80 à 110 €. Petit déjeuner : 12 €. Restaurant.

Une adresse familiale et authentique ! Une maison qui s'est refait une beauté (accueil, chambres, salle de restaurant...) pour nous recevoir dans les meilleures conditions. Décor contemporain, fonctionnalité des lieux et des équipements, et un clin d'œil gourmand avec le Café de mon Père, version « cuisine de comptoir à partager » de l'excellente cuisine proposée par Michel Puthod au restaurant des Rochers. Instants de plaisir et de bonheur à partager.

ICONE HÔTEL €€

1, faubourg des Balmettes
✆ 04 50 45 04 12
www.icone-hotel.com
25 chambres. Chambre double de 69 à 220 €. Petit déjeuner buffet 9,50 €. Wifi gratuit.

Pour profiter de tous les trésors d'Annecy, l'Icône Hôtel vous propose de séjourner dans les murs du centre historique. Une belle maison du XVIe siècle entièrement rénovée pour notre confort qui offre une situation exceptionnelle, mais aussi un accueil chaleureux grâce à la gentillesse de Linda. Elle qui connaît parfaitement Annecy et sa région vous conseillera avec le sourire. Le soleil brille en journée et vos nuits sont douces dans des chambres bien équipées aux lignes actuelles. Petit déjeuner gourmand pour bien commencer la journée. Top adresse.

LE CLOS DES SENS***** €€€

13, rue Jean-Mermoz
✆ 04 50 23 07 90
www.closdessens.com

Relais & Châteaux. Chambre double 290 à 385 €. Petit déjeuner 25 €. Restauration (3 étoiles, menus : 148 à 238 €).

Dans les murs chargés d'histoire de l'ancienne école du village, 11 chambres uniques, insolites et magiques. L'artiste culinaire et chef triplement étoilé Laurent Petit, imagine, crée un écrin pour faire de chaque nuit une expérience singulière : l'espace au charme feutré, matières nobles et vivantes, avec son service parfait et prestations haut de gamme avec bain balnéo au pied du lit, cheminée, terrasse ou balcon, sans oublier le couloir de nage extérieur. Sous les toits, les chambres « Signature » vous emmèneront au 7e ciel. Ensorcelant Clos des Sens...

HÔTEL DE BONLIEU*** €€€

5, rue de Bonlieu
✆ 04 50 45 17 16
www.annecybonlieuhotel.fr

Chambre double de 117 à 156 €. Petit déjeuner 11 €. Séminaires. Wifi gratuit.

Au centre de toutes les attractions de la ville et du lac, au centre de toutes attentions pour un séjour de rêve à Annecy : bienvenue au Bonlieu. Un hôtel aux lignes contemporaines, montant dans les étages avec des prestations de haute qualité. Atmosphère feutrée et chaleureuse, chambres douillettes parfaitement équipées : excellente literie, salle de bains luxueuse, climatisation, TV HD, minibar, wifi gratuit et petit déjeuner aux saveurs régionales. Lieu de séjour idéal pour les amoureux et les familles, mais aussi pour organiser un séminaire.

HÔTEL LE PRÉ CARRÉ**** €€€

27, rue Sommeiller ✆ 04 50 52 14 14
www.hotel-annecy.net

29 chambres (et suites). Chambre double de 206 à 306 €. Petit déjeuner 16 €. Garage 12 €. Sauna. Salle de sport.

On ne compte plus les avantages de choisir le Pré Carré pour un séjour à Annecy : meilleur emplacement, charme et caractère d'un hôtel au design contemporain, service et prestations haut de gamme, une salle de sport, sans oublier un garage privé en sous-sol. Ce qui compte aussi, c'est la gentillesse et le sourire de l'accueil et des conseils personnalisés pour découvrir Annecy. Après une nuit de rêve, petit déjeuner tout en douceur composé de produits régionaux. Lieu idéal pour organiser un séminaire. Ne comptez plus les avantages, réservez !

IMPERIAL PALACE**** €€€

Allée de l'Impérial
✆ 04 50 09 30 00
www.hotel-imperial-palace.com

90 chambres et 14 suites. Chambre double à partir de 150 €. Petit déjeuner : 29 €. Parking inclus. Restauration. Spa.

Toute la magie d'Annecy en un seul lieu : l'Impérial Palace. S'ouvrant directement sur le lac et les montagnes à l'horizon, cette bâtisse Belle Epoque abrite un hôtel d'exception. Un charme fou ancré dans la tradition, des prestations actuelles pour un confort total et un bien-être absolu. Dans les étages, des chambres contemporaines comme de véritables cocons douillets Cristal Spa, salle de fitness, casino et 3 restaurants, dont le gastronomique La Voile. Jazz club ou dîner-spectacle Impérial Circus. Ecrivez votre plus belle histoire à l'Impérial Palace.

L'ABBAYE DE TALLOIRES**** €€€

✆ 04 50 60 77 33
www.abbaye-talloires.com

36 chambres et suites. Chambre double de 133 € à 464 €, suite de 276 € à 804 €. Petit déjeuner 25 €. Restauration. Spa.

Ce lieu magique fut le premier hôtel au bord du lac d'Annecy. Conservant tout le charme et le caractère de l'ancienne abbaye bénédictine, l'hôtel et le restaurant gastronomique ne trahissent ni l'esprit ni la beauté d'un lieu dédié à la contemplation du monde. Du cloître fleuri à la galerie lambrissée de chêne, des chambres féeriques aux prestations haut de gamme, sans oublier l'humain, tout n'est que délices. Des délices à retrouver à la table du chef Christophe Le Digol. Un paradis.

RIVAGE HOTEL & SPA**** €€€

33, avenue du Petit Port
✆ 04 50 51 01 10
www.rivage-hotel.com

91 chambres. Chambre double à partir de 170 €. Wifi gratuit. Restauration. Hammam, bain bouillonnant, sauna.

Amarré sur les rives du lac d'Annecy, un superbe bateau aux lignes contemporaines, un véritable lieu de vie pour un séjour réussi. Rivage Hôtel & Spa offre un cadre d'exception afin de profiter de la *dolce vita* locale. Beauté naturelle d'un site entre ville, lac et montagnes. Chaleur de l'accueil, confort absolu des chambres, vue lac ou montagne. Repas en terrasse au Ricochet, détente dans le plus grand spa d'Annecy, cocktail au coin du feu. Mention spéciale aux cours de yoga, accessibles pour la clientèle extérieure, et proposés par une professeure passionnée.

LE CHALET À CRÊPES €

1, rue Vaugelas
✆ 04 50 51 69 18
Ouvert du mardi au samedi.

Le Chalet à Crêpes porte bien son nom : c'est un refuge chaleureux où la gourmandise est reine ! Gérée par Patrick Salon, qui aime discuter en préparant les crêpes à la minute, la petite enseigne de vente à emporter a deux atouts phares : la qualité des produits (pâte à crêpe moelleuse à tomber, caramel au beurre salé maison, différents types de pâtes à tartiner) et le large choix de garnitures. Niveau boissons, on se laisse tenter par un vrai chocolat chaud ou un jus de fruit pressé. Été comme hiver, c'est une de nos adresses préférées pour se faire plaisir.

LES 3 CAESARS €€

2, rue de l'Euro
✆ 04 50 22 35 20
https://restaurant3caesars.fr
Ouvert du mardi au samedi le midi, du jeudi au samedi le soir. Menu du jour (entrée, plat et dessert) 17,90 €. Terrasse.

Depuis 2010, tout est fait pour vous rendre la vie plus belle et vos repas plus gourmands. Vaste parking, accueil adorable et service bienveillant de Muriel qui entraîne toute sa fidèle équipe avec elle, avec des concerts piano le vendredi soir... Cuisine de bistrot 100 % maison par le chef Guillaume Henot qui se fait vraiment plaisir. Du cocktail maison au rhum, coup de cœur, à la pavlova maison en passant par les suggestions qui changent chaque semaine, c'est un festival à savourer dans la bonne humeur. Soirées dégustation. 3 Caesars et du plaisir à l'infini.

LE NAPOLI €

8, rue du Pâquier (2e étage)
✆ 04 50 51 76 06
www.restaurantlenapoli.com
Ouvert tous les jours midi et soir en été, fermé le dimanche le reste de l'année. Pizzas à partir de 10 €. Terrasse.

Ville ou lac ? Pâtes ou pizzas ? Terrasse ou salle à l'étage ? Si votre cœur balance, il va pencher pour le Napoli. Le Napoli vous place gagnant sur tous les tableaux. Sans oublier une addition qui nous permet d'envisager une bonne digestion. Pour les midis ensoleillés, on recommande les salades repas. Mais qui dit Italie dit aussi pâtes et pizzas qui se déclinent selon les envies. Belle cuisine familiale savoureuse et généreuse avec des préparations bien garnies. Service agréable pour garder le sourire et repartir heureux en ville... ou au bord du lac.

L'ATELIER PIZZA €€

212, rue de la République - **FAVERGES-SEYTHENEX**
✆ 04 50 65 83 19
www.latelierpizzafaverges.fr
Ouvert du mardi au samedi midi et soir.
Pizza à emporter. Prix moyen midi sur place : 16 €. A la carte : 20 €.

Au bout du lac, au carrefour des routes d'Annecy, d'Albertville et des stations du Val d'Arly Mont-Blanc, cet Atelier Pizza a le bon goût du fait maison. Une maison gourmande et bienveillante où chacun est naturellement accueilli avec le sourire par une famille de passionnés. Bonne humeur partagée en salle autour de plats traditionnels : incontournables lasagnes de bœuf « de ma grand-mère », tartare de bœuf remarquable, burger composé d'un pain maison, pizzas savoureuses, tous les desserts maison. Belle sélection de vins. Qualité, bienveillance, que du bonheur !

LA STRADA €

24, rue de l'Euro
✆ 04 50 22 34 63
Ouvert tous les jours à midi, du jeudi au samedi le soir. Formule midi : 17,50 €. Plat du jour : 11,90 €.

Tony et Vanessa sont uniques et font de la Strada un lieu magique où l'on partage du bonheur autant qu'on se régale ! Depuis 12 ans, même plaisir de se retrouver en terrasse fleurie et ombragée ou dans une salle chaleureuse pour profiter de l'ambiance et de plats délicieux : carpaccios, tartares, risotto, escalopes de veau milanaises, lasagnes et aubergines à la parmigiana. Filets de perche à volonté jeudi soir et dimanche midi, cuisses de grenouilles vendredi soir. Tiramisu, panna cotta et Irish coffee pour se faire plaisir. Formidable Strada.

AUBERGE À LA FERME DE BAJOLE €€

490, route de la Ferrande - **COPPONEX**
✆ 04 50 44 13 97
www.aubergedebajole.com
Ouvert du vendredi soir au dimanche midi. Réservation impérative. Carte : 25 € environ. CB non acceptée. Jardin.

Caroline, en salle et au service du vin dont elle est une spécialiste, et Lesly, en cuisine, transmettent leur passion pour les produits du terroir. Dans cette ferme familiale, terrasse paradisiaque et salle chaleureuse, les menus ont disparu au profit d'une carte renouvelée toutes les 6 semaines à base de produits locaux de saison. Filet de bœuf de Haute-Savoie, gibiers de la chasse en septembre, fromages d'ici... jusqu'aux desserts maison. L'Auberge du bonheur.

HAUTE-SAVOIE

AUBERGE DE SAVOIE €€

1, place Saint-François-de-Sales
✆ 04 50 45 03 05
www.auberge-de-savoie.com
Ouvert du vendredi au mardi le midi et le soir. Menus de 39 € à 60 €. Menu du jour en semaine : 27 €.

L'Auberge de Savoie offre non seulement l'une des plus belles terrasses ouvrant sur la vieille ville, mais encore tout le savoir-faire d'un chef remarquable. Arrivé en 2004, second de cuisine en 2006, Laurent Jeannot a repris les rênes du restaurant en 2018. Cuisine à base de produits frais, cuisine parfaitement maîtrisée laissant une place à la créativité. Coup de cœur pour le menu locavore avec une soupe de poissons du lac et des produits des meilleurs producteurs locaux, un vrai bonheur. Menu végétarien. Belle carte des vins. Une adresse top.

AUBERGE DU PELLOUX €€

41, rue du Centre - **VILLY-LE-PELLOUX**
✆ 04 50 08 72 62
www.auberge-du-pelloux.com
Restaurant du jeudi au samedi midi et soir. Boutique du mardi au samedi 8h-19h. Traiteur, livraisons du lundi au samedi.

Tenue depuis 2011 par l'excellent Florent Maitrepierre - enfant du pays formé aux grandes tables, passionné de terroir -, voici une auberge dotée d'une belle terrasse et d'une salle chaleureuse pour savourer une cuisine réalisée à partir de bons produits frais de saison. Il faut voir et sentir les plats qui mijotent sur le four à bois Godin. Service sur place les fins de semaine, mais aussi à emporter et service traiteur jusqu'à 150 personnes toute la semaine. Boutique de terroir avec du foie gras, des pâtés croûtes, des saucisses, des fumages, des viandes...

L'AUTHENTIC €€

3, rue de l'Ile
✆ 06 32 65 42 35
www.lauthentic-annecy.fr
Ouvert tous les jours vacances d'été. Reste de l'année, fermé mercredi. Carte : 28 € environ.

Dans la vieille ville, un Authentic mariant le meilleur de la tradition et de la modernité. La tradition, ce sont des matériaux nobles, pierre et bois, pour un décor charmant. La modernité, c'est une véranda à l'étage offrant une vue unique sur le canal. La tradition, ce sont les délicieuses spécialités savoyardes aux fromages affinés, un authentique tartare de bœuf charolais. Et la modernité : un Authentic Burger, charolais lui aussi. Atemporel et tellement bon, l'accueil chaleureux de toute l'équipe, Laurent et Elodie en tête. Authentique coup de cœur.

BRASSERIE BRUNET €€

10, rue de la Poste
✆ 04 50 51 22 10
www.brasseriebrunet.com
Ouvert du mardi au samedi le midi et le soir. Menus de 32 € à 38 €. Formule du midi : 26 €. Terrasse.

La Brasserie Brunet, créée par Laurent Petit, c'est du bonheur à partager autour d'une table conviviale et gourmande. Au cœur de la ville, belle terrasse abritée, salle chaleureuse et raffinée où l'accueil se montre toujours souriant, le service toujours parfait. Un régal grâce à toute une équipe, à commencer par le chef Nicolas Guignard qui nous prépare des plats savoureux à partir des meilleurs produits des pays de Savoie. Carte courte, pièces à partager, fromages affinés de Pierre Gay, desserts maison. Coup de cœur permanent.

CAFE BICHETTE €€

9, rue Perrière
✆ 07 83 31 47 92
www.cafebichette.fr
Haute saison, tous les jours de 8h à 22h. Bowls : 14,90 €. Tartines à partir de 10,90 €. Burgers à partir de 15,90 €.

Déco sympa à l'entrée de la vieille ville, ambiance conviviale et familiale, cuisine bistronomique qui fait un carton mérité avec ses burgers, son thon mi-cuit - la spécialité maison -, des grillades ou une côte de bœuf, la nouveauté de l'année. Du fait maison avec soin et passion sur une carte ultra courte avec 2 viandes et 2 poissons. Des produits sélectionnés chez les meilleurs producteurs et artisans. Pour le vin, direction le Vaucluse avec Les Poulettes, la cuvée maison que vous ne trouverez qu'au Cafe Bichette. Coup de cœur.

CAFÉ BRUNET €€

18, place Gabriel-Fauré
✆ 04 50 27 65 65
www.cafebrunet.com
Maître Restaurateur. Ouvert du mardi au samedi le midi et le soir. Menus de 31 € à 41 €.

Le Café Brunet, c'est une maison de pays du XIVe siècle dédiée à la restauration depuis 1875. Une maison perpétuant le meilleur de la tradition en ajoutant de belles notes de modernité selon la recette des « cafés culinaires » imaginés par Laurent Petit, mis en lumière par Mathieu Fortin. Terrasse ombragée sous les marronniers centenaires pour savourer une délicieuse cuisine canaille de saison : poireaux vinaigrette, blanquette de veau, incontournable cocotte de légumes rôtis et crêpes Suzette pour terminer. Carte des vins en rapport. Simplement sensationnel.

HAUTE-SAVOIE

LES CHINEURS DE LA CUISINE €€

26, rue Sainte-Claire ✆ 04 50 10 02 18
www.chineursdelacuisine.com
Ouvert tous les jours le midi et le soir. Menus de 37 € à 42 €. Menu enfant : 14 €. Formule du midi : 20 €.

Des Chineurs créateurs de bonheurs gourmands. Terrasse à la belle saison et salle ne désemplissent pas tant la qualité et la convivialité sont au rendez-vous. Avec la complicité de Nicolas Crépieux, le chef réalise une cuisine maison composée des meilleurs ingrédients : produits de qualité, savoir-faire, tradition et créativité. Cuisine française et savoyarde prennent une autre dimension. Conseils avisés et gentillesse de Philippe en salle. Des Chineurs de confiance...

L'ESTAMINET €€

8, rue Sainte-Claire
✆ 04 50 45 88 83
www.lestaminet-annecy.fr
Ouvert du mardi au samedi midi et soir et le dimanche midi. Plat du jour : 11,90 €. Suggestion week-end : 14,90 €.

Sur la carte gourmande d'Annecy, l'Estaminet se situe géographiquement au cœur de la vieille ville – profitant d'un côté d'une terrasse sur les pavés et de l'autre d'une vue sur le canal du Thiou – et culinairement entre la Haute-Savoie et la Belgique. Convivialité dès l'entrée par le bar où l'on sert de bonnes bières. Excellente cuisine par le chef Denis qui mêle sur la carte les spécialités d'ici – savoureuses fondues, pané savoyard... – et du Nord – moules notamment –, sans oublier le fameux Esta Burger. Sur la carte gourmande, une de nos meilleures adresses.

LE CLOCHER €€

20, place Gabriel-Fauré ✆ 04 50 23 09 90
www.le-clocher.com
Ouvert du lundi au samedi de 7h30/9h à 1h ; le dimanche de 9h à 19h. Menu 5 plats à 54 €. Formule du midi : 22,90 €.

Cadre fantastique qui nous permet de prendre du recul dans une maison bâtie il y a plus de 400 ans – inscrite aux monuments historiques – et de la hauteur sur une magnifique terrasse ombragée. Tout l'art de bien vivre à la française autour de l'adorable Bruno Collomb. Tables nappées, prestations de qualité à l'image des produits sélectionnés chez les meilleurs artisans du goût et au fil des saisons par l'excellent chef Benjamin Schwab qui réalise ici une cuisine maison des plus savoureuse. Admirable carte des vins. Un Clocher qui résonne avec gourmandise.

CHEZ FRANTZ €€

16, rue Jean-Jacques-Rousseau
✆ 04 50 19 99 82
Ouvert le mardi et du vendredi au dimanche de 7h à 17h ; le mercredi et le jeudi de 8h30 à 17h.

De l'heure matinale du petit déjeuner les jours de marché – et tous les autres jours... – au déjeuner, c'est un joyeux défilé où les gens d'ici et d'ailleurs se mêlent avec le sourire. En cuisine et au service, Frantz ne chôme pas pour nous faire plaisir avec une cuisine 100 % maison réalisée à partir de produits frais de saison. Lasagnes maison, Bun's Burger qui tue, salades bowl généreuses, bruschetta, risotto végétarien, fromages de chez Pierre Gay, bières locales, café Brand et possibilité de bruncher à midi. Toutes les qualités d'une adresse futée.

CÔTÉ PRAIRIE €€

20A, chemin de la Prairie
✆ 04 50 19 50 42
Ouvert du mardi au dimanche à midi, du mardi au samedi le soir.

Dans ce quartier résidentiel (derrière l'Intermarché), un emplacement insolite pour une reprise - ex Petit Bain - pleine de belles surprises par Hervé Collomb (propriétaire du Fréti, référence gourmande en matière de spécialités savoyardes). Ce qui n'a pas changé, c'est la tranquillité des lieux, la terrasse où l'on peut profiter du soleil tout en savourant de bons plats maison réalisés à partir de produits locaux. Fondues uniques, authentiques raclettes, brisgottes... mais aussi salades, grillades... Accueil et service aussi conviviaux que chez le grand frère !

LE FRETI €€

12, rue Sainte-Claire
✆ 04 50 51 29 52
www.lefreti.com
Ouvert 7j/7 le soir, du mercredi au dimanche à midi. Fondues de 17,90 € à 23,30 €. Brisgotte : 25,60 €.

Un authentique repaire gourmand en vieille ville, depuis 47 ans ! Hervé Collomb, authentique passionné perpétue avec son équipe le meilleur de la tradition. Montée à l'étage dans une salle typique aux tables atypiques, un ensemble chaleureux à l'image de l'accueil et du service. Incontournables fondues et raclettes servies individuellement parce que nous avons tous le droit au plaisir ! Le must, c'est la fameuse Brisgotte, spécialité maison composée de 550 g de fromage suisse dans un pain de campagne. Le Fréti, c'est du bonheur à partager.

HÔTEL MERCURE - ANNECY SUD - BRASSERIE LE 76 €€

76, avenue d'Aix-les-Bains
✆ 04 50 52 09 66
www.mercure.com

Ouvert du lundi au vendredi midi et soir. Menu midi 17 €. Formules de 17 € à 30 €. Jardin. Terrasse.

Belle terrasse autour de la piscine avec ses transats ou salle à la décoration contemporaine pour découvrir la cuisine de Franck Leman. La table gourmande de la Brasserie 76 de l'hôtel Mercure Annecy Sud propose une cuisine maison de qualité, et de saison. Meilleur rapport qualité-prix pour la formule du jour. Travail remarquable sur des produits sélectionnés et cuisine de saveurs. Plats végétariens et sans gluten. Très belle carte des vins. Service traiteur.

L'INSTANT €€

49, boulevard Costa de Beauregard
✆ 09 81 87 20 05
www.restaurant-linstant-seynod.fr

Ouvert du lundi au samedi le midi, du mercredi au samedi le soir. Plat du jour 11 €. Menu 34,90 €. Parmentiers 16 €.

C'est un grand Instant que l'on vient partager à cette adresse facile d'accès et de parking (gratuit) à Arcaloz. Belle terrasse ombragée, salle chaleureuse où rayonne la bonne humeur de Sophie et le dynamisme de l'équipe. Super ambiance, et encore plus le soir lors des concerts et des karaokés, et cuisine française maison de qualité réalisée par le chef David Baudouin à partir de produits frais. Incontournables Parmentier maison, savoureuse entrecôte, délicieux filets de poisson… Sans oublier les soirées gambas à volonté. Un Instant plein de gourmandise.

HÔTEL-RESTAURANT LES ROCHERS €€

24, route de Paris - **LA BALME-DE-SILLINGY**
✆ 04 50 68 70 07
www.hotellesrochers.fr

Ouvert du mardi au dimanche et les jours fériés le midi. Menu du marché : 25 €. Menu gastronomique le dimanche 52 €.

Le restaurant des Rochers a su garder le cap grâce au talent de la famille Puthod. Après d'importants travaux de rénovation, dans la salle de restaurant et dans l'hôtel, tout est encore plus beau pour recevoir les gourmands. Le chef Michel Puthod nous livre ses savoureuses assiettes « belles à croquer », composées au fil des saisons d'excellents produits du terroir. A la carte, dégustez poissons, viandes et plats savoyards. Belle carte des vins. Unique, authentique et familial !

L'OLIVIER €€

10, rue Vaugelas
✆ 04 50 51 23 00
www.restaurantlolivier.com

Ouvert du mardi au samedi midi et soir (23h vendredi et samedi). Menus 28 € et 33 €. Plat midi 11 €. Enfant 12 €.

En plein cœur de la ville, dans la cour préservée du Pré Carré, L'Olivier profite d'un cadre magique avec sa terrasse ombragée et sa salle chaleureuse. Chaleur et efficacité du service avec Léa et Barbara qui nous proposent la cuisine d'un autre duo de passionnés : Olivier et Stéphane. Des plats pleins de saveurs : foie gras de canard, tartare de saumon, croustade de pain dorée, mixed grill de poissons sauce citronnée ou magret de canard. Tatin abricots rôtis au romarin et vins dans le même esprit du Sud. Carte de fidélité pour se faire plaisir tous les jours.

CHEZ INGALLS €€

29 bis, rue Vaugelas
✆ 04 50 45 25 96
www.chezingalls.fr

Ouvert du lundi au samedi midi et soir. Menu 38 €. Carte 28 €. Plat du jour 10,90 €.

Une valeur sûre ! Chez Ingalls, restaurant créé il y a 18 ans, pourrait apparaître parmi les nouveautés tellement l'établissement a changé d'aspect tout en conservant ses bases. Les bases, c'est la qualité d'une cuisine de tradition réalisée à partir des meilleurs produits de saison. Ce qui a changé, c'est le cadre et le décor d'un restaurant qui prend une nouvelle dimension : agrandissement, nouvelle salle, décoration… et toujours la merveilleuse terrasse dans une cour privée. Transformation et continuité, Chez Ingalls compte parmi nos adresses préférées.

LE LILAS ROSE €€

Passage de l'Evêché
✆ 04 50 45 37 08

Ouvert tous les jours le midi et le soir. Plat du jour : 10,50 €. Menu midi : 21,80 €.

Solidement ancré le long du canal du Thiou depuis plus de 30 ans, le Lilas Rose met à l'honneur la bonne cuisine des Alpes. Sur une terrasse installée dans un décor de carte postale ou dans une salle chaleureuse avec sa cheminée l'hiver, une table gourmande aux accents régionaux. Maryse et son fils Martin nous font partager la passion des bons produits : friture fraîche de petite truite, filets de perche meunière, viandes cuites sur la pierre à feu, fondue raclette à l'ancienne, tartes maison et carte de vins de petits propriétaires, notamment en Savoie.

RESTAURANT VINCENT FAVRE FELIX €€

15, chemin de l'Abbaye
✆ 04 50 01 08 88
www.restaurant-vff.com
1 étoile Michelin. Ouvert du mercredi au samedi midi et soir. Menus de 69 à 110 €.

Avec audace, le restaurant de Vincent Favre-Félix poursuit magistralement son parcours étoilé. Passionné du ballon ovale et de l'art culinaire, Vincent Favre-Félix aime le bien-vivre et nous le rend bien derrière les murs épais d'un lieu chargé d'histoire. La beauté se trouve autant dans un parc peuplé d'œuvres contemporaines que dans les assiettes inspirées par la nature. Une table d'hôtes pour découvrir l'histoire de plats qui ont marqué l'enfance du chef. Cuisine vers les sommets.

LE RICOCHET €€

33, avenue du Petit Port
✆ 04 50 51 01 10
www.rivage-hotel.com
Ouvert tous les jours le midi et le soir. Carte : 50 € environ. Plats à partager pour 2 pers. à partir de 50 €.

Un Ricochet né sur les bords du lac, au tout nouveau et très beau Rivage Hôtel & Spa. Terrasse ombragée, décor chic ouvert d'un côté sur le lac, de l'autre sur les cuisines de Nicolas Cégretin. Un chef qui a posé ses valises à Annecy, inspiré par les meilleurs produits en circuits courts. Les plats marient terroir et notes venues d'ailleurs dans un ensemble harmonieux. Cave à viandes maturées, chaudron en cuivre pour les plats mijotés, desserts maison. Magnifique cave à vins vitrée contenant plus de 3 000 références ! Un joyau de gourmandise.

LA ROMANTICA €€

6, avenue du Rhône
✆ 04 50 45 12 09
www.laromantica-annecy.fr
Ouvert du mardi au samedi le midi et le soir. Pizza à partir de 11 €.

Authentique voyage gourmand dans une pizzeria où la cuisine est réalisée à partir des meilleurs produits en provenance d'Italie. Pour les *pizze*, pâte maison à base de farine italienne qui lève pendant 50 heures afin de développer arômes et saveurs, avant une cuisson au feu de bois. Coups de cœur pour la Miss Italia, l'Alpen ou la délicieuse Perla Nera, pizza à la crème de truffe et lamelles de truffe noire. Plaisirs variés avec des lasagnes maison, des pâtes et sauces elles aussi maison. Tiramisu au citron ou au café. Carte des vins italiens. Une perle gourmande.

LES TABLES DE L'ETANG €€

124, route d'Annecy - **MONTAGNY-LES-LANCHES**
✆ 04 50 08 14 11
www.lestablesdeletang.com
Ouvert le mercredi et le dimanche le midi ; du jeudi au samedi de 11h45 à 23h. Menus de 29 € à 49 €. Formule midi 20 €.

Le lac d'Annecy n'est pas le seul point d'eau de la région. Au sud d'Annecy, pas moins de trois terrasses autour d'un étang où il faut prendre son temps pour savourer la cuisine du chef Vincent qui travaille essentiellement des produits locaux. Atmosphère apaisée au bord de l'eau et dans une salle chaleureuse, chez Bruno et Valérie. En plus des plaisirs de la table - carte qui change au rythme des saisons mêlant tradition et modernité -, des animations : tournois de pétanque, soirées musicales sur réservation... Plaisirs à prolonger un cocktail maison à la main.

LE CLOS DES SENS €€€

13, rue Jean-Mermoz
✆ 04 50 23 07 90
www.closdessens.com
3 étoiles Michelin. Ouvert du mardi au samedi soir. Mercredi, vendredi, samedi midi. Menus de 158 à 238 €.

Le Clos des Sens est une table vivante et Laurent Petit un chef de file 3 étoiles qui montre la voie. Amoureux des produits du terroir, précurseurs du locavorisme, Laurent et Martine Petit ont planté un jardin en permaculture. Des aromates, des fleurs comestibles, des fruits, des légumes... Il n'y a plus qu'à pêcher un poisson du lac pour se régaler. Cave d'affinage pour le fromage, carte des vins et sommelier (Thomas Lorival) exceptionnels. Tout le bon sens d'un couple qui a compris les enjeux de notre monde et sait partager ses passions.

IMPÉRIAL PALACE - LA VOILE €€€

Allée de l'Impérial
✆ 04 50 09 30 00
www.hotel-imperial-palace.com
La Voile, du mercredi au samedi le soir, 65 à 115 €. Bistro Chic, du mardi au dimanche au déjeuner, carte 45 € environ.

S'évader du quotidien, prendre le large direction l'Impérial Palace et son restaurant gastronomique : La Voile. Terrasse grandiose s'ouvrant sur le lac et les jardins de l'Impérial, cadre majestueux à l'image du décor chic et élégant d'une salle où les convives se consacrent aux plaisirs de la table. Le chef Adrien Tupin-Bron travaille et respecte les produits de saison avec des plats mêlant authenticité et créativité. Accords mets et vins remarquables. La Voile du bonheur.

HAUTE-SAVOIE

BOULANGERIE ARISTIDE

5, rue de la Gare
✆ 04 50 32 69 78
www.boulangeriearistide.com
Ouvert du mardi au vendredi de 10h à 19h et le samedi de 9h à 18h.

Reconversion réussie pour François-Xavier qui a ouvert Aristide, boulangerie atypique où les gourmands retrouvent le bonheur du bon pain au levain à l'ancienne. Chez Aristide, hommage au grand-père, François-Xavier et son équipe de passionnés laissent du temps au levain naturel pour faire naturellement son travail. Résultat : des saveurs remarquables, des pains exceptionnels qui se conservent une semaine (si vous ne les mangez pas avant !) Des pains 100 % bio - certains sans gluten - vendus au poids, des brioches, biscuits et autres gourmandises. Coup de cœur.

ALAIN MICHEL ARTISAN FROMAGER

3, rue du Lac ✆ 04 50 45 19 31
www.alainmichel-fromager.com
Ouvert du mardi au jeudi 8h-12h15 et 15h-19h15, vendredi 8h-13h et 14h-19h15, samedi 8h-19h. Expédition.

Avec plus de 50 ans de passion au service des gourmands, 4e génération de fromager affineur, Alain Michel sélectionne toujours les meilleurs fromages de la région et d'ailleurs pour les présenter dans sa boutique. Fromages affinés dans la cave d'Annecy, fromages prêts à être dégustés, ils sont tous délicieux, du fameux reblochon fermier Le Michel à l'incontournable Fondue Michel prête à l'emploi. Un savoir-faire d'autant plus remarquable qu'il ne fait pas grimper les prix.

COSMIC DONUTS

1, avenue de Loverchy
Ouvert du mardi au vendredi à 9h, le week-end à 10h, jusqu'à épuisement des stocks. Donuts 3-4 €, boissons jusqu'à 5 €.

Un nouvel ovni débarque à Annecy ! Aux portes de la vieille ville, il s'est installé dans une petite échoppe avec quelques tables pour nous proposer toute une gamme de donuts gourmands : nature ou glacé, Kinder ou fruit, les donuts sont frais et ultra régressifs. Et si ça ne suffit pas, cap sur la carte des boissons ; en plus des traditionnels cafés, Cosmic Donuts propose des classiques revisités tel le choco cookies macchiato, ou encore des sodas qu'on ne voit nulle part ailleurs. Une belle adresse pour les envies de plaisirs sucrés !

BOUCHERIE DU TREIGE

527, route d'Aix-les-Bains
✆ 04 50 46 07 43
www.boucherie-charcuterie-seynod.fr
Ouvert du mardi au samedi de 8h à 12h30 et de 15h à 18h.

La passion du bon produit se partage à la Boucherie du Treige. Direction Seynod, pour découvrir des viandes sélectionnées dans les fermes voisines par Simon Henry : Meilleur Apprenti de France 2000, Champion d'Europe des Jeunes Bouchers 2003 et Champion d'Europe des Maîtres-Bouchers 2004. Conseils et sourires pour remplir son panier de morceaux savoureux, de viandes de qualité, de produits marinées, de saucisses pour un barbecue l'été, de boudin à l'ancienne ou charcuteries maison. Petite boutique et plats traiteur de même qualité. Adresse de de confiance !

PHILIPPE RIGOLLOT

1, place Georges-Volland ✆ 04 50 45 31 35
http://philipperigollot.com
Ouvert le lundi, le mardi et du jeudi au samedi de 8h à 19h, dimanche de 8h à 13h. Fermeture le mercredi.

Salon de thé et chocolaterie. Champion du Monde de Pâtisserie 2005, MOF Pâtissier 2007, Award du savoir-faire en chocolat en 2015, Philippe Rigollot possède aussi cette sensibilité qui est la marque des créateurs. Sa passion, il la partage avec Elodie, son épouse qui nous reçoit avec le sourire, le chef Fabien Carré, son fils Antoine, Ludovic, et les gourmands qui se régalent des « classiques » maison, un fameux Mr et Mrs Smith, mais aussi de délicieuses nouveautés, comme ces Vieilles Prisons en tablette gourmande de chocolat ou une réglette nounours en guimauve.

LA BOUCHONNERIE

7, rue du Président Favre
✆ 04 80 97 38 93
www.cave-a-vins-annecy.com
Ouvert du lundi au jeudi de 10h à 13h et de 15h à 20h ; le vendredi et le samedi de 10h à 20h ; le dimanche de 10 à 13h.

La passion anime le jeune caviste Damien Petraz, mais aussi Eric et Lou qui nous reçoivent à la Boucheronnerie. 1 400 références, des petits domaines aux grands crus, avec de belles références en Savoie ou dans le Beaujolais. Proximité avec les vignerons sélectionnés, des vins bio ou en biodynamie pour respecter la nature. Dans le même esprit, des bières artisanales de microbrasseries, des whiskies, des rhums de toutes origines et des spiritueux. Belle surprise avec l'ouverture d'une seconde adresse à Sevrier. Coup de cœur assuré.

BRASSERIE VEYRAT

210, impasse des Prés-aux-Biches
MARCELLAZ-ALBANAIS ✆ 07 69 40 46 19
www.brasserie-veyrat.com
Ouvert vendredi et samedi en fin d'après-midi, horaires selon saisons. Dégustations sur rendez-vous.

Notre brasserie-distillerie préférée. L'union de deux passionnés, artisans du bon goût : Manu qui, revenant d'un tour du monde à vélo, a eu la bonne idée de fabriquer ses bières avec du houblon bio et de l'orge cultivés à la ferme de Marcellaz-Albanais, et Aline, une sportive amoureuse de la montagne. La brasserie-distillerie Veyrat propose de fabuleuses bières (récompensées au Concours Général Agricole pour l'IPA et la bière d'été), mais aussi un whisky maison, du gin et du limoncello. Visites et dégustations incontournables pour ce grand coup de cœur.

CRÈMERIE DU PARC

2, rue Centrale ✆ 04 50 23 51 56
www.alainmichel-fromager.com
Ouvert du mardi au jeudi 8h-12h30 et 15h-19h ; le vendredi 8h-13h et 14h-19h ; le samedi 8h-13h et 14h30-19h.

Une adresse signée Alain Michel, fromager affineur d'exception depuis plus de 50 ans. À la boutique d'Albigny vous trouverez des fromages affinés comme il se doit par un passionné. Honneur aux fromages régionaux avec le beaufort, l'abondance, le reblochon fermier - avec le fameux « Le Michel » -, les persillés, la tome des Bauges... Mais aussi des comtés du Jura aux âges différents, des fromages aux truffes et l'incontournable Fondue Michel. Conseils avisés et adorables. La Crèmerie du Parc vend d'excellents produits laitiers fermiers et une sélection de vins.

FROMAGERIE GAY

47, rue Carnot
✆ 04 50 45 07 29
https://pierre-gay.business.site
Ouvert tous les jours, sauf dimanche et jours fériés (sauf fin d'année). Anglais et italien parlés couramment

Une boutique unique dans son genre, tenue par Pierre et Sophie Gay, entourés de toute une équipe aussi passionnée qu'eux. Qualité des fromages sélectionnés par Pierre Gay, un des Meilleurs Ouvriers de France fromager, présentés par d'authentiques passionnés. Fromages de saison, du terroir savoyard et de partout ailleurs, pour des saveurs incomparables. Cave d'affinage visible au travers de vitres sous nos pieds. Bonne humeur, professionnalisme, choix, combinaison parfaite du bonheur. Plateaux aussi beaux à voir que bons à manger.

CROISIÈRES SUR LE LAC D'ANNECY

2, place au Bois
✆ 04 50 51 08 40
www.bateaux-annecy.com
Ouvert de février à décembre. Réservation recommandée en été. Croisières et circuits.

Annecy autrement ? Embarquez pour un tour de lac avec vue panoramique depuis le pont. Avec sa flotte composée de l'*Allobroge*, la *Belle Etoile*, le *Cygne*, le *Savoie* et le fameux et imposant *MS Libellule*, la Compagnie des Bateaux du Lac d'Annecy propose des croisières à la découverte de paysages de rêve et des richesses naturelles des rives sauvages. Escales possibles dans les charmants petits ports de Veyrier-du-Lac, Doussard, Duingt, Talloires... Les plus romantiques dîneront à bord.

PLAGE MUNICIPALE D'ALBIGNY

Avenue du Petit Port
✆ 04 50 23 65 38
Surveillée en juillet et en août, de 11h à 19h. Gratuite. Adaptée aux personnes à mobilité réduite.

C'est une des plages les plus vastes et les plus fréquentées par les jeunes et les familles en été, qui prolongent facilement la baignade par un pique-nique improvisé sur les pelouses ponctuées de bouquets d'arbres pour se préserver d'un soleil qui deviendrait trop intempestif. La baie de sable et de graviers permet aux enfants d'avoir pied sur plusieurs mètres et sa presqu'île de rochers séduit ceux qui souhaitent nager plus tranquillement au loin.

RIVAGE SPA NUXE

33, avenue du Petit Port
✆ 04 50 51 01 10
www.rivage-hotel.com
Ouvert tous les jours de 9h à 21h. Inclus pour les résidents de l'hôtel Rivage Hôtel & Spa. Soins.

Prolonger le bien-être d'être sur les bords du lac en découvrant le plus grand spa d'Annecy. Inclus dans l'offre du tout nouvel hôtel Rivage, ce spa de 1 000 m² réunit de nombreux équipements haut de gamme et une équipe d'experts, notamment pour les soins d'origine naturelle signés Nuxe. Espace aquatique avec une piscine intérieure de 16x5 longée de grandes baies vitrées. Hammam, sauna et bain à remous avec vue sur le lac. Espace fitness équipé de matériel de pointe, salle pour la pratique du yoga et salle de repos avec mur de sel. Du bonheur à partager.

CASINO IMPÉRIAL

Allée de l'Impérial ✆ 04 50 09 32 61
www.hotel-imperialpalace.fr
Ouvert 7j/7. Machines 10h-2h, 4h vendredi, samedi, veilles jours fériés. Interdit -18 ans, pièce identité obligatoire.

Le Casino Impérial, c'est royal ! Un cadre de rêve face au lac d'Annecy dans un bâtiment ouvert sur l'extérieur. Un hôtel créé il y a plus d'un siècle, mariant ses formes Belle Epoque à une modernité du meilleur goût. Tout un plateau de loisirs, de divertissements et de gourmandises pour un bien-être complet. Le jeu, c'est sur de nombreuses machines à sous dernière génération permettant à chacun de tenter sa chance. Jeux traditionnels : black-jack, roulette anglaise et poker en tournoi. Bar et restaurant Le Riva vue lac. Au Casino Impérial, vous gagnez en bonheur.

YOANN CONTE €€€

13, vieille route des Pensières
✆ 04 50 09 97 49
www.yoann-conte.com
2 Michelin. Ouvert du jeudi au dimanche midi et soir. Déjeuner 220 €. Menus de 350 à 440 €.*

Yoann Conte est un cuisinier à la haute sens bilité. Un chef qui nous raconte les plus belles histoires gourmandes à travers des plats inspirés par les produits bruts de saison. A la Table de Yoann Conte, installé au bord du lac dans cette Maison Bleue centenaire – terrasse magnifique –, les cuisines sont au cœur du restaurant et le restaurant ouvert sur les cuisines !, rendant l'expérience gastronomique encore plus intense. Sensation partagée de partir en voyage vers de nouvelles émotions, vers de nouveaux sommets, une nouvelle étoile...

VEYRIER-DU-LAC ★

Ce village résidentiel au bord du lac d'Annecy a des allures de station balnéaire. Le mont Veyrier qui le surplombe – son versant ouest plonge jusqu'au lac – lui donne son nom. Il est possible de grimper jusqu'au sommet par un sentier de balade qui mène au belvédère du mont Baron où la vue plonge sur Annecy, le Grand lac et les Bauges ! Veyrier-du-Lac possède de belles maisons fortes (privées) en bord de rive. C'est à Veyrier-du-Lac qu'avait choisi de s'installer le chef Marc Veyrat. L'établissement est passé entre les mains du chef Yoann Conte, aujourd'hui doublement étoilé. Pour la baignade, sa belle plage La Brune est labellisée Pavillon Bleu.

MENTHON-SAINT-BERNARD ★

Menthon-Saint-Bernard (1 800 habitants) est l'un des villages incontournables de la rive est du lac d'Annecy. Situé à 8 km au sud d'Annecy, le village est séparé en deux parties par la D909A qui le traverse en son centre. La partie haute rejoint le château de Menthon-Saint-Bernard, dominé à l'est par l'arête des Dents de Lanfon (alt. 1 824 m) et au nord par le mont Baret (alt. 1 243 m). La partie basse s'étend en pente douce jusqu'au lac. Il fait bon suivre sa rive en flânant sur la promenade Philibert d'Orlye, entre la route de la plage et le Palace de Menthon. De nombreux pontons aménagés permettent aux baigneurs de profiter des eaux cristallines.

HAUTE-SAVOIE

AUBERGE DU LAC €€

2, route du Port
✆ 04 50 60 10 15
www.restaurant-aubergedulac.com
Ouvert de fin mars à la Toussaint.

Un site exceptionnel « sur » le lac, les pieds dans l'eau, avec ponton pour amarrer son bateau. A la beauté des paysages s'ajoutent un accueil adorable, une terrasse merveilleuse et une salle chaleureuse aux notes contemporaines, toujours avec vue sur le lac. Cuisine de saison réalisée à partir de produits du terroir de qualité comme ces poissons de lac - filets de perche, omble chevalier, petites fritures, - ou ces légumes régionaux. Fromages affinés par Alain Michel, desserts maison. Adresse de rêve ouverte toute la journée.

Château de Menthon-Saint-Bernard.

LE CONFIDENTIEL €€

24, route des Moulins
✆ 04 50 02 82 59
http://restaurant-leconfidentiel.fr
Ouvert du mardi au samedi midi et soir. Menus : 35 € et 46 € (3 plats). Terrasse.

Une belle adresse à la cuisine sincère et gourmande située au cœur du village de Menthon depuis un peu plus de dix ans. Sébastien Vrignaud, passé au Clos des Sens, et son épouse Fanchon, sommelière, ont choisi une certaine confidentialité. Un petit restaurant avec une salle élégante et intime qui laisse la place à l'expression d'une cuisine délicate et subtile déclinée selon une formule culinaire simple et efficace : 2 entrées, 2 plats, 3 desserts qui s'additionnent pour former le mot BON. Belle carte des vins et service attentionné.

RÉSERVE NATURELLE DU ROC DE CHÈRE

Roc de Chère
✆ 04 50 66 47 51
www.cen-haute-savoie.org
Ouvert toute l'année. Toute l'année, des visites guidées sont proposées aux groupes et aux particuliers.

A pied ou à vélo, il faut aller jusqu'à Echarvines et s'arrêter à l'un des joyaux du lac : la Réserve naturelle du Roc de Chère, au panorama unique. Le Roc de Chère est un petit massif montagneux forestier abritant une faune et une flore exceptionnelles liées à la diversité de micro-reliefs et de microclimats, entre falaises abruptes et vallon marécageux. La réserve offre des balades faciles adaptées à tous et ombragées, avec des magnifiques vues depuis ses belvédères.

TALLOIRES-MONTMIN ★★

Talloires est l'un des villages les plus cossus des rives du lac d'Annecy. Au départ de Menthon-Saint-Bernard, on se faufile derrière le patrimoine naturel protégé du Roc de Chère et le golf d'Echarvines, dessiné en bordure. On laisse la Tournette et la route du col de la Forclaz pour aborder la descente vertigineuse vers la baie de Talloires. On plonge du regard dans le lac bleu, qui fait face au majestueux château de Duingt, s'avançant sur sa presqu'île boisée. Son patrimoine religieux – l'abbaye bénédictine aujourd'hui transformée en hôtel et le prieuré de Talloires – est la marque d'un engouement passé. Puis l'auberge du père Bise contribua à sa réputation dès le début du XXe siècle. Depuis la clientèle s'est diversifiée et les sites naturels préservés alentour ainsi que sa baie abritée des vents en font un lieu propice aux balades nautiques ou panoramiques et aux spectacles où se mêlent musique et pyrotechnie. C'est une beauté paisible qui séduit une clientèle à la recherche d'un farniente de grand standing et d'une gastronomie de qualité.
Au sommet du col de la Forclaz, Montmin est un charmant village perché, réputé pour sa vue saisissante sur le lac et le massif des Bauges, et d'où s'envolent les parapentistes de tous les pays – on peut voir le bal coloré de leurs voiles planant dans le ciel tout l'été. Petite station familiale de ski alpin avec 3 pistes et un télésiège en hiver, le joli village est aussi très agréable pour les activités sportives d'été (randonnées, VTT, canyoning, parapente...).

LA FERME DE LA FORCLAZ €

Col de la Forclaz
✆ 04 50 68 02 44
Haute saison : ouvert tous les jours midi et soir. Menus à partir de 21,50 €. Menu enfant 7,50 € à 11,50 €. Terrasse.

Une ferme encore en activité qui partage son goût de la tradition locale en ouvrant un bar-restaurant-boutique de spécialités haut-savoyardes. On apprécie la terrasse couverte et vitrée, ou celle non protégée, selon la saison, la météo et la température extérieure, pour déguster les plats incontournables de la ferme : les bougnettes (ou beignets) de pommes de terre, accompagnés de délicieuses charcuteries locales (saucisson et jambon fumé) et de salade verte ; ainsi que l'assiette d'assortiment de fromages, fabriqués et vendus sur place (reblochon et tomme).

LE BALCON DU LAC €€

5160F, col de la Forclaz ✆ 04 50 60 70 24
www.lebalcondulac-annecy.com
Mai à septembre : ouvert 7j/7 10h-23h. Sinon : ouvert le week-end à midi (si beau temps). Carte : 30 € environ.

Au sommet du col de la Forclaz, le Balcon du Lac porte bien son nom. Sa grande terrasse offre une vue de choix sur le lac. Ce restaurant, entièrement rénové, remplace l'Edelweiss, bien connu des Annéciens. On y vient pour son panorama exceptionnel sur le lac d'Annecy et les massifs des Bauges et des Bornes, mais également pour ses spécialités savoyardes : fondue, tartiflette, raclette bien sûr, et aussi reblochonnade ou escalope savoyarde. L'après-midi, on y boit un verre ou y déguste une gaufre en admirant les envols de parapente. Le service est très sympathique.

L'AUBERGE DE MONTMIN €€€

1983, route de Talloires-Montmin
✆ 04 50 63 85 40
Haute saison : le mercredi soir ; du jeudi au dimanche le midi et le soir. Réservation impérative. Menu unique à 165 €.

Un cadre de nature préservé, un chalet d'alpage transformé en adorable maison de cuisine, un approvisionnement local ont offert une étoile supplémentaire - verte - à l'Auberge de Montmin. L'autre étoile, celle attribuée à la cuisine de Florian Favario, à l'accueil et au service de sa compagne Sandrine Deley, continue de briller. Contenants en noyer comme des boîtes aux trésors les plus simples et les plus merveilleux : ail confit ou tarte aux tomates de plein champ. Technique inspirée par la nature, beauté gourmande à partager.

L'AUBERGE DU PÈRE BISE €€€

303, route du Crêt
✆ 04 50 60 72 01
www.perebise.com
2 Michelin. Ouvert jeu soir, du ven au lun midi et soir. Ouvert tlj en juillet et août. Menus de 235 à 275 €. Terrasse.*

Dans la cuisine de Jean Sulpice, pas de frontière entre la nature sauvage et des assiettes travaillées avec art et passion. Dans une maison rénovée avec beaucoup de goût, on passe de la salle à la terrasse avec le même bonheur. Un chef en parfaite harmonie avec son terroir. La cuisine exprime les liens profonds qui unissent Jean Sulpice à la terre, à l'eau, aux plantes. Expression personnelle récompensée de 2 étoiles dans un guide rouge et de toute notre gourmandise. Cave exceptionnelle et sommelier explorateur des terroirs. Adresse exquise.

L'ABBAYE DE TALLOIRES €€€

✆ 04 50 60 77 33
www.abbaye-talloires.com
Ouvert du mercredi au dimanche soir (tous les soirs en haute saison), samedi et dimanche midi. Menus de 59 à 109 €.

La baie de Talloires offre un écrin de rêve à cette abbaye millénaire, hôtel et restaurant, où s'exprime le talent du chef Christophe Le Digol. Accueil et service remarquables pour nous présenter le travail d'un cuisinier qui nous fait partager sa passion pour les meilleurs produits de saison. Association parfaite entre le sandre rôti, fenouil ananas et un jus de viande à la fève de tonka. L'autre grand personnage des lieux, c'est Charly, le sommelier de l'Abbaye. Une des plus belles caves de France pour une carte des vins exceptionnelle. Coup de cœur.

GOLF DU LAC D'ANNECY

280, route du Golf
✆ 04 50 60 12 89
www.golf-lacannecy.com
Parcours 18 trous. Tous les jours de 8h à 18h30. Entrée : de 48 € à 71 €. Abonnement : de 250 € à 1 620 €. Restauration.

Jouer au golf en profitant de la vue sur le lac, c'est un luxe dont il faut savoir profiter. A la limite du village de Menthon-Saint-Bernard, le Golf d'Annecy étend ses pelouses en pente douce. Pentes à négocier, car le parcours est situé dans le site alpestre et préservé du Roc de Chère, à travers une réserve naturelle protégée, offrant des vues splendides sur le lac et le château de Menthon. 18 trous, Par 69, 5 015 mètres. Une boutique est ouverte aux mêmes horaires que le club pour s'équiper ou louer du matériel. En saison, restauration tous les jours.

SÉVRIER

La plaisante station touristique de Sevrier se blottit entre l'entrée du Parc naturel des Bauges et la rive ouest du grand lac d'Annecy. L'ancienne voie romaine traversant Annecy vers Faverges a fait place à une longue piste cyclable longeant la rive et ses roselières préservées. Au port de Sevrier, une importante base nautique du tour du lac avec 400 anneaux, les activités de voile sont particulièrement favorisées tout comme la baignade depuis la belle plage ombragée aux équipements entièrement rénovés. Très prisés également, les deux musées, celui de la cloche (Musée Paccard) et des traditions savoyardes (Ecomusée du lac d'Annecy).

MUSÉE PACCARD ★★

215, route de Piron
✆ 04 50 52 47 11
www.musee-paccard.com
Ouvert tous les jours, sauf 25/12 et 01/01. Dimanches et jours fériés, après-midi seulement. Adulte 8,50 €. Enfant 6 €.

Paccard, une entreprise dont le nom ne cesse de résonner dans le monde entier. Pour tout savoir de cette Entreprise du Patrimoine Vivant, née en 1796, la visite du Musée est incontournable. 7 générations de passionnés ont créé les plus belles et les plus grandes cloches de France et du monde, soit plus de 120 000 cloches pour nous accompagner au quotidien. La visite gourmande permet de visiter le musée, les ateliers et de goûter au salon de thé maison Le Paccard Gourmand. Coulée des cloches le jeudi. Boutique pour rapporter une superbe cloche.

LE PANORAMIC CAMPING**** €€

22, chemin des Bernets ✆ 04 50 52 43 09
www.camping-le-panoramic.com
Ouvert de mi-avril à fin septembre. A partir de 340 €/semaine. Studio, chalets, mobil-homes, appartements 2 à 8 pers.

Entre lac et montagne, le Panoramic Camping profite d'un emplacement exceptionnel qui pourrait suffire à faire notre bonheur. Mais Sébastien et toute son équipe ne cessent d'améliorer le site pour notre plus grand confort. Tout est mis en œuvre pour notre bien-être : services, petite épicerie avec produits du terroir, espace restauration avec spécialités savoyardes, salades et snacking, animations pour les adultes et les enfants – avec Animafêtes – qui rythment la saison. Un paradis avec vue panoramique, votre prochaine destination vacances.

SKI NAUTIQUE CLUB SEVRIER ANNECY

245, Promenade des Borenges
✆ 07 82 15 17 09
www.annecyskinautique.com
Cours de ski nautique 15 minutes : 45 €. Location paddle 1h : 15 €. Stages.

Dirigé par la championne Clémentine Lucine, le plus ancien club de ski nautique du lac d'Annecy propose de pratiquer toutes les disciplines de glisse en étant tracté par un bateau : ski « classique », mais aussi de « nouvelles » disciplines comme le wakeboard, le wakeskate, le wakesurf ou le bare foot. Pratique pour tous les publics dès 2 ans avec le baby-ski. Cours et leçons collectifs ou individuels. Stages en juillet et août pour découvrir les plus belles sensations de glisse.

© LEONID ANDRONOV / SHUTTERSTOCK.COM

Le Semnoz.

CIRCUIT DES 3 LACS - PLATEAU DU SEMNOZ

Randonnée accessible été comme hiver (sentier damé en hiver)

Une très jolie balade panoramique ! Au programme, une vue à 360° du lac du Bourget au Mont-Blanc, au milieu des alpages, sur un terrain vallonné avec peu de dénivelé. En hiver, le sentier est damé et donc accessible sans raquettes pour plus de confort. Rendez-vous au niveau du Courant d'Ère, puis grimpez sur le plateau en suivant les panneaux « 3 lacs ». Comptez 1h30 à 2h de marche. Profitez-en pour pique-niquer sur place ou déjeuner au très bon Refuge du Semnoz (horaires variables) !

LE SEMNOZ

Le Semnoz, montagne des Annéciens, fait partie du parc naturel régional des Bauges. Son sommet d'alpages, à plus de 1 600 m d'altitude, reçoit suffisamment de neige en plein hiver pour y installer une station de ski familiale avec 18 pistes de ski alpin, un snowpark, 46 km de pistes de ski de fond et des itinéraires balisés de raquettes et luge, à tout juste 20 minutes d'Annecy. Le plus grand village d'igloos de France y est installé chaque hiver et un éco-bivouac y prend son quartier pour l'été. La montagne est aussi le lieu d'envol des parapentistes, de pratique de l'escalade et de randonnées à pied, à cheval ou à vélo.

THÔNES

Au cœur du massif des Aravis, la vallée de Thônes est le pays du reblochon ! Un rôle historique qui lui est conféré par sa position privilégiée entre lac et montagnes. D'Annecy au col des Aravis, depuis le XIXe siècle, Thônes joue un rôle majeur dans l'histoire économique de la vallée. La commune vivait alors de la production de son fromage local (reblochon, chevrotin, tomme) et de l'exploitation du bois. Au XXe siècle, la production manufacturière s'est industrialisée, avec une forte croissance pour des entreprises comme Mobalpa, leader dans la production de meubles de cuisine. Le tourisme est depuis devenu une des principales activités de la commune.

ÉCOMUSÉE DU BOIS ET DE LA FORÊT ★

Scierie des Étouvières ✆ 04 50 32 18 10
www.ecomuseedubois.fr
Fermé de novembre à mars. Ouvertures, se renseigner. Adulte : 5 €. Enfant (6-18 ans) : 3 €. Ateliers. Visite guidée.

Les forêts, notamment la forêt de Montremont, sont une part importante du patrimoine naturel de Thônes. L'écomusée du Bois et de la Forêt, installé dans la dernière scierie de la vallée, retrace l'histoire des paysages et de son exploitation à travers des expositions, mais aussi des animations très vivantes qui donnent envie d'explorer ce milieu. Des ateliers de menuiserie sont proposés en libre-service pendant les heures d'ouverture. Une visite indispensable pour toute la famille.

ESPACE MUSÉAL DE THÔNES ★

2, rue Blanche ✆ 04 50 02 97 76
www.espace-museal-thones.fr
Ouvert tous les jours, sauf dimanche. Gratuit -12 ans. Adulte : 5,20 €. Visite guidée (gratuite). Animations.

En plein cœur de la ville, juste au-dessus de l'office de tourisme, l'Espace Muséal de Thônes occupe le site de l'asile Avet, construit en 1862 pour servir de « chauffoir » aux personnes âgées et d'école aux enfants. Sur deux étages, les collections nombreuses et variées, exposées en hommage au patrimoine et aux habitants du pays de Thônes, retracent l'histoire de la vallée depuis l'époque préhistorique jusqu'à nos jours. Une application guide le visiteur tout au long du parcours commenté et un jeu de pistes promet une belle découverte en famille.

LE FARTO

40, route d'Annecy
✆ 04 50 88 12 50
www.reblochon-thones.com
Ouvert du lundi au samedi de 8h à 19h, dimanche de 9h30 à 12h30 et de 15h30 à 19h. Visite guidée sur réservation.

En matière de fromages de nos alpages, à commencer par le reblochon fermier, le meilleur choix c'est d'aller au Farto. Simple d'accès sur la route des Aravis (vaste parking), la boutique se situe dans les locaux de la coopérative, sur un site unique taillé dans la roche. A l'issue de la visite, libre ou guidée, à votre tour de choisir votre fromage fermier. Affineur de reblochon fermier, chevrotin, tomme de Savoie fermière, abondance et beaufort, AOP et IGP de qualité à partager dans la voiture ou à rapporter chez soi bien emballé. Equipe passionnée, comme nous !

SAINT-JEAN-DE-SIXT

Situé à 960 mètres d'altitude, au carrefour menant vers les stations de La Clusaz ou du Grand-Bornand, le village de Saint-Jean-de-Sixt a l'avantage de proposer une alternative à prix raisonnable pour les familles. Une navette emporte les skieurs vers la station de leur choix. En hiver, si les promenades en raquettes demeurent fréquentes, on peut aussi compter sur les 12 km de pistes de ski nordique. Et en été, le saut à l'élastique est l'une des grandes attractions du site. C'est ici que naquit le Bienheureux Pierre Favre en 1506, premier prêtre jésuite. A découvrir, les randonnées ponctuées de haltes gourmandes dans les fermes d'alpage.

OFFICE DE TOURISME

47, chemin Léon Laydernier
✆ 04 50 02 70 14
www.saintjeandesixt.com
Ouvert selon saison. Tous les jours en haute saison. Hors saison fermeture lundi et dimanche.

Profitant de sa situation géographique, à 5 minutes en transport des stations du Grand-Bornand et de La Clusaz, le village de Saint-Jean-de-Sixt a mis en place des navettes rejoignant les deux domaines. En hiver, on y pratique promenades et raquettes et l'on peut s'initier au ski de piste. Les fondeurs profitent de 7 km de pistes. Le Danay (1 730 m) est le sommet à parcourir en randonnées l'été. De belles sensations à ski ou en VTT avec un tremplin de saut à l'élastique au Bun-J-Ride. Visites de fermes. Un village très dynamique et un accueil sympathique !

LE CAIRN €€€

41, route de Thônes
✆ 04 50 10 82 45
www.lecairn-stjean.fr
Ouvert du mardi au samedi le soir ; du vendredi au dimanche le midi. Menus de 42 € à 52 €. Climatisation.

En montagne, un cairn - monticule de pierres - est à la fois un repère sur le chemin et l'empreinte de notre passage. Des repères, Charline Camazzola et Adrien Pollet en ont de solides, dans la région et dans le monde entier. Ces jeunes passionnés de cuisine, de produits locaux et de belles rencontres vont marquer de leur empreinte la gastronomie. Dans des assiettes dressées avec talent et imagination, une cuisine créative sublime les produits des fermes locales. Soirées dégustation le vendredi soir. Excellente découverte locale.

HAUTE-SAVOIE

GLIÈRES-VAL-DE-BORNE

Avec 73 km² de superficie et 25 hab./km², Glières-Val-de-Borne est à la fois la commune la plus étendue de Faucigny-Glières et la moins densément peuplée. Elle est située à une altitude de 591 à 2 408 m - signe d'une grande variété de paysages ! Cette jolie commune rurale de montagne est également la dernière créée, puisqu'elle est née de la fusion des communes du Petit-Bornand-les-Glières et d'Entremont le 1er janvier 2019. Sur la route qui mène du Grand-Bornand aux Glières ou à Bonneville (en direction de Chamonix), on traverse le défilé des Etroits et les fougueuses gorges du Borne, pour découvrir la reposante vallée du Faucigny avec, tout d'abord, le village d'Entremont, puis le Petit-Bornand-les-Glières. Un site préservé, ensoleillé, aux verts pâturages environnés de forêts et de montagnes. Située de part et d'autre de la vallée du Borne, rivière qui coule en son centre, la commune présente un fort patrimoine historique - notamment autour de la puissante abbaye d'Entremont et autour des événements qui se déroulèrent sur le plateau des Glières en 1944 - et un patrimoine naturel exceptionnel. Le plateau des Glières possède aussi son Domaine nordique. Pour la chaîne du Bargy, qui abrite le point culminant de Faucigny-Glières (le pic de Jallouvre à 2 408 m), partez en randonnée vers le lac de Lessy, sans doute le plus beau site naturel du territoire, accessible grâce à plusieurs randonnées de difficultés différentes. Entre histoire et nature, Glières-Val-de-Borne offre une destination idéale pour se ressourcer.

MONUMENT NATIONAL A LA RESISTANCE DE GILIOLI ★★★★

✆ 04 50 33 21 31
experience.hautesavoie.fr
Ouvert de mars à septembre. Été : ouvert tous les jours de 10h à 12h30 et de 14h à 18h. Sinon, horaires variables.

Sa masse blanche se découpe sur la forêt de sapins. Impossible de ne pas être saisi par la puissance évocatrice de ce Monument National, qui nous rappelle l'histoire héroïque et tragique des Résistants du plateau des Glières. Près de 30 ans après les événements de mars 1944 (voir notre partie « Découvertes », la rubrique Histoire en encadré), ce monument, œuvre de l'artiste Emile Gilioli, est inauguré en 1973 avec un discours d'André Malraux resté célèbre : « Le grand oiseau blanc de Gilioli a planté ses serres ici, avec son aile d'espoir, son aile amputée de combat, et entre elles son soleil levant ».

Un monument grandiose qui, malgré ses 385 tonnes de béton, semble prêt à prendre son envol. La forme de cette œuvre abstraite, mais clairement compréhensible de façon symbolique, est conçue comme un signal reprenant le V de la victoire. Un V dont l'une des branches s'élance vers le ciel en signe d'espérance. De l'autre, avec son aile brisée, le monument nous indique que la liberté est fragile et que la défendre peut amener à souffrir. Autre élément de ce monument, l'imposant disque solaire (pesant à lui seul 65 tonnes, il est une prouesse technique comme en « suspension » au-dessus d'une branche du V) apparaît entre les montagnes comme une renaissance.

A l'intérieur de ce monument, qui est également un lieu de recueillement, on peut lire la devise du maquis : « Vivre libre ou mourir ».

Le monument est labellisé Patrimoine du XXe siècle et est classé monument historique.

FILLIÈRE ★

Le pays de Filière est un territoire situé entre Annecy et La Roche-sur-Foron. Depuis 2017, il a donné son nom à une commune nouvelle regroupant plusieurs villages dont Thorens-Glières. Ce dernier possède un patrimoine vernaculaire et historique important : son château du XIe siècle, plusieurs fois remanié, est le berceau de saint François de Sales (1567-1622). Les espaces naturels de la commune comprennent notamment le plateau des Glières, qui fut un haut lieu de la Résistance en Haute-Savoie. Ce plateau est très attractif hiver comme été pour d'innombrables visiteurs, que ce soit pour son domaine nordique ou ses multiples sentiers de randonnée.

LE PLATEAU DES GLIÈRES ★

Plateau des Glières ✆ 04 50 33 21 31
www.glieres-resistance.org
Plateau accessible toute l'année. Ski de fond (payant). Monument Mémoire du Maquis : entrée 3 €, horaires variables.

Le haut lieu de la Résistance en Haute-Savoie. On arrive sur un beau plateau couvert d'alpages, entouré de montagnes. La vedette revient au Monument National de la Résistance de Gilioli, édifié en hommage aux maquisards : un V avec une aile brisée mais un soleil d'espérance. Pas loin, le bâtiment Mémoire du Maquis regroupe toutes les informations historiques. En été, un sentier botanique est aménagé pour la balade tandis qu'un sentier historique informe sur l'un des grands rendez-vous de l'histoire en 1944. En hiver, le plateau laisse la part belle au ski de fond.

RESTAURANT GAUTARD €€

Plateau des Glières
✆ 04 50 24 40 71
https://restaurantgautard.fr
Ouvert tous les midis sauf le mardi. Menu 25 €. Terrasse. Parking gratuit pour les clients.

Notre paradis, c'est ici. Sur le plateau des Glières, une ancienne ferme d'alpage entre paradis blanc l'hiver et paradis vert le reste du temps. Le Restaurant Gautard, c'est une institution gourmande où l'on ne fait pas que profiter des paysages. Le savoir-faire et les recettes de Nathalie sont mis en avant par sa fille Aurélie. Authentiques plats du terroir : gibiers et viandes en sauce, gratin de pommes de terre aux cèpes, raclette individuelle sur réchaud, desserts maison. Bonheur à prolonger dans l'une des 3 chambres d'hôtes. Du pur plaisir à partager.

LA CLUSAZ ★★

La Clusaz est aujourd'hui l'une des stations-villages les plus conviviales de Haute-Savoie. Elle a su garder son cachet en préservant la beauté de ses superbes chalets plus que centenaires et le style savoyard au cœur du village. En effet, ce charmant village des Aravis est devenu en l'espace d'une centaine d'années une des stations de ski les plus prisées des Annéciens, à environ 30 minutes du lac d'Annecy. Il doit son nom à sa situation géographique particulière : une cluse, ou défilé enserré entre deux montagnes. Ce joli village a même été récompensé d'un classement « 3 fleurs ». Un village où il fait bon se promener toute l'année !

Sports / Loisirs

Dès 1907, les premiers skieurs contribuèrent à faire connaître cet authentique village qui vivait alors de son agriculture pastorale (production de reblochon) et de son économie forestière. Ses pentes enneigées de moyenne montagne ont attiré un tourisme d'hiver dès les années 1920 avec la construction du téléski de Beauregard (en 1955) qui participera au fort développement des activités sportives. Au-delà du village, on se rend au très ensoleillé lac des Confins, un site très apprécié des randonneurs qui devient en hiver un des deux domaines nordiques avec le plateau de Beauregard. La Clusaz est également le paradis des freestylers.
Dans l'écrin vert de ses doux alpages fleuris de la chaîne des Aravis, La Clusaz est un village très agréable en été. On y pratique de nombreuses activités sportives de plein air, entre randonnées, sorties en VTT et vols en parapente, et son offre de bien-être s'est enrichie : espace aquatique, spa...

© BENOIT BRUCHEZ - SHUTTERSTOCK.COM
La Clusaz.

BEAUREGARD**** €€

90, sentier du Bossonnet ✆ 04 50 32 68 00
www.hotel-beauregard.fr
Chambres doubles de 90 à 290 €. Espace forme, sauna, hammam, bain à remous et piscine intérieure chauffée.

Un établissement de charme qui rallie à lui aussi bien les sportifs amoureux de la montagne que ceux qui veulent profiter d'un séjour reposant. Au pied des pistes du Bossonnet, ce gros chalet de bois et de pierre offre sur place tout le confort nécessaire au bien-être avec un espace forme et une grande piscine couverte de 7 x 18 m. Chambres confortables et spacieuses dans un style cocooning où le bois brut s'associe au design contemporain des salles de bains. On n'oublie pas les familles avec des possibilités d'hébergement qui leur sont spécialement dédiées.

LA FERME €€

1078, route des Aravis
✆ 04 50 02 50 50
www.lesfermiers.com
12 chambres. Chambre double de 195 € à 210 €. Petit déjeuner 17 €. Parking inclus. Jeux pour enfants. Restaurant.

La nature de nos montagnes, la chaleur d'un chalet en bois et la bienveillance des fermiers, tout ça et beaucoup plus c'est à La Ferme. Gentillesse d'Anouck et Stephen qui nous reçoivent dans ce lieu exceptionnel ouvert à tous. Au milieu des pistes de ski en hiver, au milieu des alpages fleuris en été, toutes les saisons sont belles. Chambres douillettes, la plupart avec balcon, lits avec oreillers et couettes en duvet. Sauna panoramique sur la vallée, bien-être absolu. Restaurant servant une cuisine de produits locaux. Coup de cœur assuré.

HAUTE-SAVOIE

LA CORDÉE €€

140, route des Grandes-Alpes
✆ 04 50 02 46 18

Ouvert toute l'année, sauf en juin et en octobre. Fermé le mercredi. Menus de 29 à 39 €. Plat du jour : 15 €.

Jean-Luc et Seb partagent d'abord de la bonne humeur, de la joie de vivre et une grande gentillesse au service. En terrasse, vue sur le village et sur les pistes. En salle, des boiseries façon chalet d'alpage. C'est beau et c'est surtout très bon. Produits du terroir garantis de qualité avec des plats maison qui donnent du vrai plaisir : reblochon fermier des Clavel pour les spécialités des Aravis ou fromage suisse pour la fondue, foie gras de canard maison, saumon fumé maison, tartares, salades repas, pizzas... Tout est fait avec amour. Notre coup de cœur.

LA FERME €€

1078, route des Aravis ✆ 04 50 02 50 50
www.lesfermiers.com

Ouvert tous les jours midi et soir (sauf 15 premiers jours oct et du 15 au 30 mai). Menu du jour 19,50 €. Carte.

Chez ces fermiers au milieu des alpages, c'est naturellement que le chef Franck Birette cuisine des produits frais et locaux. Dans un décor de carte postale, hiver comme été, tous les gourmands vont se régaler à La Ferme, chez Anouck et Stephen. Plaisir de savourer une cuisine 100% maison qui change au rythme des saisons, comme ce paleron de bœuf cuit 6h aux arômes inédits. Spécialités de nos montagnes avec un reblochon fondu sous la braise ou une raclette végétarienne. Du bonheur à partager et à prolonger en réservant une chambre. Une Ferme comme on aime.

CRÈMERIE DES ARAVIS

6, place du Petit Casino
✆ 04 50 02 60 93
www.alainmichel-fromager.com

En saison, ouvert tous les jours de 8h à 12h30 et de 15h à 19h. Horaires variables selon la saison.

Les crèmeries d'Alain Michel sont incontournables depuis plus de 50 ans dans la région. Cet artisan fromager de la quatrième génération, véritable passionné, met tout en œuvre pour proposer des produits locaux sélectionnés chez les meilleurs producteurs et affinés dans sa propre cave. Des spécialités locales : le reblochon, la tomme et le persillé (au lait de brebis) des Aravis, les chèvres frais de Thônes ou le bleu de Termignon en Savoie, et aussi des fromages d'autres régions de France. Autre merveille : la fondue Michel prête à l'emploi. Un régal à partager.

ESPACE AQUATIQUE DES ARAVIS

434, route de la Piscine ✆ 04 50 02 43 01
www.espaceaquatique-laclusaz.com

Ouvert en saison été et hiver. Lundi, mardi et jeudi à samedi 10h-19h ; mercredi et dimanche 11h30-20h. Entrée 7,50 €.

Magnifique ! En plein hiver, on profite de la piscine couverte, mais aussi d'un bassin extérieur chauffé avec vue sur les monts enneigés. L'espace est accessible, été comme hiver, avec vue sur les Aravis. Nombreux espaces aménagés pour les enfants. L'espace aquatique possède un espace fitness avec sauna, hammam, salle de remise en forme et UVA. Pour se désaltérer ou grignoter, un espace café convivial est installé sur la terrasse de bois et propose une vente à emporter. Cours.

Chapelle des Aravis, La Clusaz.

PATINOIRE

94, chemin du Pré de Foire
✆ 04 50 02 48 45
www.laclusaz.com/hiver
Haute saison : ouvert tous les jours de 10h à 12h et de 14h à 18h. Horaires variables. Entrée 8,50 € avec patins.

Au cœur du village, cette patinoire de plein air fonctionne été comme hiver. Son grand espace (1 000 m²) de glace est protégée par un toit en dur et les gradins sont facilement accessibles aux patineurs. Un espace agréable pour les loisirs familiaux grâce à une initiation et des cours de patinage encadrés par un professeur diplômé, des initiations au hockey, des activités ludiques pour l'après-midi et des nocturnes plusieurs soirs par semaine. Pour les plus petits, jardin des glaces. Des activités pour tous au centre du village, même en cas de temps incertain !

MANIGOD

Entre vallée de Thônes et val de Sulens, un village typique dans une vallée préservée des Aravis fermée et dominée par le mont Charvin (2 409 m) et parcourue par le torrent du Fier qui y prend sa source. Sur la rive droite (adret) du torrent, les chalets et fermes de montagne s'égrènent au fil des hameaux jusqu'en fond de vallée « Sous l'Aiguille ». Depuis le centre du village, on s'échappe vers le col de la Croix-Fry qui accueille une station familiale de sports d'hiver (alpins et nordiques) avant de redescendre vers La Clusaz ou de bifurquer sur la Route des Grandes Alpes vers le col des Aravis, frontière naturelle entre Haute-Savoie et Savoie. Son domaine skiable ouvrant sur plus de 130 km de pistes est relié à celui de La Clusaz, via les équipements de l'Étale avec le nouvel aménagement des secteurs col de La Croix-Fry et Merdassier : le télésiège de la Tête du Cabeau et les fameuses Pistes aux étoiles, le plus grand domaine de ski nocturne des Savoie. On entend cependant y préserver convivialité et détente dans un cadre de nature. Manigod, c'est aussi le village d'enfance du chef étoilé Marc Veyrat qui puisa, dans les plantes sauvages des alpages et des forêts, son inspiration gastronomique. Après avoir ouvert sa première auberge à Manigod, puis un restaurant gastronomique à Annecy-le-Vieux, Veyrier-du-Lac et Megève, il a choisi de revenir au col de La Croix-Fry, sur le plateau de Beauregard, pour installer son nouvel établissement.

LE GRAND-BORNAND ★★

Le village du Grand-Bornand est un site harmonieux de pierre et de bois, ceinturé d'une forêt, avec en toile de fond la chaîne des Aravis au sud-est et celle du Bargy au nord. Porte d'entrée de la vallée du Bouchet, dominée par la Pointe Percée et le col des Annes il est bordé par le torrent du Borne qui lui donne son nom. C'est une agréable localité riche d'un patrimoine naturel préservé, qui s'enorgueillit d'authentiques chalets multi-centenaires regroupés auprès de l'église et son clocher à bulbe ou disséminés sur les pentes environnantes. L'exploitation du bois, une de ses économies historiques, a permis de développer des savoir-faire dans la construction et l'artisanat que l'on retrouve dans les caractéristiques propres aux fermes bornandines – La Maison du Patrimoine en est un exemple parlant. Elles sont les témoins d'une agriculture montagnarde traditionnelle encore très vivante aujourd'hui. L'important troupeau d'Abondance – les fameuses Pie-Rouge – nourri de ses alpages en fait le « berceau du reblochon ». Entre tradition et modernité, ce village heureux s'épanouit au cœur d'une des vallées les plus ensoleillées des Aravis, aux confins de la vallée du Borne et de la vallée de Thônes, et se singularise par une activité touristique aussi riche en hiver qu'en été. Son annexe naturelle du Chinaillon, étape incontournable sur la route du col de La Colombière – obstrué par la neige de fin novembre à fin mai –, a installé son premier téléski en 1953.

MAISON DU PATRIMOINE ★

305, route du Patrimoine
✆ 04 50 02 79 18
https://patrimoine-legrandbornand.com
Ouvert de juin à septembre et pendant les vacances. Horaires d'ouverture et visites guidées variables, voir site web.

Incontournable ! Une ferme traditionnelle de 1830, classée Monument historique, dans un périmètre protégé, qui est devenue un écomusée grâce au dynamisme bienveillant de l'association du Patrimoine Bornandin. Ses membres invitent le visiteur à découvrir la vie quotidienne d'un village de montagne du XIXe siècle à travers son passé et son architecture typique. On y apprend à reconnaître la « pointe d'âne », le « solaret » ou la « crédence » comme un vrai Bornandin. Jeu de piste et autres ateliers pour les enfants en juillet et août.

HAUTE-SAVOIE

OFFICE DE TOURISME LE GRAND-BORNAND

Chef Lieu ✆ 04 50 02 78 00
www.legrandbornand.com
Ouvert tous les jours en saison, 9h-12h et 14h30-17h30. Fermeture dimanche hors saison été et hiver.

Situé au centre du village, l'office de tourisme du Grand-Bornand est tout aussi sympathique que le village traditionnel à l'ambiance familiale, qui se transforme en une belle et complète station d'hiver et d'été. L'équipe de l'office de tourisme mettra tout en œuvre pour que vous trouviez la bonne information. Achat de billets des manifestations – nombreuses en saison – et réponse qualitative aux attentes des hôtes et des familles avec enfants, hôtes privilégiés de la station.

LES ÉCUREUILS*** €€

431, route de la Vallée du Bouchet
✆ 04 50 02 20 11
www.hotel-les-ecureuils.com
17 chambres. Demi-pension de 73 à 117 € par nuit par personne, base semaine. Spa et piscine inclus.

Depuis plus de 20 ans, les Écureuils nous proposent le meilleur de la montagne. A 100 m des télécabines, au cœur du Grand Bornand, ces Écureuils nous accueillent dans un magnifique chalet où pierre et bois se mêlent, dont la façade et les espaces communs viennent juste d'être refaits. Tenue par des passionnés, Nadège et Fabrice, cette belle maison propose au pied des pistes des chambres rénovées et toutes différentes, véritables cocons. Après une journée de sports outdoor, piscine chauffée et sauna pour la détente. Cuisine soignée du chef Fabrice.

GOLF LE ROCHER BLANC

4538, route de la Vallée du Bouchet
✆ 04 50 02 70 11
www.golf-grandbornand.com
Ouvert tous les jours de 9h à 19h. Restauration. Boutique. Club house.

Un golf privé créé en 1987 par la famille Périllat, sur un ancien terrain agricole en direction de la vallée du Bouchet. C'est un golf de montagne en pente douce, très agréable en été et accessible à tous. Le parcours homologué 9 trous (de 65 à 310 m de long), par 30, permet jeu de fers et de put sur de beaux greens verts. Le Grenier est devenu un club-house avec salle de restaurant Le Rocher Blanc, bar, pro-shop et grande terrasse donnant sur le practice. Hébergement en chalet-hôtel de charme : Les Fermes de Pierre et Anna.

DOMAINE DU GRAND-BORNAND

81, route du Borne ✆ 04 50 02 78 10
https://ski.legrandbornand.com
Ouverture du domaine de décembre à avril, selon enneigement. Forfait journée adulte 41,90 €, 6 jours 209,50 €.

Le domaine skiable de ski alpin s'étend sur le village du Grand-Bornand et le hameau d'altitude du Chinaillon. On prend les remontées mécaniques depuis le Lachat (village du bas ou Grand-Bornand) et depuis la Floria et le Maroly (village du haut ou Chinaillon). Accessibles en TandemSki, un fauteuil adapté au personnes à mobilité réduite conduit par un moniteur diplômé. On n'hésite pas à étendre son forfait au domaine skiable des Aravis, avec les stations de La Clusaz, Manigod et Saint-Jean-de-Sixt soit 230 km de pistes, où la liaison se fait en ski-bus tout au long de la journée. Possibilité d'acheter son forfait en ligne sans attente. Les amateurs de nouvelles glisses ne sont pas oubliés avec le SnowparkGB régulièrement classé parmi les meilleurs équipements français. On enregistre son parcours sur la vidéozone du VideoparkKGB (Airbag) et on le visualise à la cabane du park ou sur son mobile. Les amateurs de descente partent sur la Dénivel'Maxx, 3 km de descente non-stop et 1 100 m de dénivelé. Les mardis ou jeudis soir, le télésiège de Charmieux fonctionne et la piste s'éclaire de 17h à 21h pour des descentes nocturnes. De nouvelles sensations de glisse à ski, yooner, paret, snow-coot, véloski et fatbike ! Le site du Rosay permet aux débutants de skier avec facilité en bénéficiant d'un tapis express entièrement couvert de 230 m de long, record du monde, pour s'offrir de nombreuses descentes. A découvrir, les superbes télécabines du Grandborama, telle une galerie d'art contemporain suspendue dans les airs.

PATINOIRE

186, route de la Patinoire
✆ 04 50 02 79 06
www.legrandbornand.com
Ouvert en hiver. Vacances : 10h-12h / 14h30-19h. Mercredi, vendredi, dimanche : matin enfants. Tarif 7,40 € avec patins.

Face au village et au massif des Aravis, une patinoire couverte de 800 m², idéale par mauvais temps. Pour les enfants de 3 à 10 ans, un Jardin des glaces, constitué de modules ludiques, est mis gratuitement à leur disposition à certains horaires, afin de favoriser leur apprentissage en toute autonomie sur la glace. Des animations, il y en a aussi pour les jeunes et les adultes qui sont invités à découvrir la patinoire le soir sous les « sunlight ». Surtout ne manquez pas le « Dancefloor Gelé », une formule festive avec DJ en live les mercredis soir !

RUMILLY

Capitale de l'Albanais, Rumilly était une importante place forte jusqu'en 1630, date de l'invasion de la Savoie par Louis XIII. Le centre des vieux quartiers témoigne encore de cette période avec la place Grenette, ainsi que la place de l'Hôtel-de-Ville, ses arcades d'hôtels particuliers des XVIe et XVIIe siècles et l'église Sainte-Agathe dont le clocher date du XIIe siècle. Au XXe siècle, Rumilly est devenue un centre industriel actif, notamment avec les skis (Salomon), les jouets (Vulli), et les ustensiles ménagers (Tefal). Cette ville dynamique garde le charme d'une petite ville, dans un environnement rural, avec une identité forte.

BOUSSY

À Boussy, petit village haut-savoyard de 5C0 habitants situé à proximité de Rumilly, se déroule chaque année en octobre la fête des Croisons et des vergers. De nombreux bénévoles du village se mobilisent pour rendre hommage au terroir, avec en vedette le fruit local : la pomme, plus particulièrement le Croison, et des variétés anciennes de poires. Animations durent toute la journée, avec des dégustations et ventes de produits locaux (bidoyon, le cidre savoyard, boudin à la chaudière, compotes, tomme banche...). Parmi toutes les découvertes, des cours de taille sont proposés, de greffes, ainsi que des jeux et animations destinés aux enfants.

OFFICE DE TOURISME RUMILLY - ALBANAIS

1, place de la Manufacture © 04 50 64 58 32
www.albanais-tourisme.com
L'été, ouvert du lundi au samedi de 9h30 à 12h30 et de 14h à 18h et le dimanche matin. Autres saisons, se renseigner.

Un office de tourisme situé dans l'ancienne manufacture des tabacs. Seule l'aile nord a fait l'objet d'une réhabilitation, dans le respect de la mémoire du lieu qui accueille le Centre d'étude et de conservation du patrimoine (ancien musée de l'Albanais). L'office de tourisme propose et gère, avec la participation des guides du patrimoine des pays de Savoie, de nombreuses visites guidées de Rumilly et des sites de l'Albanais. 18 villages composent l'avant-pays haut-savoyard.

LES 1SÉPARABLES €€

1, avenue Gantin
© 04 50 77 80 41
www.restaurant-les1separables.com
Fermé le lundi, le dimanche soir et le jeudi soir. Menu jour : 18 €. Menus de 33 à 51 €.

8 ans que l'on ne peut plus se séparer des 1Séparables. Un couple – Angélique et David – passionné de cuisine, passé au Clos des Sens de Laurent Petit. Un couple en osmose qui nous fait partager sa vision d'une cuisine actuelle réalisée à partir de produits de saison. Osmose, c'est le nom d'une entrée : tarte fine, boudin noir pané aux noix, champignons, pommes, chantilly au lard fumé. Une merveille préparée par Angélique qui sublime le terroir. Le plateau de fromages offre une balade gourmande dans les villages autour de Rumilly. Des 1Séparables au top.

MARCELLAZ-ALBANAIS

A une dizaine de kilomètres d'Annecy, le village de Marcellaz-Albanais est composé de nombreux hameaux. Cette commune du Genevois savoyard dépendait en partie de la seigneurie d'Hauteville lors de la visite de saint François de Sales en 1608. L'église était alors en piteux état. L'église Saint-Maurice fut construite en 1844 à l'emplacement de l'église dont elle a conservé le clocher de 1625. On peut voir le château Juge de Pieuillet (habité par la famille d'Auguste Juge, poète et juge savoyard), une résidence composée d'un corps de logis rectangulaire dont la façade est entourée de deux tours carrées, ainsi que la maison forte de Rogles, du XVe siècle.

MUSÉE DE LA FAUSSE MONNAIE

1355, route de Chapeiry © 04 50 45 47 36
www.fausse-monnaie.com
Ouvert toute l'année. Sur réservation uniquement. Gratuit -12 ans. Adulte : 10 €. Enfant : 6,50 €. Visite guidée.

Un musée atypique consacré au faux-monnayage et à ces « artistes » d'un nouveau genre, qui ont fleuri dès 1719. Plus de 100 m² accueillant quatre salles d'exposition et une collection impressionnante de faux billets et fausses pièces, réunie par le numismate et billetophile Christian Porcheron. Dans une des vitrines s'exposent quelques faux billets et fausses monnaies du monde dès le XVIIe siècle. Une collection composée de quelques pièces exceptionnelles.

HAUTE-SAVOIE

BRASSERIE VEYRAT

210, impasse des Prés-aux-Biches
✆ 07 69 40 46 19
www.brasserie-veyrat.com
Ouvert vendredi et samedi en fin d'après-midi, horaires selon saisons. Dégustations sur rendez-vous.

Notre brasserie-distillerie préférée. L'union de deux passionnés, artisans du bon goût : Manu qui, revenant d'un tour du monde à vélo, a eu la bonne idée de fabriquer ses bières avec du houblon bio et de l'orge cultivés à la ferme de Marcellaz-Albanais, et Aline, une sportive amoureuse de la montagne. La brasserie-distillerie Veyrat propose de fabuleuses bières (récompensées au Concours Général Agricole pour l'IPA et la bière d'été), mais aussi un whisky maison, du gin et du limoncello. Visites et dégustations incontournables pour ce grand coup de cœur.

LES GORGES DU FIER ★★

30, le Pont des Liasses
✆ 04 50 46 23 07
www.gorgesdufier.com
Fermé du 15/10 au 15/03. Haute saison, ouvert tous les jours. Adulte 5,80 €. Enfant +6 ans 3 €. Animaux non admis.

Le spectacle est saisissant ! Des gorges étroites, site féerique et effrayant à la fois, où l'on avance sur une passerelle de bois fixée dans la roche à plus de 25 m de hauteur au-dessus du tumulte des eaux. Sensations garanties sur un site ouvert au public depuis 150 ans. Enora Poizat, 3e génération d'exploitant et de gardien des Gorges, nous invite à la découverte d'un véritable spectacle de la nature et des curiosités géologiques des rochers sculptés par l'érosion. Boutique souvenir et restauration sur place. Une expérience insolite à partager en famille.

LOVAGNY

Aux portes d'Annecy, 10 km à l'ouest, et à l'ouest de l'Albanais, Lovagny se trouve aux abords du passage de la ligne SNCF d'Aix-les-Bains – Annecy. Ce village tient son nom des loups qui naguère habitaient ces lieux boisés. La commune est surtout réputée pour abriter deux sites d'exception : les gorges du Fier et le château de Montrottier. D'ailleurs, la commune de Lovagny a réalisé un parcours de découverte entre ces deux sites touristiques d'importance. Un parcours pédestre, une boucle, qui permet de découvrir également toutes les richesses naturelles de la vallée du Fier et d'autres curiosités patrimoniales au fil de panneaux d'information.

VAULX

Vaulx porte bien son nom, puisqu'il signifie que le territoire communal est très vallonné. Beau village rural du pays de l'Albanais, entre les crêts, Vaulx abrite des Jardins Secrets, site remarquable, qu'il faut absolument visiter. Au départ de Vaulx, randonnée facile en direction du crêt d'Angely. Pour s'ouvrir l'appétit ou pour digérer après un bon repas au délicieux restaurant local, une balade familiale à travers les vallons. Par temps clair, de beaux points de vue sur le massif du Mont-Blanc et les autres massifs savoyards que sont les Bornes, les Aravis et les Bauges. Un peu plus de 8 km à faire en 3h de temps sans trop de dénivelé.

CHÂTEAU DE MONTROTTIER ★

Allée du Château ✆ 04 50 46 23 02
www.chateaudemontrottier.com
Fermé de novembre à avril. Ouvert tous les jours en été. Adulte : 10 €. Accueil enfants. Visite guidée. Boutique.

Edifié par Jean de Montrottier au XIIIe siècle, cette forteresse pentagonale ordonnée autour d'un donjon cylindrique surprend dans le paysage de la campagne du Genevois Savoyard. Sa Tour des Religieuses sur son piton rocheux est la plus ancienne. L'édifice se visite depuis 1919 et abrite de remarquables collections de meubles, faïences, dentelles, armes, objets rares d'Afrique, d'Extrême Orient. Expositions, conférences, concerts... Le jardin se visite en parcours ludique grâce à une scénographie interactive. Les enfants auront droit à une visite costumée.

LES JARDINS SECRETS

1561, route de Lagnat
✆ 04 50 60 53 18
www.jardins-secrets.com
Ouvert tous les jours de début avril à début octobre. 9,50 €. Qualité Tourisme. Jardin Remarquable. Horaires variables.

L'œuvre d'une vie de passionnés qu'Alain et Nicole partagent depuis plus de 25 ans avec tous les visiteurs, petits et grands, émerveillés par cette mosaïque de jardins, salons, patios, allées, galeries... Au total, plus de 7 000 m² d'un décor mêlant nature et ouvrages audacieux. De la fantaisie, de la poésie, des senteurs, des couleurs qui changent au gré des floraisons, des matières originales détournées de leur fonction habituelle : bois, galets, mortier de chaux, cuivre, eau, fleurs et plantes… Un lieu magnifique pour une balade surprenante.

LES PETITS PLATS €

133, route de Sillingy
✆ 04 50 60 57 20
www.lespetitsplats.eu

Ouvert du mercredi au dimanche midi, vendredi et samedi soir. Menus midi en semaine 20 €. Menus : 38,50 € et 58 €.

Des Petits Plats que le *Petit Futé* classe parmi les grands. Les Petits Plats, c'est la table gourmande du chef Eric Durand, installé à 20 minutes d'Annecy au village de Vaulx, dans une campagne agréable en toute saison. Cuisine bistronomique à base des meilleurs produits de saison du terroir local, s'autorisant des escapades gourmandes pour mieux émoustiller nos sens. Beauté simple d'une maison rénovée, terrasse ombragée pour l'été et des assiettes pleines de saveurs. Accueil adorable de Séverine. Belle carte des vins pour des accords réussis.

CLERMONT

A 40 km de Genève, Clermont est un village de 7 km² d'à peine 500 habitants. Pourtant, Clermont-en-Genevois, c'est son nom complet, mérite largement d'apparaître dans notre guide des Alpes, car la commune abrite sur son territoire un magnifique château de la Renaissance, unique dans toute la région. Le château de Clermont, construit par Gallois Regard à partir de 1575, offre un témoignage précieux de l'influence de la Renaissance italienne sur l'architecture savoyarde. Le village s'anime particulièrement en été quand le château accueille de nombreux festivals de musique et théâtre et un festival de jazz. Bonne auberge, gîtes et chambres d'hôtes.

CHÂTEAU DE CLERMONT ★

Chef-Lieu ✆ 04 50 33 50 33
www.clermont74.fr

Ouvert d'avril à octobre inclus. 10h30-12h30 et 13h30-18h. Adulte 3 € (gratuit 1er dimanche du mois). Spectacles.

Le château de Clermont en Genevois est remarquable par son architecture savoyarde à l'influence Renaissance : sa façade monumentale, ses galeries intérieures et sa cour carrée. L'unique témoignage de ce style en Haute-Savoie. Construit entre 1576 et 1580, converti en domaine agricole, il est classé aux Monuments historiques en 1949. On profite des visites guidées, dont certaines se déroulent sous forme d'enquêtes historiques. Depuis son acquisition en 1966 par le conseil général de la Haute-Savoie, le château est un centre culturel dédié au spectacle vivant.

OFFICE DE TOURISME HAUT-RHÔNE BUREAU DE FRANGY

35, place de l'Église - **FRANGY** ✆ 04 50 32 26 40
www.hautrhone-tourisme.fr

Accueil vélo. Ouvert du mardi au samedi de 9h30 à 12h30 et de 14h à 18h. Basse saison : fermé le samedi après-midi.

Le bureau de Frangy valorise son patrimoine naturel et historique en proposant des itinéraires de découverte qui parcourent les villages environnants et les montagnes, comme le Vuache et ses magnifiques points de vue. On visite librement les bourgs, l'église néoclassique sarde Saint-Aquilin de 1844 et le Grand Pont construit en 1677. On suit la douce ViaRhôna à vélo sur les pas des Huguenots. Et pour goûter la production locale, on ne manquera pas le marché du mercredi matin à Frangy.

AUBERGE DE CHAUMONT €€

17, route de Saint-Jean
CHAUMONT
✆ 04 50 05 45 76
www.aubergedechaumont.fr

Ouvert du mercredi au dimanche midi et les soirs du mercredi au samedi. Formule midi 21 €.

La plus belle des découvertes gourmandes à 30 minutes d'Annecy. Après avoir tout refait dans cette ancienne école de village, le chef Patrick Alran exprime son talent dans une auberge parmi nos meilleures adresses. Grande terrasse au pied du Vuache dans un village, Chaumont, adorable, deux salles élégantes et conviviales et une nouvelle cave à vin à l'entrée du restaurant qui se remplit de bonnes bouteilles. À partir de bons produits de saison, le chef propose une carte courte qui change chaque mois. Desserts au même niveau. Coup de cœur.

AUBERGE DU CHÂTEAU DE CLERMONT €€

226, montée du Château
✆ 04 50 77 14 10
www.auberge-chateau-clermont.fr

Ouvert du mercredi au samedi le midi, du jeudi au samedi le soir. Menu du jour 16 €.

Le mariage parfait entre un site exceptionnel, le château de Clermont, et un restaurant à la hauteur des lieux grâce au talent d'un chef passionné : Philippe Junillon. Si le merveilleux décor depuis la terrasse n'a pas changé, celui de la salle a été repensé en beauté pour découvrir la nouvelle carte. Cuisine d'humeur inspirée par des produits de saison, plats canailles pour se régaler, excellentes pâtisseries maison. Le soir, bar à vin avec des suggestions du moment.

SEYSSEL-74

Connue en Haute-Savoie pour ses vins, Seyssel a la particularité de cultiver la vigne sur des coteaux en bord de Rhône. Deux cépages originaux sont spécifiques à ce terroir : l'altesse ou roussette et la molette, à partir desquels sont élaborés le vin tranquille de Seyssel et le « Seyssel méthode champenoise ». Le vignoble constitue à la fois une des plus petites A.O.C. de France et une des plus anciennes, puisque l'appellation fut obtenue en 1942. Il faut s'arrêter chez les récoltants viticoles ou les cavistes qui se font un plaisir de faire découvrir leur vin. Le pays de Seyssel offre une grande variété de paysages et de sites d'intérêt à visiter.

Balade

La montagne des Princes (935 m) est un joli point de départ pour des balades en sous-bois, notamment avec la boucle La Maison des Fées : fort dénivelé pour cette randonnée, mais belle découverte des coteaux et point de vue panoramique remarquable sur l'Albanais, les Bauges et le Mont-Blanc au point culminant la Ferme du Comte. En contrebas, les bords du Rhône conjuguent activités de loisirs et visites patrimoniales. Le vélo et le VTT sont également un bon moyen de visiter le pays de Seyssel en empruntant un itinéraire balisé qui longe le Rhône sur un tronçon de 3 km - de Seyssel à Motz - sur la ViaRhôna reliant le Léman à la Méditerranée. Quant aux amateurs de navigation, ils rejoindront le lac du Bourget depuis Seyssel via le Rhône et le canal de Savière.

HAUT-RHÔNE TOURISME

2, chemin de la Fontaine

✆ 04 50 59 26 56

www.hautrhone-tourisme.fr

Accueil Vélo. Ouverture selon saison.

L'office de tourisme permet de bien organiser son séjour dans le Pays de Seyssel. 11 communes de part et d'autre du Rhône depuis le Grand Colombier (1 535 m) jusqu'à la Montagne des Princes (937 m). Sans rien manquer des nombreuses possibilités et ressources de ce riche patrimoine naturel, l'office de tourisme propose une vue d'ensemble des activités aussi différentes que les balades dans les vignobles ou les visites des villages traditionnels. Sports nautiques le long du Rhône et autres sports de loisirs, ainsi que randonnées à pied, à vélo, à cheval...

AU FIL DE L'EAU €€

3, quai du Rhône

✆ 04 50 56 11 84

www.hotelseyssel.fr

Fermeture le mercredi toute la journée et le dimanche soir. Carte : 35 € environ. Formule du midi : 14,50 €.

Dans cette belle maison au bord du Rhône, la terrasse surplombe le fleuve, vous invitant à manger « les pieds dans l'eau ». Au Fil de l'Eau, c'est la cuisine traditionnelle de qualité garantie maison d'un chef travaillant essentiellement à partir de produits frais. Cuisses de grenouille en été, fondues en hiver, un délicieux burger de veau, des pâtisseries maison, des glaces elles aussi maison et l'incontournable soufflé glacé Royal Seyssel (création maison). Très belle carte des vins, notamment avec des vins bio. Le tout servi avec un grand sourire de Marion.

CAVE LAMBERT

30, rue de Montauban ✆ 04 50 56 21 59

www.vins-domaine-lambert.com

Ouvert du mardi au jeudi 9h-12h et 14h-18h ; le vendredi et le samedi de 9h à 12h et de 14h à 19h. Livraison possible.

Les caves de Seyssel, créées en 1930, sont ensuite devenues la Cave Lambert. Elle sauvegarde le patrimoine du Royal Seyssel et plus largement des vins de Seyssel, souvent méconnus des Français. Le Royal Seyssel est un vin mousseux élaboré et vinifié selon la méthode traditionnelle – trois ans de vieillissement pour la prise de mousse. Ces vins sont réputés pour leur arôme de violette et d'iris. La maison cultive des vignes au bord du Rhône et s'oriente vers la biodynamie et le bio. Vente en ligne ; visite des caves et dégustations possibles sur rendez-vous.

BASE AQUALOISIRS

Plan d'eau

✆ 04 50 59 26 56

www.ot-pays-de-seyssel.fr

Ouvert du 1er mai au 30 septembre. Baignade surveillée en juillet et août. Gratuit.

Aménagée sur la rive savoyarde du Rhône, cette base Aqualoisirs familiale conjugue détente et jeux avec baignade, plage, voile, planche à voile ou canoë-kayak. Parfait au retour des beaux jours. Dans la périphérie de la base aquatique, on s'adonne également au tir à l'arc, au kart à pédales, ou à l'accrobranche avec tyrolienne plongeante jusqu'au bassin d'eau ! On a aussi la possibilité de partir en découverte itinérante par via ferrata, VTT ou canyoning. Un bel espace de loisirs au bord du Rhône qui plaira aux petits comme aux grands !

CHAMONIX-MONT-BLANC ★★★★

Chamonix : le nom suffit à évoquer les plus hautes montagnes. Chamonix, c'est le village au pied du mont Blanc. Chamonix, ça vous impressionne au premier abord avec ses neiges éternelles dont on ne peut détourner les yeux, avec ses hôtels de luxe qui accueillent les grands de ce monde… Mais Chamonix, ça vous prend au cœur et à l'âme pour ne plus jamais vous lâcher. Chamonix, plus près du ciel et des sommets, c'est un petit paradis pour tous les skieurs et un immense terrain de jeu pour tous les amoureux de la montagne, c'est une ville qui a su préserver en son centre une certaine culture cosmopolite héritée de son histoire, c'est un village à part qui nous rappelle sans cesse à lui.

Histoire

Si l'histoire de « Chamouny » débute avant l'arrivée des Anglais, il faut pourtant reconnaître que Chamonix est née de la passion de certains sujets de Sa Gracieuse Majesté pour les montagnes environnantes. C'est en 1741 que Windham et Pococke redécouvrent la vallée de Chamouny, alors occupée par une population rurale vivant de l'élevage. Le récit de leur expédition à la Mer de Glace sera publié dans toutes les gazettes d'Europe et enflammera les esprits, suscitant un grand engouement pour cette vallée merveilleuse. Pour répondre à ce nouvel afflux, la première auberge ouvre ses portes en 1770. Défilent ensuite les voyageurs célèbres qui vont asseoir la réputation de Chamonix, tels Saussure ou Goethe. C'est alors qu'on défie le mont Blanc, vaincu en 1786 par deux Chamoniards, le docteur Paccard et Balmat. La voie est ouverte et, en 1821, se crée la Compagnie des Guides pour accompagner les aventuriers. Des touristes exigeants qui logeront dans des hôtels luxueux et viendront à Chamonix été comme hiver. En 1924, c'est la consécration de la station de ski avec la tenue des premiers Jeux olympiques d'hiver. Grâce à l'invention de l'alpinisme, de conquête estivale puis hivernale, le succès de Chamonix n'a cessé de s'accentuer, et il a été renforcé par la fin de son quasi-isolement hivernal, de ses accès depuis Le Fayet et Martigny, avec l'ouverture en 1965 du tunnel routier franco-italien du Mont-Blanc. Aujourd'hui, Chamonix draine une clientèle internationale toujours amoureuse de cette montagne devenue mythique et d'un village à l'ambiance cosmopolite. Avec 70 % de son territoire protégé dont deux réserves naturelles, Chamonix reste une destination de choix pour tous les amoureux de la montagne.

MONTENVERS - MER DE GLACE ★★★★

35, place de la Mer de Glace
✆ 04 50 53 22 75
www.montblancnaturalresort.com
Fermé en octobre. Train Chamonix/Montenvers + accès libre télécabine et Grotte de Glace 35 € (5-14 ans 29,80 €).

Depuis plus de 110 ans, le train de Montenvers-Mer de Glace propose un formidable voyage au cœur du fameux glacier qui fit la renommée de la vallée de Chamonix ! D'une surface de 40 km² (7 km de long, 200 m d'épaisseur), ce glacier compte parmi les plus vastes d'Europe, et ce malgré le fait qu'il soit devenu l'un des symboles du réchauffement climatique, puisqu'il perd pas loin de 40 m par an en longueur et jusqu'à 4 m d'épaisseur. Depuis le XIXe siècle, le monde entier se rend ici pour profiter d'un panorama magnifique sur les sommets grandioses des Drus et des Grandes Jorasses. C'est que l'on débarque au pied de la Mer de Glace (1 913 m) par le mythique train rouge à crémaillère du Montenvers depuis 1908 ! De nos jours, le trajet se fait en une vingtaine de minutes, depuis la gare entièrement rénovée, et il est possible d'effectuer le retour par télécabine. Une fois arrivé en gare de Montenvers, on aura la possibilité d'aller observer sa grotte de glace creusée à même le glacier qui est retaillée chaque année. Soyez prévenu : de la gare, il faudra escalader pas moins de 398 marches avant d'atteindre l'entrée de la grotte ! A visiter également : la galerie des cristaux du massif du Mont-Blanc, le Glaciorium (un fabuleux espace dédié à la glaciologie) et le Temple de la Nature, vestige du premier refuge du Montenvers. Le site du Montenvers est le site incontournable de la vallée de Chamonix et son petit train rouge à crémaillère est une très belle expérience en elle-même !

CHALET HOTEL LE CASTEL★★★★ €€

100, route des Tines ✆ 04 50 21 12 12
www.lecastel-chamonix.com
11 chambres. Chambre double à partir de 99 €. Petit déjeuner : 18 €. Animal autorisé (10 €). Wifi gratuit. Restauration.

A proximité du centre-ville, au pied des pistes, le Castel vous offre un séjour paisible face au massif du Mont-Blanc. Chaleur, élégance des chambres, prestations haut de gamme, et un service bienveillant de Robin et son équipe. Douceur et bien-être pour un excellent rapport qualité-prix. Salon cosy pour le petit déjeuner et terrasse du restaurant bistronomique. Le Castel : le bonheur complet d'un séjour de rêve à Chamonix, dans un esprit familial fidèle à notre philosophie de qualité.

HAUTE-SAVOIE

L'AIGUILLE DU MIDI ★★★★

100, place de l'Aiguille du Midi
✆ 04 50 53 22 75
www.montblancnaturalresort.com
Adulte : 69 €. Enfant : 58,70 €. Famille (2 adultes et 2 à 5 jeunes) : 214 €. Réservation à l'avance.

Située dans le massif du Mont-Blanc, l'Aiguille du Midi est la plus haute des Aiguilles de Chamonix, elle culmine à 3 842 m. Son ascension est un voyage unique en son genre qu'il faut absolument faire au moins une fois dans sa vie. L'ascension vers l'Aiguille du Midi (interdite aux enfants de moins de 3 ans, déconseillée en dessous de 5 ans) vous offre un bond de géant de 2 807 mètres en 20 minutes vers les sommets : la gare de départ se trouve à 1 035 m et l'arrivée à 3 842 m sur la terrasse sommitale ! Un voyage unique qui se fait en deux temps. Après avoir survolé la forêt alpine qu'encadrent le glacier des Bossons, les aiguilles Verte et de Chamonix, les Drus, on accède au Plan de l'Aiguille, point de départ des skieurs, alpinistes et randonneurs pour le site du Montenvers. A 2 310 m, le Plan de l'Aiguille est une gare intermédiaire où il est agréable de faire une pause avant de prendre encore plus de hauteur. Ensuite, le deuxième tronçon vous propulse jusqu'au Piton Nord, on côtoie alors les glaciers suspendus et le dôme du Goûter menant au fameux mont Blanc (4 810 m), avec une plongée vertigineuse sur la vallée. Il est toujours bon de préciser qu'il faut prévoir des vêtements chauds quand on voit des touristes tenter de monter en plein été en short et tee-shirt à cette altitude de haute montagne proche de 0 °C. N'oubliez pas non plus des lunettes de soleil avec des verres anti-UV, une paire de jumelles et un bon appareil photo. Tout en haut, on admire les sommets environnants des Alpes françaises, italiennes et suisses. C'est un spectacle fascinant, vos yeux seront éblouis par la grandeur de la nature ! Toutefois, ce n'est pas la seule activité puisque vous verrez que l'offre est particulièrement riche au sommet. Dans un premier temps, vous aurez la possibilité de marcher à l'intérieur d'un tube de 32 mètres, une galerie d'acier qui permet de faire le tour complet du piton central de l'Aiguille du Midi à 3 700 m d'altitude ! Mais ce que les amateurs de sensations fortes apprécieront surtout, c'est l'incroyable Pas dans le vide ! Sur une plateforme en verre, vitrée sur cinq de ses faces, plus de 1 000 m de vide s'ouvrent sous vos pieds ! Sujets au vertige et âmes sensibles s'abstenir ! Le Pas dans le vide compte parmi les plus hautes attractions d'Europe, sa construction fut un véritable défi pour les ingénieurs. Dans cette pièce complètement vitrée, on a une vue exceptionnelle sur le glacier des Bossons, la plus haute chute de glace des Alpes avec ses 7 km de long et ses 3 630 m de dénivelé. Après ces émotions fortes, une pause à l'Espace Mont-Blanc plaira à tous. Il offre un espace de repos et de contemplation face au panorama unique de l'Aiguille du Midi. Sur un banc, face aux larges baies vitrées, détendez-vous et profitez de la vue exceptionnelle : vous pourrez notamment apercevoir le Tacul, le Mont Maudit et le Mont-Blanc. Pour vous restaurer, direction le 3842 m, boutique, cafétéria et restaurant. C'est l'endroit idéal pour savourer des spécialités savoyardes dans un cadre magique, au sommet. Il s'agit de l'un des plus hauts restaurants d'Europe avec une vue exceptionnelle sur les Aiguilles de Chamonix. Autre visite à ne pas manquer, celle de l'Espace Vertical. Après l'un des plus hauts restaurants d'Europe, voici le plus haut musée du monde consacré à l'alpinisme ! Il rend hommage à ceux qui ont gravi les pentes du massif du Mont-Blanc et présente notamment le matériel utilisé actuellement. On est plongé dans le monde de l'alpinisme et on comprend le défi que l'ascension du Mont-Blanc représente. Pour en savoir toujours plus, faites aussi une halte au Palier Hypoxie où l'on vous expliquera les effets de la diminution d'oxygène avec l'altitude sur notre corps. À la fin de votre visite, en redescendant vers la cabine du téléphérique, vous pourrez aussi vous rendre à l'Espace Histoire où vous en apprendrez plus sur la construction du téléphérique que vous venez d'emprunter, avec une vue sur son impressionnante machinerie !

Ensuite, si vous souhaitez continuer cet incroyable voyage en haute montagne, montez dans le Panoramic Mont-Blanc (attention, le voyage n'est pas compris dans le Mont-Blanc Multipass, il faut ajouter un supplément). Cette télécabine vous conduira en 30 minutes vers la pointe Helbronner en Italie. En apesanteur, on passe au-dessus des séracs et crevasses du glacier du Géant, et on admire les cordées d'alpinistes en randonnée glaciaire. On continue donc à en prendre plein les yeux ! En temps normal, pour l'aller-retour et la visite à l'Aiguille du Midi, il faut compter environ 3h. Mais l'affluence, notamment en juillet et août, rallonge nettement ce temps de visite. Renseignez-vous sur la fréquentation du site et réservez vos billets en ligne pour être sûr de monter au sommet. Les conditions météorologiques et une webcam vous donnant un avant-goût du panorama se trouvent aussi sur le site Internet. En attendant l'ascension, ou à votre retour, vous pourrez profiter d'une nouvelle animation avec un cinéma immersif 4D installé dans la gare de départ du téléphérique de l'Aiguille du Midi. *L'Oiseau des Cimes*, le film proposé, vous fera véritablement voler au-dessus des montagnes. Les projections ont lieu toutes les trente minutes et la séance est offerte avec le forfait Mont-Blanc Unlimited 3 à 21 jours. Avec ses nouveaux aménagements qui rendent une visite déjà sensationnelle encore plus prenante, plus passionnante, l'Aiguille du Midi nous impressionne toujours !

HÔTEL GOURMETS ITALY*** €€

96, rue du Lyret ✆ 04 50 53 01 38
www.hotelgourmets-chamonix.com

Fermé de mi-mai à mi-juin et une partie de l'automne. Chambre double 105 €-305 €. Hammam, sauna. Piscine chauffée l'été.

Au cœur de Chamonix, le plus beau des séjours se réserve à l'Hôtel Gourmets Italy. Bordé par l'Arve, ouvrant une vue sur le Mont-Blanc depuis quelques balcons, cet hôtel a le souci constant d'offrir à chaque visiteur la meilleure qualité de séjour. Tradition de l'art de recevoir personnalisé – service 24h/24 digne d'un 4-étoiles – et modernité dans des chambres rénovées avec goût. Petit déjeuner de grande qualité. Piscine appréciée en été. Un refuge douillet, un hôtel confortable, le plaisir d'un accueil charmant dans une ambiance familiale.

LA CABANE DES PRAZ €€

23, route du Golf ✆ 04 50 53 23 27
www.restaurant-cabane-chamonix.com

Fermé en nov. Ouvert tous les jours midi et soir. Haute saison service continu. Menus 32 à 45 €. Formule midi 27 €.

Tout est grandiose à la Cabane des Praz. A commencer par le décor avec d'un côté la chaîne du Mont-Blanc, de l'autre le Brévent et la Flégère à contempler depuis les deux grandes terrasses. Ensuite, un magnifique chalet en rondins de style finlandais pour un décor hyper chaleureux rehaussé de belles touches contemporaines. Enfin, l'excellente cuisine d'un chef composant une cuisine raffinée à partir de produits locaux. Dans de superbes assiettes, des goûts subtils aux pointes de saveurs nouvelles. Carte des vins remarquable. Beauté et gourmandise à l'état pur.

LA CALÈCHE €€

18, rue du Docteur Paccard ✆ 04 50 55 94 68
www.restaurant-caleche.com

Ouvert tous les jours midi et soir. Menus de 29,50 € à 42 €. Service non-stop en été. Terrasse. Animations.

A Chamonix, il faut voir le Mont-Blanc et manger à La Calèche. C'est aussi simple que ça ! Ouverte en 1946 par le pépé Luc, toujours tenue par la même famille, La Calèche fait partie du patrimoine local. Terrasse paradisiaque au cœur de la ville et salles abritant une incroyable collection d'objets. Accueil et service d'une équipe charmante et efficace à la hauteur de ce décor de rêve. Un rêve qui devient gourmand en savourant la cuisine savoyarde maison faite à base de produits de qualité. La carte des vins nous emmène vers d'autres sommets. Incontournable.

CANAILLES €€

350, rue Joseph Vallot
✆ 04 50 53 93 36
www.canailles-chamonix.com

Ouvert du mardi au samedi midi et soir. Menu Canailles à 32 €. Terrasse.

Canailles, c'est du réconfort à partager dans l'esprit d'un bouchon lyonnais. Canailles, c'est le restaurant de Youri Becq, « artisan restaurateur engagé » qui a tout compris à nos envies et à la cuisine actuelle faite de produits locaux, de saison, issus d'une agriculture responsable. A la carte du chef Martin Berger : tradition lyonnaise - andouillette à la fraise de veau signée Bobosse -, tradition française avec un filet de truite au beurre blanc citronné, créativité avec une truite fumée à chaud et plats du jour étourdissants. Cuisine sincère et gourmande.

LE CAP HORN €€

78, rue des Moulins
✆ 04 50 21 80 80
www.caphorn-chamonix.com

Ouvert tous les jours midi et soir. Menus de 45 à 58 €. Formule midi 26,50 €.

Franchir la porte du Cap Horn au cœur de Chamonix pour se régaler d'une cuisine gastronomique. A bord de ce magnifique navire dirigé par Wim Robberse et Laurence Claret-Tournier, voyageurs passionnés, les passagers gourmands sont autant émerveillés par la beauté d'une salle élégante et chaleureuse que par la cuisine de Lucie Claret, fille de Laurence. Mariage parfait entre terre et mer dans des assiettes créatives. Saveurs du Japon avec des sushis faits minute. Autre bonheur, la carte de 350 références de vin. Immenses plaisirs à partager en toute convivialité.

CHALET HOTEL LE CASTEL €€

100, route des Tines ✆ 04 50 21 12 12
www.lecastel-chamonix.com

Ouvert tous les jours midi et soir. Menus de 29 € à 39 €. Formule midi : 28 €. Terrasse.

Au restaurant du Castel, hôtel où il faut séjourner pour profiter de toute la magie de Chamonix, les gourmands savourent une cuisine de qualité et la beauté d'un site d'exception. Avec sa terrasse ensoleillée, entourée de verdure, ouverte sur le Mont-Blanc, le Castel offre une expérience unique. Cuisine bistronomique réalisée à partir des meilleurs produits pour un pâté en croûte du chef Arnaud Caire ou un saumon fumé maison. Spécialités montagnardes, végéburger ou filet de dorade à la plancha. Desserts maison et belle carte des vins. Adresse au sommet.

LES CAVES

80, rue des Moulins
✆ 04 50 21 80 80
www.caphorn-chamonix.com
Haute saison : ouvert tous les jours de 18h à 2h. Jusqu'à 1h, hors saison. Animations. DJ.

Quelques marches à descendre pour entrer dans Les Caves du Cap Horn. Le bar à vin conjugue le bois traditionnel des habitats montagnards au design contemporain des luminaires et de la décoration. Espace convivial pour un moment de détente avant ou après un repas au restaurant – Les Caves servent la même carte qu'au restaurant du Cap Horn –, dans une ambiance différente et unique. Endroit merveilleux aussi pour faire la fête car le bar se transforme en dancefloor dans la nuit. Idéal pour commencer ou finir la soirée dans le lieu le plus hype de Chamonix !

LE REFUGE PAYOT

255, rue du Docteur Paccard
✆ 04 50 53 16 86
www.refugepayot.com
Haute saison : ouvert tous les jours de 8h15 à 20h. Livraison possible (en France métropolitaine).

A la recherche des meilleurs produits régionaux des Alpes ? Ils sont tous réunis au Refuge Payot. Le décor de ce Refuge mérite à lui seul la visite pour découvrir toute la chaleur et les bonnes odeurs d'une ferme d'alpage. Une sélection remarquable de produits de tradition et de haute qualité. Et pour vous conseiller, des passionnés qui vous donneront l'origine de chaque produit, mais aussi l'histoire de chaque spécialité savoyarde. Commandes possibles via le site de vente en ligne pour se faire livrer dans toute la France. Le refuge des vrais gourmands.

COMPAGNIE DU MONT-BLANC

35, place de la Mer de Glace
✆ 04 50 53 22 75
www.compagniedumontblanc.fr
Ouvert toute l'année. Tous les jours. Horaires variables sur chaque site.

L'une des premières sociétés de remontées mécaniques françaises, créée à Chamonix, gère 5 sites et domaines skiables de haute altitude : 4 dans la vallée de Chamonix et une dans celle de Megève. Le Groupe Compagnie du Mont-Blanc a mis en place une fondation qui soutient les projets d'aménagement sur les sites et des projets d'intérêt général, et créé une filiale : Mont-Blanc Natural Resort qui gère directement les réservations des remontées mécaniques de l'ensemble des 5 sites. Forfaits sur le site du Mont-Blanc Natural Resort.

COMPAGNIE DES GUIDES DE CHAMONIX

190, place de l'Église
✆ 04 50 53 00 88
www.chamonix-guides.com
Ouvert tous les jours de 8h30 à 12h et de 14h30 à 19h30. Ascension du Mont-Blanc à partir de 1 830 € (5 jours Duo).

Une Compagnie dont le nom se confond avec l'histoire de l'alpinisme, et surtout la meilleure adresse pour trouver un encadrement qualifié et passionné. A cause de la surfréquentation, les cordées sans accompagnateurs professionnels agréés deviennent risquées. Faire appel à ces guides chevronnés est donc une garantie de sécurité. Certains raids à ski sur plusieurs jours s'adressent aux skieurs expérimentés et l'ascension du mont Blanc ne s'improvise pas, une véritable préparation physique et technique est nécessaire. Randonnée, escalade, snowboard, héliski, raquettes, tour du Mont-Blanc, de nombreux forfaits sont proposés, pour tous niveaux, été comme hiver : TMB (Tour du Mont-Blanc) en 5 jours avec une option portage de sac ; les monts et merveilles du val d'Aoste en 6 jours ; plus abordable, en famille, la vallée de Chamonix en cinq jours ; un stage d'initiation à l'alpinisme en trois jours, etc. Avec déjà près de deux siècles d'histoire (elle a été créée en 1821), la Compagnie des guides de Chamonix-Mont-Blanc est devenue une véritable légende. La maison de la montagne qui abrite aussi l'École du ski Français et la compagnie Cham'Aventure propose un point d'information gratuit, l'office de Haute Montagne. On affiche ici trois bulletins météo par jour, comme à l'office de tourisme voisin : consultations toujours très recommandées avant toute sortie, sur tout terrain, même réputé facile. Un bureau est aussi ouvert en saison à Argentière.

ARGENTIÈRE ★★

Argentière est particulièrement connu pour son impressionnant glacier, son sommet de l'Aiguille verte et le domaine skiable des Grands-Montets. Le charme du hameau avec ses fermes à l'architecture traditionnelle, ses lavoirs, son église baroque, sa chapelle du XIXe siècle et son panorama grandiose en font un lieu de villégiature très agréable, au plus près des départs de nombreuses randonnées, notamment le Tour du Mont-Blanc en été. Un point de passage incontournable sur la route du barrage d'Emosson, par le col des Montets, et de la frontière suisse en direction du Valais. La gare d'Argentière est une étape pour le train Mont-Blanc Express.

HAUTE-SAVOIE

LES GRANDS MONTETS ★★★

65, chemin de la Glacière
✆ 04 50 53 22 75
www.montblancnaturalresort.com

Haute saison, ouvert tous les jours et jours fériés 8h30-16h15. Été 7h30-16h30. Lognan A-R 19,50 €/adulte. Restaurant.

L'aiguille des Grands Montets (3 295 m) offre un magnifique panorama sur les Drus, l'Aiguille verte, les aiguilles de Chamonix, la Mer de Glace et... les séracs du glacier d'Argentière – peu visible depuis le village – qui sont accessibles par le téléphérique de Lognan. En hiver, le domaine skiable offre une multitude de pistes à fort dénivelé très prisées des freeriders à la recherche de sites grandioses. En été, Le Lognan - Plan Joran est le point de départ de nombreuses balades à pied, des vététistes expérimentés et des alpinistes vers l'aiguille Verte.

LES HOUCHES ★

L'authentique village de montagne des Houches est une station de ski familiale réputée qui abrite sur ses pentes l'une des pistes de descente parmi les plus mythiques du circuit blanc, la Verte des Houches (que l'on déconseille aux débutants...) sur laquelle se déroule l'épreuve de coupe du monde de ski alpin : le Kandahar. Ce n'est pas la seule attraction de ce village dont la particularité est d'être très étendu : entre 850 mètres à son point le plus bas et 4 304 mètres à son point le plus haut, qui est le Dôme du Goûter. Celui-ci est la voie royale qu'empruntent les alpinistes du monde entier pour atteindre le majestueux mont Blanc et, depuis Bellevue, qu'ils escaladent l'impressionnante face nord du Bionassay. Ses nombreux hameaux et oratoires, ses chapelles et fermes isolées sont à découvrir lors de sublimes randonnées à travers les forêts et les pics cristallins. Un patrimoine qui ne demande donc qu'à être visité et l'on sera surpris par la richesse baroque de l'église Saint-Jean-Baptiste – l'une des plus belles du département –, la statue du Christ-Roi mesurant plus de 25 mètres ou bien encore la présence de la prestigieuse École de Physique des Houches, fondée par la jeune physicienne Cécile de Witt en 1951. Rattachée à l'université Joseph Fourier de Grenoble (Université Grenoble Alpes), elle a accueilli en son sein d'éminents Nobel de physique tels Pierre-Gilles de Gennes et Georges Charpak. Les Houches, un village à part et une bouffée d'air frais à lui tout seul.

PARC ANIMALIER DE MERLET ★

2495, chemin de Merlet ✆ 04 50 53 47 89
www.parcdemerlet.com

Haute saison ouvert tous les jours de 9h30 à 19h30. Adulte : 8,50 €. Enfant de 4 à 15 ans : 5,50 €.

Chamois, mouflons, bouquetins, marmottes, daims, biches, et même lamas ! Le parc animalier de Merlet détonne par la quantité et la diversité de ses habitants. A 1 563 m d'altitude, la famille Cachat est aux manettes de ce safari montagnard créé en 1968. Au programme, une balade en toute liberté dans un domaine de 20 ha à la rencontre des plus illustres animaux des Alpes et des Andes. Comptez 20 minutes de grimpe avant d'atteindre l'entrée du parc puis on a le choix entre deux circuits : l'un complet de 2 à 3 heures, l'autre facile d'1 heure avec peu de dénivelé.

LA COMPAGNIE DES ÂNES

55, chemin du Vieux Four
✆ 04 50 47 26 18

Ouvert toute l'année, selon les conditions d'enneigement : se renseigner.

Découvrir les alpages en compagnie des ânes. Quoi de plus sympathique qu'une balade à dos d'âne, pour 1h ou une journée entière, à la découverte du hameau de Vaudagne et de la vallée de Chamonix. L'occasion d'une sortie en famille, originale avec pique-nique en pleine nature. Doux et dociles, très adroits sur les sentiers escarpés, les ânes sont des compagnons de voyage agréables et très appréciés des enfants. Équipé d'un bât, d'un licol et d'une longe, l'équidé peut porter jusqu'à 35 kg. Plus insolite encore, 2 jours pour un tour dans le massif du Mont-Blanc.

LE REFUGE PAYOT

Place de la Fruitière
✆ 04 50 34 87 09
www.refugepayot.com

Ouvert selon saison. Vacances scolaires, tous les jours de 8h30 à 19h30.

Évoquant la ferme de montagne, le cadre de cette superbe boutique est en harmonie avec le travail de la famille Payot depuis 4 générations. Sélection gourmande de charcuterie et fromages régionaux. Ce sont près de 22 variétés de saucissons, 12 variétés de jambons et presque autant de fromages et douceurs des Alpes (bonbons, miels, confitures), sans oublier les vins, liqueurs et bières des Savoie. Tout est prévu pour rapporter et savourer une fondue savoyarde typique, une bonne raclette ou des produits de la région. Une boutique et des produits authentiques !

DOMAINE LES HOUCHES

Le domaine skiable des Houches/Saint Gervais est l'un des domaines de la Vallée de Chamonix. En dessous de 2 000 m, c'est un domaine essentiellement tracé en forêt, mais c'est aussi un domaine technique sur lequel nos équipes nationales viennent s'entraîner et sur lequel se déroulent de grandes compétitions internationales (notamment sur la fameuse « Verte des Houches », descente de la Coupe du Monde). En famille ou pour le fun avec des espaces ludiques, pour se faire plaisir et de belles sensations tout en admirant le massif le Mont-Blanc, un superbe domaine.

SERVOZ

Un coup de cœur du *Futé* pour ce village un peu « oublié » dans la montée vers Chamonix. En aval des Houches, avec qui il partage désormais l'animation touristique, Servoz possède son propre charme authentique, celui d'un village aux multiples facettes. Des alpages qui s'étendent vers les sommets, des gorges qui comptent parmi les plus belles de France, une histoire et un patrimoine bien mis en valeur au village et une mentalité sympathique. L'occasion de passer des vacances différentes au cœur du pays du Mont-Blanc.

SAINT-GERVAIS-LES-BAINS ★★

Cette station aux mille visages abrite sur son territoire le prestigieux mont Blanc et ses 4 807 m. Lors d'un séjour à Saint-Gervais, on peut allier les bienfaits de la balnéothérapie en eau thermale naturellement chaude aux activités de montagne, glisse et alpinisme en tête. Les vertus thérapeutiques de l'eau de source du Fayet en dermatologie, rhumatologie et traitement des voies respiratoires sont connues depuis plus de deux siècles ! Saint-Gervais n'est pas qu'une ville, ce sont aussi quatre villages : Le Fayet (580 m), Le Bettex (1 400 m), Saint-Gervais (810 m), Saint-Nicolas-de-Véroce (1 170 m) et de nombreux hameaux reliés par un patrimoine extraordinaire, des paysages sublimes, une faune et une flore préservées. Ce patrimoine culturel et environnemental est précieux pour la commune qui entend bien le valoriser et le protéger pour offrir les plus belles émotions. Saint-Gervais est également une station de ski dont le domaine skiable sur les pentes du Bettex est relié par les pistes aux domaines de Megève et Saint-Nicolas-de-Véroce ; et plus largement par les navettes ski-bus aux autres stations du vaste domaine Evasion Mont-Blanc déroulant 400 km de pistes entre les sapins et des panoramas inoubliables. Le Tramway du Mont-Blanc emmène les skieurs en hiver et les randonneurs vers les sommets à bord d'un train unique en son genre. En été, de nombreux itinéraires de randonnée et de VTT, dont certains parcours spécialement dédiés aux VAE, pour tous les niveaux.

MAISON DE L'ALPAGE ★

✆ 04 50 47 21 68

Ouvert toute l'année. Du lundi au samedi 10h-12h et 14h-18h. Ouvert dimanche en période de vacances scolaires.

Un lieu incontournable pour découvrir toute l'étendue et la richesse de la région. De Servoz et de son vieux village, mais encore des autres sites, et ils sont nombreux, des environs. Bien sûr, la charmante hôtesse vous invitera à randonner dans les magnifiques alpages de Pormenaz, pour aller à la rencontre des bergers et de leurs troupeaux. Cette maison vous permettra de découvrir l'histoire du pastoralisme en Pays du Mont-Blanc et les produits du terroir de la région. La Maison de l'Alpage sert aussi de lieu d'exposition temporaire.

OFFICE DE TOURISME DE SAINT-GERVAIS-LES-BAINS

43, rue du Mont-Blanc

✆ 04 50 47 76 08

www.saintgervais.com

Ouverture selon saison.

Saint-Gervais, c'est la station 4 saisons pour mieux vivre vos vacances. La Maison de Saint-Gervais abrite en un même lieu, l'office de tourisme, les écoles de ski et la compagnie des guides. La station bénéficie du label Famille Plus et appartient au domaine skiable Evasion Mont-Blanc. En toute saison, c'est le domaine des Grands Espaces. On peut venir aussi se ressourcer, profiter des bienfaits de la montagne et des sources des thermes de Saint-Gervais. Authentique et exceptionnel !

LA CHAUMIÈRE** €

222, avenue de Genève
✆ 04 50 93 60 10
www.lachaumierehotel.com

Ouvert toute l'année. 22 chambres (balcons). Chambre double à partir de 60 €. Espace de remise en forme. Sauna.

La bienveillance naturelle de Mehdi et d'Emmanuelle, n'est pas uniquement réservée aux habitués. Dans cet endroit chaleureux, on fait vite partie du cercle amical, tissé depuis toujours. Ces aventuriers passionnés de montagne et de voyages, partagent leurs expériences autour du feu de cheminée. Rien ne manque au confort : chambres spacieuses, équipements sportifs, salle de sport, de fitness, d'escalade, billard, et un petit déjeuner de qualité, pour un tarif aussi exemplaire que l'accueil des propriétaires. Séjour en montagne qui devient inoubliable !

PATINOIRE

67, impasse de la Cascade
✆ 04 50 93 50 02

Ouvert toute l'année. Horaires sur Internet. Entrée : 4,50 €. Enfant : 3,50 €.

Une patinoire couverte et rénovée, riche d'activités : hockey sur glace, curling, jardin des glaces, luge pour personnes à mobilité réduite... Si les horaires d'ouverture de la patinoire peuvent varier, c'est du fait de la richesse de sa programmation : nombreuses et différentes manifestations sportives sont organisées pour le plus grand plaisir du public : matchs de hockey, de curling et galas de danse sur glace animent la patinoire toute l'année. Lorsque vous aurez trouvé le bon créneau, place au plaisir de patiner en famille ou entre amis.

PARC THERMAL

355, allée du Docteur Lépinay
✆ 04 50 47 76 08
www.saintgervais.com

Ouvert toute l'année. Petit train du 15 juin au 15 septembre. Restauration.

Attenant aux bâtiments des Thermes, les grands arbres forment une promenade rafraîchissante en plein été. Depuis l'entrée du parc Thermal, prendre à droite le sentier qui longe le torrent du Bonnant et rejoindre les thermes. Passerelle dominant le cours du torrent que l'on traverse pour suivre un sentier taillé dans la roche. Au retour, prendre le petit train à vapeur ou diesel, pour le plus grand plaisir des enfants. A côté du parc, un parcours aventure et une via ferrata agrémentent encore la journée familiale dans ce site verdoyant et apaisant.

THERMES DE SAINT-GERVAIS

355, allée du Docteur Lépinay
✆ 04 50 47 54 54
www.thermes-st-gervais.com

Haute saison : ouvert lundi, mercredi et jeudi de 10h à 19h, vendredi et samedi de 10h à 21h. Ouvert toute l'année.

Ouvert il y a plus de 200 ans, l'établissement médical de l'époque s'est transformé en un espace thermal de confort pour nous faire profiter des bienfaits d'une eau chaude et sulfureuse. Les vertus reconnues de cette eau sont multiples : apaisante, anti-inflammatoire, cicatrisante, anti-âge, anti-oxydante... Le spa thermal « Bains du Mont-Blanc » offre un véritable voyage santé. La solution pour combiner bien-être et atout santé. Le parc des thermes propose des activités ludiques : aire de jeux pour les enfants, terrain de pétanque…

HAUTE-SAVOIE

La passerelle du glacier de Bionnassay.

LES CONTAMINES-MONTJOIE ★★

Les Contamines-Montjoie, c'est la montagne comme on l'imagine, comme on la voit dans les magazines... En premier plan, un vrai village se dessine avec ses églises baroques, en arrière-plan le massif du Mont-Blanc et les Dômes de Miage subliment le paysage. De la neige à foison en hiver – nous sommes en fond de vallée et les nuages laissent tomber les flocons plus longtemps – et l'été fleurs, dégradés de vert et blanc en haut des sommets. C'est le site idéal, à 1 164 m d'altitude, pour les familles, les enfants, mais aussi pour les amoureux de la montagne en toute saison. Balades, sport et patrimoine sont réunis sur un territoire d'une incroyable beauté.

NOTRE-DAME DE LA GORGE

Route de la Gorge
www.lescontamines.com
Messe le 15 août. Visite guidée (5€, sur inscription).

Cette église, datant du XIIIe siècle puis reconstruite au XVIIe siècle, est un des joyaux du Sentier du Baroque avec sa façade blanche rehaussée des couleurs et statuaires de son décor remarquable. Lieu de passage incontournable dans l'ascension périlleuse du col du Bonhomme, Notre-Dame-de-la-Gorge offre en ce bout du monde un lieu de repos, de beauté et de sérénité incomparable. On peut aussi admirer le site naturel que l'on parcourt lors de la procession aoûtienne qui continue d'attirer de nombreux pèlerins chaque année le 15 août.

LA TABLE D'HOTES SAVOIE €€

285, route de Notre-Dame de la Gorge
✆ 04 50 91 35 73 - www.tabledhotesavoie.fr
Ouvert tous les jours midi et soir l'été. L'hiver 7j/7, sauf midi en semaine. Menu soir table d'hôtes 31 €. Enfant 12 €.

En léger contrebas de l'église, au centre du village, un bâtiment récent recouvert de bois. C'est beau dès l'entrée et les curieux remarquent la cabine de téléphérique transformée en table douillette à partager en amoureux. Les gourmands ne sont pas venus à la Table d'Hôtes Savoie pour faire des photos, mais pour savourer la cuisine de terroir du chef Ludovic. Enfant du pays, il partage, avec son épouse Élodie, la passion d'une cuisine authentique réalisée à partir des meilleurs produits de notre région. Excellent rapport qualité-prix et un coup de cœur.

CHIENS DE TRAÎNEAU

1280, route du Plan du Moulin
✆ 04 50 47 13 99
www.lescontamines.net/musher
Fermé du 1er avril au 15 juin et du 1er août au 15 décembre. Entrée : 8 €. Stages

Pour conduire soi-même un traîneau tiré par des chiens polaires sous le regard passionné de Bruno – plusieurs fois champion de France – et Dominique Stritmatter, musher d'expérience, il suffit de s'inscrire en ligne ou par téléphone. C'est une expérience enrichissante à bien des points de vue : environnement, relation avec l'animal, découverte de la glisse, etc. Mention spéciale à la virée nocturne, avec repas trappeur, pendant laquelle seule la lueur des étoiles se joint à l'aventure. Une expérience de pleine nature. Unique en France !

DOMAINE SKIABLE DES CONTAMINES

604, route des Moranches
✆ 04 50 47 02 05
www.lescontamines.net
Ouvert en saison.

Le ski alpin sur le domaine des Contamines-Hauteluce se pratique grâce aux 25 remontées mécaniques situées entre 1 200 et 2 500 mètres d'altitude permettant d'accéder aux 48 pistes sur 120 km. 3 Xzones sécurisées dédiées aux nouvelles glisses. Ce domaine skiable appartient à celui, plus vaste, d'Evasion Mont-Blanc. Pour le ski nordique, 23 km de pistes damées et balisées (payantes), sur le site classé de Notre-Dame-de-la-Gorge. L'été, de belles randonnées à pied ou à VTT.

LAC DE BAIGNADE DU PONTET ET PARC DE LOISIRS

Chemin du Praz
✆ 04 50 47 01 58
www.lescontamines.com
Fermé de novembre à mars. Entrée : journée enfant : 3 €, journée adulte : 4 €. Parc Aventure. Restauration.

le lac de baignade, au cœur du Parc de Loisirs du Pontet, permet de pratiquer de nombreuses activités : location d'ânes, parc du chien polaire, kayak, barques et bateaux à pédales, escalade, centre équestre, parcours aventure, tennis, golf, minigolf, tir à l'arc, quads, beach-volley, jeux d'enfants, petits chevaux à pédale, promenades et pique-niques... Au cœur du parc, le restaurant le Chalet du Lac vous accueille toute l'année pour vous régaler en famille.

CORDON

Surnommé le « Balcon du Mont-Blanc », Cordon offre une vue absolument splendide sur la chaîne du Mont-Blanc. Cordon est un village authentique, à la qualité de vie préservée, dont le rythme est donné par les saisons et les fêtes traditionnelles. Petit village de montagne, qui prend ses aises à 871 m d'altitude, en déroulant ses champs, ses routes et ses chemins, autour de chalets traditionnels et de fermes, vieilles parfois de plus de 200 ans. C'est aussi un village bien dans son temps, où il est possible de skier au milieu des sapins et des vieux chalets, avec des balades et des randonnées pédestres (et raquettes) ou VTT pour tous les niveaux.

LE CHAMOIS D'OR**** €€

4080, route de Cordon
✆ 04 50 58 05 16
www.hotel-chamoisdor.com

Ouvert en saison été et hiver, tous les jours. Chambre double 170 €, demi-pension 240 €. Wifi. Restauration. Sauna.

Un chalet-hôtel qui n'est pas réservé qu'aux skieurs, mais à tous les amateurs d'ambiance montagnarde entretenue ici depuis pas moins de 4 générations ! Un chalet aux airs de Tyrol qui sent bon le bois et la coquetterie avec ses nombreux détails qui lui donnent un air charmant et douillet. Toutes les chambres, boisées, disposent d'une terrasse face aux montagnes. Restauration traditionnelle qui fait la part belle aux spécialités du terroir. En été, on se baigne dans la piscine extérieure et on profite du jardin fleuri et des jeux d'enfants.

DOMAINE SKIABLE DE CORDON SALLANCHES

Le Dandry ✆ 04 50 58 14 21
www.cordon.fr

Saison hiver. Entrée : 20,50 € (journée). Abonnement : 107 € (6 jours). Enfant : 16 €. Forfait saison : 184 €. Nocturne.

Le domaine skiable Cordon Sallanches comprend 7 téléskis, 10 pistes sur 11 km. Sur place, l'école de ski français est prête à vous conduire sur l'espace débutant ou de perfectionnement. 8 circuits de raquettes balisés sont accessibles gratuitement. On peut aussi y pratiquer la luge et la conduite d'attelage de chiens de traîneau ; bien entendu, ces circuits sont des sentiers de randonnées accessibles en été. Le domaine au domaine Evasion Mont-Blanc, toujours relié par navette ski-bus.

COMBLOUX ★★

Véritable balcon face au mont Blanc, Combloux est, à l'origine, un village de montagne à vocation agricole qui prit son essor touristique au début du XXe siècle avec les premières liaisons mises en place par la Compagnie de chemins de fer PLM (Paris-Lyon-Méditerranée), l'ancêtre de la SNCF. En quelques années, le village devint une étape touristique incontournable, avec vue sur le mont Blanc. Dans les années 1920, le PLM s'investit même dans l'organisation du Grand Hôtel du Mont-Blanc, un palace construit par un riche propriétaire suisse, avant 1911 : un hôtel de luxe qui accueillit une clientèle anglo-saxonne puis des personnalités du monde entier. Le premier remonte-pente ouvrira en décembre 1935, mais la guerre bouleversera cette ascension et l'hôtel sera converti en appartements. C'est à la fin des années 1950 que Combloux deviendra une véritable station de sports d'hiver et un lieu de villégiature en été !
Aujourd'hui, le domaine skiable de Combloux, qui s'étend des Portes du Mont-Blanc à la Haute Vallée d'Arly, est relié à la fois au domaine Evasion Mont-Blanc. Grâce aux remontées mécaniques de ces deux domaines, on accède à plus de 450 km de pistes pour le ski et la glisse en hiver, le VTT et les randonnées en été. Le panorama sur les massifs du Mont-Blanc et des Aravis est exceptionnel ! Entre 980 et 1 200 mètres d'altitude, à deux pas de Megève, le village offre une bonne alternative – conviviale et sportive, à prix raisonnable – pour la clientèle familiale qui ne se laisserait pas séduire par sa célèbre voisine.

CAPRICE DES NEIGES** €€

57, chemin de l'Épine ✆ 04 50 58 63 22
www.capricedesneiges.com

19 chambres. Chambre double de 80 € à 110 €. Restauration en hiver. Jardin d'enfant et terrasse panoramique.

Un hébergement à prix raisonnable dans ce secteur très prisé de Combloux/Megève. A 600 m des pistes de Combloux et 3 km de celles de Megève, l'hôtel est proche de l'arrêt de la navette. Le Caprice des Neiges offre une hôtellerie de qualité au sein d'un site d'exception. Cadre de montagne fantastique, vue imprenable, sérénité du lieu, terrasse ensoleillée et un hôtel qui a connu de belles rénovations pour toujours mieux vous recevoir. Cuisine de terroir réalisée à partir de produits de qualité, frais et locaux, et des spécialités de montagne dans la pure tradition.

HAUTE-SAVOIE

PLAN D'EAU BIOTOPE

Chemin du Perret
✆ 04 50 58 60 49
www.combloux.com
Ouvert tous les jours 11h-19h de mi-juin à début septembre. Entrée 5 €. Enfant 4 €. Gratuit -5 ans. Restauration.

En plein cœur du village, avec un accès en pente douce pour les enfants, ce premier plan d'eau écologique ouvert à la baignade en France est préservé de toute architecture bétonnée. Une eau pouvant atteindre 26 °C sans être chauffée, des plantes aquatiques qui filtrent l'eau, un jet d'eau et un petit ruisseau en cascade pour une qualité d'eau irréprochable. Ce plan d'eau 100 % écologique est l'un des plus beaux des Alpes. Une nouvelle génération de piscine écologique et citoyenne pour préserver la beauté des espaces naturels ! Réservation conseillée.

MEGÈVE ★★★

A la jonction du Val d'Arly et du bassin de Sallanches, Megève a été l'une des premières stations internationales de sports d'hiver. A l'image de la station suisse de Saint-Moritz, la baronne Noémie de Rothschild prend l'initiative en 1922 de la création du palace du Mont-d'Arbois pour recevoir cette clientèle aristocratique européenne. Construit à l'écart du village d'origine, sur les hauteurs du mont d'Arbois, véritable belvédère sur le mont Blanc, c'est un domaine de 450 ha qui bénéficie aujourd'hui encore d'une situation privilégiée. Ce sera le début de l'essor de la station mondaine que l'on connaît, avec à ce jour un altiport, un golf – sur herbe et sur neige – et des compétitions internationales de ski, mais aussi de polo sur neige et de jumping... Une occasion rare de voir ces sports très spectaculaires !

L'ancien Megève, un bourg agricole du XIVe siècle aux rues pavées, conservées autour de son église Saint-Jean-Baptiste et de son authentique place centrale, voit son style architectural évoluer en 1926 avec le jeune architecte Henry Jacques Le Même qui saura intégrer les exigences citadines. Cet authentique village de montagne, devenu l'une des stations les plus huppées des Alpes, a su préserver son charme initial en alliant l'harmonie de son style architectural typique – malgré l'image surannée des traîneaux et calèches et le décor tape-à-l'œil des magasins de luxe – à l'authenticité de son paysage. On le découvre au détour d'une ruelle à l'agencement rustique, d'une montée abrupte ou encore depuis un pont de pierre sous lequel gronde le torrent.

Megève se savoure l'hiver, avec le domaine skiable Évasion Mont-Blanc et ses 400 km de pistes. Ici, les grands noms du ski se sont fait connaître : Émile Allais, Adrien Duvillard... Ils ont contribué à faire de Megève une station alpine de renommée. Les activités de montagne (golf sur neige, polo, hockey, chiens de traîneau...) sur le domaine du Mont-d'Arbois et de Rochebrune sont variées. L'été, le domaine est agréable, avec les nombreux sentiers de balades, les activités de montagne et d'eau vive, le golf et les loisirs de pleine nature. La station bénéficie du label Famille Plus ! Et si Megève, en pleine saison, peut vous paraître un peu « prétentieuse », laissez-vous surprendre avec quelques adresses à des tarifs raisonnables et par l'authenticité et le charme, sous le vernis mondain, d'un village soucieux de préserver son environnement.

MUSÉE DU HAUT VAL D'ARLY ★

84, rue Docteur Charles Socquet ✆ 04 50 91 81 00
http://museehautvaldarly.free.fr
Ouvert de juillet à septembre et de décembre à avril, du lundi au samedi de 14h30 à 18h. Adulte 3,50 €. Enfant 2,80 €.

Un musée dans une authentique ferme du XIXe siècle où se mélangent objets anciens et photos d'époque. Cet écomusée associatif, consacré à la vie traditionnelle dans le Haut Val d'Arly, a été créé en 1987 à l'initiative du médecin historien Charles Soquet. Véritable témoignage de la vie domestique, sociale et montagnarde des Mégevands, ce musée populaire ne manque pas de charme dans la Megève huppée ! Une mise en scène de collections d'objets, de meubles et de photos ; des reconstitutions réalistes laissent imaginer la vie de ces savoyards. Une agréable visite.

MEGÈVE TOURISME

70, rue Monseigneur Conseil
✆ 04 50 21 27 28
www.megeve.com
Ouvert selon saison. Haute saison, tous les jours de 9h à 19h.

Megève Tourisme a plus d'un siècle d'existence ! Les documents d'informations sont de qualité et traduits dans de nombreuses langues. Des visites pour découvrir le centre historique, les différents hameaux, le sentier patrimonial du Calvaire, ou encore un circuit sur l'eau de montagne qui fait la part belle aux fontaines de la ville... soit 16 propositions d'itinéraires gratuits ou payants avec un guide. Pour les skieurs et les randonneurs, des cartes utiles pour se repérer sur le domaine Evasion Mont-Blanc ou les massifs environnants sont à disposition.

BUREAU DES GUIDES

76, rue Ambroise Martin
✆ 04 50 21 55 11
www.guidesmegeve.com
Accueil ouvert tous les jours de 9h à 12h et de 14h à 18h.

Pour découvrir la montagne en toute sécurité, il faut un bon matériel, et un bon accompagnement. Sur les communes de Megève, Combloux, Praz-sur-Arly et le Haut du Val d'Arly Mont-Blanc, le Bureau des Guides – fondé en 1969 – offre ses compétences professionnelles, conseille et accompagne les expéditions en haute montagne (tour du Mont-Blanc par GR5, Vallée blanche...) et en « rando glaciaire », cascade de glace, alpinisme, héliski, etc. Également en moyenne montagne et dans le Val d'Arly, avec des randonnées à pied, à raquettes, à ski, en VTT ou en via ferrata.

LES CHALETS DU MONT D'ARBOIS***** €€€

447, chemin de la Rocaille ✆ 04 50 21 25 03
www.domainedumontdarbois.com
Relais & Châteaux. Ouvert en hiver. Chambre double à partir de 1 260 €. Petit déjeuner : 55 €. Wifi. Restauration. Spa.

Une plongée dans l'univers de la famille Rothschild ! À 500 mètres des pistes et du club de golf du Mont d'Arbois, cet ensemble superbe de chalets-hôtels de charme, rénové à merveille, offre un très grand confort. Le chalet principal de 24 chambres accueille un luxueux spa, une salle de fitness, une piscine intérieure et une extérieure chauffée, ainsi que le restaurant La Table de Noémie. Des services sont réservés dans chacun des établissements du domaine, desservis par navettes.

LE FER À CHEVAL***** €€€

36, route du Crêt
✆ 04 50 21 30 39
www.feracheval-megeve.com
Ouvert saison d'été et d'hiver. Chambre double de 285 € à 555 €. Demi-pension. Restauration. Spa. Excursions.

Un 5-étoiles où se conjuguent à merveille tradition de l'hôtel de montagne, luxe et confort moderne. Tout près de Megève, à proximité de la télécabine du Chamois, le Fer à Cheval jouit d'un cadre à couper le souffle. A 1 560 mètres d'altitude, en pleine nature, l'ensemble de petits chalets typiques forme un lieu de villégiature exceptionnel. À l'intérieur de l'établissement, mariant les styles savoyards et autrichiens, chambres et suites de grand confort, bars, restaurants, spa. Un établissement luxueux aux prestations haut de gamme. Un charme fou !

FLOCONS VILLAGE €€

75, rue Saint François
✆ 04 50 78 35 01
www.floconsdesel.com
Ouvert du mercredi au dimanche le midi et le soir. Réservation recommandée. Carte : 40 € environ. Menu enfant : 18 €.

Au cœur du vieux Megève, à l'emplacement de son premier Flocons de Sel, le chef Emmanuel Renaut a installé sa version bistrot. Flocons Village propose une cuisine régionale revisitée dans un cadre intime et une ambiance chaleureuse et élégante, tout en maintenant un service attentif et soigné. Carte créative suivant le rythme des saisons pour mettre les produits à l'honneur. Un avant-goût de l'excellence de la cuisine de ce grand chef qui réussit à confier à une équipe efficace les rênes de ce bistrot de charme. À découvrir absolument !

Alpage du Mont d'Arbois près de Megève.

LA DAME DE PIC - LE 1920 €€€

373, chemin des Follières
✆ 04 50 78 62 65
www.fourseasons.com

2 Michelin. Ouvert saison été et hiver, du mardi au samedi soir, le week-end midi. Menus de 190 € à 255 €. Terrasse.*

Dans le cadre élégantissime du Four Seasons de Megève, sous une voûte en bois que vous allez admirer tout autant que les assiettes, vivez l'incroyable expérience culinaire proposée par cette offre proposée par le groupe international qui s'est associé avec la cheffe triplement étoilée Anne-Sophie Pic pour remplacer le jeune (et très brillant) chef Julien Gatillon qui avait obtenu les 2 étoiles au 1920. En cuisine, produits locaux et saveurs d'ailleurs s'associent avec perfection, dans un cadre avec vue magnifique sur les montagnes environnantes. Pari réussi.

FLOCONS DE SEL €€€

1775, route de Leutaz ✆ 04 50 21 49 99
www.floconsdesel.com

3 Michelin. Haute saison : ouvert du vendredi au dimanche midi et soir, le jeudi et lundi soir. Menu 260 à 330 €.*

Emmanuel Renaut est un guide qui nous emmène vers d'autres sommets. Même s'il a suivi les traces de grands chefs comme Marc Veyrat, le chef propose une table magique qui prend les couleurs et les saveurs des saisons. On part en promenade gourmande dans les prés et les jardins autour du Leutaz. Les saveurs sont subtiles et la nature sublimée dans les mains d'un chef qui, par une parfaite maîtrise technique, laisse parler l'émotion. Menus déclinables en version végétarienne. On vous encourage à réserver un chalet pour séjourner dans ce merveilleux Relais & Châteaux

LE REFUGE DU CALVAIRE €€€

592, montée du Calvaire
✆ 04 50 47 54 39
www.lerefugeducalvaire.com

Ouvert toute l'année. Du mercredi au dimanche et les jours fériés le midi et le soir. Carte : 27 € environ.

On accède au Refuge du Calvaire par une jolie balade au-dessus du village de Megève. Comme son nom l'indique, le restaurant est situé dans la montée du Calvaire, un peu raide par endroits mais large et agréable. On est accueilli par une très belle vue sur le village et les montagnes, dans un calme enchanteur. La petite terrasse dans les champs est parfaite par beau temps. En intérieur, la salle est vaste et très bien décorée. N'oublions pas l'essentiel : la carte, variée, entre plats raffinés et spécialités savoyardes délicieusement fromagées. Une belle adresse !

DOMAINE ÉVASION MONT-BLANC

220, route du Téléphérique de Rochebrune
✆ 04 50 21 38 39
http://ski-megeve.megeve.com

Été et hiver en fonction de l'enneigement. Forfait en ligne.

Composé des secteurs de Megève et de 6 autres stations – Saint-Gervais et Saint-Nicolas de Véroce, Les Contamines-Montjoie Hauteluce, Combloux et La Giettaz – le domaine Évasion Mont-Blanc permet au skieur d'accéder à plus de 400 km de pistes. Des reliefs où alternent alpages, forêts et grands espaces, reliés par des équipements performants. En été, les remontées vous propulsent sur les pentes le temps d'une randonnée de VTT, d'un vol en parapente ou d'une randonnée.

GOLF DU MONT-D'ARBOIS

3001, route Edmond de Rothschild
✆ 04 50 21 29 79
www.domainedumontdarbois.com

Fermé du 1er novembre au 15 mai. Ouvert tous les jours. Restauration. Boutique.

Un panorama unique ! Créé en 1964, le plus ancien golf de montagne a été dessiné par l'ancien champion britannique Henry Cotton. Dominant le charmant village mégevan, le golf du Mont-d'Arbois est un parcours en pente douce, au milieu des épicéas, sorbiers, bouleaux et autres mélèzes. Sa clientèle prestigieuse lui confère une aura particulière et il est le théâtre régulier de nombreuses compétitions dont l'insolite Winter Golf Cup qui se déroule... sur la neige ! Après son parcours, on peut se restaurer au club-house d'un menu golfeur ou de menus plus élaborés.

STELSIA CASINO

192, rue Charles Feige
✆ 04 26 78 65 65
www.lestelsia-casinos.com

Ouvert tous les jours à partir de 12h. Entrée gratuite.

Une nouvelle enseigne pour gagner le jackpot à Megève. Un casino qui prend la suite d'autres grands noms du jeu pour nous accueillir dans un tout nouveau casino Stelsia. Un univers qui tourne autour du jeu avec 70 machines à sous, roulette électronique, black jack électronique, mais aussi des jeux traditionnels avec table de roulette anglaise et table de black jack. Un univers qui s'étend au-delà du jeu avec le Gallery Bar, le restaurant Les Voiles et le night-club Le Rendez-Vous pour prolonger la soirée. Simulateurs automobiles pour se faire plaisir autrement.

PRAZ-SUR-ARLY

Praz-sur-Arly présente une belle diversité de paysages. À la frontière savoyarde du pays du Mont-Blanc, cet authentique village de montagne du val d'Arly se trouve en effet au croisement des massifs du Mont-Blanc, des Aravis et du Beaufortain. Les sportifs profitent pleinement du fameux domaine skiable Espace Diamant auquel il est relié mais encore des randonnées tous azimuts, sans oublier les fameuses montgolfières qui nous transportent bien au-delà des sommets et se donnent rendez-vous, chaque année, un week-end de janvier, pour un challenge des meilleurs pilotes du monde. Une vingtaine de ballons se retrouvent dans le ciel de Praz alors que sur le domaine de nombreuses animations avec chiens de traîneau, cerfs-volants géants et mini-montgolfières radiocommandées sont au programme des festivités. En toute saison, Praz-sur-Arly, est une destination privilégiée des familles (notons que les premières classes de neige furent inventées ici en mars 1950 !) en quête de détente et d'activités. Une station qui s'est affirmée comme une station familiale dès les années 1970 où les tout-petits sont reçus avec un soin tout particulier dans les endroits signalés « Bonne pioche ». Une « petite » station qui a les atouts d'une grande avec ses prestigieux ambassadeurs sportifs comme Thomas Fanara, 3 fois champion de France et champion du monde par équipe en 2011, en slalom géant ; ou la musher Sandrine Muffat, championne du monde de la discipline en 2014.

OFFICE DE TOURISME

54, route du Val d'Arly
✆ 04 50 21 90 57
www.prazsurarly.com
Ouverture selon saison. Haute saison, tous les jours de 9h à 12h et de 14h à 19h.

Porte d'accès entre la Savoie et le Pays du Mont-Blanc, Praz-sur-Arly séduit par son caractère authentique. Hiver comme été, la station familiale fleure bon les alpages où l'on randonne en savourant un bon morceau d'air pur et de fromage (avec 4 AOC et 2 IGP) dans les nombreuses fermes encore en activité. A moins que l'on ne préfère glisser sur les pistes ou les dévaler en VTT. De nombreuses balades en calèche à partir de l'église, en raquettes sur le circuit balisé. Praz-sur-Arly organise au mois de janvier les Montgolfiades Internationales.

LES PORTES DE MEGEVE €€

1265, route de Megève
✆ 04 79 75 75 20
www.lesportesdemegeve.com
De 754 € à 7 289 € la semaine selon saison. Appartements et chalets de 4 à 23 personnes. Séminaires. Hammam, sauna.

Ce hameau de chalets et d'appartements neufs et ultra-confortables porte bien son nom : à quelques minutes de la belle Megève, à l'entrée du village de Praz-sur-Arly, on vient ici pour profiter de logements spacieux, bien équipés, lumineux, avec vue sur les montagnes depuis les immenses baies vitrées. Dans le chalet historique, un espace hammam et sauna. On peut y venir sans voiture : l'arrêt de bus est juste en bas du hameau, des navettes desservent la station, et le supermarché est à 5 minutes à pied. Le + : un service conciergerie efficace et agréable !

ESPACE DIAMANT

54, route du Val d'Arly
✆ 04 50 21 90 57
www.espacediamant.com

Le domaine Espace Diamant regroupe 6 stations-villages, dont Praz-sur-Arly, la station de charme, à l'espace skiable s'étalant entre 1 000 et 2 069 mètres d'altitude, entre le massif du Beaufortain, le val d'Arly et le pays du Mont-Blanc : 192 km de ski alpin, 163 pistes, 80 remontées mécaniques, 120 km de ski nordique et également 5 snowparks et 3 boardercross constituent ce vaste espace de sports d'hiver qui égale largement les plus grands domaines des Alpes. Situé à 4 km de Megève, le domaine de Praz-de-Lys met l'accent sur les activités familiales accessibles à tous : ski alpin et ski nordique, nouvelles glisses. Les nostalgiques apprécieront une initiation au yooner, la version modernisée du paret, une glisse sur une luge à un patin, ou le ski joëring, tracté par un cheval. L'école de ski anime un espace « jardin des neiges » pour les 3 ans et plus. Dès 8 ans, on part en raquettes à la découverte des traces d'animaux. Plus singulier et pour tout public, le survol en montgolfière du massif alpin lors d'une journée inoubliable. Pour ceux qui préfèrent garder les pieds sur terre et observer le ballet majestueux des ballons, les « montgolfiades » animent la station chaque année en janvier. En été, l'espace Diamant ouvre ses parcours aux VTT, aux trailers et aux randonneurs qui bénéficient alors d'un panorama unique sur la chaîne du Mont-Blanc. Un espace brillant comme un Diamant aux multiples facettes, un terrain de jeu et de loisirs outdoor tout à fait exceptionnel pour des vacances en toute saison.

HAUTE-SAVOIE

CLUSES

Au centre de la vallée de l'Arve – le cours d'eau le plus long du département de la Haute-Savoie avec ses 107 kilomètres –, Cluses est le symbole de l'industrie de haute précision. Proche à la fois de la Suisse et de l'Italie, la ville bénéficie historiquement d'une position privilégiée dans le développement de l'industrie de l'horlogerie, du décolletage et de la mécatronique. Depuis sa large plaine, Cluses constitue une bonne base de départ pour les stations de ski alentour. Comme le domaine du Grand Massif avec ses cinq stations ; Flaine, les Carroz, Samoëns, Morillon et Sixt Fer à Cheval. Mais aussi les stations de la vallée de l'Arve.

CHÂTEAU DES SIRES DE FAUCIGNY ★

32, porte du Château - **BONNEVILLE**
✆ 04 50 97 38 37
www.tourisme-faucigny-glieres.fr

Ouvert du mercredi au dimanche de mi-juin à mi-septembre. Visite libre gratuite. Visites théâtralisées payantes.

Un joyau restauré au cœur de Bonneville. Édifié à partir du XIIIe s., il s'agit du plus ancien château en Savoie et Haute-Savoie. Il est aussi le dernier témoin du réseau de fortifications établi par Pierre de Savoie. Au fil du temps château fort, château seigneurial, puis prison d'Etat, le château des Sires de Faucigny reprend vie après d'importants travaux qui devraient se terminer complètement en 2024 avec l'ouverture d'un musée de la Résistance et de la Déportation et du Faucigny.

MUSÉE PAYSAN

628, avenue de Savoie - **VIUZ-EN-SALLAZ**
✆ 04 50 36 89 18
https://paysalp.fr/musee-paysan/

Ouvert lundi-vendredi 10h-12h30 et 13h30-17h. Juillet-août : fermeture 18h. Adulte 6,50 €. Enfant 4 €. -5 ans gratuit.

Pour bien comprendre la vie dans un village de montagne entre 1850 et 1950, direction l'écomusée paysan Paysalp. A l'époque, être paysan était un mode de vie, une nécessité, et pas seulement un métier. Le musée permet de découvrir toutes les facettes de la vie quotidienne, en déambulant dans des reconstitutions imaginées avec de vrais objets d'époque : chambre, épicerie, forge, usine... Chaque espace nous plonge 150 ans en arrière. Pour les familles, un « Absurd game » ludique (sur réservation) permet d'explorer cette collection par le jeu. A découvrir !

MUSÉE DE L'HORLOGERIE ET DU DÉCOLLETAGE ★

100, place du 11 Novembre ✆ 04 50 96 43 00
www.musee.2ccam.fr

Label Tourisme & Handicap. Septembre à juin, mardi-samedi 14h-18h. Été 7j/7 10h-12h et 14h-18h. Adulte 5 €. Enfant 3 €.

Au premier étage de l'espace Carpano et Pons situé le long des berges de l'Arve, dans l'ancienne fabrique d'horlogerie du XIXe siècle le musée nous propose de remonter le temps en un voyage historique à travers les techniques et les objets qui ont permis de mesurer le temps avec de plus en plus de précision. Un voyage de l'astronomie à l'horlogerie, à travers des pièces remarquables ! On admirera les instruments de mesure du temps conservés ici au fil des années et des avancées technologiques : anneaux solaires, cadrans solaires, nocturlabes, un réveil bougie, une horloge à huile. On y découvre l'histoire de la montre depuis les premières apparues vers 1500, suspendues au cou, jusqu'à celles que nos grands-pères portaient dans leur gousset ainsi qu'une horloge de clocher et des cartels. Cluses abritait jusqu'en 1989 l'École royale puis nationale d'horlogerie fondée en 1848 et devenue lycée technique en 1960. Une salle retrace les premiers pas de l'industrie du décolletage, qui consiste à fabriquer par tournage ou usinage de petites pièces en série. La vis fut la première pièce réalisée. Aujourd'hui, le décolletage fournit en pièces de nombreux domaines industriels (automobile, industrie du luxe, etc.). Cluses est devenu un pôle d'importance mondiale dans ce domaine et celui de la mécatronique. Des visites à thèmes, dont une visite théâtralisée dans un atelier de 1853 reconstitué, et une exposition temporaire viennent compléter la découverte de ce lieu surprenant !

LES SAPINS €

131, La Vieille Route - **SAINT-JEOIRE**
✆ 04 50 35 80 38
www.lessapins74.fr

Du mardi au dimanche le midi ; du mardi au samedi le soir. Menus de 35 € à 45 €.

Des sapins à perte de vue sur le massif des Brasses ont donné leur nom à cette belle maison. Air pur, beauté naturelle du décor, charme et table gourmande d'un hôtel-restaurant familial repris par Stéphane, enfant du pays, et sa famille. Tradition et passion dans la cuisine raffinée du chef, passé maître dans l'art gourmand, associant les saveurs, déclinant à l'envi les produits du terroir local. Service souriant en salle d'Augusta, Mélissa et Nicolas. 9 chambres confortables permettent de séjourner entre les massifs du Môle et des Brasses. Coup de cœur assuré !

AUBERGE D'AYZE €€

780, route de Bonneville - **AYZE**
✆ 04 50 03 61 50
www.aubergeayze.com
Ouvert du mardi au samedi soir, du mercredi au dimanche midi. Carte 30 €. Formule midi : 17 €. Parking.

Petite terrasse à l'étage sous la treille d'une maison qui nous accueille dans une ambiance conviviale. Entre auberge traditionnelle et lignes plus contemporaines - le mobilier de la salle et les murs en sont un parfait exemple -, Chez l'Anaïs nous offre une auberge au goût du jour au sein du village viticole d'Ayze. La carte fait toujours honneur au terroir haut-savoyard, mais elle se complète avec le même plaisir de plats bistronomiques composés des bons produits de saison. Du fait maison de qualité en toute convivialité, ça mérite d'y goûter et d'y revenir !

LE LAC BENIT

CR dit du Vuafieu
MONT-SAXONNEX
Balade accessible en été.

Belle balade accessible à tous, cette randonnée permet d'atteindre le lac Bénit et ses belles eaux turquoise enserrées au pied d'imposantes falaises. L'accès est bien balisé : une fois garé au Bété, sur le parking de Malacquis, suivez les panneaux indiquant la direction du lac Bénit. La montée dure environ 1h15, la descente 45 minutes. Lors de la montée, regardez bien la falaise : voyez-vous la tête de mort sur la gauche ? Une fois en haut, profitez de l'environnement et de la buvette, ouverte en saison. Attention, on ne peut pas se baigner dans le lac.

LA ROCHE-SUR-FORON ★

Cette ville a commencé par contrôler toute la vallée moyenne de l'Arve. A partir de son titre ancien de capitale du comté de Genève (de 1033 à 1219), elle peut afficher l'appellation de « deuxième cité historique de la Haute-Savoie ». Quoi qu'il en soit, elle a au moins su innover en 1885, au niveau européen, en se dotant du premier éclairage électrique et public. Sa grande foire-exposition, lancée dès 1925, devenue foire internationale depuis 1995, a poussé aux oubliettes la foire d'Annecy. Nous sommes dans un centre au bon dynamisme industriel et commercial. Vous apprécierez de vous balader dans cette cité médiévale qui fourmille de petits commerces.

HÔTEL LES AFFORÊTS*** €€

✆ 04 50 03 35 01
www.les-afforets.com
28 chambres. Chambres doubles de 81 à 87 €. Petit déjeuner buffet à volonté 12 €. Parking public. Salon. Terrasse.

Carole, Michel, et Cyril vous réservent un accueil familial, bienveillant et professionnel. Avec une belle situation géographique en centre-ville, les Afforêts offrent 28 chambres confortables - certaines avec vue sur les montagnes -, rénovées avec goût dans un style contemporain et soigneusement entretenues. Qualité d'accueil, bons plans de la région que chacun fait partager, et un petit déjeuner de qualité. Restaurant La Renaissance, l'exotique Pali Pali, pizza italienne à cuire, ou distributeur de snackings. Confort, qualité, bienveillance : coup de cœur !

DELICAT DELICE

160, rue Perrine
✆ 04 50 25 89 46
Pâtisserie-chocolaterie. Ouverte du mardi au samedi de 8h30 à 12h et de 14h30 à 19h. Le dimanche de 8h30 à 12h.

Délicat Délice porte bien son nom : au menu, des pâtisseries, des chocolats et même des glaces en été. Les gâteaux sont fins, goûteux, et les parfums changent en fonction des saisons. Une appétissante gamme de buches est lancée chaque Noël, et on peut commander des gâteaux sur mesure. On recommande le Tikaho, ultra chocolaté. Au niveau des chocolats, la gamme est bonne et variée, avec un grand choix pour Pâques et Noël. On apprécie la jolie terrasse qui surplombe le Foron et qui permet d'avoir une vue agréable sur les montagnes en dégustant sa petite douceur.

LE GRENIER SAVOYARD

330, rue des Combattants AFN
✆ 04 50 25 55 39
www.greniersavoyard.fr
70 casiers en accès 24h/24 et 7j/7.

Garant de la tradition gourmande des bons produits régionaux, le Grenier Savoyard innove en installant sur son site de La Roche-sur-Foron 70 casiers réfrigérés de distribution de produits régionaux en libre-service. Faciles d'accès, sur l'axe Annecy/Cluses, ils permettent de faire le plein à toute heure des meilleurs produits : terrines, charcuteries, de fameux beignets de pommes de terre, kit raclette ou kit fondue, potée savoyarde, reblochon fermier, sélectionnés par un passionné de la gastronomie savoyarde, Alexandre Brasier.

PASSY

Cette vaste commune de la haute vallée de l'Arve est constituée de nombreux hameaux sur les contreforts du massif du Chablais. Entre les 500 mètres des rives de l'Arve et les 2 700 mètres de la chaîne des Fiz, le paysage aux atouts naturels indéniables compose un décor propice au développement touristique. Le plateau d'Assy est connu depuis le XIXe siècle pour son air pur qui lui valut la présence de sanatoriums dans les années 1920 et il reste aujourd'hui un centre de convalescence apprécié. Le domaine skiable de Passy Plaine-Joux offre un site parfait pour les débutants qui se transforme en site d'envol des parapentes l'été. Les sentiers de randonnée dans la réserve naturelle nationale de Passy, dominée par les falaises des Fiz, mènent naturellement jusqu'à celle des Aiguilles Rouges. Si vous êtes amateur de randonnées, vous pouvez partir à l'aventure en faisant le tour des Fiz, en fonction de votre niveau et de vos envies, cela vous demandera entre 2 à 7 jours de marche. Vous pouvez facilement organiser votre séjour sur le site de Passy Mont-Blanc, avec les refuges disponibles, les conseils et les itinéraires. Ce patrimoine naturel a inspiré de nombreux artistes. L'art moderne d'abord, représenté par l'église Notre-Dame-de-Toute-Grâce, édifiée au XXe siècle, en complément de l'église baroque Saint-Pierre-Saint-Paul ; l'art contemporain ensuite, avec la « route de la sculpture », 15 km entre Passy et le domaine de Plaine-Joux, des sculptures contemporaines des plus grands maîtres tels qu'Albert Féraud, Alexander Calder, Charles Semser... Un musée d'art moderne en pleine nature !

Le lac d'Anterne dans la réserve naturelle de Passy - Sixt.

NOTRE-DAME DE TOUTE GRÂCE ✝ ★★

101, rue de l'Eglise
✆ 04 50 58 80 52
www.passy-mont-blanc.com
Ouvert tous les jours de 9h à 18h30. Pas de visite pendant les offices et célébrations. Visite libre.

Dessinée par l'architecte Maurice Novarina et édifiée entre 1937 et 1946, l'église de Notre-Dame de Toute Grâce évoque la robustesse des chalets de montagnes par son aspect de pierres et colonnes apparentes. Les œuvres contemporaines qu'elle contient témoignent d'un art sacré bien vivant. Depuis la grande mosaïque extérieure de Fernand Léger aux œuvres intérieures signées Bonnard, Braque, Chagall, Matisse, sa décoration réunit les plus grands maîtres de l'époque moderne.

SALLANCHES ★

Voici l'entrée du pays du Mont-Blanc ! Sallanches est sans conteste une ville industrielle, comptant parmi ses usines les skis Dynastar, du groupe Rossignol (seul fabricant français de skis). Mais depuis plusieurs décennies c'est le tourisme qui s'est imposé. Sallanches est devenue la base polyvalente de toutes les stations qui gravitent autour du Mont-Blanc, à savoir les 7 grandes stations que sont Chamonix, Combloux, Megève, Les Contamines, Les Houches, Praz-sur-Arly et Saint-Gervais. Pour tous les touristes, c'est de plus en plus leur point de ravitaillement en grandes et moyennes surfaces. Nombreuses idées rando et autres activités outdoor.

OFFICE DE TOURISME DE SALLANCHES

32, quai de l'Hôtel de Ville
✆ 04 50 58 04 25
https://sallanchesmontblanc.com
Ouvert lundi-samedi 9h-12h et 14h30-18h.

L'OT organise avec les guides du Patrimoine de Savoie de nombreuses visites. La table d'orientation de la place Charles-Albert est très appréciable ! L'église collégiale Saint-Jacques reste le joyau de l'architecture locale. Sa décoration intérieure de style néoclassique reflète bien l'art sacré du XIXe siècle en Haute-Savoie. La station de ski la plus proche, Cordon, reliée au domaine Evasion Mont-Blanc, n'est qu'à 4 km, tandis que Passy nous attend de l'autre côté de l'Arve.

MORILLON

Morillon est située sur les rives du Giffre, donc de l'affluent majeur de l'Arve, quelques kilomètres seulement en aval de la station de Samoëns. Depuis quelques années, nous assistons à l'éclosion de cette station jusqu'alors assez discrète. Avec un nombre croissant de lits, Morillon est en passe de devenir une station réputée, reliée au domaine du Grand Massif, bien ancrée dans le créneau « familial » et orientée vers un certain standing. Avec un centre-ville resserré autour de la belle église Saint-Christophe et de nombreux hameaux éparpillés dans la montagne, Morillon a su conserver le charme discret et parfois cossu d'un village de montagne devenu prospère.

OFFICE DE TOURISME GRAND MASSIF

23, route des Follys
✆ 04 50 90 15 76
www.morillon.fr

Ouverture selon saison. Haute saison, tous les jours.

Dynamique, l'office de tourisme met en place des animations pour tous les âges : sorties nocturnes en raquettes, ateliers, conférences, quiz sur les pistes… Station familiale située au pied du Grand Massif où tous les skis et les randonnées sont possibles. Profitez du big air ! Ce tremplin installé pour effectuer des figures en l'air sera l'attraction des riders et des snowboardeurs. En été, détente sur le plan d'eau du lac Bleu avec baignade, pêche, parcours accrobranches, jeux.

BOULANGERIE TIFFANIE

Rue Principale
✆ 04 50 90 14 97
https://boulangerie-tiffanie.fr

Basse saison : ouvert tous les jours de 6h30 à 12h30 et de 15h30 à 18h30. Haute saison : tous les jours de 6h30 à 19h.

Seule boulangerie de Morillon, la boulangerie Tiffanie tient bien son rôle : quelques tables permettent de prendre son petit-déjeuner ou son goûter sur place, à l'intérieur ou en terrasse, le pain est bon et la gamme de pâtisserie extra large. La boulangerie offre également une belle sélection de sandwichs à emporter pour le pique-nique. Si vous souhaitez y revenir, bonne nouvelle : 6 magasins sont présents dans toute la vallée. Et pour réduire la quantité d'emballages utilisés, venez avec votre boîte, le coût de l'emballage sera déduit du produit !

SENTIER DU LORNAZ N°2

Place de la Mairie
VERCHAIX
www.haut-giffre.fr

Un joli sentier pédagogique en boucle d'une heure et demie, accessible à tous ! 15 panneaux thématiques permettent de mieux connaître l'histoire du lieu, sa faune, sa flore et son paysage. Commencez par visiter la modeste église, dont le parvis offre une belle vue sur la vallée. Dos à l'entrée de l'église, prenez la première route à gauche puis suivez la direction « Sentier thématique ». La balade est bien balisée, à l'exception d'une petite portion sur la route, où il faut tourner à gauche à la rue suivante. Cette promenade ombragée est idéale par temps chaud.

SAMOËNS ★★

Samoëns, c'est l'image parfaite du village de montagne authentique qui a su préserver son caractère montagnard, avec son architecture traditionnelle, ses chalets et ses antiques constructions en pierre, et aussi ses fontaines et ses cadrans solaires, tout en misant sur les sports d'hiver. Malgré son altitude à 720 mètres dans la plaine du Giffre, affluent de l'Arve, 8 minutes suffisent avec le Grand Massif Express pour accéder aux pistes du domaine du Grand Massif. Samoëns, c'est le pays des artisans, des maçons-tailleurs de pierre, les Frahans, qui participèrent à la construction en France et en Europe d'églises, de monastères et de grands bâtiments publics. Samoëns est aujourd'hui une station familiale aux prix raisonnables. De plus, la création du domaine du Grand Massif et l'essor des loisirs de montagne a donné à Samoëns un nouvel essor sans lui faire perdre l'essentiel de sa plus agréable ligne touristique. La station est la seule des stations de montagne à être classée « Pays d'art et d'histoire » par les Monuments historiques. Un village qui présente de nombreux avantages pour un séjour mêlant visites d'un riche patrimoine dans un cadre splendide et activités de pleine nature. Et si vous vous demandez lors de votre séjour d'où provient ce nom « septimontain » que l'on retrouve sur des appellations de commerces, de restaurants voire sur des menus, « septimontain » est tout simplement le nom des habitants de Samoëns. Il a pour origine les sept monts qui entourent le village. Autre particularité de ce village : ne cherchez pas les noms des rues en centre-ville, il n'y en a pas !

JARDIN BOTANIQUE ALPIN LA JAŸSINIA

40, rue du Parc ✆ 04 50 34 49 86
www.mnhn.fr
01/09-30/04 : 8h-12h et 13h30-16h30. 01/05-30/09 : 8h-12h et 13h30-19h. Fermé en période de chute de neige. Gratuit.

Ce jardin botanique a été créé en 1906 par Marie-Louise Cognacq-Jaÿ, fondatrice de La Samaritaine. Il occupe 3 700 ha et abrite plus de 2 400 variétés de plantes. Dans un cadre exceptionnel, les pissenlits côtoient les tulipes, et l'ail des ours avoisine plus de 35 types de pivoines. Un ruisseau parcourt les rochers et forme quelques cascades. Au sommet de la propriété, près des vestiges du château de la Tornalta (XIIe siècle), un beau point de vue sur les environs attend le visiteur.

OFFICE DE TOURISME

66, place de l'Office de Tourisme
✆ 04 50 34 40 28
www.samoens.com
Ouverture selon saison. Haute saison, du lundi au samedi 9h-12h et 14h30-18h.

Situé un peu à l'écart du centre-ville, l'office de tourisme est facile d'accès. En voiture, on profite du parking pour se garer et parcourir la station village à pied ! Parmi les activités de la station, le circuit des 9 chapelles offre aussi de jolies vues sur le village. Visites guidées du bourg, des hameaux alentours et du patrimoine religieux. Ne pas manquer : la visite de l'église Notre-Dame de l'Assomption reconstruite au XVIe siècle par les Frahans et celle de La Jaÿsinia, jardin botanique remarquable créé par l'enfant du pays Marie-Louise Jaÿ.

LE GRENIER SAVOYARD

7, Grande Rue ✆ 04 50 34 48 22
www.greniersavoyard.fr
Ouvert tous les jours 8h30-12h30 et 15h-19h30. Fermé du 15 novembre au 15 décembre. Livraison possible.

Au Grenier Savoyard, la passion se transmet de génération en génération avec comme mots d'ordre : tradition et innovation. Créé à Châtel en 1971 par Joseph Brasier, le Grenier Savoyard a ouvert de nouvelles adresses gourmandes au cœur du village de Samoëns et aux Carroz sous l'impulsion d'Alexandre Brasier, le fils. Il nous présente le fruit de ses meilleures rencontres avec les producteurs locaux. Du véritable circuit-court en provenance des fermes et de petits producteurs : jambons et saucissons, terrines, fromages de Savoie, fondues, raclettes, douceurs...

ULTRA-TRAIL DU HAUT-GIFFRE

✆ 06 25 91 60 45
https://uthg-trail.com
Du 16 au 18 juin 2023. De 20 à 140 € (7 courses de 10 à 128 km). Inscriptions en ligne. Village d'exposants.

Au cœur de la Vallée du Giffre, au départ du typique village de Samoëns, venez dépasser vos limites et affronter les sublimes sommets du Haut-Giffre. L'UTHG, c'est l'événement sportif de l'année à ne pas manquer dans la vallée. Si l'ultra-trail s'adresse d'abord aux grands sportifs avec une bonne expérience de la montagne (ici, 127 km et 9 150 m de dénivelé), l'UTHG s'ouvre aussi aux débutants avec un parcours de 9 km, permettant de découvrir l'activité et son ambiance exceptionnelle.

© KLP

Massif du Mont Blanc et lac de Joux Plane.

SIXT-FER-À-CHEVAL ★

A 4 km de Samoëns, sur la route menant au cirque de Sixt-Fer-à-Cheval, cette station-village reçoit dans la même tonalité simple et respectueuse de l'environnement. Sixt-Fer-à-Cheval adhère à l'association des Plus Beaux Villages de France avec son patrimoine architectural riche de neuf siècles d'histoire. De plus, le village compte 80 % de sa superficie classée en réserve naturelle avec le cirque du Fer à Cheval et la cascade du Rouget. Une nature qui impose le respect ! Que les amoureux du ski se réjouissent, Sixt est relié au Grand Massif avec la piste des cascades, une bleue de 14 km qui descend de Flaine avec près de 1 700 m de dénivelé.

CASCADE DU ROUGET ★★

Salvagny
✆ 04 50 34 49 36
www.sixtferacheval.com
Ouvert toute l'année. Plus difficile d'accès en hiver. Tous les jours. Selon les conditions climatiques.

© ROCHAGNEUX - FOTOLIA

C'est sans doute la plus belle cascade des Alpes françaises ! Avec un saut de près de 70 mètres, elle mérite bien son surnom de « Reine des Alpes ». D'autant que l'on peut y accéder l'été en voiture sans trop de difficulté. Un conseil pour accéder au meilleur du site : au lieu de se garer face à la cascade, de suite après le pont, passer l'auberge de la Cascade et le virage en épingle sur les hauteurs. De là, on accède à l'étage supérieur de la cascade d'où l'on peut admirer la marmite creusée dans la roche, invisible depuis la route. Un site grandiose.

CIRQUE DES FONTS

Salvagny
✆ 04 50 34 12 41
www.lesfonts.com
Ouvert de mi-juin à mi-septembre. Ouvert tous les jours.

Moins célèbre que son voisin du Fer à Cheval, le cirque des Fonts n'en est pas moins beau avec son environnement sauvage réservé aux randonneurs (compter 1h30 de montée à la sortie du village de Salvagny ou 1h15 par les Fardelay). Ancien chalet d'alpage, le refuge des Fonts est une halte de choix, un petit nid douillet où l'on est reçu par la quatrième génération de gardien. Une seule envie : rester au milieu de ces magnifiques paysages, les yeux rivés sur les roches où l'on peut surprendre les bouquetins, les chamois ou encore le vol du gypaète barbu.

GORGES DES TINES

✆ 04 50 34 49 36
www.sixtferacheval.com
Ouvert toute l'année. Selon conditions climatiques. Gratuit. Restauration (snack).

Un site naturel classé. Une curiosité naturelle impressionnante à découvrir lors d'une randonnée. Dans ces gorges exceptionnelles dévale le Giffre bouillonnant que le visiteur surplombe sur des échelles à main courante de 10 m et 3 m à franchir pour accéder aux balcons. Les anciennes Gorges des Tines restent impressionnantes, le torrent tumultueux y a creusé des marmites de géants et a poli à l'extrême les parois rocheuses. Avec le rocher d'escalade des Tines et la via ferrata du Mont, les grimpeurs auront tout le loisir d'admirer d'autres angles de vue.

AUBERGE DE LA FEUILLE D'ÉRABLE €€

Chef-Lieu
✆ 04 50 34 44 47
Fermé mi-mai à fin mai et nov. Ouvert du mercredi au dimanche midi et soir. Réservation par tél. Carte 35 €. Terrasse.

Un bijou d'authentique cuisine savoyarde. Terrasse ouverte sur la fontaine. Une salle douce et chaleureuse à l'image de l'accueil de Ghislaine et des plats préparés par Cyril. Deux Sizerets qui nous reçoivent depuis 9 ans dans leur auberge avec le désir de partager le meilleur de leur terroir. Des spécialités montagnardes, de la fameuse fondue savoyarde au papet en passant par la truite fumée en salade l'été. Saveurs et générosité jusqu'aux desserts maison. Un régal.

CIRQUE DU FER À CHEVAL ★★

Route du Frenaley

Parking payant au pied du site de mai à septembre, parking gratuit 2 km en aval. Visite guidée.

A environ six kilomètres de la sortie du joli village de Sixt-Fer-à-Cheval, le cirque du Fer à Cheval est l'un des plus beaux sites naturels classés des Alpes. C'est le deuxième cirque montagneux de France, après celui de Gavarnie dans les Pyrénées. Ce cirque calcaire noir de Sixt – réputé pour sa dureté –, dominé par la Corne du Chamois, s'appuie sur les flancs du Tenneverge (2985 m) et ferme la vallée est du Giffre par une spectaculaire courbe en forme de fer à cheval. Longue de 4 à 5 km, sur une hauteur de 2 000 mètres, elle laisse le visiteur émerveillé par tant de puissance et de majesté. Ainsi, d'orages en pluies diluviennes, d'éboulements en glissements, la nature change sa toile tous les ans et impose son spectacle grandiose à plus de 300 000 visiteurs. 30 cascades jaillissent à la belle saison des falaises escarpées, tandis que l'immense amphithéâtre de verdure résonne d'un profond murmure. Le meilleur moment pour parcourir l'agréable sentier d'interprétation qui mène « au bout du monde » est le mois de juin, quand la fonte des neiges alimente les dizaines de cascades de l'hémicycle. Dans le cirque, ce ne sont pas moins de 800 espèces végétales, des chamois, des bouquetins et de nombreux rapaces qui vivent ici à l'année. Sur place, il est possible de louer des ânes de mi-avril à mi-octobre. L'hiver, on s'élance sur la piste des cascades longue de 14 km et on y randonne en raquettes ou ski nordique. Autre site remarquable à Sixt-Fer-à-Cheval : la cascade du Rouget (une chute de 90 m), surnommée la Reine des Alpes.

© SOKARYS - FOTOLIA

HAUTE-SAVOIE

LES CARROZ-D'ARACHES

Une station familiale qui a su intégrer les évolutions du modernisme sans mettre en péril son patrimoine et ses traditions. Cette station été-hiver des Carroz, reliée au Grand Massif par une télécabine express, semble posée sur un plateau dominant la vallée de l'Arve. Dans le paysage des stations du Grand Massif, la station joue avec bonheur le rôle de village authentique avec sa charmante petite place, son église et ses chalets traditionnels. Les Carroz, c'est l'exemple de ce que l'on souhaite trouver dans les Alpes au pied des plus grands domaines skiables : des villages préservant leur caractère montagnard en adaptant leurs structures d'accueil.

OFFICE DE TOURISME

9, place de l'Ambiance

✆ 04 50 90 00 04

www.lescarroz.com

Ouverture selon saison. Haute saison, ouvert tous les jours.

Trouver un hébergement, résoudre des problèmes de transfert depuis un aéroport ou une gare, diriger les vacanciers vers des prestataires compétents, vous aider à chaque instant pour rendre les vacances encore plus reposantes. Voici un office de tourisme particulièrement efficace. Facile à trouver, au cœur de la station-village et au départ des navettes gratuites qui partent vers la télécabine et les hameaux des Carroz, l'office de tourisme nous renseigne avec le sourire sur toutes les activités, sports, loisirs et culture, à pratiquer seul, à deux ou en famille.

LE GRENIER SAVOYARD

330, rue des Combattants ✆ 04 50 90 04 32

www.greniersavoyard.fr

Ouvert tous les jours de 8h30 à 12h30 et de 15h à 19h30. Fermé du 15 avril au 1er juillet et du 15 sept au 15 déc.

C'est au Grenier Savoyard que l'on découvre la meilleure des sélections de produits locaux, de grande qualité, de savoureux produits des fermes et les meilleurs produits artisanaux du terroir savoyard. Dans une boutique ravissante, un accueil adorable et des conseils à suivre pour remplir son panier gourmand avec des fromages d'exception : reblochon, tomme, tome des Bauges, abondance, beaufort, comté, gruyère, fromages à raclette ou un kit à fondue. Le site Internet propose la vente à distance, pour avoir les produits des fermes locales sans se déplacer !

DOMAINES SKIABLES DES CARROZ ET DU GRAND MASSIF

Carroz 1500 ✆ 04 50 90 40 00
www.grand-massif.com
Ouverture en saison.

Depuis la station des Carroz 1200, on peut choisir de skier soit sur le domaine des Carroz avec un forfait « vill4ges » donnant accès également aux pistes de Morillon-Samoëns, Sixt : 75 pistes et 38 remontées mécaniques ; soit sur le domaine des Carroz et Flaine, en version dite « Grand Massif » (les autres stations reliées du Grand Massif sont Samoëns et Sixt-Fer-à-Cheval) ouvrant 139 pistes et 5 stations de ski. L'accès direct aux domaines du Grand Massif s'établit depuis Les Carroz 1500 grâce au télésiège Tête des Saix en quelques minutes, ou via la traditionnelle télécabine de la Kédeuse à 1200. Retour par la bleue Combe ou la rouge Timalets. Pour des expériences fun, le Grand Massif a tout prévu avec 18 zones spécialement aménagées et accessibles à tous avec, par exemple, les Woops de la piste verte Coin Coin pour les plus jeunes skieurs qui feront leurs premières bosses en toute sécurité ou la zone freeride Corbalanche pour les skieurs aguerris. Tables de pique-nique, consignes à skis avec chauffe-chaussures... Le confort des skieurs avant tout. Autres activités blanches : 35 km de pistes de fond au Centre Nordique d'Agy (à 11 km des Carroz – services de navettes gratuites) et 17 km au col de Pierre Carré à Flaine. Télémark et snowpark. Depuis plus de 10 ans, la station détient le label Famille Plus grâce à ses commodités appréciables. De plus, la station facilite l'accès et la pratique des sports d'hiver aux personnes atteintes d'un handicap moteur. *Futé* aime !

EVASION NORDIQUE 74

Les Molliets
✆ 06 82 09 50 03
www.evasion-nordique.com
Ouvert toute l'année. Haute saison : tous les jours. Initiation à la conduite d'attelage à partir de 70 € pour 1h.

Pour découvrir la montagne autrement ! C'est en compagnie des chiens de traîneau et de leur musher diplômé Philippe Van Compernolle que l'on s'initie sur les sites des Carroz et de Flaine - mais également Chamonix -, à la conduite d'attelage. Chacun conduit un traîneau attelé d'une meute formée de trois ou quatre chiens Husky de Sibérie. Aux Carroz, c'est sur le site des Molliets, à côté du télésiège. En été, place à la cani-rando. Pédagogique, la visite du chenil pour mieux comprendre la vie de la meute et son organisation. Passionnant !

FLAINE ★★

Flaine, qui a fêté ses cinquante ans d'existence, a été construite par l'architecte et designer Marcel Breuer. La station a reçu le label Patrimoine du XXe siècle. Conçue comme un grand ensemble au style urbain – mais sans circulation de voitures pour une station skis aux pieds –, sur le versant sud du Vallon de Flaine (1 600 m) face au désert de Platé (2 480 m), elle s'ouvre sur le panorama grandiose du massif du Mont-Blanc. Le centre culturel de Flaine (à l'origine un centre d'art) accueille des expositions d'œuvres d'artistes contemporains et des expositions ethnographiques consacrées à la vie et aux sports en montagne en Haute-Savoie.

OFFICE DE TOURISME DE FLAINE

Galerie marchande Flaine Forum
✆ 04 50 90 80 01
www.flaine.com
Ouverture en saison. Haute saison, ouvert tous les jours.

Au centre d'une station skis aux pieds qui a reçu le label Patrimoine du XXe siècle, l'office de tourisme se situe à 1 600 m d'altitude, à Flaine Forum. Toutes les informations concernant le Centre culturel, l'Auditorium et les infrastructures de la station y sont disponibles. Une aide au bon déroulement des séjours en proposant des informations sur les hébergements et les services de la station, sur la programmation des événements se déroulant pendant la saison et des bons plans.

GOLF DE FLAINE-LES CARROZ

Route de Flaine
✆ 04 50 90 85 44
www.flaine.com
Fermé du 16 septembre au 30 juin. Haute saison : ouvert tous les jours. Restauration. Boutique.

C'est l'un des plus hauts golfs d'Europe ! Avec ses 18 trous, ses 3 693 mètres, par 63, à 1 900 mètres d'altitude, le golf de Flaine est réputé très technique. Surplombant la vallée de l'Arve et le massif des Aravis, depuis le col de Pierre Carrée, son parcours spectaculaire offre un panorama alpin unique sur la vallée de l'Arve, le mont Blanc et le massif des Aravis. Après ce parcours sportif, une petite pause s'impose sur la terrasse du club-house.

HAUTE-SAVOIE

LE GRAND MASSIF FLAINE

Flaine Forum
✆ 04 50 90 40 00
www.grand-massif.com

Reliant Flaine, Les Carroz, Samoëns, Morillon et Sixt, le domaine skiable du Grand Massif s'étend jusqu'à 2 500 mètres d'altitude avec 139 pistes et 62 remontées mécaniques. Les skieurs se régaleront des espaces vierges de la Combe du Gers et les amateurs de paysages emprunteront la piste bleue des Cascades. Flaine et son Grand Massif offrent un grand choix de glisse, ski alpin et nordique, et bien d'autres activités : balades en chiens de traîneau, promenades en raquettes ou à pied, cinéma, patinoire naturelle, bowling, centre culturel, spectacles et animations.

CARILLON DE TANINGES ★

Rue de la Poste - **TANINGES** ✆ 04 50 34 25 05
www.prazdelys-sommand.com

Visite et audition tous les mardis à 17h45 et jeudis à 10h30 de juillet à mi-sept. Entrée libre dans le clocher.

Premier du département, le carillon de Taninges, construit à l'instigation de l'abbé Bastard-Boghain, est inauguré le 15 août 1939 et joué essentiellement lors de fêtes religieuses et cérémonies. Le plus grand carillon de Haute-Savoie accueille les carillonneurs les plus prestigieux de renommée internationale. La salle de concert est constituée de gradins permettant au public d'entendre cet art campanaire dans les conditions les plus confortables et de voir jouer le carillonneur en direct, unique en Europe. On peut même l'entendre tinter certains jours de marché.

PRAZ-DE-LYS-- SOMMAND ★

Praz-de-Lys-Sommand, c'est la station tonique aux deux villages que l'on pourrait rassembler sous deux autres appellations : Taninges-Praz-de-Lys et Mieussy-Sommand. Deux villages perchés entre 1 500 et 2 000 m qui nous offrent toutes les activités de pleine nature à pratiquer été comme hiver, avec un beau domaine relié de ski alpin et de ski de fond adapté à tous les niveaux. Une station familiale où l'on ne vient pas seulement « consommer » de la montagne, mais où l'on prend le temps d'aller à la découverte d'un pays, l'Arve-Giffre, riche de son patrimoine et de ses traditions préservées ; où l'on prend le temps de pratiquer des activités outdoor : la randonnée (100 km de sentiers balisés) ou le rafting en été, les raquettes ou le parapente à ski l'hiver. C'est une invitation à découvrir une Haute-Savoie typique, une authentique ambiance de montagne familiale et futée.

Tourisme

Le site de la station de Praz de Lys-Sommand réunit les informations des offices de tourisme de la station, ainsi que de ceux des communes de Taninges et Mieussy. La station de sports d'hiver et d'été est en réalité composée de deux sites naturels rattachés chacun à une commune différente. Domaine skiable (plan des pistes, forfaits et matériel), toutes les activités ouvertes, accessibilité (enfants, handicap), agenda des animations et événements, logement, etc. Deux villages authentiques pour une montagne de plaisirs, d'activités et de bons plans à partager sans trop dépenser. C'est futé.

MAISON DU PATRIMOINE DE TANINGES

6, rue des Arcades - **TANINGES**
✆ 04 50 89 46 21
www.patrimoine-taninges.fr

Été : de lundi à vendredi 15h-19h (septembre et juin 18h), mercredi, jeudi, vendredi aussi 10h-12h. Entrée libre.

Au cœur du charmant village de Taninges, il faut pousser la porte de la Maison du Patrimoine pour remonter le temps. Dans une rue reconstituée, passez d'échoppe en échoppe pour découvrir des activités du temps passé dans nos montagnes, à commencer par les métiers du bois, mais aussi les salaisons avec le fameux « jambon de Savoie », la taillanderie rythmée par les artisans forgerons, le textile, la vie sociale et l'agropastoralisme. Vidéos, film, animations.

PRAZ DE LYS SOMMAND TOURISME

✆ 04 50 34 25 05
www.prazdelys-sommand.com

Ouverture selon saison, se renseigner.

La station de sports d'hiver et d'été est composée de deux sites naturels rattachés chacun à une commune. Praz de Lys se situe sur le territoire de la ville de Taninges, tandis que Sommand appartient à celui de la commune de Mieussy. L'office de tourisme en ligne est très complet, clair et agréable à utiliser pour organiser son séjour : domaine skiable, toutes les activités, accessibilité, agenda, animations, hébergement... Praz de Lys Sommand, c'est la station des bons plans.

CHALET HÔTEL-RESTAURANT VACCA PARK*** €€

2, route du Col-de-la-Ramaz - **MIEUSSY**
✆ 04 50 34 20 88
www.vaccapark.com

Fermé de mi-avril à mi-mai et du 1er novembre à mi-décembre. 14 chambres. Chambre double 115 à 179 €. Restaurant. Spa.

Réserver un séjour au Vaccapark, c'est prendre de la hauteur à 1 450 m et des forces dans une nature préservée. C'est se faire du bien dans un cadre alpestre exceptionnel sur le plateau de Sommand. Toutes les activités outdoor sont à portée de main, de pied et de ski à partir d'un chalet-hôtel exceptionnel où l'on est toujours reçu avec le sourire. Chambres spacieuses, ambiance conviviale, petit déjeuner gourmand, cocktails au Vaccabar et gourmandise au restaurant Saveurs d'En Haut.

LE MARRONNIER €€

44, place du Docteur Humbert - **TANINGES**
✆ 04 50 89 74 01

Ouvert mardi et dimanche midi, du mercredi au samedi midi et soir. Menu midi semaine 17,50 €. Carte 30 € env. Jardin.

Une sympathique étape à Taninges ! Ici, pas de chichis : randonneurs et travailleurs se mélangent en semaine et dégustent d'une même envie le menu du jour, à l'excellent rapport qualité-prix. Le service est chaleureux et efficace. On profite, au choix, du grand jardin où sont disposées les tables à l'ombre du grand marronnier (serait-ce un indice sur l'origine du nom du restaurant ?) ou de la salle animée. Au menu, divers plats français et savoyards se côtoient, du plus simple (cheeseburger) au plus élaboré (gratin de queues d'écrevisses). Une belle adresse !

ÉCOLE DE PARAPENTE LES CHOUCAS

700, route de l'Etroit Denté - **MIEUSSY**
✆ 04 50 43 05 13
www.leschoucas.com

Ouvert toute l'année. Haute saison : tous les jours. Baptême biplace tous les après-midi d'avril à septembre : 100 €.

Les Choucas, c'est la première école de parapente en France. Et pour cause, le parapente a vu le jour ici à Mieussy en 1978. Cette sorte de parachute en forme d'aile – aile de choucas, rapace bien connu des Savoyards – dont la pratique s'enseigne depuis 1979 a été à l'origine de la création de l'école des Choucas. Depuis, ce sport a bien évolué. On s'initie par un baptême biplace, assis devant le moniteur dans une sorte de siège suspendu. De nombreuses formations pour devenir pilote.

LES TRAÎNEAUX DE L'UBAC

401, route des Places - **MIEUSSY** ✆ 06 77 82 09 45
www.traineauxdelubac.com

Haute saison : ouvert tous les jours de 8h à 21h30. Entrée : 140 € (demi-journée d'initiation). Enfant : 60 €.

Pour se prendre pour un musher, adultes et enfants sont les bienvenus chez Ludovic Gloanec, musher diplômé, fondateur des Traîneaux de l'Ubac. Des passionnés de la montagne, de la nature et des animaux gèrent une meute de magnifiques huskys de Sibérie. Sur la station de Praz de Lys - Sommand ou sur le plateau d'Agy, on vient apprendre à piloter un traîneau à chien, à préparer d'un attelage ; et en deux jours, on randonne, on dîne autour de feux de camp, on bivouaque. En été, on s'essaye au cani-VTT et au cani-kart (ou husky buggy) qui remplacent le traîneau.

HAUTE-SAVOIE

© FABRICE PATRY

Le lac de Roy au Praz de Lys.

SAINT-JULIEN-EN-GENEVOIS

La ville de Saint-Julien a appartenu au comté de Genève, puis à la province du Genevois du duché de Savoie. Elle appartient aujourd'hui au Genevois français. On vient s'y distraire la nuit au Casino, alors que les ruines toutes proches du château de Ternier témoignent des combats entre le duché de Savoie et le comté de Genève. La communauté de communes du Genevois abrite un centre de loisirs à Neydens. Nombreuses visites vers les sites naturels. Zone frontalière, la ville essaie de garder une dimension humaine malgré la pression urbanistique et les constructions qui se multiplient. Le Léman Express permet de circuler très rapidement.

AUBERGE DE LA FRUITIÈRE €€

270, route de la Fruitière - **VERS**
✆ 04 50 35 29 85
www.aubergedelafruitiere-vers.fr
Ouvert du mercredi au samedi midi et soir et le dimanche midi. Menu midi semaine : 20 €. A la carte : 30 €. Terrasse.

Une belle maison de caractère tenue par Jean-Philippe, formé auprès des meilleures adresses étoilées, avec Thomas Cappelle en cuisine. Au milieu d'une nature qui se livre sans compter sur la terrasse ensoleillée, l'Auberge de la Fruitière propose une cuisine qui met en avant les meilleurs produits du terroir. Des produits frais et issus, pour la plupart, de petits producteurs locaux, comme ce poisson de lac de Lionel Bouchet, pêcheur à Anthy-sur-Léman ou ces légumes de Cruseilles. Simplicité, générosité, proximité. Authentique coup de cœur gourmand.

YVOIRE ★★★

Riche d'un passé remis en valeur, Yvoire est aussi appelée « la perle du Léman ». Construite sur un éperon rocheux dominant le lac, à la jonction des « petits » et des « grands » lacs, Yvoire est un élégant village fortifié qui a su se préserver des constructions modernes dans son enceinte aujourd'hui tant convoitée. Une convoitise qui commença en 1306, quand Amédée V le Grand entreprit de protéger de murs cette véritable sentinelle du Léman. Cette position stratégique lui assurera une certaine prospérité, notamment grâce aux franchises. S'il traversera le Moyen Age sans que ses bâtiments subissent de gros dégâts, le château ne résistera pas aux assauts des Genevois et des Français et sera privé de toit pendant 350 ans ! Au fil des siècles suivants, Yvoire redevient un petit village de pêcheurs et d'agriculteurs et ce jusque dans les années d'après-guerre. C'est à ce moment que l'on comprit que le patrimoine contenu dans ces murs pouvait intéresser et attirer bien des touristes. Et pour redonner à Yvoire son meilleur visage, les habitants fleurirent le village. C'est ainsi qu'Yvoire reçut le premier prix national de fleurissement en 1959. En 2002, Yvoire, membre de la prestigieuse association des « plus beaux villages de France », reçoit le Trophée international des paysagistes et horticulteurs et représente la France au Concours européen du fleurissement. Si Yvoire est une véritable carte postale au bord du lac, où nos amis Suisses aiment débarquer aux beaux jours, le village subit à la belle saison une forte « invasion » touristique qu'il faut canaliser dans les rues étroites. Parkings payants, restaurants bondés, foule peu silencieuse, *Futé* n'aime rien tant que de visiter Yvoire hors saison, quand on flâne seul au milieu des vieilles pierres, que les bateaux sont rangés au port et que les (trop rares) restaurants ouverts vous accueillent en vous racontant l'histoire de ce si charmant village…
On pénètre dans le village par la Porte de Rovorée pour s'engouffrer dans les rues bordées de maisons aux façades étroites et abondamment fleuries. On est d'abord attiré par le clocher à bulbe, brillant, de l'église. Pour la petite histoire, ce clocher est recouvert d'acier inoxydable censé rappeler par son éclat au soleil le ventre d'argent de la féra, poisson emblématique du Léman. Ensuite, on découvre le château du XIVe siècle qui domine le lac où l'on descend pour ressentir cette paix infinie qui règne ici (hors saison bien sûr !). Une halte, riche d'histoires, à ne pas manquer.

© JGP - FOTOLIA
Le château d'Yvoire au bord du lac Léman.

HAUTE-SAVOIE

LABYRINTHE – JARDIN DES CINQ SENS®

Rue du Lac
✆ 04 50 72 88 80
www.jardin5sens.net

Ouvert tous les jours de mi-avril à début octobre à partir de 10h. Adulte : 14 €. Enfant 6/18 ans : 8 €.

C'est à l'emplacement de l'un des anciens potagers du château, dont le plan est conservé avec ses allées et ses bassins, qu'a été créé en 1986 ce jardin classé « Remarquable » en 2004 par le ministère de la Culture. Ce jardin, aux murs végétaux composés de charmille et de pommiers palissés, offre aux visiteurs quatre lieux de réflexion, de méditation, d'émerveillement sur le thème des cinq sens : dans le salon du goût, les pommiers prennent des formes incongrues, tandis que les légumes sont sagement alignés, le salon des senteurs nous laisse deviner ses parfums et le salon du toucher nous invite à le caresser, le salon des couleurs attire irrésistiblement l'œil... Un pigeon paon tout blanc se pose dans le cloître, le bruit de l'eau et le chant des oiseaux éveillent notre dernier sens, l'ouïe. Au total, ce ne sont pas moins de 1 500 variétés de plantes qui se trouvent exposées ici. Dans ce paradis retrouvé, chacun trouve son bonheur : admiration devant le travail accompli par des jardiniers d'exception, éblouissement devant ce tableau vivant, sentiments profonds d'apaisement et de vitalité. Et surtout, chacun retrouve des gestes simples tels que sentir le parfum d'une fleur, observer la nature dans ses moindres détails, croquer la vie en quelque sorte. Pour les enfants, un questionnaire-découverte – différent en fonction de l'âge – permet d'aller à la rencontre du jardin et à la découverte de leurs sens. Une visite hautement recommandée pour toute la famille.

LE PRÉ DE LA CURE*** €€

1, place de la Mairie
✆ 04 50 72 83 58

25 chambres. Chambre double de 115 à 140 €. Petit déjeuner 12 €. Restauration. Hammam, bain bouillonnant, sauna.

Qui n'a pas besoin d'une cure de sérénité, de beauté, de détente et de gourmandise ? Direction les bords du lac Léman, face aux remparts de la cité médiévale d'Yvoire, au Pré de la Cure d'Amélie et Olivier Magnin. Cet hôtel-restaurant de charme multiplie les atouts entre caractère d'une magnifique demeure et décoration contemporaine. Les chambres, véritables cocons, sont parfaitement équipées. Relaxation et détente assurées : sauna et hammam, piscine couverte et bain à remous. Autres bonheurs à partager à la table du chef Olivier Magnin. Incontournable.

LE PRÉ DE LA CURE €€

1, place de la Mairie
✆ 04 50 72 83 58

Fermé du 28 octobre au 18 mars. Chambre double de 100 à 140 €. Menus de 20 à 57 €.

Le Pré de la Cure ajoute le grand bonheur d'un séjour gourmand. Jardins et terrasses panoramiques ouvertes sur un décor de rêve. Sérénité et convivialité se marient parfaitement dans une salle élégante. Accueil des plus agréables et service remarquable à la table d'Amélie et du chef Olivier Magnin qui sublime des produits sélectionnés avec soin, créant des associations magistrales de saveurs et de textures. Sans oublier les associations avec les vins sur une très belle carte. Ne pas manquer le menu Chasse qui revient chaque année avec un grand succès.

LA TABLE DE NERNIER €€

11, place du Musée
NERNIER
✆ 04 50 17 52 43

Ouvert le lundi midi ; du jeudi au dimanche le midi et le soir. Menus de 30 € à 36 €. Terrasse. Animaux acceptés.

Une petite pépite dans un joli endroit ! Clara accueille ses convives chaleureusement, tandis que Rémy leur cuisine de bons petits plats, fins et de saison. La courte carte est renouvelée très régulièrement pour le plus grand plaisir de nos papilles ; les produits sont frais, bien travaillés, ultra gourmands, et le rapport qualité-prix est excellent. On y mange en intérieur dans une jolie salle avec poutres apparentes, ou en terrasse dans une ruelle ancienne à deux pas du lac. En résumé, c'est un 20/20 pour cette belle adresse !

ANNEMASSE ★

Associée à douze communes, accolée à la frontière suisse, Annemasse est le centre de la deuxième agglomération de Haute-Savoie et le deuxième pôle économique du département. Outre cette position privilégiée, Annemasse reste une ville à découvrir. Pour les amoureux des sports d'eau, vous pourrez goûter aux joies du canoë-kayak sur le bassin d'Etrembières ou nager en eau calme au centre aquatique, le Château Bleu, avec son espace bien-être (bain bouillonnant, hammam...), ses jeux d'eau extérieurs, son bassin couvert de 50 m permettant la natation toute l'année. Pour les activités culturelles, de nombreuses structures rythment la ville.

LE TÉLÉPHÉRIQUE DU SALÈVE

Le Pas de l'Échelle
ETREMBIERES
✆ 04 50 39 86 86
www.telepherique-du-saleve.com
En travaux. Réouverture en 2023.

Construit en 1932, ce téléphérique qui nous emmène vers le sommet du Salève est en pleine rénovation avec la réhabilitation des gares d'arrivée et de départ, de nouveaux espaces d'accueil et de nouvelles offres de loisirs (dont un grand mur d'escalade) et de restauration (dont un restaurant panoramique qui s'annonce grandiose). Il faudra donc attendre 2023 pour remonter à bord des cabines, grimper les 660 m de dénivelé et profiter d'une vue saisissante sur le lac Léman.

HÔTEL-RESTAURANT AUX TOURISTES €

✆ 04 50 39 50 42
www.auxtouristes.com
Fermé du 21 juin au 12 juillet. Chambre double 82 €. Restauration. Sauna. Garage motards. Parking.

Eric Cheneval-Pallud perpétue une tradition hôtelière depuis cinq générations. Rien ne manque aux touristes, motards et passionnés de pêche et de nature qui prennent plaisir à partager leurs bons plans. Chambres fonctionnelles, salle de sport, sauna, douches hydromassantes… : beau programme ! La cuisine de terroir maison suit les saisons : spécialités, poissons de lac, gibier… et oreilles d'âne flattent nos papilles. Confort, convivialité, gourmandise : du bonheur pour un séjour futé !

LA TAVERNE DE MAÎTRE KANTER €€

Place de l'Hôtel-de-Ville ✆ 04 50 84 46 80
www.taverne-maitre-kanter-annemasse.fr
Ouvert 7j/7 de 8h à minuit non-stop. Menu du jour : : 9,80 €. Formules de 16 à 29 €. Superbe terrasse.

La cuisine, c'est sa source d'expression. Le fait-maison, sa philosophie. Le nouveau chef, Stéphane Coffy, riche d'expériences auprès de belles maisons, partage les mêmes valeurs que Paul Deletraz : cuisine au naturel, produits sélectionnés, cuisson à basse température. Crustacés en direct du vivier, plateaux de fruits de mer, magnifiques choucroutes… En salle ou sur la magnifique terrasse, accueil adorable et rapport qualité-prix incomparable ! Ambiance des brasseries d'autrefois !

AUBERGE DU BOIS NOIR €€

113, route du Bois Noir
✆ 04 50 94 23 26
Haute saison : ouvert du jeudi au mardi midi et soir. Menus de 33 €. Formule midi : 18 €.

Une ancienne ferme pleine de caractère, magnifique terrasse sur les pistes de ski l'hiver, les paysages verdoyants l'été. Un paradis qui se prolonge dans un décor mêlant boiseries d'origine et lignes contemporaines. Coup de cœur pour le cadre et pour la cuisine du chef Sébastien. Des plats savoureux de saison réalisés à partir des meilleurs produits frais et locaux. Les spécialités de montagne côtoient un croustillant souris d'agneau, des poissons fumés sur place, un menu chasse incontournable... Une auberge ancrée dans son terroir qui nous mène vers les étoiles.

HABÈRE-POCHE

Protégé par 4 cols et de nombreux sommets, une « cuvette » dans laquelle Poche se révèle comme le plus haut village de la vallée Verte : ses 25 hameaux s'étendent entre 950 et 1 600 mètres d'altitude. Ancien territoire médiéval de l'abbaye d'Aulps, Habère-Poche formait alors avec Habère-Lullin une seule et même commune : Les Habères. A distance égale du Léman avec Thonon-les-Bains et d'Annemasse, on s'y rend facilement pour les randonnées d'été que pour la pratique du ski d'hiver dans un site naturel préservé et la convivialité d'un village aux valeurs traditionnelles, mais qui sait aussi faire la fête avec un festival estival et musical magique.

SCIEZ

Sciez-sur-Léman est idéale pour les vacances. Cette commune rurale des bords du lac Léman d'au moins de 5 000 habitants apporte le calme et la sérénité recherchés des vacances estivales tout en ayant une véritable proximité avec les villes de Thonon-les-Bains et de Genève. Sciez-sur-Léman a su mettre en valeur ses attraits touristiques et culturels avec un port de plaisance, une plage ombragée, une base nautique, un parc d'activités, une chapelle du XVe siècle, un bois de buis – le plus grand d'Europe –, un pont surplombant les vestiges d'un ancien moulin et une réserve naturelle d'oiseaux…

LES ALPES DU LÉMAN

✆ 04 50 73 71 53
www.alpesduleman.com
Ouvert du lundi au samedi de 9h à 12h et de 14h à 18h ; le dimanche de 9h à 12h. Ouverture office de tourisme.

Alpes du Léman regroupe les offres d'activités des offices de tourisme de Bellevaux et Habère-Poche et présente les ressources naturelles, patrimoniales et artisanales des autres villages traditionnels de la vallée du Brevon, de la vallée Verte et de celle du Risse : Habère-Lullin, Lullin, Mégevette, Reyvroz, Saxel et Villard, situés en moyenne montagne et disposant d'un panorama unique sur le lac Léman et le Mont-Blanc. Nichés dans une nature préservée et des sites exceptionnels, on y pratique les activités nordiques et alpines, raquettes, promenades à ski-joëring ou encore balade en chiens de traîneau. Le domaine skiable relié Hirmentaz - Les Habères offre un beau choix de pistes avec le lac Léman et le Mont-Blanc à l'horizon. Pour le ski nordique, les Alpes du Léman présentent également un cadre idyllique sur de nombreux domaines. En été, à parcourir aussi, en promenade ou randonnée, le Géopark du Chablais qui s'étend des rives sud du Léman aux Portes du Soleil. Espace VTT au Bike Park des Habères ou plusieurs parcours balisés, dont la descente de la Ménoge. Passage incontournable par le site Internet où sont présentées toutes les activités - via ferrata, accroparcs, eaux vives, escalade, parapente, vol à voile... -, tous les sports et loisirs d'été et d'hiver, mais également les hébergements, les bons producteurs des spécialités gourmandes (fromages AOP, miels de pays...) et un agenda pour ne rien manquer. Pour s'échapper des sentiers rebattus et vivre les Alpes autrement. Coup de cœur du *Futé*.

LES AIGLES DU LEMAN ★★

Route du Moulin-de-la-Glacière
✆ 04 50 72 72 26
www.lesaiglesduleman.com
Ouvert de juin à août. Ouvert tous les jours de 10h à 18h. Adulte : 15 €. Enfant : 12 €.

Un parc unique en Europe (plus de 600 animaux, dont 50 aigles répartis en 17 espèces), pour découvrir les grands prédateurs des Alpes ! Mais ce qui impressionne le plus, ce sont les spectacles – 6 par jour – commentés où l'on apprend, sans s'en rendre compte, les secrets de ces animaux. Ainsi aigles et chevaux étaient dressés à travailler ensemble : un apprentissage époustouflant. Les plus jeunes restent quant à eux les yeux ébahis devant ces tournois chevaleresques surgis du passé ! Restauration sur place, aire de pique-nique et de jeux.

MUSÉE DES SAPEURS-POMPIERS DE HAUTE-SAVOIE

217, route du Moulin de la Glacière
✆ 04 50 72 39 68
www.museesapeurpompier74.fr
Juillet et août : tous les jours 10h30-19h. Mai, juin et septembre : samedi-dimanche 14h-18h. Adulte 5 €, enfant 3,50 €.

Un musée qui plaira aux enfants et aux amateurs de véhicules anciens ! On se balade dans un lieu qui regroupe une quarantaine de véhicules anciens utilisés par les pompiers des années 1930 à 1980, rénovés et en état de fonctionner. Les pompes à bras des années 1800 ramènent à l'origine du terme de pompier : elles sont utilisées dès le XVIIIe siècle pour éteindre les feux, à l'époque où le terme « pompier » désigne l'artisan qui fabriquait les pompes. Un beau saut dans le temps !

LE CHÂTELET*** €€

658, chemin des Hutins-Vieux ✆ 04 50 72 52 60
www.camping-chatelet.com
Ouvert de début avril à fin octobre. Emplacement de 16,50 à 24 €. Chalet de 2 à 6 personnes de 203 à 1 106 €/semaine.

Farniente au bord du Léman ou randonnée dans les alpages, visite d'une cité historique ou balade en VTT vers les sommets. Non loin de Genève et d'Annecy, variez les plaisirs le temps de vacances de rêve au Camping du Châtelet. Un paradis pour toute la famille. Accueil fantastique réservé à chaque visiteur par Alain et Marie-Christine. Souci permanent de l'environnement pour un séjour de qualité écoresponsable. Respect de la nature et de votre bien-être, sans oublier de multiples activités outdoor dans une ambiance détendue. Qualité d'accueil pour ce camping futé.

CHÂTEAU DE COUDRÉE**** €€€

Avenue de Coudrée ✆ 04 50 72 62 33
www.chateau-hotel-coudree.com
17 chambres de 125 à 390 €. Petit déjeuner 15 €. Spa, piscine extérieure, plage privée équipée. Jardins. Restaurant.

Le caractère et le charme romantique d'une bâtisse médiévale et de ses magnifiques jardins au bord du lac. Tout le confort et les services d'un hôtel tenu depuis 3 générations par la famille Laden Kandaouroff. Ponton privé, plage privée, piscine : un environnement unique qui nous ouvre une parenthèse enchantée hors du temps. Repos garanti dans l'une des 17 chambres spacieuses au décor personnalisé. Repas gourmands au restaurant gastronomique de la cheffe Marina Réale-Laden ou en terrasse d'été. Faites de vos plus beaux rêves une réalité au château de Coudrée.

L'ÔTREMENT €

770, avenue de Bonnatrait
04 50 17 37 14
www.lotrement.com
Ouvert du mardi au samedi midi et soir. Formule midi : 25 €. Plats à emporter, possibilité de commander en ligne.

De l'ordinaire à l'Ôtrement, on choisit vite son camp ! A une petite encablure du lac, découvrez les délices préparés par le chef Cédric Plassat. Issu d'une famille de pêcheurs, il réalise une cuisine locale 100 % authentique. Poissons pêchés le jour même par Sébastien Ansart sur le lac – les filets de perche du Léman sont une merveille –, charcuterie maison et des plats qui mêlent respect du produit et originalité. Cuisines ouvertes pour voir le travail d'un chef engagé dans une démarche sincère. Belle carte des vins. Adresse qui mérite toutes les distinctions.

CHÂTEAU DE COUDRÉE €€€

Avenue de Coudrée 04 50 72 62 33
www.chateau-hotel-coudree.com
Ouvert tous les jours sauf mardi et mercredi. Juillet août du mercredi soir au lundi soir. Déjeuner 35 €. Menus 49-64 €.

Partagez des moments uniques à la table du château de Coudrée. Unique comme le cadre magique de ce château médiéval au bord du lac. Unique comme un déjeuner estival les pieds dans l'eau, à savourer salades, poke bowl et plats chauds en papillote. Unique comme un repas servi dans une salle historique rénovée avec goût. Unique comme la cuisine créative de la cheffe Marina Réale Laden qui nous régale de plats inspirés par les meilleurs produits de saison. Végétariens et végans sont aussi à la fête. Excellents desserts et carte des vins. Coup de cœur confirmé.

Ô FLAVEURS €€€

Château de Chilly - **DOUVAINE**
04 50 35 46 55
www.oflaveurs.com
1 Michelin. Ouvert du jeudi au lundi midi et soir ; le dimanche midi. Menus de 125 € à 165 €. Formule du midi : 88 €.*

Le cadre compte parmi les plus beaux de la région dans une bâtisse du XVe siècle avec ses portes et ses fenêtres à meneaux. Dans une salle à la décoration soignée, c'est une cuisine raffinée mêlant habilement actualité et tradition qui nous est proposée par le chef Jérôme Mame. Les gourmands curieux vont vite se prendre au jeu des menus Escapade, Découverte ou Saveur. Vous renseignez le chef sur vos goûts et votre envie du jour, il vous concocte un menu personnalisé en accord avec la saison et le marché. Un concept qui enchante les fines bouches !

MARGENCEL

Une commune entre lac, plage du Redon et port de Séchex, et montagne, la colline des Allinges, qui regarde en direction des Alpes. Margencel possède une plage publique et un ravissant hameau (la commune est composée d'une dizaine de hameaux) au bord du lac Léman. C'est là qu'il faut venir savourer les fameux poissons du lac, dont les incontournables filets de perche. Le chef-lieu s'organise autour de son église Saint-Laurent qui aurait été construite sur une chapelle fort ancienne, puisqu'un certain Margentius aurait pu la fonder au VIe ou au VIIe siècle. L'église a fait l'objet de nombreux remaniements. Balades dans la forêt de Planbois.

LES CYGNES €€

4, route des Mouettes
04 50 72 63 10
www.lescygnes-chezjules.fr
Fermé mercredi de février à juin et de mi-septembre à décembre. Menus 34 à 44 €. Terrasse. Jardin d'enfants.

Maison créée en 1938 par Jules et Louisa sur les bords du lac Léman, le restaurant Les Cygnes - « Chez Jules » est une affaire de famille qui régale toutes les générations. Les cuisiniers préparent les meilleurs produits locaux, à commencer par les poissons du lac pêchés par Ludo (le fils), taillés et désarêtés sur place avant d'être cuisinés avec art et passion par Yannick (le second fils), 5e génération aux fourneaux. Incontournables, les filets de perche en 10 façons ou le gibier pour varier les plaisirs. Petit paradis gourmand, un carrefour de bonne humeur !

THONON-LES-BAINS ★★

Voici Thonon-les-Bains, capitale du Chablais savoyard. Ville immédiatement séduisante, d'environ 30 000 habitants permanents, avec un joli port et un centre très vivant, en partie piétonnier. Construit sur trois terrasses successives, Thonon s'ouvre sur le lac Léman et respire ! L'activité administrative et commerciale, l'éventail remarquable des loisirs nautiques et culturels et une rénovation urbaine bien intégrée font de Thonon une ville dynamique. Sa situation géographique, entre lac Léman et montagnes, et sa proximité avec la Suisse font d'elle un point de passage sur le trajet quotidien de nombre de résidents mais aussi en saison touristique.

CHÂTEAU DE RIPAILLE ★

83, avenue de Ripaille
✆ 04 50 26 64 44
www.ripaille.fr

Ouvert tous les jours sauf le lundi de début avril à fin octobre, 10h à 18h (samedi 10h-17h). Adulte 10 €. Enfant 5 €.

A Ripaille, on rencontre l'histoire, l'architecture, la nature et l'âme de notre pays. L'expression « faire ripaille » est attribuée à Voltaire qui ironisait sur la vie austère que menait le duc Amédée VIII de Savoie. C'est en 1892 que le domaine est racheté par l'industriel et amateur d'art Frédéric Engel-Gros qui le fera restaurer dans ce style si caractéristique, mêlant architecture médiévale et Art nouveau. Ripaille, site remarquable du goût, reste synonyme du bien vivre, notamment grâce à ses vignes. Boutique, expositions et animations.

CHÂTEAU DE SONNAZ - MUSÉE DU CHABLAIS ★

2, rue Michaud
✆ 04 50 70 69 49
www.ville-thonon.fr

Ouvert d'avril à novembre. Mer-dim 14h30-18h. En été, 10h-12h30/14h30-18h30. Gratuit -11 ans et dimanche. Adulte 2,60 €.

Surplombant le lac dans un cadre agréable et fleuri, le modeste château des Comtes de Sonnaz (XVIIe siècle) se trouve au centre-ville de Thonon. Bâti en 1666 sur les ruines du château médiéval de Thonon, il fut la propriété de l'une des plus anciennes familles de Savoie. Il abrite aujourd'hui l'office de tourisme et le musée du Chablais. Plusieurs expositions permanentes sont consacrées à l'histoire du Chablais. Elles sont complétées par des expositions temporaires.

ÉCOMUSÉE DE LA PÊCHE ET DU LAC ★

Port des Pêcheurs de Rives
✆ 04 50 70 69 49
www.ville-thonon.fr

Ouvert du 1er juin au 30 sep. En été, tous les jours 10h-12h30/14h30-18h. Adulte 2,60 €. Visite guidée 15h et 16h30.

Une petite maison de pêcheur sur les rives du Léman pour un petit musée où l'on découvre la vie du lac, passée et présente, et notamment l'histoire de la pêche professionnelle artisanale qui fournit de nombreux restaurants en filets de perches. L'occasion de découvrir ce typique quartier de Rives, quartier de pêcheurs né au XIIe siècle, reconnaissable à sa Tour des Langues et à ses guérites traditionnelles, où l'on peut voir travailler les pêcheurs locaux à leur retour au port.

BISTRO D'ASIE €

1, avenue du Léman
✆ 04 50 70 22 39
https://bistroasie.wordpress.com

Ouvert du mardi au samedi le midi et le soir ; le dimanche midi. Carte : 20 € environ. Menu enfant : 8,50 €.

Un excellent restaurant fusion, mélange idéal entre l'Asie et la France. Les plats sont variés : bo bum, gua bao, ramen, karrage de poulet, salades thaïes, magret de canard... Les produits sont frais, la viande est locale, et un large choix existe pour les végétariens. L'accueil y est chaleureux dans une salle lumineuse et bien décorée, et le restaurant est bien situé, au bord d'un parc qui surplombe le lac Léman. Un vrai coup de cœur à Thonon pour les amateurs de nourriture asiatique et de travail bien fait. Le bonheur est dans l'assiette !

LE 1945 €€

6, place du 8 Mai 1945
✆ 09 83 72 55 55
http://1945bar.com

Ouvert du mardi au dimanche le soir. Carte : 20 € environ. Terrasse.

L'ambiance de Toronto à Thonon ! Ce restaurant-bar est spécialisé en burgers, bières et vins. Tout est fait maison (sauf le pain à burger, d'une boulangerie locale), les bières sont brassées localement, le vin provient de petits producteurs biologiques ou en agriculture raisonnée. Ce qu'on aime particulièrement, ce sont les burgers, excellents et disponibles en version végétarienne. Pour les (gros) petits creux, une poutine à la tomme fera l'affaire. La soirée peut continuer au bar avec un cocktail maison ou un bon verre de vin.

Ô VENT D'ANGES €€

1, rue des Ursules
✆ 09 82 43 35 21
www.oventdanges.com

Ouvert du mardi au vendredi le midi et le soir ; le samedi soir. Plat du jour : 19 €. Menu enfant : 12 €. Terrasse.

A proximité du belvédère et de sa vue imprenable sur le lac Léman, le restaurant O Vent d'Anges compte parmi les meilleures tables de Thonon. L'endroit est tenu par deux passionnés qui n'ont qu'une envie : partager leur goût pour les bonnes choses. Le chef Nicolas se plaît à travailler les meilleurs produits de saison, avec des assiettes savoureuses réalisées à partir de produits frais, comme ces poissons du lac livrés le jour même. Déborah, à l'accueil et au service, saura pour sa part vous conseiller judicieusement. Une adresse de terroir et de qualité.

LES GORGES DU PONT DU DIABLE ★

Le Jotty - **LA VERNAZ**
✆ 04 50 72 10 39
www.lepontdudiable.com
Ouvert d'avril à septembre tous les jours. 9h-18h en juillet-août. Adulte : 18 €. Chaussures rando. Restauration.

Classées Patrimoine national du Géoparc du Chablais, la visite des Gorges du Pont du Diable est l'un des sites incontournables de Haute-Savoie. Une curiosité naturelle au spectacle époustouflant qui débute en traversant une forêt de hêtres pour arriver 70 m et quelques escaliers plus bas à l'entrée des gorges. Un impressionnant défilé, en partie souterrain, creusé par la Dranse de Morzine que l'on parcourt par le biais de rampes ou d'escaliers ancrés dans la roche. La Dranse coule 50 m sous nos pieds au fond d'un véritable gouffre… Un spectacle à couper le souffle ! La force des tourbillons du torrent a créé une œuvre d'art aux couleurs magnifiques, aux formes sculptées, aux marmites de géants. Le clou du spectacle est le Pont du Diable : à la suite d'un énorme éboulement venu obstruer le site, un bloc imposant s'est stabilisé à plus de 30 m au-dessus du torrent, dessinant une sorte d'arche. Conseil du *Futé*, la visite vers 10h du matin est la plus spectaculaire avec les rayons du soleil qui magnifient et font scintiller toutes les couleurs des gorges. Parfaitement entretenus et sécurisés, le site et ses abords permettent de bénéficier d'un spectacle à ciel ouvert dans les meilleures conditions. Véritable coup de cœur pour le « Pas du Diable », un véritable chef-d'œuvre en verre pour des sensations fortes ! Boutique souvenirs et produits du terroir local de qualité ! Futé : le QR code permet d'avoir un texte traduit dans plusieurs langues, téléchargeable sur le site des gorges.

FROMAGERIE BOUJON

7, rue Saint-Sébastien
✆ 04 50 71 07 68
www.fromagerie-boujon.com
Ouvert le lundi 9h-12h30 ; du mardi au vendredi 8h30-12h30 et 15h-19h ; le samedi 8h30-12h30 et 14h30-19h.

Le fromage, c'est le meilleur de la vie. Au cœur de Thonon, une maison d'exception tenue par Valérie et Frédéric Royer, deux passionnés. Parmi les merveilles de fromage à déguster sans modération de grands « classiques » incontournables, des A.O.C. comme le beaufort, l'abondance, le bleu de Gex ou le comté, dont Boujon est une ambassade, et des fromages moins connus. Ne boudons jamais notre plaisir en savourant les meilleurs fromages d'ici et d'ailleurs à accompagner d'un vin. A découvrir en boutique ou sur les cartes des meilleurs restaurants !

THERMES DE THONON-LES-BAINS

1, avenue du Parc ✆ 04 50 26 17 22
www.valvital.fr
Ouvert de mars à nov du lun au ven 8h30-20h45, samedi 8h30-15h30. Espace spa ouvert toute l'année.

Réputées depuis plus de 100 ans, les eaux minérales de Thonon-les-Bains sont distribuées en ville par de nombreuses fontaines. L'eau de Thonon, source de la Versoie, est froide, non gazeuse, faiblement minéralisée et de type bicarbonaté et magnésien. Ses propriétés sont diurétiques et détoxifiantes reconnues pour le traitement des affections nutritionnelles. Le secteur de la Remise en forme offre soins hydrothérapiques, aquagym, différents types de massages, soins de beauté, etc.

EVASIO TEMPUS

18, rue des Ilages
✆ 09 82 20 54 90
www.evasiotempus.com
Ouvert tous les jours de 9h30 à 23h (dernière mission à 22h). Tarif de 22 à 32 €/pers selon la taille de l'équipe.

Vous serez plongé dans l'ambiance dès le site Internet où, dès le départ, on vous explique le rôle de cette agence top secrète qui existe depuis 1876. Vous souhaitez postuler comme agent externe qui vient en renfort pour accomplir les missions les plus ardues ? Vous serez le bienvenu ! En ce moment, ils ont besoin de vous pour aller chercher un codex dans le bureau de Jules Verne, déchiffrer une trouvaille mystérieuse de la tombe de Toutankhamon ou encore retrouver un puissant artefact dans le village de Salem à l'époque de la chasse aux sorcières.

EVIAN-LES-BAINS ★★★

A l'aube de la Révolution française, en 1789, la notoriété d'Evian ne dépasse guère les frontières régionales. Mais un marquis auvergnat qui passait par là goûta à l'eau d'une fontaine qu'il trouva « légère et bien passante ». Souffrant des reins et du foie, le marquis de Lessert continua sa cure d'eau et vit sa santé s'améliorer. Cette fontaine se trouvait sur la propriété d'un certain monsieur Cachat dont le nom deviendra célèbre dans le monde entier ! Evian est encore une station balnéaire où il fait bon se prélasser sur les nombreuses plages et se baigner dans le lac. Les thermes accueillent de nombreux curistes qui profitent de l'air alpin.

Tourisme

Pour vous ressourcer de bonne eau de source, La source Cachat, dont la buvette fut édifiée en 1903, continue de couler toute l'année pour le bonheur de tous ceux qui viennent remplir quelques bouteilles. C'est bien sûr l'attraction principale de la ville. Mais la source a créé bien d'autres pôles d'intérêt et notamment des bâtiments d'architecture remarquables typiques des stations thermales fréquentées par les grands de ce monde (n'oublions pas que le sommet du G8 s'est tenu en ces lieux protégés).
Une autre idée très sympathique de découvrir les bordures de lac est de visiter le Pré Curieux. Vous pouvez y accéder seulement en bateau électrique. Sur place, un très beau jardin vous attend et le guide vous décrira avec passion les fragilités des zones humides.

ESPACE EVIAN ★

19, rue Nationale
✆ 04 50 84 80 29
www.evian-tourisme.com
Ouvert de juin à septembre. Tous les jours de 10h à 12h et de 14h à 19h. Septembre et juin : fermé le lundi. Gratuit.

Construite en 1903, chef d'œuvre de l'architecture thermale et représentatif de l'Art Nouveau à Evian, la Buvette Cachat possède un espace interactif et ludique dédié à son eau minérale expédiée dans le monde entier. Alors, que l'on soit curieux de savoir si l'eau traverse bien les montagnes pendant des années comme nous le dit la réclame, ou bien que l'on soit fan des bouteilles collector de la marque, il faut se rendre à cette exposition permanente. On pourra bien sûr se ressourcer directement à la source avant de faire un petit tour à la boutique.

EVIAN EXPERIENCE

Rue des Vignes Rouges - **PUBLIER**
✆ 04 50 84 80 18
https://evianexperience.com
Ouvert de lundi à vendredi 9h-18h. Réservation 48h en avance minimum. Adulte 10 (visite 2h) à 16 € (4h). Enfant 5 à 8 €.

Une visite fantastique pour tous les petits et grands curieux. On y découvre le fonctionnement d'une usine d'embouteillage d'eau, de la visite des lignes d'embouteillage au musée interactif Évian. Le grand parcours, qui dure 4h, contient une partie en extérieur et permet de visiter la zone d'infiltration de l'eau minérale, à 1 000 m d'altitude, ainsi que la source Cachat, intimement liée à l'histoire de la marque. Le tout est organisé aux petits oignons, avec navette et guide pour tout savoir sur ce qui a fait la renommée de cette jolie ville. Un incontournable !

FUNICULAIRE ÉVIAN-NEUVECELLE

Rue du Port
✆ 04 50 74 98 93
http://ville-evian.fr
Ouvert d'avril à septembre, tous les jours de 10h à 12h20 et de 13h15 à 19h20. Dès 9h15 mardis et vendredis. Gratuit.

Si le visiteur comprend vite l'intérêt de gravir les 300 m de dénivelé séparant les rives du lac des hauteurs de la ville, il faut savoir que le funiculaire d'Evian fut mis en service en 1907 à l'attention des curistes. Après d'importants travaux, le funiculaire fonctionne depuis 2002 le long du Nant d'Enfer, permettant d'atteindre sans trop d'effort le petit paradis de Neuvecelle, avec vue panoramique sur le lac Léman. Un moyen de transport idéal pour visiter les hauts d'Evian !

LES JARDINS DE L'EAU DU PRÉ CURIEUX

1045, avenue Anna-de-Noailles
✆ 04 50 75 04 26
www.ville-evian.fr
Ouvert du 1er mai au 2 octobre, tous les jours (départs à 10h, 13h45 et 15h30). Adulte : 12,60 €. Enfant +6 ans 8,10 €.

Pour accéder aux Jardins de l'eau du Pré Curieux, embarquez à bord d'un catamaran solaire. Après quinze petites minutes de navigation sur le lac Léman, les visiteurs débarquent aux Jardins de l'eau, labellisés « Jardin remarquable ». On se promène sur les chemins à la découverte des eaux dormantes des étangs et des mares où règnent les carpes et les nénuphars, des eaux courantes des rivières et des torrents de montagne, des prairies humides et des jardins d'agrément.

RIVA RESTAURANT €€

27, quai Paul Léger
✆ 04 50 84 60 30
Ouvert du jeudi au lundi le soir. Carte : 35 € environ.

Vue majestueuse sur le lac Léman, mais l'essentiel n'est pas là. Terrasse fleurie, élégant décor cosy… mais l'essentiel n'est pas là. L'essentiel ? C'est la cheffe Eleni Vlachogianni, venue de Grèce, et qui a toujours vécu en bord de mer, d'où elle pêchait et cuisinait le poulpe à sa guise. Si Eleni affectionne particulièrement poissons et fruits de mer, l'ensemble de sa cuisine est une promesse d'émotions gustatives propres à réjouir le gourmet. Du fait maison, aux saveurs méditerranéennes, un bonheur qui se prolonge en séjournant à l'hôtel Hilton.

HAUTE-SAVOIE

© XIM-CROW - FOTOLIA

Le lac Léman.

ZAINO €€

5, place du Port
✆ 04 50 75 46 73
https://zaino-ristorante.com
Ouvert tous les jours midi et soir. A la carte : 25 € environ. Menu enfant 8,90 €.

Un restaurant italien comme on les aime, face au port d'Evian-les-Bains. L'extérieur ne paye pas de mine, et pourtant, que l'on s'installe sur la terrasse face au lac ou dans la salle à la décoration feutrée, l'accueil chaleureux marque le prélude d'un bon repas. En plus des traditionnelles *pasta*, *pizze* et *insalate*, le Zaino propose une large gamme de viandes et poissons. On vous recommande de vous laisser tenter par les pizzas, généreuses et savoureuses, et de partager un bon tiramisu en dessert s'il vous reste de la place. Une bonne adresse !

LA VERNIAZ €€€

1417, Neuvecelle-Eglise
✆ 04 50 75 04 90
www.verniaz.com
Ouvert du mercredi au samedi midi et soir et le dimanche midi. Menus de 55 € à 70 €. Menu enfant : 20 €. Terrasse.

Cuisine gastronomique mise en relief au restaurant de La Verniaz par le chef Stéphane Coffy. La carte se compose de plats signatures et de plats qui changent au fil des saisons, favorisant au mieux les produits locaux et les circuits courts : Poularde de Bresse contisée à la truffe, sauce albufera et crozets ou le ris de veau coloré et croustillant, éclaté de polenta et onctueux de céleri. Les herbes aromatiques viennent du potager et le miel de la ruche pédagogique. Avec plus de 200 appellations, la cave met en avant les vins français.

CENTRE NAUTIQUE

Avenue du Général-Dupas
✆ 04 56 30 11 22
http://ville-evian.fr
Ouvert de fin avril à mi-septembre, tous les jours de 9h30 à 19h/20h. Nocturne les jeudis juillet août. Entrée : 4,80 €.

Cette installation de plein air offre 3,5 ha de pelouses et espaces verts qui entourent les deux piscines extérieures chauffées à 27 °C – un bassin olympique et un bassin d'apprentissage – et une aire de baignade lacustre – labellisée Pavillon Bleu en 2021 – avec plongeoir, pontons flottants et jeux aquatiques. Jardin d'enfants et toboggan de 160 m pour les plus grands. Services multiples en annexe : école de ski nautique, leçons de natation et, bien sûr, bar et restaurant. Un cadre splendide pour une baignade au plus près du lac Léman !

EVIAN RESORT GOLF CLUB

Route du Golf
✆ 04 50 75 46 66
www.evianresort-golf-club.com
Fermé du 15 novembre au 15 février. Entrée : 50 € (à 120 €). 50% de remise pour les -18 ans. Restauration. Proshop.

Créé en 1904, le parcours, légèrement vallonné, est situé entre lac et montagne. Les arbres majestueux aux essences très variées, alliés aux obstacles d'eau et aux bunkers de sable blanc, en font un parcours très agréable à l'œil mais très technique. A noter en particulier le trou n° 10, long par 5 de 525 mètres en léger dog-leg droite, difficile en raison de son dévers et d'un green à plusieurs plateaux dont l'attaque est aveugle. Le trou n° 15 est un magnifique par 3 de 149 mètres très spectaculaire avec la vue plongeante sur le lac Léman.

LES THERMES D'ÉVIAN

✆ 04 50 75 02 30
www.lesthermesevian.com
Ouvert lundi-vendredi de 8h30 à 19h ; samedi 8h30 à 18h. Cure libre 6 jours : 480 €. Forfaits journée de 70 € à 175 €.

À Evian, le bien-être coule de source depuis le XIXe siècle. C'est en 1878 que les bienfaits de l'eau minérale d'Evian sur la santé ont été reconnus. Depuis, les Thermes d'Evian n'ont cessé d'évoluer et leur entrée dans le XXIe siècle a été marquée par une belle rénovation. Les cures médicalisées sont indiquées en cas de pathologies en rhumatologie, de maladies digestives ou encore d'affections urinaires. Mais les bienfaits de l'eau d'Evian sont accessibles à toutes et à tous, et l'on peut se chouchouter avec un soin, une journée ou une semaine de cure.

CASINO D'ÉVIAN

Quai Baron de Blonay
✆ 04 50 26 87 87
www.casino-evian.com
Ouvert du dimanche au jeudi de 9h à 2h ; le vendredi et le samedi de 9h à 3h. Restauration.

Avant de tenter sa chance, il faut apprécier la chance que l'on a d'entrer au Casino d'Evian. Une situation exceptionnelle face au lac sur un quai qui porte le nom du Baron de Blonay, qui ouvrit en 1864, dans son château, le premier casino d'Evian. Le bâtiment actuel date de 1911, réalisé par l'architecte J.A. Hebrard dans un style Art Nouveau magistral. Aujourd'hui, le Casino impose ses formes généreuses, brillantes de mille feux à la nuit tombée. 225 machines à sous. Cadre feutré et design pour le Salon des Jeux de table. Toujours gagnant au Casino d'Evian.

BERNEX

Au cœur du pays de Gavot, à une dizaine de kilomètres du lac Léman et au pied de la célèbre Dent d'Oche, le village de Bernex a plus d'un atout pour séduire amoureux de la nature, randonneurs, skieurs et gourmands. À Bernex, on peut pratiquer toutes les activités en famille dans une ambiance de village authentique. Ici, ça ressemble vraiment à la Haute-Savoie que l'on aime, avec des gens du cru, des balcons fleuris et des fontaines d'eau pure qui coulent de source. Domaine skiable avec des pistes de toutes les couleurs pour l'alpin et le nordique qui bénéficie d'un petit domaine avec 2 boucles accessibles à tous. Sports d'eau vive sur la Dranse.

ABONDANCE ★★

Aux Portes du Soleil, le nom d'Abondance évoque non seulement la générosité d'une nature omniprésente mais aussi le nom d'un célèbre fromage ayant obtenu l'Appellation d'Origine Contrôlée depuis 1990. Un fromage à découvrir dans une Maison du Fromage adossée à la cave coopérative d'affinage du village, avant de le déguster en famille. Une station-village idéale pour un séjour gourmand et apaisant. Le site à ne pas manquer de visiter, c'est l'abbaye d'Abondance, fondée au XIIe siècle. Pour faire une belle balade en famille (poussettes bienvenues), le Chemin des bords de Dranse propose de découvrir patrimoine et paysages d'Abondance à Châtel.

HAUTE-SAVOIE

© ALEXIS BORG - FOTOLIA

La vallée d'Abondance.

ABBAYE D'ABONDANCE ★

Place de l'Abbatiale

✆ 04 50 81 60 54

Fermé du 1er nov à mi-déc. Juillet et août, ouvert tous les jours 9h30-12h30 et 14h-18h. Entrée 5 €. Gratuit -6 ans.

Halte obligatoire sur ce site emblématique qui domine le cœur du village d'Abondance. Pays d'Art et d'Histoire, le patrimoine de la vallée d'Abondance est remarquable et ce site abbatial compte parmi les plus beaux des pays de Savoie. Intacte, cette abbaye augustinienne (1108-1607) reprise par des cisterciens (1607-1761) avec ses trésors d'art religieux médiéval est la première à avoir été classée aux Monuments historiques en 1875. Lors de la visite de l'abbaye d'Abondance, libre ou guidée, on distinguera trois temps forts. Tout d'abord, le cloître gothique construit au XIVe siècle, l'un des joyaux de l'art religieux et médiéval, avec ses chapiteaux, ses rosaces de pierre et ses peintures murales datant du début du XVe siècle et relatant la vie de la Vierge Marie. Ces nombreuses peintures, véritables trésors et témoignages de l'époque médiévale, offrent une vision de l'art pictural du haut Moyen Age et l'on sent de nouvelles influences dans ce style pourtant très codifié. A la suite, l'église abbatiale Notre-dame-d'Assomption, récemment restaurée, avec ses peintures et statues en trompe-l'œil. Enfin, le petit musée d'art religieux où admirer une collection rare d'objets et de vêtements liturgiques dont les plus anciens datent du XVe siècle. Expositions, animations - les familles bénéficient d'espaces ludiques -, conférences... ce lieu spirituel mérite une visite approfondie. Possibilité d'un billet combiné avec la Maison du Fromage d'Abondance, un des autres aspects de la culture savoyarde.

MAISON DU FROMAGE ABONDANCE

Rue d'Offaz

✆ 04 50 73 06 34

Ouverture selon saison. Haute saison du lundi au samedi 9h30-12h et 14h-18h, dimanche de 14h à 18h. Adulte : 5 €.

L'abondance est un fromage spécifique de cette vallée. La Maison du Fromage Abondance dans un parcours en 9 étapes au fil des paysages, des gestes, des savoir-faire et des sens, avec une nouvelle scénographie et de nouveaux outils permettant une approche ludique et sensorielle de l'abondance mais aussi des fromages de Savoie. Une visite qui se conclut par une dégustation de fromage accompagnée d'un verre de vin de Savoie ou de jus de pomme, également en vente dans la boutique !

LA CHAPELLE-D'ABONDANCE

C'est la seconde station-village en remontant la vallée d'Abondance. A 1 000 m d'altitude, elle est reliée avec l'ensemble du domaine des Portes du Soleil (via la station suisse de Torgon) par une piste à travers les sapins. Un forfait unique permet d'ailleurs de skier sur les deux stations. Ce village a comme particularité d'abriter une concentration intéressante de bonnes adresses gourmandes (et d'hôtelleries) qu'il ne faut manquer en toute saison. En été, 175 km de sentiers pédestres (reliés aux 575 km de sentiers des Portes du Soleil) permettent de sillonner une nature sublime et préservée, notamment la réserve du Mont de Grange.

OFFICE DE TOURISME

10, route des Frasses

✆ 04 50 73 51 41

Ouvert lundi, mardi, mercredi, vendredi, samedi : 9h-12h et 14h-17h30.

Un office de tourisme situé dans la Maison des Sœurs ! En effet, au sein de cette « maison » construite en 1842 les sœurs de la Charité enseignaient aux jeunes filles de La Chapelle. L'office de tourisme labellisé Qualité Tourisme est en place depuis plus de 50 ans et sait parfaitement vous faire découvrir les activités : ski de fond, mais aussi raquettes, sentiers piétons, initiation au ski-joëring. En été, parcours découvertes sur la faune et la flore, sentiers balisés, via ferrata et différents sports d'eaux-vives pour vous rafraîchir les idées.

LA FRUITIÈRE

Les Thoules

✆ 04 50 39 98 23

www.fruitiere-des-neiges.com

Ouvert selon saison. Haute saison (été et hiver), tous les jours 9h-12h et 15h-18h30.

Dans cette fruitière – coopérative laitière qui regroupe la production laitière de 10 fermes de la vallée –, de délicieux fromages artisanaux : reblochon, tomme et abondance AOC. Avant de les déguster, découvrez les secrets de leur fabrication, du réchauffement au bain-marie du lait cru jusqu'au repos des belles meules sur les planches d'épicéa. Des visites sont organisées deux fois par semaine. Alors, si vous êtes de passage à La Chapelle-d'Abondance, faites une escale à La Fruitière pour y découvrir les saveurs locales. Inscriptions préalables recommandées.

CHÂTEL ★

Châtel se situe à 1 200 m d'altitude à la frontière entre la France et la Suisse. Malgré son fort développement touristique, le village de Châtel a su préserver l'essentiel de son authenticité, avec notamment la présence d'une trentaine de fermes en activité. Les vaches paissent l'été dans les alpages pour donner le lait qui sert à fabriquer le fromage d'Abondance, A.O.C. chablaisien. La station permet d'accéder au domaine skiable des Portes du Soleil par Super Châtel qui en constitue, depuis l'origine, une des stations les plus actives.

Sports / Loisirs

Avis aux amateurs de vélo : rendez-vous au Bike Park, un espace montagnard spécial descente en VTT.

LA VIEILLE DOUANE

1277, route de Vonnes

✆ 04 50 71 75 11

www.chatel.com/la-vieille-douane.html

Ouvert toute l'année. Du dimanche au vendredi de 14h à 18h. Adulte : 4,50 €. Enfant : 3,50 €. Durée moyenne : 1h.

À la Vieille Douane, Centre d'Interprétation de la Contrebande en Montagne, il fait bon remonter le temps dans l'histoire de Châtel. Quand le village frontalier n'était pas encore une station avec des remontées reliant les deux pays et que les contrebandiers rusaient pour franchir les sommets sans se faire attraper par les « gabelous » (gendarmes et douaniers), rivalisant d'ingéniosité. Un autre regard, original et surprenant, sur le village et sa place stratégique, ainsi que sur les habitants. Animations pendant la saison touristique : jeux d'enquête...

CHÂTEL TOURISME

14, route de Thonon

✆ 04 50 73 22 44

www.chatel.com

Ouverture selon saison. Haute saison : tous les jours de 9h (8h30 en hiver) à 19h.

Châtel Tourisme nous renseigne sur les multiples activités et services proposés par Châtel et Super Châtel en toutes saisons. Et si l'on peut skier sur la piste mauve ou faire du VTT, hiver comme été, en son royaume, on peut encore plonger sous la glace ou pratiquer le bob-luge. Activité transfrontalière tendance, le trail, avec le plus grand territoire relié d'Europe. Un office de tourisme dynamique qui nous présente des semaines d'animations complètes et un grand nombre de bonnes adresses pour ne pas rester, en toutes saisons, les deux pieds dans le même sabot !

HÔTEL AU BOIS DE LUNE*** €

1725, route de la Dranse
✆ 04 50 81 36 94
www.auboisdelune.com

Ouvert en saison hiver et été. 12 chambres (cuisinette équipée). Chambre double de 75 € à 140 €. Garages motos, VTT.

Au cœur des montagnes, ce chalet-hôtel offre des paysages somptueux en toute saison. Une nature merveilleuse qui se prolonge à l'intérieur d'une belle maison tenue par une femme adorable, Marylène. Elle nous fait partager sa joie de vivre, ses rires et rend notre séjour toujours plus beau grâce à ses précieux conseils. Chambres ouvertes sur la nature, avec chacune son balcon privé, et parfaitement équipées. Grandes chambres familiales. Maison remplie d'une bonne humeur contagieuse, un Bois de Lune qui va illuminer votre séjour à la montagne.

FANTASTICABLE

Pré-la-Joux
✆ 04 50 81 34 83

Ouvert été et hiver, selon météo. Tarif unique de 37 €. Vol en duo, 74 € en été.

Des sensations fortes, et une incroyable impression de voler ! Fantasticable, c'est tout ça à la fois pour une activité unique dans les Alpes. A 1 900 m, on se lance au-dessus du vide accroché à un câble et on file à près de 100 km/heure au-dessus du sol (à 240 m) sur 2 523 mètres de câble au total (2 câbles) ! Pour celles et ceux qui veulent partager leurs émotions, possibilité de départ en duo. L'hiver, possibilité de « voler » sur le parcours n° 1 suivi de son matériel de glisse pour une expérience inoubliable au-dessus du « grand blanc ». A vivre intensément.

SPORTS D'ÉTÉ

En moyenne montagne, la station de Châtel affiche bien des atouts pour profiter de ses journées, de la découverte du village et de son activité pastorale aux pratiques sportives multiples. En voiture, à pied ou en VTT, tous les moyens sont bons pour visiter les alpages et villages transfrontaliers. Le VTT est roi avec un nombre de parcours impressionnant et l'accès au domaine des Portes du Soleil. Tennis, piscine, équitation, parapente, escalade, sports d'eau vive, sans oublier le golf compact 6 trous (et mini-golf 18 trous), au centre de loisirs de Loy.

SPORTS D'HIVER

Intégrée au domaine des Portes du Soleil, la liaison de Châtel avec le domaine skiable suisse est assez facile. Le domaine skiable de Châtel en lui-même offre 41 remontées mécaniques qui ouvrent sur 45 pistes situées entre 1 200 et 2 200 m. Deux snowparks raviront les amateurs de freestyle. Les navettes gratuites, pour tous et même en soirée, permettent d'accéder aisément aux pistes. 60 km de pistes nordiques reliées avec les stations de La Chapelle et Abondance, luge, ski joëring et circuits piétons-raquettes dont deux sentiers pédagogiques.

SAINT-JEAN-D'AULPS

En aval de Morzine, sur la route de Thonon-les-Bains, Saint-Jean-d'Aulps, village et station familiale, vous invite en hiver à plonger dans l'intimité de la nature et à découvrir sur le Domaine du Roc d'Enfer les plaisirs du ski et des sports d'hiver en toute tranquillité dans un cadre sauvage et préservé ! Cet autre partenaire des Portes du Soleil est relié par navettes payantes. En été, profitez des nombreux itinéraires de randonnées et de VTT à Saint-Jean-d'Aulps et dans toute la vallée d'Aulps (plus de 200 km de sentiers balisés) ainsi que des diverses activités de loisirs : escalade, parapente, pêche, baignade, rafting et autres à proximité.

OFFICE DE TOURISME DE LA VALLÉE D'AULPS

1959, route des Grandes Alpes ✆ 04 50 79 65 09
www.valleedaulps.com

Ouverture selon saison. Haute saison ouvert tous les jours 9h-12h et 14h-18h, mardi 10h30-12h et 14h-18h.

Un panorama complet des activités et des événements sur la haute vallée de l'Aulps ! Nous sommes ici dans l'un des sites appartenant au Geopark du Chablais labellisé par l'UNESCO. Très conviviale, l'équipe du bureau d'accueil connaît parfaitement son territoire et les stations alentour. Elle informe de l'ensemble des activités et des manifestations de la vallée d'Aulps, les sites à découvrir et comment s'y rendre, sans voiture avec la navette intercommunale Balad'Aulps Bus.

HAUTE-SAVOIE

ABBAYE D'AULPS-DOMAINE DE DÉCOUVERTE DE LA VALLÉE

961, route de l'Abbaye
✆ 04 50 04 52 63
www.abbayedaulps.fr

Dim-ven 14h-18h30. Du 15/06 au 15/09 : tous les jours 10h-19h. Adulte 7 €. Casque réalité augmentée 5 €.

En plein cœur du Haut-Chablais, sur un domaine de 2 ha, les vestiges de l'une des plus importantes abbayes cisterciennes de la Savoie médiévale. L'abbaye d'Aulps a été un lieu de pèlerinage dès le XIe siècle. Fondée en 1095 par des moines partis de l'abbaye de Molesme en Bourgogne, l'abbaye Notre-Dame-d'Aulps prend son indépendance en 1120 et Guérin de Pont-à-Mousson, second abbé d'Aulps et évêque de Sion, y meurt en 1150. Très vite, il est vénéré en tant que saint protecteur du bétail. Les derniers moines cisterciens furent chassés en 1792 par les révolutionnaires. Suite à l'incendie de 1823, les habitants du village récupèrent ses pierres pour reconstruire leurs habitations. Ne subsistent alors que des vestiges de l'abbatiale, la porterie, les celliers et l'ancienne ferme monastique. Pourtant ces ruines ont de l'allure et le site est remarquable à plus d'un titre ! L'église a conservé sa magnifique façade du XIIIe siècle et la glorieuse abbaye sera classée aux Monuments historiques en 1902. Aujourd'hui, elle abrite un centre d'interprétation, une boutique, une tisanerie, un jardin et un potager médiévaux. On y découvre une exposition sur la vie quotidienne des moines, leur communauté, l'histoire du duché de Savoie au Moyen Age et les secrets des plantes médicinales. On peut découvrir l'abbaye telle qu'elle était avant sa destruction avec l'application de réalité augmentée Abbayedaulps 3D et les casques en location à l'accueil. Une expérience unique !

LA CABANE DANS LES ARBRES €€

278, route de l'Abbaye
✆ 06 70 80 20 20
www.lacabanedanslesarbres.com

Cabane et chalet à partir de 140 €. Petit déjeuner inclus. Wifi. Fermé en hiver.

Un séjour insolite ! On pousse la porte de la Cabane dans les Arbres pour dormir en pleine nature, accroché à un mélèze, dans les hauteurs... L'idéal pour un week-end romantique. La cabane est équipée d'un lit double, d'une douche et de WC, d'une kitchenette, d'une TV, d'un lecteur DVD et possède une agréable terrasse, le tout à la cime des arbres... Pour le confort, un panier petit déjeuner est livré chaque matin. Parfait pour un séjour en amoureux ! Prêt de VTT.

LE PETIT COQ €€

1821, route des Grandes Alpes
✆ 04 50 79 66 79

Haute saison : le lundi et du mercredi au samedi de 18h à 22h. Carte : 16 € environ. Plat du jour : 12 €.

Tenu par un couple d'Anglais qui a retroussé ses manches pour s'établir dans la restauration avec succès, ils apportent un peu de fun au cadre rustique. Bien située sur la route des échappées en 2 roues l'été et des stations l'hiver, le Petit Coq est une halte sympathique pour déjeuner d'un véritable *English breakfast* ou de *ribs, jackets,* toasts et sandwichs frais du jour, d'un traditionnel *fish & ships* et fondre de plaisir en une bouchée de cupcake au mascarpone ou de gâteau à l'orange. Les emblématiques fondue et raclette sont bien sûr présentes à la carte.

HAUTE-SAVOIE

Abbaye d'Aulps-Domaine de découverte de la Vallée.

MORZINE ★★

Considérée comme la capitale du Haut-Chablais blanc, Morzine (1 060 m) est pelotonnée au fond de la vallée d'Aulps, au pied de la fameuse falaise qui vit naître, sur le plateau d'Avoréaz, la station de sports d'hiver d'Avoriaz. C'est pourtant à Morzine qu'est né le premier Grand Hôtel de tourisme, dans les années 1920. En 1934, le téléphérique du Pléney était mis en service pour les promenades et son point de vue dominant sur les Alpes. Le développement des sports d'hiver poussa la commune de Morzine à équiper les montagnes du Pléney, de Nyon et de Chamossière et à créer un domaine d'altitude. La création d'Avoriaz, en 1960, lui donna une nouvelle dimension. La clientèle s'est développée, en complémentarité, sur les deux stations de la commune : Avoriaz intéresse surtout les skieurs épris d'altitude et attirés par la modernité de son architecture mimétique, alors que Morzine a la préférence des amateurs de villages authentiques. Les Portes du Soleil avec son super-domaine franco-suisse contribua encore au développement de Morzine-Avoriaz en reliant entre elles 12 stations du massif du Chablais. La création d'Avoriaz a sans doute permis de limiter le nombre de résidences touristiques de Morzine et de préserver son charme authentique.

Sports / Loisirs

Pour glisser, direction l'une des deux patinoires : une, couverte, dans le complexe sportif du parc des Dérêches où se situe la piscine ; l'autre - éphémère - en plein air, en plein centre du village, sur la place de l'office de tourisme. Celle-ci permet aux familles de s'en donner à cœur joie au retour du ski et en attendant l'heure du repas.

© JAYKAY57 - ISTOCKPHOTO.COM

Pistes près de Morzine.

L'ALPAGE

337, route de la Plagne

✆ 04 50 79 12 39

www.alpage-morzine.com

Ouvert du lundi au samedi de 8h à 19h15. En haute saison, visite guidée gratuite les mercredis et jeudis de 9h à 11h.

Comment se fabrique le fameux fromage d'Abondance, ce délice dont dépend si fortement la flore naturelle du lait cru ? C'est ici qu'on nous l'explique. Comme on le fait d'ailleurs pour bien d'autres spécialités savoyardes. Reprise en 1996 par Nicolas Baud, cette fruitière produit 5 des fromages locaux : la tomme, l'abondance, le reblochon, la raclette et, rare, le vieux fromage de Nyon au goût si atypique. Outre cette visite, qui permet de connaître tout le processus de la traite des vaches au moulage, la fruitière propose ses produits à la vente.

BUREAU DES ACTIVITÉS DE MORZINE

19, place du Baraty

✆ 04 50 49 48 60

www.indianaventures.com

Ouvert selon saison. Haute saison, ouvert du dimanche au vendredi 10h-12h et 16h-19h.

Présente à Saint-Paul-en-Chablais et à Samoëns, l'équipe d'Indiana'ventures a mis en place une large batterie d'activités ludiques et sportives depuis son bureau historique de Morzine. Créateur de l'Indiana Parc à Morzine, le Bureau des Activités de Morzine est actif sur les domaines à la fois de Morzine et d'Avoriaz : luge nocturne, yooner, raquette, VTT, parapente, via ferrata, spéléologie, canyoning, paint ball... Parcours aventure. De belles aventures en perspective !

OFFICE DE TOURISME

Place Baraly

✆ 04 50 74 72 72

www.morzine-avoriaz.com

Basse saison : ouvert du lundi au vendredi de 9h à 12h et de 14h à 18h. Haute saison : tous les jours de 8h30 à 19h30.

Si la station de Morzine est une pépinière historique de champions de sports d'hiver, comme Jean Vuarnet, la station ne se limite pas au ski et ses activités estivales sont nombreuses. En partie axées sur la découverte de la nature et du patrimoine mais aussi du VTT, une des pratiques les plus courues sur le domaine des Portes du Soleil - même sur neige. Des visites guidées sont proposées par l'office de tourisme sur l'architecture, les traditions, la faune et la flore afin de vous faire découvrir ce patrimoine toujours présent de « village savoyard ».

HAUTE-SAVOIE

BUREAU DES GUIDES

23, Taille de Mas du Pleney
✆ 04 50 75 96 65
www.guides-morzine.com
Haute saison : ouvert tous les jours de 9h30 à 12h et de 15h30 à 19h. En juillet et août.

Partir en montage, c'est bien. Partir en montagne avec un guide, c'est mieux à tout point de vue. En hiver comme en été, les guides proposent des accompagnements en ski hors piste, ski de randonnée, héliski, randonnées en raquettes, randonnées sur les nombreux sentiers, escalade, VTT, canyoning, via ferrata, mais aussi alpinisme (notamment pour l'ascension du mont Blanc avec un stage de 7 jours qui vous amène au sommet de l'Europe en toute sécurité)... Parmi les activités hivernales, on vous recommande de découvrir l'escalade des cascades de glace.

AUBERGE DES TERRES MAUDITES CHEZ LAYÄN-NE €

4896, route de la Manche
✆ 04 50 79 03 93
Ouvert du 15 décembre au 30 avril. En juillet et août 7j/7 toute la journée. Fondue, salade et charcuterie : 18 €.

Ces « terres maudites » sont des terres sacrées pour les gourmands. Au bout de la route de la vallée de la Manche, un coin de paradis s'ouvre à celles et ceux qui prennent le temps de déguster les plus beaux paysages de montagne et les bonnes choses de la vie. Chez Layän-ne, c'est toute une famille qui met en musique et en cuisine les meilleures spécialités régionales, de la fondue savoyarde à l'incontournable omelette de Valérie. Desserts maison. Du bonheur à partager.

LA FLAMME €€

24, taille Mas de la Passerelle
✆ 04 50 75 78 09
www.restaurantlaflamme.fr
Fermé de mai à mi-juin, oct et nov. Haute saison, ouvert tous les jours 8h30-22h. Spécialités régionales individuelles.

Une Flamme gourmande, écoresponsable, au pied de la télécabine de Super Morzine. Ici, tout est fait maison, même le pain, par le chef Sylvain, passionné de terroir qui nous emmène aussi en voyage autour du monde avec des plats du jour surprenants. Créativité et authenticité, même dans des burgers inédits. Superbe cave à vin. Une Flamme qui brille et révèle toute la philosophie et la personnalité de ses propriétaires : générosité dans l'accueil et le service de Jess et son équipe, cuisine locale, de qualité... Adresse gourmande de confiance, et sans se ruiner !

AVORIAZ ★★

Avoriaz, une station cultissime pour les amoureux de la glisse dont le nom évoque forcément grands espaces enneigés et altitude (d'ailleurs la station porte le nom d'Avoriaz 1800). Située au-dessus de Morzine à laquelle elle est reliée, Avoriaz est véritablement une station à part dans le paysage des stations alpines. Avoriaz la jeune, qui a fêté ses 45 ans en 2021 avec l'anniversaire de l'ouverture de l'hôtel des Dromonts en 1966, possède pourtant une histoire qui fait de cette station aux allures modernes une station qui possède aussi une âme. Avoriaz fut bâtie sur un plateau d'altitude fréquenté autrefois par les bergers qui emmenaient les troupeaux à l'alpage. Alors personne ne venait en hiver, sauf quelques amoureux de la glisse qui connaissaient ce petit coin de paradis offert à des skieurs tels que Jean Vuarnet, enfant de Morzine. Jean Vuarnet, après son titre olympique de descente en 1960 à Squaw Valley, s'attellera à ouvrir ce fabuleux domaine au grand public en construisant de toute pièce une nouvelle station. Pour réaliser son projet, il s'associe à Gérard Brémont, fondateur et président du groupe Pierre & Vacances. C'est une jeune équipe d'architectes qui va concevoir une station différente où les skieurs seraient rois (pas de voitures, rues intégrées aux pistes) et l'environnement préservé autant que possible. Avoriaz possède sa propre personnalité faite de volumes libérés, d'angles originaux qui lui ont valu le label de « Grande réalisation du patrimoine du XXe siècle ». Ce que l'on ne peut manquer d'aimer, ce sont les couvertures de tavillons, tuiles en bois typiquement savoyardes qui changent de couleur selon leur orientation. Avoriaz est une station vivante, toujours animée. Depuis l'immense quai de déchargement où les voitures se pressent à descendre les bagages dans des traîneaux tirés par des chevaux ornés de clochettes jusqu'aux résidences, hôtels et restaurants, en passant par les pistes qui ouvrent vers les Portes du Soleil, tous les publics sont accueillis avec le même enthousiasme. La station reste celle de l'innovation en matière de pédagogie enfantine, avec le grand espace spécialisé signé Annie Famose et Isabelle Mir : le Village des Enfants propose entre autres un jardin des neiges, une garderie pour les P'tits Loups et une école de ski. Pour les adeptes de nouvelles expériences, découvrez le ski joëring (tiré par un cheval) ou le speed riding (associant ski, parapente et parachutisme).

DOMAINE SKIABLE D'AVORIAZ

✆ 04 50 74 02 15

www.avoriaz.com

Ouvert de décembre à Avril pour les sports d'hiver ; de juin à septembre pour les piétons et les vététistes.

Inaugurée en 1966, la station d'Avoriaz innove par son aspect fonctionnel autour des pratiques sportives avec priorité au ski, aux familles et aux enfants qui ont leur village au centre de la station. Un domaine skiable au centre du domaine franco-suisse des Portes du Soleil. Celui d'Avoriaz se situe au centre d'un vaste domaine, relié à Super Morzine, à Châtel (depuis Les Lindarets) et à Champéry en Suisse (par Mosette). Il comprend 50 pistes, 4 snowparks et 4 snowcross et bénéficie d'un enneigement exceptionnel de décembre à avril. Avoriaz se revendique comme un paradis du ski nature en famille sur ses larges vallées, et celui des nouvelles glisses avec des pistes tracées à travers les sapins. The Stash (créé par le snowboarder Jake Burton en 2008) est le premier snowpark 100 % nature en Europe où se côtoient, dans le même espace deux formes de glisse : free ride et freestyle. A découvrir absolument ! On y pratique également le ski de fond sur 23 km de pistes balisées à travers les plateaux et les forêts de conifères et d'épicéas. Pour les non-skieurs (ou pour ceux qui souhaitent diversifier leurs centres d'intérêt) les activités hors pistes sont variées : balades en raquettes (ou à pied), attelage de chiens de traîneaux ou de chevaux, scooter des neiges, et même VTT sur neige... mais aussi pratique du parapente, de la luge (nocturne), du ski-joëring (tiré par un attelage), du speed riding (ski en parapente) ou même de l'héliski et du saut en chute libre !

GOLF CLUB MORZINE AVORIAZ

Le Proclou

✆ 04 50 74 17 08

www.golf-morzine-avoriaz.com

Fermé du 1er octobre au 21 mai. Pro-shop et restauration rapide au club-house.

Le 9-trous (par 36 de 2 930 m) a été dessiné par l'architecte Hugues Lambert en 1992. Situé à 1 780 m d'altitude, le parcours a été conçu sur 45 ha d'alpages et de forêts, sur un plateau au dénivelé modéré. D'une longueur modeste, il comporte quelques bunkers et obstacles d'eau. A noter de magnifiques vues sur les montagnes environnantes qui peuvent constituer, en saison, une source de déconcentration et de jeu lent. Restauration rapide au club house et Proshop.

LES GETS ★

La station des Gets, qui fait partie du vaste domaine des Portes du Soleil, est située sur un col, à une altitude de 1 172 mètres. On peut ainsi s'y rendre par deux itinéraires principaux : depuis Thonon ou depuis Cluses. Son nom, « Gitte » ou « giette » en patois savoyard, fait allusion au couloir de descente rapide du bois utilisé autrefois. Sapins et épicéas étaient utilisés pour construire les habitations et tailler les outils quotidiens. Malgré le développement de la pratique du ski, la station a bénéficié d'un développement immobilier raisonnable et respectueux de l'environnement. Familles ainsi que fondeurs ont aussi leurs structures adaptées.

L'HISTOIRE DU MUSÉE DE LA MUSIQUE MÉCANIQUE

Bien avant la musique électronique, des musiciens et inventeurs de génie ont cherché à reproduire les sons des instruments de musique traditionnels par des moyens mécaniques, des automates, des machines. Installé dans un ancien presbytère, bâtiment magnifiquement restauré, le Musée de la Musique mécanique des Gets offre plus qu'une visite incontournable pour toute la famille : des instants de joie et de découverte à partager. Une merveille de musée pour apprendre, comprendre, rêver, chanter, danser, s'amuser... qui a fêté son quarantième anniversaire ! L'Association de la Musique mécanique des Gets organise aussi plusieurs événements, dont « Le Musée en Fête ».

ÉGLISE DES GETS ✞

7, impasse du Musée

www.lesgets.com

Messe le samedi à 18h.

Les amateurs d'orgue et de musique grandiose n'oublieront pas de visiter l'église des Gets, Notre-Dame-de-la-Nativité, qui abrite depuis 1994 un orgue philharmonique et automatique Aeolian unique en Europe (classé aux Monuments historiques) composé de mille tuyaux et 13 jeux ! Sa restauration a nécessité 10 000 heures de travail. Connaisseur ou néophyte, vous pourrez apprécier cette musique lors de quatre concerts donnés l'hiver. Pour plus d'informations concernant le calendrier, contactez l'adresse suivante : musee@musicmecalesgets.org.

MUSÉE DE LA MUSIQUE MÉCANIQUE ★

294, rue du Vieux Village ✆ 04 50 79 85 75
www.musicmecalesgets.org

Horaires, consulter site. Adulte : 14 € (bât A et B). Forfait famille 38 €. Visite guidée. Boutique. Animations.

Un lieu vivant qui nous permet de découvrir toute l'ingéniosité humaine, avec toutes sortes de mécanismes (près de 900 pièces collectionnées au fil du temps) reproduisant des sons « naturels ». Un lieu vivant qui nous met des airs d'hier et d'aujourd'hui dans la tête, d'où chacun ressort en chantant, un large sourire sur un visage illuminé ! Pour conserver votre âme d'enfant, un tour sur l'un des plus anciens manèges avec son orgue Limonaire est conseillé.

CHALET-HÔTEL CRYCHAR**** €€

136, impasse de la Grange-Neuve
© 04 50 75 80 50 - www.crychar.com
Ouvert en saison. Chambre double de 90 € à 525 €. Demi-pension. Restauration. Spa. Jeux enfants.

Tout ce que vous cherchez pour votre prochain séjour dans les Alpes se trouve au chalet-Hôtel Crychar. Profitez pleinement des montagnes hiver comme été, de toutes les activités outdoor, en vous reposant sur l'accueil de Grégory et Céline, et le confort d'un 4-étoiles chaleureux. Chambres douillettes, prestations haut de gamme – dont un spa avec piscine à jets de massage, sauna, hammam, douche sensorielle, fontaine à glace, salle de sport, massages... –, un véritable cocon ! Déjeuner au Bacchus, brasserie aux plats raffinés. Régal de tous les sens.

BACCHUS BY CRYCHAR €€

136, impasse de la Grange Neuve
© 04 50 75 80 50
www.crychar.com
Ouvert tous les jours le midi ; du mardi au dimanche le soir. Réservation recommandée. Carte brasserie le midi.

Le soleil brille toujours sur la terrasse du Bacchus, au pied des pistes en hiver, sur les alpages en été, et dans les assiettes préparées par le chef Grégory. Une brasserie raffinée, la meilleure de la station, pour savourer une cuisine maison. Au Bacchus, le bon goût et les saveurs s'affirment. Planches, tapas et apéros gourmets à partager en été. D'autres propositions sur la carte en hiver avec des escargots de Magland ou un poulpe grillé au chorizo et à l'ail. Mention spéciale pour le service et à la merveilleuse carte des vins et ses 250 références.

LA R'MIZE €€

160, rue du Vieux Village
© 04 50 79 75 57
www.larmize.fr
Ouvert toute l'année. Haute saison, tous les jours sauf mercredi. Menus 27 € à 45 €. Plat du jour 13 €, dessert 7 €.

R'mettre ça au plus vite, c'est tout ce que veulent les gourmands en sortant de la R'mize ! Au cœur des Gets, un restaurant où le chef, l'excellent Emmanuel Michaud, sublime les produits locaux dans de délicieuses assiettes servies par la solaire Jessica. Décor chaleureux, alliance entre tradition et contemporain, à l'image d'une cuisine généreuse qui veille au respect des produits du terroir tout en les magnifiant. Parmi les incontournables de la carte, une cocotte de ris de veau, la féra à la cuisson parfaite, du gibier en saison. Cœur sur la R'mize.

GOLF DES GETS

Route des Chavannes
© 04 50 75 87 63
www.lesgets.golf
Ouvert de début juin à début octobre. Haute saison : ouvert tous les jours. Restauration. Boutique.

Situé sur la crête du plateau des Chavannes, au cœur du Geopark du Chablais, le parcours 18 trous s'étale régulier et plane, entre sapins, érables et bouleaux. Cette situation sommitale offrant de magnifiques paysages a de quoi entamer la concentration. Au trou n° 4, on apercevra la Suisse lémanique toute proche. Au trou n° 5 deux obstacles d'eau où les chevreuils viennent se désaltérer. Au trou n° 14, on aperçoit le Mont-Blanc. Détente au restaurant du golf. Cet éco-golf a été le premier en France à recevoir une certification environnementale.

BUREAU DES GUIDES

EVOLUTION 2 Maison des guides431, route de Morzine
© 06 80 33 60 26 - 06 08 52 12 63
Ouvert du 01/05 au 30/11.

Des professionnels qui connaissent parfaitement le domaine des Portes du Soleil et font découvrir son panorama grandiose, à pied, à ski ou en VTT. Ulrika et Jean-Luc Tamanini, deux guides spécialisés en moyenne et haute montagne, proposent des descente de torrents en escalade, randonnée à peau de phoque... Ces guides chevronnés organisent aussi des randonnées accompagnées, de l'alpinisme, du freeride (ski, VTT), du canyoning, de l'hydro-speed, de la via ferrata et bien d'autres activités sportives de montagne. À tenter au moins une fois, selon son niveau !

SPORTS D'ÉTÉ

Avant de vous lancer la tête dans le guidon dans les randonnées en VTT - la station des Gets propose le plus grand bikepark d'Europe avec plus de 128 km de pistes balisées pour tous niveaux accessibles par 3 remontées mécaniques (Championnat du monde VTT en août 2022) - ou dans les multiples activités que propose cet incroyable site de loisirs à ciel ouvert, rendez-vous à l'office de tourisme pour vous renseigner sur toutes les activités. Certaines remontées des Gets fonctionnent l'été, facilitant les départs de promenades, de randonnées piétonnes ou à VTT.

HAUTE-SAVOIE

HAUTES-ALPES

A la charnière entre les Alpes du Nord et les Alpes du Sud, la France et l'Italie, les Hautes-Alpes offrent toute la palette des plus belles destinations de montagne. Département baigné de soleil toute l'année, les Hautes-Alpes propose un large choix de stations village toutes plus charmantes les unes que les autres. De Montgenèvre à Serre-Chevalier, sans oublier Névache et la vallée de la Clarée pour la pratique du ski nordique ou du VTT. La Grave et sa majesté la Meije sont le royaume du ski freeride. Le pays des Ecrins et le Queyras sont d'autres paradis pour les skieurs, mais surtout pour les randonneurs, escaladeurs et alpinistes. Le lac de Serre-Ponçon permet de pratiquer de nombreuses activités nautiques. Enfin, les Hautes-Alpes abritent un admirable patrimoine architectural classé à l'Unesco avec les forteresses Vauban de Briançon et de Mont-Dauphin. Les Alpes authentiques dans toute leur diversité.

Vers GRENOBLE
GIÈRES
VAUJANY
Échirolles
Poisat
Bresson
Allemond
Méaudre
Vaulnaveys-le-Haut
LANS-EN-VERCORS
Les Bauches
Livet
Alpe d'Huez
Saint-Paul-de-Varces
Champ-sur-Drac
Basse Jarrie
VILLARD-DE-LANS
Le Freney-d'Oisans
Corrençon-en-Vercors
LA MOTTE-D'AVEILLANS
La Chapelle-en-Vercors
Monestier-de-Clermont
Le Villaret
Entraigues
Ponsonnas
P.N.R. du Vercors
CORPS
Saint-Firmin
ISÈRE
20 KM
La Joue du Loup
SAINT-BONNET-EN-CHAMPSAUR
Lus-la-Croix-Haute
SUPERDÉVOLUY
SAINT-JULIEN-EN-CHAMPSAUR
SAINT-LÉGER-LES-MÉLÈZES
Luc-en-Diois
La Roche-des-Arnauds
Romette
MONTMAUR
GAP
VEYNES
LES ABRIES
ASPRES-SUR-BUËCH
TALLARD
SERRES
Turriers
ROSANS
Trescléoux
La Motte-du-Caire
LARAGNE-MONTÉGLIN
ORPIERRE
Thèze
P.N.R. des Baronnies Provençales
Le Poët
Ribiers
Lachau
Sisteron
Séderon
Montbrun-les-Bains

Hautes-Alpes
Parc National de la Vanoise
Venaus
Susa
Chiomonte
Bardonecchia
Beaulard
LA GRAVE
LE MONÊTIER-LES-BAINS
LA SALLE-LES-ALPES
SERRE CHEVALIER
MONTGENÈVRE
Roberso
Saint-Chaffrey
Sauze di Cesana
BRIANÇON
VALLOUISE-PELVOUX
Villar-Saint-Pancrace
Cervières
PUY-SAINT-VINCENT
AIGUILLES
ABRIÈS
L'ARGENTIÈRE-LA-BESSÉE
ARVIEUX
CHÂTEAU-VILLE-VIEILLE
Molines-en-Queyras
P.N.R. du Queyras
SAINT-VÉRAN
PRAPIC
GUILLESTRE
CEILLAC
Saint-Clément-sur-Durance
RISOUL
Sainte-Marie
RÉALLON
Saint-Apollinaire
EMBRUN
VARS
CROTS
SAVINES-LE-LAC
LES ORRES
ITALIE
La Condamine-Châtelard
Le Lauzet-Ubaye
JAUSIERS
Les Thuiles
BARCELONNETTE
Pra-Loup 1600
SEYNE
La Foux d'Allos
SAINT-ÉTIENNE-DE-TINÉE
Auron
Entraunes
Parc National du Mercantour
Vers BEAUVEZER
COLMARS

Briançon.

PAGES

© FRANCOIS ROUX - STOCK.ADOBE.COM

Vue sur la ville de Gap.

GUILLESTRE ★

Guillestre est la porte d'entrée du parc naturel régional du Queyras. Lors de votre visite, vous pourrez admirer la porte du Saint-Esprit, un des derniers vestiges des remparts médiévaux, ou la belle église Notre-Dame-d'Aquilon. Des visites gratuites sont organisées pendant l'été. La place forte de Mont-Dauphin, construite par Vauban à partir de 1692, inscrite au Patrimoine mondial de l'Unesco, vous fera découvrir ses secrets au travers de visites guidées. Le Guillestrois qui bénéficie d'un climat plutôt doux et très ensoleillé (300 jours de soleil par an), est un territoire qui offre une grande variété de paysages et de nombreuses activités sportives.

PLACE FORTE DE MONT-DAUPHIN

Place Vauban - **MONT-DAUPHIN**
✆ 04 92 45 42 40
www.place-forte-montdauphin.fr

Visites commentées toute l'année. Horaires selon les saisons, se renseigner. Adulte 6 €. Gratuit moins de 18 ans.

C'est le monument emblématique de Mont-Dauphin, inscrit sur la liste du Patrimoine Mondial de l'UNESCO au titre des fortifications Vauban. Dominant les vallées du Guil et de la Durance, la place forte a été édifiée à partir de 1693 afin de protéger la France des invasions du Ducs de Savoie. Lieu de casernement, cet impressionnant ensemble architectural abrite toujours un village, mais également des ateliers d'artisans d'art. Achetez votre billet à l'avance sur l'e-billetterie.

Ô'DÉLICES €€

Place Joseph Salva ✆ 04 92 24 05 34

Fermé dimanche soir et jeudi toute la journée, sauf en juillet et août ouvert non stop 7j/7. Carte entre 15 € et 40 €.

Ode aux délices servis dans ce charmant restaurant installé au cœur de Guillestre. Prendre la vie du bon côté en s'attablant en terrasse ombragée ou sous les voûtes d'une salle raffinée pour savourer une délicieuse cuisine traditionnelle. Sélection de produits du terroir de qualité pour des assiettes aussi belles à regarder que bonnes à déguster. On a craqué pour la Truite meunière ou un merveilleux carré d'agneau. Les hamburgers maison offrent d'autres plaisirs à partager. Spécialités montagnardes du même niveau et crêpes sucrées pour terminer.

le Queyras

GUILLESTRE - MONT VISO

Les villages-stations les plus hauts d'Europe !

Telle une île sauvage au milieu des Alpes, le Queyras habité à l'année invite à l'évasion, au ressourcement et à la découverte ! Lové en plein cœur des Hautes-Alpes, il abrite des paysages protégés dignes du Grand Nord et offre un dépaysement indéniable. L'aventure se vit et se ressent dans ce massif baigné de soleil 300 jours par an qui dévoile une multitude d'activités à la fois sportives, éducatives, ludiques et sensationnelles pour se dépasser ou encore renouer avec la nature…

Crédit photo : Pema/Nordic Alpes du

le Queyras
GUILLESTRE - MONT VISO
CARTABLE à la NEIGE
LES VALLÉES DU QUEYRAS
> LES VILLAGES-STATIONS LES PLUS HAUTS D'EURO
> 4 DOMAINES ALPINS & NORDIQUES

© DAHU

Balade en raquettes, Le Queyras.

AIGUILLES ★★

Au cœur du Queyras, Aiguilles doit sans doute son nom à la proximité du Guil – *ad Guillum*, « près du Guil ». Ce petit village de montagne n'a pas été épargné par les catastrophes naturelles : après plusieurs inondations graves, ce furent plusieurs incendies dont un si terrible en 1829 qu'il poussera de nombreux habitants à émigrer en Amérique du Sud. C'est pour cette raison qu'on peut voir, comme à Barcelonnette, de magnifiques maisons bourgeoises construites par ces émigrants dont certains ont fait fortune en Amérique du Sud. On ne pourra pas quitter Aiguilles sans avoir vu la maison Eiffel, due au célèbre ingénieur. Nombreuses activités alentour.

CAMPING SAINT-JAMES LES PINS*** €

2A, route des Campings ✆ 04 92 45 08 24
www.lesaintjames.com

Fermé en novembre. 100 emplacements. Forfait de 13 € à 17 €. Mobilhomes 4 pers de 350 € à 600 €/semaine. Chalets.

Le camping propose 100 emplacements ombragés dont 23 chalets et mobilhomes. Le camping dispose de plages aménagées réservées aux campeurs, mais la baignade n'y est pas surveillée. Des animations sont organisées en soirée et des sorties sportives sont encadrées : randonnée, rafting, escalade, parapente. Le parc naturel du Queyras présente une faune préservée et de beaux paysages. Vous pourrez explorer la région avec votre chien ou bien vous baigner dans le lac de Serre-Ponçon.

BUREAU DES GUIDES DU QUEYRAS

Combe Rousset
✆ 06 63 11 60 36
www.guidesqueyras.com

Eté comme hiver, le Bureau des guides du Queyras vous permet de découvrir toutes les sensations de la montagne et d'une nature préservé. Le programme estival se décline en randonnées avec toutes les voies du Queyras, escalades pour atteindre les sommets, les grandes voies sportives pour les grimpeurs confirmés, alpinisme et rando glaciaire, sans oublier la via ferrata. L'hiver, les guides sont spécialistes du ski de randonnée avec de très nombreux itinéraires dans le Queyras.

FROMAGERIE DE LA DURANCE

Le Villard
✆ 04 92 45 06 93
www.fromageriedeladurance.fr

Haute saison, ouvert tous les jours 9h-19h (dimanche 9h-12h/15h/19h). Hors saison, du lundi au samedi 9h-12h et 15h-18h.

Implantée au cœur du département, cette fromagerie fabrique de manière artisanale des fromages au lait cru 100 % Hautes-Alpes. Elle a été fondée en 2002 par Ramon Caballe, déjà propriétaire de la fromagerie du Queyras (fondée en 1991). Du gruyère fondu à la raclette au poivre, en passant par le baby bleu, vous trouvez dans la boutique une dizaine d'excellents fromages maison. Outre les fabrications maison, vous trouverez des produits de crèmerie (beurre, fromage blanc...), de la charcuterie, des boissons ainsi que des produits du terroir.

SKIS

A 1 500 m d'altitude, dans un cadre de montagnes sauvages, la station village d'Aiguilles et la vallée du Haut-Guil proposent quelques pistes pour se faire plaisir à tous les niveaux. A Aiguilles, un espace ludique avec des modules pour les débutants, des aires de jeux, un grand Air Bag et une piste de luge originale. Pour le ski alpin, direction Abriès et le domaine du Haut-Guil (seize pistes). Pour les fondues de ski nordique, des pistes permettent de rejoindre Abriès et Ristolas, belvédère sur le Mont Viso. Les freeriders se régalent également.

HAUTES-ALPES

ARVIEUX

Au pied du célèbre col d'Izoard, tant apprécié et redouté des cyclistes amateurs et professionnels, le village et ses 13 hameaux composent la vallée d'Arvieux, aussi appelée val d'Azur. Un ensemble qui respire l'authenticité avec des chalets d'alpage et des traditions toujours présentes, comme la fabrication de fromage ou le travail du bois. A Arvieux, on notera le côté pratique des constructions, avec des maisons à arcades tournées vers le Sud, pour profiter des 300 jours d'ensoleillement que connaît en moyenne le Queyras dans une année. Ski alpin et nordique en hiver, via ferrata, escalades et VTT en été en direction de la fameuse Casse Déserte.

CAMPING DE L' IZOARD** €€

Lieu-dit Le Planet - Brunissard
✆ 06 33 33 98 12
www.campingdelizoard.com
Ouvert de mi-juin à mi-septembre. Forfait 13 €. Formule nuitée tente Inuit à partir de 30 €.

Au pied de l'Izoard, voici un camping écoresponsable parfait pour les activités de plein air en montagne. En plus des emplacements classiques, le camping de l'Izoard propose de grandes tentes inuits montées sur terrasses de bois tout équipées et disposées autour d'un grand espace chaleureux de détente et de cuisine. Cet espace (chauffé au poêle à bois) est réservé aux personnes hébergées sur le camp de base confort. D'autres tentes inuits sont installées dans l'espace Into the Wild, plus spartiates. Nuits insolites dans une nature préservée.

HÔTEL LA FERME DE L'IZOARD**** €€€

La Chalp
✆ 06 63 44 57 02
www.laferme.fr
Ouvert toute l'année. Chambre double de 96 € à 145 €. Demi-pension. Restauration. Spa.

Une ferme du Queyras magnifiquement transformée en hôtel de standing qui sent bon la tradition. Les chambres sont superbes, les équipements sont nombreux : piscine couverte et chauffée, spa.... Et vu le niveau des prestations, les prix sont plus que corrects. A noter, la formule résidence-hôtel très agréable et économique (se renseigner). Le restaurant offre une cuisine généreuse, alpine et raffinée, à base de bons produits du terroir du Queyras. Tous les bienfaits des Hautes-Alpes.

PARC NATUREL REGIONAL DU QUEYRAS ★★★

3580, route de l'Izoard
✆ 04 92 46 88 20
www.pnr-queyras.fr
Accueil téléphonique du lundi au vendredi de 9h à 12h et de 14h à 17h.

Si le massif des Ecrins marque une limite entre Alpes du Nord et Alpes du Sud, avec le Queyras les Alpes basculent de l'autre côté du 45e parallèle. Sans perdre de leur majesté, de nombreux sommets dépassent largement les 3 000 mètres, les montagnes prennent une autre allure sous un soleil qui brille plus fort et plus longtemps. Dans ce milieu « privilégié » et protégé par l'homme au sein d'un Parc Naturel Régional, le Queyras est devenu une véritable arche de Noé, concentrant des espèces d'origines diverses, comme l'astragale queue-de-renard, originaire du Caucase, ou le campagnol de Fatio, venu des Alpes méridionales Italiennes. Une arche de Noé que l'on ferait volontiers accoster sur cette île improbable qu'est le Mont Viso. Situé en Italie, mais faisant partie de ce massif transfrontalier, magnifique pilier de roche en surplomb du Piémont, cette montagne abrite des espèces uniques au monde, comme la salamandre de Lanza, mais aussi des insectes et des plantes qui paraissent avoir évoluer dans un monde à part. Une biodiversité exceptionnel qu'il faut découvrir avec l'aide d'un accompagnateur ou d'un guide. Sous un ciel d'un bleu intense, le Queyras ne se dévoile dans toute sa splendeur qu'à ceux qui se lèvent tôt, reviennent tard, possèdent une bonne condition physique et une grande expérience de la montagne. Les dénivelés sont importants et seuls les randonneurs chevronnés peuvent approcher toutes ces merveilles de la nature. Malgré tout, l'homme peut atteindre d'autres sommets. Comme le village de Saint-Véran, « Là où le coq picore les étoiles », qui fut longtemps la plus haute commune d'Europe du haut de ses 2 040 mètres d'altitude. Tout au bout de la route, Saint-Véran est un village charmant où l'on a plaisir à se balader au milieu des maisons traditionnelles à l'architecture si particulière – la base en pierre servait d'habitat, l'étage en bois de mélèze servait à conserver les récoltes. En plus de ces maisons typiques, on trouve dans Saint-Véran de nombreux témoignages de la vie paysanne : fontaines en bois, fours à pain et cadrans solaires. Saint-Véran, village où l'homme montrera au cours des siècles ses facultés d'adaptation face à un milieu extrême, a su préserver les richesses de son passé en les protégeant des visiteurs – Saint-Véran n'est joignable par la route que depuis un siècle –, mais il les dévoile volontiers à tous ceux qui aiment les Alpes. Partez à l'aventure à la découverte du Queyras.

CEILLAC

Ceillac, tapi contre la montagne, est l'un des huit villages de caractère du Queyras et fait partie intégrante du Parc Naturel Régional. Pour y accéder, on doit passer par les gorges du Guil puis emprunter une route qui grimpe jusqu'à un plateau verdoyant, ancien lac glacier. Comme tous les villages du Queyras, l'atmosphère et l'architecture sont singulières. On remarquera l'église Saint-Sébastien, datée du XVIe siècle, et son clocher à six cloches. A l'intérieur on peut voir, sur le mur nord du chœur, une fresque qui retrace les trois scènes de la vie de saint Sébastien.

Le Queyras.

SKI

Ceillac est une station village authentique dont le domaine ne cherche pas à concurrencer nos grandes stations alpines en restant « Ceillacool ». Cependant, on peut y pratiquer toutes les glisses sur des pistes tutoyant les plus hauts sommets du Queyras. Le domaine skiable comprend 6 remontées mécaniques, dont 1 télésiège. Bel enneigement garanti dès le plateau à 1 700 m et panorama exceptionnel au sommet à 2 500 m. Le domaine nordique n'est pas en reste avec 37 km de pistes. Près de 40 km de parcours d'itinéraires piétons et aux raquettes à travers la vallée.

CHÂTEAU-VILLE-VIEILLE ★

Château-Ville-Vieille revendique le statut de capitale historique du Queyras. Exposée dans la mairie, l'armoire aux huit serrures en témoigne. Datée du XVIIIe siècle, elle rappelle la République des Escartons, une décision du XIVe siècle qui unissait les cantons du Haut-Queyras en leur conférant le privilège de se répartir l'impôt. Pourquoi huit serrures ? Pour éviter toute malversation. Elle n'était ouverte qu'en présence des représentants des huit communes de la vallée, chacun ayant sa propre clé. Au-delà de son aspect symbolique, l'armoire est un bel objet. Le Château Queyras abrite dans sa crypte un espace consacré à la géologie de la région.

FORT-QUEYRAS ★

✆ 06 44 72 89 89
www.fortqueyras.fr
Ouvert de mi-juin à mi-septembre, lundi au vendredi 10h15 à 18h30, week-end 11h à 18h30. Gratuit -4 ans. Adulte 12 €.

Installé sur un verrou glaciaire, ce Fort Queyras est l'un des « sites Vauban » emblématique de la région. Les visiteurs peuvent découvrir en saison estivale toute la majesté d'un site incroyable -site privé- édifié sur plusieurs périodes : le Moyen Age pour les tours, la basse-cour, le donjon ou le pont-levis, les XVIIe-XVIIIe siècles avec l'architecture bastionnée élaborée par Vauban et le XXe siècle avec les chasseurs alpins. Imposante et majestueuse, la sentinelle du Queyras offre un site touristique incontournable des Hautes-Alpes.

OFFICE DE TOURISME DU GUILLESTROIS ET DU QUEYRAS

Le Charpenel ✆ 04 92 46 76 18
www.lequeyras.com
Ouvert du lundi au samedi de 9h30 à 12h et de 14h à 18h.

Pour tout savoir sur les montagnes, les villages et les stations du Queyras et du Guillestrois. Une belle Maison du Tourisme pleine de ressources pour rendre votre séjour encore plus merveilleux. Tout pour découvrir non seulement les incontournables de cette magnifique région ou le Parc naturel régional du Queyras, toutes les activités pour vivre des expériences uniques. Il existe également un service réservation pour les hébergements et les activités.

LA DEMOISELLE COIFFÉE ★

À 2 km de Ville-Vieille, en direction de Molines, vous trouvez le site naturel insolite de la Demoiselle Coiffée, surprenant témoin du temps géologique. Cette colonne de pierre – issue d'une moraine – est coiffée d'un bloc de pierre tel un chapeau plat qui la protège du soleil mais surtout de l'érosion. En effet, cette sculpture naturelle est due à l'érosion naturelle d'une roche friable surmontée d'un bloc de roche plus résistante. S'il existe un petit sentier pour accéder au pied de la Demoiselle, il manque un belvédère qui permette de l'admirer depuis la route.

LE CHALET DU MIEL

Route de Saint-Véran
05350 Molines-en-Queyras (France)
✆ 04 92 45 81 73
http://le.chalet.du.miel.free.fr
Ouvert tous les jours de 9h30 à 19h.

Sur la route de Saint-Véran, une halte s'impose dans ce superbe chalet de bois où l'on nous propose à la vente, et à la dégustation avant toute chose, du bon miel du Queyras. Il faut dire que le miel, c'est la spécialité de la famille Allaix depuis quatre générations. Les abeilles qui butinent les fleurs de nos montagnes nous offrent un miel au goût et aux saveurs incomparables, tandis que le pollen et la gelée royale nous revigorent pour l'hiver. D'autres gourmandises avec des bonbons au miel, du miel au chocolat ou des nougats maison.

FROMAGERIE DE CHÂTEAU-QUEYRAS

La Gourgue
✆ 04 92 46 73 16
www.fromageriechateauqueyras.fr
Ouvert tous les jours de 9h à 12h15 et de 15h à 19h. Visites organisées sur réservation. Vente par correspondance.

Une fromagerie d'exception au coeur du Queyras pour trouver à coup sûr les meilleurs fromages fermiers. Spécialités de montagne, produits biologiques et fromages au laits mélangés font la juste réputation de cette fruitière où l'on vient chercher sa raclette bio, une délicieuse tomme aux trois laits ou un gruyère des Alpages de référence, sans oublier le fameux bleu de Saint-Véran. Réservez votre visite de la fromagerie ou un atelier culinaire autour du... fromage !

MAISON DE L'ARTISANAT

Le Charpenel
✆ 04 92 46 80 29
www.artisanat-queyras.fr
Ouvert tous les jours de 10h à 12h et de 14h30 à 19h. Sauf 25 décembre et 1er janvier.

Une Maison pour les visiteurs qui ont du goût. Exposition et vente d'objets fabriqués par des artisans locaux, notamment dans le domaine du travail du bois : meubles et objets sculptés. On touche là à une tradition qui remonte au XVIIe siècle. La sculpture du bois est devenue une activité traditionnelle des Queyrassins, pour occuper les longs mois d'hiver. Les objets utilitaires se sont parés de motifs ornementaux remarquables sculptés dans le bois, matière très abondante dans la région, notamment en pin cembro et en mélèze. Incontournable.

QUEY'RAFT

Château Queyras
✆ 06 10 15 13 28
www.queyraft.com
Ouvert tous les jours d'avril à octobre. Horaires variables : se renseigner par téléphone.

C'est une équipe de passionnés qui vous proposent de découvrir sportivement le Guil, l'une des dernières rivières de France sans aucun aménagement artificiel. Sur une rivière sauvage, l'essentiel du parcours est de classe IV et V – la fédération mentionne 6 classes, la classe VI correspondant à des zones infranchissables. Le baptême en raft se fait dans les parties les plus calmes. Le bivouac avec nuit dans les gorges est possible. L'encadrement est assuré par des guides diplômés d'Etat, tous très sympathiques. Possibilité d'enchaîner avec de une via ferrata.

RISOUL

Risoul et Risoul 1850 cohabitent tranquillement. Le premier est un village charmant et paisible, entre vergers et forêts de mélèzes, avec ses maisons à pans de bois et son église du XVIe siècle à clocher octogonal. La seconde est une station de sports d'hiver qui a connu un développement assez régulier jusqu'à devenir, pour l'hébergement, la seconde en importance du département. Si l'hiver, on part skis aux pieds, l'été permet de s'équiper pour une randonnée dans une immense forêt de mélèzes (on parle de près d'un million d'arbres !). Le Risoul VTT Camp offre un terrain de jeu extraordinaire pour les enduristes comme pour les descendeurs.

SAINT-VÉRAN

N'ergotons pas et n'hésitons pas à qualifier Saint-Véran comme la plus haute commune d'Europe avec un centre de village à 2 042 m, la commune de montagne parmi les plus authentiques et les plus belles des Alpes. Labellisé « L'un des plus beaux villages de France », Saint-Véran est un joyau où, selon la devise, « Le coq picore les étoiles ». Un village magnifique qu'il faut préserver comme un patrimoine vivant, c'est-à-dire avec attention et toute l'animation permettant la vie d'un village situé « en haut de la montagne, au bout du monde ».

Et pour préserver les trésors architecturaux et l'ambiance sereine, les voitures sont priées de rester au parking (payant en haute saison) en bas du village.

De la balade dans les rues du village à la vue des nombreux cadrans solaires profitant de l'exposition plein sud à la randonnée en direction des sommets situés sur la frontière italienne, en passant par la pratique des sports d'hiver sur le plus grand domaine skiable du Queyras (ski alpin, ski nordique, balades en raquettes), les activités s'adressent à toute une famille heureuse de se retrouver le soir autour d'un bon feu de cheminée. Allez, dernière sortie vers l'Observatoire de Saint-Véran pour profiter d'un ciel d'une grande pureté. Saint-Véran, village où l'homme montra au cours des siècles ses facultés d'adaptation face à un milieu extrême, a su préserver les richesses de son passé en les protégeant des visiteurs – Saint-Véran n'est joignable par la route que depuis un siècle –, mais les dévoile volontiers aujourd'hui à tous ceux qui aiment les Alpes.

CHALET L'ESTOILIES

Le Raux
05350 **SAINT-VÉRAN** (France)
✆ 04 92 45 82 65
www.estoilies.com

Dans cette authentique auberge de montagne, ancienne ferme rénovée, on trouve le confort similaire d'un beau petit hôtel, avec literie agréable et jolie fresque décorée sur le mur des chambres allié à l'authenticité du gîte. De la chaleur humaine, de vraies rencontres, même avec des ânes, des connaissances à partager, la véritable découverte du milieu montagnard. Pas de télé, mais des veillées, des balades en ânes bâtés et du plaisir assuré. Un chalet qui nous met la tête dans les étoiles. Idéal pour les familles et les amoureux de la montagne en toute simplicité.

LA MAISON DU SOLEIL DE SAINT-VERAN

Le Bouticari - Le Châtelet
✆ 04 92 23 58 21
www.saintveran-maisondusoleil.com

Ouvert en saison tous les jours de 10h à 12h et de 13h30 à 18h. Gratuit -6 ans. Adulte 7 €.

Saint-Véran est tourné vers les étoiles, offrant l'un des meilleurs ciels astronomiques de France et un observatoire à visiter, mais aussi vers le soleil. Ateliers, visites guidées, cette Maison du Soleil n'est pas un musée, mais un centre d'interprétation où le public peut assister à la projection optique du disque solaire et à sa visualisation. Voir le soleil sous un nouveau jour, c'est le pari audacieux de cette installation scientifique et insolite à visiter en famille.

OBSERVATOIRE DE SAINT-VERAN

✆ 06 60 31 23 33
www.astroqueyras.com

Visites guidées gratuites de 14h à 17h, début juillet à fin septembre et en période hivernale. Séjours et missions.

Presque normal de trouver dans la plus haute commune d'Europe le plus haut observatoire européen, sur l'un des points culminants du village à 2 936 m d'altitude. Du sommet du pic de Châteaurenant, la vue à l'œil nu est déjà splendide. Mais la clarté exceptionnelle du ciel et les télescopes installés par l'homme font de ce site un lieu magique pour observer le ciel. Même les novices peuvent partir dans les étoiles grâce aux membres de l'association AstroQueyras.

LE SOUM - MUSEE ARTS ET TRADITIONS ★★

Les Forannes
✆ 04 92 45 86 42

Juillet, août, tous les jours de 9h30 à 12h30 et de 13h30 à 18h30. Hors période estivale, se renseigner. Adulte 5 €.

Les murs et bon nombre d'objets surgissent d'un passé où la vie à Saint-Véran était celle d'un village de montagnards confrontés à la rigueur d'un environnement hostile. Ici, on rentre dans l'intimité d'une maison traditionnelle bâtie au milieu du XVIIe siècle. La chambre du berger, la pièce commune, la resserre à pain ou le balcon de bois qui servait à « étendre » les récoltes, rien n'a changé depuis près de 400 ans. La grange sert de salle d'exposition et de boutique.

L'ALTA PEYRA**** €€€

206, rue de la Ville
✆ 04 92 22 24 00
www.hotel-altapeyra.com

Ouvert en saison. Chambre double à partir de 120 €. Restauration. Hammam, bain bouillonnant, sauna.

C'est le luxe au plus près des étoiles. Un véritable petit hameau avec des bâtiments reliés entre eux au cœur du plus haut village d'Europe. Un complexe 4 étoiles à la fois charmant et moderne, en harmonie avec l'architecture traditionnelle de Saint-Véran, idéalement situé au pied des pistes de ski. Au coin de la cheminée ou en terrasse, chacun profite d'instants de rêve dans des chambres comme de véritables cocons. Belle cuisine gastronomique aux saveurs du terroir. L'espace bien-être contribue également au bonheur d'un séjour magique.

HAUTES-ALPES

DOMAINE DE MOLINES SAINT-VERAN

Relié à celui de Molines, le domaine skiable de Saint-Véran offre le plus grand domaine du Queyras. A cette altitude élevée, le domaine culmine à 2 830 mètres, la neige est bien présente sous un soleil qui nous permet de profiter de paysages splendides. Vue panoramique avec en point de mire l'emblématique Mont-Viso. Descentes sur des pentes vierges pour les free-riders ou dans les mélèzes à son aise. 34 pistes tous niveaux. 55 km de pistes et itinéraires tracées en nordique.

VARS

Situés en limite des départements des Hautes-Alpes et des Alpes-de-Haute-Provence, aux portes du Parc naturel régional du Queyras et à quelques kilomètres de fameux col de même nom, Vars et ses quatre hameaux de montagne – le hameau des Claux abrite la station de ski alpin construite à partir de 1962 – s'étirent le long de la route des Grandes Alpes. Hiver – Vars associé à Risoul sur le domaine de la Forêt Blanche – comme été, la station propose une grande variété d'activités, dont le KL, et un immense espace de loisirs sportifs à découvrir. Parmi les événements remarquables des Alpes, l'Outdoormix Festival attire particulièrement l'attention.

Vue sur la station de ski de Vars.

HÔTEL LE 16/150 MONTAGNE ET SPA**** €

Sainte-Marie
✆ 04 92 46 54 72
http://hotel16-150.com

Ouvert hiver et été. Chambres doubles à partir de 150 €, petit déjeuner inclus. Spa. Restaurant.

Le 16/150, c'est un boutique hôtel de charme qui donne une autre dimension à Vars. Entre esprit de montagne et accents contemporains, le 16/150 propose un accueil des plus chaleureux, une équipe performante et conviviale, des chambres luxueuses - dont 4 suites de 44 m^2 ainsi qu'un appartement guesthouse pour 6 à 10 personnes - pour un séjour de rêve et un Spa Nuxe pour un bien-être absolu. Restaurant bistronomique Le Skitchen, qualité de la cuisine et plats montagnards revisités.

LE REFUGE NAPOLÉON €€

Route du Col-de-Vars
✆ 04 92 46 50 00
www.refuge-napoleon-vars.fr

Ouvert de décembre à avril et de juin à septembre. Terrasse.

Sur les pentes du col de Vars, à 2 minutes de Vars face au lac et aux sommets, cet hôtel-restaurant est un magnifique refuge de montagne ouvert en 1858 en exécution du testament de Napoléon Ier qui allouait une somme à la région en remerciement de son accueil durant les Cent Jours. À la carte du restaurant, tendance terroir bio, des spécialités et des viandes des Hautes-Alpes, des plantes et herbes aromatiques... L'après-midi, le salon de thé propose une grande variété de thés, chocolats, cafés et des pâtisseries maison. 7 chambres pour prolonger le plaisir.

DOMAINE DE VARS FORÊT BLANCHE

Cours Fontanarosa
www.vars.com/hiver

Ne résistez pas à l'appel de la glisse ! Pour le ski alpin, Vars est relié à Risoul par le domaine de la Forêt Blanche. Spécialiste du ski de vitesse et de sensations fortes, cette station nature est taillée pour vous. Vars s'est faite remarquer par son ski de vitesse ou KL avec sa piste de Chabrières aux nombreux records. Inscrite dans la mouvance des nouvelles glisses, Vars est reconnue comme l'un des meilleurs spots de freeride avec les mythiques couloirs de la chaîne de l'Eyssina.

HAUTES-ALPES

BRIANÇON ★★★

Site merveilleux au cœur des Alpes du Sud, Briançon, la « ville la plus haute d'Europe » et « ville qui grimpe », est une place animée, base appréciée par tous les amateurs de montagne qui ont les yeux tournés vers les sommets environnants dont certains culminent à plus de 4 000 m. Les activités varient à l'infini dans l'environnement naturel de Serre Chevalier Vallée Briançon, mais la ville elle-même, avec sa citadelle Vauban classée au patrimoine mondial de l'Unesco et son histoire, propose une visite tout à fait passionnante à tous les étages. Ce n'est pas un hasard si Briançon peut fièrement arborer le label Villes et Pays d'art et d'histoire.

MAISON DU PARC DU BRIANCONNAIS ★

Place Médecin-Général-Blanchard
✆ 04 92 21 08 49
www.ecrins-parcnational.fr
Ouvert toute l'année. Haute saison : tous les jours 10h30 à 13h et 13h30 à 18h30. Se renseigner hors saison.

Au pied de la gargouille, une présentation vivante et bien conçue qui fait appel à de nombreux supports pour raconter le Parc des Ecrins, son patrimoine naturel et culturel. Le système des audio-guides permet d'animer la visite avec un minimum de contraintes et renforce encore l'intérêt des salles. Deux expositions permanentes, l'une sur le Parc National des Ecrins et l'autre sur l'histoire du ski en Briançonnais. Régulièrement, des expositions et des ateliers pour les enfants.

CITÉ VAUBAN

1, porte de Pignerol
http://vauban.alpes.fr
Accès libre.

Outre ses magnifiques fortifications, son architecture pittoresque, ses belles fontaines et ses nombreux cadrans solaires, la cité Vauban recèle plusieurs points d'intérêt : la place d'Armes et le puits Vauban, la collégiale Notre-Dame-et-Saint-Nicolas (XVIIIe) ; l'église des Cordeliers (XVe), rue de Roche ; la chapelle des Pénitents-Noirs, rue du Pont-d'Asfeld ; la maison du Temple (Office de tourisme), place du Temple ; la Maison du Parc national des Ecrins (également Musée du Ski), place Médecin-Général-Blanchard ; et le fort du Château (1845).

OFFICE DE TOURISME SERRE CHEVALIER VALLEE BRIANÇON

1, place du Temple
✆ 04 92 24 98 98
www.serre-chevalier.com
Ouverture selon saison.

En plus de toute la documentation nécessaire à une bonne visite, l'office de tourisme de Briançon propose des visites guidées en plusieurs langues d'une ville labellisée par l'UNESCO pour ses fortifications – balade historique, les cadrans solaires, divins décors, lire la ville. Impossible de ne pas passer place du Temple, en plein coeur de la ville, pour une visite complète et tout savoir des activités à pratiquer à Briançon et Serre-Chevalier Vallée, au cœur des Géants.

La ville de Briançon.

HÔTEL MONT-BRISON** €€

3, avenue Général De Gaulle ✆ 09 70 35 48 47
www.hotelmontbrison.com

Fermeture 15 jours en oct et 15 jours en avril. 39 chambres. Chambres de 72 € à 74 €. Chambres 4 pers 98 €. Pdj 9 €.

Caroline et son mari Nicolas cultivent la passion du bien recevoir au Mont-Brison. Belle situation, chambres modernes rénovées, spacieuses et fonctionnelles, pour profiter de tous les atouts de cette magnifique région avec un excellent rapport qualité prix. Petit déjeuner de qualité et bons plans conseillés par les gérants. Visiteurs, motards (Relais Motards), skieurs et amoureux de la montagne : bienvenue à l'hôtel Mont-Brison. Coup de cœur assuré.

LA CAPONNIÈRE €

12, rue Commandant-Carlhan
✆ 04 92 20 36 77

Janvier à juin ouvert midi et soir, fermé 2 jours par semaine. Plat du jour 14,90 €. Formules 25,90 €

Tout est unique et tout nous correspond à la Caponnière. Un cadre unique au cœur de la magnifique cité Vauban, dans une petite rue en pente douce. Une cuisine unique défendue par deux passionnés : Martine, en salle, et Bruno Desclaux derrière les fourneaux. Apéritif maison avant les spécialités de montagne, fondue et raclette. La Mangeaille en marmite nous propose une des spécialités maison avec un étonnant plat médiéval. Pitance avec une délicieuse truite aux myrtilles et incontournable Gâteau Vauban. Adresse unique à partager pour se régaler.

CÔTÉ JARDIN €€

3, place du Champ De Mars
✆ 04 92 21 15 75

Ouvert toute l'année, sauf 3 semaines. Du vendredi au mercredi. Service continu à partir de 11h30. Fermé le soir.

Face à la cité de Vauban et un grand parking, pas de jardin mais une belle terrasse. Pour savourer le meilleur des Hautes-Alpes et d'ailleurs, Marie-Gabrielle et Patrick nous proposent une cuisine maison d'un excellent rapport qualité/prix. Avec de larges horaires de service, il faut profiter d'une cuisine de tradition qui nous assure de belles salades en été, un gratin d'oreilles d'âne ou de ravioles du Dauphiné, des crêpes et des galettes bretonnes, à moins de vouloir partir en voyage en se régalant du meilleur tajine d'agneau de Briançon et de la région.

Fort de Randouillet.

LE G'ASTROLOGUE €€

20, avenue de Vauban
✆ 04 92 20 49 62
Ouvert du lundi au samedi soir ; du lundi au mercredi, le vendredi et le samedi midi. Menus 26 € et 34 €

Juste ce qu'il faut à l'écart de la grande gargouille pour nous assurer un peu de tranquillité, ce G'Astrologue fait partie des meilleures adresses de Briançon. Une belle maison de tradition où l'accueil se montre toujours adorable et le service prévenant. De beaux dessins ; enfantins et colorés, habillent une carte composée de plats maison réalisés par Jean-Claude. Cuisine maison aux herbes sauvages : Fondant de foies de volaille aux noisettes, ravioles du Champsaur gratinées et incontournable Gastrolette. Desserts maison et vins des Hautes-Alpes.

LE PÉCHÉ GOURMAND €€

2, route de Gap
✆ 04 92 21 33 21
www.peche-gourmand.com
Ouvert du mardi au samedi le midi et le soir. Menus de 39 € à 80 €. Terrasse.

Notre Péché Gourmand plein d'originalité. Aux commandes, Sharon et Jimmy Frannais, l'une spécialiste du salé, l'autre du sucré. La cuisine de Sharon est subtilement ponctuée de touches féminines. Quand vient le tour des desserts, Jimmy nous surprend avec ses associations enivrantes. A la carte cet été, une Ballotine de foie gras de canard infusé au thé russe agrumes, gelée de cuisson aux mûres, senteurs du jardin, suivie d'une pièce de veau dans la côte rôtie, ris braisé sur pomme fondante ou d'un homard bleu au beurre. Carte des vins à la hauteur.

AU PLAISIR AMBRÉ €€

26, Grande Rue
✆ 04 92 52 63 46
www.auplaisirambre.com
Ouvert lundi, mardi, vendredi et samedi midi et soir. Menus de 35 € à 60 €. Formule 23 €.

Dans un cadre chaleureux, ce Plaisir Ambré nous emmène dans l'univers gourmand du chef Michaël Chassigneux, artisan cuisinier. Bib Gourmand largement mérité pour cette adresse raffinée où l'on savoure de bons produits de saison dont le goût est parfaitement mis en valeur, comme pour ce Foie gras poêlé, salade d'artichauts et cébette au vinaigre d'argousier du Queyras ou ce Croustillant d'agneau des Alpes. Autre coup de cœur pour les desserts avec un Soufflé glacé à la Chartreuse. Un Plaisir Ambré qui nous fait craquer au coeur de la citadelle.

RIVIÈRES ÉVASION

Chantemerle
SAINT-CHAFFREY
✆ 04 92 24 14 86
www.rivieres-evasion.com
Ouvert du 1er mai au 30 septembre.

Vive les eaux vives de la vallée de Serre-Chevalier ! Sur la Guisane, on part en famille pour un parcours de nage en eau vive, en canoraft ou avec l'air boat, exclusivité de Rivières Évasion. Des moniteurs passionnés des belles rivières et des torrents alpins vous embarquent en toute sécurité pour découvrir les activités d'eau vive, du raft au kayak, canyon et hydrospeed. Longueur et technicité adaptées des parcours, disponibilité et sympathie des moniteurs, on s'évade sur les rivières. Possibilité d'accueillir des personnes en situation de handicap.

CASINO DE BRIANCON

7, avenue Maurice-Petsche
✆ 04 92 20 66 66
www.circuscasino.fr
Ouvert tous les jours. Accès réservé aux personnes majeures, non interdites de jeu. Restauration.

Un casino signé Circus. Emplacement idéal entre la vieille ville et les pistes de Serre-Chevalier, parfait pour prolonger le bonheur d'un séjour dans la région. Beau cadre fait de bois et de pierres, laissant entrer la lumière naturelle dans un décor feutré où l'on se sent bien. Le Circus Casino de Briançon propose 56 machines à sous, une roulette anglaise électronique, des tables de jeux traditionnels (roulettes et black jack), des tournois poker, un bar, un restaurant où il fait bon manger, sans oublier les nombreux événements.

LA SALLE-LES-ALPES

La Salle les Alpes (qu'il faut orthographier sans traits d'union semble-t-il) se situe à l'étage 1 400 du domaine de Serre-Chevalier courant le long de la vallée de la Guisane, entre le col du Lautaret et Briançon. Un village que l'on peut scinder en deux parties : le vieux village avec son église et Villeneuve, le long de la RN 91 avec la mairie, un musée et un grand centre commercial afin de contenter les nombreux touristes. Pour accéder au domaine skiable et à l'espace Nouvelles Glisses, se trouve la télécabine de l'Aravet.

HAUTES-ALPES

LE CHRISTIANIA*** €€

23, route de Briançon
© 04 92 24 76 33 - www.le-christiania.com
Fermé de mi-avril à début juin et du mi-septembre à mi-décembre. 26 chambres. Chambres de 135 € à 220 €. Spa.

Envie de profiter de toutes les activités de Serre Chevalier Vallée ? Au cœur d'un village charmant et du domaine skiable – alpin à 100 m et nordique à 500 m – le Christiania se fond parfaitement dans un paysage de rêve. Réservez votre séjour dans cet adorable hôtel familial depuis 3 générations où Lorena et Christophe perpétuent le meilleur de la tradition tout en la faisant évoluer pour votre plus grand confort : chambres chaleureuses, restaurant de qualité, bar, spa, fitness. Sous la neige ou recouvert de fleurs, le Christiania est l'écrin de notre bonheur.

EAU PETIT PONT €

30, rue de la Guisane
© 04 92 24 88 06
eau-petit-pont.com
Fermé 15/09 à la Toussaint, du 7/11 au 15/12, du 15/04 à début mai. Ouvert tous les jours midi et soir en saison.

S'installer en terrasse au bord de la Guisane. Se laisser bercer par le murmure de la rivière tout en savourant des plats délicieux réalisés à partir de produits locaux. C'est ce que nous proposent Joël, aux fourneaux, et Alexandra, en salle, dans leur nouveau restaurant. Plaisir de savourer des truites de la pisciculture de Briançon préparées au beurre citronné ou aux amandes tout en profitant du cadre unique au bord de l'eau. Autres coups de cœur pour des nems de reblochon, une côte d'agneau rôtie à l'ail et la crème brûlée flambée aux mélèzes. Coup de cœur.

CIRCUIT DE SERRE-CHEVALIER

22, route de Grenoble
© 04 92 24 78 44
www.circuitserrechevalier.com
Ouvert de mi-décembre à mi-mars, tous les jours en fonction des conditions météorologiques.

Un circuit qui a dépassé ses 50 ans de glisse. Parfait pour s'initier et se perfectionner à la conduite sur glace en hiver. Baptême Sport, leçons et stages de différentes durées et différents niveaux, idée cadeaux, compétitions, les occasions de se mesurer à la conduite sur glace sont nombreuses et adaptées à chacun. En janvier, étape du Trophée E-Andros 100% électrique. Ne pas manquer la Ronde Hivernale en janvier pour glisser dans des voitures sportives plus anciennes.

RAFTING EXPÉRIENCE

Lac du Pontillas

✆ 04 92 24 79 00

www.rafting-experience.com

Ouvert toute l'année. Horaires variables selon activité : se renseigner par téléphone.

Une bonne adresse pour toutes les activités d'eaux vives dans la région à vivre en famille (notamment avec une formule adaptée pour les enfants à partir de 7 ans et des tarifs « famille ») et surtout en toute sécurité avec des professionnels aguerris : rafting, hydrospeed, cano-raft, air-boat... tous les sports en eaux vives sur la Guisane et la Romanche. Plus de 15 ans d'expérience pour des descentes sur des parcours plus ou moins sportifs. Sur le plan d'eau de Pontillas, paddle et yoga pour être zen au milieu des montagnes. Possibilité de pique-niquer.

LE MONÊTIER-LES-BAINS

La plus haute commune du Grand Serre-Che, qui s'étend du col du Galibier au col du Lautaret sur les pentes de la vallée de la Guisane où s'abritent ses 7 hameaux. Aux portes du parc national des Ecrins, c'est un spectacle à couper le souffle que vous convie Le Monêtier-les-Bains qui doit son nom à une étonnante source thermale connue et réputée depuis l'Antiquité. Aujourd'hui, un superbe établissement permet de jouir de tous les bienfaits des eaux de cette source chaude. Entre les plaisirs du ski et la détente des grandes eaux, le Monêtier offre en plus de ses paysages grandioses un patrimoine, notamment religieux, tout à fait intéressant.

L'AUBERGE DU CHOUCAS**** €€

17, rue Fruitière ✆ 04 92 24 42 73

www.aubergeduchoucas.com

Fermé en mai et en novembre. Chambre double de 100 € à 210 €. Restauration.

Au cœur de la vallée de Serre-Chevalier, une maison d'exception pour vivre pleinement les Alpes. Une authentique ferme du XVIIe siècle où l'on partage chaleur, confort et convivialité. Dans un cadre grandiose, le bonheur se décline à tous les temps. À commencer par celui du repos dans des chambres douillettes. Après une journée de ski ou de randonnée, on se retrouve au coin de la cheminée avant de passer à l'une des meilleures tables de la région. Entre silence de la montagne et beauté des lieux, cet établissement nous emmène vers des sommets de bonheur.

16ÂME €€€

32, rue des Glaciers

✆ 04 92 46 84 12

www.16ame.fr

Ouvert du jeudi au lundi le soir, dimanche midi. Menus de 39 € à 62 €.

Au cœur du Monêtier, une belle découverte gourmande avec le 16âme du chef Julien Momon. Formé à de belles tables, il s'est lancé dans le grand bain (au Monêtier, c'est normal...) avec une table d'inspiration bistronomique. Excellent travail sur des produits souvent locaux – provenances clairement indiquées –, de saison – le menu change régulièrement –, des plats servis dans un cadre boisé chaleureux et une ambiance décontractée. Nouveau menu Dégustation pour découvrir l'univers du chef. Excellente carte des vins pour des mariages réussis. Au top !

LES GRANDS BAINS

Route des Bains

✆ 04 92 40 00 00

https://lesgrandsbainsdumonetier.fr

Haute saison : ouvert tous les jours de 10h à 20h. Restaurant La Terrasse.

Une eau de source qui jaillit naturellement chaude à 45 °C. Surprenant ! Celle-ci est réputée bénéfique (rhumatismes, maux d'estomac). Après une journée de ski ou de randonnée, jetez-vous dans les Grands Bains, pour un moment de détente au cœur des montagnes. Bel espace intérieur de bois et de verre, au bord d'un plan d'eau (parcours de massages, bain bouillonnant, grotte musicale…), bassin extérieur avec sa rivière à courant, espace romano-irlandais avec douches ludiques, saunas, bain bouillonnant, espace beauté... Une hydrothérapie alpine au top.

SERRE-CHEVALIER ★

Etendue le long de la vallée de la Guisane, comptant de nombreux villages et hameaux, Serre-Chevalier Vallée se présente par étape. La plus importante station moderne des Alpes du Sud, nommée affectueusement Serre-Che est un ensemble dynamique aux multiples propositions sportives. Vous avez cependant le choix entre ses trois centres principaux à différentes altitudes dans la même vallée : 1 350 m Chantemerle-Saint-Chaffrey, 1 400 m Villeneuve, 1 500 m Monêtier-les-Bains, sans oublier Briançon, reliée par la télécabine du Prorel à partir de 1 200 m.

Sports / Loisirs

Attrait du soleil, prestige lié à la présence régulière de personnalités importantes, la station a toujours su utiliser intelligemment ses atouts, depuis la construction de son premier téléphérique en 1941.

Aujourd'hui, Serre-Chevalier fait partie des plus grands domaines skiables des Alpes sur près de 410 ha de domaine skiable balisé ! Serre-Che, ce sont 59 remontées mécaniques dont des appareils ultramodernes qui desservent 81 pistes alpines. La neige ne manque jamais, mais au cas où, Serre-Che possède l'un des plus importants réseaux de neige de culture d'Europe afin de skier dans les meilleures conditions jusqu'à la fin de la saison. La grille des forfaits, simplifiée, fait la part belle aux familles et aux étudiants en proposant un forfait spécial famille. Alors profitez-en !

© SEB HOVAGUIMIAN - FOTOLIA

Télésiège à Montgenèvre.

MACHA FAVA €€

Val St Bernard
SAINT-CHAFFREY
✆ 04 92 21 20 51
www.machafava.fr
Ouvert tous les jours le soir. Carte : 40 € environ.

Le nom peut surprendre. Le Macha Fava n'est pas un restaurant péruvien perdu dans nos montagnes, mais bel et bien un restaurant qui met en avant les produits locaux en proposant les meilleures spécialités de montagne, raclettes et fondues en tête. Macha Fava désigne en patois les habitants de Saint-Chaffrey. Une terrasse au pied des montagnes et, surtout, une salle peut aussi bien recevoir les groupes, grandes tablées, que les tête-à-tête amoureux. Produits des Hautes-Alpes déclinés en version maison de spécialités fromagères. Convivialité et gourmandise.

LE GRAAL CAFÉ €€

Place des Escartons
✆ 04 92 21 50 00
Haute saison : ouvert tous les jours de 7h à 0h30. Carte 25 € environ.

Après une journée bien remplie entre randonnée et luge d'été, après une demi-journée sur les pistes de ski entre France et Italie, vous allez enfin atteindre Le Graal ! L'adresse centrale de Montgenèvre, celle qui donne le rythme de la station depuis la grande terrasse ou en salle. Gentillesse et disponibilité du service avec une équipe efficace. La carte rassemble les spécialités du terroir et des burgers maison. Bon rapport plaisir/qualité/prix jusqu'aux desserts. Ambiance détendue, notamment en soirée avec des retransmissions sportives et quelques concerts.

MONTGENÈVRE ★

Montgenèvre, doyenne des stations de ski françaises, née en 1907, située à 1860 mètres d'altitude sur la frontière italienne, bénéficie d'une position géographique idéale et d'un domaine exceptionnel. Le col de Montgenèvre est une voie privilégiée depuis l'Antiquité : il a vu passer Jules César, Charlemagne et Louis XIII. Napoléon a eu également son mot à dire, puisque c'est lui qui décida de la construction de la route jusqu'en Italie. Un obélisque, symbole impérial classique, est installé depuis 1804 sur la route, à la sortie du village. La station village de Montgenèvre offre de nombreuses activités, dont un golf 18 trous transfrontalier.

GOLF INTERNATIONAL DE MONTGENÈVRE

Le Village
✆ 04 92 21 94 23
www.montgenevre.com
Fermé d´octobre à mai. Restauration. Boutique.

Un golf original puisqu'il est le seul golf transfrontalier – vous commencez à jouer en France et terminez en Italie à Clavières – et qu'il « traverse » le front de neige (sans neige bien sûr...) de la station de Montgenèvre. Un 18 trous international, un Par 67 (5,5 km de parcours) vraiment unique qui permet de varier les coups. Si vous voulez rester côté France, un 9 trous compact en supplément dans un joli bois. Zone d'apprentissage pour les enfants avec putting green.

HAUTES-ALPES

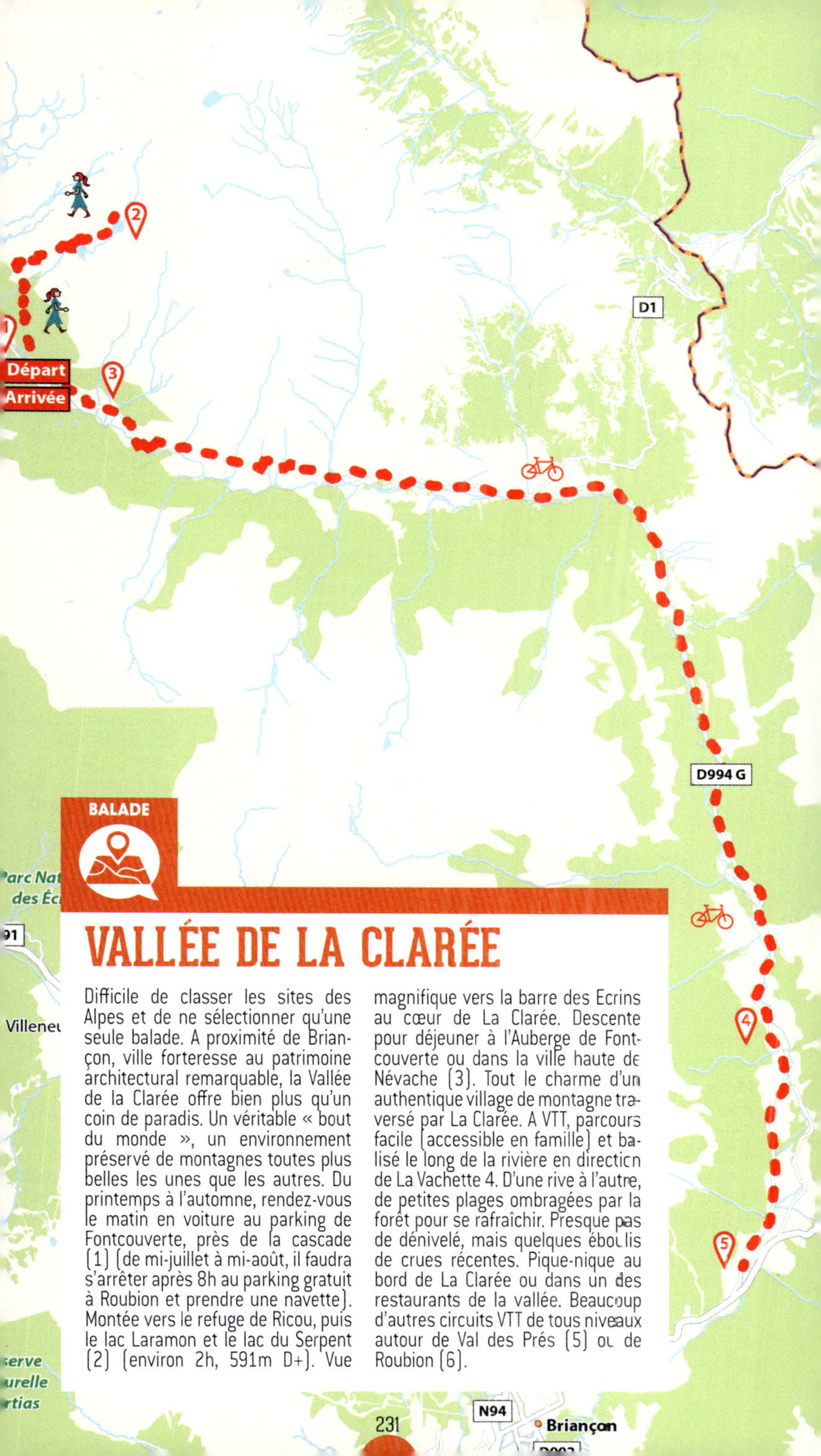

BALADE

VALLÉE DE LA CLARÉE

Difficile de classer les sites des Alpes et de ne sélectionner qu'une seule balade. A proximité de Briançon, ville forteresse au patrimoine architectural remarquable, la Vallée de la Clarée offre bien plus qu'un coin de paradis. Un véritable « bout du monde », un environnement préservé de montagnes toutes plus belles les unes que les autres. Du printemps à l'automne, rendez-vous le matin en voiture au parking de Fontcouverte, près de la cascade (1) (de mi-juillet à mi-août, il faudra s'arrêter après 8h au parking gratuit à Roubion et prendre une navette). Montée vers le refuge de Ricou, puis le lac Laramon et le lac du Serpent (2) (environ 2h, 591m D+). Vue magnifique vers la barre des Ecrins au cœur de La Clarée. Descente pour déjeuner à l'Auberge de Fontcouverte ou dans la ville haute de Névache (3). Tout le charme d'un authentique village de montagne traversé par La Clarée. A VTT, parcours facile (accessible en famille) et balisé le long de la rivière en direction de La Vachette 4. D'une rive à l'autre, de petites plages ombragées par la forêt pour se rafraîchir. Presque pas de dénivelé, mais quelques éboulis de crues récentes. Pique-nique au bord de La Clarée ou dans un des restaurants de la vallée. Beaucoup d'autres circuits VTT de tous niveaux autour de Val des Prés (5) ou de Roubion (6).

EMBRUN ★★

Accrochée sur son roc et dominant la Durance, la vieille cité doit l'origine celte de son nom à son emplacement : ebre (eau) et dun (forteresse, colline). Particulièrement puissante au Moyen Âge, la ville connut une longue léthargie après son pillage par les troupes de Victor-Amédée II de Savoie, en 1692. C'est au XXe siècle que la ville connaît un nouvel essor avec le chantier du barrage de Serre-Ponçon, à la fin des années 1950, et avec la création du lac. A voir dans la ville : la cathédrale Notre-Dame-du-Réal (XIIe et XIIIe), la maison des Chanonges (XIIIe), la tour d'Embrun (XIIe) et l'ancien couvent des Cordeliers (actuel office de tourisme).

CATHÉDRALE NOTRE-DAME-DU-RÉAL ★

Place Auguste-Thouard

Visites en accès libre toute l'année. Dépliant disponible à l'entrée du monument pour vous aider dans votre visite.

Imposante et majestueuse, symbole de la ville, cette cathédrale dédiée à la Vierge Marie est une construction des XIIe et XIIIe siècles. A l'intérieur, le décor doit autant à l'architecture qu'au mobilier – autels, sculptures, grandes orgues. On peut aussi admirer le quatrième trésor religieux de France (visible seulement en visite guidée) avec près de 500 objets composés d'orfrois et de vêtements sacerdotaux des XVe et XVIe siècles, des reliquaires, statuettes, tissus précieux…

TOUR BRUNE

17, rue Tour-Brune

✆ 04 92 43 49 48

www.envie-de-serre-poncon.com

Fermeture temporaire due aux fouilles archéologiques.

Cette tour singulière est un ancien donjon datant du XIIIe siècle. Malgré son grand âge, il continue à dominer la ville. Autrefois signe extérieur du pouvoir épiscopal des archevêques sur la cité, elle servit d'abord de caserne puis de prison sous la Révolution. La visite ne peut se terminer sans accéder au sommet pour admirer la vue à 360° sur Embrun et la vallée de la Durance. Consacrée à un musée du paysage du Parc naturel des Écrins, la tour fait aujourd'hui l'objet de fouilles archéologiques et est temporairement fermée.

HÔTEL-RESTAURANT LA ROBÉYÈRE**** €€

Rue de La Robeyère

✆ 04 92 51 90 78

www.chateaularobeyere.com

37 chambres. Double à partir de 133 €. PDJ 18 €. Bain bouillonnant. Restauration.

Un joyau au cœur des Alpes. Une superbe demeure du XVIIIe siècle entièrement rénovée, au cœur d'un parc boisé de 3 ha, lieu idéal pour se ressourcer. 37 chambres personnalisées et parfaitement équipées nous attendent dans un décor gustavien, *cosy* et lumineux à la fois. 250 m² de Spa pour se détendre dans la piscine couverte et se relaxer pendant un massage. Autre bonheur des lieux, le restaurant et sa cuisine traditionnelle réalisée avec des produits du terroir des Hautes-Alpes.

LA FABRIQUE €€

55, rue Victor-Maurel

✆ 06 89 36 18 52

Haute saison : ouvert tous les jours le midi et le soir. Fermé le dimanche hors saison. Carte : 25 € environ.

Une Fabrique qui ne fait que du bon à partir de produit frais et de préférence local pour composer de belles assiettes de saison. Agréable terrasse véranda à l'année et une décoration chaleureuse pour partager de bons moments. Aux commandes, Boris, un enfant du pays, et Laura, haute-savoyarde. Carte à l'ardoise selon les arrivages avec un menu estival et quelques spécialités régionales comme la caillette de la Mure, les oreilles d'ânes ou un jarret de porc d'ici. Desserts de même qualité. Pour se fabriquer les meilleurs souvenirs gourmands d'Embrun.

CLUB NAUTIQUE ALPIN SERRE-PONÇON

Chemin de Chadenas

✆ 04 92 43 00 02

www.cna-embrun.com

Voguer sur les eaux turquoise du lac de Serre-Ponçon. Toutes les activités nautiques en toute sécurité dans un club labellisé Ecole française de Voile. Que vous choisissiez de devenir membre ou que vous restiez simple usager, on vous réservera le même accueil pour monter à bord d'un voilier – du dériveur à la goélette –, sur un catamaran ou sur une planche à voile. Durant l'été, de nombreux stages. Un camping permet de prolonger son séjour au bord du lac.

LA BOUTIQUE

32, rue Clovis Hugues
✆ 04 92 58 89 93

Ouvert du mardi au samedi de 9h à 19h. Pendant vacances scolaires, le dimanche matin.

On fait du bon quand on est animé par la passion. C'est le cas de Bruno, excellent artisan du goût passionné de terroir, et de son épouse Hélène. Dans leur Boutique gourmande de la grande rue d'Embrun, ces deux passionnés nous proposent les meilleurs produits régionaux : de délicieux tourtons du Champsaur, des confitures de Briançon, une belle sélection de vins du pays ou d'épicerie fine, des huiles d'olive, de la charcuterie, mais aussi des fromages d'ici et d'ailleurs. Si vous ne voulez pas cuisiner, Bruno (traiteur) peut le faire à votre place.

© LOEILDUYAK

© LOEILDUYAK

ÉCOLE JENNIF'AIR

54, rue de la Liberté
✆ 04 92 43 37 80
www.jennifair.com

L'école est basée à Embrun depuis 1993, mais les décollages se font en hiver depuis les stations des Orres ou Risoul et depuis Mont-Guillaume et Savines en été. Elle s'adresse à tous les amateurs, puisque vous sont proposés le baptême de l'air en vol biplace au-dessus du lac de Serre-Ponçon. L'école est agréée par la Fédération française de vol libre. Jennif'Air, c'est aussi une tyrolienne géante aux Orres. Nouveauté sensations dans le lac de Serre-Ponçon avec le Seabreacher, un engin incroyable alliant vitesse et agilité pour une expérience nautique unique.

CHORGES

La commune de Chorges est baignée par les eaux du lac de Serre-Ponçon avec un relief plutôt accidenté. Plusieurs monuments à découvrir ici, à commencer par l'église paroissiale classée, l'église Saint-Victor. Porte des Souchons, la seule ayant résisté aux vicissitudes du temps, le Pierre de Néron sur le parvis de l'église, les vestiges du château de Chorges, la fontaine en marbre rose, mais surtout le viaduc ferroviaire de Chanteloube qui ne vit jamais passer de train et se noie dans les eaux de la retenue de Serre-Ponçon. Un pont totalement submergé lors des 3 semaines de maximum de cote du lac, mais partiellement praticable le reste de l'année.

CROTS

Cela prête à sourire de savoir que cette commune a changé de nom en 1970, car elle s'appelait précédemment : les Crottes. *Crotos* en provençal désigne une cave à provision et le nom n'avait rien de péjoratif pour ses habitants. Crots, comme beaucoup de villages de la région, a connu un nouvel essor suite à la mise en eau de la retenue de Serre-Ponçon en 1959. Les 28 hameaux du village des Crots virent se construire de nombreuses résidences avec vue panoramique sur le lac, ainsi que des hôtels restaurants. Nombreuses randonnées autour de l'Abbaye de Boscodon, notamment dans l'imposante forêt domaniale. Le torrent de Boscodon connaît de violentes crues.

HAUTES-ALPES

ABBAYE DE BOSCODON ✝ ★

Boscodon

✆ 04 92 43 14 45

www.abbayedeboscodon.eu

Ouvert toute l'année. L'église abbatiale et la chapelle de l'abbé sont en accès libre tous les jours. Gratuit.

En bordure de la forêt du même nom, cette abbaye a été construite dans un superbe style roman au début du XIIe siècle. Les bâtiments, très bien restaurés, sont ouverts à la visite et mis à profit régulièrement pour des événements culturels. On visite l'abbatiale, majestueuse de sobriété, mais aussi la chapelle, la salle du chapitre, le cloître, l'aile des officiers et le réfectoire, plus récent puisque construit au XVIIIe siècle. Les visites découvertes se font pendant les vacances scolaires. Visites thématiques pour les scolaires toute l'année.

STATION HIVER ET ÉTÉ

www.lesorres.com

Un site magique en surplomb du lac de Serre-Ponçon au cœur d'une immense forêt de mélèzes. Un domaine skiable avec de belles pentes pour les skieurs confirmés et des zones aménagées pour les débutants à travers les bois. Au total, 100 km avec 36 pistes, 17 remontées mécaniques et 1 snowpark récent et bien pensé. De nombreuses activités blanches – raquettes, piste de luge, parapente, scooter des neiges – et de nombreuses possibilités estivales – rando, VTT, SpeedLine... – quand la chaleur écrase les rivages du lac de Serre-Ponçon en contrebas.

LES ORRES ★

Une agréable station à 1 650 m, entre le lac de Serre-Ponçon et les sommets. Au cœur du village, on pourra visiter l'église Sainte-Marie-Madeleine et s'amuser à retrouver les vestiges des remparts du XIVe siècle, à l'ouest de la ville. Dans un hameau fort justement nommé Le Château et après s'être exercé à trouver les ruines des remparts, on parviendra sans peine à trouver… celles du château des XIIe et XIVe siècles. Toujours côté patrimoine, cette fois au chef-lieu, un musée rural présente divers documents, outils et costumes des temps montagnards et passés. Renseignements à l'office de tourisme.

RÉALLON

Avec ses 5 hameaux, Réallon s'étend sur près de 2 000m d'altitude entre 989m et 2 993 m (à Mourre Froid) aux portes du Parc national des Ecrins, à proximité du lac de Serre-Ponçon. Le village est réputé pour être un site archéologique d'importance avec la découverte d'une parure de l'âge du bronze, parure dite des Truquets et désormais exposé au Musée muséum départemental des Hautes Alpes à Gap. Autrefois tournée vers l'agriculture pastorale, l'économie de Réallon a profité de la manne de l'or blanc avec la création d'une station de ski. Nombreuses randonnées pédestres en moyenne et haute montagne. Panoramas splendides sur le lac de Serre-Ponçon.

Raquettes aux Orres.

STATION DE RÉALLON

✆ 04 92 44 29 09

www.reallon-ski.com

En été, on profitera des télésièges pour grimper jusqu'au sommet des Aiguilles de Chabrières afin d'admirer la vue sur le lac de Serre-Ponçon et se rafraîchir un peu les idées. En hiver, Réallon se transforme en authentique station de sports d'hiver en balcon au-dessus du lac de Serre-Ponçon avec 30 km de pistes de ski alpin, 25 km de ski de pistes de ski de fond. Exceptionnelle piste de luge 100 % naturelle – La Ripaaa – qui permet de dévaler 600 m de dénivelé sur 4 km une piste spécialement aménagée (réservation conseillée). Sensations fortes garanties !

SAVINES-LE-LAC

Savines-le-Lac possède cette particularité d'avoir été entièrement détruit pour permettre le passage de la Durance et la création du barrage de Serre-Ponçon, avant d'être reconstruit sur les bords du lac. Entre Hautes-Alpes et Alpes-de-Haute-Provence, entre 780 et 3 000 m d'altitude, on se sent plus près du soleil et de l'air pur. Le bleu intense du ciel rivalise avec le bleu profond de la plus grande retenue artificielle d'Europe. Le lac de Serre-Ponçon est avant tout synonyme de « qualité de vie ». Outre un environnement exceptionnel, il accueille aussi de nombreuses activités nautiques, du voilier au paddle, du ski nautique à l'aviron.

LES CHAUMETTES** €€

✆ 04 92 44 29 00

www.hotel-leschaumettes.eu

10 chambres. Chambre double de 70 € à 118 €.

A proximité du lac de Serre-Ponçon, offrant une vue panoramique, cet hôtel familial mérite bien ses deux étoiles. Les 10 chambres sont simples et confortables. On dispose d'une place de parking assuré pour chaque chambre et d'un garage fermé pour les motos et les vélos. Après une journée de farniente ou de loisirs aquatiques, on se repose au jardin ou bien au Spa extérieur dans le jardin dominant le lac, avant de choisir parmi les restaurants alentours pour le dîner. Plaisirs de l'eau ou de la montagne, les Chaumettes vous permettent tous les choix en liberté.

LAC DE SERRE-PONÇON ★★★

9, avenue de la Combe d'Or

✆ 04 92 44 31 00

www.serreponcon-tourisme.com

C'est en 1895 que l'on établit le projet définitif du barrage sur le site de Serre-Ponçon, contraignant à l'exode 1 500 habitants. La construction du barrage, ouvrage colossal, ne commencera qu'en 1955, pour s'achever en 1961. Avec une digue de 120 m de haut, le barrage de Serre-Ponçon est la seconde plus grande retenue d'eau artificielle d'Europe avec des chiffres impressionnants : 1,2 milliard de m^3 d'eau et 2 800 ha de superficie alimentent 16 centrales hydroélectriques, assurant 10 % de la production hydroélectrique française et 50 % de la production de la Région PACA. Si l'on peut visiter le barrage, les activités de loisirs ne manquent pas sur un lac aux eaux pures – mais exceptionnellement basses en raison de la sécheresse, ce qui a limité certaines activités nautiques l'été dernier – et autour d'un important pôle touristique. Vous y trouverez ainsi à votre guise 9 plages Pavillon Bleu (le lac le plus labellisé de France et le seul labellisé « Ports propres ») aménagées et surveillées en été pour la baignade. On ne compte pas les sites remarquables tout autour d'un lac qui fait le lien entre Hautes-Alpes et Alpes-de-Haute-Provence : les demoiselles coiffées, l'abbaye de Boscodon, la ville d'Embrun, le parc national des Ecrins et les nombreux panoramas d'un lac à découvrir en famille. Parmi les belvédères naturels qui vous permettront d'admirer ce lac fantastique, les Aiguilles de Chabrières, accessibles depuis la station de Réallon. Le coucher de soleil sur le lac offre d'autres instants magiques.

HAUTES-ALPES

Le lac de Serre-Ponçon.

GAP ★★

Préfecture des Hautes-Alpes, située sur la route (devenue très touristique) Napoléon, Gap est une ville à taille humaine qui compte plus de 40 000 habitants. La ville est un carrefour depuis des siècles, une étape importante sur la voie romaine qui reliait Turin à la vallée du Rhône. Baptisée « Capitale douce », la capitale des Alpes du Sud est située au cœur d'un pays authentique, entre Provence et Dauphiné, où il fait bon vivre. Le climat y est particulièrement favorable : 300 jours de soleil par an. Située à 735 m d'altitude (le point culminant de la commune se trouve à 2 385 m au Raz de Bec), elle a le titre de plus haute préfecture de France.

© ALEXANDRE GIRAUD

Le Buëch.

CATHEDRALE NOTRE-DAME-ET-SAINT-ARNOUX

✆ 04 90 04 85 44

Ouvert toute l'année. Tous les jours.

Une cathédrale qui s'impose au cœur du centre-ville avec un clocher-porche haut de 70 m. L'alternance de pierres de différentes couleurs est due à l'utilisation des matériaux locaux comme le marbre rose de Chorges. Elle fut construite de 1867 à 1905, sur les plans de l'architecte Charles Laisné d'après les styles roman-provençal et gothique. A l'intérieur, l'orgue situé, en hauteur, à l'entrée est très imposant. Des balcons avec de jolies arcades et colonnes font le tour de l'église.

LE DOMAINE DE CHARANCE

En juillet et août, bus gratuit au départ de Gap (arrêt Faure du Serre). Pour y accéder, prendre la direction de Veynes à la sortie de Gap et suivre les panneaux signalétiques « Domaine de Charance ». ✆ 04 92 53 26 79

Jardins ouverts du 1er avril au 1er novembre. Roseraie ouverte de mi-juin à mi-juillet en accès libre.

Situé au pied de la montagne de Charance, ce vaste domaine de 220 ha offre gratuitement à tous ses visiteurs une réelle bouffée d'oxygène. Des chemins aménagés autour d'un lac et en forêt permettent de se promener en toute tranquillité. Le Domaine de Charance possède une collection unique de 600 variétés de rosiers anciens. Le jardin en terrasses, classé Jardin Remarquable, met en scène les plantes cultivées et les plantes sauvages d'une façon originale et dynamique. A voir aussi le Jardin alpin de Gap-Charance. Ne pas manquer les balades découverte du Domaine.

ECOMUSEE DE L'ARTISANAT DES HAUTES-ALPES

31bis, route de l'Audet

✆ 06 08 24 40 64

www.musee.ws

Ouvert toute l'année. Gratuit -5 ans. Forfait 1 à 3 pers. 22 €. Individuel au-delà de 3 : 5,50 €/pers.

L'Ecomusée de l'Artisanat présente l'histoire agricole, économique et humaine des Hautes-Alpes à travers des outils, des machines et des moteurs utilisés aux temps jadis. Ingéniosité des hommes et des femmes, paysans, forgerons, sabotiers, maréchal-ferrant, qui ont fait vivre ses techniques. Les visites guidées sont à réserver avec possibilité de choisir 2 thèmes parmi 6 thèmes à découvrir : l'agriculture, la saboterie, le charron, les moteurs, la forge et la scierie.

LA FALAISE DE CEUSE

Tous les grimpeurs connaissent cet endroit réputé à l'échelle internationale. La falaise calcaire aux lignes pures, qui culmine à 2 000 m d'altitude et atteint 130 m de barres rocheuses, présente des parois de qualité, 400 voies pour des sensations adaptées à tous les niveaux (des difficultés classées de 5a à 9a+). Le site offre de nombreuses possibilités d'activités : randonnées pédestres, VTT et équestres balisées, voies et blocs d'escalade… Ce massif majestueux, dominant la vallée, se dresse en demi-cercle au pied d'une forêt domaniale.

LE MUSEE MUSEUM DEPARTEMENTAL ★

6, avenue du Maréchal-Foch
✆ 04 92 51 01 58
https://museum.hautes-alpes.fr
Ouvert toute l'année, tous les jours sauf lundi. Horaires variables selon saison. Gratuit.

Entièrement en accès gratuit pour tous les publics, le Musée Muséum Départemental a une vocation encyclopédique. C'est autour de donation d'histoire naturelle qu'il s'est bâti à l'origine. Une collection constituée aux XVIIIe-XIXe siècles par deux scientifiques de la région qui présente des plantes et des oiseaux naturalisés. Mais les importantes collections permanentes du Musée muséum offrent une large palette. D'ailleurs, il est possible que des pièces ne soient pas exposées lors de votre visite dans un lieu vivant qui ne cesse de bouger. Présenté dans les sous-sols voûtés, le fonds d'archéologie retrace l'histoire de l'occupation humaine dans les Alpes de la Préhistoire au Moyen Age. Des peintures du XIVe au XIXe siècles constituent la collection Beaux-Arts. Le musée dévoile aussi des œuvres graphiques du XXe siècle avec le travail de Lucien-Achille Mauzan. Le fonds sculpture est constitué majoritairement d'œuvres de Jean Esprit Marcellin. La partie ethnographie explore les traditions du Queyras avec de jolis objets et meubles en bois. Valorisant l'art actuel, le musée accueille de nombreuses expositions d'art contemporain. Il est aussi un lieu de rencontres et d'échanges, évènements culturels autour des arts plastiques et des arts vivants. Le musée offre un large panel d'expositions et d'activités qui saura répondre aux attentes variées d'un public curieux avide de connaissances. Il fait aussi le lien avec les écomusées, sites et monuments des Hautes-Alpes.

SANCTUAIRE NOTRE-DAME DU LAUS

SAINT-ETIENNE-LE-LAUS
✆ 04 92 50 30 73
www.sanctuaire-notredamedulaus.com
Ouvert toute l'année.

Le sanctuaire marial s'est développé autour de la basilique édifiée sur le lieu où la Vierge Marie est apparue à une bergère de 17 ans, Benoîte Rencurel, de 1664 à 1718, dans un hameau isolé à 900 mètres d'altitude. Des prêtres du diocèse, des religieux, des religieuses et des laïcs se mettent au service des pèlerins, soit sous la forme d'un accueil individuel et ponctuel, soit à l'occasion de retraites, sessions ou groupes d'aumônerie. Pèlerinage et sessions thématiques.

OFFICE DE TOURISME GAP TALLARD VALLEES

1, place Jean Marcellin
✆ 04 92 52 56 56
www.gap-tallard-vallees.fr
Haute saison, du lundi au samedi de 9h à 19h dimanche de 9h à 13h.

L'Office du tourisme de Gap Tallard Vallées nous reçoit dans les meilleures conditions pour nous faire découvrir toutes les richesses d'un merveilleux territoire. Hébergements, restaurants, toutes les activités et bien d'autres choses à explorer. Mais Futé a craqué pour l'Office du Toutourisme qui permet de passer d'excellentes vacances avec son compagnon à quatre pattes. Il y a même un pack d'accueil pour recevoir nos amis ! Une initiative approuvée par le Futé.

BUREAU DES GUIDES L'ESPRIT MONTAGNE

✆ 06 32 66 31 66
www.guide-espritmontagne.com

C'est le bureau des guides en montagne de Gap. L'Esprit Montagne vous propose des sorties estivales et hivernales, des plaisirs variés dans la région pour découvrir en toute sécurité, encadré par des professionnels diplômés, chevronnés et sympathiques, les plus belles sensations « nature » : via ferrata, expédition canyoning, cascades de glace, randonnées, raquettes… Bref, tout ce qu'on peut faire de grand et de sportif dans les Hautes-Alpes ou ailleurs.

LE BOUCHON €

4, rue de la Placette
✆ 04 92 46 02 43
www.lebouchon-gap.fr
Ouvert du mardi au samedi midi et soir. Formule midi 20 €. Formule soir 28 €.

Dans une petite rue au cœur de Gap, une belle terrasse sur le trottoir pavé. Pause locale au Bouchon, restaurant traiteur du chef Mickaël Guillard qui a l'excellente idée de nous proposer des « saveurs sous verre » (plats en bocaux) pour nous régaler à emporter. Des plats toujours réalisés à partir de produits du terroir des Hautes-Alpes. Plat signature du chef, le Lièvre à la royale sauce grand veneur, un classique en saison de chasse, mais encore sur une carte courte, gage de qualité, un carré de veau aux cèpes. Un Bouchon gourmand.

HAUTES-ALPES

PARC NATIONAL DES ÉCRINS ★★★★

Domaine de Charance
✆ 04 92 40 20 10
www.ecrins-parcnational.fr

Monter en haute altitude vers des sommets prestigieux, découvrir l'identité particulière des vallées, s'émerveiller sur le bleu profond d'une gentiane des montagnes, siffler avec les marmottes : Les Ecrins, c'est la nature en plus grand ! Entre Isère et Hautes-Alpes, le Parc s'étend sur un vaste territoire sauvage. Avec ses 92 000 hectares de zone protégée (cœur de Parc), les Ecrins constituent le plus grand de nos parcs nationaux depuis 1973, marquant la limite entre Alpes du Nord et Alpes du Sud avec ses montagnes majestueuses, dont les sommets majeurs approchent ou dépassent les 4 000 mètres. La barre des Ecrins, 4 102 mètres, est son point culminant, devant La Meije, montagne d'une beauté incomparable avec son glacier aux reflets bleutés et le Mont Pelvoux, véritable massif à lui tout seul. Dans cette enclave des hauteurs, la faune et la flore offrent une diversité et un spectacle prodigieux et il convient bien sûr de les respecter. On côtoie le chamois ou l'aigle royal, les plus ou moins farouches marmottes, et l'on guette, cueillette évidemment interdite, l'edelweiss et la renoncule des prés.

Cette vie sauvage fait l'objet de toutes les attentions au milieu de montagnes qui restèrent longtemps inaccessibles et donc préservées de toutes traces humaines. Afin de perpétuer cette vie sauvage et de conserver la diversité des habitats, qui sont les meilleurs garants de « potentialités de vie », l'homme a créé plusieurs Réserves Naturelles où les Alpes ont conservé leur visage « originel ». La réserve du vallon de Saint-Pierre se situe au-delà d'Ailefroide, dernier hameau de la Vallouise restant dans l'ombre des montagnes une bonne partie de l'année, tout près du Pré de Madame Carle, dans un bel environnement boisé. On y trouve ainsi une flore intéressante. La réserve de Combeynot, à l'est de La Grave, se situe sur le versant nord du massif du Pelvoux et s'étend jusqu'au col du Lautaret. Elle borde la Guisane et regarde de haut ceux qui empruntent la route reliant en toute saison Grenoble à Briançon. Aulnes, rhododendrons et saxifrages pour la flore, tandis que s'y rencontrent chamois et marmottes. On dénombre plus de 30 espèces ornithologiques, parmi lesquelles le tétras-lyre – coq des bouleaux – et le lagopède. La Réserve du Vénéon se trouve au sud-ouest de la barre des Ecrins, au fond de la vallée éponyme, près du village de la Bérarde, qui constitue une base très prisée par les randonneurs en haute montagne. Vers la tête de la Maye, au nord, qui culmine à 2 539 m, il n'est pas rare, dans les moraines glaciaires, d'apercevoir d'intouchables edelweiss, fleurs emblématiques des Alpes. D'autres réserves moins connues gardent précieusement des paysages de toute beauté, une faune et une flore d'une richesse inouïe. A l'extrémité des gorges du Béranger, une sapinière dissimule un milieu exceptionnel offrant un « corridor » naturel aux espèces naturelles sauvages qui traversent la région. Enfin, la réserve naturelle du Grand lac des Estaris, que l'on peut atteindre à partir d'Orcières, constitue un spectacle naturel inoubliable, entouré de pelouses alpines et de hauts sommets à l'horizon. Ici, tout semble immobile, immuable, immense. Le meilleur moyen de découvrir le parc national des Ecrins est, bien évidemment, la randonnée. De nombreux sentiers sillonnent le parc (au total, 700 km de pistes) et sont entretenus par le parc national des Ecrins et l'Office national des forêts. Le Grand tour des Ecrins par le GR54 est l'itinéraire le plus connu. Il passe par les plus hauts sommets du parc à l'image de la barre des Ecrins qui culmine à 4102 m ! Vous pourrez emprunter le GR54 depuis Bourg d'Oisans, avec un important dénivelé, ou depuis l'Argentière-la-Bessée. Il est possible de se faire accompagner par un guide expérimenté. Si vous préférez une version plus douce, optez pour les balcons des Ecrins. Que ce soit à pied, en VTT ou à dos d'âne, vous arpenterez les sentiers au gré de vos envies et à votre rythme. Une application mobile consacrée au « Grand Tour des Ecrins » a été mise en place, vous y trouverez toutes les informations nécessaires à l'organisation de votre escapade. Si vous le souhaitez, l'office de tourisme vous fournira aussi une carte découverte. La période la plus plébiscitée pour la randonnée dans le Parc national des Ecrins est l'été. Toutefois, il est tout à fait possible de randonner l'hiver en s'adaptant aux conditions météorologiques : on prévoit donc de se déplacer en raquette ou en ski de randonnée si besoin. Les itinéraires balisés et adaptés à la randonnée en raquette sont nombreux, renseignez-vous auprès de l'office de tourisme. Il est, dans tous les cas, conseillé d'être accompagné par un professionnel : la montagne en hiver est somptueuse mais il est préférable de bien la connaître avant de prévoir une randonnée ! Par ailleurs, le climat du parc national des Écrins peut être très rude du fait de ses nombreux glaciers, il s'agit d'ailleurs de l'une des parties les plus froides des Alpes. En été, le climat est doux mais les nuits restent fraîches. Bien sûr, au-dessus de 2500 à 3 000 m, le froid est présent à toutes les saisons : pensez donc à bien vous équiper ! Enfin, à toutes les saisons, veillez à ne perturber ni la faune ni la flore en restant sur les sentiers déjà tracés lors de vos balades.

Que l'on soit en quête de paix, d'instants purs de contemplation devant un monde vierge ou que l'on soit curieux d'observer la force de la nature, les Ecrins ouvrent tous les possibles.

LE FAMEUX CAFÉ DU LYCÉE €

41, boulevard de la Libération
© 04 92 51 53 36

Mer-lun 11h30-1h. Tous les jours en saison et pendant les fêtes de Noël. Comptez moins de 20 €.

En face du lycée, une maison presque centenaire abrite une brasserie qui a su conserver le charme de son époque avec des pièces authentiques pour nous recevoir à bras ouvert dans un présent charmant et gourmand. Accueil chaleureux et cuisine régionale de qualité par deux femmes exceptionnelles, les adorables Rolande et Martine. Terrasse, salles remarquables pour savourer des spécialités de montagne et des plats du jour en fonction du marché de saison. Crêpes et glaces pour faire une pause. Belle carte de vins et de bières. Culture du bien-vivre et du bien-manger.

LE PASTURIER €€

18, rue Pérolière © 04 92 53 69 29
www.restaurantlepasturier.com

En juillet/août, ouvert du mardi au samedi midi et soir. Autre saison : se renseigner. Suggestion jour 22 €. Carte 50 €.

C'est dans un ancien atelier de zinguerie reconverti en salle de restaurant et sur une terrasse ombragée que Pascal Dorche œuvre depuis trente-cinq ans pour nous faire découvrir une cuisine maison particulièrement gourmande. L'une des tables gastronomiques les plus réputées de Gap où un maître restaurateur sait mettre à l'honneur les spécialités d'une région gourmande, sachant marier les produits du terroir et de saison comme pour une pièce de gigot d'agneau de pays et sa ratatouille. Un savoir-faire incontestable et un accueil à l'image de la cuisine : excellent.

TOURTONS DU CHAMPSAUR

31, rue Jean-Eymar
© 04 92 52 40 47
www.tourtons.com

Ouvert du mardi au samedi de 8h30 à 12h30 et de 15h30 à 19h.

L'histoire du tourton, qui remonte au début du XIXe siècle, a connu un rebondissement lorsque Jean-Louis Pellegrin décida de fabriquer dans sa cuisine et de mettre en vente sur les marchés des tourtons « comme les faisait sa grand-mère ». Depuis, les Tourtons du Champsaur ont étendu leur gamme. Si les tourtons du Champsaur se trouvent partout en France, il est impératif de faire une halte à Chabottes ou à Saint-Firmin, sur les lieux de production, ou bien dans cette agréable boutique de Gap d'où se dégagent des parfums irrésistibles.

LE FAMEUX CAFÉ DU LYCÉE

41, boulevard de la Libération
© 04 92 51 53 36

Mer-lun 11h30-1h. Tous les jours en saison et pendant les fêtes de Noël. Comptez moins de 20 €.

Le Fameux Café du Lycée, c'est un patrimoine vivant et gourmand qu'il faut absolument découvrir lors d'un séjour à Gap. Facile d'accès et de parking, une belle brasserie bientôt centenaire nous accueille avec sa terrasse fleurie et ombragée et ses salles atypiques pleines de charme. Belle carte de vins et de bières pour se faire plaisir à toute heure, service en continu pour savourer une délicieuse cuisine régionale réalisée avec de bons produits. Des petits et des grands bonheurs à partager. Adresse unique, instants magiques.

HAUTES-ALPES

CENTRE D'OXYGENATION DE GAP BAYARD

Plateau de Bayard
✆ 04 92 50 16 83
www.gap-bayard.com

Situé à 7 km de Gap, à 1 250 m d'altitude, sur la RN85 ou « route Napoléon », le plateau de Bayard est un haut lieu d'accueil sportif et touristique. L'hiver, 50 km de pistes nordiques permettent de sillonner tout le plateau en skating et en classique. L'été, deux parcours de santé de 3,5 km et 6 km entourent le golf de 18 trous – par 72 de 6 025 m – qui offre un réel cadre de détente entre les forêts et les pâturages. Restauration et hébergement sur place toute l'année.

ÉGLISE SAINT-GRÉGOIRE ★

Classée aux Monuments historiques, cette église du XVIIe siècle, édifiée à partir de deux anciennes chapelles, est dédiée à saint Grégoire, qui fut un évêque d'Arménie. Au retour de sa visite auprès du pape à Rome, il s'arrêta et évangélisa la ville avant d'y mourir en 404. Depuis, l'anniversaire de sa mort donne lieu, le troisième dimanche de septembre, au traditionnel pèlerinage de l'Église arménienne. Vieux portail Renaissance, belles orgues, jolie chaire, coupole peinte et une série de tableaux de 1743 retraçant la vie de l'évêque.

TALLARD

Tranquillement installé au bord de la Durance - le territoire de la commune est l'un des rares à s'étendre sur les deux rives -, le village de Tallard garde au fil des rues de nombreux vestiges de son passé : église Saint-Grégoire, lavoirs et fontaines en particulier. Mais le principal monument reste le château qui a connu d'importants travaux de restauration. A noter que la célèbre Route Napoléon passe par Tallard, ce qui fait de cette ville une étape agréable. Une ville également connue pour être le paradis des sports aériens avec un aérodrome célèbre dans le monde entier. Tallard est notamment un haut lieu du parachutisme en France.

LA GOURMANDINE €€

9, avenue de Provence
✆ 04 92 66 06 34

Ouvert du vendredi au mardi le midi. Carte : 30 € environ.

Sur la route des vacances entre la Provence et Serre-Ponçon ou lors d'un séjour à Tallard, faites une halte des plus agréables à La Gourmandine. Depuis trente ans, des passionnés de cuisine vous accueillent dans leur maison pour vous faire partager une cuisine 100 % maison composée de produits frais et de qualité. Petite terrasse et salle agréable pour découvrir la carte au rythme des saisons. Burgers maison et plats gourmands des entrées aux desserts, en passant par des poissons annoncés en fonction des arrivages. Fraîcheur et saveurs, voilà de quoi se régaler.

CITE MEDIEVALE DE TALLARD

Promenade d'une durée de deux heures environ à travers les vieilles ruelles chargées d'histoire : inscriptions, portes, sculptures, lavoirs, fontaines, église et autres constructions anciennes témoignent encore des périodes Médiévale et Renaissance. Une promenade que l'on complète par une visite du château et de son parc classé depuis 1958. Jeux pour les enfants. Lieu de promenade dans un cadre de verdure, doté d'arbres centenaires. Circuit balisé de petite randonnée.

GAP TALLARD FLY & DREAM

700, rue Pierre Latécoère
✆ 04 92 54 32 10
www.gap-tallard.com

Ouvert toute l'année. Accessibles aux handicapés. Stages de formation.

La situation exceptionnelle de Tallard, notamment en termes de conditions climatiques, en a fait un centre idéal pour tous les sports aériens – de nombreux champions du monde s'entraînent ici – et de loisirs aériens à la portée de tous. Gap-Tallard est la référence pour le vol et l'aérien. En plus de l'accueil et de la convivialité qui règne sur le site, on participe aux nombreuses activités : parachutisme, montgolfière, autogire, hélicoptère, parapente, planeur, ULM, hydravion… Insolite avec un vol en avion *vintage*. Baptêmes et stages, le plaisir est sans limite.

LA GRAVE

La Grave (428 habitants) est situé à 1 135 m d'altitude, au cœur du parc national des Écrins. Le bourg a su conserver son aspect traditionnel malgré la pression touristique importante liée à la présence du téléphérique des glaciers de la Meije, dont la station se trouve au sud du bourg. Le massif de la Meije (station La Grave-La Meije) est connu comme un haut lieu de l'alpinisme et un site majeur pour le ski hors-piste. A voir : la belle église romane Notre-Dame-de-l'Assomption (XIe siècle). Autour du village, plusieurs hameaux traditionnels préservés sont à visiter, comme Le Chazelet, qui abrite un très bel oratoire et une table d'orientation.

GROTTE DE GLACE DE LA GRAVE

Hameau les Hières
✆ 04 76 79 91 09
www.grottedeglace.com

Mi-juin/mi-septembre, tous les jours 9h30-16h. Adulte 5,50 € (+A/R en téléphérique). Se renseigner avant de s'y rendre.

La beauté, la pureté à l'état glacé, une merveille à visiter. Et pour cela, il vous faudra d'abord monter par les téléphériques de La Grave La Meije à plus de 3 000 m, puisque la grotte se situe à 3 200 m sous le glacier de la Girose. Ambiance féérique dans un monde taillé par la nature et par des sculpteurs qui donnent forme et vie à la glace. A noter que la grotte descend régulièrement sous le glacier rendant son ouverture de plus en plus difficile.

BUREAU DES GUIDES

Place du Téléphérique
✆ 04 76 79 90 21
www.guidelagrave.com

Ouvert en hiver de 8h30 à 10h30 et de 16h à 19h. Ouvert en été de 8h30 à 11h et de 16h à 19h.

Une trentaine de guides sont à votre service pour vous faire découvrir ce milieu extrême. En hiver : ski hors-pistes, ski de randonnée, cascade de glace, alpinisme hivernal, raquettes à neige. Au printemps : raid à ski dans tout l'arc alpin, escalade. En été : alpinisme toutes difficultés, école d'escalade, de neige et de glace. Balades sur les glaciers et visites de crevasses en toute sécurité, via Ferrata, randonnées pédestres, descentes de canyons, baptêmes de parapente. Conseils et renseignements sur les conditions de la montagne et les itinéraires.

AU VIEUX GUIDE €€

Le Village
✆ 04 76 79 90 75
www.au-vieux-guide-grave.fr

Fermé mi-septembre/mi-décembre, mi-mai/début juin. Ouvert tous les jours midi/soir. Plat jour 13 €. Menus 26 à 39 €.

Située au centre du village, face à la Meije, voilà une belle bâtisse de pierre où l'accueil est à la hauteur des lieux. Au Vieux Guide est une authentique auberge de montagne où l'on peut savourer, sur la terrasse estivale ou en salle chaleureuse, des plats du terroir (fondue ou raclette à l'ancienne) ainsi qu'une cuisine plus élaborée (Ris de veau poêlé aux morilles, Carré d'agneau rôti au miel de bruyère, etc.). Vegan bienvenus. Incontestablement l'une des meilleures tables de La Grave, qui propose également le gîte en dortoir ou en chambres individuelles.

LES TÉLÉPHÉRIQUES DES GLACIERS DE LA MEIJE

Le Village
✆ 04 76 79 91 09
www.la-grave.com

Ouvert de décembre à fin avril et de mi-juin à début septembre. Piétons AR à 3 200m 30 €.

Des cabines « télé-féériques » qui nous font littéralement décoller, puisque c'est une montée de 2 150 m réalisée en 45 minutes qui nous est proposée pour atteindre les sommets ! Depuis la Grave, cet équipement exceptionnel, et vertigineux donne accès à la haute montagne avec ses deux tronçons de 1 400 m à 2 400 m et de 2 400 m à 3 200 m. Et deux téléskis sommitaux conduisent ensuite à 3 550 m en hiver. Si les conditions météo ne s'y opposent pas, une liaison est alors possible dans les deux sens avec la grande station des Deux-Alpes. Et si votre niveau technique le permet aussi, vous jouissez bientôt de l'un des plus grands domaines de ski hors-pistes d'Europe. Le paradis des freeriders. A 3 550 m, la vue est exceptionnelle : on domine en direction du sud-sud-ouest le Parc National des Ecrins, on découvre l'Italie à l'est et enfin au nord le Mont-Blanc ! Un 360° époustouflant. L'itinéraire direct de la grande descente de 9 km est accessible aux skieurs techniquement moyens, mais attention, il s'agit d'un hors-piste, ce qui implique un accompagnement professionnel et un bon équipement. Les bons surfeurs et les meilleurs skieurs hors-pistes ont cependant leurs coins privilégiés, à partir du haut du téléphérique : les Vallons, Peyrou-d'Amont, brèche Pacave, col du Lac et refuge Chancel. En été, à 3 200 m d'altitude, possibilité de marcher sur le glacier de la Girose, une espèce en voie d'extinction ! Une randonnée magique à faire avec un guide en toute sécurité.

PANORAMIC VILLAGE*** €€€

rue des Balcons ✆ 04 76 79 97 97
www.panoramic-village.com

Ouvert fin mai-fin septembre. Chambre à partir de 140 € pdj inclus. Appartement et chalet à partir 360 € les 3 jours.

Le paradis se vit ici, au Panoramic Village, location de charme et courts séjours Appart'hôtel. Face au massif de la Meije, la vue est à couper le souffle. Vos vacances dans ce village piéton prennent une autre dimension. Confort et bien-être absolus : calme, terrasse panoramique, commodités… Accueil adorable de Muriel et Philippe qui vous proposent des formules à la semaine et des mini-séjours locatifs au choix. Des logements parfaitement équipés et fonctionnels pour un établissement unique. Détente et nombreuses activités au pays de la Meije.

SAINT-BONNET-EN-CHAMPSAUR ★

La vallée du Champsaur, située à l'est du Dévoluy, est traversée par la Route Napoléon. Verdoyante, bocagère, cette vallée est divisée en Drac Noir et Drac Blanc. Le Drac Noir a creusé une vallée propice à la pratique des sports d'hiver. La prospérité initiale du Champsaur, bien avant l'avènement de « l'or blanc », a été fondée sur l'agriculture. La terre est très fertile grâce à l'apport d'éléments cristallins et calcaires apportés par les eaux du Drac. Les Champsaurins, très nombreux jusqu'au milieu du XIXe siècle, ont connu un fort exode rural dès 1875. Quelques milliers ont même tenté d'imiter les Barcelonnettes en émigrant aux Etats-Unis,

MAISON DU BERGER ★

Les Borels © 04 92 49 61 85

www.maisonduberger.fr

Ouvert toute l'année, sauf du 15 novembre au 15 décembre. Juillet/août, tous les jours sauf lundi. Adulte 4,50 €.

Au cœur de la vallée du Champoléon, on vient découvrir dans cette maison l'un des plus anciens métiers du monde : berger. Pierre Mélet, l'instigateur de ce projet, rend hommage à ces femmes et ces hommes qui, à travers les âges, ont conduit les troupeaux à travers les alpages. Lieu de rencontre et d'apprentissage, cette maison permet de mieux connaître un métier, un milieu et de valoriser les productions de la vallée, notamment le Tardon, cet agneau d'alpage de la vallée du Champoléon. Une Maison bien vivante que le Petit Futé vous encourage vivement à visiter.

FROMAGERIE DU COL BAYARD

RN 85 Laye © 04 92 50 50 06

www.laiterie-col-bayard.com

Magasin ouvert du mardi au jeudi de 8h30 à 19h, du vendredi au dimanche de 8h30 à 23h. Boutique. Cave à vin.

Depuis trois générations, la Laiterie du Col Bayard propose le meilleur des productions de nos montagnes et un incroyable choix de plus de 120 fromages artisanaux, dont 40 sont issus de la production de la Laiterie. On commence donc par les fromages fabriqués maison, réalisés à base de lait de vache, de chèvre, de brebis ou de mélange. Pour vraiment savourer les meilleurs produits de la région, les gourmands peuvent se rendre au restaurant avec son fameux chariot de fromages ou de délicieux tourtons du Champsaur. Une étape parmi les plus gourmandes de la région.

ORCIÈRES ★

Le village d'Orcières et la station d'Orcières 1850 se sont associés pour devenir l'une des plus grandes stations de sports d'hiver du département des Hautes-Alpes. Le domaine skiable s'étale entre 1 850 et 2 725 m : 51 pistes – 7 noires, 20 rouges, 15 bleues et 9 vertes – sur 100 km. Pistes ludiques pour les enfants, un superbe snowpark, un boarder cross, des pistes de descente et un stade slalom. Enneigement artificiel assuré sur plus de la moitié du domaine avec 60 enneigeurs. La station jouit d'un bon équipement général. Les amateurs de ski de fond ne sont pas oubliés puisqu'ils disposent de nombreuses pistes sur le domaine relié des sites nordiques du Haut-Champsaur.

CHAMPOLÉON

La vallée de Champoléon, où se trouve le hameau Les Borels, est sans doute l'une des plus sauvages et des plus authentiques, tout en restant accessible à l'homme, du parc national des Ecrins. Le pastoralisme continue son chemin, s'accommodant parfaitement d'un tourisme respectueux de l'environnement. Chamois et bouquetins fréquentent souvent la vallée et se laissent observer. On peut découvrir certaines des richesses de la vallée sur le site www.champoleonecrins.com. L'Auberge des Ecrins est ouverte pour accueillir confortablement les vrais curieux de montagne, qui pourront également se restaurer à cette adresse de bons produits de terroir.

LA FERME DES CABRIOLES

© 06 45 37 10 23

Haute saison ouvert tous les jours de 9h à 12h et de 15h à 19h. Entrée : 8,50 € par famille

Venez découvrir les animaux, la fabrication du fromage, l'agriculture de montagne, et prévoyez des chaussures de marche. Les enfants pourront entrer dans les enclos des chèvres. Ils pourront également participer à un atelier de moulage de faisselles, à déguster ensuite. Sur réservation la veille, il est possible de déguster crêpes et fromage blanc. La ferme s'est diversifiée avec la création d'une brasserie artisanale. Blonde et ambrée, la bière la sOrcière est brassée sur place avec l'eau de source des montagnes d'Orcières. Vente de fromages de chèvre.

PARC ANIMALIER DU CREUSET

Les Sources ✆ 04 92 55 78 16
www.parcducreuset.fr
Haute saison ouvert tous les jours de 10h à 19h. Adulte 8 €. Enfant de 3 à 12 ans 6,50 €. Gratuit -3 ans.

Il est parfois frustrant quand on randonne en montagne, notamment en dessous de 2 500 m, de ne jamais croiser les animaux dont on parle tant : chamois et bouquetins en tête, marmottes également. C'est pourquoi, à travers un parcours dans la montagne, ce parc nous présente ces animaux et quelques autres comme les chèvres, les yacks, les lamas, les chevaux Falabella ou bien les rennes. Vous êtes certain de ravir les enfants qui voudront une marmotte en peluche à leur retour !

SAINT-JULIEN-EN-CHAMPSAUR

Saint-Julien est le chef lieu de trois hameaux proches les uns des autres entourés d'innombrables chaines de montagnes et d'un paysage varié : Le Chanet, Chantaussel et les Combettes. Ici, les activités touristiques proposées sont aussi bien tournées vers l'été (plan d'eau, randonnées) que l'hiver (stations de ski). Principalement orienté vers l'agriculture, ses 13 exploitations, dont des élevages de bovins et ovins, constituent la principale activité du village. Ses chemins de randonnées, ses bocages, sa proximité avec la base de loisirs du Champsaur, ses gîtes ruraux et son centre de vacances sont des atouts touristiques majeurs.

LES PETITS ÉCRINS €€

Lieu-dit Berne - **ASPRES-LÈS-CORPS**
✆ 06 22 45 88 75
https://lespetitsecrins.com
4 chalets. En juillet/août, locations des chalets par semaine complète. Wifi gratuit. Parking privé. Bain bouillonnant.

Dans un écrin de nature à couper le souffle – la vue sur les sommets depuis la terrasse est fantastique ! –, voici 4 petits écrins construits par des amoureux des grands espaces canadiens : Joëlle et Jean-Marie. Des chalets cocooning trop beaux de l'extérieur (bardage en mélèze, terrasse avec vue à 360° sur les montagnes, braséro et bain bouillonnant) comme de l'intérieur. En amoureux ou en famille, dépaysement, détente et plaisir assurés ! Nombreuses randonnées, activités outdoor et visites de sites grandioses à proximité. Du bonheur en barre... des Ecrins.

SAINT-LÉGER-LES-MÉLÈZES

Ce village de la vallée du Champsaur profite en moyenne de 300 jours de soleil par an et, en hiver, d'un excellent enneigement, sans compter toutes les distinctions reçues, et méritées, par Saint-Léger-les-Mélèzes : Station Verte, Village de Neige, Commune touristique, Station Village des Alpes du Sud, Village Etoilé et Village Fleuri. La station est équipée de 2 télésièges 4 places, 7 téléskis et d'un splendide front de neige pour nous rendre les pistes encore plus accessibles. En été, ce sont de vastes étendues qui s'ouvrent avec des sentiers de randonnée sillonnant les montagnes dans toutes les directions. Hiver comme été, Saint-Léger-les-Mélèzes nous ouvre les portes du bonheur.

ECOMUSEE DE LA FAUNE

Le Village
✆ 04 92 21 47 78
Haute saison ouvert du mardi au samedi de 14h30 à 18h. Adulte 3,50 €. Gratuit -5 ans.

Dans cet écomusée communal, deux superbes collections pour découvrir la faune des Alpes. La collection d'un taxidermiste et naturaliste et celle d'un passionné des papillons du Champsaur exposent près de 300 spécimens d'oiseaux, de mammifères et de reptiles, dont certains appartiennent à des espèces protégées : chouettes hulotte, marmotte, renard, écureuil, sarcelle, chat sauvage ou chamois. Tous sont mis en scène dans leur milieu naturel. Expositions tout au long de l'année, ainsi que de nombreux ateliers et animations de découverte. Sorties terrain naturalistes.

SUPERDÉVOLUY

Avec un nom pareil, on se doute bien que Superdévoluy ne s'inscrit pas dans la tradition des villages des Hautes-Alpes, mais plutôt dans une histoire contemporaine. Créée en 1966 dans le cadre du Plan neige de 1964, Superdévoluy fait partie de ces stations intégrées imaginées par des architectes novateurs. Au départ, il s'agit d'un seul immeuble, œuvre d'Henry Bernard, au pied des pistes, qui sera suivi de deux autres immeubles eux aussi recouverts de bois. Désormais, la station de Superdévoluy a été associée à celle de La Joue du Loup pour donner le Domaine skiable du Dévoluy avec un total de 100 km de pistes sur un vaste espace alpin.

VALLOUISE-PELVOUX

Pelvoux et Vallouise, deux grands noms de la montagne pour des petits villages à l'environnement exceptionnel. Pelvoux est un hameau dont le territoire se trouve quasi intégralement dans le Parc national des Ecrins. Pelvoux abrite des sommets prestigieux des Alpes, dont le plus renommé est la Barre des Ecrins à 4 102 m d'altitude, point culminant du massif des Ecrins. Vallouise, aux portes du Parc, est un village typique avec des maisons traditionnelles et des cadrans solaires. C'est le paradis des activités outdoor, sportives ou non : ski alpin et nordique, parapente, VTT, alpinisme, escalade, via ferrata, sports d'eau vive, mais aussi pêche.

MAISON DU PARC DE LA VALLOUISE ★

Les Ribes
✆ 04 92 23 58 08
www.ecrins-parcnational.fr
Ouvert toute l'année. Haute saison été, tous les jours. Les animations du Parc sont gratuites sauf mention contraire.

© B. PICCOLI - FOTOLIA

Une Maison du Parc pour présenter ce territoire d'exception. Avec ses 92 000 ha de zone protégée, c'est le plus grand des parcs nationaux français métropolitains. Il possède un grand domaine montagneux, dont les sommets majeurs avoisinent les 4 000 m. La faune et la flore de ce parc sont exceptionnelles et il convient bien sûr de les respecter. La Maison du Parc dispose d'un espace d'exposition. Nombreuses animations gratuites, notamment pour suivre les traces des animaux.

MUSEE DE L'ENERGIE HYDROELECTRIQUE ★

Les Claux ✆ 04 92 23 21 55
www.paysdesecrins.com
Ouvert toute l'année. Tourisme & Handicap. En juillet et août, tous les jours. Tarifs 5 €/adultes, 2 €/-16 ans.

L'édifice qui abrite l'espace muséographique des Claux est classé au patrimoine du XXe siècle et prend place dans une usine hydroélectrique en fonctionnement. Cet espace de 110 m² présente l'importance de l'histoire du concepteur Gilbert Planche, l'histoire de la modernisation de l'usine et renseigne sur la place de l'usine dans le gisement de production d'Électricité de France et de la Durance. Le site a été conçu au-dessus de la salle des machines visible par une large baie vitrée.

BUREAU DES GUIDES DES ÉCRINS

La Casse
✆ 04 92 23 32 29
www.guides-ecrins.com
Ouvert toute l'année.

Pendant la saison d'hiver, ces professionnels – passeurs d'émotion en montagne depuis 1909, plus de 110 ans c'est incroyable ! – proposent du ski hors-pistes, des randos ski, des cascades de glace et raquettes, et en été, toutes les variétés montagnardes que l'on devine, toujours de l'initiation au perfectionnement et de la demi-journée à la semaine. La Vallouise, avec ses sommets de plus de 3 000 m, compte bien sûr parmi les sites majeurs de l'alpinisme.

BRASSERIE ALPHAND

Place du Village
✆ 04 92 23 20 00
www.brasserie-alphand.com

Elle est de bonne réputation parmi les amateurs de bière ! À la Brasserie de Lionel Alphand, bières délicieuses fabriquées sur place sans additifs ni colorants artificiels « à la fleur des Alpes » : blonde, blanche, ambrée, stout (et stout au café), bière de saison (comme celle de Noël), l'Abbaye, l'originale Hibiscus et la 3 Pistes servies uniquement à la pression. A boire en terrasse ou dans la grande salle aux tables et bancs en bois avec une assiette gourmande ou une spécialité de montagne. Alpen-Cola et limonade artisanale à l'eau de source locale.

DIABOLO GYR

Les Auches
✆ 04 92 23 31 63
www.diabolo-gyr.com
Ouvert du 1er mai au 30 septembre.

Les Alpes ne se descendent pas que sur des skis ! Les rivières offrent aussi d'incroyables terrain de glisse. De mai à septembre, toutes les activités possibles dans les eaux vives sur le Gyr, l'Ubaye ou la Durance : rafting, nage en eaux vives, canyoning, hydro-speed et hair-boat, sans oublier le plus « calme » Stand up paddle. Plus de 20 ans d'existence et d'expérience pour cette équipe de professionnels brevetés d'Etat pour vous accompagner sur les rivières et les torrents de la région. Des activités qui peuvent s'adapter aux enfants à partir de 5 ans.

SKIS

www.ski-pelvoux.com

Pelvoux-Vallouise est une agréable station village, aux portes du Parc national des Ecrins. 7 remontées dont 2 télésièges, un dénivelé de 1 050 m, 18 pistes dont 1 éclairées pour le ski nocturne, et 1 snowpark. Itinéraires hors-pistes pour les skieurs confirmés et un espace ARVA/Park, plusieurs spots de ski de randonnée, une piste de luge et une patinoire naturelle. Le domaine de fond de la Vallouise offre plus de 35 km de pistes balisées et tracées, s'étirant agréablement entre plusieurs villages, le long des torrents l'Onde, le Gyr et la Gyronde.

L'ARGENTIÈRE-LA-BESSÉE

Porte d'entrée du Pays des Ecrins, L'Argentière-la-Bessée tire son nom des mines d'argent exploitées dès le Xe siècle. Abandonné au XXe siècle, le site fait l'objet de fouilles archéologiques, mettant à jour de nombreux vestiges et permettant la visite des galeries souterraines. L'Argentière-la-Bessée dispose dans le Vallon du Fournel d'un espace unique, la réserve des Deslioures et son champ de chardons bleus. L'Argentière-la-Bessée devient en janvier la capitale mondiale des pratiquants de la cascade de glace. Dès la fonte des neiges, la ville redevient le paradis de l'outdoor et des sports d'eau vive grâce à son stade de slalom sur la Durance.

LA MINE D'ARGENT ★

Château Saint-Jean ✆ 04 92 23 02 94
www.mines-argent-fournel.com
D'avril à octobre individuels (se renseigner). Tous les jours de mi-juin à mi-septembre. Visite guidée. Adulte 16 €.

Les mines du Fournel, dont l'exploitation débuta au Moyen Âge et se termina au début du XXe siècle, sont l'un des principaux gisements de plomb argentifère des Alpes. Site de patrimoine industriel remarquable, La Mine d'argent propose aux visiteurs un voyage inédit dans le temps au cœur d'un monde souterrain fantastique. Pour le découvrir, deux visites guidées : « L'incontournable » sur les pas des mineurs et la nouvelle « Aventure intérieure », plus sportive et engagée. Plusieurs *escape games* pour d'autres sensations. À faire en famille ou entre amis.

PUY-SAINT-VINCENT ★

C'est, avec sa voisine Serre-Chevalier, l'une des stations parmi les plus connues de tout le département des Hautes-Alpes. Une station village protégée des vents qui s'étage sur plusieurs niveaux, à 1 400 m avec trois hameaux sur un replat où se trouve le village à l'authentique beauté alpine ; 1 600 m et 1 800 m avec des immeubles résidentiels qui forment la station de ski, offrant la plupart du temps un beau panorama sur le Parc national des Ecrins. Si les domaines de ski alpin, ski de randonnée ou ski nordique sont justement réputés, Puy-Saint-Vincent propose de nombreuses activités estivales : randonnée, bike park avec 5 parcours de descente...

SKI

www.puy-saint-vincent.fr

Une station familiale qui nous fait atteindre des sommets en matière de plaisir de glisse avec, chaque année, des nouveautés dans un environnement naturellement protégé des vents et bénéficiant d'un grand ensoleillement. Un domaine grandeur nature qui nous propose 35 pistes pour un total de 75 km avec un snowpark et un boardercross, le tout sur un dénivelé de 1 550 m. Sans oublier 3 pistes illuminées pour le ski nocturne. Mais le domaine de Puy-Saint-Vincent, ce sont aussi 35 km de pistes de ski de fond et 20 km de sentiers pour les piétons.

ISÈRE

Alpes is here, c'est la bannière de l'Isère qui fait la promotion d'un territoire source d'attractivité. Autour de Grenoble, métropole actuelle qui accueillit les Jeux Olympiques d'hiver en 1968, l'Isère compte plusieurs massifs de plus ou moins haute altitude. La Chartreuse, le Vercors ou le Trièves pour la moyenne montagne, Belledonne et Les Rousses pour la haute montagne, avec des stations réputées comme Les 7 Laux, l'Alpe d'Huez ou les Deux Alpes qui fonctionnent aussi bien hiver qu'été entre ski et VTT. Mais l'Isère, ce ne sont pas que des paysages de montagnes enneigées, ce sont aussi des 11 musées départementaux d'intérêt national qui ouvrent leurs portes gratuitement au public ! L'Isère, ce sont aussi des producteurs gourmands et des restaurateurs qui savent nous régaler de produits locaux. Enfin, moins connues que leurs consoeurs savoyardes, les stations thermales d'Allevard et d'Uriage offrent une cure de bien-être.

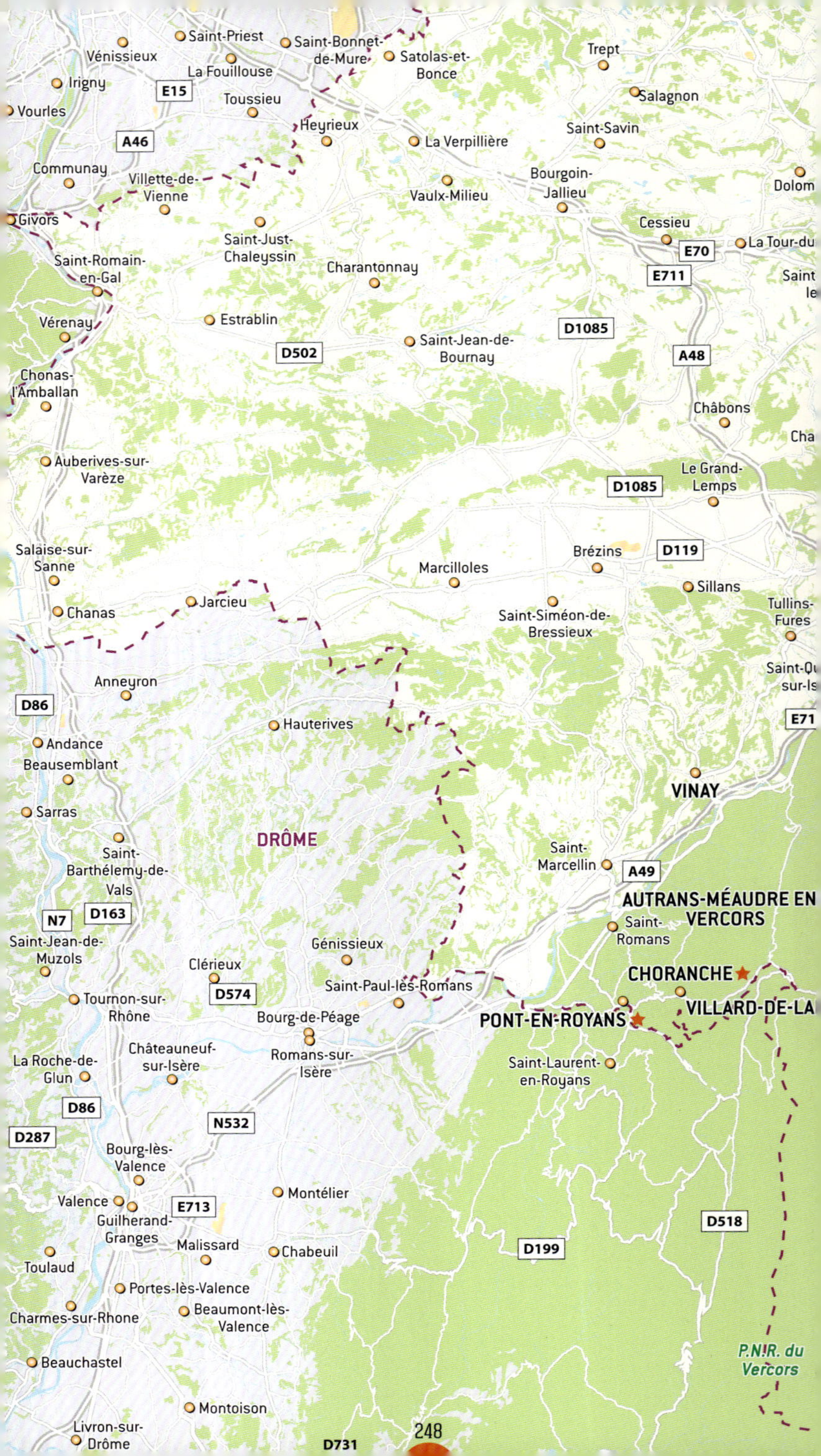
Vénissieux
Saint-Priest
Saint-Bonnet-de-Mure
Satolas-et-Bonce
Trept
La Fouillouse
Irigny
E15
Toussieu
Salagnon
Vourles
Heyrieux
La Verpillière
Saint-Savin
A46
Communay
Villette-de-Vienne
Vaulx-Milieu
Bourgoin-Jallieu
Dolom
Givors
Saint-Just-Chaleyssin
Cessieu
E70
La Tour-du
Saint-Romain-en-Gal
Charantonnay
E711
Saint le
Vérenay
Estrablin
D1085
Saint-Jean-de-Bournay
D502
A48
Chonas-l'Amballan
Châbons
Cha
Auberives-sur-Varèze
Le Grand-Lemps
D1085
Salaise-sur-Sanne
Brézins
D119
Marcilloles
Sillans
Chanas
Jarcieu
Saint-Siméon-de-Bressieux
Tullins-Fures
Anneyron
Saint-Qu sur-Is
D86
Hauterives
E71
Andance
Beausemblant
VINAY
Sarras
DRÔME
Saint-Barthélemy-de-Vals
Saint-Marcellin
A49
AUTRANS-MÉAUDRE EN VERCORS
N7
D163
Saint-Romans
Saint-Jean-de-Muzols
Génissieux
Clérieux
CHORANCHE
Tournon-sur-Rhône
D574
Saint-Paul-lès-Romans
VILLARD-DE-LA
PONT-EN-ROYANS
Bourg-de-Péage
Châteauneuf-sur-Isère
Romans-sur-Isère
Saint-Laurent-en-Royans
La Roche-de-Glun
D86
N532
D287
Bourg-lès-Valence
Montélier
Valence
E713
Guilherand-Granges
D518
Malissard
Chabeuil
D199
Toulaud
Portes-lès-Valence
Charmes-sur-Rhone
Beaumont-lès-Valence
P.N.R. du Vercors
Beauchastel
Montoison
Livron-sur-Drôme
D731

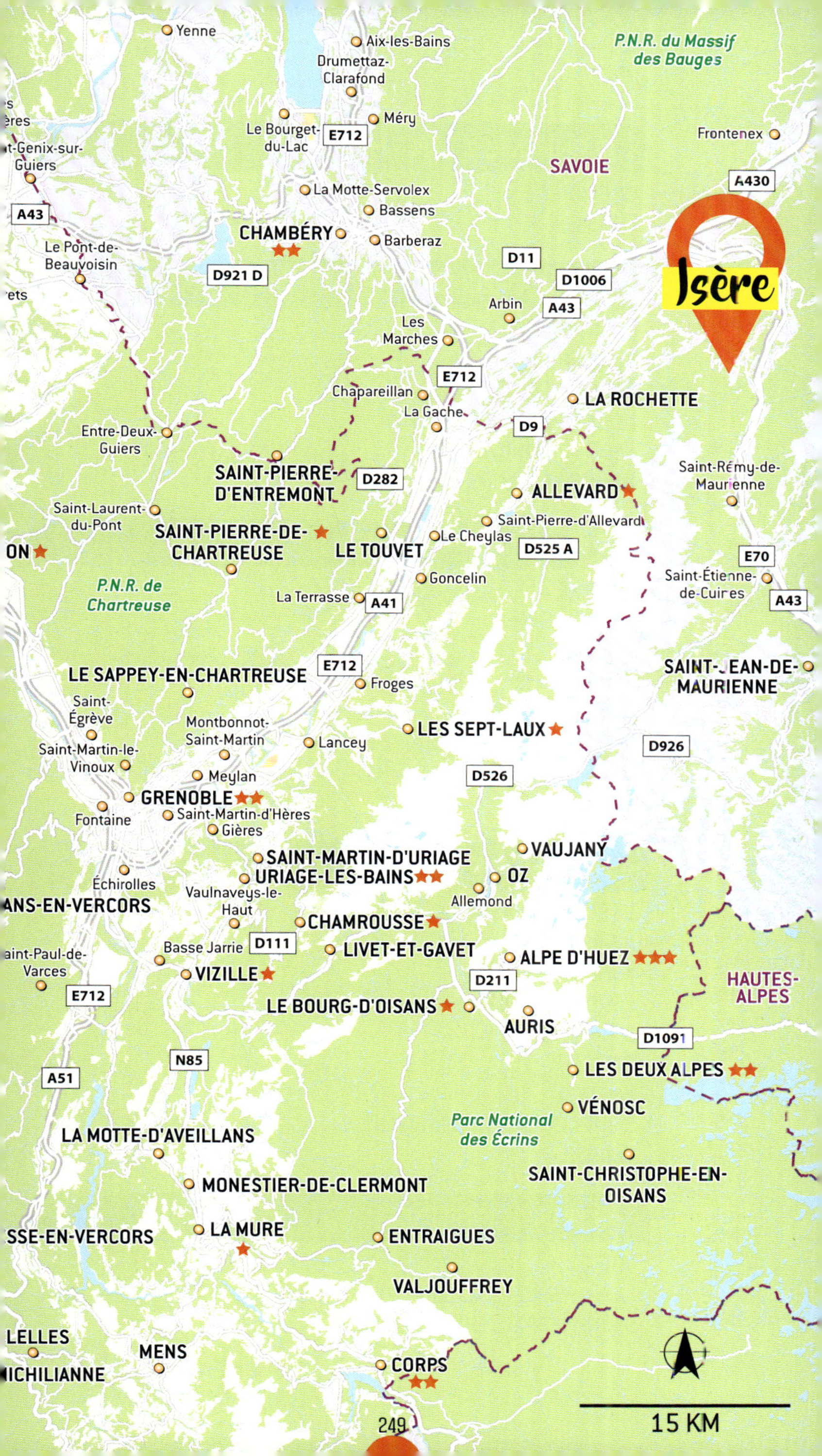
Isère
Yenne
Aix-les-Bains
Drumettaz-Clarafond
P.N.R. du Massif des Bauges
Méry
Le Bourget-du-Lac
E712
Frontenex
SAVOIE
A430
La Motte-Servolex
Bassens
A43
CHAMBÉRY
Barberaz
D11
Le Pont-de-Beauvoisin
D921 D
D1006
Arbin
A43
Les Marches
E712
Chapareillan
LA ROCHETTE
La Gache
D9
Entre-Deux-Guiers
SAINT-PIERRE-D'ENTREMONT
D282
Saint-Rémy-de-Maurienne
ALLEVARD
Saint-Laurent-du-Pont
Saint-Pierre-d'Allevard
SAINT-PIERRE-DE-CHARTREUSE
LE TOUVET
Le Cheylas
D525 A
E70
Goncelin
Saint-Étienne-de-Cuires
P.N.R. de Chartreuse
La Terrasse
A41
A43
LE SAPPEY-EN-CHARTREUSE
E712
Froges
SAINT-JEAN-DE-MAURIENNE
Saint-Égrève
Montbonnot-Saint-Martin
LES SEPT-LAUX
Saint-Martin-le-Vinoux
Lancey
D926
Meylan
D526
GRENOBLE
Fontaine
Saint-Martin-d'Hères
Gières
VAUJANY
SAINT-MARTIN-D'URIAGE
URIAGE-LES-BAINS
OZ
Échirolles
Vaulnaveys-le-Haut
Allemond
CHAMROUSSE
Basse Jarrie
D111
LIVET-ET-GAVET
ALPE D'HUEZ
VIZILLE
Varces
E712
D211
HAUTES-ALPES
LE BOURG-D'OISANS
AURIS
D1091
N85
A51
LES DEUX ALPES
VÉNOSC
Parc National des Écrins
LA MOTTE-D'AVEILLANS
SAINT-CHRISTOPHE-EN-OISANS
MONESTIER-DE-CLERMONT
LA MURE
ENTRAIGUES
VALJOUFFREY
MENS
CORPS
15 KM

PAGES

PAGES

© JULIEMENEGHIN - STOCK.ADOBE.COM

Uriage-les-Bains.

GRENOBLE ★★

Entourée des massifs de la Chartreuse, du Vercors et de Belledonne, la capitale du Dauphiné est une métropole tournée vers la préservation de l'environnement. Longtemps cantonnée à un rôle de place forte, avec la Bastille qui reste l'un des emblèmes de la ville, Grenoble devient une ville industrielle à partir de la seconde moitié du XIXe siècle. La tenue des Jeux olympiques d'hiver en 1968 marque un temps fort pour la ville qui va s'imposer comme une véritable métropole des Alpes. Le centre-ville comporte deux zones majeures séparées par l'Isère : la vieille ville (quartiers hypercentre et Notre-Dame), rive gauche, et le quartier Saint-Laurent, rive droite (auquel succède la Bastille reliée à la ville par le téléphérique). Dans la vieille ville, on parcourt la place Grenette et la place Saint-André, très vivantes, ainsi que les innombrables rues aux superbes hôtels particuliers qui quadrillent le quartier. Les bulles, célèbre téléphérique qui monte à la Bastille, font partie du paysage local et sont un incontournable lors de votre passage à Grenoble. Nombreuses visites guidées avec l'office de tourisme, notamment sur le thème du street art, très présent sur les murs de la ville, et du développement durable dans les nombreux écoquartiers de la ville. A noter qu'il est plus agréable de visiter et de se déplacer à Grenoble à pied, à vélo - nombreuses voies et itinéraires dédiés - ou en transports en commun qu'avec sa voiture. Toutes les meilleures adresses de Grenoble Alpes Métropole sont à retrouver dans notre guide *Petit Futé Grenoble, Escapades en Isère*.

LES 11 MUSÉES DÉPARTEMENTAUX

En Isère, la culture est ouverte à tous et gratuitement ! Découvrez les 11 musées départementaux gratuits mettant à disposition de tous les publics des patrimoines différents (historique, archéologique, artistique...) sous des formes dynamiques. Domaine de Vizille – Musée de la Révolution française • Maison Bergès – Musée de la Houille blanche • Musée archéologique Grenoble Saint-Laurent • Musée d'Art sacré contemporain – Saint-Hugues-de-Chartreuse • Musée dauphinois • Musée de l'Ancien Évêché • Musée de la Résistance et de la Déportation de l'Isère – Maison des droits de l'Homme • Musée de Saint-Antoine-l'Abbaye • Musée Hébert • Musée Hector-Berlioz • Musée Champollion

ANCIEN PALAIS DU PARLEMENT DU DAUPHINÉ ★

2, place Saint-André
✆ 04 76 42 41 41
www.grenoble-tourisme.com
Ouvert toute l'année, uniquement pour les groupes sur réservation. Visite guidée avec l'OT.

Ce fleuron du patrimoine de Grenoble – actuellement en cours de rénovation et de réaménagement – fut pendant plus de cinq siècles le siège de la justice. Édifié en 1453, l'Ancien Palais du Parlement offre derrière son imposante façade ornée de blasons et d'animaux des parties anciennes de style gothique, comprenant la porte d'entrée avec le couloir voûté et la chapelle. L'entrée est décorée de sujets satiriques. Boiseries réalisées par Paul Jude.

CATHÉDRALE NOTRE-DAME ★

2, place Notre-Dame

La cathédrale date du XIIIe siècle, même si le nom de Notre-Dame est déjà mentionné en 902. En 1885, elle reçut un plaquage en ciment hideux. Heureusement, elle a récupéré son ancienne allure. Les travaux débutèrent en 1986, lors de la découverte du baptistère pendant les travaux d'aménagement du tramway. Dans le chœur, on admirera un remarquable ciborium de style gothique flamboyant en pierre de Voreppe peinte en rouge qui date de 1455. L'abbé Henri Grouès, plus connu sous le nom d'Abbé Pierre, fut nommé vicaire à la cathédrale de Grenoble en 1942.

CHÂTEAU DE SASSENAGE ★

Allée du Château - **SASSENAGE**
✆ 04 38 02 12 04
www.chateau-de-sassenage.com
Parc ouvert en accès libre et gratuit. Visites guidées du château. Différents horaires selon les périodes.

À quelques minutes de Grenoble, le château de Sassenage offre un cadre féerique, au sens littéral du terme puisque la fée Mélusine représentée sur la façade du château veille depuis des siècles sur la famille Bérenger-Sassenage. Toute la famille est plongée au cœur de la légende dans une maison qui réserve bien des surprises. Des visites guidées toute l'année, mais aussi des visites théâtralisées avec la marquise et des visites enchantées pour les enfants. Le parc paysager du château de Sassenage est le cadre parfait pour des balades romantiques.

LES CUVES DE SASSENAGE ★

Place Louis Reverdy
SASSENAGE
✆ 04 76 27 55 37
www.sassenage.fr
Ouvert de juin à octobre. Visites tous les après-midi en juillet et août. Tarifs : 8 €/adultes, 5 €/enfants 6 à 14 ans.

© MMAC72 - ISTOCKPHOTO.COM

Si le drame qui s'est déroulé lors d'une visite scolaire nous rappelle que la spéléologie est une pratique à risque en fonction de la météo, la visite des Cuves de Sassenage par le grand public ne présente aucun danger, offrant l'occasion de percer les secrets de la nature et du monde souterrain. Le spectacle des grottes reste saisissant. Avec l'Accro-grotte®, faites une balade spéléologique sur un parcours aménagé. Deux événements à ne pas manquer aux Cuves de Sassenage : Halloween et Noël pendant la période des vacances scolaires.

MAISON BERGÈS [MUSÉE DE LA HOUILLE BLANCHE] 🏛 ★★

40, avenue des Papeteries, Lancey - **VILLARD-BONNOT** ✆ 04 38 92 19 60 - musees.isere.fr
HS : mer-ven 13h-18h, we 10h-18h, BS : mer-ven 13h30-17h30, we 10h-17h30. Gratuit.
A l'image de l'hydroélectricité utilisée en 1869 par Aristide Bergès pour sa papeterie, ce musée est une source inépuisable d'émerveillement. Un musée à (re) découvrir régulièrement avec une scénographie revue de l'exposition permanente dans un lieu de mémoire exceptionnel où se mêlent les arts, les sciences et les innovations techniques dans l'industrie. Une Maison Bergès qui propose également de nombreux événements à ne pas manquer.

ISÈRE

MUSÉE ARCHÉOLOGIQUE SAINT-LAURENT 🏛 ★★

Place Saint-Laurent ✆ 04 76 44 78 68
www.musee-archeologique-grenoble.fr
Ouvert tous les jours de 10h à 18h sauf le mardi. Gratuit. Boutique.

Ce site est aménagé dans l'ancienne église paroissiale Saint-Laurent, classée parmi les premiers monuments historiques de France. Sa crypte mérovingienne est un témoin unique de l'art et de l'architecture des premiers temps du Moyen Age.

Site archéologique majeur, le musée égrène près de deux mille ans d'histoire de la ville. Des premiers mausolées à l'église du XIXe siècle, le site a traversé le temps en conservant les traces additionnées de l'histoire, depuis les origines du christianisme. En découvrant les bâtiments qui se sont succédé du IVe au XIXe siècle ainsi que les vestiges archéologiques mis au jour lors des fouilles réalisées entre 1978 et 2008, le visiteur est plongé dans une rétrospective unique de l'évolution des pratiques funéraires, des croyances et des mentalités.

La mémoire de l'église, du cloître et de ceux qui les ont traversés est désormais donnée en partage grâce à des moyens numériques spectaculaires qui renforcent le pouvoir d'évocation des vestiges archéologiques.

▶ **La crypte Saint-Oyand.** C'est l'un des rares et très précieux vestiges du haut Moyen Âge en France ! Son décor sculpté et son état de conservation exceptionnel ont fait la célébrité du site. La crypte apparaît dans les textes du XIe siècle sous le vocable d'un saint régional, Eugendus ou Oyand, moine du Jura. La première étape de sa construction remonte au début du VIe siècle. Au VIIe siècle est installée une colonnade aux chapiteaux et tailloirs ornés de motifs chrétiens.

MUSÉE CHAMPOLLION 🏛 ★

45, rue Champollion
VIF
✆ 04 57 58 88 50
musees.isere.fr
Ouvert tous les jours, sauf lundi. Entrée gratuite. Réservation recommandée.

Installé dans le Domaine Les Champollion à Vif, le musée présente une exposition permanente sur la vie et l'œuvre des frères Champollion. À partir de l'univers familial et de l'histoire individuelle, le parcours montre le travail de recherche qui mène au déchiffrement. Le visiteur participe à la naissance d'une nouvelle science, l'égyptologie. Espace d'exposition temporaire. Un parc champêtre et un jardin vivrier offrent un cadre privilégié de détente et de découverte, contribuant à recréer l'ambiance des « ombrages » affectionnés par les frères Champollion.

MUSÉE DAUPHINOIS 🏛 ★

30, rue Maurice-Gignoux ✆ 04 57 58 89 01
www.musee-dauphinois.fr
Ouvert le lundi et du mercredi au vendredi de 10h à 18h, le week-end de 10h à 19h. Gratuit. Boutique.

Le Musée dauphinois est installé à la Bastille, dans l'ancien couvent de Sainte-Marie-d'En-Haut et son étonnante chapelle baroque aux peintures murales. Ce musée continue d'explorer de nouvelles voies tout en préservant la mémoire du Dauphiné. Toutes les richesses du Dauphiné à travers des expositions permanentes : « Gens de l'Alpe » et « Le Rêve blanc », retraçant l'épopée des hommes et des sports d'hiver. Expositions temporaires avec Egyptomania qui nous tiendra en haleine jusqu'en novembre 2023. Nombreux ateliers, rencontres, visites guidées et concerts.

MUSÉE DE GRENOBLE 🏛 ★★

5, place de Lavalette
✆ 04 76 63 44 44
www.museedegrenoble.fr
Ouvert tous les jours, sauf le mardi, de 10h à 18h30. Adulte 8 € (collections et expositions). Gratuit -26 ans.

Grenoble possède en son cœur l'un des plus prestigieux musées d'art de France. Dans ce magnifique espace qui capte la lumière du jour, toutes les époques sont représentées, toutes les écoles, tous les courants de peinture et toutes les disciplines. La collection relative au XXe siècle est impressionnante. Elle est la plus riche de France après celle du musée national d'Art Moderne à Paris. Il constitue une étape incontournable pour tous les amoureux d'art. Chaque saison, le musée accueille 2 expositions temporaires. Un grand bol d'air culturel.

MUSÉE DE L'ANCIEN ÉVÊCHÉ 🏛 ★★

2, rue Très-Cloîtres ✆ 04 76 03 15 25
www.ancien-eveche-isere.fr
Ouvert tous les jours. Lundi, mardi, jeudi, vendredi 9h-18h. Mercredi 13h-18h. Samedi, dimanche 11h-18h. Gratuit.

Un musée qui met en lumière l'histoire de Grenoble et de sa région. Installé sur un site archéologique où furent découverts une crypte et un baptistère sous la place Notre-Dame, le musée offre aux visiteurs une plongée au IVe siècle dans les premiers temps de la chrétienté. Exposition permanente sur l'Isère en histoire. Pendant les vacances, le musée organise des ateliers ouverts à tous les enfants souhaitant s'initier aux gestes et techniques du passé. Autres points forts de ce musée, les expositions temporaires. Culture et histoire accessibles à tous.

MUSÉE DE LA RÉSISTANCE ET DE LA DÉPORTATION DE L'ISÈRE ★

14, rue Hébert ✆ 04 76 42 38 53
www.resistance-en-isere.fr
Ouvert 7j/7. Lundi, mercredi, jeudi et vendredi 9h-18h. Mardi 13h30-18h. Samedi, dimanche et fériés 10h-18h. Gratuit.

Musée d'histoire, ce musée départemental a pour vocation de donner à comprendre l'histoire des années 1939-1945 à partir des faits et des vécus locaux et promouvoir les valeurs transmises par des hommes et des femmes qui ont combattu l'occupant nazi et l'État français du maréchal Pétain. La collection d'objets, photographies, documents audiovisuels et témoignages est mise en valeur par une muséographie moderne où émotion et réflexion se répondent. Expositions temporaires.

MUSÉE DE LA VISCOSE

27, rue du Tremblay - **ECHIROLLES**
✆ 04 76 33 08 28
www.le-trace.fr
Ouverture 1er et 3e dimanches du mois 14h-18h. Pour les groupes, sur réservation. Fermeture au mois d'août. Gratuit.

C'était la dernière filature de soie artificielle d'une région qui fut le berceau de cette invention à la fin du XIXe siècle. Situé sur le site industriel fermé en 1989, le musée retrace l'histoire de 60 ans de viscose. Le visiteur découvre l'histoire de l'invention de la soie artificielle, le procédé de fabrication, le travail dans l'usine, la vie des ouvriers dans la cité et l'histoire de l'usine de Grenoble qui, de 1927 à 1989, a accueilli des hommes et des femmes de plus de 40 nationalités différentes. À faire : des visites guidées avec d'anciens ouvriers.

MUSÉE DÉPARTEMENTAUX / ISÈRE

4, rue Fantin Latour
✆ 04 76 00 38 38

En Isère, on va aux musées. Le département de l'Isère nous offre l'accès gratuit à 11 musées départementaux. Seul ou en famille, découvrez les univers du Domaine de Vizille, Musée de la Révolution française ; Maison Bergès ; Musée de l'Ancien Evêché ; Musée Arcabas ; Musée archéologique Saint-Laurent ; Musée Dauphinois ; Musée Hébert ; Musée Hector Berlioz ; Musée de la Résistance et de la Déportation de l'Isère ; Musée Saint-Antoine l'Abbaye et le Musée Champollion.

MUSÉE DES TROUPES DE MONTAGNE ★★

Site sommital du Fort de la Bastille
✆ 04 38 37 44 05
www.museedestroupesdemontagne.fr
Fermé en janvier. Ouvert tous les jours, sauf lundi, de 9h à 19h. Adulte : 3 €. TR : 1,50 €. Gratuit -18 ans.

Ce musée, installé dans les fortifications au sommet de la Bastille, nous rappelle que Grenoble fut une ville de garnison et que l'histoire du site de la Bastille est liée à celui des soldats de montagne. Une épopée humaine que l'on peut qualifiée d'héroïque retracée à travers des collections uniques, une scénographie spectaculaire et un parcours audioguidé. Plusieurs thématiques historiques jusqu'aux troupes de montagne telles qu'elles existent aujourd'hui. Visite à ne pas manquer.

MUSÉE GÉO CHARLES

1, rue Géo-Charles - **ECHIROLLES**
✆ 04 76 22 58 63
www.le-trace.fr
Du mercredi au vendredi de 14h à 17h30, samedi et dimanche de 14h à 18h. Gratuit. Sur réservation pour les groupes.

Désormais inscrit dans le TRACé (Territoire Ressource, Arts et Culture Echirolles), le musée Géo Charles est un lieu né de la rencontre du sport, de l'art et de la littérature. Un lieu fidèle à la mémoire de Géo Charles, sans doute l'un des champions olympiques français dans une discipline étonnante, puisqu'il fut couronné en 1924 en littérature ! Un lieu unique mettant en lien le sport et l'art. A la croisée des disciplines, le musée est un lieu de diffusion de l'art contemporain. Exposition *Tout se rêve sur terre* (Bernard Bizon) à ne pas manquer.

MUSÉE HÉBERT ★★

Chemin Hébert - **LA TRONCHE**
✆ 04 76 42 97 35
www.musee-hebert.fr
Ouvert tous les jours, sauf mardi, de 10h à 18h. Jusqu'à 19h les dimanches du 1er juin au 30 septembre. Gratuit.

En pénétrant dans le grand domaine où est abrité le musée Hébert, le visiteur a la curieuse impression que le temps s'est arrêté. Un lieu hors du temps avec un jardin imprégné des souvenirs italiens du peintre et une maison de famille qui a su conserver l'esprit de son époque, le XIXe siècle. Le musée retrace la carrière de l'artiste à travers ses œuvres et celles de ses amis. Des œuvres académiques qui permettent de mieux comprendre les mouvements esthétiques du XIXe siècle. Expositions temporaires. Visite recommandée pour toute la famille.

MUSÉUM D'HISTOIRE NATURELLE DE GRENOBLE ★

1, rue Dolomieu
✆ 04 76 44 05 35
www.museum-grenoble.fr
Du mardi au vendredi 9h15-12h15 et 13h15-18h, week-end 14h-18h. Adulte 5 €. Gratuit 1er dimanche du mois et -26 ans.

Le Muséum d'histoire naturelle de Grenoble met en lumière et en action, à travers une scénographie contemporaine, des collections exceptionnelles. Les expositions présentent des spécimens uniques mis en scène avec l'appui de jeux de lumières, de séquences sonores, de bornes interactives. Face aux menaces qui pèsent sur la biodiversité, les collections de plantes et animaux présentent un intérêt croissant. Expositions temporaires et événements culturels.

TÉLÉPHÉRIQUE GRENOBLE-BASTILLE ★★

Quai Stéphane-Jay ✆ 04 76 44 33 65
www.bastille-grenoble.com
Ouvert tous les jours de mai à septembre. A/R : 9 €, enfant 4,80 €.

Transportant plus de 320 000 voyageurs chaque année, les « bulles » du téléphérique montent vers la Bastille depuis 1934, parcourant 260 m de dénivelé en 6 minutes. Emblèmes de la ville, elles permettent d'accéder à des panoramas fantastiques, à de nombreuses activités et animations, notamment en été (projections films, cours de yoga et Pilates). Musée, centre d'art, Acrobastille, via ferrata, restaurants... Gentillesse du personnel d'accueil, efficacité des services. Incontournable.

GRENOBLE ALPES PASS

14, rue de la République
✆ 04 76 42 41 41
www.grenoblepass.com
Pass 1 jour 19 €. Pass 2 jours 33 €. Pass 3 jours 48 €.

Parce qu'on a tous envie de se faire plaisir, de tout visiter, mais aussi de faire des économies, la solution, c'est le Grenoble Alpes Pass. Tous les incontournables – Téléphérique de Grenoble, Musée de Grenoble, Museum de Grenoble, musée Stendhal, château de Sassenage, grottes de Choranche, cuves de Sassenage, Mine Image, couvent Sainte-Cécile, grand séchoir, Musée de la Grande Chartreuse... –, sans oublier les transports en commun, la location de vélo ou le petit train touristique. Visites guidées de l'OT incluses et offres avantages. Indispensable.

La Bastille de Grenoble et son Téléphérique
Engagés pour un tourisme durable et responsable.
SITES TOURISTIQUES EMBLÉMATIQUES RÉGION AUVERGNE-RHÔNE-ALPES
ÉPHÉRIQUE
ENOBLE
STILLE
www.bastille-grenoble.com
#telepheriquebastille
Photo : M. Vazart.

FORT DE LA BASTILLE ★★

✆ 04 76 54 90 85
www.bastille-grenoble.fr
Téléphérique : horaires complets sur Internet. A/R 9 €/adulte, 4,80 €/enfant, AS 6 €. Musée des troupes 3 € et 1,50 €.

© PIERRE-JEAN DURIEU - FOTOLIA

Le plus beau point de vue sur Grenoble et les montagnes, mais aussi un lieu mêlant nature, patrimoine et culture à découvrir grâce au téléphérique – un des premiers téléphériques urbains construit en 1934 – et ses fameuses bulles. Fort militaire édifié au XIXe siècle sur une colline qui lui a donné son nom, La Bastille déroule ses remparts, ses casemates et ses escaliers sur près de 300 m de dénivelé surplombant l'agglomération grenobloise. Sentiers, parcours sportifs, activités outdoor, musée, centre d'art, restaurants... Un site à prendre d'assaut.

GRENOBLE ALPES TOURISME

14, rue de la République ✆ 04 76 42 41 41
www.grenoble-tourisme.com
Juillet et août : lun-sam 10h-19h, dim 10h-13h. BS : lun 13h-18h, mar-ven 10h-18h, sam 10h-13h/14h-18h.

Les conseillers de Grenoble Alpes Tourisme et des bureaux d'information touristique de la Bastille, du Sappey-en-Chartreuse ou de Vizille vous orientent et vous informent en fonction de la couleur que vous souhaitez donner à votre séjour : urbain, nature, sportif, historique, culturel... La capitale des Alpes se révèle dynamique et surprenante. Pour découvrir tout Grenoble et ses environs en composant librement votre programme et vous déplacer facilement, procurez-vous un Grenoble Alpes Pass.

CARS RÉGION

11, place de la Gare
✆ 04 26 16 38 38
Centrale téléphonique du lundi au samedi de 7h à 19h.

On a tout à gagner avec Cars Région. Plus de 1 000 cars, dont certains équipés de porte-vélos, offrent un maillage complet du territoire pour faciliter les déplacements entre les 521 communes du département. Et c'est facile d'acheter son titre de transport depuis son smartphone en envoyant un SMS au 93038 ou par l'appli Pass'Mobilités pour le Grand Grenoble qui permet de voyager en correspondance sur les réseaux du Pays Voironnais, TouGo, TAG ainsi que sur 5 lignes du réseau. Pour connaître les perturbations, inscrivez-vous sur le site Internet.

ISÈRE ATTRACTIVITÉ

44, quai de France
✆ 04 76 00 33 82
www.isere-tourisme.com

L'Isère est un territoire naturellement attractif. Pour faire connaître tous les atouts d'un département au cadre de vie exceptionnel, la marque Alpes IsHere, portée par l'agence Isère Attractivité, présente toutes les richesses du territoire. Montagnes abritant les plus belles stations 4 saisons, mais encore monuments, sites naturels et historiques, large offre d'hébergements et de restauration... Toutes les bonnes idées pour découvrir l'Isère sur le site Internet. Pour partager sur les réseaux, entrez dans la communauté #alpesishere.

CITIZ - YEA !

✆ 04 76 24 57 25
www.alpes-loire.citiz.coop
Ouvert du lundi au vendredi de 9h30 à 12h30 et de 13h30 à 18h30.

Prendre la voiture autrement dans les Alpes d'Annecy à Mens. Pour moins polluer, moins dépenser, mieux rouler, la solution c'est l'autopartage avec Yea ! – voitures en libre-service sans réservation et sans stations, accessibles via l'appli – et Citiz. Les formules Citiz, avec ou sans abonnement, vous permettent de choisir la voiture selon vos besoins, de ne payer que les heures réservées et les kilomètres parcourus, tout compris : essence, assurance, entretien, assistance... Réductions supplémentaires en combinant transports en commun et autopartage à Grenoble.

GARE SNCF DE GRENOBLE

1, place de la Gare
✆ 36 35
www.sncf.com

Avec la SNCF, il y a mille et une façons de voyager à tarif réduit, selon l'âge, la situation professionnelle, la durée, seul ou accompagné d'un adulte ou d'un enfant, deux ou trois mois à l'avance, etc. Pour connaître la formule qui vous avantage le mieux, il vous suffit seulement de téléphoner ou de vous rendre au guichet de la SNCF. Depuis Grenoble, deux grandes liaisons TGV (Grenoble - Lyon - Paris Gare de Lyon / Annecy - Grenoble - Marseille Saint-Charles) et une dizaine de liaisons régionales à retrouver sur le site Internet : www.ter.sncf.com

MVÉLO +

Place de la Gare
✆ 09 74 77 73 80
www.veloplus-m.fr

Ouvert du lundi au vendredi 7h30-19h30. Week-end, jours fériés 9h-18h.

À la journée pour visiter, à l'année pour travailler : Mvélo +. Parce que Grenoble est la ville la plus plate de France et que tout est mis en place pour y rouler en sécurité : Mvélo +. 7 000 vélos et 12 modèles adaptés à tous les publics. Pour garer son vélo, c'est facile avec plus de 2 000 places dans les parcs à vélos de la gare, des box fermés dans la Métropole et des Miribox en bas de chez vous. Entretien et réparations inclus, sourire compris. Économique, écologique, plus rapide et bon pour la santé : Mvélo +. Agences gare, Campus, Crolles & Presqu'île.

M MOBILITÉS

15, boulevard Joseph-Vallier
✆ 04 76 20 36 36
www.mobilites-m.fr

Ouvert du lundi au vendredi de 8h à 18h30. De mi-juillet à mi-août, ouverture de 9h30 à 17h30.

M Mobilités, c'est la marque de toutes les mobilités sur l'aire grenobloise (Grésivaudan et Pays Voironnais compris). Sur le site Internet ou sur l'Appli M, reçois les meilleurs conseils pour te déplacer en utilisant toutes les possibilités : transports en commun du réseau TAG, réseau cars Région et alternatives multimodales (vélo, covoiturage, marche...). Encore plus simple avec le Pass'Mobilités qui vous permet d'acheter vos tickets, de gérer vos abonnements et de valider à chaque voyage. Carte et trafic pour un trajet calculé en temps réel.

TAG

49, avenue Alsace-Lorraine
✆ 04 38 70 38 70
www.tag.fr

TAG, c'est l'offre de mobilité simple et rapide ! Les billets à bande magnétique ont disparu au profit de la carte Oùra ou des tickets QR Code à prendre dans de nouveaux distributeurs ou sur votre smartphone. Calculateur d'itinéraire en poche, toutes les solutions de transport en commun – bus et tramways qui sillonnent l'agglomération – s'offrent naturellement à vous. Au fil de vos trajets, cumulez des points avec le club AvanTAG. Tous les services sur le site Internet. A vous de créer votre espace personnel pour que votre expérience TAG soit complète.

1924 HÔTEL*** €€

2, rue Gabriel-Péri
✆ 04 76 46 18 92
www.1924hotel.com
37 chambres. Small Room à partir de 69 €. Chambre double à partir de 81 €. Petit déjeuner inclus. Wifi gratuit.
Un hôtel profondément humain où l'on se sent tellement bien. Idéalement situé entre la gare toute proche et le centre historique, le 1924 offre le charme et la douceur d'une maison de famille où l'on séjourne en toute sérénité. Thomas et son équipe vous reçoivent avec bienveillance dans ce lieu de vie. Chambres confortables, claires et épurées, comme des cocons au cœur de la ville. Pour bien commencer la journée, produits artisanaux locaux de qualité au petit déjeuner. Possibilité de coworker. De belles nuits pour vivre Grenoble sous son meilleur jour.

GÎTES DE FRANCE ISÈRE €€

2, rue Georges Maeder
SEYSSINET-PARISET
✆ 04 76 40 79 40
www.gites-de-france-isere.com
La garantie d'un séjour réussi en Isère commence par la réservation d'une des 700 locations et 70 chambres d'hôtes proposées par les Gîtes de France. Choisissez votre destination, votre séjour à thème – au pied des pistes, villes historiques, au bord des lacs ou télétravail... – et réservez sur le site officiel avec des versions adaptées pour smartphones et tablettes. A Grenoble, les offres urbaines permettent de séjourner en ville à des niveaux de confort élevés pour des prix tout doux. Coups de cœur et promotions pour découvrir l'Isère.

CHÂTEAU ET SPA DE LA COMMANDERIE*** €€€

17, avenue d'Echirolles ✆ 04 76 25 34 58
www.commanderie.fr
Les Collectionneurs. 42 chambres. Chambre double à partir de 132 €. Restauration. Hammam, bain bouillonnant, sauna.
Le Château de la Commanderie est un refuge de charme pour goûter au bonheur de vivre au cœur des Alpes. Une demeure de caractère, ancienne résidence hospitalière des Chevaliers de Malte, qui a su marier tradition et modernité. Ilot de verdure avec son parc, détente au bord de la piscine, relaxation et bien-être au spa, beauté et confort des chambres : enchantement assuré au Château de la Commanderie. Restaurant dans le même esprit. Séminaires et événements privés.

HÔTEL D'ANGLETERRE*** €€€

5, place Victor-Hugo
✆ 04 38 88 40 40
www.hotel-angleterre-grenoble.com
60 chambres : simple dès 65 €. Parking, se renseigner. Garage vélos (VAE en location), cour intérieure pour motos.
Le cœur de Grenoble se trouve à l'Hôtel d'Angleterre. Au sens géographique, puisque l'hôtel profite d'un emplacement idéal au centre de la ville. Ensuite c'est avec le cœur et beaucoup de bienveillance que vous serez accueilli – avec vos animaux de compagnie – dans cette maison de tradition. Beauté du décor, tranquillité assurée et confort des chambres avec la possibilité de chambres familiales. Produits régionaux au petit-déjeuner. Boutique de souvenirs. Partenariat avec parking proche. Local à vélos avec matériel d'entretien et location de VAE. Coup de cœur.

OKKO HOTELS**** €€€

23, rue Hoche
✆ 04 85 19 00 10
www.okkohotels.com
138 chambres. Chambre double à partir de 68 € (aperitivo et snacking compris). Wifi gratuit.
L'hôtel haut de gamme qui a tout compris de nos attentes en matière d'accueil, de design, de prix, de confort, de prestations : Okko ! Dans cet écoquartier au cœur de la ville, Okko est parfaitement intégré à l'environnement. Proposant tout à la fois un espace de vie, un lieu de rencontre, de détente et de travail, Okko ouvre des chambres modernes et reposantes. Formule tout compris, du petit déjeuner à l'apéritif tous les soirs, en passant par la VOD, le sourire du personnel et les services. Okko, c'est un état d'esprit que l'on aime.

PARK HÔTEL**** €€€

10, place Paul-Mistral
✆ 04 76 85 81 23
https://all.accor.com
40 chambres. Chambre double à partir de 129 €. Restauration.
Tous les sens sont en éveil dans cet hôtel intégré à la MGallery du groupe Accor. Le Park Hôtel profite d'abord d'un cadre remarquable, puisqu'il se trouve adossé au parc Mistral, offrant un espace de verdure et de promenade pour voir Grenoble autrement. Ensuite, parce que le bâtiment est magnifique, intégralement rénové dans un style design entre antiquité et modernité. Chambres comme de douillets cocons, literie de qualité, service personnalisé, hammam et fitness. Cocktails au lounge bar Le Zèbre. Séminaires et réunions dans les meilleures conditions.

ZOU €

16, rue Barnave

✆ 09 62 69 17 24

Ouvert du mardi au vendredi de 11h à 15h, samedi de 11h à 16h. Formule Zou 12 €. Sur place, à emporter ou livraison.

Le sandwich retrouve ses lettres de noblesse chez Zou. Dans l'hypercentre grenoblois, une adresse imaginée par Lara et Amandine. Lieu chaleureux où les gourmands viennent découvrir la carte au comptoir, questionnant sur les ingrédients des fameux Zous (des sandwichs triangles) qui se commandent par deux. Le principe, c'est une cuisine locale, de saison, faite maison. A partir de là se déclinent des Zous originaux et savoureux, avec de nombreuses propositions veggies et véganes. Zitronnade citron bio et ZouKed Tea pour accompagner. Zou : des sandwichs gourmands.

AU BON MOMENT €

43, avenue Alsace-Lorraine

✆ 04 76 46 31 75

Ouvert du mardi au samedi midi et soir. Menu du jour 18,90 €. Sur place et à emporter.

Le bon moment, c'est vous qui le choisissez puisque ce restaurant est ouvert à de larges horaires. Sur l'axe piéton entre gare et hypercentre, voilà la terrasse rêvée et une grande salle contemporaine pour savourer de bons plats faits maison. Accueil et service adorables chez Michaël et Marion qui nous servent des plats 100 % élaborés sur place, réalisés avec des produits de qualité. A commencer par les spécialités maison que sont les pâtes, fabriquées sur place, et les pizzas. Alléchante formule du jour. Du plaisir à partager à tous les moments.

LE PHÉNICIEN €

64, cours Berriat

✆ 04 76 87 45 01

www.restaurant-lephenicien.com

Ouvert du lundi au samedi le midi et le soir. Fermé lundi soir. Assiette du jour 11,50 €. Menus de 26 € à 31 €.

Embarquez à bord du Phénicien pour le plus gourmand des voyages. Depuis près de 30 ans, Sam et Babeth vous font découvrir les saveurs d'une cuisine libanaise faite maison réalisée à partir de bons produits frais. Parfums envoutants de mezze traditionnels aussi généreux que délicieux. Sandwichs incontournables, assiette phénicienne, grillades mixtes et des émincés de poulet ou de bœuf rôtis à la broche. Pâtisseries orientales, vin libanais et thé à la menthe maison. Possibilité traiteur. Au Phénicien, le ciel est bleu et les gourmands sont ravis.

LE SEIZE €

16, rue de Strasbourg

✆ 04 76 27 03 32

Ouvert du mardi au samedi midi et soir. Vendredi et samedi soir jusqu'à 22h30. Menu jour 20,50 €. Carte.

Bientôt 5 ans que Kevin et Solène sont installés au Seize de la rue de Strasbourg. Agréable terrasse et salles ravissantes refaites avec goût dans un style alliant convivialité cosy et modernité arty. C'est encore meilleur quand on savoure la cuisine bistronomique du chef Lionel Novat. De superbes assiettes composées de produits de qualité et de saison, avec des fournisseurs locaux et régionaux. Desserts à la hauteur et carte des vins dans le même esprit d'accès au plaisir. Repas de famille ou de groupes. Un Seize indispensable pour se régaler à Grenoble.

L'AUGUSTE €€

6, rue de Turenne

✆ 04 76 47 58 66

Ouvert du mardi au samedi midi et soir. Plat du jour à l'ardoise. Tapas en soirée.

Dans le quartier de Championnet, Christophe Martin sait nous faire partager ses coups de cœur. Il sait surtout nous faire partager du plaisir autour d'un verre, avec une belle carte de bar – plus de 30 références de vins de producteurs sélectionnés par un passionné – et un petit salon en terrasse pour en profiter. Cuisine bistronomique gourmande avec des produits de qualité. Au rythme des saisons, l'ardoise de l'Auguste offre des plaisirs simples servis avec générosité. Tapas en soirée autour d'un cocktail maison. L'Auguste, c'est de l'amour à partager.

LE BOMBAY €€

60, cours Jean-Jaurès

✆ 04 76 87 71 80

www.restaurantbombay.fr

Ouvert du mardi au dimanche midi et soir. A la carte. Vente à emporter.

En 2023, cela fera 30 ans que le Bombay nous régale d'une cuisine indienne raffinée qui nous emmène en voyage gourmand. Au fil des années, ce qui n'a pas changé c'est la gentillesse de l'accueil, la qualité du service et les saveurs uniques de plats tous plus envoûtants. Au Bombay, tout est fait maison à partir de produits frais et locaux. Pains, curry, spécialités tandoori et masala, tout est préparé avec passion. Salle au décor grandiose qui se décline en version plus intimiste pour manger en tailleur à l'indienne. Végétariens et végans bienvenus. La référence.

BOUILLON A €€

5, place Nelson Mandela
www.bouillon-a.com
Ouvert tous les jours de 11h à 23h. Service continu. Carte : 24 € environ. Plats à partir de 12 €.

Connaissez-vous les « bouillons » ? Ces restaurants populaires parisiens où l'on sert des plats généreux et de qualité à prix raisonnables. Christophe Aribert, le chef 2 étoiles d'Uriage, a respecté le cahier des charges en lui apportant sa touche de créativité et sa sensibilité écoresponsable. Bouillon A, c'est du bien manger pour tous autour des grands classiques de la gastronomie française revisités comme cet œuf mimosa bio aux herbes de nos montagnes. Vin à la verse dans une salle animée. Une nouveauté qui rend la vie plus gourmande.

LE DOS ARGENTÉ €€

9, rue de Turenne
✆ 04 76 27 20 22
www.lamaison-ledosargente.fr
Ouvert tous les jours le soir, du mardi au dimanche le midi. Formule midi 19 €. Le soir de 39 € à 52 €. Brunch.

Le Dos Argenté fait un trait d'union entre Grenoble et l'Afrique. Notre guide, c'est le chef Didier Ndagijimana. Rwandais d'origine, Grenoblois de cœur, il nous propose une cuisine inédite inspirée par deux cuisines de tradition, française et africaine. Dans une salle chaleureuse, ouverte à de larges horaires, chacun se régale de plats faits maison à partir de produits, souvent locaux, toujours éthiques et de qualité. Ne pas manquer le *smoked soulfood*, viande marinée aux épices et sa sauce divine. Belle carte de boissons dans le même esprit de partage.

ET SI... €€

16, rue de Strasbourg
✆ 09 83 91 55 95
www.etsi-restaurant.com
Ouvert du lundi au vendredi le midi et le soir. La carte change toutes les semaines.

C'est sans condition que l'on passe chez Christian. Bientôt 5 ans que le tatoué Christian, qui a la restauration dans la peau, et la talentueuse cheffe Maïwenn Feron nous régalent au quotidien dans un décor très personnel et très attachant. Une adresse qui ne cesse de nous surprendre, puisque la carte, courte et délicieuse, change tous les lundis pour se laisser inspirer par une sélection des meilleurs produits de saison. Plat végétarien inspiré. Desserts maison faits avec la même passion. Et Si... est la réponse à toutes nos interrogations gourmandes.

LA FELICITA €€

34, quai Perrière
✆ 04 76 16 81 39
https://la-felicita-grenoble.eatbu.com
Ouvert du lundi au mercredi, le vendredi et le samedi le midi et le soir. Calzones 16 €. Pâtes à partir de 12,50 €.

Felicita ou le bonheur de se retrouver de l'autre côte des Alpes sur les quais de l'Isère. Saveurs d'une authentique cuisine italienne faite maison à partir de produits de qualité. Accueil chaleureux, ambiance conviviale pour partager du plaisir autour des spécialités d'un cuisinier passionné : gratin du chef, pizzas bufala, calzones (tout cuit au feu de bois), des pâtes fraîches en 9 façons, une superbe salade italienne... Sans oublier les desserts, avec l'incontournable tiramisu du chef. Belle carte de vins italiens. Le bonheur, c'est simple comme La Felicita.

LA FONDUE €€

5, rue Brocherie
✆ 04 76 15 20 72
www.lafonduegrenoble.fr
Lundi-vendredi 12h-13h30/19h-1h. Samedi 12h-14h/19h-1h. Formule midi à partir de 10 €. Fondue savoyarde 16,80 €.

L'adresse qu'il faut connaître pour être à fond dans la fondue tous les jours, même le dimanche ! Bientôt 20 ans que l'adorable Sandie nous régale de ses spécialités de fromages fondus dans un décor refait, façon chalet savoyard, où l'on se sent tellement bien. Sur la carte, les fondues se déclinent en 17 versions – 15 au fromage – qu'il faut toutes goûter ! Autres plaisirs à partager avec les raclettes, tartines, gratinées ou un steak tartare des Montagnes. Fondue des Pères Chartreux pour terminer en beauté. Grandiose Fondue !

JEANETTE €€

3, rue Genissieu
✆ 09 54 61 61 54
www.jeanette-restaurant.fr
Ouvert lundi, vendredi et samedi le soir, du mercredi au samedi le midi. Formule midi 31 €. Le soir, carte à partager.

Jeanette est montée d'un cran et le *Petit Futé* l'a « surclassée » en Bistronomie. C'est que Manon et Thaïs poursuivent leur chemin gourmand en proposant une cuisine sincère faite de bons produits issus de circuits courts et d'une agriculture vertueuse. Dans un lieu chaleureux et convivial façon bistrot d'aujourd'hui, des plats de saison ultra frais et savoureux de l'entrée au dessert. Plats de partage en soirée comme ces chevreaux d'Ardèche, yaourt aux herbes, carottes. Carte des vins dans le même esprit respectueux de la nature. Un bonheur total.

KARACTÈRES €€

4, rue Montorge
✆ 04 76 01 96 09
karacteres-bar-restaurant.eatbu.com
Ouvert du lundi au samedi le midi et le soir. Formule 2 plats : 14 €.

Grenoble est une ville qui a du caractère. C'est aussi une ville qui a la chance d'avoir Karactères pour mettre en valeur un de ses plus beaux atouts : le Jardin de Ville. S'installer à la terrasse de Karactères, c'est profiter d'un havre de paix ombragé de grands arbres, comme une bulle de bonheur où l'on est accueilli par le plus sympathique des patrons. Chez Karactères, on oublie ses soucis pour se régaler d'une cuisine faite maison. Carte courte et de saison. Le soir, planches, tapas et cocktails à partager. Karactères : parmi nos bonnes adresses.

LA MAISON BADINE €€

2, rue du Pont Prouiller - **LA TRONCHE**
✆ 04 76 01 03 33
www.maison-badine.com
Ouvert du mardi au samedi le soir, du mardi au vendredi le midi. Formule midi 27 €. Menus soir de 45 à 68 €.

Toute la beauté d'une adresse sur une place de village, à quelques minutes du centre-ville de Grenoble, au pied de la Chartreuse. Magnifique terrasse, salle chaleureuse avec vue sur les cuisines ouvertes du chef Florian Poyet. Dans des assiettes dressées avec une élégance rare, le chef met tout simplement à l'honneur les produits de saison en leur apportant une touche personnelle de créativité qui prend volontiers des accents méditerranéens. Belle carte des vins de vignerons indépendants. La gastronomie contemporaine comme on l'aime. Coup de cœur.

AU METS-CLICHÉ €€

10, rue Bayard
✆ 09 83 35 27 77
www.aumetscliche.com
Ouvert du jeudi au dimanche le midi, du jeudi au samedi le soir. Formules 20 € (2 plats) à 32 € (3 plats et fromage).

Un restaurant classée parmi nos Top adresses qui nous permet de faire de belles rencontres, celles de Mathieu Mélo, le chef, et sa compagne Lætitia, la cheffe d'orchestre que l'on retrouve en salle. Passionné de photographie et de cuisine, deux arts complémentaires qui ont permis à Mathieu Mélo de surmonter un AVC handicapant, le chef réalise de superbes assiettes composées de produits locaux de saison. Cuisine gastronomique raffinée, assiettes dressées avec art, un superbe et délicieux repas à partager en salle ou en terrasse. Chapeau les artistes !

O2 RESTAURANT €€

5, Fort de la Bastille
✆ 04 76 25 48 60
www.o2-restaurant.fr
Ouvert tous les jours à midi, du mercredi au samedi le soir. Menu 39 €. Menu enfant 15 €.

Point de vue exceptionnel depuis ce restaurant à terrasse panoramique sur les hauteurs de la Bastille. L'impression légère de manger suspendu au-dessus de la ville avec les montagnes à l'horizon. Cuisine de brasserie au goût du jour : rillettes de truite de la maison Murgat ou croquetas de pomme de terre sur une planche à partager, Burger O2 au bleu du Vercors et ses frites ou filet de de veau aux morilles. Déclinaison de ravioles en spécialité et fromage du moustachu Bernard Mure-Ravaud. Bulle O2 pour le dessert. Respiration gourmande.

POPPA €€

3, place aux Herbes
✆ 04 76 15 20 20
www.lepoppa.com
Ouvert mardi au samedi de 10h à 1h. Formule midi 21 €. Brunch samedi.

Au Poppa, on peut se faire plaisir à de très larges horaires, du café du matin en terrasse au cocktail du soir dans une salle chaleureuse et atypique. Le Poppa, c'est du bonheur à tous les instants de la journée. Simon et Brice, avec leur équipe adorable, offrent une cuisine 100 % maison, des plats savoureux de saison avec un menu midi qui change toutes les semaines. Le soir, plats à partager du croque-truffe aux gambas marinées. Brunch le samedi. Excellente sélection de vins et cave intimiste à privatiser. Le Poppa, le pouvoir de se faire plaisir.

LE ROUSSEAU €€

3, rue Jean-Jacques-Rousseau
✆ 04 76 14 86 75
https://lerousseaugrenoble.fr
Ouvert du lundi au vendredi midi et soir. Formule midi : 26 € (3 plats). Menu soir 35 € (3 plats), 52 € (5 plats).

On savait que Rousseau, philosophe des Lumières, aimait voyager. En janvier 2023, quelques mois après la parution de ce guide, ce sera au tour du Rousseau de bouger, quittant le cœur de Grenoble pour le cours Saint-André à Pont-de-Claix. La cuisine du marché inspirée par les produits locaux du chef Élie Michel-Villaz fera le bonheur des habitants du sud de la métropole qui découvriront aussi Hugo en salle. Saveurs de saison dans les assiettes, vins d'auteur dans les verres. Beau travail sur les légumes, végétariens bienvenus. Une page se tourne pour Le Rousseau.

ISÈRE

SAINT VINCENT... €€

54, quai Perrière
✆ 04 76 56 22 21
www.restaurant-saintvincent.com
Ouvert du mardi au samedi soir, vendredi et samedi midi. Plat bistrot 12,50 €. Formule 21 €. Brunch dimanche.

Sur les quais de l'Isère, mais aussi du côté de la gare, c'est au Saint Vincent que l'on vient partager du bon temps autour d'une table de qualité en toute convivialité. Créé par l'excellent Vincent Dolezon, le Saint Vincent dénote déjà par sa déco joyeusement décalée de tuyaux inox sur pierres apparentes, par ses expos, ses animations et ses plats généreux à partager... ou pas. Produits de saison et de qualité pour une cuisine canaille de classiques revisités. Plats veggie changés chaque semaine. Carte des vins dans le même esprit. Culture du bon goût.

L'AMELYSS €€€

3, boulevard Gambetta
✆ 04 76 42 35 84
Ouvert du lundi au vendredi midi, du mardi au vendredi soir. Formule midi 25 €. Menu carte 42 €.

Une adresse qui poursuit son chemin gourmand depuis 9 ans. À cette entrée de Grenoble, la discrète Amélyss fait dans la cuisine passion. Héloïse Pelletier et Gabriel Utecht proposent une cuisine contemporaine réalisée avec les meilleurs produits de saison. Peu de couverts dans cette salle spacieuse pour savourer des associations de saveurs au rythme d'un marché ouvert sur le monde : cochon noir de Bigorre, effilochée de porc au piment vert, délicatesses, coulis de piquillos au thym. Excellente carte des vins et conseils avisés. À (re) découvrir.

TOHU BOHU €€

16, rue Chenoise
✆ 06 69 04 85 51
www.tohubohu-grenoblerestaurant.com
Ouvert du mardi au samedi le midi, du mardi au vendredi le soir. Formule midi 23 €. Le soir, carte à partager.

Dans le chaos du monde, ce Tohu Bohu nous a fait un bien fou ! La meilleure chose qui pouvait arriver rue Chenoise, au cœur historique de Grenoble, l'ouverture d'un restaurant qui met la cuisine d'aujourd'hui à la portée de tous. Cuisine ouverte sur Guillaume et Paulo, croisés chez Christophe Aribert, travaillant des produits bruts de saison. Pauline, attentive et souriante, apporte des assiettes envoûtantes ! Carte courte, des produits respectés, des cuissons à la flamme, des pointes d'originalité, une harmonie parfaite. Vins naturels. Coup de cœur.

LE FANTIN LATOUR €€€

1, rue Général-Beylié
✆ 04 76 01 00 97
www.fantin-latour.net
1 Michelin. Ouvert du mardi au samedi le soir. Menus de 90 € à 130 €. Accueil des groupes.*

L'étoile est bien installée sur la maison du chef Stéphane Froidevaux. Un Alpin qui a tracé son chemin des Hautes-Alpes au centre-ville de Grenoble. Le Fantin Latour, avec sa bassecour et ses ruches, c'est de la nature partout dans un décor chic. De la nature au rythme des saisons dans nos assiettes colorées, parfumées, remplies de saveurs étonnantes. Au printemps, on craque pour la cueillette du chef. Cuisine tournée vers le végétal, chacun trouve son bonheur à cette adresse « épanouie ». Flacons bien choisis et service adorable.

ZAKHANG €€

5, quai Créqui
✆ 04 76 95 01 61
www.zakhang.fr
Ouvert du mercredi au dimanche soir, dimanche midi. Menu Esprit Zakhang 35 €.

Comment ne pas tomber amoureux du Zakhang ? Dans un lieu où règne une grande sérénité, oubliez tous vos problèmes en compagnie d'une cheffe exceptionnelle, l'excellente Audrey. Au Zakhang, les gourmands se reconnectent avec les nourritures terrestres en toute spiritualité. Carte de saison ouverte sur le monde où chaque plat est composé des meilleurs produits. Harmonie parfaite, chaque assiette offre un paysage à déguster avec les yeux avant de le savourer pleinement. Plats végans et végétariens tout aussi délicieux. Zakhang, le plus beau des voyages gourmands.

L'INATTENDU €€€

52, avenue Félix-Viallet
✆ 04 76 47 29 64
www.restaurant-linattendu.fr
Ouvert du lundi au vendredi midi et soir. Formule midi 25 €. Menus de 55 € à 85 €.

Confiance totale au chef Alexis Busso pour une promenade gourmande dans un Inattendu qui porte bien son nom. L'Inattendu sait nous recevoir et nous mettre dans les meilleures dispositions pour savourer une cuisine raffinée réalisée à partir des meilleurs produits locaux clairement identifiés. Vrai engagement d'un chef qui met autant de soin à sélectionner ses produits qu'à dresser des assiettes inspirées par les saisons. Savoir-faire remarquable et créativité en mouvement pour un Inattendu qui n'a pas fini de nous surprendre. Coup de cœur ininterrompu.

CHEZ LE PÈR'GRAS €€€

90, chemin de la Bastille - **LA TRONCHE**
✆ 04 76 42 09 47
http://pergras.com
Ouverture mi-mars. Ouvert du lundi au samedi le soir, du mardi au dimanche à midi. Formule midi 32 €. Menu 65 €.

Le Pèr'Gras, c'est toute une histoire gourmande qui a commencé il y a plus de 125 ans sur les hauteurs de la Bastille. De là-haut, vue imprenable sur la métropole et panorama dégagé sur les Alpes. Cadre splendide pour un repas romantique. Mais ce qui est bien Chez le Pèr'Gras, c'est que la cuisine est à la hauteur du paysage. Laurent Gras représente la cinquième génération de cuisiniers. Savoir-faire traditionnel marié aux techniques modernes, produits locaux de la ferme, recettes de famille... Entre tradition et modernité, un bonheur en apesanteur.

BOURBON

3, place Notre-Dame
✆ 04 76 54 57 93
www.boulangerie-patisserie-bourbon.fr
Ouvert le lundi, le mardi et du jeudi au samedi de 6h à 20h ; le dimanche de 6h à 18h30.

Les bonnes saveurs d'antan, le meilleur de la tradition et toutes les raisons de se faire plaisir se trouvent à la Maison Bourbon. Une institution au cœur de Grenoble où Gilles Bourbon nous propose des fabrications artisanales pour que l'on se régale. Du fait maison dans toutes les matières, de la « simple » baguette craquante aux madeleines fondantes, des mendiants aux viennoiseries, des chocolats aux cakes, des entremets aux tartes... En été, incontournables glaces maison. Snacking avec les meilleurs sandwichs de Grenoble. L'adresse gourmande par excellence.

LE CAFÉ DE LA TABLE RONDE

7, place Saint-André
✆ 04 76 44 51 41
www.restaurant-tableronde-grenoble.com
Ouvert tous les jours de 9h à 1h.

Le Café de la Table Ronde, fondé en 1739, compte parmi les plus vieux cafés de France - le deuxième après le Procope à Paris. Lieu historique diablement vivant, le Café de la Table Ronde est un endroit où l'on aime se rendre pour boire à de larges horaires, mais aussi pour manger sur l'une des plus belles terrasses de la ville. C'est l'endroit idéal pour déguster une bonne Chartreusito, un mojito à la Chartreuse. Une adresse de tradition, animée et incontournable.

LES DOUCEURS DE MAËLY

41, avenue Jean-Perrot
✆ 04 76 62 13 38
Ouvert du mardi au samedi de 6h30 à 13h30 et de 15h à 19h, dimanche de 6h30 à 13h.

Il n'y a rien de plus doux que le sourire d'un enfant... et le bonheur de savourer une pâtisserie. Bienvenue dans le quartier de la Bajatière chez Stéphane, artisan mariant avec talent tradition et créativité, et Krystelle qui vous accueillent aux Douceurs de Maëly, pâtisserie, chocolaterie et glacier. Une belle gamme de gâteaux gourmands réalisés à partir des meilleurs produits de saison : poire/amandes, tarte citron meringuée, tropézienne, paris-brest, un vacherin maison, des meringues, mais encore des ballotins de chocolats.... Irrésistibles douceurs.

DR D BREWPUB

2, rue Pierre-Duclot
www.drd-brewpub.fr
Ouvert du lundi au samedi de 17h à 1h, dimanche de 16h à 0h.

La bière, c'est bien plus que de l'eau, du malt et du houblon. C'est beaucoup de plaisir à partager et de nombreuses saveurs à découvrir. Et ça, Damien l'a parfaitement compris, lui qui est devenu spécialiste de la bière par amour du goût, lui qui fabrique ses propres bières artisanalement sur place, lui qui met à l'honneur d'autres productions artisanales et locales. Terrasse ou salle, pressions variées ou bouteilles originales servies dans un verre à vin, le choix permet de revenir souvent et de s'étonner à chaque gorgée de bière. Dr D nous fait du bien.

LE JARDIN DU THÉ

1 et 2, rue Millet
✆ 04 76 27 09 45
www.jardin-du-the.com
Ouvert du lundi au samedi de 9h30 à 20h. Formule Brunch de 12h à 14h. Ateliers thé le dimanche matin (voir FB).

Avec leur Jardin du Thé, décliné en boutique et salon de thé de chaque côté d'une paisible rue piétonne, Mathias et Gaël Le Gloan ont su faire du thé une boisson « populaire » qui ne soit pas qu'en hiver au coin de la cheminée. Ce qui fait le succès de ce Jardin extraordinaire, c'est non seulement la gentillesse de l'accueil, mais surtout une carte qui multiplie les thés et infusions, servis chauds et glacés pour se régaler toute l'année. Le Jardin du Thé propose d'excellentes pâtisseries maison et une petite restauration de qualité. Boutique juste en face.

LA TALEMELERIE

4, place Championnet ✆ 04 76 47 84 49
www.latalemelerie.com
Du lundi au samedi de 6h30 à 19h30. Etoile, Sainte-Claire, Stalingrad et Seyssinet ouverts le dimanche de 7h à 19h.

La Talemelerie offre 6 points de vente : Ampère, Sainte-Claire, Championnet, Etoile, Stalingrad et Seyssinet. Une enseigne de qualité où les pains sont fabriqués à la main jusqu'au façonnage, un savoir-faire artisanal défendu par le boulanger Franck Moriot. Talemelière, baguette de campagne, Tourte d'Auvergne... La Talemelerie propose aussi de nombreux produits bio et des pains de saison. Excellentes viennoiseries 100 % maison, délicieuses pâtisseries ou une gamme snacking avec des formules économiques. La Talemelerie est le refuge des vrais gourmands.

THIERRY COURT

22, rue de la Poste
✆ 04 76 26 23 57
https://petitsbonheurs.fr
Ouvert du mardi au samedi de 9h30 à 19h.

Enfant de Grenoble, ville à laquelle il rend hommage avec sa fameuse Grenoisine, Thierry Court est donc un créateur de petits bonheurs : bonbons, biscuits et barres artisanales ! Vainqueur du « Meilleur pâtissier Les Professionnels » 2017, maître artisan pâtissier-chocolatier-confiseur, Thierry Court revisite à sa manière originale – le snacking néo-artisanal – et gourmande les classiques du genre. Les grands retrouvent des souvenirs d'enfance en version améliorée, les petits se régalent de bons produits de qualité. Cours de pâtisserie pour mettre la main à la pâte.

FROMAGERIE LES ALPAGES

2, rue de Strasbourg
✆ 04 76 46 32 62
www.les-alpages.fr
Ouvert du mardi au samedi de 6h à 12h30 et de 15h30 à 19h30.

Dans une rue où les bonnes adresses de bouche se succèdent, il faut commencer par celle de l'excellent Bernard Mure-Ravaud, Champion du Monde des fromagers et l'un des Meilleurs Ouvriers de France. Un moustachu à la fois drôle et sérieux qui adore non seulement le fromage, mais aussi le contact avec tous ses clients, secondé par son fils Renaud Mure-Ravaud. Fromages d'exception affinés dans les caves de la maison : beaufort d'alpage, bleu de Termignon, persillé de Tignes et tous les autres fromages sur un plateau au rythme des saisons.

HALLES SAINTE-CLAIRE

19, place Sainte-Claire
✆ 06 11 19 13 08
Ouvert du mardi au jeudi et dimanche de 7h à 13h, vendredi et samedi de 7h à 13h et de 15h30 à 19h.

Au cœur de Grenoble, les Halles Sainte-Claire conjuguent tradition et modernité. Belle présentation des commerçants de qualité qui tiennent échoppe dans ce marché couvert, véritable pièce d'histoire locale depuis 1874 devenue monument historique, installé à la place d'un ancien couvent. Il sera donc beaucoup pardonné aux gourmands de s'approvisionner en bons produits, notamment locaux. Épicerie fine, poissonneries, fromageries, d'excellentes boucheries... Des lieux incontournables pour tous les gourmands : à voir, à visiter et à consommer à l'intérieur et autour.

AU TEMPS DES FÉES

21, cours Berriat
✆ 04 76 27 59 72
www.herboristerie-grenoble.com
Ouvert du mardi au samedi de 10h à 13h et de 14h à 19h. Le samedi, fermeture à 18h.

Connaissez-vous toutes les vertus des plantes ? Pour en profiter à 100%, une seule adresse à Grenoble et dans toute la région : Au Temps des Fées. Docteur en pharmacie, Stéphane Rossi est un herboriste génial entouré d'une équipe formidable formée à la phytothérapie. A partir de 200 plantes certifiées bio, il peut vous faire des prescriptions personnalisées. Tisanes maison, huiles essentielles, Fleurs de Bach, mais aussi compléments alimentaires, tout contribue à notre bien-être. Beauté au naturel avec des cosmétiques et du maquillage bio. Coup de cœur.

PATINOIRE POLESUD

1, avenue d'Innsbruck
✆ 04 76 39 25 00
https://patinoirepolesud.fr
Période scolaire : mercredi, samedi, dimanche 14h-17h30 ; mercredi, vendredi, samedi 20h30-23h30. Plein tarif 8 €.

A Polesud, patiner est une fête. Un équipement sportif unique dans son genre, ouvert à tous les publics pour que chacun puisse découvrir et profiter des plaisirs du patinage. Débutant ou expert, seul ou en famille, lancez-vous sur la piste ludique et ses 1 500 m² de glace à partager ! Les moins de 12 ans vont au Jardin de glace. Séances Handigliss pour les personnes atteintes d'un handicap. Polesud, ce sont aussi de nombreuses animations et des événements tout au long de l'année. Achat des billes en ligne pour être plus vite sur la glace.

VIZILLE ★

Aux portes de Grenoble, entre Drac et Romanche, Vizille, avec 13 autres communes, constitue le territoire du sud grenoblois qui offre à tous la liberté de découvrir une nature accueillante et des traces de l'histoire. Napoléon laissa son nom à un célèbre tracé : la Route Napoléon ; mais d'autres personnages tels que Lesdiguières, les familles Perrier et Jouvin, Marcel Desprez… marquèrent aussi le territoire. Vizille est reconnue comme le berceau de la Révolution française, car le 21 juillet 1788, les représentants des trois ordres du Dauphiné se réunirent au château et donnèrent l'impulsion décisive en faveur de la réforme fiscale et politique.

DOMAINE DE VIZILLE ★★★

Place du Château
✆ 04 76 68 07 35
www.domaine-vizille.fr

Tous les jours sauf le mardi de 10h à 12h30 et de 13h30 à 17h. Gratuit. Visite guidée les premiers dimanches du mois.

Promenons-nous dans l'histoire. Un héritage historique, culturel et naturel qu'il faut découvrir, transmettre, et pas seulement parce qu'il est gratuit – l'accès au domaine et au musée est entièrement gratuit –, mais parce qu'il porte des valeurs essentielles pour notre société. À proximité immédiate de Grenoble, au pied du massif de l'Oisans, le Domaine de Vizille offre un site exceptionnel. À première vue, c'est un site de détente merveilleux, avec son parc et ses jardins labellisés « Jardin remarquable », où toute la famille et les amoureux aiment à se promener le long des allées. Parterres à la française, jardins architecturés et parc champêtre pour aller à la rencontre de la flore et de la faune, avec une réserve animalière et ses 200 cervidés. Ancienne demeure des ducs de Lesdiguières au XVIIe siècle, résidence présidentielle de 1925 à 1960, le Domaine de Vizille – propriété du Conseil général de l'Isère – a abrité une page de l'histoire de France en accueillant le 21 juillet 1788 l'Assemblée des trois ordres du Dauphiné, prémices des événements révolutionnaires de 1789. Le château abrite depuis 1983 le Musée de la Révolution française, avec une collection unique d'œuvres d'art et d'objets évoquant cette période. Créé à la même période que le musée, un centre de documentation-bibliothèque abrite la plus importante documentation consacrée à la Révolution française. Un domaine qui est notre bien commun et qui agit à la fois pour notre bien-être en particulier et notre bien-vivre en société.

MUSÉE DE LA RÉVOLUTION FRANÇAISE ★

Place du Château
✆ 04 76 68 07 35
www.domaine-vizille.fr

Ouvert tous les jours, sauf le mardi. Horaires selon périodes. Gratuit.

Le musée de la Révolution française se trouve au Domaine de Vizille. Magnifique parc, jardins labellisés, le cadre naturel est fantastique mais il ne doit pas faire oublier le cadre historique. C'est au château de Vizille que s'est déroulé un épisode important de la Révolution française : la réunion des trois ordres du Dauphiné en 1788. Le musée retrace de manière ludique et pédagogique la période révolutionnaire. Visites guidées, contées et ateliers pour les scolaires.

PARC DU DOMAINE DE VIZILLE

Place du Château
✆ 04 76 68 07 35
www.domaine-vizille.fr

Ouvert toute l'année. Haute saison ouvert tous les jours de 9h à 20h. Accès libre pour le parc.

Partez à la découverte d'un univers végétal admirable. Le grand canal, bordé d'un tapis de pelouse verdoyante, traverse le parc. Jardins à la française, roseraies, bosquets d'arbres ornementaux. Toutes les saisons sont propices à la visite. Le parc abrite paons, bassin de pisciculture, cygnes, oies, hérons, une réserve de 200 cervidés à observer du haut d'une tour aménagée, une maison de l'apiculture et des jeux enfants. On peut traverser le parc en petit train ou en poneys.

LE REPÈRE €€

386, chemin des Peupliers
✆ 04 27 83 50 00
https://hotellerepere.fr

Ouvert tous les jours le midi et le soir. Carte : 40 € environ.

Ce Repère pourrait bien devenir le vôtre. Comme souvent à Vizille, le cadre est superbe, la demeure magnifique pour abriter cet hôtel-restaurant. Décor apaisant qui prend volontiers des airs de vacances dès que les premiers rayons du soleil baignent la terrasse avec piscine et bande-son des plus agréables pour chiller. Cuisine de saison par le chef Didier, aussi à l'aise pour nous préparer un bon risotto aux Saint-Jacques qu'un tartare original. Fromages des alpages, les meilleurs, et douceurs maison. Adresse repérée avec gourmandise.

CHAMROUSSE ★

L'histoire de Chamrousse débute au XIIIe siècle, alors que le site n'est occupé que par un couvent de religieuses dépendant de la Grande Chartreuse. La Révolution entraînera la destruction du couvent. En 1878, Henri Duhamel, alpiniste grenoblois, fut le premier en France à essayer des skis sur les pentes du Recoin. En 1911, le chalet du Recoin de Chamrousse est le premier refuge dédié à la pratique du ski. L'aménagement de la station débute dans les années 1950. Elle recevra les épreuves alpines des Jeux olympiques de 1968. Cet événement fut un magnifique tremplin pour Chamrousse qui ne cesse de se réinventer face aux nouveaux défis du tourisme.

OFFICE DU TOURISME DE CHAMROUSSE

42, place de Belledonne
✆ 04 76 89 92 65
www.chamrousse.com

Qualité Tourisme. Ouvert toute l'année. Ouverture en été, tous les jours de 9h à 12h et de 13h à 18h.

Chamrousse est une station tournée vers l'avenir. Dominant littéralement la Métropole grenobloise, la station ne cesse de grandir et fait l'objet d'un vaste projet (Chamrousse Mountain Park 2030) qui lui permettra de mieux accueillir les visiteurs pendant les 4 saisons. Si tout le monde connaît les pistes de ski, il faut découvrir la Maison de l'Environnement, la cascade de l'Oursière, les lacs de montagne ou l'espace sensible Tourbière de l'Arselle. Une station qui a des ressources.

LES BALCONS DU RECOIN*** €€

49, rue des Gentianes ✆ 04 76 59 71 93
www.maeva.com

35 logements. Tarifs selon saison, studio à partir de 309 € la semaine (509 € en hiver). Animaux acceptés. Wifi gratuit.

Une belle résidence à la façade de bois, abritant 35 logements spacieux et confortables directement au pied des pistes, avec le télécabine de la Croix de Chamrousse. S'ouvrant sur le domaine skiable avec accès direct aux remontées mécaniques, cette résidence permet de profiter pleinement de son séjour à Chamrousse en hiver, mais aussi en été avec des départs de randonnée. Les appartements – du studio au 3 pièces avec duplex) – de cette résidence de bon standing, pouvant héberger jusqu'à 6 personnes, sont bien équipés. Idéal pour les familles.

L'ÉCUREUIL €€

128, place de Belledonne
✆ 04 76 89 90 13

Fermeture annuelle mai et juin. Ouvert tous les jours, sauf mardi, de septembre à novembre.

La seule chose qui peut vous atteindre quand vous êtes installé en terrasse à l'Ecureuil, c'est une vague de plaisir. Au pied des pistes en hiver, au départ des sentiers en été, cet Ecureuil fait partie du paysage de la station. Halte gourmande incontournable pour la qualité d'une cuisine faite maison. Des spécialités montagnardes servies avec charcuterie artisanale, ravioles gratinées et plats gourmands : épaule d'agneau entière confite, côte de bœuf avec l'os, truite aux câpres. Snacking pour ne pas manquer une activité. Grand bonheur à l'air pur.

A Chamrousse, station olympique, le skieur admire le tracé sinueux des pistes.

ISÈRE

CHAMROUSSE ALPINE PARK

Chamrousse

✆ 04 76 89 94 25

www.chamrousse.com

Ouvert de décembre à mi-avril selon enneigement.

Facilement accessible depuis la Métropole, profitant d'un bon enneigement (naturel et artificiel le cas échéant), Chamrousse dispose d'un domaine pour tous les skis. 43 pistes skiables réparties sur 3 pôles : Roche Béranger, à l'origine de la station, Recoin où se trouve le télécabine de la Croix et de nombreux télésièges, et Village du Bachat, idéal pour les débutants. Incontournable : les sessions de ski nocturne du jeudi des vacances scolaires et les samedis pour skier dans une ambiance féerique. Parc de luges pour tous les âges.

DIVE XTREME - PLONGÉE SOUS GLACE

Roche-Béranger

✆ 06 16 96 71 73

www.divextreme.fr

Ouvert de mi-décembre à mi-avril. 8 ans minimum. Réservation obligatoire.

Avec un encadrement professionnel et expérimenté, vivez une expérience magique en glissant dans l'eau sous une épaisse couche de glace offrant des lumières étonnantes ! Pour ceux qui ne se sont jamais remis du *Grand Bleu* ou pour ceux qui veulent simplement vivre ces moments d'émotion intense sous une couche de glace pouvant atteindre les 2 mètres d'épaisseur. Dive Xtreme propose également de la plongée souterraine l'été dans la grotte de Thais. Renseignements : www.vercors-plongee.com.

MAISON DE LA MONTAGNE

480, avenue du Père-Tasse

www.aufildebelledonne.com

Toutes les activités de montagne sont accessibles grâce à cette Maison qui regroupe des guides connaissant parfaitement la région. Rien ne vaut une sortie avec un guide pour tout savoir de la montagne et des techniques adpatées à la pratique. Toute la famille peut se faire plaisir en pratiquant l'alpinisme dans le massif de Belledonne ou aux alentours, la via ferrata, l'escalade, le canyoning, mais les vedettes restent le ski hors-pistes, le ski de randonnée, les balades en raquettes et les randonnées pédestres dans le massif de Belledonne.

ALLEVARD ★

Nous voici dans la partie nord (côté ouest) de la chaîne de Belledonne. Allevard-les-Bains est une bourgade dont les eaux sont connues depuis le Moyen Age, et qui, au début du XIXe siècle, deviendra une vraie station thermale où sont soignés rhumatismes et affections respiratoires. Parmi ses clients célèbres, on peut citer Alphonse Daudet qui a écrit longuement sur Allevard. Peut-être moins renommée que ses sœurs Chamrousse et les Sept-Laux, la station de ski du Collet d'Allevard est une station à caractère familial, très appréciée des Chambériens et de nombreux Grenoblois. Le Collet d'Allevard propose un des plus grands domaines skiables nocturnes d'Europe (couvrant les secteurs de Malatrait et Fontaineterre).

Balade

Côté montagne et randonnées, on a sans doute ici la partie du massif la plus sauvage (et aussi la moins perturbée par la présence de l'homme). Les sommets sont assez éloignés de tout parking et réserves à des randonneurs aguerris, que ce soit à pied ou à ski. Le pic du Frêne (2 807 m), Comberousse (2 866 m), Puy Gris (2 908 m), le pic de la Grande Valloire (2 887 m) ou encore le bec d'Arguille (2 891 m) approchent tous les 3 000 m d'altitude et sont prisés par les amateurs d'efforts loin du bruit et de l'agitation urbaine. La présence de nombreux lacs d'altitude et de quelques petits glaciers complète le plaisir de ces courageux. Enfin, le Collet d'Allevard est un site de parapente de premier ordre, avec plusieurs décollages officiels proposant tous une orientation différente.

LE MUSÉE D'ALLEVARD ★

1, rue de la Libération

✆ 04 76 45 16 40

https://musees.le-gresivaudan.fr

Musée en cours de rénovation. Réouverture prévue au printemps 2023.

Ce musée initialement situé dans l'ancienne Maison des Forges est transféré dans l'ancien casino du Parc Thermal d'Allevard. Aménagement retardé par la crise sanitaire et déménagement des collections pour une réouverture... prochaine. Des collections qui permettront de mieux comprendre le territoire du Grésivaudan : agriculture en vallée et montagne, thermalisme, tourisme et industrie. En attendant, balades sur le sentier du fer, découverte de l'histoire des stations de ski... Les musées du Grésivaudan proposent des activités hors les murs.

ISÈRE

LES ALPES***

€€

1, place du Temple
✆ 04 76 45 94 10
http://lesalpesallevard.fr

Fermé en mars et novembre. Chambre double à partir de 85 €. Wifi gratuit. Restauration.

Sur une place discrète au cœur d'Allevard, à quelques pas des Thermes, une belle maison pour un bon séjour au pied de Belledonne. Les Alpes, c'est le confort de chambres décorées avec soin et les saveurs d'une table élégante tournée vers la gastronomie. Détente au bord de la piscine chauffée, repos dans sa chambre après une journée d'activités de pleine nature et on profite de son repas. Derrière les fourneaux, Thierry Blondeau perpétue une cuisine raffinée de grande tradition respectant le produit et les saveurs. Une adresse qui nous amène vers les sommets.

CLAIR MATIN***

€€

20, rue Pommier
✆ 04 76 97 55 19
www.camping-clair-matin.fr

Ouvert de mi-avril à mi-octobre. Forfaits de 13,60 à 19,80€. Mobil-homes de 220€ à 850€ / semaine. Forfaits cure.

© CAMPING CLAIR MATIN

Autour de Jacqueline, toute l'équipe du Clair Matin vous invite à réussir vos prochaines vacances ! Ici, tout est réuni pour un excellent séjour dans un cadre remarquable de nature préservée qui vous permet de profiter du grand air de nos montagnes. Les curistes profiteront de la proximité des thermes et chacun pourra choisir entre les activités outdoor : nombreuses randonnées pédestres, vélo et VTT, parapente... Bonne ambiance familiale, animations tout juillet et août, bar, pain frais tous les matins... Tout pour être bien au Clair Matin !

FERME AUBERGE DU BESSARD

€€

Le Bessard ✆ 04 76 97 54 82
www.au-bessard.com

Nuitée avec petit-déjeuner. 2 personnes 69 €. Restauration.

Un refuge au cœur d'une nature préservée sur les hauteurs d'Allevard, qui promet un moment exceptionnel à partager à deux ou en famille. Une ferme auberge pour faire provision des bons produits du terroir avec des foie gras maison, du miel, rillettes, des pains d'épices ou des noix à savourer sur place ou à rapporter dans son panier. Visites possibles de l'élevage. À la ferme, on trouve aussi quatre chambres d'hôtes (dont une suite) et une table forcément gourmande où l'on sert les produits de l'exploitation. Une autre façon, gourmande, de découvrir la région.

LE COLLET D'ALLEVARD

✆ 04 76 45 10 32
www.lecollet.com

À 1 450 m d'altitude, la station du Collet d'Allevard est la station familiale par excellence. Elle doit également sa réputation à son domaine nocturne ! Tous les vendredis de la saison de 20h à 22h (ainsi que les mardis des vacances scolaires d'hiver), le Collet d'Allevard devient l'un des plus grands domaines skiables nocturnes d'Europe avec 10 pistes éclairées. Autre activité hivernale, les raquettes sur 5 itinéraires balisés en accès libre ou le ski nordique avec 50 km de pistes. L'été, la randonnée prend le pas, avec de nombreux circuits balisés.

LES THERMES D'ALLEVARD

8, rue Bernard-Niepce
✆ 04 76 97 56 22
www.thermes-allevard.com

Les Thermes d'Allevard proposent un environnement privilégié de moyenne montagne, avec un air particulièrement pur, mais surtout une eau soufrée parmi les plus sulfureuses au monde, agissant sur le renforcement des cartilages et l'ensemble de la muqueuse respiratoire. Tout le savoir-faire et l'expérience des Thermes conjuguant depuis 1849 tradition et innovation. Les Thermes d'Allevard disposent d'un Espace Forme et d'un Espace Bien-être. L'expérience des Thermes d'Allevard alliée à la modernité font la différence pour notre bien-être et notre santé.

ISÈRE

CASINO D'ALLEVARD

14, avenue des Bains
✆ 04 76 45 88 29
www.circuscasino.fr

Ouvert tous les jours de 10h à 2h. Ouvert jusqu'à 3h vendredis et samedis.

Un casino Circus au décor original qui pourrait presque passer inaperçu. En effet, l'extérieur n'a rien d'un casino, mais tout d'une belle bâtisse bourgeoise ravivée d'un bleu roi. L'intérieur ressemble à un extérieur, puisqu'on se retrouve dans une reconstitution réaliste d'un petit quartier de belle époque. Établissement sympathique, avant tout casino, dispose bien sûr d'une table de black-jack, d'une roulette anglaise électronique et de 50 machines à sous, mais propose également une dizaine de chambres pour prolonger son séjour.

LES SEPT-LAUX ★

La station des 7 Laux offre à tous les amoureux de nature trois sites d'exception – Prapoutel, le « camp de base » où l'on trouve hébergements, restaurants et sorties, Pipay et le Pleynet –, deux versants de montagne dans le massif de Belledonne avec des cimes à plus de 2 700 m et, pour les amoureux de glisse, un domaine splendide adapté à toutes les glisses. Avec des remontées mécaniques récentes et des installations performantes, les 7 Laux offrent toutes les activités de pleine nature. En hiver, toutes les glisses se pratiquent à volonté, sur un espace varié qui offre notamment un snowpark de 8 ha (l'un des mieux notés des Alpes) équipé d'un téléski dédié aux freestylers. L'été, la nature appelle les randonneurs et permet bien des activités : VTT de descente sur les pistes, bike park complet pour tous les niveaux de pratique (de la verte à la piste noire élite), un espace Bel'velec pour découvrir la nature et les villages aux environs sur des VTT à assistance électrique, parapente, escalade, tir à l'arc, minigolf, trottin'herbe, pêche aux abords d'un lac d'altitude… Pour prendre l'air dans l'un des plus beaux massifs de la région grenobloise, les 7 Laux offrent de nombreux départs de randonnée : le pas de la Coche, les lacs des Vénétiers, le lac de la Jasse... Sans oublier la traversée de Belledonne par le GR738® réservée à des randonneurs confirmés (130 km et 11 étapes entre Aiguebelle et Vizille). Les 7 Laux, une station pour prendre un maximum de plaisir toute l'année.

OFFICE DE TOURISME

Centre des Cortillets
✆ 04 76 08 17 86
www.les7laux.com

Haute saison : ouvert tous les jours. Horaires variables selon les saisons. Se renseigner.

Les 7 Laux se situent sur le massif de Belledonne et se composent de 3 villages connectés. Le Pleynet (côté Haut-Bréda) est situé au bas des 7 lacs d'altitude qui ont donné leur nom aux 7 Laux. Il apparaît au bout de la route et vous offre sans concession la beauté sauvage de ses montagnes. Prapoutel et Pipay (côté Grésivaudan) sont jeunes et colorés, ils vous offrent une montagne verdoyante et plus douce. Depuis ces deux sites dominant la vallée du Grésivaudan, on découvre un panorama unique sur les massifs du Vercors, de Chartreuse et des Bauges.

RÉSIDENCE LES GRANGES €€

Prapoutel
✆ 04 76 78 31 55
www.les7lauximmobilierservices.com

Appartement pour 4 personnes à partir de 595 €/semaine. Garage couvert. Animaux acceptés (50 €/réservation).

Une résidence haut de gamme, composée de chalets traditionnels construits dans un style authentique. Les chalets sont situés sur les pistes et l'on peut partir « skis aux pieds » de la résidence. Pour rejoindre le centre de la station, pas plus de 3 minutes à pied suffisent. Les appartements, de 2 à 12 couchages, offrent tout le confort nécessaire. S'ajoutent d'autres prestations pour votre confort, des garages couverts, un casier à ski, ainsi que la possibilité d'une pension en partenariat avec La Sierra. Pour vos prochaines vacances été comme hiver.

LA SIERRA €€

Centre 7
✆ 04 76 08 75 25
www.restaurant-la-sierra.fr

Ouvert en même temps que la station. Spécialités de montagne.

Une Sierra au pied des pistes des Sept-Laux et l'assurance de passer un bon moment dans une ambiance conviviale à savourer une cuisine généreuse. Halte incontournable, recommandée depuis 10 ans par votre guide préféré, où l'on peut s'arrêter pour manger rapidement ou prendre son temps avec des spécialités gourmandes. Parmi les autres spécialités, des maxi-pizzas à savourer sur place ou à emporter, des ravioles du Dauphiné ou d'excellentes viandes à savourer. Profiteroles maison. Une Sierra qui sied à tous, skieurs, randonneurs et simples gourmands.

ISÈRE

LE HAUT-BRÉDA

C'est une nouvelle entrée dans notre guide pour un lieu que l'on aimerait garder secret. La nouveauté, depuis 2019, c'est l'alliance des villages de Pinsot et de La Ferrière qui sont devenus Le Haut-Bréda. Un nom bien connu des amoureux de randonnées qui partent en direction du hameau de Fond de France, un des plus beaux des Alpes, ou vers un des nombreux lacs des 7 Laux. En hiver, c'est sur ce territoire alpin encore sauvage que se trouve le site du Pleynet, partie intégrante de la station des 7 Laux. Randonneurs, skieurs... et tous les contemplatifs qui ont envie de se ressourcer trouveront dans cette magnifique vallée un véritable paradis.

HOTEL LE MADAME €€

1030, rue du Haut-Bréda

✆ 04 58 47 01 00

Ouvert toute l'année. 22 chambres. Chambres à partir de 70 €. Piscine extérieure.

© N.ANSELMINO

Dans ce paradis d'altitude, le Madame offre un havre de paix où il fait bon se ressourcer. Au cœur d'une nature préservée, le Madame s'est installé dans une belle maison entièrement rénovée. Un lieu idyllique, parfait pour se détendre au bord de la piscine. Repos assuré dans des chambres confortables après une journée passée sur les nombreux chemins de randonnée accessibles depuis l'hôtel. A table, cuisine de qualité, tendance gastronomique, à partir de produits du terroir. Possibilité d'organiser des événements (séminaires, mariages, anniversaires...).

STATION DES 7 LAUX

Centre des Cortillets

✆ 04 76 08 17 86

www.les7laux.com

Une station constituée de 3 stations connectées : Le Pleynet côté soleil levant, Prapoutel et Pipay côté soleil couchant. Une station qui a fait le choix de la modernisation et qui profite aujourd'hui d'un superbe parc d'équipement. Ces 10 dernières années, 90 % des remontées mécaniques ont été changées, la station se classant au 2e rang national pour l'âge de ses remontées, les pistes ont été repensées et elle abrite l'un des meilleurs snowparks de France pour les amateurs de freestyle. Plusieurs espaces pour le ski nordique.

SAINT-MARTIN-D'URIAGE

Sans doute moins connu qu'Uriage-les-Bains, construit en contrebas dans la vallée du Sonnant, Saint-Martin-d'Uriage se trouve 150 m plus haut et reste le bourg principal quand Uriage n'est qu'un hameau. L'histoire est ainsi faite qu'une station thermale a pris le pas sur le village de Saint-Martin. Dominant la vallée, le château médiéval d'Uriage ne se visite pas, sauf pendant les journées du patrimoine. Pour profiter d'un environnement de nature préservée et découvrir le vaste territoire communal (qui s'étend entre 320 et 2 200 m d'altitude !), il est possible de faire un petit tour des hameaux de Saint-Martin-d'Uriage à partir de la mairie.

CHÂTEAU DE SAINT-MARTIN-D'URIAGE

1280, route d'Uriage

On ne peut pas visiter ce château qui domine Uriage-les-Bains, mais seulement le contempler. Berceau de l'une des branches de l'illustre famille dauphinoise des Alleman, il abrita, au cours de la Seconde Guerre mondiale, l'École de formation des cadres, qui devait devenir un lieu de résistance au régime de Vichy. A lire absolument : Les Hommes d'Uriage de Pierre Bitoun. Cet ouvrage, fort intéressant, sur l'École des cadres d'Uriage, a connu à sa sortie, en 1988, un succès national.

CAMPING DU BUISSON** €€

252, chemin des Buissons
✆ 04 76 89 51 92
www.camping-grenoble-alpes.fr

40 emplacements. Emplacement + véhicule + 2 personnes de 16,50 € à 19 €. Dome. Yourte.

Sur les hauteurs d'Uriage, détente, relaxation, bonheur. Idéalement situé pour profiter des bienfaits de la ville thermale, des montagnes et de Grenoble, le Camping du Buisson propose des emplacements et des hébergements insolites. Le camping dispose de mobil-homes perchés sur les hauteurs, d'un étonnant dôme géodésique 100 % artisanal pour dormir sous les étoiles, de Coco Sweets et de deux yourtes avec bain bouillonnant privatif. Une adresse nature, idéale pour pratiquer le yoga et les activités outdoor, qui sort des sentiers battus.

CASINO JOA

Palais de la Source
✆ 04 76 89 08 42
www.joa.fr/casinos/uriage

Ouvert toute l'année. Tous les jours de 9h à 2h. Ouvert jusqu'à 4h les vendredis, samedis et veilles de jours fériés.

Un lieu superbe, mélange d'élégance au cœur de la station thermale et de modernité avec une partie loisirs et restauration très actuelle. Côté jeux, 135 machines à sous et de nombreux jackpots maison à remporter. Et si ce sont vos premiers pas dans cet univers, n'hésitez pas à vous faire aider par un membre du personnel, ils sont adorables. La salle des jeux de table est magnifique. Possibilité d'organiser des séminaires et privatisation avec des formules sur mesure pour vos événements. Plaisir sans limite dans tous les cas chez Joa.

HÔTEL-RESTAURANT LES MÉSANGES*** €€

94, route des Mésanges ✆ 04 38 24 10 80
www.hotel-les-mesanges.com

Ouvert de fin janvier à fin octobre. 29 chambres de 81 à 130 €. Petit déjeuner 13 €. Wifi gratuit. Restauration.

Dans un cadre de nature préservée, idéale pour se ressourcer, respirer à pleins poumons et se relaxer, Les Mésanges nous restaurent, nous logent et nous accueillent dans un véritable nid douillet pour des repas de famille ou séminaires. Au milieu d'un parc, Les Mésanges nous ouvrent un panorama grandiose sur les montagnes du Vercors et de la Grande-Chartreuse. Quiétude et confort garantis, détente au bord de la piscine. La Mésange Toquée offre une table de qualité au fil des saisons.

EPICERIE DE LA FERRIERE €€

D525A Haut Bréda
✆ 04 76 97 57 74

Ouvert tous les jours pendant les vacances scolaires. Fermeture lundi et mardi hors saison.

Au cœur du village, à côté de l'église, l'Épicerie de la Ferrière ne se contente pas de vendre les bons produits du terroir, elle les prépare, les cuisine pour vous servir de bons plats à partir de produits locaux. Ambiance conviviale pour partager du bon temps en savourant la cuisine de Vincent - tout est fait maison, même les pâtisseries - et de son épouse Nathalie, originaire d'Alsace. D'ailleurs, chaque année en décembre, ne pas manquer le week-end alsacien avec choucroute et vins alsaciens. Une adresse locale et écoresponsable (zéro déchet) qui nous régale.

© DR

© DR

ISÈRE

URIAGE-LES-BAINS ★★

Passage obligé sur la route de Chamrousse, Uriage-les-Bains est, comme son nom l'indique, une station thermale. Mais une station unique au monde, puisque l'on y trouve une eau dont la concentration moléculaire est très proche de celle du sérum sanguin de l'être humain. On soigne donc surtout les infections dermatologiques, mais encore les voies respiratoires et les rhumatismes. Sur la route de Chamrousse, entre ville et montagne, Uriage-les-Bains vous accueille en toute saison pour une escapade au grand air, notamment sur les sentiers de randonnée à l'étage supérieur. Pause zen dans le vaste parc d'Uriage et nombreuses activités (tennis, golf...).

OFFICE THERMAL ET TOURISTIQUE

5, avenue des Thermes
© 04 76 89 10 27
www.uriage-les-bains.com
Ouvert de juin à sept, lun au ven 9h-13h et 14h-17h, sam et dim 9h-13h. D'octobre à mai, lun au ven 9h-12h et 14h-17h.

A proximité de Grenoble, sur la route de Chamrousse, Uriage-les-Bains profite d'un environnement préservé, invitation au bien-être et aux balades en famille. Découverte de l'Espace naturel sensible « Le marais des Seiglières ». A plus de 1 000 m d'altitude, cet espace est un site remarquable pour la faune, la flore et les paysages. Des circuits pédestres permettent de découvrir des trésors. La réserve naturelle du Luitel abrite également 255 espèces de plantes.

GRAND HÔTEL & SPA URIAGE**** €€€

60, place Déesse-Hygie
© 04 76 89 10 80
www.grand-hotel-uriage.com
38 chambres (3 suites). Chambre double de 145 à 235 €. Spa. Restaurant.

Il fait partie du paysage d'Uriage, puisque le Grand Hôtel fut construit en 1862. S'ouvrant sur le parc, profitant d'un cadre verdoyant, il a bénéficié au cours des années de nombreuses rénovations pour devenir un hôtel et spa 4-étoiles au confort irréprochable et aux prestations haut de gamme. Les chambres, véritables cocons de bien-être, portent le nom des célébrités passées entre ses murs prestigieux. Détente intégrale au spa et gourmandise à La Table d'Uriage.

MAISON ARIBERT €€

280, allée du Jeune Bayard © 04 58 17 48 30
https://maisonaribert.com
2 Michelin. Ouvert du mercredi au samedi soir, du vendredi au dimanche midi. Menus 175 à 195 €. Formule midi 125 €.*

Sincèrement engagé dans une démarche écoresponsable, le chef doublement étoilé Christophe Aribert poursuit sa quête d'une harmonie parfaite entre l'humain et la nature. Héritier des valeurs transmises par ses ancêtres agriculteurs-maraîchers en Isère, il réalise une cuisine inspirée par les produits de saison. Des bords de lacs de montagne, des sentiers, des prés et des forêts, les produits fleurissent dans des assiettes foisonnantes et subtiles à la fois. Chambres partageant les mêmes valeurs et espace bien-être pour goûter aux bienfaits de l'hydrothérapie.

ÉTABLISSEMENT THERMAL

60, place Déesse-Hygie
© 04 76 89 10 17
http://centre-thermal.uriage.com
Ouvert d'avril à novembre. La cure thermale dure 3 semaines.

Vous connaissez déjà les produits Uriage pour prendre soin de votre peau à tous les âges de la vie. Au cœur des Alpes, facile d'accès depuis la Métropole grenobloise, l'Établissement Thermal d'Uriage est réputé pour son eau sulfurée, chlorurée, sodique, bactériologiquement pure et aseptique. Une eau qui permet de faire des cures en rhumatologie, dermatologie, soins bucco-dentaires et pour les voies respiratoires. L'Établissement thermal a développé des cures d'hydrothérapie thermale avec remise en forme, soins esthétiques, détente et anti-stress.

GOLF D'URIAGE

Allée des Alberges
© 09 54 01 23 72
www.golfduriage.com
Restauration. Boutique.

De l'air pur sur les premières hauteurs du massif de Belledonne pour golfer dans un cadre magnifique. A quelques kilomètres de Grenoble, voici un 9 trous construit dans l'ancien parc du château d'Uriage. Un parcours dans un environnement naturel exceptionnel de 14 hectares où l'on enchaîne longues approches et fairways. En plus du parcours, le practice se compose d'une vingtaine de postes, dont 7, couvertes. Cours individuels et collectifs pour découvrir ou maîtriser ses coups. Le restaurant offre une belle terrasse et une cuisine faite maison.

LA MURE ★

Placée sur la route Napoléon, cette petite capitale régionale du plateau matheysin compte un peu plus de 5 000 habitants. Le Parc national des Ecrins n'est pas loin, et de nombreux monuments locaux méritent une visite : le château de Beaumont (extérieur seulement), le Beffroi (une tour avec une vieille horloge), la halle (édifiée pour la première fois en 1309 et reconstruite pour la dernière fois au XIXe siècle), la chapelle du père Eymard (datée du XIe siècle, alors que celui-ci a été canonisé en 1962)... Plus, bien sûr, le Musée Matheysin et le chemin de fer de La Mure.

LE PETIT TRAIN DE LA MURE

35, boulevard Fréjus Michon
✆ 04 11 62 62 62
https://lepetittraindelamure.com

Tous à bord de ce petit train mythique qui nous emmène sur une ligne de 15 km au pied des Alpes ! Des paysages à couper le souffle, à découvrir sur l'un des plus spectaculaires parcours ferroviaires d'Europe. Arrivée au terminus de Monteynard avant de rejoindre à pied le Belvédère du Grand Balcon et le restaurant panoramique avec vue panoramique sur les eaux turquoise du lac. Au retour, arrêt au Musée de la Mine-Image avec site minier souterrain. Voyage inoubliable.

LE MUSÉE MATHEYSIN ★

Rue du Colonel-Escallon ✆ 04 76 30 98 15
http://musee.matheysine.com

Ouvert du 1er avril au 30 septembre de 14h à 18h (fermé le mardi). Adulte : 2,30 €. Tarif réduit : 1,50 €.

Ce musée matheysin permet de se familiariser avec l'histoire économique (mine, ganterie, clouterie), sociale (Moyen Age, Révolution…) et humaine du plateau matheysin. De ce pays de tradition rurale, on comprend mieux l'évolution des hommes face aux mutations de notre société, notamment quand le paysage change au XIXe siècle avec l'arrivée du chemin de fer ouvrant l'ère industrielle du charbon. Exposition des œuvres du peintre Claude Garanjoud et évocation d'Olivier Messiaen, estivant matheysin. Expos temporaires. Une page d'histoire locale à tourner en famille.

HÔTEL-RESTAURANT MURTEL*** €€

Coteau de Beauregard
✆ 04 76 30 96 10
www.hotel-murtel.com

38 chambres. Chambre double de 73 à 98 €. Petit déjeuner 10,90 €. Séminaires. Wifi gratuit. Restauration.

Idéalement situé sur la route Napoleon, l'hôtel restaurant Murtel est une escale rêvée pour une nuit d'étape sur la route des Alpes. La maison, généreuse et conviviale, nous invite à la détente et à la gourmandise. L'été, une belle piscine extérieure et la terrasse nous font profiter d'instants de fraîcheur. Cuisine de terroir préparée avec des produits sélectionnés. Un hôtel restaurant propice à la détente, aux vacances et aux voyages d'affaires (salle de séminaire).

OFFICE DE TOURISME DE LA MURE

43, rue du Breuil
✆ 04 76 81 05 71
www.matheysine-tourisme.com

Juillet et août, tous les jours 9h-18h. Septembre à juin, tous les jours de 9h à 12h30 et de 13h30 à 17h.

Impossible à manquer le long de la RN85 qui traverse La Mure, l'Office de tourisme est ouvert toute l'année, mais à de plus larges horaires en haute saison de mi-juin à mi-septembre. On y trouve toutes les informations nécessaires pour visiter la ville et la région, ainsi que des conseils pour bien organiser son séjour en Matheysine. Un territoire qui met en avant fort justement la douceur de ses paysages entre lacs de montagne, activités outdoor et produits gourmands.

LE MÉLÉZEIN €€

4, place Auguste-Perret
✆ 04 76 30 88 14
http://lemelezein.fr

Ouvert du mercredi au dimanche midi et soir, sauf dim soir. Haute saison, tous les jours midi et soir. Menus 28 à 36 €.

Au cœur de La Mure, une petite terrasse abritée, une adresse charmante et délicieuse. C'est la halte gourmande à ne surtout pas manquer si vous avez décidé de suivre la RN85. Le bois se retrouve aussi dans une salle chaleureuse. Une chaleur qui caractérise également l'accueil chez Olivier Zaegel et Séverine Borel. Au Mélézein, ils partagent leur passion pour la cuisine. Ici, on savoure une cuisine de saison réalisée à partir de produits frais du terroir. Carte des vins intéressante. On le répète, mais le Mélézein est certainement la meilleure adresse du plateau.

ISÈRE

CHICHILIANNE

Cette petite commune du Trièves profite des paysages parmi les plus sublimes des Alpes. Située sur le territoire du Parc naturel du Vercors, Chichilianne se trouve au pied du mont Aiguille, plus grande réserve naturelle de France, qui reste l'une de ces merveilles de la nature dont on ne peut se lasser. Une montagne qui n'est pas admirable par sa hauteur (2 085 m) mais par sa forme particulière de dent – une molaire –, un plateau sommital entouré de falaises impressionnantes qui furent vaincues en 1492 par Antoine de Ville – qui inventa sans doute ce jour-là une certaine forme d'alpinisme moderne. Une étape obligatoire sur la route Napoléon.

L'ANGUS ET LA PLUME

Longefonds
✆ 06 42 15 39 88
https://langusetlaplume.fr
Vente à la ferme samedi de 10h30 à 12h.

L'Angus, c'est pour la viande de vache Angus. Une race originaire d'Ecosse, encore méconnue en France, mais qui donne des viandes délicieuses, savoureusement persillées. D'autant plus que chez Philippe, aidé de sa fille Amandine, les vaches sont élevées en agriculture biologique, nourries avec du fourrage produit sur l'exploitation et dans les pâturages en été. Idem pour les poulets fermiers qui sont élevés en plein air et nourris au grain. Un Gaec qui fait de la vente directe le samedi matin, mais aussi sur le marché de Clelles.

AU GAI SOLEIL DU MONT AIGUILLE** €€

La Richardière
✆ 04 76 34 41 71
www.hotelgaisoleil.com
Accueil vélo. 19 chambres. Chambre double de 71 à 79 €. Wifi gratuit. Restaurant. Spa.

Beauté de la nature, un fantastique terrain de jeux et d'exploration au départ des sentiers de randonnée et à proximité du départ des pistes de ski nordique. Beauté d'un site protégé, même dans cet hôtel qui dispose d'un parc où l'on trouve refuge sur la terrasse. Beauté simple d'un établissement qui a le bon goût de mettre à disposition un spa pour la détente. Autre bonheur des lieux, le restaurant d'un chef qui travaille avec des produits locaux. Une adresse hautement recommandée.

LA LAITERIE DU MONT AIGUILLE

ZA la Croisette
✆ 04 76 34 09 47
www.fromagerie-mont-aiguille.fr
Vente directe tous les jours de 10h à 12h30 et de 14h30 à 18h (19h en juillet et août).

Pour les amoureux de produits du terroir, arrêt obligé à La Laiterie du mont Aiguille. Une des dernières fromageries indépendantes en région AURA, engagée dans une démarche d'agriculture biologique, la Laiterie du mont Aiguille fabrique ses fromages avec le lait collecté chez les agriculteurs du plateau, réalisant des fromages de vache, de brebis et de chèvre. Des produits d'appellation « montagne ». À la boutique, toutes les saveurs des délicieux fromages fabriqués sur place.

CLELLES

Clelles, petite cité entourée de forêts, est située dans la pointe sud-est du Parc naturel régional du Vercors, à quelques kilomètres à l'est du mont Aiguille. Le bourg possède encore un quartier médiéval, ainsi que l'un des trois seuls carillons de l'Isère dans sa belle église Sainte-Marie. Mais l'atout principal de Clelles, c'est bien son environnement préservé et ses paysages de montagnes. De nombreuses randonnées avec de fortes chances d'apercevoir une faune particulièrement abondante : chevreuil, cerf, mais aussi bouquetins et chamois sur les hauteurs. Activités outdoor, dont les voies d'escalade pour gravir le célèbre Mont Aiguille.

CORPS ★★

Corps, située entre la haute et la moyenne montagne – 937 m d'altitude –, sur la fameuse route Napoléon, en surplomb du magnifique lac du Sautet, a gardé de nombreux témoignages de son passé. En se promenant dans la « capitale du Beaumont », on appréciera ainsi les rues tortueuses du centre et les nombreuses habitations de type médiéval, les anciennes échoppes, preuves du commerce assez intense qui régnait ici autrefois, et les maisons à génoise. Corps constitue une halte obligatoire pour se reposer, méditer et s'amuser – tout ça n'est pas incompatible ! – dans un cadre de nature grandiose. Alors, pourquoi ne pas en faire une autre destination de vacances ?

Le mont Aiguille, imposante forteresse naturelle qui sut rester longtemps inaccessible.

BARRAGE DU SAUTET ★★

www.villedecorps.fr

Espace d'information en juillet et août.

Situé sur les communes de Corps et de Pellafol, ce barrage mis en service en 1935 est le premier des six installés sur la rivière Drac. D'une hauteur de 126 m pour 80 m de longueur, il se trouve à la pointe du V formé par le lit du cours d'eau et le surplombe de 150 m. Il permet la production d'environ 175 millions de kWh par an. Sa retenue (le lac du Sautet) occupe 350 ha et peut contenir environ 110 millions de mètres cubes. La vue à partir du pont du Sautet est magnifique. Un espace d'information installé par EDF est ouvert en juillet et août.

CAMPING LAC DU SAUTET €€

Sous les Chenêts

✆ 04 76 30 00 97

www.campingdusautet.fr

Ouvert de fin avril à fin septembre. 40 emplacements. Forfait à partir de 22,50 €. Chalets de 350 à 600 €/semaine.

Situé au bord du lac aux eaux turquoise, un camping familial de bon standing avec des chalets confortables et un petit espace aquatique pour les enfants. En été, le restaurant ouvre ses terrasses sur le lac et l'on profite autant de la piscine que du lac pour se rafraîchir. Entre montagnes et lac, une halte idéale pour des vacances dans un site majestueux. Une base de loisirs avec location de bateaux, jeux aquatique et *via ferrata* à proximité. Sans oublier de nombreuses randonnées pour tous les niveaux et de multiples paysages magnifiques à venir découvrir.

SANCTUAIRE DE NOTRE-DAME-DE-LA-SALETTE ★

Standard du Sanctuaire

✆ 04 76 30 00 11

http://lasalette.cef.fr

Ouvert toute l'année. Possibilité de résider sur place.

Parmi les lieux de pèlerinage, Notre-Dame-de-la-Salette tient une place à part ! Ne serait-ce que par son emplacement dans un environnement de montagne préservé. Le site est majestueux. L'arrivée au sanctuaire, à 1 800 m d'altitude, a quelque chose d'irréel, tout comme dut l'être la vision de la Vierge Marie à deux enfants, Mélanie et Maximim, gardant leur troupeau le 19 septembre 1846. Notre-Dame-de-la-Salette est le deuxième centre de pèlerinage marial de France après Lourdes.

LE GITE DES SEQUOIAS MOUNTAIN LODGE €€

1414, route du Sanctuaire

✆ 06 11 73 10 34

http://gite-salette.com

Pour 9 personnes (4 chambres). De 1 800 € à 3 500 € la semaine selon saison.

A 1 200 m d'altitude, à proximité de Notre-Dame de La Salette, du lac du Sautet et des stations du ski..., une ferme du XIXe siècle parfaitement restaurée pour un séjour nature inoubliable. Accueil adorable par Stéphanie et Eric Jambon, chef réputé, à l'origine de ce projet. Des prestations dignes d'un palace des montagnes : bain à remous, grand sauna, salle de remise en forme, salle de cinéma privée, épicerie... Nombreuses activités outdoor. Un petit paradis.

LE BOUSTIGUE €€

Route de la Salette

✆ 04 76 30 07 07

www.hotelboustigue.com

Fermé du 15 octobre au 15 avril. Motos bienvenues. 10 chambres, doubles 80 €. Restauration.

Sur les hauteurs entre Grenoble et Gap, un petit coin de paradis. Sur la route de la Salette, ouvrant un panorama grandiose sur les montagnes environnantes et le lac du Sautet, voici Le Boustigue. Dans ce lieu tenu par la famille Dumas depuis 4 générations, bonne ambiance familiale loin de l'agitation. Accueil et service personnalisés. La table du Boustigue, avec Bernard en cuisine, met en avant les produits du terroir. Piscine, tennis, salle de remise en forme... pour une maison au standing simple mais à la nature merveilleuse.

HÔTEL DE LA POSTE*** €€

Place de la Mairie

✆ 04 76 30 00 03

www.hotel-poste-corps.com

15 chambres. Chambres doubles à partir de 79,50 €. Wifi gratuit. Restauration. Relais Motards.

Au cœur d'une nature somptueuse, une halte – ancien relais de poste – connue des voyageurs depuis 1760 ! Rénové au fil du temps, L'Hôtel de la Poste est tenu par Jérémy Da Fonseca. Il perpétue la tradition d'accueil et un service agréable pour des séjours ensoleillés. Chambres classiques, confortables, personnalisées et bien équipées, pour un séjour confortable et serein. Cuisine de qualité par un chef qui magnifie les produits de terroir à ses tables gastronomiques et traditionnelles. Un régal à la hauteur d'un site d'exception.

LE NAPOLEON €

Place Napoléon ✆ 06 72 82 64 41

Ouvert lundi au samedi 8h-14h30. Haute saison : lundi au samedi 8h-14h30 + lun, mar et sam 17h30-20h30. Formule 17 €.

Dans ce virage de la route Napoléon à l'entrée sud de Corps - la route de la Salette vous tend les bras -, pause obligatoire au Napoléon. Parking, belle terrasse, salle à la décoration simple, grande convivialité et excellents conseils des propriétaires pour vous guider sur une carte aux accents régionaux : oreilles d'ânes, tartes de taillon, tourte de viande. Salades, pizzas et burgers pour toutes les envies et toujours à partir de produits locaux (légumes, viandes, pains et boissons). Desserts maison. Étape chaleureuse et gourmande.

HÔTEL DE LA POSTE €€

Place de la Mairie

✆ 04 76 30 00 03

www.hotel-poste-corps.com

En haute saison, ouvert tous les jours. Menu du jour 20,50 €. Menus de 28 à 48 €.

Toutes les raisons sont bonnes pour s'arrêter à l'Hôtel de la Poste des excellents Jérémy, en cuisine, et Julie, en salle, Da Fonseca. Pour faire une étape sur la route Napoléon et pour se régaler d'une cuisine de qualité réalisée par un chef passé par de grandes tables. Une terrasse aux airs de vacances, des salles entre tradition et modernité d'une table suspendue, une carte gastronomique avec la Table de Joséphine, et une carte de restaurant plus classique, les deux réalisées à partir de produits de qualité en circuits courts. Séjour gourmand plein de charme.

DISTILLERIE ARTISANALE DE LA SALETTINA

Rue du Four

✆ 04 76 30 05 02

www.salettina.fr

Ouverture et visite sur demande de mi-octobre à mi-avril. Les groupes sont les bienvenus sur rendez-vous.

Située en plein centre du village, la Distillerie de la Salettina est installée depuis 1961 dans la maison natale du berger témoin de l'apparition de Notre-Dame-de-la-Salette, Maximin Giraud. La Salettina est une liqueur à base de plantes sauvages auxquelles on ajoute, après macération, du sirop de sucre blanc et du miel de pays. Il existe une Salettina jaune, une verte et une blanche. A la boutique, vous trouverez des produits maison et d'autres produits régionaux.

BASE NAUTIQUE

Barrage du Sautet

✆ 04 76 30 02 01

www.lacdusautet.fr

Ouvert tous les jours du 15 juin au 31 août de 10h à 19h. Ouvert les week-ends du 1er mai au 15 juin. Accès gratuit.

Le cadre majestueux du lac du Sautet, 350 ha d'eau turquoise entourés de montagnes et notamment de l'Obiou, a permis d'installer une base nautique estivale très agréable. La baignade est surveillée (juillet/août), un toboggan nautique ravira les enfants et un bateau électro-solaire promènera toute la famille. Location de bateau électrique (5/6 places) et kayak. Au Belvédère du Sautet : via ferrata du barrage, tyrolienne (125 m au-dessus du barrage), rafting, hydrospeed et canyoning. Possibilité de louer des VTT, se renseigner à la Maison du Tourisme.

L'APARENTHESE €

96, rue des Fossés ✆ 07 52 05 40 43

Toute l'année. Été du mer au dim midi et soir. Hiver du mer au dim à midi, ven et sam soir. Formule 21 €, 26 € week-end.

Faire une Aparenthèse pour se régaler à Corps avec Florence et Jean-Marie. Ouvert depuis décembre 2021 en face de la place du Marché, l'Aparenthèse profite d'un nouveau décor bistrot cosy, banquettes vertes, murs de briques et ardoises pour présenter la sélection de vins et les bons plats de saison. Cuisine de belle tradition, faite maison, réalisée à partir de produits frais, locaux, de qualité pour des assiettes savoureuses, comme cette côte de porc bio de la ferme de Sainte-Luce à la sauce du chef. Végétariens bienvenus. Plat du jour sur commande à emporter.

GRESSE-EN-VERCORS

Au pied du Grand Veymont, à 1 200 m d'altitude, le village station de Gresse-en-Vercors offre un environnement préservé pour partir en randonnée tout l'été et un agréable domaine skiable en hiver. Une station à taille humaine, conviviale et chaleureuse, qui offre la possibilité de nombreuses activités dont le ski alpin avec 26 pistes, le ski nordique avec 50 km de pistes balisées, la randonnée en raquettes, la luge, la balade sur la piste de chiens de traineau ou le laser-biathlon pour s'initier à ce sport. L'été, Gresse-en-Vercors vous fait profiter de paysages exceptionnels, d'une faune et d'une flore particulièrement riches sur de nombreux sentiers.

L'AUBERGE BUISSONNIÈRE*** €€

66, montée du Château
✆ 04 76 34 37 28
www.buissonniere.fr

6 chambres. Chambre double de 75 à 94 €. Wifi. Restauration.

Au cœur du charmant vieux village de Gresse-en-Vercors, une maison colorée et charmante. Une terrasse permet de profiter de l'air pur. L'Auberge Buissonnière, maison de caractère, a été rénovée avec des matériaux écologiques pour respecter un environnement exceptionnel. Chambres soignées et douillettes dans l'esprit d'une maison où l'on vient se ressourcer. Autre bonheur des lieux, le restaurant où l'on sert une cuisine 100 % maison réalisée avec des produits frais, bio ou locaux.

HOTEL LE CHALET*** €€

Chemin du Bec
✆ 04 76 34 32 08
www.hotellechalet.fr

Hôtel ouvert en saison. 31 chambres. Chambre double à partir de 85 €. Appartements. Wifi gratuit. Restauration.

Une belle maison au cœur de Gresse-en-Vercors. Un hôtel de bon standing avec sa trentaine de chambres rénovées, ainsi que des appartements, à l'ambiance chaleureuse et au caractère singulier. On aime aussi les prestations de l'hôtel avec sa piscine couverte chauffée et son solarium l'été. L'hiver, les pistes ne sont pas très loin. Autre bonheur du Chalet tenu par la famille Prayer, le restaurant tenu par le chef Christophe, 3e génération de cuisiniers à l'auberge familiale. Un Chalet familial qui nous invite à partager les plaisirs du Vercors.

LA MOTTE-D'AVEILLANS

Sur le plateau de la Matheysine, le village de La Motte-d'Aveillans se trouve à une altitude moyenne d'environ 900m, culminant à 1 617m. Traversée par les voies du Chemin de fer de la Mure, la commune possède une gare où les touristes peuvent s'arrêter pour visiter la célèbre Mine Image et ses galeries souterraines. En effet, La Motte-d'Aveillans possède une géologie particulière qui a permis d'exploiter encore très récemment l'un des meilleurs charbons du monde. En surface, des paysages exceptionnels et un environnement préservé pour des randonnées en direction d'une autre curiosité locale, la Pierre Percée, objet de nombreuses légendes.

LA MINE IMAGE ★

1, rue d'Aveillans
✆ 04 76 30 68 74
www.mine-image.com

Fermé en janvier. Visite sur réservation. Adulte : 8,50 €. Enfant : 4,50 €. Accueil des groupes toute l'année.

Une visite insolite qui nous conduit sous terre, le long de 250 mètres de galerie d'une mine « à l'horizontale » où l'on exploitait le « charbon de la Motte », l'un des meilleurs au monde. Ce musée propose des visites guidées pour mieux comprendre l'exploitation minière, ses techniques, ses matériels des différentes époques et les conditions de travail des mineurs. La Salle aux trésors abrite de superbes minéraux et une exposition permanente. S'ajoutent un film et une exposition temporaire en fin de visite du musée installée dans les douches de la mine.

LA PIERRE PERCÉE ★★

Par Puteville, commune de Pierre-Châtel, en venant du col de la Festinière, se garer au village, compter 30 à 40 min pour rejoindre la Pierre Percée. Par la Motte-d'Aveillans, suivre les panneaux indiquant la direction vers la Pierre Percée.

Une des 7 merveilles du Dauphiné, La Pierre Percée est une curiosité géologique les plus étonnantes des Alpes qui se trouve à 1 120 m d'altitude. Cette arche naturelle due à l'érosion de la roche calcaire, dont l'évasement de l'ouverture mesure 5,50 mètres et dont la voûte s'élève à 3 mètres de hauteur, à la forme de dragon accroupi fait l'objet de nombreuses légendes. Le panorama à partir du site permet de découvrir une large partie du plateau Matheysin et le mont Aiguille, une autre des merveilles du Dauphiné. Accès facile depuis le parking Les Georges.

MENS

Capitale historique du Trièves, Mens est une petite ville dont l'architecture médiévale a été fort bien conservée. L'église de l'Assomption est un véritable chef-d'œuvre du premier art roman (XIIe siècle), modernisée au XIXe siècle par l'adjonction de fenêtres et d'un transept. Autre monument historique local, le Café des Arts mérite également une visite. La halle de la ville a été entièrement rénovée en 1841. Mens est aujourd'hui devenue la capitale alpine de l'écotourisme, avec une très forte prise de conscience de devoir préserver l'environnement, notamment par des modes de culture biologiques. Nombreuses activités outdoor en toute saison.

CENTRE ÉCOLOGIQUE TERRE VIVANTE

Domaine de Raud ✆ 04 76 34 36 35
www.terrevivante.org
Ouvert de mai à septembre week-end. Juillet août, tous les jours de 11h à 18h. Adulte 9 €. Visite guidées. Animations.

Ce Centre Écologique accueille les amoureux de nature qui veulent aller à la découverte d'une autre façon de vivre en harmonie avec l'environnement. Un domaine de 50 ha : jardins bio thématiques, des réserves naturelles avec des mares, haies, prairies et une maison écologique où l'on apprend à récupérer ses eaux de pluie ou à trier ses déchets. Sur place tout est prévu (boutique, aires de pique-nique, espace info...) pour passer la meilleure et la plus écologique des journées.

MUSÉE DU TRIÈVES ★

Place de la Halle
✆ 04 76 34 88 28
http://museedutrieves.fr
Ouvert d'avril à novembre. De mai à septembre, du mardi au dimanche de 15h à 18h. Adulte : 2,30 €.

Situé au cœur du quartier historique de Mens, le musée du Triève retrace l'histoire des hommes qui ont façonné ce pays. Véritable musée de pays, il donne toute sa place aux premières occupations humaines, au patrimoine rural, à la vie villageoise et aux artistes qui ont séjourné sur ses terres – Jean Giono, Édith Berger, Émile Gilioli. La visite, conçue comme une invitation, nous entraîne à la découverte du territoire, des sites et monuments chargés d'histoire et des paysages si caractéristiques de cette région, comme le célèbre mont Aiguille.

LE CAFÉ DES ARTS €€

Boulevard Edouard Arnaud
✆ 04 76 34 68 16
Ouvert du mercredi au lundi le midi et le soir. Formule : 16,50 €.

Le Café des Arts, classé aux monuments historiques, date du XIXe siècle et il faut voir ses peintures comme il faut goûter à son charme. C'est en 1856 que Gustave Riquet, peintre d'Amiens, orne le plafond du café de fresques allégoriques et c'est l'année suivante qu'il peint des scènes agricoles locales sur les murs. Halte très agréable, petite terrasse pour faire une pause et se restaurer - c'est simple et c'est bon, à l'image de ces ravioles ou d'un bon plat du jour - dans un cadre d'un autre siècle parfaitement entretenu.

VALJOUFFREY

Valjouffrey, charmant petit village profondément enchassé dans le massif du Pelvoux cache, un peu plus haut que son hameau du Désert, la superbe cascade de la Haute-Pisse. Très spectaculaire, cette chute d'eau se situe dans le vallon de la Bonne, auquel on accède grâce à un sentier qui part du Désert. Ce Désert, dominé par le pic de Valsenestre, c'est la montagne à l'état pur, un paradis confidentiel pour les amoureux de la randonnée au cœur du Parc national des Ecrins dans une nature sauvage. Quiétude garantie dans cette vallée refuge parmi les plus authentiques des Alpes. C'est aussi le paradis des randonneurs avec le refuge du Font Turbat.

ISÈRE

© OMAR MAHDI

Jardin de rocaille, Parc écologique Terre vivante.

LE BOURG-D'OISANS ★

Le Bourg-d'Oisans (3 400 habitants) se situe dans la partie nord du Parc national des Écrins, à 6 km des gorges de l'Infernet. La petite ville occupe une position centrale dans une plaine où se rejoignent les six vallées de l'Oisans. Sa position stratégique entre Grenoble et les grandes stations alpines en font un lieu de passage et de ravitaillement incontournable, ainsi qu'une base idéale pour rayonner dans la région. La station de l'Alpe d'Huez (Alt. 1860 m) se trouve à 14 km au nord, par la D211, une route bien aménagées mais aux très nombreux virages en épingles. Si vous restez en ville, visitez le Musée des Minéraux et de la Faune des Alpes.

CAFE MUSÉE CHASAL LENTO ★

Mont de Lans - **MONT-DE-LANS**
✆ 04 76 80 23 97
Ouvert été et hiver, tous les jours sauf samedi. Gratuit.

Pourquoi Chasal Lento ? Chasal désigne les chalets d'alpages et Lento était le nom de Mont-de-Lans dans les années 1100. La maison des traditions et des arts a été installée dans un ancien lieu de cure. Au rez-de-chaussée, on part, en sons et lumières, à la rencontre des gens de l'Oisans, de leurs us et coutumes, tout en profitant de l'ambiance de café-bistrot d'autrefois. Sympa pour faire une pause sur la route des vacances. Expositions temporaires. On profitera du passage au musée pour visiter le joli village de Mont-de-Lans.

MAISON DU PARC DE L'OISANS

120, rue Gambetta
✆ 04 76 80 00 51
www.ecrins-parcnational.fr

D'une richesse biologique rare et d'un caractère historiquement préservé, ce vaste territoire de 91 800 ha abrite le plus grand des sept Parcs nationaux français, compris entre 800 m et 4 102 m d'altitude (sommet de la Barre des Ecrins). Soirées à thème et sorties accompagnées pour aller à la découverte des plus de mille espèces végétales présentes dans le parc et de la faune. Les gardes-moniteurs se feront toujours un plaisir de vous accompagner pour découvrir ce milieu fascinant.

MUSÉE DES MINÉRAUX ET DE LA FAUNE DES ALPES ★

Place de l'Église ✆ 04 76 80 27 54
www.musee-bourgdoisans.fr
Du 1/04 au 30/09 et vacances scolaires, ts jours sauf mardi 14h-18h. Juil-août, ts jours 10h-12h/14h-18h. Adulte 5,20 €.

Les merveilles des Alpes, ce ne sont pas que les pistes enneigées, mais les ressources naturelles d'un territoire exceptionnel. Étonnez-vous et plongez en famille dans les sous-sols des Alpes en découvrant la première collection française de minéraux alpins et la faune des montagnes. Une collection accompagnée de bien d'autres trésors parfaitement mis en scène dans un musée installé dans un lieu magique : les combles climatisés (important en été) de l'ancienne église Saint-Laurent au cœur de Bourg-d'Oisans. Visite passionnante à la rencontre de superbes cristaux extraits des mines de la région. Ébloui par la beauté des quartz des mines de la Gardette et d'autres pierres aux formes et aux couleurs incroyables, le visiteur découvre à travers l'exposition « Des cristaux et des hommes » le travail des cristalliers. Les enfants s'initient à la minéralogie en s'amusant. Remonter le temps, c'est ce que l'exposition « La vie au carbonifère » propose de manière vivante en reconstituant les paysages de cette période, il y a 300 millions d'années ! Toujours en lien avec la nature, le musée présente la faune alpine. Réalisée en collaboration avec le parc national des Écrins, cette présentation permet aux visiteurs d'observer 140 espèces animales dans leur environnement naturel, bruitages à l'appui. Pour rapporter de beaux souvenirs du musée des Minéraux et de la Faune des Alpes, un espace boutique avec des minéraux et des produits locaux. La visite qui va vous étonner !

OFFICE DE TOURISME

31, quai du Docteur Girard
✆ 04 76 80 03 25
www.bourgdoisans.com
Ouverture selon les saisons. Tous les jours de 9h à 19h en haute saison.

Le Bourg-d'Oisans, station verte de vacances et village de neige, ouvert tous les horizons sur la culture montagnarde. Rendu célèbre par le passage du Tour de France, Le Bourg-d'Oisans est véritablement devenu la capitale du cyclisme de montagne grâce aux prestigieux cols qui l'entourent et à la fameuse montée de l'Alpe-d'Huez. Les amoureux du VTT peuvent sillonner la région sur des itinéraires variés pour débutant ou sportif. Tous les loisirs sont à votre portée : randonnées, escalade, parapente, canoë, eaux vives, équitation... et bien sûr les sports d'hiver.

ISÈRE

LA CASCADE****

Route de L'Alpe-d'Huez
✆ 04 76 80 02 42 - lacascadesarenne.free.fr
15/12-24/05, 01/09-30/09 : 14,50€ 24/05-24/06, 15/08-01/09 : 17,80€ 24/06 au 15/08 : 19,80€

Une Cascade comme un jaillissement de bonheur entre les hautes montagnes de l'Oisans. Vacances en toute saison et du plaisir à profusion. L'hiver, direction les pistes enneigées de l'Alpe d'Huez et des stations de l'Oisans. Confort assuré dans de superbes chalets construits avec du bois d'altitude. Dès les beaux jours, on monte sur son vélo vers les cols mythiques du Tour de France. Détente au camping où l'on entend le bruit apaisant de la cascade. Piscine chauffée et animations gratuites. Motards bienvenus. « Camp de base » idéal pour profiter des Alpes.

L'EVASION MONTAGNARDE

Les Essoulieux
✆ 06 87 10 78 41
http://evasionmontagnarde-oisans.com

Dans un cadre fantastique de nature préservée, Laurent Hustache, accompagnateur de tourisme équestre, propose de vous initier à l'équitation et de partir - sur le plateau d'Emparis par exemple ou en direction du col du Lautaret - en randonnée équestre. Randonnées à partir de 4 personnes. Et si vous ne vous sentez pas de partir plusieurs jours, partez en balade d'une heure ou d'une journée dans la plaine de Bourg-d'Oisans ou sur le plateau. Et si vous ne savez pas monter à cheval, Laurent, passionné par les attelages, propose de superbes promenades en calèche.

AURIS

Auris-en-Oisans est une station de ski conviviale et familiale, reliée à l'Alpe d'Huez Grand Domaine, qui se situe à 1 600 m d'altitude. Panorama exceptionnel depuis la station qui se revendique à juste titre « balcon de l'Oisans » et vous fera rêver encore un peu plus avec une mer de nuages dans la vallée. Auris, station qui se modernise, alliant à la fois les plaisirs du grand ski (Grand Domaine accessible en 10 min) et l'ambiance familiale d'une station à taille humaine (aménagements pour les skieurs débutants). Pour les non skieurs, il est possible de se promener avec un guide été comme hiver (raquettes) en plus de nombreuses animations gratuites.

ECO MUSEE DES COURS

Hameau des Cours
✆ 04 76 80 13 52
Ouvert en juillet et août, tous les mardis et vendredis. Gratuit.

Un musée pour découvrir la vie rurale d'autrefois dans les montagnes de l'Oisans. Une étable voûtée dans une vieille maison de montagne – à quelques kilomètres à l'est de Bourg-d'Oisans, au hameau des Cours – sert de cadre à ce petit musée gratuit qui expose de multiples objets de la vie d'antan : ustensiles agricoles, mobilier, objets du quotidien… Dans le cadre magnifique du village des Cours, petit hameau d'exploitants agricoles, on se laisse prendre par ces objets et des expositions retraçant le passé d'Auris. Chaque été, une nouvelle exposition à découvrir.

AUBERGE DE LA FORÊT**

Hameau les Cours
✆ 04 76 80 06 01
https://auberge-auris.fr
9 chambres. Chambres de 80 à 200 € Wifi gratuit. Restauration.

Le hameau des Cours se trouve à 5 min de la station d'Auris-en-Oisans, reliée au grand domaine de l'Alpe-d'Huez. L'Auberge de la Forêt, installée dans une ancienne ferme du XIXe siècle, est une affaire familiale tenue par des globe-trotters. Une maison disposant de 9 chambres simples mais de bon goût, d'un local à vélo et d'un local à ski. La table de cette auberge est une autre belle découverte. L'été sur une magnifique terrasse, l'hiver dans une chaleureuse salle voûtée avec cheminée, spécialités montagnardes et autres. Une adresse comme on les aime.

LES BALCONS D'AUREA

Les Orgières
✆ 04 76 79 65 66
www.odalys-vacances.com
2 pièces 4 pers. à partir de 399 €. Wifi. Hammam, sauna.

Résidence de tourisme dernière génération au pied des pistes, reliées avec l'Alpe d'Huez Grand Domaine. Une résidence signée Odalys qui a pensé à notre bien-être en intégrant un parking souterrain, un espace fitness, un espace détente, mais encore une belle piscine chauffée couverte gratuite d'accès pour les résidents. Du 2 pièces pour 4 personnes à l'appartement de 3 pièces pour 8, les prestations de qualité offrent un séjour des plus agréables dans cette station à taille humaine qui permet de profiter de toutes les installations d'un grand domaine.

ALPE D'HUEZ ★★★

L'Alpe d'Huez offre l'un des plus grands domaines skiables de France avec 250 kilomètres de pistes sur un dénivelé de 2 223 m, pour 10 000 ha de grands espaces ! Un domaine prestigieux où tous les skieurs peuvent se faire plaisir : les débutants avec deux espaces adaptés, larges et sécurisés au pied des pistes, et les skieurs confirmés avec 5 itinéraires de près de 10 000 m de dénivelé au total, 70 itinéraires hors pistes, des pistes mythiques comme le Tunnel qui traverse la montagne et la Sarenne avec 16 km de descente. L'Alpe d'Huez, c'est un domaine relié à la station-village, pour un retour en douceur vers d'autres activités sportives et culturelles.

ALPE-D'HUEZ TOURISME

Place Paganon
✆ 04 76 11 44 44
www.alpedhuez.com

Ouverture selon saison. Haute saison, tous les jours et les jours fériés de 9h à 19h.

Un maximum de soleil et d'activités pour une montagne d'émotions. 300 jours de soleil par an sur ce plateau exposé plein sud, le rêve en toute saison. Tous les jours, une activité différente ! L'Alpe d'Huez, du village à 1 450 m au Pic Blanc à 3 300 m, c'est le plus grand domaine de loisirs au monde. Station de ski Grand Domaine toutes glisses en hiver, les pentes de l'Alpe d'Huez se transforment en terrain de glisse pour VTT en été. Tous les sports, toutes les activités culturelles et de détente, tous les événements sont à découvrir avec Alpe d'Huez Tourisme.

ÉGLISE NOTRE-DAME-DES-NEIGES

77, chemin de la Chapelle
✆ 04 76 80 97 05

Haute saison : ouvert tous les jours de 8h30 à 19h.

Inaugurée en décembre 1969, Notre-Dame-des-Neiges est remarquable par son architecture en forme de tente, son orgue en forme de main tendue et ses 13 vitraux réalisés par l'artiste peintre Arcabas. Des visites commentées sont organisées par le musée d'Huez et de l'Oisans tous les mardis à 17h30 en hiver et 18h en été. Des concerts de musique classique y sont donnés tous les jeudis soir en saison, hiver comme été. Les messes ont généralement lieu le dimanche à 18h.

HÔTEL LES GRANDES ROUSSES***** €€

425, route du Signal
✆ 04 76 80 33 11
www.hotelgrandesrousses.com

Ouvert toute l'année. Chambre double à partir de 150 €. Petit déjeuner inclus. Restauration. Spa.

Un hôtel parmi les incontournables de la station puisqu'il nous situe au cœur de l'Alpe d'Huez. Rénové par la famille Collomb, propriétaire de l'hôtel depuis plus de 60 ans, pour une montée en gamme des plus réussies, Les Grandes Rousses proposent un emplacement idéal et des prestations de grand standing. Chambres spacieuses, douillettes et parfaitement équipées pour un séjour sans nuages. Cuisine de terroir raffinée réalisée à partir de produits locaux. Une grande adresse.

MUSÉE D'HUEZ ET DE L'OISANS

70, avenue de Brandes ✆ 04 76 11 21 74
www.alpedhuez-mairie.fr

Ouvert déc à avril et juillet/août tous les jours sauf dimanche (sauf 1er dim du mois) 10h-12h et 14h-19h. Gratuit.

Installé au Centre des Congrès, au cœur de la station, ce musée présente au mieux les arts et les traditions de ce canton de montagne, la vie des mineurs qui exploitèrent les mines d'argent de Brandes et plus généralement la vie en haute montagne et l'essor des sports d'hiver. Un beau parcours pour mieux comprendre le quotidien des habitants de l'Oisans, leur vie sous tous ses aspects. Avec des maquettes et une scénographie ludique, c'est un voyage dans le temps qui nous est offert.

HÔTEL PIC BLANC**** €€

90, rue du Rif Briant ✆ 04 76 11 42 42
www.hotel-picblanc-alpes.com

Ouvert de début décembre à fin avril. 92 chambres. Chambre double à partir de 200 €. Wifi gratuit. Restauration. Spa.

Face aux montagnes, au pied des pistes, le Pic Blanc nous offre le meilleur de l'expérience Alpe d'Huez en toutes saisons. Belle maison revêtue de bois et intérieur chaleureux pour un séjour sans nuage. Chambres spacieuses haut de gamme pour se prélasser après une journée d'activités outdoor. Avant le repos, la détente avec un superbe spa Pure Altitude. Bar Chartreuse pour déguster d'excellents cocktails et restaurant Les Terrasses du Rif Briant, situé au-dessus d'une chute d'eau, pour savourer une cuisine traditionnelle et de délicieuses spécialités régionales.

Grand Domaine de l'Alpe d'Huez.

ROYAL OURS BLANC HOTEL & SPA**** €€

65, avenue des Jeux ✆ 04 76 80 35 50
www.hotelroyaloursblanc.com

Ouvert mi-décembre à avril. 46 chambres. Chambre double à partir de 180 €. Petit déjeuner inclus. Restauration. Spa.

Le Royal Ours Blanc se distingue par son allure unique. Son architecture en nid d'abeilles fait partie du patrimoine de l'Alpe d'Huez. Le boutique-hôtel a su se donner une nouvelle jeunesse pour offrir tout le confort actuel dans une ambiance cocooning. Depuis l'hôtel, toutes les activités extérieures sont très facilement accessibles, mais il est possible de profiter des activités à l'intérieur de l'hôtel, à commencer par le spa Pure Altitude. Adresse idéale pour des vacances royales.

AU CHAMOIS D'OR***** €€€

169, rue de Fontbelle
✆ 04 76 80 31 32
www.chamoisdor-alpedhuez.com

Ouvert de décembre à avril. 40 chambres. Chambre double à partir de 225 €, petit déjeuner inclus. Suites. Spa.

5 étoiles et 1 000 attentions pour cet hôtel-restaurant au sommet. Une maison haut de gamme qui donne une dimension supplémentaire à la meilleure station de ski d'Europe. Au pied des pistes, impossible de ne pas remarquer la beauté des boiseries sculptées en terrasse et sur les balcons. Au Chamois d'Or s'ouvre pleinement sur la beauté des montagnes, tout en offrant un authentique refuge douillet, un véritable cocon de bien-être avec des prestations de grande qualité. Spa Nuxe et restaurant gourmand. Un Chamois d'Or qui nous fait bondir de plaisir.

CLUB MED ALPE D'HUEZ €€€

Route de l'Altiport
✆ 04 76 79 75 70
www.clubmed.fr

442 chambres. Séjours tout compris, la semaine à partir de 1 248 €/adulte.

Il n'est pas fréquent que le *Petit Futé* vous conseille de réserver dans un resort comme le Club Med. Mais celui-ci, installé sur les hauteurs de l'Alpe d'Huez, vient tout juste de rouvrir ses portes après une rénovation complète. Résultat : il est devenu le fleuron du groupe français dans les Alpes ! 4 Tridents largement mérités pour un resort premium ouvert hiver comme été. Architecture contemporaine du meilleur goût s'intégrant parfaitement à l'univers montagnard. Coup de cœur pour les activités bien-être. Une bulle de bonheur.

DARIA-I NOR***** €€€

Domaine de L'Eclose
✆ 04 76 80 68 28
www.hotel-dariainor.com

37 chambres et 9 suite. Chambre double de 300 à 600 €. Wifi. Restauration. Spa.

Le Daria-i Nor, c'est le nom du plus beau diamant du monde, mais aussi un joyau 5 étoiles qui brille sur l'Alpe d'Huez. Une superbe maison très haut de gamme qui a le bon goût d'avoir été éco-conçue pour respecter son environnement. Tout est calme, luxe et volupté dans un décor aux matériaux nobles et naturels. Tout est soigné jusque dans les moindres détails et tout est mis en œuvre pour le plus grand bien-être de celles et ceux qui séjournent ici. Spa pour se détendre et restaurant L'Améthyste. Une adresse au sommet pour faire rayonner l'Alpe d'Huez.

L'1 PRES VUE €€

L'éclose, route du 93 R.A.M.
✆ 04 76 79 89 79

Ouvert en saison, tous les jours midi et soir. Formule jour 19,90 €.

L'enseigne offre un jeu de mots qui reflète l'esprit joyeux et convivial régnant à cette adresse. À l'Eclose, L'1 près vue nous régale par sa bonne humeur et sa bonne cuisine à base de produits frais et d'une cuisson au feu de bois qui donne une saveur inimitable aux grillades et pizzas maison. Ardoise du jour pour se faire plaisir en variant les spécialités de nos montagnes pour partager de bons moments. Pour le vin, le bourgogne est tout indiqué (et ça plaira au patron !) avec une belle sélection de bouteilles sur une carte gourmande à l'image de l'adresse.

CHALET DU LAC BESSON €€

Boulevard des Lacs
✆ 04 76 80 65 37

Restaurant d'altitude ouvert en saison été/hiver. Ouvert le soir sur résa transport en chenillette (tout compris).

Impossible de ne pas tomber sous le charme du décor incroyable de ce chalet d'altitude (accès piéton ou ski par le 1er tronçon) situé au milieu des lacs. Terrasse des plus agréables afin de profiter du spectacle, transats, détente, ski-bar assuré. Côté cuisine, les spécialités de la maison sont les grillades au feu de bois, d'incroyables brochettes suspendues, des cuissons sur grill de table et de savoureux desserts. Le soir, possibilité de monter en chenillette (sur réservation) pour passer une soirée d'exception. Une belle découverte.

LA PLAGE DES NEIGES €€

2322, route des Lacs

✆ 04 76 80 39 56

Haute saison : ouvert tous les jours de 9h à 17h30.

Sous la neige de l'Alpe d'Huez, la plage ? Été comme hiver, la Plage des Neiges compte parmi les meilleurs restaurants d'altitude depuis plus de 40 ans. Superbe terrasse sur les montagnes et des bulles étonnantes qui nous permettent de manger à l'abri tout en admirant le paysage. Ambiance conviviale, décor chaleureux, accueil et service agréable pour faire une pause gourmande à de larges horaires en saison. Snacking pour les skieurs pressés, mais aussi des plats mijotés réalisés avec de bons produits. Une Plage à partager sous le soleil de l'Alpe d'Huez.

LE SPORTING €€

207, avenue des Jeux

✆ 04 76 80 33 45

Ouvert en saison et sur demande. Haute saison, tous les jours de 9h à 4h. Réservation recommandée. Carte 35 € environ.

A l'Alpe d'Huez, pas la peine de se demander où manger, où boire un verre, puisqu'on va au Sporting ! Au cœur de la station, le Sporting est une institution locale qui va fêter ses 25 ans cette saison ! Avec l'excellent Thierry et la ravissante Radia à la tête d'une équipe aux petits soins, cette adresse fait référence. A table, c'est une succession de choix délicieux entre spécialités de montagne et plats plus exotiques, sans oublier des viandes merveilleuses et des desserts maison. Carte des vins et cocktails. Plaisir en continu au Sporting.

L'ESPERANCE €€€

425, route du Signal

✆ 04 58 19 20 03

www.hotelgrandesrousses.com

Ouvert tous les jours le soir. Menus de 45 € à 70 €. Menu enfant : 25 €.

L'Espérance en station, c'est de trouver un restaurant à la hauteur ! *Futé* vous recommande de pousser la porte de l'hôtel Les Grandes Rousses pour découvrir un restaurant au pied des pistes, ouvrant ses larges vitres sur les montagnes. La cuisine d'inspiration bistronomique du chef enchantera tous les gourmands. Du foie gras de canard confit en passant par le demi-homard "Thermidor", sans oublier les tartiflette, raclette et fondue savoyardes, c'est un régal absolu jusqu'aux desserts maison. Passez de l'espoir à la satisfaction en découvrant ce restaurant.

SMITHY'S TAVERN

Route du Coulet

✆ 04 76 11 32 29

www.smithystavern.com

Haute saison : ouvert tous les jours à partir de 18h. Happy hours.

Une institution de la station. Avis à tous les skieurs à la recherche d'une nuit animée, le Smithy's Tavern est le bar qu'il vous faut, en place depuis plus de 25 ans ! Avec une carte de cocktails et de bières tout aussi alléchante qu'abordable, le Smithy's Tavern vous régale aussi avec des burgers et d'autres plats. Soirées thématiques pour trouver votre bonheur. Dansez sur des rythmes électro pop et toutes les tendances du moment dans une ambiance déjantée… Avec une équipe toujours prête à faire la fête, vous y passerez une soirée inoubliable !

ALPE-D'HUEZ TOURISME

Place Paganon

✆ 04 76 11 44 44

www.alpedhuez.com

Ouvert toute l'année. Haute saison : tous les jours de 9h à 19h. Se renseigner hors saison.

A l'Alpe d'Huez, tout est servi sur un plateau. Un plateau en altitude qui devient, en toute saison, un immense terrain de jeu pour pratiquer sports et activités de loisirs et de détente dans les meilleures conditions. Avec 300 jours de soleil par an, l'Alpe d'Huez s'étend vers les montagnes pour nous faire profiter du plus grand domaine skiable. 250 km de pistes sur 2 200 m de dénivelé, 10 000 ha de neige dont 840 skiables à parcourir pour des sensations incroyables. En plus de ces nombreuses pistes, dont la fameuse piste de Sarenne (16 km, la plus longue piste noire d'Europe avec plus d'une heure de descente !) ou la piste du Tunnel (traversant la montagne et débouchant sur un mur vertical avec 35 % de pente !), l'Alpe d'Huez Grand Domaine Ski (5 stations et 2 villages) propose de nombreux espaces ludiques et un domaine hors-piste exceptionnel avec près de 70 itinéraires. En été, les pentes s'agrandissent encore en offrant 2 610 m de dénivelé aux vététistes. La Mégavalanche, et ses 30 km, propose la plus longue piste de descente du monde ! Et Grande Galaxie VTT devient le plus grand site VTT en France. C'est un impressionnant éventail d'activités que l'on nous propose : piscine, escalade, fitness au Palais des Sports, patinoire, golf, sports aériens comme le parapente, sans oublier l'un des sports emblématiques de la station : le cyclisme sur route et les mythiques 21 virages. Enfin, la station accueille très régulièrement de grands événements. L'Alpe d'Huez, un inépuisable terrain de plaisirs.

ISÈRE

BALADES EN TRAÎNEAUX À CHIENS

736, route des Lacs
© 06 03 65 15 61
www.secondsouffle.fr
Balades 60 €/adultes, 35 €/-12 ans 30 minutes, 80 €/adultes, 40 €/-12 ans 45 minutes.

L'Alpe-d'Huez n'est pas la Laponie, mais vous pouvez y vivre une aventure nordique en partant en balade en traîneau à chiens. Votre musher vous embarque pour une virée décoiffante dans la poudreuse. Le long des sentiers pédestres recouverts de neige, vous profitez de la vitesse et de la féerie du paysage au rythme de la course des huit chiens attelés. Vous pouvez aussi pratiquer le ski-jöering, tiré par un cheval... Une alchimie entre montagne, neige et connivence avec les animaux.

ESPACE MOTO NEIGE

Rond point des Pistes
© 06 88 51 69 06
www.espacemotoneige.com
Ouvert de janvier à avril. Haute saison : ouvert tous les jours.

Espace Moto Neige, c'est tout simplement le parc le plus important de motoneige des Alpes et une équipe de professionnels qui vous emmène à la découverte, en journée et en soirée, des plus beaux paysages de l'Alpe d'Huez avec une randonnée vers les sommets à 2 500 m d'altitude. Pour votre confort, les motos sont équipées de sièges et de poignées chauffants et de chauffe-pieds pour le conducteur et le passager. Équipé de casque intégral, on part seul ou à deux vers les grands espaces. Un voyage à partager entre amis, des instants magiques et inoubliables.

EVODRIVER

80, rue du 93ème Régiment d'Artillerie de Montagne
© 06 08 06 67 22
www.evodriver.fr
Haute saison : ouvert tous les jours. Baptême piste 3 tours : 50 €. Cours conduite hivernale : 170 €.

Avec Evodriver, on peut apprendre à conduire sur surface ultra-glissante ou se perfectionner auprès de professionnels qui ont plus de 25 ans de métier. Un apprentissage ludique, un coaching à la hauteur de vos ambitions sur un circuit de 856 mètres avec 5 virages, le plus technique de France en la matière, qui pourra nous éviter de mauvaises manœuvres un jour de grand froid. Une conduite accessible à tous les publics pour un apprentissage pratique auquel on prend vite plaisir. Organisation de séminaires personnalisés, création et encadrement d'événements.

LA FOLIE DOUCE

Télésiège Marmotte
© 04 76 80 32 36
www.lafoliedouce.com
Haute saison : ouvert tous les jours de 9h à 16h30.

Présente dans 8 stations françaises, La Folie Douce est *the place to be* pour s'amuser et danser les chaussures de ski aux pieds entre deux descentes (et on ne vous dit pas quelle descente...), et pas seulement pour boire un verre en écoutant un DJ set de folie tout en s'agitant au soleil sur la terrasse à l'après-ski (les festivités commencent à 14h30). La Folie Douce, c'est aussi un restaurant, La Fruitière. C'est simplement fou et ça fait bouger l'Alpe d'Huez. Terroir savoureux à table, ambiance festive sur la terrasse VIP où le feu monte après le déjeuner..

LES DEUX-ALPES ★★

Association de deux communes : Vernosc et Mont-de-Lans. Les équipements ont grimpé jusqu'à un glacier sommital et les services se sont multipliés pour une clientèle très diversifiée. On monte par télécabine, en 8 min, du village de base et fondateur de Vénosc-Vénéon, où l'on pratique le ski nordique au bord de l'eau dans la forêt. Depuis longtemps, les Deux-Alpes, avec 410 ha de pistes balisées, ont su jouer les pilotes européens pour les nouvelles glisses : le snowpark, des spots hors piste et hors du commun. L'été ouvre une centaine de kilomètres de pistes de VTT et un superbe Bike Park, sans oublier la piscine, le trail, les randos...

Route de montagne.

ISÈRE

GROTTE DE GLACE

✆ 04 76 79 75 01
www.grottedeglace.com
Ouvert au même horaires que les remontées mécaniques.

Il s'agit de la plus haute, à près de 3 400 m d'altitude sur un authentique glacier, et de la plus grande grotte de glace au monde ! Elle a été creusée en 1993 par deux guides de haute montagne, Bruno Gardent et Bernard Lambolez, et permet de pénétrer à l'intérieur du glacier ; qui ne cesse de fondre, sous 30 m de profondeur ! Chaque année, des sculpteurs renouvellent les figures sur glace avec en vedette les dinosaures et les dragons... Grandiose ! Une grotte de glace se visite également dans le même massif dans la station de l'Alpe-d'Huez.

LE CHAMOIS LODGE €€

110, avenue de la Muzelle
✆ 04 76 80 51 31
www.chamoislodge.fr
Ouvert en saison. 20 chambres. Haute saison, chambre double de 140 à 160 €. Petit déjeuner inclus. Wifi gratuit.

Le Chamois Lodge n'est pas tout à fait un hôtel. D'ailleurs, il se présente plus volontiers comme un restaurant avec chambres. D'habitude, c'est l'inverse. Un lieu d'une grande modernité tant dans les lignes étonnantes – fresques, objets insolites... – que dans le concept. Un lieu de vie où l'on peut rester dormir. Bar ouvert toute la journée dans un esprit de convivialité. Belle terrasse ensoleillée pour la journée. Le soir, feu de cheminée au salon autour d'un bon plat de saison accompagné d'un verre de vin. Une autre façon de séjourner aux Deux-Alpes.

HOTEL LE SOULEIL'OR*** €€

10, rue Grand Plan
✆ 04 76 79 24 69
www.le-souleil-or.fr
42 chambres. Été, chambres doubles de 140 à 180 €, pdj inclus. Hiver, B&B de 184 à 316 €. Restaurant. Spa.

Le soleil brille sur les Deux-Alpes et sur vos vacances. Normal, vous avez réservé votre séjour à Souleil'Or. Emplacement idéal, face à la montagne, au cœur de la station. L'hiver, votre balcon s'ouvre sur les pistes de ski qui descendent jusqu'au pied de l'hôtel. L'été, la terrasse est un enchantement, surtout quand on vient de se baigner dans la piscine à débordement ! 42 chambres de grand confort et parfaitement équipées. Autre bonheur des lieux : le restaurant Le Shakisky. Laissez le soleil entrer dans votre vie et réservez votre séjour au Souleil'Or.

HÔTEL LES FLOCONS €€

9, rue Cairou ✆ 04 76 80 51 79
www.hotel-deuxalpes.com
Famille Plus. Ouvert en saison d'été et d'hiver. 20 chambres. Chambre double à partir de 90 €. Petit déjeuner inclus.

Pour un bon séjour aux Deux-Alpes, *Futé* vous conseille d'abord de passer par Les Flocons avant de regarder briller les étoiles. Dans un cadre traditionnel, Les Flocons nous apportent depuis 1969 convivialité, confort et chaleur. Au cœur de la station, à quelques mètres des remontées mécaniques, cette maison offre 20 chambres confortables et récemment refaites (plus douillettes), certaines ouvrant leur balcon sur les sommets du Parc national des Écrins. Chacun se retrouve au salon autour du billard. Petit déjeuner servi sous forme de buffet à volonté.

LES MÉLÈZES*** €€

17, rue des Vikings ✆ 04 76 80 50 50
www.hotelmelezes.com
Ouvert du 1er décembre au 30 avril. 34 chambres. Chambre double de 160 à 320 €. Wifi gratuit. Restauration. Spa.

Au cœur de la station, en front de neige, un chalet de charme doux et chaleureux. Tenue par la même famille depuis sa fondation en 1968, les Mélèzes est une maison d'exception perpétuant le meilleur de la tradition hôtelière. Dans un décor aux allures contemporaines mêlant matériaux nobles et confort, l'établissement se renouvelle sans cesse. Gentillesse de l'accueil, professionnalisme du service, tout est mis en œuvre pour votre détente et votre plus grand bonheur. Côté restaurant, une carte où les saveurs du terroir et les produits frais sont bonifiés.

CHALET MOUNIER**** €€€

2, rue de la Chapelle
✆ 04 76 80 56 90
www.chalet-mounier.com
De fin juin à fin août. De mi-décembre à fin avril. Chambres à partir de 100 €/pers/jour. Restauration. Spa.

Une ferme-auberge construite il y a un peu plus de 140 ans dont une partie des murs abrite l'un des plus beaux hôtels des Alpes ! Depuis 5 générations, la famille Mounier veille au bien-être de ses visiteurs. En conservant « l'esprit montagne » et convivial des lieux, le Chalet Mounier s'est transformé en hôtel aux prestations haut de gamme avec spa et restaurant gastronomique étoilé. Piscines chauffées, hammam, sauna, bain à remous, salle de fitness, soins de bien-être, sans oublier les plaisirs de la table et la beauté des alpages. Une adresse d'exception.

ISÈRE

LE BOUTON D'OR €€€

47, route du Petit Plan
✆ 06 81 55 82 23
www.chalet-2alpes.com
Ouvert été et hiver. Chalet avec possibilité de demi-pension. Tarifs : 1 500 €/sem en été à 4 500 €/sem en hiver.

Plutôt que de s'enfermer dans un studio cabine ou dans une chambre d'hôtel, convoquez vos amis et louez le Bouton d'Or. Sur les hauteurs des Deux-Alpes, un superbe chalet en bois, luxueux par sa décoration et ses prestations, offrant un cocon au style montagnard à sa dizaine d'occupants. Outre ses balcons avec vue panoramique pour profiter du soleil été comme hiver, le chalet dispose d'un vaste séjour bien équipé et de chambres douillettes. Formule en demi-pension pour les gourmands. Un Bouton d'Or pour illuminer votre séjour à la montagne.

LE RAISIN D'OURS €€

98, avenue de la Muzelle
✆ 04 76 79 29 56
le-raisin-dours-les-deux-alpes.eatbu.com
Ouvert toute l'année. Tous les jours le midi et le soir. Carte 35 € environ. Menu du jour.

© JESSEL MYRIAM

Le Raisin d'Ours, du nom d'une plante qui se plaît dans nos montagnes, a vu le jour il y a 6 ans sur l'avenue qui traverse Les Deux Alpes. Agréable terrasse pour profiter du bon ensoleillement de la station et salle chaleureuse aux différentes teintes de bois. Grande convivialité assurée autour des tables. Une adresse familiale avec père et fils en cuisine, pendant que madame s'occupe de la salle. Quelques plats alsaciens traditionnels, liés aux origines de la famille, mais surtout des spécialités montagnardes, comme la fondue savoyarde. Belle sélection de vins.

LE P'TIT POLYTE €€€

2, rue de la Chapelle
✆ 04 76 80 56 90
www.chalet-mounier.com
1 étoile Michelin. Ouvert du mardi au samedi le soir. Menus de 86 à 132 €.

L'étoile brillante des Deux Alpes. Le P'tit Polyte, du nom du grand-père d'Alban Mounier actuel propriétaire des lieux, a tout d'une grande table. Cadre enchanteur d'un restaurant dont la salle marie la chaleur naturelle des boiseries blondes et le confort de sièges en velours rouge. Un cadre à la hauteur de la nature environnante pour mieux mettre en valeur la cuisine du duo Tanguy Rattier et Juan Leiro. Menu Végétal... mais pas que avec de superbes associations de saveurs. Carte des vins d'exception avec plus de 500 références. Coup de cœur rempli d'étoiles.

CASA NOSTRA €

106, avenue de la Muzelle
✆ 04 76 79 29 10
Fermé mai à mi-juin et sept/nov. En hiver, ouvert tous les jours, non-stop de 12h à 0h. En été, resto fermé les midis.

Au cœur des Deux-Alpes, la beauté est partout. Chez Alexandre Poujol, corse passionné de cuisine, l'accueil est toujours souriant pour partager de bons moments. Fraîcheur des produits avec des plats au déjeuner qui changent au jour le jour selon les produits de saison dans une formule, café compris, au meilleur prix. Cuisine au goût du jour du chef Stéphane Maennlein. Casa Nostra, c'est aussi l'une des plus belles cartes de vins et cocktails. Sans oublier les spécialités de nos montagnes, fondue et raclette étant naturellement accompagnées de charcuterie corse.

DOUME'S LODGE €€

7, place de Venosc
✆ 04 76 79 25 76
www.doumeslodge.com
Ouvert tous les jours de 11h à 2h. Carte : 30 € environ. Pizzas au feu de bois à partir de 11.50 €.

Au Doumé's, on aime les blaireaux - il y a même une boutique à ce nom -, mais on ne vous prend pas pour des blaireaux ! Au Doumé's Lodge, c'est toute une famille qui prend soin de vous, puisque Quentin et Clément Durand tiennent la maison fondée par leur père en 1992. Le choix d'une terrasse totalement unique avec son bain norvégien. A l'intérieur, c'est le décor qui est chaleureux. Apéros qui se prolongent grâce à une très belle carte de vins et de champagnes. Côté cuisine, les plats sont réalisés à partir de produits régionaux. Concerts.

ISÈRE

LE MAZOT €€

7, place des Arcades ✆ 04 76 79 03 06

Ouvert Toussaint et du 1/12 au 31/08. En hiver, ouvert tous les jours, toute la journée. Spécialités à partir de 16 €.

A l'altitude 1800 des Deux Alpes, près des remontées mécaniques et facile d'accès en toute saison, Le Mazot nous procure chaleur, bonne humeur et belle cuisine. Agréable terrasse, salle boisée, accueil adorable et ambiance familiale pour une grande convivialité. Le chef François, originaire de Valenciennes, prépare aussi bien d'excellentes frites maison ou une étonnante Marolette du Nord que les spécialités traditionnelles de nos montagnes : raclette à l'ancienne, fondue du Mazot, tartiflette... et un Chapeau Tatare pour cuire les viandes. Un Mazot à partager.

LA RHUMERIE

89, avenue de la Muzelle

✆ 06 22 82 09 88

www.larhumeriedesdeuxalpes.fr

Ouvert en saison hiver et été, tous les jours de 17h à 2h.

L'aventure continue sur l'île des pirates de la Rhumerie. Décor en étroite relation avec le thème, pirates au service, sans parler des boissons qui tiennent les promesses de l'enseigne ! Des rhums avec une carte aux trésors de 110 rhums de toutes origines ! Sans oublier un fameux rhum arrangé maison dont vous nous donnerez des nouvelles. Et puis la route du Rhum n'est pas une voie unique, il y a aussi des cocktails, des bières... Un autre spot incontournable de la station et une grande gentillesse des patrons (pardon, du capitaine et de ses matelots).

POLAR BEAR PUB

104, avenue de la Muzelle

✆ 04 76 80 54 96

https://fr.thepolarbearpub.com

Ouvert en saison. L'hiver de 13h à 2h. L'été de 17h à 2h.

Ce n'est pas sur la banquise du glacier des Deux-Alpes que l'on trouve un ours polaire, mais dans la station ! Un pub installé dans un joli chalet de l'avenue de la Muzelle, un incontournable des soirées locales. Ambiance chaleureuse, clientèle internationale pour boire de bonnes bières et écouter de la bonne musique en live. Un bon vin chaud après le ski, une bonne Guinness et un large choix de « craft beers ». Pour les amateurs de bière, mais aussi pour savourer un cocktail maison avant de manger une spécialité toute britannique.

LA FROMAGERIE

85, avenue de la Muzelle

✆ 04 76 79 82 78

Ouvert tous les jours de 10h à 13h et de 15h à 19h30.

La tradition, ça a du bon. Et même du très bon quand on entre à la Fromagerie au cœur des Deux Alpes. Une institution de la station créée il y a 50 ans environ et reprise depuis 12 ans par l'excellent Sylvain. Une Fromagerie comme un véritable écrin gourmand où sont proposés - et servis avec conseils avisés (formation régulière par des MOF) et sourire - les meilleurs produits d'épicerie, des fromages, des vins et des spiritueux de nos montagnes. Délicieux beaufort d'alpage et surprenante liqueur de Chartreuse maison (4 variétés). Incontournable.

PUB WINDSOR

70, avenue de la Muzelle

✆ 04 76 79 22 95

Ouvert en même temps que la station. Ouvert tous les jours de 9h à 2h. Wifi. Terrasse.

Il n'y a pas que pour les sujets de sa très gracieuse majesté que le Windsor s'est transformé au fil du temps en seconde maison ! Le Windsor, c'est une figure historique de la station, puisque nous tenons là le tout premier bar du village, ouvert il y a plus de 20 ans. Les propriétaires ne sont plus les mêmes, mais la tradition perdure. Au plafond, des billets venus de tous les horizons et dans la salle, une ambiance très cosmopolite. La terrasse nous prend dans ses filets tôt le matin et le Windsor ne nous laisse plus repartir... Une valeur sûre de la station.

LA MARJOLAINE

114, avenue de la Muzelle

✆ 06 72 02 36 09

www.lamarjolaine-chocolaterie.com

Ouvert tous les jours de 9h à 12h30 et de 15h à 20h. Vacances scolaires de 9h à 19h30

Adresse incontournable de la station des Deux-Alpes, la chocolaterie La Marjolaine fait le bonheur des gourmands depuis 1959. Un des tout premiers commerces du plateau, créé par le grand-père René Buatois, où se sont succédé trois générations de chocolatiers. Ce sont aujourd'hui Sylvain Buatois et sa femme Audrey qui perpétuent la tradition familiale avec passion, s'appuyant sur une grande majorité de produits régionaux tels que les noix de Grenoble, le génépi, les myrtilles... Dans un décor rétro, on peut s'offrir une agréable parenthèse sucrée.

2 ALPES SPORT EMOTION

33, avenue de la Muzelle
✆ 04 76 79 20 93
www.2alpes-sportemotion.com
Ouvert de début décembre à fin avril et de mi-juin à fin août. Ouvert tous les jours de 8h30 à 19h30.

Des vacances réussies à la montagne, ça commence par un bon équipement ! Dans une station où la montagne est reine, voici 5 magasins pour vivre pleinement toutes les émotions. Un immense espace de vente avec toujours plus de choix. Vente et location : en hiver tout le matériel de ski et de snowboard, des raquettes, du matériel d'alpinisme, d'escalade et de télémark ; en été des VTT de descente, du matériel de via ferrata et de randonnée. De véritables spécialistes à l'écoute de vos besoins et de vos envies pour partir à l'assaut des montagnes.

LE BUREAU DES GUIDES

Place des 2 Alpes
✆ 04 76 11 36 29
www.guides2alpes.com
Haute saison : ouvert tous les jours de 15h30 à 18h30.

Une équipe de guides qui organisent des stages ou des sorties à la journée pour découvrir la haute montagne ou les cascades de glace. Des stages d'initiation et de perfectionnement vous permettront d'appréhender cette activité. Avec un apprentissage approprié et un matériel adéquat, vous gravirez des cascades de glace dès le premier jour d'initiation. Les guides organisent aussi des sorties en raquettes, des stages de ski de fond, des virées de ski alpin en hors-piste, du ski de randonnée – activité tendance – et du ski nordique.

DOMAINE SKIABLE

www.les2alpes.com

Si la station est réputée pour son ski d'été avec son glacier à 3 600 m d'altitude, l'hiver permet de skier à tous les étages avec 2 300 m de dénivelé. Les Deux-Alpes, c'est un domaine qui ouvre les portes de 410 hectares de pistes balisées tous niveaux, mais l'ADN de la station, c'est le ski qui procure des sensations avec des dénivelés uniques au monde. La station est également réputée pour un exceptionnel Freestyle Land et les grands événements de glisse qu'elle accueille. L'étendue du domaine permet encore la pratique du ski hors-piste, toujours avec prudence.

GLACIER DES DEUX-ALPES

www.les2alpes.com
Accès au glacier de début décembre à fin avril, de mi-juin à fin août selon conditions climatiques.

Conséquence d'un réchauffement climatique de plus en plus visible en haute altitude, ce glacier – parmi les plus grands glaciers skiables d'Europe – perd de son épaisseur et ne permet plus avec certitude de skier en juillet/août. C'est donc une ouverture conditionnée aux températures qu'il faut surveiller pour se faire plaisir sur ce site unique. Après avoir emprunté le Jandri Express et un funiculaire sous-glaciaire, on pourra parcourir le Dôme de Puy-Sallié à 3 421 mètres d'altitude, ouvrant un panorama superbe depuis le Belvédère des Écrins.

LIVET-ET-GAVET

Livet-Gavet, c'est un peu la gardienne de la mémoire tourmentée de la valle de la Romanche. Lieu de passage incontournable vers l'Italie, Livet-Gavet a connu une profonde transformation avec l'avénement de la houille blanche et avec elle l'arrivée des industries métallurgique et papetières. Porte vers les stations de l'Oisans, la commune offre une halte bien agréable pour mieux découvrir l'histoire d'une région qui ne regarde pas que vers les montagnes. Plusieurs sentiers de randonnée partent depuis Livet-et-Gavet, dont un monte jusqu'aux hauteurs de Chamrousse, réservé aux bons marcheurs. Autre sentier à découvrir en direction du Lac Fourchu.

MUSÉE DE LA ROMANCHE

Route des Alpes
✆ 04 76 68 42 00
Ouvert toute l'année. Mardi, mercredi et vendredi de 15h à 18h (sauf jours fériés). Adulte 5 €, gratuit -10 ans.

Partez à la découverte de la géologie des Alpes et du patrimoine industriel de la Romanche, une vallée aux ressources incroyables dont l'homme a su tirer le meilleur parti pour faire naître des industries. Le musée de la Romanche présente la mise en valeur par l'homme de la vallée. On découvre la géologie particulière et l'histoire de cette vallée alpine, couloir de passage obligé. Les données naturelles, les ressources minérales, l'énergie hydraulique ou les réserves en bois ont suscité le développement de différentes formes d'industries au fil des siècles.

OZ

A moins d'une heure de Grenoble, Oz-en-Oisans (station la plus facile d'accès de l'Oisans) fait partie de ces paradis bien connus des amoureux d'une montagne dont les charmes sont restés intacts. Oz est d'abord un petit village de la vallée de l'Eau d'Olle. Mais ce village d'origine rurale, composé de 10 hameaux qui s'étendent entre 800 et 1 350 m d'altitude, a tourné ses activités vers la montagne pour le plus grand bonheur des passionnés d'alpinisme et de ski. Reliée au grand domaine de L'Alpe-d'Huez, Oz-en-Oisans a su rester une station-village à taille humaine, station dont le centre piéton et les nombreuses navettes depuis la vallée permettent « d'oublier » sa voiture le temps d'un séjour 100 % nature.

LA FERME D'OZ €€

Résidence Chalet des Neiges
✆ 04 76 11 05 49
www.lafermedoz.fr
Haute saison, tous les jours midi et soir. Carte. Menu hiver 32 €. Fondue à partir de 21 €.

La Ferme d'Oz fait partie de la résidence Chalet des Neiges et réserve un accueil chaleureux à tous ses visiteurs au pied des pistes face au télécabine de Poutran. La salle de restaurant au style montagnard permet de déjeuner en libre service avec une large sélection d'entrées, plats du jour, accompagnements et desserts. Sélection de viandes ou poissons, coin des ravioles ou spécialités montagnardes, sans oublier les burgers. Notez que La Cabane, côté terrasses, propose un service express en journée pour s'offrir une petite douceur en profitant du soleil.

MOONTAIN HOSTEL €

Rue du Clos du Pré
✆ 04 76 79 84 49
www.moontain-hostel.com
Ouvert en saison. Lits en chambres à partager ou privatisables à partir de 23 €. Restauration.

Moontain Hostel nous ouvre les portes du Grand Domaine de l'Alpe d'Huez à tout petit prix. Prêt ou pas à partager une chambre avec de parfaits inconnus ? C'est le principe de l'auberge de jeunesse nouvelle génération par Moontain Hostel. Nombreux services à disposition (location matériel ski, vélo..., achat forfaits), une belle offre de restauration sur mesure du petit déjeuner à la fondue au dîner, et pour les professionnels un espace séminaire et de coworking. Le plus : une équipe adorable qui vous mettra dans les meilleures conditions pour réussir votre séjour.

LA GRANGE €€

L'Alpette
✆ 04 76 11 03 66
Ouvert de début décembre à fin avril. Haute saison : ouvert tous les jours de 9h à 16h30. Plat du jour 14,90 €.

Une Grange telle qu'on en rêve dans nos montagnes des Alpes. Située sur le domaine skiable (accessible en télécabine et télésiège), cette Grange offre un petit paradis au coeur de l'Oisans. Sur un tapis de neige, la terrasse ensoleillée est une merveille où l'on vient pratiquer le « ski bar ». A l'intérieur, on peut s'installer dans sa « bulle ». Cuisine maison avec des pizzas généreuses cuites au feu de bois (rarissime pour un restaurant d'altitude), des plats bien préparés et des desserts maison qui prolongent notre envie de lézarder au soleil. Grange recommandée.

VILLAGE CLUB DU SOLEIL €€

L'Alpette Station ✆ 04 76 80 09 53
www.villagesclubsdusoleil.com
Ouvert en saison. 29 chambres. Tout compris à partir de 394 €/pers/semaine été et 809 €/pers/semaine hiver. Spa.

Profitez totalement de la magie d'Oz avec le Village Club du Soleil construit en 2017 et sa formule tout compris. Du véritablement « tout compris » (hébergement, pension complète, clubs enfants : clubs à partir de 3 mois, jardin des neiges, animations, mais encore en hiver forfaits de ski et prêt de matériel) pour des vacances sans mauvaises surprises côté budget. Après les activités, on se relaxe à l'espace détente. Chambres confortables et avec balcon dans deux bâtiments. La salle de restaurant s'ouvre sur les paysages de l'Oisans. Une formule « tout compris » XXL.

VAUJANY

Laissez-vous surprendre par Vaujany ! Un village abritant son propre domaine skiable au milieu des forêts de sapin (Oz Vaujany avec 53 km de pistes et 19 remontées mécaniques), station connectée à l'Alpe d'Huez Grand Domaine Ski. Vaujany propose de nombreuses activités en toute saison. Patinoire, Pôle Sports et Loisirs, 3 musées gratuits (Maison de la Faune, Espace Patrimoine, Musée EDF-Hydrelec), des sentiers de randonnée et de VTT... Sans oublier un paysage époustouflant quand on admire le panorama en direction de la cascade de la Fare, symbole incontournable du village. Authentique village de montagne et station moderne, Vaujany séduit.

ISÈRE

© L-SALINO

Le village de Vaujany.

MUSÉE EDF HYDRELEC

17, route du Lac
✆ 04 76 80 78 00
www.musee-hydrelec.fr

Ouvert du mardi au samedi et le 1er dimanche de chaque mois. Visite gratuite.

Grandiose, captivant et instructif ! Parce que ce Musée offre un spectacle impressionnant sur un site tout aussi impressionnant. Mais aussi parce que ce Musée EDF Hydrelec répond à toutes nos attentes sur l'énergie hydroélectrique, une énergie propre et renouvelable comme on l'aime. *Futé* vous conseille d'aller vite visiter ce lieu hors du commun qui explique aux visiteurs l'aventure de l'eau à l'électricité. L'eau, c'est la force naturelle des montagnes alpines. Une force que l'homme a appris à maîtriser au fil du temps pour créer une énergie durable. Sur le site merveilleux du lac du Verney, le Musée EDF Hydrelec propose une visite unique en France avec près de 450 objets de collection, du XIXe siècle (la fameuse machine de Clarke) à aujourd'hui. Mais plus qu'une simple présentation de ses collections inédites, c'est une véritable immersion dans l'univers de l'hydroélectricité que nous propose ce lieu surprenant. Avec la « Pyramide du temps », la salle des matériels et la salle des machines avec son spectacle son et lumière, tous les publics apprennent et se prennent au jeu de l'hydroélectricité. Au total, ce sont 900 m^2 de parcours permanent, 3 niveaux d'exposition et 1 panorama imprenable sur la centrale de Grand'Maison et le lac du Vernay qui sont offerts gratuitement aux visiteurs. Des dispositifs ludiques et interactifs sont présents dans le parcours permanent, et un livret de jeux est disponible pour les familles. Un musée impressionnant pour découvrir l'une des plus belles richesses des Alpes.

RÉSIDENCE LA CASCADE €€

17, route des Combes
✆ 08 92 70 23 40
www.maeva.com

2 pièces 4 personnes à partir de 449 € la semaine. Wifi.

Pour profiter pleinement de tous les plaisirs de Vaujany, été comme hiver, la résidence Maeva La Cascade propose un emplacement idéal et des prestations haut de gamme. L'emplacement idéal, c'est à proximité des pistes de ski, de l'ESF, mais aussi des restaurants et des commerces de la station village. Des appartements spacieux parfaitement aménagés. Piscine intérieure chauffée pour se détendre après une journée bien remplie, espace détente et salle de fitness pour repartir du bon pied. Réductions sur les forfaits ski et sur le matériel.

LA REMISE €€

7, place de la Fare
✆ 04 76 80 77 11
www.restaurant-laremise.com

Ouvert en saison. Ouvert tous les jours, sauf lundi en été, midi et soir.

Sur cette place entre deux « étages » de la station, non loin de la télécabine qui monte à l'Alpe d'Huez, la Remise profite d'un peu d'espace pour nous proposer une agréable terrasse. Dans cette ambiance montagnarde, on transmet des valeurs et des saveurs. Cuisine soignée élaborée avec des produits de qualité : pizzas maison cuites au feu de bois aux ingrédients remarquables, spécialités de nos montagnes ou plats traditionnels revisités. En dehors des heures de service, crêpes, gaufres, glaces et boissons. Une Remise à mettre dans son carnet de bonnes adresses.

POLE SPORTS ET LOISIRS

108, route des Combes
✆ 04 76 11 11 90
www.vaujany.com

Les horaires et tarifs varient en fonction des saisons et des activités.

En bas du village, l'Espace Loisirs est l'infrastructure qui fait de cette station reliée « Alpe-d'Huez Grand Domaine Ski » un village-station unique en son genre ! Car à Vaujany, on ne s'amuse pas que sur les planches en hiver ou en randonnant en été. A Vaujany, on profite d'un Pôle Sports et Loisirs hors du commun proposant une piscine, un espace forme, un espace détente et une salle polyvalente. Sans oublier la patinoire et le bowling. Un complexe qui mêle joies de l'eau et plaisirs de la détente pour le bonheur de toute la famille.

SPA DE LA FARE

108, route des Combes
✆ 04 76 11 11 90
www.mairie-de-vaujany.fr
Soins à partir de 15 €.

Aujourd'hui, un séjour à la montagne s'accompagne de moments de détente entre deux activités de loisirs. A Vaujany, le Pôle Sports et Loisirs permet de goûter à tous les plaisirs du bien-être, notamment à celui du spa. Un spa complet composé de deux bains bouillonnants, un sauna et un hammam, sans oublier les nombreux soins prodigués par des professionnelles (soin du corps et du visage, modelage californien, suédois, relaxant du corps, réflexologie plantaire, hydromassage, beauté des mains...) et la tisanerie pour prolonger le bonheur d'être au Spa de la Fare.

LA CORDEE €

Route de la Bérarde
✆ 04 76 79 52 37
www.hotel-la-cordee.fr
Ouvert toute l'année. Tous les jours le midi et le soir. Carte 25 € environ.

Sur la route de la Bérarde, quel plaisir de séjourner dans cet hôtel-restaurant-café littéraire et historique. Rendez-vous des alpinistes, randonneurs, skieurs, cyclistes, de tous les vrais amoureux de la montagne depuis 1907 et ceux qui sont en quête de sérénité et d'authenticité, La Cordée nous plonge dans le meilleur de l'univers montagnard. Les chambres reflètent la simplicité, un confort dans une véritable auberge de montagne. Côté restauration, familiale et à des prix vraiment attractifs, vous pourrez goûter aux spécialités du pays.

SAINT-CHRISTOPHE-EN-OISANS

Saint-Christophe est un village de haute montagne presque isolé. Seule une voie le relie au reste du monde, offrant aux vrais amoureux de montagne un lieu unique avec un territoire qui recouvre 1/5e de la superficie du Parc national des Écrins. L'endroit est étonnant et se situe au départ de nombreuses promenades. Les amateurs d'escalade ne seront pas en reste : depuis Saint-Christophe, les sites ne manquent pas. De Venosc, prendre la D530 jusqu'à Saint-Christophe et prolonger durant 10 km jusqu'à la Bérarde le long d'une route de caractère, avec de nombreux départs de belles randonnées. Point de vue sur les Écrins au hameau des Étages.

VÉNOSC

Dans la vallée du Véneon, à l'entrée du Parc national des Ecrins, Vénosc vous fait découvrir son village typiquement montagnard intégré dans la commune des Deux Alpes avec un accès en seulement 3 minutes inclus dans les forfaits de ski. Ruelles pavées et piétonnes vous invitent à la balade tranquille loin de toute agitation ! De charmantes boutiques d'artisans serpentent tout le long de ces ruelles pavées et vous offrent dans des salles voûtées et des maisons de caractère des produits de qualité. Un authentique village de montagne aux portes des plus grands domaines, au départ des plus belles randonnées. Direction les plus beaux espaces sauvages.

MUSÉE MÉMOIRES D'ALPINISMES ★

405, route de la Bérarde ✆ 04 76 19 52 25
www.musee-alpinisme.com
Ouverture selon saison. Haute saison, tous les jours de 9h30 à 12h30 et de 14h30 à 18h. Adulte 3,50 €.

Au cœur de Saint-Christophe, à deux pas du cimetière où sont enterrés les célèbres guides montagnards de la Bérarde et du Vénéon, ce musée évoque l'histoire de l'alpinisme dans le massif des Écrins. On y verra une maquette représentant la vallée avec ses différents sommets et refuges. On découvrira l'histoire des précurseurs et des pionniers de l'alpinisme, et les exploits de ces hommes hantés par les hauteurs nous émerveilleront. La vie des anciens guides y est également racontée.

LE DIABLE AU CŒUR €€

7, rue des Gorges
✆ 04 76 79 99 50
www.lediableaucoeur.com
Ouvert aux mêmes dates que la station, tous les jours de 9h à 17h (18h en été). Menu 45 €. Réservation conseillée.

Plus jamais de bleus au cœur quand on connaît le Diable au Cœur. Un restaurant d'altitude, à 2 400 mètres au sommet du télésiège du Diable. Il y a la terrasse baignée de soleil offrant une vue panoramique sur les sommets. Mais la vraie surprise se trouve dans les cuisines avec le chef Marc-Henry Mazure qui prépare, avec des produits de qualité, une cuisine savoureuse et des assiettes dignes des tables gastronomiques où il est passé. Merveilleuse carte des vins. Possibilité de privatiser les lieux en soirée en montant en chenillette.

VOIRON ★

A 25 km de Grenoble, la ville de Voiron, considérée comme l'une des portes de la Chartreuse, est blottie au pied de la Grande-Sure et domine la vallée de l'Isère. Si Voiron vaut le détour, c'est bien sûr pour les fameuses caves où l'on distille la Chartreuse, mais aussi pour les non moins fameux chocolats Bonnat dont la boutique, depuis plus d'un siècle, propose, face à la cathédrale, toute une gamme de confiseries traditionnelles de grande qualité – issues des meilleurs crus de cacao –, ainsi que pâtisseries, glaces et sorbets. Le Grand Angle offre une vaste salle de spectacle à la programmation de qualité : concerts, théâtre et musique.

CAVES DE LA CHARTREUSE ★★★

10, boulevard Edgar-Kofler ✆ 04 76 05 81 77
www.chartreuse.fr

Visites guidées sur réservation. Espaces boutique et dégustation du mardi au samedi 10h-12h30 et 14h-18h30.

Dans un espace entièrement repensé, un tout nouveau musée pour percer les secrets de la plus connue, de la meilleure des liqueurs : la Chartreuse. Partagez une toute nouvelle expérience Chartreuse en parcourant 7 espaces retraçant l'histoire des liqueurs à travers 1 200 pièces originales jamais exposées ! Tous vos sens seront sollicités dans l'espace dédié aux plantes utilisées pour la fabrication. Après avoir visité la cave historique, vous dégusterez les traditionnelles Chartreuse Verte et Jaune. Autre nouveauté : le bar à cocktails. Boutique.

PALLADIOR VOIRON*** €€

4, rue Alphonse-Bouffard-Roupé
✆ 04 76 06 47 47
www.hotel-voiron.fr

82 chambres. Chambre double à partir de 75,60 €. Restauration. Bain bouillonnant, sauna.

Le Palladior Voiron s'impose dès le premier rond-point après la sortie de l'autoroute A48. Le Palladior est un véritable complexe hôtelier, un « resort » à l'architecture ultra contemporaine où l'on redécouvre le sens du mot confort. Au total 82 chambres parfaitement équipées, dont certaines chambres familiales pouvant accueillir jusqu'à 6 personnes (2 adultes et 4 enfants). Espaces de loisirs : parc, piscine chauffée, spa, sauna, salle de fitness, bar lounge, espace VIP... La salle de restaurant ne manque pas de goût à l'image des plats qui nous sont servis.

LA BELLE HISTOIRE €€

3, rue Lazare-Carnot
✆ 04 76 05 37 44
www.restaurantlabellehistoire.fr

Ouvert du mardi au dimanche le midi et du mardi au samedi le soir. Menu 31 €.

Le propre d'une Belle Histoire, c'est de continuer l'aventure même quand une page se tourne. Et c'est le cas à cette adresse au cœur de Voiron avec l'arrivée de Kim et Charly qui s'inscrivent dans une belle continuité en travaillant de préférence des produits du terroir local, frais et de saison. Dans une salle végétalisée, il faut donc (re) découvrir La Belle Histoire avec, ce printemps, une agréable terrine de brochet espuma écrevisse et blinis ou un étonnant porcelet cuit à basse température fumé au CBD jus corsé. Carte de cocktails maison.

ISÈRE

© LIONEL MONTICO

L'immense église Saint-Bruno de Voiron.

INTERVIEW

CAVES DE LA CHARTREUSE

DE NOUVELLES EXPÉRIENCES CHARTREUSE

Si l'histoire des moines Chartreux, installés depuis 1084 en Chartreuse, s'inscrit dans un temps qui nous dépasse, l'histoire de leur célèbre liqueur aux 130 plantes s'inscrit plus que jamais dans notre présent grâce à l'ouverture du nouveau Site touristique et culturel des Caves de la Chartreuse à Voiron.

Pourquoi avoir transformé le site historique de Voiron ?

Jusqu'en 2018, Voiron abritait à la fois un site de production et un site d'accueil du public. Pour des raisons réglementaires, il a fallu séparer les deux activités. Aujourd'hui, la distillerie se trouve à Aiguenoire, alors que le site de Voiron a été entièrement repensé pour accueillir le grand public et lui faire découvrir les liqueurs Chartreuse, leur histoire mais aussi leur environnement exceptionnel.

Que peut-on découvrir sur ce nouveau site des Caves de la Chartreuse ?

Tout d'abord, le site dans son ensemble a été revégétalisé. L'extérieur se compose de 3 jardins, recréant une forêt en Chartreuse, plongeant le visiteur dans une nature sauvage propice à la biodiversité. A l'intérieur des bâtiments, l'espace muséographique conduit les visiteurs, accompagnés d'un guide, à travers 7 espaces qui retracent les grandes périodes de l'histoire des liqueurs Chartreuse avec plus de 1 200 objets inédits. Les visiteurs curieux découvriront également le massif, les plantes et le savoir-faire ancestral qui permettent de fabriquer les liqueurs jaune et verte.

Quels sont les autres espaces intégrés dans ce site de « spiritourisme » ?

Les espaces de dégustation offrent le final de chaque parcours de visite. Les visiteurs peuvent aussi prolonger leur découverte au bar à cocktails. Une salle d'exposition temporaire accueille des œuvres artistiques. Un espace entreprise permet d'accueillir touristes d'affaires et séminaires. A la boutique, chacun peut retrouver l'ensemble des produits de la gamme des moines Chartreux.

CAVES DE LA CHARTREUSE
10, boulevard Edgar-Kofler
✆ 04 76 05 81 77 - www.chartreuse.fr

© PASCAL FLAMANT

© PASCAL FLAMANT

© PASCAL FLAMANT

Cascade de Lanchâtra.

BRASSERIE CHAVANT €€

72, avenue Léon et Joanny Tardy
✆ 06 48 38 08 92
www.brasserie-chavant.fr
Ouvert tous les jours midi et soir. Formule midi 19,90 €. Menu 32 €.

De la maison de Bresson à cette maison de Voiron, que de chemin parcouru par la famille Chavant ! Un grand nom de la restauration installé à la maison Mille Pas, une élégante demeure bourgeoise du XIXe siècle. Beauté des lieux, du parc extérieur sur lequel s'ouvre la superbe terrasse estivale. À table, cuisine bistronomique accessible avec de savoureux classiques – caille « Emile Chavant », ravioles de langoustines, truffes et fois gras – ainsi que des plats du jour. 9 chambres d'hôtel dans le même esprit. Organisation d'événements privés.

LE RÉGENCE €€

36, route de Lyon - **APPRIEU**
✆ 04 76 65 11 64
www.restaurant-voiron.com
Ouvert tous les jours, sauf dimanche soir, lundi soir, mardi soir, mercredi. Menus 28 à 49,50 €. Formule midi 16,50 €.

Indétrônable chef Thierry Llorca, gardien de la tradition au Régence. Une maison de caractère pour une cuisine tout ce qu'il y a de plus authentique réalisée par un Maître Restaurateur sachant marier plats du terroir et spécialités du Sud-Ouest, son pays d'origine. Parking facile, salle où les gourmands s'installent avec plaisir pour savourer un foie gras de canard poêlé aux pommes, un magret de canard cuit sur la braise, une entrecôte de bœuf d'un éleveur local, une truite de chez Murgat, des légumes de saison. Fameux cassoulet aux haricots fondants.

L'ECLAT DE SEL €€

1, rue de Venise ✆ 04 76 06 35 76
https://leclatdesel.fr
Ouvert le mardi et du jeudi au samedi le midi, du mardi au samedi le soir. Menu du marché. Menus soir 38 € et 45 €.

Une adresse éclatante de sincérité et de gourmandise ! En saison, une magnifique terrasse pour profiter de la douceur de vivre et une salle toute aussi chaleureuse. Aux commandes de L'Éclat de Sel, le chef Jérémy Chavasse-Frette et son épouse Andreea, passionnée de vins et véritable soleil en salle. Le chef se laisse guider par les meilleurs produits de saison en réalisant une cuisine gourmande. Viandes d'exception pour les carnivores, mais végétariens bienvenus. Incontournable balade au monastère des Pères Chartreux. Carte des vins à la hauteur. Révélation.

LES TOQUÉS €€

9, avenue Léon et Joanny Tardy
✆ 04 76 66 37 89
Ouvert du lundi au vendredi le midi et le soir. Carte : 40 € environ.

Face à la gare, les Toqués nous donnent au choix : envie de vite arriver à Voiron ; envie de ne plus jamais en repartir ! Il suffit de goûter aux Toqués pour tomber amoureux de cette belle région de Chartreuse. Toqués au pluriel car ils sont deux en cuisine : Elodie et Benjamin. Association parfaite pour savourer des assiettes composées de produits bio, le plus souvent locaux, sur une carte qui change au rythme des saisons : ravioles aux cèpes de Belledonne, crème brûlée à la vanille Bourbon flambée à la Chartreuse... Une adresse qui va vous rendre Toqués.

L'ESCAPADE €€

Le Parvis
✆ 04 76 06 54 59
https://lescapade-voiron.eatbu.com
Ouvert du lundi au vendredi le midi, vendredi et samedi le soir. Formule midi 18 €.

Il faut suivre cette Escapade, parce qu'elle offre une vraie alternative à notre routine quotidienne. L'Escapade est un restaurant festif garanti 100 % « good time » pour bien manger, s'amuser entre amis et danser... Animé par l'adorable Fred et son équipe, l'Escapade nous propose un bar extérieur avec paillote, bambous, des terrains de pétanque et une spacieuse salle où l'on peut danser la salsa (et autres...). Le chef propose des plats traditionnels à l'ardoise. Formules groupes et lieu idéal pour un mariage. Une belle Escapade à Voiron.

ANTÉSITE

960, route de Grenoble
COUBLEVIE
✆ 04 76 05 31 09
www.antesite.com
Ouvert du lundi au vendredi de 8h à 12h et de 14h à 17h.

Depuis près de 125 ans, Antésite reste la meilleure façon de boire de l'eau (sans alcool, 0% sucre, 0% édulcorant, 0% conservateur, 0% colorant). Une boisson rafraîchissante à base de concentré de réglisse, voilà le secret ! La gamme Antésite, sans sucre ni édulcorant et toujours à base de plantes, offre de la fraîcheur dans un flacon original et très pratique, puisqu'avec un simple flacon il est possible de réaliser des litres et des litres de boisson bio à la réglisse parfumée à l'anis, à la menthe, au citron, à l'orange, au cola ou au thé. Boutique.

ISÈRE

BONNAT CHOCOLATIER

8, cours Sénozan
✆ 04 76 05 28 09
https://bonnat-chocolatier.com
Ouvert du mardi au samedi de 9h à 12h et de 14h à 19h.

Bonnat, c'est le bonheur. Au cœur de Voiron, voici la demeure du chocolat artisanal fabriqué avec la même passion depuis 1884 par la famille Bonnat. Stéphane Bonnat, chocolatier torréfacteur d'exception, réalise des merveilles de gourmandise en torréfiant les meilleurs crus de cacao. Parmi les succès de la maison édités à base de produits régionaux, le chocolat à la liqueur de Chartreuse et celui à la noix de Grenoble. Autres délices avec le Chardon bleu et le Pavé de Voiron, sans oublier tous les merveilleux gâteaux. Une visite à Voiron passe par Bonnat !

BRASSERIE COEUR DE CHARTREUSE

25, chemin du Puis - **MIRIBEL-LES-ECHELLES**
✆ 06 78 47 14 99
www.brasseriecoeurdechartreuse.fr
Lun-Sam : 10h-12h/14h/18h. Terrasse de mars à septembre, vendredi-samedi 16h-22, mercredi 16h-20h.

Pour faire de bonnes bières, il faut de l'eau, quelques ingrédients et beaucoup de passion ! Superbe rénovation d'une ancienne bâtisse transformée, après d'importants travaux, en brasserie artisanale labellisée Made in Chartreuse. Beauté des murs, des matériaux bruts et d'une magnifique terrasse où il fait bon déguster à la belle saison les bières maison – blonde, blanche, ambrée, triple et des bières éphémères – avec des planches gourmandes. Coup de cœur.

SAINT-PIERRE-DE-CHARTREUSE ★

Saint-Pierre-de-Chartreuse est située au cœur du massif de la Chartreuse, aujourd'hui traversé par la route qui conduit au col du Cucheron au nord et au col de Porte au sud. C'est une vraie station climatique. Avec ses 884 habitants, Saint-Pierre-de-Chartreuse est une commune très étendue (8 012 ha). En effet, on y trouve deux églises, Saint-Pierre-de-Chartreuse-Village et Saint-Hugues. C'est sur le territoire de la commune que saint Bruno et ses compagnons ont bâti au XIe siècle le premier monastère de l'ordre des Chartreux. C'est aussi là qu'a commencé à couler des alambics le précieux élixir connu du monde entier. Les connaisseurs sauront trouver sur les pentes de sommets, comme le Petit Som ou le Grand Som, quelques-unes des plantes rares qui entrent dans la composition de ce nectar, comme par exemple la vulnéraire. Attention, on ne doit pas cueillir plus de plantes que peut contenir la poignée d'une main. Saint-Pierre-de-Chartreuse est aujourd'hui une belle petite station de moyenne montagne, qui a su diversifier ses activités touristiques sans faire disparaître son patrimoine rural et artisanal. Authentique village de montagne, à 900 m d'altitude environ, c'est également la station de ski la mieux équipée de tout le massif. On pourra y pratiquer, outre le ski alpin et de fond, le snowboard, la randonnée en raquettes et le parapente. L'été, les amoureux de la randonnée seront comblés par la grande variété de sentiers aménagés dans l'ensemble du parc : pas moins de 1 000 km.

CAVES DE LA CHARTREUSE

10, boulevard Edgar-Kofler ✆ 04 76 05 81 77
www.chartreuse.fr
Visites guidées uniquement, 12€. Juillet-août : lun-sam 10h-18h, dim 14h-18h.

Le site touristique de la Chartreuse a été repensé pour vous faire découvrir la célèbre liqueur selon de nouveaux parcours de visites guidées. Les visites classiques vous invitent à découvrir l'univers de la liqueur à travers des espaces muséographiques allant de 1084 à nos jours, et une dégustation des célèbres liqueurs. Si vous voulez aller plus loin dans la découverte du savoir-faire de la fabrication de la Chartreuse, optez pour la visite d'exception. L'atelier cocktails ravira aussi les curieux… tout comme l'espace boutique !

MUSÉE DE LA GRANDE CHARTREUSE ★

La Correrie ✆ 04 76 88 60 45
www.musee-grande-chartreuse.fr
Ouvert tous les jours, sauf jeudi, d'avril à début novembre. Juillet-août, tous les jours sauf dim matin. Adulte 10 €.

Le monastère de la Grande Chartreuse, phare dans la nuit, est un lieu de silence et de solitude interdit au public. Pour lever une partie du mystère qui enveloppe depuis plus de neuf siècles ce haut lieu de spiritualité, il faut absolument visiter le Musée de la Grande Chartreuse installé à la Correrie, en contrebas du monastère. Dans le calme, on découvre l'histoire de l'Ordre et on écoute les témoignages des pères et des frères racontant leur vie quotidienne.

CHARTREUX
Veilleurs
SILENCIEUX
Correrie
de la
GRANDE
CHARTREUSE
Musée de France
© Stéphane Couchet

Chamechaude.

MUSÉE ARCABAS EN CHARTREUSE

Église de Saint-Hugues-de-Chartreuse
✆ 04 76 88 65 01 - www.saint-hugues-arcabas.fr

Ouvert tous les jours, sauf le mardi, le 1er janvier et le 1er mai, de 10h à 13h et de 14h à 18h. Gratuit.

L'église de Saint-Hugues-en-Chartreuse abrite un trésor : l'œuvre monumentale d'Arcabas, fleuron d'art sacré, trésor de tendresse et de vitalité. Le visiteur est ébloui par le foisonnement des œuvres qui ceinturent en trois bandeaux superposés l'intérieur de l'édifice. Peintures chatoyantes, sculptures et vitraux déroulent la fresque d'une multitude de petites histoires bibliques. Flamboyant et réjouissant. Les enfants apprécient particulièrement les nombreux tableaux avec des animaux.

MONASTÈRE DE LA GRANDE CHARTREUSE ✝ ★★

Couvent de Grande Chartreuse

Ne se visite pas. Visite du musée, proche du monastère (1,8 km).

En 1084, sept moines en quête d'un lieu retiré sont conduits dans un vallon surélevé au dessus du Guiers Mort, lui-même dominé par le Grand Som (2 026 m). Les voyageurs s'installent. L'un des moines, saint Bruno, va créer l'ordre monastique des Chartreux. Le Monastère de la Grande Chartreuse est né et le site isolé devient connu comme le « Désert de Chartreuse ». Durant les siècles qui suivront, de nombreuses chartreuses seront créées dans le monde. Le monastère ne se visite pas.

CABANES CHARTREUSE INSOLITE €€

Les Essarts
✆ 07 71 17 07 43
www.cabaneschartreuse-insolite.fr

Ouvert toute l'année. 2 cabanes. Chambres doubles à partir de 160 €.

C'est là que l'on veut se retrouver en famille ou en amoureux : dormir au cœur de la forêt, des pistes de ski en hiver, sur le domaine Cœur de Chartreuse dans des cabanes perchées. Goûtez au silence, retrouvez-vous en pleine nature pour vivre des moments uniques. Des cabanes en bois tout confort pour des nuits rythmées par les sons de la nature. Autre bonheur, celui de chausser les skis et de partir directement sur les pistes du domaine ! Coup de cœur pour ces hébergements originaux.

HÔTEL-RESTAURANT BEAU SITE*** €€

Place de l'Église
✆ 04 38 02 10 12
beausitehotel.fr

24 chambres de 65 € à 87 €. Wifi gratuit. Restauration.

Au centre de Saint-Pierre-de-Chartreuse, cet hôtel dispose d'une superbe terrasse panoramique abritant une piscine extérieure. Certaines chambres ont été refaites avec goût et s'ouvrent vers les montagnes. On profite des nombreux sites à proximité (Grande Chartreuse) pour sortir au grand air (randonnée, trail, ski...). Décor de rêve, accueil adorable par un hôtelier, 5e génération, perpétuant une longue tradition d'hospitalité, une belle adresse pour séjourner en Chartreuse.

PARC NATUREL RÉGIONAL DE CHARTREUSE ★★★★

Place de la Mairie
✆ 04 76 88 75 20
www.parc-chartreuse.net

Naturel et culturel, le patrimoine de Chartreuse est particulièrement riche. Partagé entre l'Isère et la Savoie, le Parc naturel régional de Chartreuse, créé en 1995, offre des paysages fantastiques faciles à découvrir. Montagnes calcaires avec ses magnifiques synclinaux perchés et berceau de l'ordre des Chartreux créé par saint Bruno au XIe siècle, comment ne pas être fasciné par ce massif. La Chartreuse, c'est toujours l'eau qui chante dans les nombreux bassins de chacun des petits villages dispersés dans la montagne ou celle qui jaillit en cascades puis gronde dans les ravins du Guiers Mort et du Guiers Vif. Ce sont aussi les belles forêts et le parfum du bois que l'on coupe dans les scieries. Le bois de Chartreuse, destiné à la construction, est d'ailleurs labellisé AOC. Il est produit à partir de sapins et d'épicéas des montagnes de Chartreuse. Le Parc naturel régional de Chartreuse, ce sont encore quelques morilles tapies au bord d'un ruisseau ombragé, un sabot-de-vénus qui se cache au détour d'un sentier ou un tétras-lyre qui fuit, en gloussant, le tapage des randonneurs. La Chartreuse ne se consomme pas : elle se déguste.

Délimitée au sud par la cluse de Grenoble et au nord par celle de Chambéry, la Chartreuse apparaît comme une autre forteresse de calcaire. Elle offre aux randonneurs quelques sommets qui dépassent les 2 000 m d'altitude, le plus haut étant Chamechaude avec ses 2 082 mètres. Elle est reconnaissable à son apparence de molaire, elle est d'ailleurs parfois surnommée « la dent de Gargantua ». La Chartreuse est également percée de grottes et galeries appréciées des spéléologues. On a découvert dans l'une d'elles, la Balme à Collomb, un véritable trésor historique méconnu : un cimetière naturel d'ours des cavernes, vieux de plus de 20 000 ans ! À ce jour, 10 % de la superficie du site a été fouillé, et 12 000 os ou fragments d'os ont été découverts. Les autres zones sont laissées à disposition des chercheurs. Il n'est bien sûr pas possible de visiter la grotte originale, mais une reconstitution permet une belle immersion dans ce monde souterrain où les ours des cavernes régnaient en maîtres. Pas étonnant qu'avec un tel environnement exceptionnel de faune et de flore, l'ensemble du massif possède le statut de Parc naturel régional. Cette biodiversité exceptionnelle est notamment due à la grande diversité des milieux naturels que le massif présente. Ses forêts de montagne, composées notamment de hêtres et d'épicéas, sont le refuge de cerfs, chamois, lynx ou chouettes et ses prairies de montagne accueillent de nombreux insectes comme le papillon ou les coléoptères qui profitent des herbages.

La Chartreuse, que Stendhal avait baptisée « l'Émeraude des Alpes », est un collier dont il faut admirer chaque perle. Au cœur de celles-ci, le cirque de Saint-Même est l'un des plus hauts lieux des Entremonts. Par son caractère sauvage et entier, le Cirque de Saint-Même nous offre un contact unique avec la nature, couronné de parois rocheuses abruptes et parcouru par le bruit du vent courant dans les grands arbres. Plusieurs possibilités de randonnées sur place. Au cœur du cirque, à même les falaises, les eaux du Guiers Vif s'échappent des entrailles de la Terre et dégringolent en une succession de grandes cascades. Parmi les passages permettant de franchir les falaises et d'atteindre les plateaux supérieurs, le plus impressionnant est celui du pas de la Mort, au nom évocateur, avec une longue vire au-dessus du vide. C'est le lieu idéal pour écouter battre le cœur de la Chartreuse ! Autre perle, les grottes de Saint-Christophe (ou grottes des Échelles). Ces deux cavités que l'on rejoint grâce à une voie naturelle abritent des roches calcaires millénaires qui ont été sculptées par l'eau au fil du temps. On pénètre dans cet espace hors du temps pour une visite qui dure une heure et demie. Pour une expérience complète, il est aussi possible de s'initier à la spéléologie (dès 6 ans) ou l'acrospéléologie (dès 12 ans) dans ce cadre unique.

Et si vous voulez prendre de la hauteur, la Chartreuse offre aussi des belvédères vertigineux, comme celui des Sangles d'où l'on domine les gorges du Guiers Mort ou le monastère de la Grande Chartreuse. Mais le belvédère le plus impressionnant se situe sans doute au bout du plateau des Petites Roches, sur la face est du massif. C'est un véritable balcon-belvédère, qui domine de 800 m la vallée de l'Isère en amont de Grenoble, et qui lui-même est dominé de 1 000 m par les falaises de la dent de Crolles et de ses prolongements vers le nord. Le plateau des Petites Roches est aujourd'hui un lieu mondialement connu et fréquenté par les adeptes du vol libre. Chaque année en septembre, la Coupe Icare réunit à Saint-Hilaire les plus grands champions de ce sport. Voilà une autre façon de voir les Alpes en les survolant doucement, en se laissant planer sur les ailes du vent, comme l'un de ces oiseaux majestueux au-dessus de la Chartreuse. De très nombreuses activités sportives sont possibles dans le Parc naturel régional de Chartreuse. L'été, on profitera notamment de ses nombreux sentiers balisés qui permettent de découvrir la richesse de ses forêts, falaises ou reliefs lors de randonnées pédestres. En hiver, vous pourrez chausser vos raquettes ou vos skis et vous rendre notamment dans la station de Saint-Pierre-de-Chartreuse.

LA CABINE €€

Lieu-dit Saint-Hugues
✆ 04 76 88 67 19
Ouvert du mercredi au dimanche le midi, du mercredi au samedi le soir. Carte 30 € environ.

Monter à La Cabine, c'est prendre le grand air sur un riff de guitare tout en savourant un bon plat maison. Bref, monter à La Cabine, nom donné en hommage au seul téléphone autrefois disponible à Saint-Hugues, c'est prendre un immense plaisir à partager en famille, entre randonneurs ou bande de bikers. Terrasse dans un cadre de nature enchanteur, salle chaleureuse, accueil adorable de Magali et Franck, couple de passionnés de rock, cuisine gourmande de saison à base de produits régionaux comme ce pavé de bœuf chartrousin. Une Cabine qui nous conduit au paradis.

© DR

© DR

LA FERME DE BRÉVARDIÈRE €€

Brévardière
✆ 04 76 88 60 49
www.brevardiere.fr
Ouvert du jeudi au dimanche et jours fériés le midi. Sur réservation. Menus de 25 € à 26 €. CB non acceptée.

Un havre de paix où l'on vient autant pour profiter d'un environnement exceptionnel, entouré par les sommets de Chartreuse, que pour savourer une cuisine maison réalisée à partir des bons produits du terroir local. A commencer par le safran cultivé sur place. Céline et Philippe nous régalent de viandes de Chartreuse, de spécialités safranées, comme ce sauté de porc au safran, de fromages de Chartreuse et de desserts maison. Visite de la safranière et produits maison (safran pur, confiture, sirop, sel aromatisé…). Gîte de qualité à l'Auberge pour ne plus repartir.

AUBERGE DU CHARMANT SOM €€

Col de Porte ✆ 04 76 88 83 38
www.aubergeducharmantsom.com
De juin à septembre, tous les jours midi et soir, sauf dimanche soir. Altitude 15,80 €. Fondue soir 21,50 €.

(Re) prendre de la hauteur à 1 670 m d'altitude, au milieu des alpages de Chartreuse, pour se régaler d'une cuisine maison tout ce qu'il y a d'authentique. Ici, pas d'eau courante, ni d'électricité, mais des bons produits du terroir cuisinés maison. L'Auberge du Charmant Som : une adresse comme en rêve en plein été. Fraîcheur et chaleur d'une terrasse plein sud pour profiter de ce paradis de nature. Gentillesse du Chartroussin et de son équipe pour savourer charcuterie et tomme de Chartreuse, fondue savoyarde et tarte aux myrtilles maison. Réservation conseillée.

LE FOURNIL DE SAINT-PIERRE-DE-CHARTREUSE

Le Plan de Ville
✆ 04 76 53 27 89
Ouvert tous les jours de 6h30 à 19h.

La beauté des paysages de Chartreuse, une jolie place de village, une terrasse fleurie, des tables à l'intérieur pour faire la plus agréable des pauses entre deux activités de pleine nature. Un Fournil avec une offre variée, et toujours de qualité, en sucré et en salé pour se régaler à toute heure de la journée. Du 100% maison, des pains fabriqués avec des farines iséroises, des produits locaux... Snacking et sandwichs pour les amoureux des bonnes choses. Adresse craquante.

ISÈRE

RAIDLIGHT

Chemin de Perquelin
✆ 04 76 53 35 55
www.raidlight.com

Ouvert du lundi au samedi 9h-12h30 et 14h30-18h, dimanche 9h30-12h30 et 14h-18h. Magasin d'usine ouvert 7j/7.

Défiez la nature et dépassez vos limites avec Raidlight. La pratique du trail, c'est la tendance depuis quelques années maintenant. Benoît Laval, créateur des stations de Trail et de Raidlight, avait donc de l'avance sur tous ses concurrents. Redevenu indépendant en 2020, Raidlight conserve son avance et continue en proposant une gamme de vêtements et de matériel 100 % adaptés à la pratique du trail. Des produits conçus pour la performance et le bien-être des sportifs. Du « made in France » de haute qualité dans tous les domaines.

ORÉADE

157, route de Perquelin
✆ 04 76 50 34 48
www.oreade-balneo-restaurant.fr

Ouvert toute l'année, avec des horaires variables selon les saisons. Réservation conseillée.

La nature est bien faite et nous invite à partager ses bienfaits en allant au cœur du parc naturel régional de Chartreuse chez Oréade. À 30 minutes de Grenoble, c'est un autre monde qui nous ouvre ses portes toute l'année. Dans cet environnement préservé, venez vivre en plein air une aventure de tous les sens entre une balnéothérapie et un restaurant à la cuisine créative. Oréade transforme son restaurant en salon de thé l'après-midi en servant des tisanes, thés et boissons bienfaisantes accompagnées de pâtisseries maison. Une adresse qui rend heureux.

STATION DE TRAIL DE CHARTREUSE

Chemin de Perquelin
✆ 04 76 53 35 65
www.stationdetrail.com

Station de trail 7j/7. Accès au parcours de trail et test de matériel : gratuit.

Le meilleur terrain pour courir, c'est la nature. Créée par Benoît Laval, voici la première Station de Trail, modèle pour la trentaine de stations ouvertes en France et dans le monde. Vous voici partis sur les chemins et les sentiers de Chartreuse avec 19 parcours adaptés à tous les niveaux, du Kilomètre Vertical aux parcours ateliers. Stade de trail, salle running-fitness, espace test de matériel Raidlight et Vertical, ski de randonnée et pratique de la marche nordique.

STATION SAINT-PIERRE

www.ski-alpin-chartreuse.com

Avec près d'un kilomètre de dénivelé, 28 pistes et des forfaits accessibles, la station de Saint-Pierre-de-Chartreuse offre une grande variété de glisses. C'est la « grande » station de ski alpin du massif de la Chartreuse. La télécabine est située au centre du village jusqu'aux crêtes de la Scia pour 35 km de pistes reliées au domaine du Planolet. Pour le ski nordique : 50 km à Saint-Hugues, plus l'aller-retour de 25 km Saint-Hugues – Le Sappey – dans le cadre de la traversée de la Chartreuse. En été, la station a aménagé les pistes pour la pratique du VTT.

SAINT-PIERRE-D'ENTREMONT

Deux communes du même nom se trouvent ici de part et d'autre des départements de l'Isère et de la Savoie. On différencie de ce fait Saint-Pierre-d'Entremont en Isère (600 habitants) de Saint-Pierre-d'Entremont en Savoie (450 habitants). L'une comme l'autre sont le point de départ de nombreuses randonnées vers les hauts de la Chartreuse. On ne manquera pas la visite des ruines du château de Montbel, qui se dresse sur un promontoire au-dessus de deux bourgs. Ce site classé fut le siège des seigneurs de Montbel qui régnèrent pendant plusieurs siècles sur l'Entre-deux-Guiers, ils sont à l'origine de la séparation entre le Dauphiné et la Savoie.

CIRQUE DE SAINT-MÊME ★★

D45C

Parking payant 7j/7 de mi-juillet à mi-septembre, le week-end de mi-avril à mi-juillet. Voiture 4,50 €, moto 2,50 €.

À la frontière de la Savoie et de l'Isère délimitée par le Guiers Vif qui le traverse, le cirque de Saint-Même est un site grandiose. Les superbes cascades (cascade des sources, grande cascade, cascade isolée, pisse du Guiers) issues de résurgences du cours d'eau sont dominées par une impressionnante falaise de 500 mètres de haut. Un parking, payant en saison estivale, est aménagé à proximité. Deux sentiers de randonnée (boucles de 30 min et 1h30) permettent d'explorer les environs et une aire de pique-nique est mise à disposition des visiteurs.

ISÈRE

LE SAPPEY-EN-CHARTREUSE

Petit village situé en altitude au pied du sommet de Chamechaude, point culminant du massif de Chartreuse, Le Sappey-en-Chartreuse fait partie de la Métropole Grenoble-Alpes. Tous les plaisirs de la montagne à proximité d'un grand centre urbain (15 min) avec de nombreuses activités sportives et culturelles, notamment pour les familles et les amoureux du grand air. Randonnées (petit tour de Chartreuse, marais des Sagnes...) et raquettes, parcours d'orientation, parc acrobatique forestier, VTT, mais encore ski alpin et ski nordique ou la luge avec le col de Porte. Un village-station intégré au Parc Naturel Régional de Chartreuse.

LES SKIEURS €€

Route du Sappey
✆ 04 76 88 82 76
www.lesskieurs.com

4 appartements en B&B à partir de 140 €. Wifi gratuit. Restauration.

Avec un nom pareil, on comprend bien que cet établissement s'adresse aux skieurs en hiver, mais il ne faudrait pas oublier la saison d'été. Les Skieurs, c'est une maison qui se trouve dans un magnifique parc boisé et de quatre appartements en B&B – ainsi qu'un autre petit chalet –, décorés dans un style montagnard, offrent une quiétude absolue. Le plus de cette adresse de tradition, c'est son restaurant au coin de la cheminée, refuge pour les gourmands depuis 1937 ! Direction les montagnes ou le bord de la piscine pour faire descendre tout ça.

L'ÉGLISE DU SAPPEY-EN-CHARTREUSE ★

✆ 04 76 88 84 05

Ouvert tous les jours. Accès libre en journée.

Cette église de montagne possède un charme simple et sert de « phare » à ce massif marqué par la spiritualité. Cette église du XIIe siècle, qui borde la route qui grimpe au col de Porte, a été remaniée à deux reprises, notamment au XIXe siècle avec l'aide des moines de la Grande Chartreuse. À voir : un petit vitrail du XVIe portant le symbole de l'ordre des Chartreux, un élément d'un autel en bois doré du XVIIe, une Vierge en bois du XVIIIe, les vitraux créés par le peintre Arcabas.

RESTAURANT FORT DU SAINT-EYNARD €€

Fort Saint-Eynard ✆ 04 76 85 25 24
https://restaurantfortsteynard.fr

Mai, juin, sept, oct, jeudi-dimanche (12h-18h). Juillet et août, mardi-dimanche (12h-18h). Réservation 24h à l'avance.

Voilà un restaurant atypique, situé à 1 338 m d'altitude dans un fort bâti en 1870 pour protéger Grenoble ! Dans une salle rustique chauffée par une cheminée, vous savourerez une cuisine typiquement montagnarde concoctée par Delphine. Ne manquez pas sa spécialité : le gratin dauphinois, mais aussi les charcuteries régionales et le saucisson chaud... accompagnés d'eau de noix ou de génépi. Le balcon offre une vue panoramique d'exception. Idéal avant de visiter le fort !

LE CHANT DE L'EAU €€

Mollard Giroud
✆ 04 76 88 83 16
www.gitechantdeleau.com

5 chambres. Chambre double de 67 à 77 €. Petit déjeuner inclus. Wifi gratuit. Restauration.

Toutes les raisons sont bonnes pour venir au Chant de l'Eau. Pour échapper à la pollution dans un cadre de nature préservée. Pour profiter des activités de randonnées pédestres en été, de raquettes en hiver ou de ski de fond, mais encore pour goûter à la convivialité d'un accueil chaleureux. En bordure de forêt, face aux montagnes, c'est dans une ancienne grange chartroussine de caractère que vous trouverez un repos bien mérité dans des chambres parfaitement aménagées. La table d'hôtes de fin de semaine est 100 % locale. Une adresse idéale pour se ressourcer.

SKI NORDIQUE

✆ 04 76 88 80 34
www.chamechaude.fr

C'est un véritable domaine nordique qui nous est proposé au Sappey. D'ailleurs il s'appelle le Domaine Nordique de Chamechaude, comprenant les sites du Sappey-en-Chartreuse, du Col de Porte et de Saint-Hugues-de-Chartreuse. Ce domaine totalise plus de 60 km de pistes interconnectées autour du sommet de Chamechaude pour pratiquer le pas alternatif ou le skating. Trois foyers pour la vente des forfaits, cours de ski nordique, locations de skis et raquettes. L'été, au Col de Porte, une piste de ski-roues pour continuer l'entraînement. Stade de biathlon.

ISÈRE

PLATEAU DES PETITES ROCHES

Surplombant la vallée du Grésivaudan, le plateau des Petites Roches (communes de Saint-Hilaire, Saint-Bernard et Saint-Pancrasse) est l'un des paradis français, et même mondiaux, du vol libre, du deltaplane et du parapente. Le grand rendez-vous annuel est la Coupe Icare, qui dure 4 jours et se tient vers la mi-septembre. Cette manifestation internationale de vol libre draine chaque année près de 75 000 spectateurs (www.coupe-icare.org). On s'élance depuis le plateau qui, de ses 1 000 m d'altitude, domine la vallée et Grenoble située plus de 700 m plus bas. On peut y accéder par une route, puisque le funiculaire n'est plus en service.

STATION DU PLATEAU DES PETITES ROCHES

1, chemin des Pistes
www.station-ski-saint-hilaire.fr

Station accessible par le funiculaire qui vous monte de la vallée du Grésivaudan directement sur le plateau des Petites Roches en été. Parc de jeux, activités sportives, ateliers, spectacles... En hiver, il faut venir en voiture pour profiter d'une station de ski à taille humaine. 5 téléskis, une dizaine de piste – dont 5 rouges très agréables dans la forêt – permettent de s'amuser en famille sur les pentes de la Chartreuse. Espace ludique au col de Marcieu.

BARIBAL €€

1, chemin du Funiculaire
✆ 04 76 08 31 57
www.lebaribal.com

Ouvert 7j/7 en été. Le reste de l'année, du mercredi au dimanche de 8h30 à 23h. Menus à partir de 14,50 €.

Prendre de la hauteur sur le plateau des Petites Roches pour se retrouver dans un merveilleux lieu de vie. Une vie que l'on savoure pleinement en profitant des nombreuses animations - dans tous les styles (projections, concerts, danse...) - proposées toute l'année au Baribal. Terrasse façon guinguette pour les beaux jours, salle chaleureuse à l'image de l'accueil. Et pour manger, une cuisine maison réalisée à partir de produits bio, frais et locaux. Pas de carte fixe dans cette maison toujours en mouvement. Lieu de haute convivialité et de bonheurs à partager.

© DR

© ALAIN DOUCÉ

VILLARD-DE-LANS ★

Villard et Corrençon : les deux villages ont uni leurs efforts pour proposer une station à vivre en toute saison. Les 4 saisons sont comme les 4 points cardinaux, chacune donne un nouveau sens à votre séjour en Vercors, à l'entrée des imposantes gorges de la Bourne, et à la verticale de la Grande Moucherolle qui du haut de ses 2 284 m d'altitude domine les versants et plateaux calcaires environnants.

L'hiver, Villard-de-Lans et Corrençon offrent l'un des plus vastes domaines skiables alpin/nordique d'Europe. Il y en a pour tous à part égale : les 125 km de pistes alpines et les 130 km du domaine nordique offrent un panorama complet d'activités de neige, raquettes ou skis aux pieds. Trois entrées de station alpine pour un domaine varié aux panoramas alternant falaises et sapins. Trois portes pour le domaine nordique, à Corrençon, Herbouilly et Bois Barbu en font un incontournable rendez-vous des amateurs de skating ou de pas alternatif.

L'été, la richesse de la flore et de la faune constitue la toile de fond des randonnées pédestres, cyclistes, équestres… mais aussi le cadre idéal d'activités sportives – golf, parapente, montgolfière… – ou de sports plus engagés comme le canyoning, l'escalade…

A l'automne et au printemps, on savoure les activités de station sportive complète, mais aussi les traditions d'agriculture et d'élevage dans un bourg vivant, toute l'année, qui ne se contente pas d'une activité uniquement saisonnière. Ici, la vie locale rythme l'année 365 jours par an, des vestiges du village martyr de Valchevrière aux lisières des étendues sauvages des Hauts Plateaux, de la piscine à vagues aux rues piétonnes.

ESPACE LOISIRS

105, chemin de la Patinoire
✆ 04 76 95 50 12
www.villarddelans.com

Ouvert toute l'année. Ouverture selon les activités. Se renseigner.

Cet Espace Loisirs abrite un immense centre aquatique, couvert et chauffé, mais encore une patinoire, un espace forme, un bowling et une salle de Freestyle. Une autre attraction majeure, c'est la piscine à vagues mais aussi les toboggans : un géant à l'intérieur, accessible à tous, avec un enchaînement de virages sur 45 m de long et la double piste extérieure. L'été, de grandes plages engazonnées autour d'un bassin extérieur. L'hiver, bain nordique avec une eau à 30 °C entourée de neige. Du plaisir à tous les âges et du bonheur pour toute la famille.

LA MAISON DU PATRIMOINE ★

1, place de la Libération ✆ 04 76 95 17 31
www.villard-de-lans.fr

Basse saison du mercredi au samedi 15h à 18h. Haute saison du lundi au dimanche 15h à 18h et dimanche matin. Gratuit.

Au cœur de la ville, une demeure de 1888 où sont présentées des collections d'une grande richesse mettant à l'honneur les hommes du pays, leur travail et leur mode de vie. Il faut monter dans les étages où souvenirs, objets et documents ouvrent la voie à la découverte des Quatre Montagnes. À travers un parcours attractif, chacun découvre le travail de la sylviculture, l'artisanat, les sports d'hiver, le climatisme ou la vie au quotidien, sans oublier la collection exceptionnelle de jougs d'attelage. Expositions temporaires. Visite à ne pas manquer.

Les lumières de Villard-de-Lans réchauffent un paysage transi de froid.

ISÈRE

À LA FERME DU BOIS BARBU** €€

Bois Barbu
✆ 04 76 95 13 09
www.fermeboisbarbu.com
Ouvert toute l'année. 8 chambres. Chambre double à partir de 80 €. Wifi gratuit. Restauration.

Sur le tracé des sentiers de randonnées, au départ des pistes de ski nordique, cette auberge offre une qualité d'hébergement et de restauration adaptée au tourisme de nature. Dans cet hôtel cosy et champêtre, les propriétaires partagent leur amour de la montagne. Pour en profiter en toute quiétude, réservez une des chambres rénovées. Petit déjeuner composé de produits maison. Même chaleur et même accueil au restaurant avec une cuisine réalisée à partir des bons produits du Vercors.

GRAND HÔTEL DE PARIS*** €€

124, place Pierre-Chabert
✆ 04 76 95 10 06
www.ghp-vercors.com
Chambre double de 100 € à 185 €. Studio / appartement. Pension complète. Demi-pension. Restauration. Spa.

L'Hôtel de Paris, au centre de Villard, vous met au cœur de la légende ! Une histoire qui a commencé en 1894 et qui poursuit son récit après 6 générations d'hôteliers. Au milieu d'un parc privatif de 3 ha, cet hôtel de prestige ressemble à l'un de ses anciens palace remis au goût du jour. Comme le dit justement la brochure de l'établissement, le Grand Hôtel de Paris est un lieu historique et résolument actuel, notamment grâce à son magnifique spa pour nous détendre après une journée de randonnée ou de ski. Restaurant mettant à l'honneur la cuisine du terroir.

CAMPING L'OURSIÈRE**** €€

1080, avenue du Général-de-Gaulle
✆ 04 76 95 14 77
www.camping-oursiere.fr
Fermé en octobre et novembre. 158 emplacements. Forfait de 17 à 28 €. Mobil-homes. Wifi.

Ne soyez pas un ours et sortez de votre tanière pour vivre au grand air toute l'année dans un domaine merveilleux. Oui, même en hiver, profitez des joies du camping dans les meilleures conditions. L'Oursière, camping caravaneige, vous accueille au cœur du parc naturel du Vercors, à une altitude de 1 040 mètres, à 600 m du centre de Villard. Vous pourrez partir en randonnée pédestre pour profiter des paysages magnifiques ou encore vous adonner aux sports d'hiver, ski alpin et ski nordique, dont des domaines se situent à 5 km à peine du camping.

LA ROSERAIE*** €€

309, avenue Professeur-Nobécourt
✆ 04 76 95 11 99
www.hotellaroseraie.com
Restaurant ouvert 7j/7 le soir en saison. 17 chambres. Chambre double de 110 à 160 €. Restauration. Hammam, sauna.

A La Roseraie, le Vercors on connaît. A l'origine, cette maison familiale depuis 1952 était un petit hôtel de 4 chambres. Aujourd'hui, l'hôtel rénové compte 18 chambres confortables aménagées dans un décor de rêve. Labellisé par le Parc régional du Vercors, cet hôtel écoresponsable est installé au cœur d'une nature d'exception. Près des pistes (navette gratuite), des loisirs été/hiver et du village, La Roseraie est un havre de paix. Autre plaisir de La Roseraie, son restaurant La Doline. Une Roseraie qui donne de nouvelles et magnifiques fleurs à chaque saison.

LES CLARINES*** €€

Le Village - **CORRENÇON-EN-VERCORS**
✆ 04 76 95 81 81
www.lesclarines.com
16 chambres. Chambres de 120 € à 195 €. Séminaires. Restauration. Hammam, bain bouillonnant, sauna.

Amoureux du golf, de la randonnée, de la montagne, de la nature, rendez-vous aux Clarines. Cet hôtel-restaurant au cadre chaleureux est idéal pour votre séjour dans cette magnifique région en toute saison. Des chambres très bien tenues, disposant d'un bon confort avec télévision, douche ou baignoire balnéothérapie... Dans ce bel hôtel, il est agréable de boire un verre autour de la cheminée ou de profiter de la piscine chauffée, du solarium, ainsi que du Spa des Clarines pour prolonger le bien-être. Cuisine à base de produits régionaux.

LE CHRISTIANA*** €€€

220, avenue du Professeur-Nobécourt
✆ 04 76 95 12 51
www.hotel-villard.com
Ouvert toute l'année. 22 chambres. Chambre double à partir de 133 €. Séminaires. Wifi gratuit. Restauration.

Un beau chalet au cœur de Villard-de-Lans pour profiter pleinement d'un village baigné de nature. Autre baignade possible au Christiana dans les deux piscines d'une maison qui nous accueille avec bonheur en toute saison. 20 chambres confortables face aux montagnes du Vercors, vastes espaces sauvages dont on profitera mieux après une bonne nuit. L'autre plaisir du Christiana, c'est son restaurant Le Tetras. Terrasse plein sud et salle chaleureuse pour savourer une cuisine locale, comme ce filet de truite du Vercors en croûte citronnée.

ISÈRE

LA BERGERIE €€

14, rue Jean-Moulin
✆ 04 76 95 10 34
Ouvert toute l'année. Week-end et vacances, midi et soir. Intersaison, fermé lundi et mardi. Menu 19,90 €, Duo 46,90 €.

© JEAN PAUL GUERIPEL

Notre refuge, notre référence en matière de cuisine régionale à Villard-de-Lans. Belle maison au cœur du village, terrasse abritée, ambiance montagnarde du meilleur goût, à l'image de tous les plats réalisés à partir de bons produits du terroir. Accueil et le service toujours souriants (accueil extra pour les enfants). Parmi les spécialités : raclettes et fondues avec fromage à volonté même pour une personne, fameuses ravioles aux écrevisses, carte de salades, crêpes salées ou sucrées, desserts maison avec une spécialité glacée, le Montélimar. Valeur sûre.

HÔTEL DU GOLF - PALÉGRIÉ*** €€€

Les Ritons - **CORRENÇON-EN-VERCORS**
✆ 04 76 95 84 84
www.hotel-du-golf-vercors.fr
22 chambres à partir de 140 €, suite à partir de 190 €. Restauration. Bain bouillonnant, sauna.

Au milieu des prés, une ancienne ferme tenue par la même famille s'est transformée au fil du temps en un magnifique hôtel. Toutes les chambres ont été refaites et de nouvelles chambres ont vu le jour, la literie est toute récente, les balcons s'ouvrent vers un bout du monde et notre détente est totalement assurée. Le grand air ouvre notre appétit ! Direction le restaurant de Guillaume Monjuré et sa cuisine inspirée par la nature. Un parcours sans faute vers le bonheur.

AUBERGE FORESTIÈRE DE MALATERRE €€

Grande Allée ✆ 06 07 87 52 80
www.malaterre.fr
Ouvert mi-décembre à mi-mars et juillet/août, tous les jours 11h à 17h. Sinon, dimanches et JF. Veillées, se renseigner.

Laissez-vous conter l'histoire de l'Auberge de Malaterre. Un nom étrange pour une grande cabane blottie au fond des bois depuis plus de 100 ans. En hiver sous la neige, en été au milieu d'une nature sauvage, l'auberge tenue par Alice et Bernard nous transporte hors du monde. La table ne propose que des produits régionaux – certains cueillis sur place – avec un pain cuit au four, des omelettes aux champignons, des tartelettes aux framboises, pain d'épice au miel. Un lieu légendaire !

LE CLARIANT €€

Le Bruchet - **CORRENÇON-EN-VERCORS**
✆ 06 82 42 45 19
www.leclariant.com
Ouvert toute l'année. Se renseigner sur les dates. Soirées sur réservation. Formule déjeuner 30 €. Formule dîner 45 €.

Le Clariant est à la fois une table et un refuge de montagne. Ça vous donne déjà une piste. Mais ce n'est pas une piste qu'il vous faudra suivre pour accéder à cette adresse, c'est un chemin et 30 minutes de marche depuis le site nordique de Corrençon. Aux portes de la Réserve des Hauts Plateaux, un lieu hors du monde (sans eau ni électricité) pour savourer une cuisine maison réalisée uniquement à partir de bons produits de saison par Nico et Jean-Rémi. En soirée, repas à l'ancienne autour du feu. Possibilité de privatiser les lieux pour un événement.

LE FAIRWAY €€

93, avenue du Général-de-Gaulle
✆ 04 76 95 11 85
www.le-fairway.fr
Toute l'année. Du lundi au dimanche, sauf mercredi, à midi. Lundi et du jeudi au samedi le soir. Formule midi 20 €.

Gagnant à tous les coups à Villard-de-Lans ? Direction le Fairway, le restaurant « Gastro-Gourmand » (concept déposé) de l'excellent André Buisson. Le chef, formé dans de grandes maisons étoilées, nous invite dans son joli chalet d'alpage à savourer des plats de saison. Le plat signature que l'on est heureux de retrouver, c'est le homard entier décortiqué saisi à la plancha. Autre bonheur avec un filet de truite du Vercors saisi à la plancha et beurre des Pères Chartreux. Ravioles et burgers gourmands. Belle carte des vins. Excellent rapport qualité-prix.

LES TRENTE PAS €€

16, avenue des Francs-Tireurs
✆ 04 76 94 06 75
www.lestrentepas.com

Ouvert du jeudi au lundi le midi, du jeudi au dimanche le soir. Formule midi : 18 €. Menus de 21 à 54 €.

Maison cosy tenue par Marie-Laurence et Fabrice qui nous reçoivent chaleureusement dans un décor élégant. Cuisine au goût du jour mariant les bons produits régionaux tout en s'offrant des escapades gourmandes bien au-delà du Vercors avec des saveurs venues d'ailleurs. Menu Tradition quelque peu bousculé par des pointes d'originalité : saumon en 2 façons, rillettes au piment d'Espelette et mousseline ; filet de sandre huile d'olive au citron ; pavé de quasi de veau au cumin, jus au cumin. Trente Pas qui nous rapprochent du bonheur.

LA VIEILLE FORGE €€

107, rue de la République
✆ 04 76 94 13 14

Ouvert du mardi au samedi le soir, du mardi au dimanche le midi. Plats 25 €.

Une adresse qui s'est déjà forgé une solide réputation gourmande au cœur piéton de Villard-de-Lans. Un « bistrot » chic à cuisine gastronomique pour profiter, partager l'instant présent. Belle salle à l'esprit actuel, inspirée par la nature, pour savourer la cuisine d'un chef passé par de grandes tables. Accueil et service adorables pour nous présenter une carte changée tous les mois, réalisée à partir de produits sélectionnés avec rigueur et gourmandise. Délicieuse côte de bœuf maturée. Excellente carte des vins en rapport. Une Forge qui sonne juste.

LE PETIT PAYSAN €€

48, rue de la République
✆ 04 76 95 94 97

Ouvert toute l'année. Week-end et vacances, tous les jours midi et soir. Intersaison, fermé mer/jeu. Formule 19,90 €.

© DR

Un Petit Paysan qui met en avant un grand terroir, celui du Vercors. Au cœur de Villard, dans un décor de chalet d'alpage, de délicieuses spécialités de la région. À commencer par les Pêllas, plat d'origine paysanne, les tartiflettes, l'Écorce de Sapin, les raclettes et les fondues avec fromage à volonté, même pour une seule personne ! Il n'y a pas que le fromage dans la vie avec la spécialité maison, la sauce écrevisse sur un filet de truite. Burgers au même niveau d'excellence avec un pain de la boulangerie locale. À l'heure du goûter, des crêpes à emporter.

ESPACE VILLARD DE LANS - CORRENCON

Route de la Côte 2000
✆ 04 76 94 50 50

Station 4 saisons qui a beaucoup investi ces dernières années pour améliorer son domaine skiable – 57 pistes, 125 km de piste, 21 remontées mécaniques – en proposant toutes les nouvelles glisses. Forfaits mains libres rechargeables par Internet. En été, la station se métamorphose pour laisser la place à de nombreuses activités outdoor : vélo de route, VTT, bike park, randonnée, trail, parcours aventure, via ferrata... Exceptionnel terrain de jeux.

GOLF DE CORRENÇON-EN-VERCORS

Les Ritons
CORRENÇON-EN-VERCORS
✆ 04 76 95 80 42
www.golfdecorrencon.com

Fermé de novembre à avril. Restauration. Boutique.

Corrençon abrite l'un des plus beaux parcours de montagne, sans parler des greens particulièrement choyés par les jardiniers. Intégré au paysage accidenté, le golf de Corrençon dispose d'un parcours de 18 trous de 5 340 m, par 71, mais encore d'un parcours école de 5 trous, 400 m, par 15, et d'un practice avec 45 postes, dont 16 couverts. Bien sûr, on peut louer sur place du matériel ou une voiturette. Proshop et restaurant complètent l'offre d'un golf d'exception.

ISÈRE

LUGE PARK DE LA COLLINE DES BAINS

Avenue des Bains

✆ 04 76 95 03 69

Ouvert tous les jours en saison. + 12 ans 12,50 €/h, - 12 ans 9,50 €/h.

En plein cœur de Villard-de-Lans, un site dédié à tous les plaisirs de la glisse et à l'amusement en famille. 3 tapis magiques pour monter sans se fatiguer, 6 pistes de luge adaptées à différentes pratiques : la grande piste avec sa pente à 12 %, le boarder pour faire du bob miniature, le toboggan pour les grands frissons, la 68 pour faire la course avec tes potes... Chacun reprend des forces à la Maison de la Colline, chocolat chaud et tartines, encas sucrés.

PATINOIRE

101, place Mure-Ravaud

✆ 04 76 95 10 38

Ouvert tous les jours. Entrée : 6 € (7 € avec patins). Enfant : 4,50 €. Gratuit pour les -4 ans. Tribu (4 pers.) : 23 €.

Que vous soyez plutôt hockey, derrière les champions Elite locaux, ou plutôt Ice Party, ambiance soirée mousse, cette patinoire ouverte toute l'année et ses 1 800 m² de surface glacée est pour vous. Bien entendu, vous pourrez apprendre à y patiner comme nos champions, mais surtout vous y viendrez pour vous amuser entre amis. Des nocturnes sont organisées avec un véritable bouquet d'animations : jeux de lumières, ambiances disco, fumigènes, animations Dj… A voir, un match de hockey des Ours locaux ou un gala de danse sur glace.

SKI NORDIQUE DU HAUT VERCORS

Bois Barbu

✆ 04 76 95 03 30

Plus de 150 km de pistes de fond tracés en skating et en alternatif avec 3 portes d'accès : Villard de Lans/Bois- Barbu, Corrençon en Vercors/les Hauts Plateaux et Saint-Martin-Saint-Julien/Herbouilly. Un espace de liberté dans un décor grandiose souvent comparé au Canada. Des restaurants et des refuges pour faire des pauses. Découverte du biathlon, discipline nordique ayant rapporté le plus de médailles aux derniers Jeux olympiques. Espace de découverte et espace pour les petits.

CASINO DE VILLARD-DE-LANS

101, place Mûre Ravaud

✆ 04 76 94 92 30

www.casino-villarddelans.com

Ouvert tous les jours de 11h à 2h (3h vendredi et samedi). Entrée interdite aux mineurs.

Un Casino qui évolue au fil du temps, puisqu'il a déménagé de l'Espace Loisirs, où il n'était pas mis en avant, à ce bâtiment bien visible, avec parking juste à côté. Il est donc « plus simple » d'accéder à ce Casino au cœur du village, à tous ses jeux et ses animations. Vous aurez le choix entre 63 machines à sous, auxquelles il faut ajouter 6 roulettes et 7 blackjack électroniques. Traditionnelle table de boule en soirée. Brasserie, bar et concerts les fins de semaine.

AUTRANS-MÉAUDRE EN VERCORS

Autrans-Méaudre : une station et deux villages pour prendre l'air dans la quiétude des montagnes du Vercors. Le bonheur, le bien-être au naturel dans un décor de rêve entre les forêts de résineux et le blanc du manteau neigeux. Un environnement préservé pour un séjour à votre rythme : au calme et dans la contemplation si vous le souhaitez, au rythme d'une multitude d'activités. 180 km de pistes préparées dans ce paradis du ski nordique, 2 domaines de ski alpin, raquettes à neige, chiens de traîneau, sans oublier Speed Luge Vercors. L'été, randonnée sous toutes ses formes : à pied, en VTT, mais aussi avec les ânes. Une destination de rêve.

CAMPING LE VERCORS*** €€

115, rue de la Croze

✆ 04 76 95 31 88

www.camping-du-vercors.fr

Ouvert toute l'année, sauf oct, nov et avril. 44 emplacements + 15 mobil-homes. Forfait de 21 à 28 €. Cabane nature.

Ce camping familial perché à 1 050 m d'altitude se situe au cœur du Parc naturel du Vercors, à proximité du village (à 300 m) et de ses commerces et des services nécessaires à votre plus grand confort. Ce site de villégiature est idéalement placé pour la pratique du ski de fond ou alpin, mais également la randonnée, le VTT ou le parcours raquette en fonction des saisons. On apprécie la piscine chauffée et l'aire de jeux aménagée pour les enfants. Vous pourrez également profiter des nombreux sites touristiques du Vercors été comme hiver.

HÔTEL LA PRAIRIE €€

Les Girauds
✆ 04 76 95 22 55
www.hotel-vercors.fr

23 chambres. Chambre double à partir de 70 €. Séminaires. Restauration. Sauna.

La Prairie porte bien son nom. Le site est fabuleux et le stress diminue naturellement dans cet environnement préservé. Les chambres disposent de tout le confort moderne, certaines possèdent un balcon donnant sur le parc et le village. Magnifique terrasse dont il faut profiter après un plongeon dans la piscine chauffée, petit salon de détente avec sa cheminée, parfait en hiver. Au restaurant, on compose entre menus terroir, végétarien ou diététique pour garder la forme. Accueil adorable de Julie et Kostia. Des vacances au vert pour se détendre.

MAISON MARIE BARNIER*** €€

1, place Julien Bertrand
✆ 04 76 95 31 03
https://maisonmariebarnier.com

Ouvert toute l'année. Chambre double à partir de 90 €. Restauration. Hammam, sauna, bain bouillonnant.

Toute la beauté des murs d'origine d'un relais de poste entièrement réaménagé pour devenir une maison unique dans son genre. Une maison qui se transmet depuis 4 générations et qui continue de nous faire vivre une expérience unique. Avec Marie Barnier à sa tête, l'ancien Hôtel de la Poste est un lieu de résidence plus « libre » proposant chambres, suites et appartements. À vous de choisir votre formule d'hébergement. Service de petits déjeuners et de restauration à emporter. Direction la Maison Barnier pour se relaxer à l'espace piscine couverte, spa et détente.

LES TILLEULS*** €€

111, rue de Puilboreau
✆ 04 76 95 32 34
www.hotel-tilleuls.com

18 chambres. Chambre double de 74 à 114 €, suite de 170 à 260 €. Restaurant.

Toute la beauté d'une ancienne ferme typique du Vercors reconvertie en hôtel-restaurant au cœur d'un paysage et d'une nature grandioses. Situé au cœur du Vercors et à proximité du village, cet hôtel familial propose des chambres équipées avec ou sans balcon. Dans une ambiance familiale, séjourner est un régal à tout point de vue. La situation des Tilleuls vous permettra de pratiquer sports d'hiver ou randonnées estivales. Piscine et terrasse pour se détendre. Excellent restaurant où le cuisinier prépare des produits locaux, comme cette truite du Vercors.

LA BUFFE €€

218, rue des Ecoles
✆ 04 76 94 70 70
www.la-buffe.fr

Ouvert toute l'année. Haute saison : tous les jours. Menus de 34 € à 41 €. Menu enfant : 12 € (-12 ans).

Venez prendre une « buffée » d'air frais avec la nouvelle équipe de la Buffe ! Cyril et Amandine, un couple amoureux du Vercors, donne un nouveau souffle à cet hôtel 3-étoiles plein de charme ouvrant à toutes les activités de pleine nature. Le jeune chef Romain, passé par de grandes tables, travaille à partir des meilleurs produits locaux, proposant une belle continuité régionale dans un esprit plus contemporain : souris d'agneau confite, cuisson de 12h, crème d'ail. Carte des vins à la hauteur. La Buffe nouvelle version, c'est un coup de cœur assuré.

LE SABOT DE VÉNUS €€

63, route du Méaudret
✆ 04 76 95 20 02
www.sabotdevenus.com

*Ouvert tous les jours à midi, du jeudi au dimanche soir. Formule midi 15,50 €. Menus de 24 à 29 €. Hôtel**.*

Une plante de nos montagnes qui a poussé au cœur du village de Méaudre. Une auberge de famille pour profiter des paysages et de toutes les activités à pratiquer dans ce paradis du Vercors. En terrasse ou en salle chaleureuse, on commence par savourer une cuisine maison composée de produits frais et locaux au gré des saisons : filet de truite du Vercors à la Clairette de Die, gratin à la crème du Vercors, salades gourmandes et gratins de ravioles. Tous les plaisirs d'une adresse gourmande de montagne où l'on peut réserver une chambre confortable.

SKI ALPIN ET NORDIQUE

Avec ses parcours de référence et préparés pour le skating et l'alternatif, Autrans conserve toute sa flamme olympique nordique. Un territoire naturel, au cœur de magnifiques forêts, avec 2 domaines distincts de 35 pistes entre Autrans la Sure et Méaudre village – et surtout l'un des meilleurs paradis pour fondeurs : 180 km relié et un enneigement garanti grâce à l'installation de 18 enneigeurs et un Ludipark pour apprendre les plaisirs de la glisse nordique. Un domaine forestier tellement bien entretenu qu'on se croirait parfois au nord d'Oslo !

ISÈRE

SPEED LUGE VERCORS

Le Claret
✆ 04 76 94 40 06
www.speed-luge-vercors.fr
Ouvert week-end, vacances scolaires 10h-19h (en dehors de ces périodes, horaires sur le site Internet). 7,50 €/luge.

Pratique et sensationnelle, la première luge 4 saisons tout à côté de Grenoble, au cœur du Vercors. Seul, en famille, entre amis, vivez et partagez des émotions fortes en dévalant la pente à 40 km/h de vitesse maxi. De l'adrénaline en pleine nature en parcourant 1,3 km de piste sur rail. 134 mètres de dénivelé, des pentes jusqu'à 25 %... Bref, 6 minutes de sensations inoubliables et accessibles à tous (enfants à partir de 3 ans en duo, enfants à partir de 8 ans en solo, accessible PMR). Les parents peuvent aussi attendre les enfants au Speed-Luge Café.

CHORANCHE ★

Rattachée à la Communauté de communes de Saint-Marcellin Vercors Isère Communauté, la petite commune de Choranche -un peu plus d'une centaine d'habitants- doit sa notoriété à sa situation au pied des falaises calcaires du Vercors et à une grotte remarquable. Sur le territoire de Choranche, les gorges de la Bourne offrent le spectacle naturel impressionnant d'un torrent dévalant la montagne dans une entaille vertigineuse. La route des gorges de la Bourne, parfois fermée selon les conditions, est l'une des plus belles et des plus spectaculaires des Alpes. Visite incontournable de la Grotte de Choranche, un site exceptionnel parfaitement mis en valeur.

GROTTE DE CHORANCHE ★★

✆ 04 76 36 09 88
www.visites-nature-vercors.com
Ouvert toute l'année. Haute saison : 7j/7 de 10h à 18h30. Hors juillet et août, se renseigner. Adulte : 12,50 € (HS).

© PHILIPPE GR - FOTOLIA

Quand la nature prend une autre dimension, c'est le spectacle souterrain de la Grotte de Choranche. Ouverte depuis plus de 50 ans au public, la visite offre la beauté mystérieuse d'une grotte remarquable avec ses stalactites fistuleuses, véritable forêt féerique surplombant les lacs et les rivières souterraines, le tout sublimé par des jeux de lumière fantastiques. Espace boutique souvenirs, terrasse panoramique pour contempler les paysages du Vercors en pique-niquant, bar et brasserie. Spectacle merveilleux accessible à tous.

CAMPING DU GOUFFRE DE LA CROIX €€

1050, route du Pont de Vezor - **CHÂTELUS**
✆ 04 76 36 07 13
https://camping-vercors.com
Ouvert de mai au mi-septembre. 55 emplacements. Forfait de 16 € à 30 €. Mobil-homes. Restauration.

Situé au bord de la Bourne, ce camping vous accueille dans un cadre vert et calme. Repris par Julie et Jonathan, ce lieu de villégiature est l'endroit idéal pour les vacanciers à la recherche de détente et repos. Les amateurs de pêche pourront s'adonner à leur sport favori, tandis que les enfants pourront s'amuser dans l'aire prévue à cet effet. Un service de restauration le soir est mis en place avec des pizzas. Canoë, escalade, sports d'eaux vives vous attendent.

LANS-EN-VERCORS

La station-village de Lans-en-Vercors héberge le siège du parc naturel régional du Vercors. Pour les amoureux des sports d'hiver, elle offre aussi plusieurs domaines de ski. En alpin, deux domaines, dont l'un (le Parc de loisirs de l'Aigle) se situe au cœur du village, idéal pour les débutants et pour pratiquer le freestyle. L'autre domaine, dit des Montagnes de Lans, de 1 400 à 1 807 m d'altitude, offre 27 pistes accessibles pour 24 km de pistes, de quoi skier nature à tout petit prix. En nordique, deux espaces (le Val de Lans et les Allières) pour 50 km de pistes payantes avec des départs à 1 020 m et 1 426 m. Pour les skieurs comme pour les randonneurs, Vertiges des Cimes offre une attraction sensationnelle – 300 m de vide sous vos pieds... – et une vue panoramique sur les

Alpes à couper le souffle. Autres animations : chiens de traîneau, luge, raquettes, sentiers hivernaux et équitation permanente. Et comme dans nombre de stations familiales, pot d'accueil avec dégustation le samedi à 18h. A ne pas manquer au mois de janvier, la manche du Trophée Andros sur le circuit de glace. L'été, Lans est un village vert, si près de Grenoble, et déjà au cœur du Vercors. Un lieu idéal pour des séjours touristiques et aussi des balades à la demi-journée pour les proches urbains en quête d'air pur. Bref, toute l'année Lans-en-Vercors se veut une destination adaptée à tous – des plus petits aux plus grands –, à tous les budgets et à toutes les envies sportives.

BUREAU DES MONITEURS DU VERCORS

162, Vieille Route
✆ 06 81 54 65 71
www.speleo-canyon.com

Dans le décor grandiose du Vercors, la meilleure des activités à notre sens reste la randonnée, la découverte par tous les moyens « naturels », à pied, en raquettes ou à vélo. Dans ce bout de monde, le Graal s'appelle la GTV, la Grande Traversée du Vercors. Pour les amateurs de sensations, escalade, spéléologie et canyon, dont ces moniteurs sont de véritables spécialistes, sont aussi au programme. De nouvelles aventures à la portée de tous, parents et enfants.

HÔTEL DU COL DE L'ARC** €€

14, route Saint-Donat ✆ 04 76 95 40 08
www.hotelcoldelarc.com

22 chambres. Chambre double de 72 € à 77 €. Séminaires. Wifi gratuit. Restauration.

L'Hôtel du Col de l'Arc, c'est une maison de qualité tenue par la famille Mayousse depuis 5 générations. Fondée en 1892, elle jouit toujours de son emplacement au cœur du village et d'un vaste parc privé. La piscine ajoute au plaisir de ce lieu apaisant. Chambres de bon confort et des chambres familiales pour accueillir les tribus. Les propriétaires sont de véritables ambassadeurs du parc du Vercors. Le restaurant, 100% fait maison, où l'on prépare des produits frais et locaux, comme ces truites de la Vernaison, confirme son excellente réputation.

LA MAGIE DES AUTOMATES ★

785, chemin des Fusillés ✆ 04 76 95 40 14
www.magiedesautomates.fr

Ouvert toute l'année. Horaires disponibles sur Internet. Adulte 10,90 €. Enfant 7,90 €.

© SARAH BARDO - MAGIE DES AUTOMATES

Un musée féerique. Durant une heure, sur 1 500 m², 350 personnages s'animent dans des mises en scène merveilleuses. Les plus jeunes sont enchantés et les adultes retombent en enfance. Et pour que la visite soit encore plus fabuleuse, une baguette magique est prêtée à chaque enfant pour réveiller les personnages. Créée en 1982 par Alain Bardo, artiste passionné, La Magie des Automates offre une parenthèse de rêve à toutes les générations. Les automates et les décors sont fabriqués dans l'atelier du musée depuis 40 ans. Mettez de la magie dans votre vie !

LA FROMAGERIE

Rond-Point de Jaumes
✆ 04 76 53 29 04

Haute saison, ouvert tous les jours de 9h30 à 19h30. Hors saison, fermé mercredi.

Si l'on vient sur ce magnifique plateau du Vercors, c'est aussi pour goûter à tous les bons produits du terroir fabriqués ici. Point de rendez-vous des connaisseurs, cette fromagerie épicerie où l'on découvre des produits régionaux de qualité avec une sélection de fromages fermiers du Vercors, avec en vedette le Bleu du Vercors-Sassenage, charcuteries et saucissons, ainsi que d'autres produits du terroir local. C'est encore à La Fromagerie que l'on vient se ravitailler en pains et sandwichs, sorbets artisanaux et boissons fraîches.

ISÈRE

ISÈRE

PARC NATUREL RÉGIONAL DU VERCORS ★★★★

✆ 04 76 94 38 26
www.parc-du-vercors.fr

Terre de nature sauvage à la biodiversité remarquable mais aussi terre d'histoire et de découverte, le Parc naturel régional du Vercors, entre l'Isère et la Drôme, couvre un territoire exceptionnel de presque 26 000 hectares. Il est découpé en huit régions : les Quatre-Montagnes, les Coulmes, le Vercors drômois, le Royans, le Diois, le Trièves, la Gervanne et le Piémont Nord. Le Parc naturel régional du Vercors abrite la plus grande réserve de France métropolitaine mais aussi 4 600 km de sentiers de randonnée. La pratique des sports outdoor y est donc possible aux 4 saisons, offrant un cadre exceptionnel aux randonneurs. À sa surface, on découvre des plateaux boisés, des cirques majestueux, une faune et une flore sauvages à profusion et dans ses entrailles, des gouffres béants, des gorges profondes et des grottes magnifiques. Des lavandes de Provence au sud aux sommets enneigés du nord, le Vercors est une terre de contrastes. Citadelle taillée dans la roche calcaire, le Vercors s'est longtemps préservé de l'intense activité humaine. Toutefois, ses 53 000 habitants résidant dans 85 communes vivent aujourd'hui en harmonie avec la nature et ont développé sur son territoire une activité agricole et de production locale, rappelons à cet effet l'obtention de l'AOP Bleu du Vercors-Sassenage. Au cœur de cette vaste région, dont on ne peut ignorer l'histoire tragique, il faut distinguer dans un premier temps les 16 600 hectares de la Réserve naturelle des Hauts Plateaux, plus grande réserve naturelle de France métropolitaine, secteur totalement protégé où la nature donne sa pleine mesure. Dans cette réserve, il n'y a aucune habitation et aucune route, mais une faune et une flore préservées, au cœur d'un territoire d'alpages, de forêts et de falaises. On y trouve notamment la plus vaste forêt de pins à crochets des Alpes calcaires mais aussi de nombreux mammifères montagnards comme le bouquetin, le mouflon, le chamois ou la marmotte. La Réserve naturelle des Hauts Plateaux est aussi un lieux d'observation du vautour. Au total, on trouve près de 80 espèces végétales protégées dans le Parc naturel du Vercors. Lors de vos promenades en forêt, vous pourrez par exemple apercevoir des sabots de Vénus, une jolie plante de la famille des orchidées. Dans les falaises, vous remarquerez aussi des primevères auricules et, dans les herbes subalpines, des tulipes sauvages. Le massif du Vercors abrite également 135 espèces d'oiseaux nicheurs, 65 espèces de mammifères et 17 espèces de reptiles et d'amphibiens ! Parmi eux : bouquetins, cerfs, aigles royaux, faucons pèlerins et autre marmottes. Vous pourrez aussi rencontrer dans le Vercors des chamois, des cerfs, des chevreuils, des mouflons, des bouquetins et même des sangliers. C'est grâce à sa grande variété d'écosystèmes que le Vercors réussit à maintenir une si belle biodiversité : faune de montagne, des falaises, voire espèces méditerranéennes trouveront ici un habitat naturel de choix. Le massif calcaire du Vercors est aussi un paradis pour les spéléologues : le gouffre Berger, situé au nord du massif, est mondialement connu. Cet ensemble de cavités karstiques, dont les eaux sont en correspondance avec les cuves de Sassenage, a été découvert en 1953. Autre point fort du Parc naturel régional du Vercors, les grottes de Choranche où même les non-spécialistes des galeries souterraines peuvent profiter des beautés cachées sous nos pieds. La visite est un beau voyage au cœur de la Terre. De ce somptueux massif, il ne faut pas oublier le Royans qui déploie son opulence agreste entre le cours de l'Isère et les premières pentes du Vercors sans se départir du spectaculaire, notamment grâce aux falaises qui plongent de plusieurs centaines de mètres à Combe-Laval et aux Grands-Goulets. Cette position de forteresse naturelle a permis également aux hommes, et notamment aux maquisards en lutte contre l'occupant, de trouver refuge dans les innombrables grottes et les insondables forêts. Les villages martyrs rappellent les combats qui se déroulèrent en ces lieux aujourd'hui si paisibles. Parmi eux, le village de Vassieux-en-Vercors et son mémorial de la Résistance qui sont au centre d'un parcours de découverte des sites où se sont déroulés les événements tragiques du Vercors, pendant l'été 1944. Lieu de mémoire s'il en est, le mémorial permet de découvrir le quotidien des maquisards, les événements historiques mais aussi les différents stratégies et les idéologies. Citadelle naturelle, le Vercors propose quelques sommets qui dépassent les 2 000 mètres d'altitude, notamment le Grand Veymont, point culminant du massif à 2 341 mètres, sans oublier le très photogénique mont Aiguille. Une montagne qui n'est pas admirable par sa hauteur, 2 085 mètres, mais par sa forme particulière de dent isolée - on pourrait la comparer à une molaire -, un plateau sommital entouré de falaises impressionnantes. Impressionnantes, comme les aiguilles du Dévoluy, masse cristalline qui semble détachée de son socle de forêt. Voici donc une région à côté de laquelle il ne faut pas passer pour découvrir des paysages mêlant contrastes saisissants et plénitude, nature et histoire. Sachez que la Maison du Parc de Lans-en-Vercors n'a pas vocation à accueillir le public, vous pourrez retrouver toutes les informations utiles dans les offices de tourisme du territoire.

DOMAINE MONTAGNES DE LANS

www.vercors-experience.com

A 30 min du centre-ville de Grenoble, le domaine des Montagnes de Lans offre un cadre splendide pour skier au cœur du PNR du Vercors. La station, tournée vers les nouvelles glisses, propose une grande variété de terrains. À 4 km du village, accessible par des navettes gratuites, le domaine skiable offre 26 pistes tous niveaux. Au cœur du village, le Parc de loisirs de l'Aigle permet de goûter aux plaisirs de la luge. Incroyable belvédère dominant l'agglomération grenobloise.

VERCORS AVENTURE

695, route de Grenoble

✆ 04 76 95 99 45

www.vercors-aventure.com

Toutes les aventures à vivre toute l'année, été comme hiver - bureau des guides hiver et organisation d'événements : 06 19 58 31 78 -, dans le Vercors. Avec une équipe de professionnels expérimentés (24 ans d'expérience dans les activités de nature et de montagne), on part à l'aventure pour pratiquer le canyoning, l'escalade, la spéléo, la via ferrata, la randonnée, l'alpinisme, l'escalade, le parapente ou le VTT, sans oublier l'accrobranche pour petits et grands, le temps d'une journée, d'un week-end ou d'un séjour organisé. Pleine nature et vraies aventures.

VERT ET BLANC ORGANISATION

695, route de Grenoble

✆ 04 76 95 99 45

www.vercors-aventure.com

Le Vercors est un territoire taillé pour l'aventure. Jean-Christophe et son équipe de guides vous proposent un panel complet d'activités dans une nature préservée. Partez à la découverte de magnifiques paysages tout en faisant une activité physique encadrée : raquettes, fatbike, ski de randonnée, biathlon... Événements d'entreprise, séminaires, CE, EVJF ou EVG, Vert et Blanc Organisation s'occupe de tout : transports, hébergements et activités. Accrobranche d'Autrans de mai à octobre.

PONT-EN-ROYANS ★

Le village, qui abrite 800 habitants, se trouve au confluent de la Bourne et de la Vernaison, qui s'écoulent toutes deux du massif du Vercors. L'architecture médiévale de Pont, avec ses maisons suspendues au-dessus des eaux tumultueuses et ses ruelles en escalier, lui donne un charme fou. C'est d'ailleurs le pont enjambant la Bourne qui est à l'origine du nom de la ville (Royans étant le nom de la région). A voir : les vestiges du château fort du Pont (XIIIe siècle), l'église romane remaniée aux XVIIe et XIXe siècles, la Tour de l'horloge, qui est l'ancienne porte des remparts disparus. Côté visites, ne manquez pas de vous rendre au Musée de l'eau.

© DAN TALSON - FOTOLIA

La forêt du Vercors.

ISÈRE

MUSÉE DE L'EAU ★

Place du Breuil

✆ 04 76 36 15 53

www.musee-eau.com

Ouvert toute l'année. Juillet et août 10h-20h. Autres saisons : se renseigner. Adulte 6,90 €.

Elément essentiel qui recouvre plus de 70 % de notre planète bleue, l'eau a son musée au pied des falaises du Vercors. Un véritable pôle touristique qui a fêté ses 20 ans cet été. Un musée installé dans un bâtiment à l'architecture atypique, ouvert à tous les publics puisque tout le monde est concerné par l'eau ! De manière ludique, mais scientifique, chacun découvre le cycle naturel de l'eau. Un musée à « eau potentiel » où l'on découvre les différentes nuances des eaux, plates ou pétillantes. Ensemble unique avec hôtel, restaurant et boutique.

HÔTEL ET RESTAURANT DU MUSÉE DE L'EAU*** €

Place du Breuil
✆ 04 76 36 15 53
www.musee-eau.com

Ouvert toute l'année. 31 chambres. Chambre double de 66 à 74 €. Restauration.

Le Musée de l'eau et son complexe hôtel et restaurant ont connu une belle modernisation pour accueillir les visiteurs dans un cadre contemporain. Un complexe en totale harmonie avec son milieu naturel et architectural. Au-dessus de la Bourne, 31 chambres modernes, confortables et parfaitement équipées. Restaurant labellisé Marque Parc, afin de savourer une authentique cuisine de terroir réalisée à partir de produits locaux, Pour un séjour plein de ressources et de vitalité.

SAINT-MARCELLIN

Saint-Marcellin est une petite ville située dans la basse vallée de l'Isère, appelée également « Pays du Sud-Grésivaudan ». Ancienne sous-préfecture, elle abrite 7 800 habitants. Son nom ne peut manquer d'évoquer un délicieux fromage bien connu des amateurs. Toutefois, au-delà de ce mets subtil fabriqué ici, la ville est riche d'un passé historique dont témoignent encore quelques vestiges. C'est notamment le cas des ruines de l'enceinte fortifiée édifiée au XIVe siècle (et qui perdura jusqu'au XIXe siècle) ou encore de l'ancien couvent des Récollets qui date du XVIIe siècle. A voir également, le clocher gothique (fin du XVe siècle) de l'église.

AU PLAN B €€

21, Grande Rue ✆ 04 76 36 64 69

Ouvert du mardi au samedi de 11h30 à 1h. Vente à emporter. Burgers de 13 € à 19 €.

Vous êtes joueur, joueuse ? Vous êtes au bon endroit, au centre de Saint-Marcellin. Un Plan B qui va vite devenir votre plan A si vous passez par là. Un restaurant, bar à jeux, plein d'une bonne humeur typiquement belge, pays d'origine d'Andrée que l'on retrouve en cuisine à faire les meilleures frites (forcément...) et des burgers maison à partir de bons produits. Des burgers dont les noms nous ramènent dans les années 1980 et 1990 avec des films cultes dont Stéphane est grand fan. Soirées jeux, fléchettes, bornes d'arcade, billard... Un bon plan à partager.

VINAY

Vinay est un village de 4 370 habitants, situé au pied du Vercors et du massif des Chambarans, dans la basse vallée de l'Isère, à mi-chemin entre Grenoble et Valence. C'est une des entrées au Parc Naturel Régional du Vercors. Capitale de l'AOC (Appellation d'Origine Contrôlée) de la noix de Grenoble, la petite ville est au cœur de la plus grande noyeraie d'Europe, soit plus de 150 000 noyers répartis sur 1 500 hectares. Le Grand Séchoir est sans nul doute le meilleur endroit à visiter pour tout connaître de cette si populaire noix de Grenoble. A suivre, les nombreuses animations au Grand Séchoir, comme cette Bulle de détente sous les arbres.

LE GRAND SÉCHOIR ★

705, route de Grenoble
✆ 04 76 36 36 10
www.legrandsechoir.fr

Ouvert toute l'année. Se renseigner pour les horaires. Gratuit -10 ans. Adulte 4,50 €.

Premier fruit couronné d'une AOC en 1938, la noix de Grenoble est le produit d'un territoire et d'hommes passionnés. Au Grand Séchoir, à travers une muséographie ludique et passionnante, découvrez comment ils ont évolué ensemble vers l'excellence. Dans un ancien séchoir à noix rénové, un cadre contemporain et un parcours adapté à toute la famille. Objets, photos, jeux interactifs, cabane à histoires... Tous les sens sont en éveil dans ce lieu vivant. Application mobile *Le Grand Séchoir hors les murs*. Exposition partagée *Forest Art Project*. Espace boutique.

MAISON RAMBERT - RAVIOLE DU DAUPHIN

670, ZA La Gloriette - **CHATTE**
✆ 04 76 64 10 92
www.raviole-maison-rambert.com

Ouvert du mardi au samedi de 9h à 12h et de 14h30 à 19h. Fermé jours fériés. Entrée libre. Accès facile, parking assuré.

Spécialité régionale, la raviole rayonne dans tout l'Hexagone ! Pour se régaler de ravioles fabriquées en Isère, direction les Frères Rambert. Des ravioles réalisées à partir de produits de qualité, souvent locaux. Ravioles traditionnelles et la véritable Marcelline se dégustent en apéritif ou en plat principal. Découverte de la fabrication de la raviole à l'Espace découverte et vente en direct de toute la gamme des produits frais, en gamme surgelée et d'autres produits locaux.

ISÈRE

SAVOIE

Toutes les Alpes se retrouvent en Savoie. Avec sa capitale historique Chambéry, la Savoie ne cesse de nous surprendre à chaque visite. Maurienne et Tarentaise attisent les convoitises des skieurs qui se pressent dans les nombreuses stations reliées. Car la Savoie est la spécialiste des stations connectées avec d'immenses domaines, parmi les plus grands au monde, qui s'appellent : Les Trois Vallées, Paradiski, Les Sybelles, Espace Killy. De grands espaces qui n'empiètent pas sur le domaine de la vie sauvage préservée dans le premier parc naturel de France, le Parc de la Vanoise. Beauté des villages de montagne comme Pralognan-la-Vanoise ou Bonneval-sur-Arc, gourmandise des incontournables fromages de Savoie, comme le beaufort, et d'un vignoble rempli de pépites, farniente au bord du lac du Bourget et détente dans un centre thermal à Aix-les-Bains. La Savoie offre le plus attendu des Alpes, mais réserve aussi bien des surprises...

D3
Meythet
Annecy-le-Vieux
Anglefort
Lovagny
ANNECY ★★★
Vallières
Veyrier-du-Lac
Seynod
Rumilly
Béon
E712
Vieugy
Menthon-Saint-Bernard
D54
Chède
Alby-sur-Chéran
CHANAZ
Albens
Saint-Félix
SAINT-PIERRE-DE-CURTILLE
A41
ALPES-DE-HAUTE-PROVENCE
La Biolle
E712
Brison-Saint-Innocent
ARITH
Yenne
AIX-LES-BAINS ★★★
LE CHÂTELARD
BOURDEAU
Tresserve
P.N.R. du Massif des Bauges
D59
MERCURY
LE BOURGET-DU-LAC
Drumettaz-Clarafond
PLANCHERINE
ALBERTVIL
Villarcher
Méry
ÉCOLE
Grignon
Voglans
AILLON-LE-JEUNE
Frontenex
MONTH
La Motte-Servolex
D911
GRÉSY-SUR-ISÈ
D916
Bassens
SAINT-PIERRE-D'ALBIGNY
Barberaz
CHAMBÉRY ★★
La Ravoire
D1006
Jacob-Bellecombette
CHALLES-LES-EAUX ★
SAINT-GEORGES-DES-HURTIÈRES
Saint-Baldoph
Arbin
Chignin-Gare
MONTMÉLIAN
LES MARCHES
Chapareillan
LA ROCHETTE
D1006
La Gache
Entre-Deux-Guiers
Pontcharra
SAINT FRAN
LONGCHA
Saint-Pierre-d'Allevard
Saint-Rémy-de-Maurienne
A43
Saint-Laurent-du-Pont
Saint-Vincent-de-Mercuze
Le Touvet
Le Cheylas
Saint-Étienne-de-Cuines
Goncelin
P.N.R. de Chartreuse
La Terrasse
E70
SAINT-JEAN MAURIENI
Lumbin
E712
Froges
LA TOUSSUIRE
Villargo
Brignoud
ALBIEZ-MONTR
Le Versoud
SAINT-SORLIN-D'ARVES
SAINT-JEAN-D'ARVES
GRENOBLE ★★
ISÈRE
Allemond
ALPE ★★★ D'HUEZ
Parc National des Écrins

Savoie
rs LE GRAND-BORNAND ★★
CLUSAZ ★★
PASSY
Vers SALLANCHES ★
Vers SERVOZ
CHAMONIX-MONT-BLANC ★★★★
Les Bossons
SAINT-GERVAIS-LES-BAINS ★★
COMBLOUX ★★
D909
MEGÈVE ★★★
PRAZ-SUR-ARLY
E25
LUMET
LES CONTAMINES-MONTJOIE ★★
Entreves
A5
NOTRE-DAME-DE-BELLECOMBE ★
Courmayeur
Morgex
HAUTELUCE
INE
LES SAISIES ★
La Salle
BEAUFORT ★
ITALIE
E25
D902
ours-en-Savoie
BOURG-SAINT-MAURICE ★
La Rosière
SÉEZ
D119
SAINTE-FOY-TARENTAISE
LES ARCS ★★★
1090
AIME-LA-PLAGNE
LA PLAGNE TARENTAISE
PEISEY-NANCROIX
LA LÉCHÈRE
Grand-Aigueblanche
ombe
blanche
MOÛTIERS
TIGNES
VALMOREL ★★
BRIDES-LES-BAINS ★
La Daille
D96
Val-d'Isère
COURCHEVEL ★★★
Parc National de la Vanoise
D915
MÉRIBEL ★★★
D902
Saint-Martin-de-Belleville
PRALOGNAN-LA-VANOISE ★★
BONNEVAL-SUR-ARC ★★
LES MÉNUIRES ★★
BESSANS ★
Lanslebourg-Mont-Cenis
VAL THORENS ★★
Lanslevillard
VAL-CENIS
Termignon
D1006
AUSSOIS
D1006
SAINT-MICHEL-DE-MAURIENNE
Bramans
Avrieux
MODANE
LA NORMA ★
Novalesa
LMEINIER
Fourneaux
SS25
LLOIRE ★
Venaus
Susa
Gravere
Meana di Susa
Chiomonte
20 KM
Exilles
A32
Parco Naturale Orsiera-Rocciavrè

PAGES

CHAMBÉRY ★★

Riche d'une histoire remontant au Néolithique, la cité des ducs est une ville d'art et d'histoire située au carrefour des grands axes économiques européens. Parmi ceux qui l'ont façonné figure l'incontournable philosophe des Lumières, Jean-Jacques Rousseau. Depuis 1975, la ville accueille le Festival international de la bande dessinée d'automne et de nombreux autres événements. C'est très agréable de se balader dans le grand centre piétonnier pour découvrir traboules, places colorées à l'italienne et monuments. Le "Quatre sans cul", fontaine ornée de quatre imposants pachydermes construit en 1838, est un symbole visuel fort de la ville.

Tourisme

Proche du lac du Bourget, de deux massifs montagneux et des parcs naturels respectifs des Bauges et de la Chartreuse, la rivière alpine la Leysse traverse la ville. C'est une ville sportive, tournée vers la montagne et le cyclisme, qui est aussi historiquement et émotionnellement italienne (depuis 1957, elle est jumelée avec la ville de Turin). Carrefour de jolis endroits à visiter, il est de bon augure de prendre son temps pour contempler toute la richesse que la ville a à offrir. Il est à noter que les communes de l'agglomération de Chambéry ont fusionné avec celles du cœur des Bauges en 2017, ce qui a donné naissance au Grand Chambéry actuellement composé de 38 communes et 137 000 habitants.

SAVOIE

© UOLIR - FOTOLIA

L'église Notre-Dame.

BOUCLE DU LAC SAINT-ANDRÉ

✆ 04 79 33 42 47

www.chambery-tourisme.com

Praticable hors période d'enneigement et en fonction des conditions climatiques. Se renseigner au préalable.

Au départ de Chambéry, la balade sur 22 km est familiale, avec un faible dénivelé (110 mètres). Elle offre la possibilité à la belle saison d'une halte pour la baignade au lac Saint-André-Les-Marches. Sur cet itinéraire, les paysages de vigne défilent, tandis que l'on se trouve au pied de l'imposant mont Granier, dont l'éboulement de 1248 est le plus grand effondrement de montagne connu de l'histoire. La balade offre aussi la possibilité de découvrir le village de Saint-Baldoph.

CATHÉDRALE SAINT-FRANCOIS-DE-SALES ✝ ★

Place de la Métropole

✆ 04 79 33 42 47

www.chambery-tourisme.com

Déc-mai, lundi-samedi 9h-12h/14h-17h. Dimanche 9h-12h/15h-20h. Juin-nov, lundi-samedi 10h-12h/14h-18h. Dimanche 15h-19h.

Construite par l'ordre religieux de saint François d'Assise au XVe siècle, elle est en 1779 devenue cathédrale suite à la création de l'évêché de Chambéry. D'apparence gothique et sobre à l'extérieur, c'est à l'intérieur que vous découvrirez ses trésors. La cathédrale possède près de 6 000 m² de peintures en trompe-l'œil, ainsi qu'un magnifique orgue classé Monument historique. De temps en temps, le jardin intérieur accueille des évènements culturels.

LES CHARMETTES - MAISON DE JEAN-JACQUES ROUSSEAU

890, chemin des Charmettes

✆ 04 79 33 39 44

musees.chambery.fr

Ouvert du mardi au dimanche de 10h à 18h. Audioguide 1 €. Gratuit. Jardins en accès libre.

Près de Chambéry, les Charmettes, c'est un joli musée hommage à Jean-Jacques Rousseau : il séjourna dans ce domaine durant six ans au milieu du XVIIIe siècle. Le site des Charmettes est classé Monument historique en 1905, il possède aussi un site naturel préservé ainsi qu'un jardin botanique. Ce lieu paisible et inspirant est un endroit important pour les écrivains contemporains et la littérature en général. La pensée des Lumières imprègne le domaine et inspire ses visiteurs.

© SIME

La place du Palais de Justice sous le clair de lune.

ESCAPE GAME DES GROTTES DE SAINT-CHRISTOPHE

3796, route de Chambéry - **SAINT-CHRISTOPHE**
✆ 04 79 65 75 08

Ouvert en soirée en haute saison. Réservation par e-mail. Tarifs : de 24 à 48 € selon le nombre de joueurs.

L'escape game des Grottes de Saint-Christophe propose un spectacle à énigmes intitulé « L'Initiation occulte ». Une manière ludique de s'approprier l'histoire de ce site magique. Le décor naturel de la grotte, la présence d'un membre de la confrérie gardée secrète : tout est fait pour se laisser prendre au jeu à travers un scénario prenant. Le but n'est pas de s'échapper, mais de mener à bien sa mission du mieux possible en affrontant des forces démoniaques. Frissons garantis !

GALERIE EURÊKA - ESPACE MONTAGNE

150, rue de la République
✆ 04 79 60 04 25

Ouvert mardi, jeudi et vendredi 14h-18h, mercredi et samedi de 10h à 12h et de 14h à 18h. Gratuit.

La Galerie Eurêka appartient au réseau des Centres de culture scientifique, technique et industrielle. L'exposition permanente dédiée à la montagne est un vaste espace ludique permettant de comprendre le climat, le plissement alpin, le circuit de l'eau et la force hydraulique, la faune et la flore. Ici, tout est à disposition pour favoriser l'expérience du visiteur. La muséographie invite à toucher, manipuler, se questionner sur les phénomènes en présence.

MUSÉE DES BEAUX-ARTS ★★

Place du Palais de Justice
✆ 04 79 33 75 03
www.chambery.fr/88-les-musees.htm

Ouvert toute l'année. Du mardi au dimanche de 10h à 18h. Gratuit -26 ans. Adulte : 3 €. Boutique. Artothèque.

La grande façade claire du musée des Beaux-Arts de Chambéry, faisant face au palais de justice, s'impose au cœur de la ville. L'ancienne halle aux grains abrite un espace d'exposition permanente riche de l'une des plus importantes collections de peintures italiennes du Trecento, du Quattrocento, du maniérisme et du baroque, ainsi qu'une série de portraits remarquables. Le musée possède aussi une collection de peintures françaises et des œuvres de peintres savoyards. L'espace d'exposition temporaire offre de belles découvertes supplémentaires.

CHÂTEAU DES DUCS DE SAVOIE

✆ 04 79 33 42 47
www.chambery-tourisme.com

Entrée libre uniquement aux salles de la Chambre des comptes. Visite guidée (max. 18 pers.) 6 €. Durée : 1h30.

S'il est un emblème du pouvoir des comtes et ducs de Savoie, le château de Chambéry ferait bonne figure pour le représenter. Les princes qui ont gouverné les États de Savoie pendant près de neuf siècles ont laissé derrière eux ce lieu chargé d'histoire. Dans l'aile médiévale, vous trouverez une exposition retraçant l'histoire du domaine et de la dynastie de la Maison de Savoie. Cet espace est accessible librement mais le château, lui, ne l'est qu'en visites guidées.

SAVOIE

LA FONTAINE DES ÉLÉPHANTS ★

Place des Éléphants

Toute l'année.

Au cœur de Chambéry. Érigé en 1838, probablement le monument le plus apprécié pour les selfies, les « Quatre sans cul », quatre éléphants imposants se tournant le dos en formant une croix, supportent une haute colonne sur laquelle trône la statue du général comte de Boigne, bienfaiteur de la cité, qui peut de là scruter le château portant son nom et qui se trouve tout au bout de l'avenue. Les éléphants font référence à ses campagnes militaires menées en Inde.

© YVES FILLIAUD - FOTOLIA

ALTIBUS

926, avenue de la Houille Blanche
✆ 04 79 68 32 96
www.altibus.com

80 stations de ski des Alpes et des Pyrénées reliées aux vallées, gares, aéroports tels que Chambéry, Lyon, Genève.

Une fois que l'on est arrivé à Chambéry par le train, direction les stations avec Altibus qui dessert plus de 80 stations françaises. Altibus, est un service d'autocars reliant les stations. En quelques clics sur le site, il est simple de réserver son trajet vers Méribel, La Plagne, Val Thorens, Courchevel, Saint-François-Longchamp, La Rosière, Valmorel ou Les Karellys. Fatigue et galères de conduite sur neige en moins, une solution économique qui permet de se réserver pour les randonnées en été et les descentes sur les pistes de ski l'hiver.

LE CINQ - HÔTEL**** €€

22, faubourg Reclus
✆ 04 79 33 51 18
www.hotel-chambery.com

Ouvert toute l'année. 51 chambres (dont 1 suite et 6 chambres communicantes). Chambre double de 75 € à 229 €. Sauna.

Idéalement situé en plein cœur de la ville, à proximité de la gare et du centre historique, le luxe d'un 4 étoiles en toute simplicité et le service attentif aux clients en font une bonne adresse pour une halte confort dans la cité des Ducs de Savoie. Climatisation, insonorisation, cocooning et larges baies vitrées se conjuguent avec raffinement et services. L'accès à l'espace bien-être est un vrai plus pour se détendre, c'est rare de trouver une piscine intérieure dans un hôtel à Chambéry. Ambiance feutrée de la bibliothèque. Une adresse à retenir !

HÔTEL DES PRINCES*** €€

4, rue de Boigne
✆ 04 79 33 45 36
www.hoteldesprinces.com

45 chambres. Double AC 75 €, suite AC 150 €. PDJ 14,40 €. Wifi gratuit. Hammam, bain bouillonnant, sauna. Borne Tesla.

Situé à quelques pas seulement de la fameuse Fontaine des Eléphants, dans la plus belle avenue du cœur de la ville historique, l'Hôtel des Princes est installé dans un ancien couvent rénové et transformé en hôtel de charme. Il propose des chambres confortables et joliment décorées qui se déclinent sous différents thèmes et plusieurs catégories. Le cadre est chaleureux et un spa ainsi qu'un institut de massage sont à disposition pour se relaxer. L'hôtel ne possède pas de restaurant mais de nombreux établissements se trouvent à proximité.

PETIT HOTEL CONFIDENTIEL***** €€€

10, rue de La Trésorerie ✆ 04 79 26 24 17
www.petithotelconfidentiel.com

Ouvert toute l'année. 18 chambres (chambres et suites de luxe). Chambre double à partir de 250 €. Hammam, sauna.

Petit Hôtel Confidentiel, c'est un hébergement différent. Cinq suites dispersées dans Chambéry. En voici une : au cœur du vieux Chambéry, dans un hôtel particulier du XIXe siècle, une chambre d'hôtel raffinée aux tonalités contemporaines. 35 m² pour prendre ses aises entre la chambre avec un lit majestueux et un salon avec cheminée moderne. La salle de bains est signée Philippe Starck. L'accueil est personnalisé et très attentif à vos besoins. Adresse intime pour voyager autrement.

LA FRITE DORÉE €

27, place Monge
✆ 04 79 33 30 65
https://a-la-frite-doree.business.site

Ouvert tous les jours le midi et le soir. Formule du midi : 9,90 €. Terrasse.

Depuis 1958, La Frite Dorée a fondé sa réputation sur ses frites maison servies à volonté. Incontournable, ce restaurant simple et sans chichis – mais qui a fait des travaux récemment – est devenu une institution. Il se trouve à proximité immédiat de la vieille ville avec une petite terrasse qui se remplit vite aux beaux jours. Les familles apprécient de faire plaisir aux enfants (petits ou grands)... frites à volonté, steak, diots ou poulet... la formule est gagnante. Accueil souriant, service rapide, formule simple et efficace avec un bon rapport qualité-prix.

LE BISTROT DU VERGER €

Place Pierre de Coubertin
✆ 04 79 69 03 97
www.bistrotduverger.fr

Ouvert du lundi au vendredi le midi ; du mercredi au vendredi le soir. Formule du midi : 20 €. Plat du jour : 12 €.

Ce joli restaurant se veut convivial et très attaché à la saisonnalité des produits. Le Bistrot du Verger joue avec les épices et nous plonge dans la nostalgie liée à l'enfance. Ici, les maîtres mots sont le partage, la simplicité et la générosité. Voyages, rencontres et expériences dressent un tableau insolite de ce lieu chargé d'anecdotes et aux multiples identités. Tantôt troquet parisien, tantôt bouchons lyonnais, tantôt italien, le Bistrot du Verger manie l'art de la table pour nous faire voyager et rêver. Immanquable et délicieux

SAVOIE

CAFÉ CHABERT €

41, rue Basse-du-Château
✆ 04 79 33 20 35

Du lundi au samedi de 9h à 17h. Réservation recommandée. Menu enfant : 8 €. Formule du midi : 13,60 €.

Ce petit restaurant, bien connu des Chambériens, est aussi le plus ancien café de la ville ! Niché dans une maison mythique du XVe siècle, c'est maintenant Christine qui vous accueille, mais avec toujours aux fourneaux le fameux chef Matthieu. Ici on sert des plats élaborés à partir de légumes locaux et de saison mais aussi des spécialités savoyardes généreuses. Matthieu maîtrise ses sauces et ses cuissons et vous fera découvrir ses arancini, mixant cuisines sicilienne et savoyarde. En hiver, le jeudi midi est le rendez-vous des spécialités plus traditionnelles.

L'ATELIER €€

59, rue de la République
✆ 04 79 70 62 39
www.atelier-chambery.com

Ouvert du mardi au samedi midi, et du mercredi au samedi le soir. Menus de 16 € à 35 €. Formule midi 22 €.

L'Atelier tire son nom d'un ancien établissement qui fabriquait des bâches. Il en reste un lieu intimiste muni de grandes verrières et de vieilles pierres. Grande terrasse estivale. En cuisine le chef Gilles Hérard, passé par les plus grandes tables étoilées. Le midi, menu unique avec déclinaison de 3 plats. Le soir, une carte plus consistante. À noter la belle carte des vins. À l'heure de l'apéritif, le bar à vin propose de grignoter des tapas froides et chaudes. L'accueil et le service sont spontanés et chaleureux, à l'image du patron.

LA BANCHE €€

10, place de l'Hôtel de Ville
✆ 04 79 85 36 10
www.la-banche.fr

Ouvert du mardi au samedi de 8h30 à 22h30. Carte 25 €. Menu enfant 10 €. Terrasse.

La Banche se situe en plein cœur de Chambéry face à la mairie. Les assiettes sont généreuses et à prix doux. La cuisine se fait avec des produits locaux que ce soit des fromages, des vins ou de la charcuterie. Cet endroit est chargé d'histoire ; en effet, son existence remonte à 1580, ce qui en fait le restaurant le plus vieux de Chambéry. Côté valeurs, David et son équipe veulent incarner passion, engagement et estime, ce qui se retrouve parfaitement entre les murs de ce lieu antique. Le service est parfait et le lieu vaut le détour. Bonne découverte.

LE BISTROT €€

6, rue du Théâtre
✆ 09 82 32 10 78
www.restaurant-lebistrot.com

Ouvert du mardi au samedi le midi et le soir. Menus de 35 € à 43 €. Menu enfant : 16 €. Traiteur.

Une belle adresse remarquée par tous les critiques gastronomiques, saluant ainsi la cuisine de qualité proposée par le chef Sylvain Bailly. A bonne école auprès d'Alain Ducasse et de Benoît Witz, il affirme sa personnalité. Le cadre du Bistrot, situé au cœur de la vieille ville de Chambéry, offre un écrin unique. En salle, ambiance Années Folles à la manière des bistrots parisiens et terrasse ombragée. Simple et bon… Les saveurs des produits frais de saison, de préférence régionaux, travaillés avec soin, se retrouvent magnifiés dans l'assiette. Quel plaisir !

BRASSERIE LE LOCAL €€

135, rue Pierre et Marie Curie
LA RAVOIRE
✆ 04 79 36 99 89

Ouvert du lundi au samedi midi, tous les jours le soir sauf dimanche. Carte 25 €. Formule midi 16,90 €. Terrasse.

Ce jeune établissement, à l'accueil sympathique de Benjamin et de toute son équipe, vous propose une cuisine de brasserie généreuse et gourmande. Le locavorisme y est la règle. Les producteurs sont en lien direct avec le restaurant. Le menu de midi est plus que correct. Le jour de notre visite c'était aumônière aux pommes de la Motte, bleu de chartreuse et noix du Gresivaudan en entrée, sauté de charolaise accompagné de polenta aux épices puis crème brûlée aux pralines de Saint-Genix. La carte variée n'est pas en reste de bonnes surprises.

LES GOURMANDS DISENT €€

43, rue de la République
✆ 04 79 33 57 05

Fermé dimanche, lundi, et mercredi soir. Le midi de 12h à 13h30, le soir de 19h30 à 22h. Réservation. Menu 35 €.

Une adresse qui fait l'unanimité. À la barre, Antoine et Stéphane : le premier fait partager sa passion du vin et le second œuvre en cuisine avec talent et inspiration. C'est assurément du domaine de la gastronomie. A la carte : gros raviolis de bœuf confit au vin rouge, fricassée forestière crème de champignons et noisettes torréfiées ; paleron de veau confit à la bière et morilles, coco de Paimpol au chorizo ; pour terminer avec un moelleux chocolat extra bitter et sa petite verrine de mousse chocolat au lait. Belle carte des vins. Passion et convivialité.

Ô PERVENCHES €€

600, chemin des Charmettes
✆ 04 79 33 34 26
www.opervenches73.fr
Ouvert du mardi soir au dimanche midi. Menus de 27 € à 48 €. Formule midi : 19 €. Terrasse.

Il faut monter jusqu'aux Charmettes pour rejoindre la maison de Jean-Jacques Rousseau située à 200 m d'Ô Pervenches. Cet écrin de verdure est un véritable havre de paix pour une pause gourmande. Pauline et Jérôme vous proposent une belle carte de saison pour composer, dans différents budgets, le menu de votre choix. La formule brasserie du midi est très appréciée des habitués. Des produits frais, une cuisine simple et bonne qui met en relief les saveurs avec de belles présentations. La carte des vins de près de 110 références. Belle découverte.

PINSON RESTAURANT €€€

22, place Monge
✆ 04 79 70 96 40
www.restaurant-pinson.fr
Ouvert du mardi au samedi le midi, vendredi et samedi le soir. Carte 40 €. Jardin. Terrasse.

Si le pinson est souvent présenté comme un oiseau commun de nos jardins, à Chambéry c'est au contraire une adresse peu commune. Un restaurant où Maud et Adrien proposent, dans un cadre chaleureux et convivial, une cuisine à leur image : authentique, fine et riche de saveurs. Au Pinson, pas de carte à rallonge, mais une proposition régulièrement renouvelée de 3 entrées, 3 plats, 3 desserts, accompagnée de vins « coup de cœur ». Une cuisine maison, de saison qui met en avant le produit et le bon goût. Une adresse un peu secrète à partager.

BROCK ART CAFÉ

Carré Curial
✆ 04 79 65 98 35
Ouvert du lundi au samedi de 16h30 à 1h30. Parking. Accueil international. Terrasse. Concerts.

Brock Art propose des ambiances dignes de son nom en toutes occasions. D'abord un espace idéal pour se retrouver entre amis et goûter une bière locale. Cocktails et charcuteries des montagnes… il y en a pour tous les gourmands. Ensuite qui dit Rock dit musique, et des concerts divers et variés s'invitent régulièrement sur la scène. Enfin avec Art, outre les haltes musicales et étapes de festivals qui trouvent ici de quoi faire le bonheur des convives. D'une fois sur l'autre, ambiance sympathique garantie et aucune chance de s'ennuyer.

LABELLE BIÈRE

267, rue Sébastien Charléty - **LA RAVOIRE**
✆ 04 79 84 01 62
www.labellebiere.fr
Le lundi 11h-15h ; le mardi et le mercredi 11h-21h ; le jeudi et le vendredi 11h-22h ; le samedi 11h-20h.

Labelle Bière est une cave à bières de plus de 200 références avec une offre à la pression régulièrement renouvelée et un bar où Justine et Antoine vous accueillent pour partager un moment de convivialité avec une bonne mousse accompagnée de saucissons artisanaux ou d'une planche apéro. Blondes, brunes, blanches, ambrées, aux fruits, vous trouverez dans le choix proposé et le conseil de ces cavistes de quoi éveiller vos papilles et celles de vos amis… Labelle Bière, c'est aussi Labelle Cantine et sa cuisine maison. Evénements et concerts.

FROMAGERIE DE CHAMBÉRY

926, avenue de la Houille Blanche
✆ 04 79 26 44 50
www.fromageriedechambery.com
Du lundi au samedi de 9h à 19h. Fermé le dimanche. Ce commerce accepte les éléfs (la monnaie locale).

La Fromagerie de Chambéry permet de découvrir une très large palette de fromages du terroir et de charcuteries artisanales de la région. Ici sont affinés de nombreux fromages. Pâtes cuites de Savoie (beaufort, margeriaz…), incontournables tommes (de Savoie avec deux « m » ou des Bauges avec un seul « m »), des bleus : de Termignon, persillé de Tignes, bleu des Bauges, bleu de Bonneval, chèvre ou brebis. Pour compléter, des produits frais sont aussi disponibles tels que des yaourts fermiers au lait de montagne, faisselles, lait cru entier, beurre, crème.

TERROIRS DES ALPES

872, rue de la Martinière - **BASSENS**
✆ 04 79 27 36 75
www.terroirsdesalpes.fr
Ouvert du lundi au vendredi de 9h à 12h30 et de 14h30 à 19h30, le samedi en continu de 9h à 19h30.

L'artisanat des métiers de bouche en pays de Savoie est mis en avant à travers les points de vente de la marque Terroirs des Alpes : boucherie, charcuterie, fromagerie, épicerie, alcool et jus de fruits… Nous avons testé les pâtes de Savoie artisanales fabriquées par La Lune « Gentiane des Alpes » à Saint-Jean de Maurienne, avec emballage 100 % compostable, les « Crottes de marmottes » (meringuettes au cacao) fabriquées à Mésinges et meringues au beurre salé, biscuits des Alpes citron-framboise, idéals pour un « tea time » délicat.

SAVOIE

AIX-LES-BAINS ★★★

Aix-les-Bains est une ville thermale où il fait bon vivre, ici les vacances en bordure de la Riviera des Alpes sont parfaites pour le farniente et la détente. Aix-les-Bains a non seulement les pieds dans le lac du Bourget, mais aussi, à bâtie sa solide réputation de curatrice sur ses atouts liés à la qualité de ses eaux souterraines depuis l'Antiquité. Par ailleurs, elle est considérée comme étant la première station thermale de l'hexagone. Ici se trouve le plus grand port de plaisance d'eau douce de France composé de 1 500 anneaux. Ses eaux, gorgées de sulfure, traitent aussi bien les rhumatismes que les soucis respiratoires, attirant de fait, de nombreux curistes. Entre lac et montagnes, on peut dire que les atouts touristiques et sportifs de la ville sont nombreux et très convoités au fil des saisons. Côté culture et monuments, la ville n'est pas en reste avec l'organisation d'événements et mise en avant du patrimoine de la ville avec l'Aquarium, le musée Faure, les thermes, l'hippodrome, le château de la Roche du Roi, le golf. Enfin, cette station balnéaire et thermale fait partie des destinations considérées comme les plus romantiques d'Europe, un bel hommage au dramaturge et romantique Alphonse de Lamartine, qui a façonné la ville de sa jolie plume au XIXe siècle. La ville est aussi jonchés de restaurants travaillant main dans la main avec les producteurs locaux. Les concerts et autres soirées festives se déroulent dans un cadre rare et privilégié. Aix-les-Bains est un doux poème dont Lamartine n'a eu de cesse de rendre hommage tout au long de son œuvre.

AQUALIS - L'EXPÉRIENCE LAC 🏛

52, esplanade Jean Murguet ✆ 04 79 70 64 69
www.aqualis-lacdubourget.fr

Ouvert mercredi, samedi, dimanche et jours fériés 14h-18h. De mars à octobre. 7j/7 vacances scolaires. Adulte : 2 €.

Après avoir été une station d'études hydrobiologiques et un aquarium, le bâtiment édifié en 1933 abrite désormais un espace muséographique qui raconte le lac à travers des histoires d'eau. Une expérience audiovisuelle et sensible, la vie des poissons et de nombreuses autres choses curieuses… Tout un univers dédié au plus grand lac naturel de France. Ludique, accessible à tous, interactif, aux manipulations s'ajoutent des animations pour les scolaires, et un espace game. Unique !

BELVÉDÈRE DU REVARD ★★★

Le Revard
✆ 04 79 25 80 49
www.savoiegrandrevard.com

Accessible au public toute l'année. Accessible en fauteuil roulant avec aide. Gratuit. Restauration. Boutique.

Le Belvédère du Revard est l'un des sites les plus visités en Savoie. Plusieurs bonnes raisons à cela : le site est facilement accessible - toute l'année, hiver comme été, en voiture ou en bus - ; il est entièrement gratuit (sauf le restaurant panoramique bien sûr) ; la beauté naturelle d'un site qui nous offre un panorama exceptionnel à 360° sur les montagnes environnantes, mais aussi sur le lac du Bourget et les d'Aix-les-Bains et Chambéry. Depuis 2013, trois passerelles installées au-dessus du vide offrent des sensations fortes en plus du panorama s'ouvrant sur quatre vallées qui se succèdent et le lac du Bourget qui se déploie au premier plan. L'une des plateformes est vitrée et donne ainsi l'impression de marcher dans le vide. Attention, le parking est très réduit. Les belles journées d'été, il est souvent plein. La passerelle vitrée est fermée l'hiver. Une table d'orientation vitrée permet une lecture des sommets des Alpes à 360°. Un restaurant se trouve sur place, lui aussi doté d'une terrasse avec vue panoramique. Profitez des installations de la station du Revard en toute saison avec de nombreuses activités outdoor : la luge, les chiens de traîneau, le biathlon, le VTT et le Fatbike, le parapente ou la randonnée. A partir du Belvédère du Revard, partez en randonnée d'environ 1h sur un sentier en direction du Jardin d'altitude et du Golet de la Pierre. Belle balade accessible en famille à travers la forêt (attention aux racines…) qui propose de superbes points de vue pour contempler les paysages des Alpes

© LAURENS JOBSE - SHUTTERSTOCK.COM

SAVOIE

LAC DU BOURGET ★★★

✆ 04 79 88 68 00

www.aixlesbains-rivieradesalpes.com

Merveille naturelle des Alpes, le lac du Bourget est le plus grand lac naturel d'origine glaciaire en France. Il s'étire sur 18 km et peut atteindre jusqu'à 3,5 km de large par endroits, pour une profondeur pouvant aller jusqu'à 145 mètres. Il est cerné de montagnes - massif de l'Epine, le mont du Chat, la Chambotte, le mont Revard et le massif des Bauges - propices à de belles randonnées offrant des panoramas magnifiques. Son écosystème a été bien préservé et on y observe de nombreux oiseaux, on y protège certaines espèces telles que la tortue cistude, notamment au sud, à travers sa vaste roselière. Les sportifs se promènent tout autour, les activités nautiques et touristiques animent sa surface. Depuis une vingtaine d'années, Aix-les-Bains fait partie des communes ayant obtenu le label France Station Nautique. Sur les eaux plus ou moins paisibles, attention aux vents et aux courants, du lac du Bourget, on peut pratique la voile, l'aviron, le canoë-kayak, le paddle, le ski nautique, le wakeboard, mais aussi la plongée ou la pêche avec une trentaine d'espèces de poissons, dont les plus réputées sont le lavaret et l'omble chevalier à retrouver dans les assiettes des nombreux restaurants. Idéal pour la baignade, le lac possède également 14 ports et plus de 2 600 anneaux de plaisance ! Les bases de loisirs et les plages postées çà et là, les pistes cyclables et les promenades, ou encore les croisières sur le lac, permettent d'en profiter à la belle saison. Le cyclo et le VTT se pratiquent tout autour du lac, d'ailleurs il est possible de faire le tour complet du lac à vélo ou VAE. De nombreux chemins, de nombreux cols pour les sportifs, 180 km de pistes VTT sur le plateau du Revard à proximité et une voie verte reliant le Bourget-du-Lac à Chambéry. L'abbaye de Hautecombe ainsi que quelques châteaux dominent sur ses hauteurs. Pour faire connaissance avec les poissons et l'environnement de ce lac d'exception, il suffit d'aller à Aqualis. D'autres préféreront savourer dans leur assiette une friture fraîchement pêchée. Dans les airs, les amateurs de vol libre colorent le ciel alentour et les avions en approche le survolent avant d'atterrir à l'aéroport de Chambéry-Aix. Autre activité qui permet d'avoir une vue unique sur toute l'étendue du lac, un vol en parapente depuis le col du Sapenay. Nature et culture avec la visite de la majestueuse abbaye d'Hautecombe ou des vignobles de Chautagne. Détente et bien-être sur les rives d'un lac comme une véritable mer intérieure qui invite toute l'année à la douceur de bien vivre au cœur des Alpes.

MUSÉE FAURE ★

10, Boulevard des Côtes

✆ 04 79 61 06 57

www.aixlesbains.fr

Ouvert toute l'année, mer-lun 10h-12h30/14h-18h. Fermé les 01/05, Adulte 5 €.

Le musée Faure est un joyau niché à Aix-les-Bains. Fondé en 1949, il s'agit du deuxième musée français consacré à Rodin, après celui de Paris. On y retrouve les différentes périodes de l'artiste. Les collections permanentes, legs du docteur Jean Faure, sont constituées d'œuvres des impressionnistes et des artistes proches de ce mouvement : tableaux, sculptures de Corot, Fantin-Latour, Jongkind, Sisley, Cézanne, Pissarro, Degas, Bonnard, Vuillard. De splendides et rares expositions temporaires complètent les propositions artistiques du musée. Jardin en libre accès.

SOCIÉTÉ DES EAUX MINÉRALES D'AIX-LES-BAINS

275, rue Boucher de la Rupelle

GRÉSY-SUR-AIX

✆ 04 79 88 80 14

Bien connue des curistes pour la qualité de ses eaux thermales, la ville d'Aix-les-Bains abrite aussi la source minérale naturelle Raphy Saint-Simon dont SEAB, société des eaux d'Aix-les-Bains, assure le captage, le conditionnement et la commercialisation. L'eau minérale naturelle d'Aix-les-Bains prend sa source dans le massif de la Chambotte et transite durant au moins 70 ans avant d'être puisée à 500 m de profondeur. Elle conserve un débit faible mais bénéficie d'une grande stabilité. Naturellement saine et équilibrée, elle est faiblement minéralisée et sans nitrate. Elle favorise le fonctionnement du corps au quotidien. Cette eau minérale sans traitement se consomme sans modération. De nombreux partenariats locaux ont été tissés, notamment avec le Conservatoire du Littoral (Délégation Rivages Lacs) et le Conservatoire des Espaces Naturels de Savoie, pour préserver le territoire de l'impluvium. Elle bénéficie également du label Biodiversity Progress. Aujourd'hui, les eaux minérales d'Aix-les-Bains poursuivent cet engagement au travers d'une amélioration de leur packaging et de leur conditionnement. De nouvelles bouteilles en PET, moins gourmandes en énergie grise, avec une base triangulaire à destination des restaurateurs, sont distribuées. Vous les retrouverez sur la carte des boissons de nombreux restaurants aixois et des alentours. Elle est aussi disponible en brumisateur pour vous rafraîchir et vous apporter ses bienfaits tout au long des journées d'été.

OFFICE DE TOURISME AIX-LES-BAINS RIVIERA DES ALPES

Place Maurice Mollard
✆ 04 79 88 68 00
www.aixlesbains-rivieradesalpes.com
Ouverture selon saison, tous les jours en juillet et août.

L'office de tourisme d'Aix Riviera vous accueillera tout au long de l'année ! L'équipe, composée de Savoyards qui connaissent la région comme leur poche, se fera un plaisir de vous indiquer les meilleures activités et les coins à ne pas manquer. Outre l'aspect conseil, ils pourront vous aider à compléter votre séjour en vous proposant des cartes, des guides et des souvenirs. Des événements sont organisés toute l'année, n'hésitez pas à leur demander !

HÔTEL L'IROKO*** €€

239, avenue du Grand Port
✆ 04 79 63 40 95
www.hotel-iroko.com
23 chambres. Chambre double à partir de 75 €. Parking inclus. Stationnement vélos et motos couvert et sécurisé.

Venez faire un tour à l'hôtel du Grand Port d'Aix-les-Bains Riviera des Alpes. Il est judicieusement situé au bord du lac pour profiter d'une vue magnifique tant le matin au lever du soleil qu'à son coucher. Cet hôtel 3-étoiles vous permettra de partir à la découverte de la région entre montagne et lac. Sérénité, calme et beauté seront les maîtres mots de ce lieu délicat à l'atmosphère paisible. Les chambres sont climatisées et la literie utilisée est haut de gamme. Dommage que les nuits soient si courtes. Petit plus pour le délicieux déjeuner en buffet.

IBIS STYLES AIX-LES-BAINS - DOMAINE D'AIX MARLIOZ €€

111, avenue de Marlioz ✆ 04 79 61 77 77
http://domainedemarlioz.com
100 chambres. Chambre double de 79 € à 169 €. Offres avec tarif préférentiel spa, soin esthétique. Restauration.

Un hôtel confortable au cœur du domaine de Marlioz qui accueille aussi l'hôtel Mercure, un spa et les thermes de Marlioz. On adore le parc de 10 ha où l'on pourra se promener et se relaxer. Cet espace de verdure qui donne sur l'hippodrome vous invite à la détente. Le décor est acidulé et le personnel très sympathique. Les chambres sont confortables avec grand lit et couette. Des forfaits de long séjour à tarifs avantageux sont disponibles incluant des soins au spa.

Ô TERREAUX €

4, avenue de Verdun
✆ 04 79 53 34 68
https://o-terreaux.eatbu.com
Ouvert toute l'année, tous les jours sauf le dimanche et le lundi. Le samedi de 8h30 à 14h. Terrasse.

Ô Terreaux est un restaurant traditionnel à la cuisine française gourmande et délicieuse. Ici, le chef vous propose une variété de plats fraîchement préparés et typiquement lyonnais. Réputée pour ses plats du terroir ainsi que pour ses plats régionaux, Carole s'amuse à nous faire découvrir le meilleur de sa région. En salle, Olivier brille par sa gentillesse et sa serviabilité. Un restaurant sympathique parfait pour le déjeuner. Évidemment, tout est fait maison, et il est possible de prendre à emporter. N'oubliez pas de réserver !

L'AQUARIUM €€

1250, boulevard Robert Barrier
✆ 04 79 53 26 22
www.brasserielaquarium.com
Ouvert du mardi au samedi le soir, du mardi au dimanche midi. Menu 39 €. Formule midi 26 €. Terrasse. Animations. Bar.

Le panorama est à n'en pas douter l'atout majeur de cet Aquarium ouvert sur le lac. La marque de fabrique de l'établissement est aussi de proposer des produits frais et des fruits de mer à déguster sur place ou à emporter. Une ambiance années 1930 qui fait écho aux bâtiments de la ville thermale et des atmosphères différentes selon que l'on vienne manger, boire un verre ou prendre une glace. Cuisine traditionnelle du chef Julien Diffe réalisée avec des produits régionaux issus de circuits courts. L'écailler Mickael Ambrico est une référence pour les fruits de mer.

BRASSERIE LES QUAIS €€

Place Président Edouard Herriot
✆ 04 79 63 40 00
www.brasserie-les-quais.fr
Ouvert toute l'année selon saison. Carte : 30 € environ. Menu enfant 12 €. Terrasse et jardin.

Bienvenue à la jolie Brasserie des Quais d'Aix-les-Bains. Ce restaurant sonne parfaitement bien pour profiter d'un bon moment entre amis ou en famille. Côté cuisine c'est un pur régal, tout est préparé à base de produits frais et de saison. À la carte, le chef vous propose des diots accompagnés de crozets de Savoie, ou bien des cuisses de grenouilles en persillade. Pour les amateurs de poissons, filet de perche meunière ou en friture, l'omble chevalier rôti aux herbes. Bon à savoir, cette brasserie peut accueillir de grands groupes, jusqu'à 100 personnes !

LE 59 €€€

59, rue du Casino
✆ 06 78 01 45 47
www.restaurant-le59.fr

Ouvert du jeudi au dimanche le midi et le soir. Réservation recommandée. Menus de 48 à 58 €. Formule du midi 30 €.

Le 59 fait partie des valeurs sûres pour un repas de qualité à Aix-les-Bains. Une reconnaissance qui salue le travail en cuisine de Cédric Campanella. Une cuisine gastronomique réalisée à base de produits de saison sélectionnés pour leur qualité. Ils sont la base de plats modernes, raffinés, faisant la part belle à la créativité du chef. De jolies assiettes, un restaurant gastronomique agréable et convivial, en plein centre-ville. Un restaurant à la décoration chaleureuse et au service impeccable... Un rapport qualité-prix des plus intéressants.

CHATEAU BRACHET €€€

48, impasse des Couduriers - **GRÉSY-SUR-AIX**
✆ 04 58 62 01 01
www.chateaubrachet.com

Au déjeuner, lundi, jeudi et vendredi. Hors jours fériés. Menu 33 €. Au dîner, du jeudi soir au lundi soir. Menu 56 €.

Un château entre lac et montagne qui revit après dix ans de travaux, rénové avec goût dans une démarche écoresponsable, et qui abrite aussi le restaurant du chef Nicolas Roux. Dans une salle magnifique ou, dès le printemps prochain, sur la terrasse de la « Broderie », le chef nous propose une cuisine gastronomique bien dans l'esprit des lieux. En attendant que le grand potager maison donne, une cuisine de saison à base de produits frais, locaux et souvent bio. Poissons de lacs, viandes des Bauges, volailles de Bresse et fromages de Savoie. Adresse exceptionnelle.

COMPTOIR LE T

6, rue Albert 1er
✆ 06 13 08 05 97
www.comptoir-le-t.com

Ouvert du mardi au samedi de 9h30 à 12h30 et de 14h30 à 19h. Boutique. Terrasse.

À la fois boutique et salon de thé, cet espace cosy à la décoration zen et moderne vous invite à rencontrer le thé dans tous ses états. Thés chauds et thés froids, infusions... Dominique et Mathilde vous proposent une variété incroyable de saveurs et de senteurs. Ancien sommelier, Dominique vous guidera avec passion à travers les quelque 200 références sélectionnées avec soin auprès d'artisans-producteurs du monde entier. Et si vous vous installez à l'une des tables du salon, vous pourrez commander une pâtisserie maison pour accompagner votre dégustation.

AU RAMONEUR SAVOYARD

2, rue Albert 1er
✆ 04 79 35 29 32
www.au-ramoneur-savoyard.com

Ouvert du lundi au samedi de 9h à 12h30 et de 14h30 à 19h.

Au Ramoneur Savoyard, les produits régionaux sont à l'honneur depuis plus de 50 ans. Hervé, Laurence et leur équipe ont sélectionné pour notre plus grand plaisir une large gamme de produits gourmands. Se retrouvent à la boutique et sur le marché d'Aix-les-Bains, les fromages (beaufort, abondance, reblochon, tomme...), la charcuterie (jambon cru, saucissons secs ou extra fins, diots, saucisse au chou...), l'épicerie fine (conserves, miel de montagne, confitures fermières, pâtes...), sans oublier les vins de Savoie et les alcools. De quoi remplir vos paniers !

THERMES CHEVALLEY

10, route du Revard
✆ 04 79 35 38 50
www.valvital.fr

Saison thermale de mi-février à mi-décembre. Se renseigner pour les ouvertures du spa thermal.

Ville thermale depuis l'Antiquité, Aix-les-Bains attire les curistes. Mais au-delà des cures pour raison de santé (rhumatismes ou insuffisance veineuse), les eaux thermales peuvent aussi être synonymes de bien-être et de détente à travers le spa thermal. Sur les hauteurs de la ville se trouvent les Thermes Chevalley Valvital, aux bâtiments modernes. Ici, le Spa thermal avec vue panoramique sur le lac du Bourget est accessible à tous ceux qui souhaitent s'accorder une pause bien-être : piscines, saunas, solarium, soins esthétiques.

THERMES DOMAINE DE MARLIOZ

111, avenue de Marlioz
✆ 04 79 61 78 78
www.domainedemarlioz.com

Ouvert de début février à fin novembre.

Un parc de 10 hectares, les montagnes autour : le cadre invite déjà à la détente, il était jadis fréquenté par Napoléon III et l'impératrice Eugénie. Connue depuis le XIVe siècle, l'eau de Marlioz est utilisée depuis plus de 180 ans avec une action anti-inflammatoire, anti-toxique, anti-infectieuse, anti-allergique et anti-oxydante. Le Spa Nuxe du Domaine de Marlioz offre un merveilleux espace de détente ouvert à tous. Enveloppement, massages, esthétique relaxation...

SAVOIE

CASINO GRAND CERCLE

200, rue du Casino
✆ 04 79 35 16 16
www.casinograndcercle.com
Ouvert toute l'année. 9h-3h, 4h ou 4h30 suivant jour de la semaine. Carte d'identité obligatoire. Bar. Restauration.

Le Casino Grand Cercle fut inauguré par le roi Victor-Emmanuel II de Savoie, en 1850, afin de renforcer l'aspect ludique de la cité thermale et ainsi attirer en Savoie la haute société et les artistes européens. Le bâtiment à l'époque comprenait en sa partie centrale une salle de bal flanquée de deux salons, l'un pour le jeu, l'autre pour la lecture et la correspondance. Il fut agrandi trente ans plus tard par deux pavillons latéraux. Enfin, en 1899, le bâtiment se dote d'un théâtre à l'italienne de 900 places, équipé d'une machinerie en bois.

AUBERGE LAMARTINE €€€

RN504
✆ 04 79 25 01 03
www.lamartine-marin.com
1 Michelin. Ouvert du mercredi au samedi le soir, du mercredi au dimanche midi. Menus de 70 € à 115 €. Terrasse.*

S'il n'y avait que le cadre ! Car il faut dire que la vue sur le lac et les montagnes depuis la terrasse est fabuleuse. Mais le chef Pierre Marin propose une halte gastronomique, une vraie. Ici, une cuisine « classique revisitée » s'élabore à la perfection pour offrir un véritable moment de découverte gustative. Les poissons du lac sont naturellement à l'honneur et le chef privilégie les producteurs locaux et les produits de saison. De ce fait, la carte change aussi au rythme du marché. Excellente carte des vins. Table romantique en diable.

BOURDEAU

Bourdeau surplombe toute la zone, on peut d'ailleurs y voir la Dent du Chat, et à ses pieds, le lac du Bourget. Vous pouvez vous frayer un chemin sur les pistes balisées, une fois en haut, vous apprécierez la vue imprenable sur le mont Revard et sur le lac. Vous pouvez rejoindre le petit port via les ruelles qui font le charme de la ville. L'église Saint-Vincent vaut le détour ainsi que les multiples fontaines présentes dans ce village. La quiétude du port, qui est par ailleurs réservé aux piétons, fera ressortir le romantisme qui sommeille en vous. Il se dit qu'Alphonse de Lamartine aurait rejoint une cavité au bord du lac pour y méditer longuement.

LE BOURGET-DU-LAC

Bourget-du-Lac est, comme son nom l'indique, au bord du lac du Bourget, le plus grand lac naturel d'origine glaciaire de France. Cette magnifique petite ville offre un cadre de vie incroyable entre sport nautique l'été et montagne l'hiver. À l'époque, c'était un port marchant, poumon économique, attractif et accueillant. Notons qu'une foule de célébrités d'antan comme Montaigne, Rousseau, Lamartine, la Reine Victoria et Clémenceau, ont largement contribué à la notoriété touristique de la ville. La ville est parfaite pour les randonnées pédestres, le VTT de montagne, les sports nautiques, et toutes autres balades familiales. Une ville riche et exceptionnelle.

LES BULLES DE SAVOIE €€€

Lieu-dit Le Château
BILLIÈME
www.lesbullesdesavoie.com
Ouvert du 1er avril au 31 octobre. Bulles à partir de 220 €/nuit.

Offrez-vous une bulle de bonheur au cœur du vignoble de Marestel, les plus beaux paysages de Savoie sous vos yeux. Et quand on dit « sous vos yeux », c'est jour et nuit, lové dans une bulle transparente, la tête vers le ciel étoilé, dans un environnement naturel préservé. Trois bulles de charme entourées d'une terrasse, d'un spa ou d'une balnéo privative. Le petit déjeuner est composé de produits régionaux. VTT et télescope en accès libre. Tout est parfait en ce lieu magique et poétique, à faire à deux pour encore plus de plaisir. À refaire absolument !

CHÂTEAU THOMAS II

La Croix verte
✆ 04 79 25 01 99
Ouverture du mercredi au dimanche en juillet et août : 14h-18h. Visites guidées les jeudis. Tarifs 6 €, 5 €.

Le château de Thomas II, château du Bourget ou encore château des comtes de Savoie, mérite le détour pour ce qu'il raconte de l'histoire depuis qu'il a été érigé en tant que palais du milieu du XIIIe siècle. Les ruines sont classées Monument historique depuis 1983. Alentour, les milieux naturels remarquables sont à découvrir en parcourant les sentiers : douves du château et sentier des Aigrettes, avant d'arriver jusqu'à l'observatoire. Dans la tour de la Poterne, un espace muséographique présente les richesses du patrimoine historique et naturel.

Le prieuré du Bourget-du-Lac.

PRIEURÉ DU BOURGET-DU-LAC ★

Route d'Aix-les-Bains
✆ 04 79 25 01 99
www.lebourgetdulac.fr/le-prieure

Toute l'année. Visite guidée 7 juil-30 août, jeudi 9h30-10h30 (sur réservation). Adulte 6 €. Combiné avec Thomas II 8 €.

Le prieuré du Bourget-du-Lac a été fondé en 1030 par saint Odilon, un moine clunisien. La visite guidée permet de découvrir de belles pièces comme le réfectoire, la cuisine où se trouve une superbe cheminée monumentale, la bibliothèque, la salle du chapitre et le très beau cloître. L'église a été construite sur une crypte du XIe siècle et son acoustique est appréciée lors des concerts. Le visiteur peut aussi découvrir les jardins (classés Jardins remarquables).

CAMPING INTERNATIONAL DE L'ILE AUX CYGNES*** €€

501, boulevard Ernest Coudurier
✆ 04 79 25 01 76
www.ileauxcygnes.fr

Ouvert d'avril à octobre. 270 emplacements. Entre 15,50 et 19,50 €. Aire pour camping-cars.

Les pieds dans l'eau du lac du Bourget, ce camping dispose de sa propre plage en pente douce, particulièrement adaptée aux enfants, et de son port privé. Il offre une vue magnifique entre lac et montagnes et est suffisamment en retrait de la ville pour bénéficier aussi du calme. A proximité, les activités sont nombreuses : bateaux à pédales, stand-up paddle, minigolf, salle de spectacles (Espace culturel La Traverse), le Prieuré et ses jardins classés...

LE BELVÉDÈRE €€

Saint-Germain-la-Chambotte - **ENTRELACS**
✆ 04 79 88 44 06
www.belvedere-la-chambotte.com

Ouvert de 12h à 15h. Le bar est ouvert l'après-midi jusqu'à 18h. Menus de 39 à 45 €. Réservation. Terrasse.

Dans ce restaurant vous dînerez tout en admirant la vue superbe qui s'offre à vous. Côté restauration, le plaisir est au rendez-vous avec une savoureuse cuisine maison. La carte suit le rythme des saisons avec d'excellents produits locaux sublimés par le chef : truite marinée, et chèvre frais ; suprême de pintade, jus au lard ; pour terminer avec la Dent du chat. Ne manquez pas la fondue aux cèpes accompagnée de pommes de terre. La carte des vins présente de nombreuses références de vins de Savoie, dont les vins de Chautagne. Un joli lieu à découvrir absolument.

LA FREGATE €€

Boulevard Ernest-Coudurier
✆ 06 20 08 54 27

Ouvert tous les jours midi et soir en haute saison par l'entrée de la plage municipale. Carte 20-25 €. Terrasse. Bar.

Le restaurant la Frégate est comme son nom l'indique un restaurant qui se veut sur l'eau. Ici, tout est fait pour déguster des plats conviviaux tout en profitant de la vue bord de l'eau. Le crew est vêtu de marinières lors du service. Au programme, tapas, transats, brochettes de poisson, fruits de mer et cocktails sauront satisfaire votre envie de prendre le large. Pour ceux qui font attention à leur ligne, des salades sont également de la partie, pour les plus gourmands, vous retrouverez les fameuses crêpes à déguster dans un panorama idyllique. Un bon moment.

CHANAZ ★

Chanaz (le « z » ne se prononce pas) est la « Petite Venise savoyarde », du fait de sa présence en bord du canal de Savière, lequel relie le lac du Bourget au Rhône. Le village fait donc partie de la ViaRhôna, piste cyclable qui longe le fleuve et permet de faire du cyclotourisme thématique. Depuis l'Antiquité, le village est un lieu de passage très prisé. Le port de plaisance, l'écluse, le hameau de Portout et son musée gallo-romain, le moulin, la maison forte en font un site touristique très visité. On estime à 150 000 le nombre de visiteurs chaque année. Il faut dire que l'endroit est particulièrement photogénique et très fleuri à la belle saison.

MUSÉE GALLO-ROMAIN DE CHANAZ 🏛 ★

15, rue du Moulin ✆ 04 79 52 11 84

www.musee-galloromain-chanaz.fr

Visite du musée du 15 avril au 15 octobre (groupes sur réservation). Horaires selon saison. Gratuit. Animations.

Le musée gallo-romain de Chanaz se trouve dans l'ancienne chapelle gothique du XVe siècle, au centre du village médiéval. Ce musée est consacré aux potiers de Portout, situés au bord du canal de Savières. Suite à des fouilles menées à Portout entre 1976 et 1987, les trouvailles étant abondantes et dignes d'intérêt, il y avait matière à restituer, en exposant bijoux, vaisselles et objets divers. Ce bel endroit éveille les esprits et promet de belles découvertes pour toute la famille.

BATEAU CANAL ☛

347, route du Canal

✆ 04 79 54 51 80

www.bateaucanal.com

Ouvert de mi-avril à fin octobre. Horaires site Internet. Départ de Chanaz, Écluse, Lavours et Portout. Restauration.

S'il est un endroit incontournable lorsque l'on veut naviguer sur le lac, c'est bien le canal de Savières et particulièrement Chanaz. Opter pour une croisière qui part du canal, c'est s'offrir une autre manière de découvrir le grand lac du Bourget. C'est une jolie occasion d'en savoir plus sur cette belle histoire qu'est celle du canal. A bord du *Bateau*, le capitaine n'est pas avare sur ses aventures, alors laissez-vous transporter par ses nombreuses indications, anecdotes et informations. Le trajet est agréable et offre des panoramas magnifiques.

SAINT-PIERRE-DE-CURTILLE

Saint-Pierre-de-Curtille est la commune sur laquelle est bâti l'un des monuments les plus visités en Savoie : l'abbaye de Hautecombe, à découvrir absolument. On en oublierait presque qu'il y a trois églises sur la commune. La première est celle de l'abbaye, la deuxième est l'ancienne église paroissiale située au Val de Crêne, sous le château de Pombeau (un site aujourd'hui privé) et la troisième est l'église Saint-Pierre-aux-Liens de Saint-Pierre-de-Curtille. Elle mérite l'attention, tout comme la grange batelière, qui fait partie du domaine de Hautecombe et se trouve au niveau de l'embarcadère de l'abbaye. Une belle bâtisse qui abrite régulièrement des événements.

ABBAYE DE HAUTECOMBE ★★

3700, route de l'Abbaye ✆ 04 79 54 58 80

www.hautecombe.org

Mer-lun 10h-11h15 et 14h30-17h. Adulte 4,50 €. Dons bienvenus. Accès possible par bateau (Chanaz ou Aix-les-Bains).

© GUILLAUME BESNARD - STOCK.ADOBE.COM

L'abbaye de Hautecombe, au bord du lac du Bourget, est l'un des sites les plus visités de Savoie. Majestueuse, la grande bâtisse se voit de loin et l'on peut s'y rendre aussi bien par la route que depuis le lac, grâce à son embarcadère. Classée Monument historique, seule l'abbatiale se visite avec un audioguide. La grange batelière, une bâtisse remarquable en elle-même, située à proximité de l'embarcadère, accueille ponctuellement événements et expositions temporaires. Une quarantaine de princes et de princesses de la Maison de Savoie reposent en ces murs.

SAVOIE

LE CHÂTELARD

Le massif des Bauges se partage entre Savoie et Haute-Savoie. Le territoire est cerné de montagnes calcaires propices à la spéléologie et dont le point culminant s'élève à 2 200 mètres d'altitude. De tradition agricole, on fabrique ici un fromage AOC, la tome des Bauges (avec un seul « m » pour se différencier de la tomme de Savoie). L'activité forestière y est aussi importante. Au cœur de ce territoire se trouvent de nombreux villages dont les principaux sont Lescheraines, dont la base de loisirs Les Îles du Chéran est appréciée, et Le Châtelard, chef-lieu de canton. On découvre aussi quelques artistes et artisans méritant une petite halte.

PARC NATUREL RÉGIONAL DU MASSIF DES BAUGES ★★

Avenue Denis Therme
✆ 04 79 54 86 40
www.parcdesbauges.com

© CELESTE CLOCHARD - FOTOLIA

Le Parc du Massif des Bauges est à cheval sur Savoie et Haute-Savoie. Un territoire cerné de montagnes, à la géologie remarquable au point d'avoir été déclaré Geopark par l'UNESCO. Un territoire protégé qui obéit à une règlementation spécifique, notamment en matière de randonnée et de cueillette. La richesse de ce territoire ne se limite pas à son patrimoine naturel. Son fromage AOP, tome des Bauges, ses activités économiques et agricoles participent à son identité forte.

CHEZ CYRILLE €€

D912
LE NOYER
✆ 04 79 34 68 87

Ouvert lundi, mardi et du jeudi au samedi soir, du jeudi au mardi à midi. Menus de 16 € à 28 €.

Au cœur du Parc naturel des Bauges, blotti dans le pittoresque village du Noyer, se trouve une petite perle : le restaurant Chez Cyrille. Si le choix est restreint (seulement deux menus), à la dégustation on comprend qu'il n'en faut pas plus pour passer un très agréable moment gastronomique. Tout est là : des produits locaux et de saison, une cuisine traditionnelle délicatement présentée, un accueil souriant et chaleureux. De l'entrée au dessert en passant par le fromage de la ferme d'à côté, tout est maison. Quand simplicité rime avec authenticité et générosité.

AILLON-LE-JEUNE

Aillon-le-Jeune est une commune du PNR du massif des Bauges. Elle abrite un domaine skiable connu sous le nom d'Aillons-Margériaz. En 1178, les disciples de saint Bruno s'installent et fondent la Chartreuse d'Aillon. Les bâtiments abritent un espace muséographique géré par le parc, au lieu-dit de la Correrie. Patrimoine agricole, architectural et économique y sont expliqués. L'été, les Aillons offrent un champ de jeu au naturel avec de nombreuses activités : randonnées, VTT, cani-rando, piscine, canyoning, géologie. Via ferrata du Nant de Rossane. En hiver, pistes de ski alpin, ski de fond, raquettes, chiens de traîneau, visites, ski nocturne.

CASCADE DE TYROLIENNES

Centre d'accueil ✆ 04 79 54 61 88
www.lesaillons.com/tyroliennes.htm

De juin à septembre le week-end. Parcours intégral : 35 € adulte, 26 € enfant (3h, montée en télésiège incluse).

Des sensations fortes adaptées à l'âge des enfants et à la témérité des adultes dans le magnifique cadre du Parc national des Bauges, au pied des pistes des Aillons-Margériaz 1000. Trois parcours au choix : le spécial enfant, le parcours « Forêt » qui vous emmène d'arbre en arbre pour finir par un « base jump » (dès 8 ans). Le dernier parcours propose 21 tyroliennes dont 2 à grande vitesse, 20 ateliers, 15 échelles descendantes et un « base jump » final (dès 12 ans).. Entre le survol des pistes jusqu'à 31 m de hauteur et les zigzags en forêt, adrénaline garantie.

LA CHARTREUSE D'AILLON

Le couvent
© 04 79 54 97 77
www.parcdesbauges.com
Ouvert selon saison. Juillet-août : ouvert de 10h à 13h et de 14h à 18h30, sauf mardi. Gratuit -6 ans. Adulte 3,50 €.

Si le lieu est lui-même chargé d'histoire et se raconte, il est aussi l'écrin d'un patrimoine présenté au public par le Parc naturel régional qui en a fait l'une de ses maisons thématiques. L'identité du massif des Bauges y est exposée à travers objets, témoignages, vidéos et maquettes... L'histoire du monastère et celle de la région s'entremêlent et se font écho. Economie et vie rurale, architecture et histoire du territoire au fil des siècles apparaissent d'une salle thématisée à l'autre. Evénements et animations dans cet écrin.

RESTAURANT LE MONT PELAT €€

Immeuble le Triolet © 04 79 54 01 12
www.lemontpelat.com
Ouvert toute l'année. Haute saison du mardi au dimanche midi et soir. Menus 14,50 € à 17,50 €. Terrasse. Animation.

Une ambiance familiale, un décor de chalet de montagne, une terrasse ensoleillée, une cuisine savoyarde... C'est un lieu idéal pour une pause détente face aux pistes de ski ! À la carte, des plats typiquement de la région avec notamment la fameuse matouille (tome des Bauges fondue à déguster avec des pommes de terre) mais également des pizzas, des salades... Les plats sont copieux et savoureux et l'accueil est des plus chaleureux. Le petit plus ? L'établissement fait partie de la liste fermée des ambassadeurs de la Tome des Bauges !

LA FERME DE LA CORRERIE

La Correrie
© 04 79 54 64 70
www.ferme-correrie.fr
Toute l'année. Fermé le mercredi. Ouvert de 9h30 à 12h30 et de 15h30 à 19h30.

La ferme de la Correrie est familiale. Située au cœur du massif des Bauges, on y élève vaches et chèvres laitières pour y fabriquer du fromage qui sera affiné sur place dans ce cadre naturel exceptionnel, car Aillon-le-Jeune a su garder son authenticité et l'on y découvre bon nombre d'habitations typiquement baujues. On peut visiter la ferme et échanger avec Philippe Ginollin, et bien sûr acheter en direct le fromage. Assister à la traite est une expérience à ne pas manquer. Tome des Bauges AOP, tomme de chèvre et autres fromages sont à goûter absolument !

FROMAGERIE DU VAL D'AILLON

Chef-lieu © 04 79 54 60 28
www.fromagerieaillon.com
Ouvert toute l'année, tous les jours. Achat en ligne. Visites guidées toute l'année sur réservation.

À l'intérieur de cette fromagerie, on fabrique la Tome des Bauges, le Valbleu, le Mont Pelat et le Margériaz, mais ce n'est pas tout, vous trouverez aussi une large sélection de produits locaux à la vente comme de la charcuterie, du miel, du vin et des spiritueux. Pour les curieux, vous pourrez visiter l'espace dédié afin de mieux comprendre l'histoire des fromages locaux, les étapes de création ainsi que la vie des habitants. Visites libres, guidées, et ateliers sur réservation.

ECOLE

Ecole est un village « porte d'entrée » de la Réserve nationale de Chasse et de Faune sauvage des Bauges, où vous pourrez apercevoir des chamois, et être mis en alerte par les sifflements des marmottes... C'est le lieu de nombreux départs de randonnées vers les alpages et les cols tels que celui d'Orgeval, à l'Arclusaz, au Pécloz, à Chaurionde, à l'Oratoire Saint-Bernard... La maison thématique du Parc naturel régional du Massif des Bauges, consacrée à la faune et à la flore, constitue un bel espace ludique d'interprétation et de découverte de ce patrimoine naturel à protéger. La chapelle de Bellevaux pourra être visitée le temps d'une pause.

MAISON FAUNE-FLORE

Chef-Lieu
© 04 79 52 22 56
www.parcdesbauges.com
Ouvert en juillet et août. Gratuit pour tous en visite libre. Boutique.

La Maison Faune-Flore est l'une des maisons thématiques du Parc naturel régional du massif des Bauges. Sa spécialité est l'exploration de la faune et la flore que l'on retrouve sur le massif. Essayer, deviner, apprendre, sentir... : c'est à travers une muséographie ludique qui pousse à l'expérimentation que les visiteurs, petits et grands, pourront mine de rien en apprendre long sur le patrimoine naturel du territoire. Quiz, maquettes, projections vidéo..., à chacun son rythme. Une bonne entrée en matière avant de partir sur le terrain et de parcourir les sentiers.

SAVOIE

MONTMÉLIAN

La Combe de Savoie, au pied du massif des Bauges, traverse le département en son centre sur 37 km, entre Montmélian et Albertville. L'Isère y coule sur tout son long. Montmélian est la ville la plus importante. On pourra découvrir l'Hôtel Nicolle de La Place, monument inscrit de la vieille ville devenu musée, dont l'horloge-clocheton est tout à fait atypique. Sur ce territoire, la vie quotidienne des paysans d'autrefois se raconte au Musée du Félicien à Argentine. Quant à l'époque médiévale, elle est marquée par la présence des Tours de Montmayeur. Jusqu'à Albertville, vignobles et découvertes ne manquent pas hors des sentiers battus.

MUSÉE SAINT-JEAN

Place Saint-Jean
LA ROCHETTE
✆ 04 79 25 53 12
www.tourisme.coeurdesavoie.fr

Ouvert en juillet et août, tous les mercredis et samedis de 10h à 12h. Gratuit.

Ce petit musée abrite de nombreux objets anciens, du quotidien, qui, s'ils pouvaient parler, auraient bien des anecdotes et histoires de vie à raconter ! Les manches en bois usés d'avoir tant servi, les ustensiles patinés par le temps. C'est un panorama des vieux métiers exercés dans le Val Gelon qui retrace la vie quotidienne en Savoie de 1850 à 1950 que l'on va trouver. Le musée a pris place dans le cœur de l'ancienne église Saint-Jean qui date du XVe siècle. 600 objets sont exposés, que ce soit en lien avec l'artisanat, l'agriculture ou la mode vestimentaire.

MUSÉE DE LA VIGNE ET DU VIN DE SAVOIE

46, rue du Docteur Veyrat
✆ 04 79 84 42 23
www.montmelian.com

Horaires variables en fonction des saisons. Adulte 5 €.

La Savoie a son patrimoine viticole et ses savoir-faire… C'est au carrefour des vallées alpines, dans une ancienne demeure, qu'est installé le musée dédié à la viticulture en Savoie. 1 000 m^2, entre étages, granges et caves pour une rencontre avec la vigne, les machines et les outils d'hier, les pratiques et leurs évolutions…. La parole est même donnée aux viticulteurs d'aujourd'hui, préoccupés par les bouleversements climatiques, à travers un support audiovisuel.

LA CLÉ DES CHAMPS*** €€

1006, quai de l'Isère
✆ 04 79 84 12 01

Accueil 24h/24. 41 chambres. Chambre double à partir de 72,60 €.

Proche de la sortie de l'autoroute et de la ville de Montmélian, l'hôtel-restaurant La Clé des Champs est aussi idéalement situé à proximité de la zone d'activité Alpespace et à 15 min de Chambéry. Moderne et équipé des dernières technologies, il offre des chambres confortables. Et pour en faire une bonne étape savoyarde, une cuisine du terroir, traditionnelle et créative. Une bonne adresse, donc, pour une halte sur la route des vacances avant de monter en station ou tout simplement pour déjeuner. Etape recommandée pour les voyages d'affaires autour de Chambéry.

MUSÉE HISTORIQUE

15, rue Docteur Veyrat
✆ 04 79 84 26 80
www.amisdemontmelian.com

Ouvert le mercredi de 15h à 17h. Gratuit -16 ans. Adulte : 1,50 €.

Le Musée a rouvert ses portes après une longue période de travaux. Une salle est dédiée à la forteresse, historiquement riche. Gravures, maquettes et cabinets de curiosités permettent un voyage dans le temps, de l'Antiquité en passant par le Moyen Age jusqu'à l'époque moderne. En été, il est prévu que des visites thématiques puissent compléter celle du musée, il faut se renseigner à l'office de tourisme. Des expositions temporaires complètent ce riche ensemble mis en place et animé par les bénévoles de l'association des Amis de Montmélian et les Environs.

LE CAVEAU DE LA SAVOYARDE

72, rue Eugene Berthier
✆ 06 33 92 74 22
www.lecaveaudelasavoyarde.com

Ouvert le mardi, le vendredi et le samedi de 9h à 12h et de 15h à 19h ; le mercredi et le jeudi de 9h à 12h.

Au Caveau de la Savoyarde, vous aurez un large choix de vins de producteurs locaux et bien d'autres. Il y a plus de 500 références en vin, 300 spiritueux et 30 champagnes. Pour les amateurs de bière, la cave met à votre disposition un prêt de tireuse à bière. Enfin, si vous êtes entouré de gourmands, c'est l'endroit idéal pour créer son panier garni sur mesure. Besoin de goûter ? Des sessions de dégustation sont organisées (à réserver sur le site).

SAVOIE

MONTS & TERROIRS ÉPICERIE

Avenue Georges Clemenceau
✆ 09 64 25 91 44
www.montsetterroirs.com
Ouvert du lundi au samedi de 9h à 12h15 et de 14h30 à 19h.

Une jolie boutique-fromagerie située non loin de la poste. Décor typique en bois et grotte d'affinage pour les tommes de Savoie (si vous demandez gentiment à la vendeuse, elle pourra vous emmener voir les tommes dans l'arrière-boutique). Ici, vous achèterez du beaufort bien sûr, mais aussi tout ce qui fait la réputation de la région comme le reblochon ou la meule de Savoie ainsi que de quoi accompagner vos fromages avec du vin savoyard ou des confitures artisanales. Régalez-vous.

THERMES DE CHALLES-LES-EAUX

Avenue des Thermes ✆ 04 79 71 06 20
www.chainethermale.fr
Cures thermales d'avril à octobre. Spa thermal toute l'année sauf dimanche et certains jours fériés.

En 1841 le docteur Domenget découvrait la source thermale qui changea la destinée de la ville de Challes-les-Eaux. Les propriétés thérapeutiques de cette eau (la plus soufrée d'Europe), « reine du soufre », justifient la construction, dès 1874, de l'établissement thermal. D'illustres personnages tels que Louis Jouvet, André Gide ou Michèle Morgan ont pu faire partie de la clientèle de l'établissement. Les thermes sont situés au cœur de la ville. Espaces spa, soins esthétiques.

CHALLES-LES-EAUX ★

Au pied du mont Saint-Michel – il n'y a pas d'abbaye au sommet de celui-là –, Challes-les-Eaux fait la parfaite jonction entre la ville – en périphérie de Chambéry –, la campagne – ici commence la Combe de Savoie – et la montagne – avec les Bauges en toile de fond. C'est dire si cette ville possède bien des atouts pour un séjour consacré au bien-être. En effet, l'autre particularité de Challes-les-Eaux que l'on entend dans son nom, c'est qu'il s'agit d'une station thermale réputée. Des sources, les plus sulfurées d'Europe, qui ont été découvertes et exploitées bien tardivement puisqu'elles ne furent mises au jour qu'en 1841 par un médecin qui se promenait dans un parc. L'autre source, la « Centsept », n'a été découverte qu'en 1992, mais sa réputation est déjà bien établie pour soigner les différentes maladies du système respiratoire comme pour la gynécologie. La ville est une station thermale qui vous permet de faire de la balnéothérapie afin de vous soulager et de vous sentir mieux dans votre corps, l'eau curative vous gorge de ses atouts naturels. A Challes, il faut encore regarder du côté du ciel – aérologie exceptionnelle – pour découvrir des planeurs au-dessus des montagnes car Challes est le premier centre en France. Remise en forme, santé, loisirs, jeux, nature... : à deux pas de la capitale de la Savoie, Challes-les-Eaux présente bien des attraits pour un séjour thermal ou touristique aux portes des Bauges et des grands axes.

LES MARCHES

La commune des Marches se trouve à 320 m d'altitude et à 10 km au sud-est de Chambéry. Ses habitants sont appelés les Marcherus. La commune fait partie des trois communes du vignoble d'Apremont. Forte d'une histoire longue et chargée d'événements, elle offre une belle panoplie d'activités et notamment la visite de nombreux édifices anciens. Incontournables : le Musée de la Viticulture relate l'histoire de la vigne au pied du mont Granier et le Moulin de la Tourne présente la fabrication artisanale du papier de chiffon. Et pour les amoureux de la nature, deux parcs naturels sont à proximité immédiate : celui de la Chartreuse et celui des Bauges.

MUSÉE DU VIGNERON

39, route d'Apremont
✆ 04 79 28 13 32
Ouvert samedis et dimanches de 15h à 19h et jours fériés. Ouverture autres jours sur réservation. Gratuit. Boutique.

Cinq siècles de traditions vinicoles se retrouvent contés à travers ce musée, créé par un passionné avant tout. Il faut dire que la famille Perret travaille la vigne depuis trois générations, alors la viticulture de montagne, les outils, les méthodes et les usages, ici ils en connaissent un rayon ! Au-delà des outils, ustensiles et engins, on gagne à faire la visite guidée qui sera riche d'anecdotes et qui permet de comprendre l'évolution des vins de Savoie à travers cette exposition permanente. Dégustation, avec modération, de l'Apremont AOC.

SAVOIE

LE K'OZZIE €€

20, route de Francin
✆ 04 79 36 91 76
www.lekozzie.com

Ouvert du mardi au samedi le soir, du mercredi au samedi à midi. Menu 37 € à 75 €.

Le nom de K'Ozzie vient d'une belle rencontre, celle de Maude et Sébastien au pays des « Aussies » ou « Ozzies », en Australie. Au fil des années, le couple a créé un lieu cosy dédié aux plaisirs de la table. Sébastien concocte au fil des saisons des plats raffinés, guidé par l'inspiration et le respect des meilleurs produits. Résultat : des plats pleins de fraîcheur, de saveurs et de créativité pour nous régaler et nous surprendre. La cave fait la part belle à la région tout en ouvrant les horizons à d'autres terroirs. La formule de midi est une aubaine.

RESTAURANT LE SAINT-ANDRÉ €€

1018, route du Lac Saint-André
✆ 04 79 28 11 71
www.restaurant-lesaintandre.com

Ouvert du lundi au samedi à midi, du mercredi au samedi soir. Menus de 29 € à 37 €. Formule du midi 19 €. Terrasse.

Situé au pied du mont Granier et au bord du lac Saint-André, le restaurant jouit d'un cadre exceptionnel au milieu des vignes. Le chef, Sébastien Encrenaz, met les papilles de ses visiteurs en ébullition d'autant qu'il fait son marché et élabore avec soin les menus. Une bonne idée à partager, la « table plancha » particulièrement conviviale. Passionné de vins, le chef connaît tous les producteurs de la région. Cuisine raffinée, faite maison, riche des produits frais de saison.

LA ROCHETTE

Difficile de classer ce superbe coin de montagne douce qui regarde vers l'Isère et la Savoie. Aux portes du massif de Belledonne, le Val Gelon est un espace de nature préservé où la montagne ne présente pas des pentes extrêmes, mais des espaces boisés où l'on prend le temps de vivre. C'est un lieu de passage très fréquenté où l'homme a construit de nombreux châteaux. La plus grande richesse du Val Gelon reste la nature et de superbes excursions pédestres peuvent être organisées pour découvrir des panoramas somptueux depuis le col du Grand-Cucheron ou du val Pelouse d'où s'envolent les parapentes. La montagne autrement en Savoie, c'est en Val Gelon.

MUSÉE SAINT-JEAN

Place Saint-Jean
✆ 04 79 25 53 12
www.tourisme.coeurdesavoie.fr

Ouvert en juillet et août, tous les mercredis et samedis de 10h à 12h. Gratuit.

Ce petit musée abrite de nombreux objets anciens, du quotidien, qui, s'ils pouvaient parler, auraient bien des anecdotes et histoires de vie à raconter ! Les manches en bois usés d'avoir tant servi, les ustensiles patinés par le temps. C'est un panorama des vieux métiers exercés dans le Val Gelon qui retrace la vie quotidienne en Savoie de 1850 à 1950 que l'on va trouver. Le musée a pris place dans le cœur de l'ancienne église Saint-Jean qui date du XVe siècle. 600 objets sont exposés, que ce soit en lien avec l'artisanat, l'agriculture ou la mode vestimentaire.

SAINT-PIERRE-D'ALBIGNY

Saint-Pierre-d'Albigny est une petite ville de 4 000 habitants dont le point fort est son château, situé à 3 km à l'est, sur la D101 vers Albertville. Le bourg, qui existait probablement depuis l'époque gallo-romaine, est détruit lors des invasions barbares, puis renaît en 1015 sous le nom d'Albigny. En participant aux croisades, les seigneurs de Miolan entrent en possession de « trois épines de la couronne du Christ ». Ils contribuent ainsi au renom du couvent des Augustins du bourg, qu'ils avaient fondé et où se trouvaient leurs tombeaux. Le vestige de l'église du couvent est aujourd'hui le Caveau des Augustins. Il se trouve sous la mairie.

L'ULTIME €

Z.I. Le Domaine
✆ 04 79 44 72 30

Ouvert lundi au samedi à midi, jeudi au samedi le soir. Carte : 16 € environ. Formule du midi : 15,90 €. Terrasse.

Un restaurant traditionnel, idéalement situé à proximité de la sortie d'autoroute pour une halte gourmande sur le trajet des vacances. Si les cuisses de grenouilles sont la spécialité, vous pourrez également vous régaler avec une entrecôte (fraîche et non congelée) ou une boîte chaude (spécialité à base de fromage fondu). Au printemps, la carte s'adapte à la saison avec des salades et des carpaccios frais. Thierry et Béa vous accueillent chaleureusement dans leur salle de 52 couverts, entièrement refaite à neuf, dès 6h30 pour une pause café conviviale !

SAVOIE

CHÂTEAU DE MIOLANS ★

D101

✆ 04 79 28 57 04

www.chateau-de-miolans.com

Fermé mi-novembre-1er avril. Horaires sur Internet. Tarifs 9 €, 8 €, 5 €. Visite guidée groupe (réservation uniquement).

© EBASCOL - SHUTTERSTOCK.COM

Planté sur un escarpement rocheux à 550 m d'altitude, d'où il domine la Combe de Savoie de sa position autrefois hautement stratégique, il offre aujourd'hui une vue tout simplement magnifique. Le château fort de Miolans, bâti au XIe siècle, est une merveille. Si une partie de l'édifice est aujourd'hui en ruine, il reste encore de nombreuses pièces à explorer des oubliettes au donjon, en passant par les jardins d'une grande richesse botanique et le chemin de ronde qui permet de changer de perspectives. Expositions et événements.

GAEC RUCHER DE LA COMBE DE SAVOIE

20, rue du Marais Sandre

✆ 06 19 22 54 67

www.rucher-combedesavoie.fr

Ouvert le samedi de 8h à 12h30. Visite gratuite de la miellerie sur rendez-vous.

Ce Rucher de la Combe de Savoie est une exploitation familiale située au pied du massif des Bauges à Saint-Pierre-d'Albigny. Cette miellerie fonctionne de manière traditionnelle, véritable institution, on trouve sur tous les marchés de la région les fameux miels aux différents parfums et saveurs. Gros plus, c'est le moment de goûter à la gelée royale réputée pour ses vertus. Possibilité de visiter la ferme apicole gratuitement et de découvrir la technique d'élevage de reines.

PLANCHERINE

Cette commune de montagne étagée entre la plaine et la montagne du Drison est avant tout connue pour un vallon devenu célèbre grâce à l'installation d'une abbaye : Tamié. Sur le flanc est du massif des Bauges, entre Savoie et Haute-Savoie, l'abbaye cistercienne de Notre-Dame de Tamié est le témoin bien vivant - et très actif avec la fromagerie - d'une longue histoire qui mérite d'être découverte lors d'une visite. D'ailleurs, il s'agit du deuxième site le plus visité de Savoie ! La nature environnante, entre vergers et hauts sommets calcaires des Bauges, mérite également que l'on s'y promène sur des sentiers balisés (boucle du Fort de Tamié).

ABBAYE NOTRE-DAME DE TAMIÉ ✞

1242, chemin du Monastère

✆ 04 79 31 15 50

www.abbaye-tamie.com

L'accueil est ouvert de 10h à 12h et de 14h à 18h mais se renseigner à l'avance. Gratuit.

Un lieu religieux connu dans toute la France, et ailleurs, pour... son délicieux fromage. Une communauté d'environ 25 moines obéissant à la règle de saint Benoît est toujours à l'œuvre dans cette abbaye fondée en 1132. C'est pourquoi ce lieu appartenant à l'histoire ne se visite pas. Mais on peut venir se procurer le fromage à pâte beige homogène, légèrement crémeuse, avec un cœur plus ferme de l'abbaye. La fromagerie de la communauté produit environ 400 kg de fromage de Tamié par jour. Elle est sa principale ressource et plus de la moitié des frères participe régulièrement à l'une ou l'autre de ses activités : ramassage du lait, fabrication, livraison des fromages et gestion. Deux formats de ce fromage à pâte pressée non cuite sont à découvrir : le Grand Modèle, (environ 1,6 kg) et le Petit Modèle (environ 600 g). A 900 m d'altitude, c'est juste après le parking, à 300 m du monastère, au Centre d'Accueil Saint-Pierre de Tarentaise, que le visiteur pourra acheter son fromage mais aussi visionner un documentaire traitant de la vie des moines (durée 20 min). Il est possible de monter à pied jusqu'au monastère, d'entrer dans l'église pour y prier ou participer à un office. Une salle « hors-sac » se trouve au chalet Saint-Lambert, à proximité du parking, et le Fort de Tamié, situé au-dessus du col, offre une vue exceptionnelle sur la Combe de Savoie et le Mont-Blanc. Durant l'été, un sentier botanique aux nombreuses variétés d'espèces est accessible.

BEAUFORT ★

Le Beaufortin, ou pays de Beaufort, est principalement constitué de la vallée qui porte son nom au fond de laquelle coule le Doron. Se déployant à partir d'Albertville, le Beaufortin est l'écrin de l'Espace Diamant, vaste domaine skiable de renom, mais aussi les domaines nordiques de Beaufort-Marcôt et le plateau de Cuvy, les Contamines-Évasion Mont-Blanc, les Rafforts à Ugine et enfin les Portes du Mont-Blanc-Évasion Mont-Blanc. Il faut aussi évoquer la présence de la mythique Pierra Menta, qui culmine à 2 714 m et qui fait le bonheur des sportifs, notamment pour le ski alpinisme et pour la très belle randonnée-bivouac au lac Amour qui offre une vue majestueuse sur toute la vallée. Le Beaufortin ne peut se visiter sans s'intéresser à son fameux fromage AOP, le beaufort, élaboré à partir de vaches tarines et abondances. Un fromage qui participe pleinement à l'excellente réputation de cette station-village qui se vit toute l'année. Beaufort-sur-Doron est une commune où se trouve le domaine skiable d'Arêches-Beaufort. Les édifices remarquables ne manquent pas : d'anciennes maisons fortes (château des Outards, château de Randens et château de La Sallaz), des édifices religieux : l'église Saint-Maxime de style baroque et la chapelle de Roselend, et enfin le barrage hydroélectrique de Roselend. 44 balades à découvrir pour tous les niveaux de randonnée, 300 km de sentiers balisés, 5 000 hectares de forêt... Bref, un petit paradis de nature et de gourmandise.

Vache Abondance dans les paturâges de Beaufort.

BARRAGE ET SITE DE ROSELEND

Roselend ✆ 04 79 38 33 15
www.mairie-beaufort73.com
L'accès à Roselend est possible jusqu'à la fermeture de la route de Roselend, à l'arrivée de la neige.

Mythique, le site de Roselend est magnifique. Le barrage, mis en service en 1962, s'étend sur 804 m de long et 149 m de haut pour 150 m de large à sa base, ce qui fait de lui l'un des plus hauts de France. Il contribue à l'alimentation de la centrale de La Bâthie. Le site est aussi propice à la randonnée. A l'époque de sa construction, la chapelle Sainte-Marie-Madeleine a été remontée sur la rive du lac avant la mise en eau du barrage qui a noyé le hameau de Roselend le 6 mai 1960.

HAMEAU DE BOUDIN

Boudin
https://areches-beaufort.com
Ouvert toute l'année.

Ce petit village remarquable, le plus haut perché de Beaufort, est classé « site protégé » par les Beaux-Arts depuis 1943 et certains des chalets sont même inscrits à l'inventaire du patrimoine. Nichées sur les pentes abruptes, à 1 306 mètres d'altitude les maisons forment des rangées étagées. Une promenade à pied dans le village pourrait partir de la chapelle Saint-Jacques de Boudin. Elle a été édifiée en 1630, et son clocher à deux bulbes est signe de prospérité. La vue, le charme de ce hameau... Voilà qui mérite bien la visite !

LA GRANGE DE MON PÈRE €€

85, impasse des Cheminots ✆ 06 32 16 74 23
www.lagrangedemonpere.net
Gîtes de France. 3 chambres. Chambre double 95 €. Petit déjeuner inclus. Restauration.

La grange de la ferme familiale du XIXe siècle, où l'on stockait le foin jusque dans les années 1980, a été restaurée et surtout transformée avec soin par Jacques et Eliane Maurin dans un esprit « éco-rénovation », d'où la présence d'un chauffe-eau solaire, d'un chauffage à bois granulés et d'une démarche de tri des déchets entre autres. Le lieu est fabuleux et les montagnes tout autour donnent des envies de découvertes. Cela tombe bien puisque Jacques est guide et moniteur de ski, l'idéal pour découvrir été comme hiver quelques itinéraires dont il a le secret.

RESTAURANT LA PIERRA MENTA €€

Col du Pré

✆ 04 79 38 70 74

lapierramenta.free.fr

Ouvert tous les jours de mi-mai à mi-octobre de 10h à 18h30. Juillet et août le soir. Carte : 30 € environ.

Ce petit restaurant à la vue exceptionnelle saura vous en mettre plein les yeux. Situé face au Mont-Blanc et au-dessus du barrage de Roselend, en levant les yeux vous pourrez voir la célèbre Pierra Menta. Côté cuisine, c'est terroir et généreux, spécialités savoyardes, omelettes ou encore diots à la polenta. Le barrage est un lieu très fréquenté, il est préférable de réserver. En été, le restaurant est ouvert le soir, de quoi profiter avec le coucher du soleil en prime.

FROMAGERIE DUC-GONINAZ

Route du Grand-Mont

✆ 06 18 73 05 60

www.fromagerie-duc-goninaz.com

Ouvert tous les jours de 8h30 à 12h30 et de 14h30 à 19h. Livraison possible (commandes en ligne).

Quand on est fromager depuis 3 générations, le fromage, on le connaît du bout des doigts et de toutes ses papilles. Il suffit donc ici de se laisser guider par les experts, sur les chemins gourmands qui pourraient le mieux correspondre à vos envies du moment. Notons qu'ici on a à faire à des spécialistes des fromages fermiers. Beaufort d'Alpage, Grataron d'Arêches (chèvre), tommes et autres fromages... Et pour compléter le plateau, charcuterie et autres produits locaux sont aussi proposés aux visiteurs. Possibilité d'achat en ligne.

STATION DE SKI ARÊCHES-BEAUFORT

✆ 04 79 38 15 33

www.areches-beaufort.com

Station 4 saisons, Arêches-Beaufort se trouve sur la commune de Beaufort-sur-Doron. Le ski alpin se pratique sur 29 pistes et le ski de fond sur 24 km de pistes sur le secteur de Marcôt. La station est aussi la Mecque du ski-alpinisme puisque c'est ici qu'est organisée la mythique course de la Pierra Menta, ce monolithe de 150 m de haut qui culmine à 2 714 mètres. La station est labellisée « Famille Plus Montagne », « Station de site nordique » et « Station village ».

VIA FERRATA DU ROC DU VENT

www.areches-beaufort.com

Stationnement au Refuge du Plan de la Lai et départ au pied du Rocher du Vent. Boucle de 4 à 5h.

Sans doute l'une des plus belles vias ferratas des Alpes. Ce n'est pas la plus physique ou la plus engagée, mais elle permet de varier tous les plaisirs de cette activité de montagne (il faut veiller à être parfaitement équipé et respecter les consignes, de préférence avec un guide) avec de nombreuses « surprises » sur le parcours (échelons, mais aussi canyon ou pont népalais...), offrant un panorama somptueux sur le Cormet de Roselend ou le Mont-Blanc.

UGINE

Le commune d'Ugine se trouve au pied de la chaîne des Aravis, aux portes du Parc naturel des Bauges, proche de la cité olympique d'Albertville, s'ouvrant vers le Val d'Arly et les stations. Terre montagnarde par excellence, Ugine est aussi une station de ski dont le nom est Les Raffords d'Héry-sur-Ugine. De taille modeste, elle est dotée d'un téléski qui permet de desservir une piste bleue, une piste rouge et une piste noire. De 900 à 1 230 m d'altitude, cette petite station est l'une des moins chères de France. Des comtes de Savoie aux capitaines d'industrie, Ugine s'est forgée une identité propre à découvrir lors d'une visite de la cité.

MUSÉE D'ARTS ET TRADITIONS DU VAL-D'ARLY ★

240, allée du Crest Chérel

✆ 04 79 37 56 33

www.pays-albertville.com

Ouvert de mi-juin à début septembre du mardi au dimanche de 14h à 18h (fermé le 14 juillet et le 30 août).

Les traces du passé, modes de vie et traditions sont présentés dans ce musée d'art et traditions populaires à travers des gravures et plus de 1 500 objets installés dans douze salles du château de Crest-Chérel, ancienne maison forte qui elle-même est chargée d'histoire. Costumes, métiers d'autrefois, vaisselle et objets du quotidien ou encore outils agricoles en lien avec l'élevage, la fabrication du fromage et du beurre : la visite est une remontée dans le temps.

LES SAISIES ★

Les Saisies, terre de champions. À la limite nord de la Savoie, dans le massif du Beaufortain, on accède à la station des Saisies soit par Megève, soit par Albertville. Paradis du ski nordique, les pistes situées à 1 650 m d'altitude sont parmi les plus hautes et les plus belles d'Europe. 120 km de pistes variées et des grands noms du ski liés à la station... On ne peut manquer de citer la famille Piccard. Il faut ensuite se tourner vers les disciplines nordiques, pour citer d'autres champions tels que Raphaël Poirée. En hiver comme en été, de nombreux sentiers - 45 km de sentiers en raquettes - et des sentiers thématiques. Sensations aux Saisies.

LE CHALET DES MARMOTTES €€

215, chemin l'Echellier ✆ 04 79 38 91 86
www.chalet-des-marmottes.com
Ouvert en saison été et hiver, tous les jours. Réservation impérative. Carte : 20 € environ. Terrasse.

Il faut réserver, car la réputation du Chalet des Marmottes n'est plus à faire. Non seulement l'accueil y est chaleureux, même dans le rush de la saison hiver lorsque vous débarquez avec vos skis, affamé après une belle boucle en skating, mais la cuisine maison est excellente. En cas de mauvais temps, il y a même une carte des spécialités savoyardes à la demande. On adore les jolies marmottes qui habitent le chalet, jusque dans les recoins de la carte grâce au trait de l'illustratrice locale Sophie Turrel. Vraiment une bonne adresse.

LE PATAFAN €€

Route des Crêtes
✆ 07 81 86 05 52
https://lepatafan.com
De juin à septembre, puis de décembre à avril. Tous les jours de 9h à 17h, le soir, mercredi et samedi. Se renseigner.

Ce joli petit refuge aux Saisies est à environ 2 heures de marche de la station ! Vous pouvez donc y aller à pied ou bien en VTT. Le refuge a été entièrement refait à neuf il y a peu de temps et la vue sur le Mont-Blanc est à couper le souffle. Si vous êtes en duo et qu'en plus vous êtes sympathiques, ils vous proposeront de vous mettre au petit balcon du refuge pour plus de plaisir. La cuisine est locale, et délicieuse. Coup de cœur pour la planche à partager. Le restaurant propose une cuisine variée, gourmande et diététique. Bon appétit !

TABLE DES ARMAILLIS €€€

97, rue des Prés ✆ 04 79 89 26 15
www.latabledesarmaillis.fr
Ouvert de mi-juin à mi-septembre et de mi-décembre à fin avril, du mardi au dimanche, midi et soir. Menus 29 à 59 €.

Une table de montagne version contemporaine. Dans une salle superbe évoquant les paysages de nos montagnes – les forêts, les alpages et les glaciers –, avec un décor épuré composé de meubles et objets anciens réutilisés, les gourmands viennent savourer la cuisine du chef Kevin Adam dans une atmosphère hors du temps. Une cuisine inspirée à son tour par le terroir savoyard remis au goût du jour de manière subtile : cochon de chez Karen et Arnaud au cidre d'ici, girolles. La fondue des Armaillis met la Savoie à l'honneur. Cave à fromages et desserts maison.

MOUNTAIN TWISTER

Avenue des Jeux Olympiques
✆ 04 79 38 95 21
www.lessaisies.com
Ouvert en saison hiver et été tous les jours. À partir de 6 € la descente.

Mountain Twister est une luge « toute sa son », montée sur rails à 8 mètres au-dessus du sol... Une véritable attraction aux Saisies... et ses 800 m de long riches de virages relevés, des vrilles de 360 à 540° et de vagues assurent une bonne montée d'adrénaline. On peut maîtriser sa vitesse grâce au système de freinage, ce qui permet à chacun de se faire plaisir en restant dans sa zone de confort. Le but est de s'amuser avant tout. Photo souvenir... attention à votre brushing. Rendez-vous donc au départ du téléski des Périots, près de l'hôtel le Calgary.

FLUMET

Station-village perchée à 900 m d'altitude, Flumet est avant tout une station de ski du Val d'Arly Mont Blanc, du nom de Flumet-Saint-Nicolas-la-Chapelle. Sur son territoire, 20 pistes de ski alpin s'étendent de 920 à 1 200 mètres d'altitude. A Flumet, il est aussi possible de se tourner vers le patrimoine : la maison forte des comtes de Bieu, en face de l'office de tourisme, la tour de la maison de Ribbes, l'église Sainte-Théodule, le Pont de l'Abîme qui surplombe l'Arly du haut de ses 30 m, ou encore le moulin à Tienne qui tournait grâce à la force hydraulique et pouvait moudre 100 kg de blé en 4 heures. Ce dernier se visite librement.

COOPÉRATIVE FRUITIÈRE VAL D'ARLY

71, route des Evettes
✆ 04 79 31 70 90
www.coopvaldarly.com
Ouvert tous les jours et les jours fériés de 8h30 à 19h30. Horaires Covid 8h30-18h. Boutique en ligne et drive.

En gestion directe par des petits producteurs locaux, cette coopérative née en 1969 rassemble aujourd'hui plus de 80 coopérants de Savoie et de Haute-Savoie dont elle collecte le lait quotidiennement. Elle regroupe en un même lieu un musée, des ateliers et une boutique. Les ateliers de fabrication produisent du reblochon de Savoie A.O.P., du beaufort A.O.P., de la tomme, de la raclette de Savoie I.G.P. et d'autres produits frais comme les fromages blancs et le beurre.

AUBERGE DU MONT BLANC €€€

16, rue de la Voûte ✆ 04 79 37 01 61
www.montblanc-restaurant.com
Dîner : du mercredi au dimanche. Déjeuner : dimanche. Menus de 57 € à 97 €. Terrasse. Réservation.

Dans leur auberge d'Hauteluce, Hélène et Benoît allient la qualité de l'accueil et la saveur des plats à l'image des grandes tables où ils sont passés. Tout en profitant de la vue offerte sur le Beaufortain depuis la salle ou la terrasse, vivez une véritable expérience culinaire. Voyagez au gré des saveurs mariées avec talent et des textures associées dans un juste équilibre. Une adresse à retenir pour le déjeuner ou le dîner mais également pour le goûter : les gourmands apprécieront particulièrement les pâtisseries faites maison.

HAUTELUCE

Un détour par Hauteluce donne une vision de la montagne d'autrefois conjuguée à celle d'aujourd'hui. Ce village, à 1 150 m d'altitude, au cœur du Beaufortain, est situé non loin de Beaufort et des Saisies, le Mont-Blanc en toile de fond. Essentiellement spécialisé dans l'agriculture et l'élevage des mulets, le village d'Hauteluce s'est tourné vers le tourisme et le ski avec une liaison vers les Saisies ou les Contamines. Le clocher à bulbe de l'église de Hauteluce se remarque de loin, brillant de mille feux. Des maisons anciennes en pierre, un entrelacs de ruelles minuscules, une vie économique à l'année... rendent ce village attachant.

NOTRE-DAME-DE-BELLECOMBE ★

Avec son architecture préservée, la petite station-village de Notre-Dame-de-Bellecombe, perché entre 1 100 et 2 070 m d'altitude, a gardé son charme. Raccordée au domaine Val d'Arly Espace Diamant depuis 2005, la station offre 192 km de pistes de ski alpin pour 81 remontées mécaniques. Le premier hôtel de la station date de 1902, le ski n'y était alors pas développé et c'est en été que les touristes y posaient leurs valises. Aujourd'hui, à la belle saison, Notre-Dame-de-Bellecombe est le royaume de la randonnée pédestre, dont le fameux GR® Tour Pédestre du Pays du Mont-Blanc et du VTT avec 230 km d'itinéraires entre alpages, forêts et sentiers.

ÉGLISE SAINT-JACQUES-D'ASSYRIE

Chef-Lieu
✆ 04 79 38 80 31
www.lessaisies.com/hauteluce.html
Visite libre. Messe certains dimanches à 10h. Gratuit.

En plein cœur du Beaufortain, à plus de 1 000 mètres d'altitude, se trouve l'église Saint-Jacques-d'Assyrie. C'est un lieu construit au XVIIe siècle et très réputé pour son art baroque savoyard. Sa décoration est spectaculaire et magnifique. Elle est dédiée à saint Jacques d'Assyrie, premier évangélisateur et premier archevêque de la Tarentaise. Le clocher à bulbe a été rasé à la Révolution et reconstruit au XIXe siècle. La façade est décorée en trompe-l'œil. Superbe église.

MAISON DES CONTES DE FÉES

48, impasse du Bois Dormant
✆ 04 79 31 07 79
www.maisondescontes.fr
Ouvert toute l'année. Tous les jours de 10h à 19h. Gratuit jusqu'à 3 ans. Adulte : 7 €. Enfant : 5,50 €.

Il était une fois… Dans ce musée fantastique, petits et grands s'émerveillent de croiser lutins et fées, elfes et loups… Les personnages des contes s'illuminent au fil des histoires, s'animent même parfois. Des ateliers loisirs créatifs sont proposés (pâte à sel, lanterne magique et autres) sur réservation. Petite restauration et goûter sur place. Une visite idéale en famille. Et si vous êtes envoûté au point de vouloir prolonger le rêve, une chambre d'hôtes vous accueille.

ALBERTVILLE ★

Mise en lumière en 1992 lors des Jeux olympiques d'hiver qu'elle a accueillis, la ville d'Albertville est bien souvent considérée comme une ville de passage sur la route des grandes stations. Pourtant, elle mérite un petit arrêt pour y découvrir son petit centre-ville typique, sa cité médiévale de Conflans, ses ruelles, ses places, ses musées... On s'attardera sur sa Halle olympique qui accueille une salle de spectacle, une patinoire et le tout nouveau le musée des Jeux olympiques, récemment rebaptisé Tremplin 92. Il permet non seulement de replonger dans l'univers des Jeux de l'époque mais également de découvrir la région en immersion grâce à de nombreux masques de réalité virtuelle. La ville met également l'accent sur le cyclisme et a d'ailleurs obtenu le label Vélo Tourisme ! Albertville, c'est enfin une ville de culture avec le Dôme Théâtre, le festival le Grand Bivouac qui met à l'honneur les voyages à travers le monde. Une vraie richesse historique, culturelle et sportive à découvrir !

Balade

La cité médiévale de Conflans, quartier d'Albertville, mérite de grimper au sommet de cet escarpement rocheux qui domine la ville, nous faisant profiter d'une belle vue panoramique. Ruelles étroites, artisanat, petit palais classé, église dédiée à Notre-Dame de l'Assomption et autres vestiges d'un passé flamboyant à découvrir tout au long d'un parcours audioguidé (disponible à l'accueil du Musée d'art et d'histoire).

Conflans.

TREMPLIN 92

15, avenue de Winnenden ✆ 04 79 32 04 22
www.tremplin92.org

Basse saison : ouvert du lundi au samedi de 9h à 12h et de 14h à 18h. En été, ouvert également le dimanche après-midi.

Les JO de 1992 furent un tremplin économique qui aurait permis au territoire de prendre 15 ans d'avance et un rayonnement international déterminant ! Sur 500 m² dans la Halle olympique, le musée offre une expérience immersive, interactive et dynamique. Audiovisuel, casques 3D, simulateur de bobsleigh : tout est fait pour que chemin faisant, dans cet espace muséographique nouvelle génération, l'expérimentation permette au visiteur de comprendre l'impact de cet épisode olympique marquant et les enjeux forts à la fois humains, sportifs et économiques qui sont liés.

MAMAMIKA €

179, rue Principale
GILLY-SUR-ISÈRE

Ouvert le mardi le soir, le mercredi, le jeudi, le vendredi et le samedi midi et soir. Carte 13 €.

Mamamika est la nouvelle pizzeria d'Albertville ! Elle a su conquérir ses clients grâce à la qualité de sa pâte à pizza, mais aussi grâce à ses ingrédients premium. Fine, gourmande et généreuse, l'équipe jeune et passionnée de Mamamika a vraiment tout compris à la pizza napolitaine. Assez active sur les réseaux sociaux, elle partage ses aventures à la recherche de la pizza parfaite et s'entoure pour cela des meilleurs pizzaiolos du monde. Très créatifs, ils proposent des pizzas du moment, comme par exemple celle à base de tomate jaune et de bacon fumé.

Ô BESOIN D'AIR €€

17, place de Conflans
✆ 04 79 37 71 29
www.obesoindair.com

Fermé dimanche soir, lundi et jeudi toute la journée. Menus de 24 € à 32 €. Terrasse.

Le restaurant est situé dans la cité médiévale de Conflans. La terrasse s'apprécie particulièrement aux beaux jours. L'accueil est chaleureux et dans l'assiette, qualité et raffinement sont au rendez-vous. Océane Vassel œuvre en cuisine avec brio. Son complice, Florian Dutheuil assure le service. À table, une belle expérience gustative. La carte des vins propose une sélection de vins AOP ou IGP des régions de France, en laissant une part belle aux vins de Savoie. Une adresse offrant en plus un excellent rapport qualité-prix !

SAVOIE

L'ART LIE €€€

1, promenade Edouard Herriot
✆ 04 79 32 79 06
http://lebistrotgourmandalbe.fr
Du lundi au samedi de 12h à 13h30 et de 19h30 à 21h. Dimanche de 12h à 13h30. Fermé le mercredi. Menu de 30 € à 52 €.

L'Art lie (anciennement le Bistrot Gourmand) est tout proche de la cité médiévale de Conflans. Récemment installé près de l'Arly, le restaurant vous offre une vue imprenable sur la rivière et les montagnes. Côté cuisine, Vincent travaille avec des produits de grande qualité, sa cuisine est maîtrisée avec justesse. Sylvie, quant à elle, vous accueille chaleureusement et vous proposera une jolie carte des vins pour accompagner les plats délicieux. Vincent et Sylvie font partie des restaurateurs de qualité du Collège Culinaire de France (CCF).

CHOCOLA'THE

20 RUE DE LA REPUBLIQUE
✆ 04 79 32 31 51
https://www.chocola-the.fr/
Ouvert du mardi au samedi de 9h à 19h ; le dimanche de 9h à 12h. Formule midi 14,50 €.

Au bout de la rue la République, à l'angle, vous retrouverez ce petit salon de thé ouvert toute la journée. Vous y goûterez des mets délicats à base de chocolat, mais aussi des quiches et des salades. Spécialisé dans les gourmandises, le pâtissier Christophe Tafforeau a remporté le Championnat de France du Dessert à Blois et a également été chef pâtissier du palace Le Meurice. Une chance donc de pouvoir goûter à son savoir-faire reconnu par les plus grands. Pour les fêtes de fin d'année, Chocola'thé propose aussi un service traiteur (petits canapés, verrines).

BEAUFORT DE COOPÉRATIVE LAITIÈRE DE MOÛTIERS

38, quai des Allobroges
✆ 09 67 06 53 81
www.beaufortdesmontagnes.com/frame.htm
Ouvert du lundi au samedi de 9h à 12h30 et de 14h30 à 19h. Fermé dimanche et jours fériés.

La Coopérative laitière de Moûtiers propose à la vente sa production de fromage via ses boutiques déployées en Savoie. Le beaufort AOP est le produit vedette, mais d'autres fromages du terroir et produits gourmands sont sur les étals : confitures, vin et génépi, charcuteries et pâtes. Saviez-vous que pour obtenir un beaufort de 40 kg, il faut 400 à 450 litres de lait ? Lait collecté quotidiennement dans les villages de montagnes autour de Moûtiers où il est transformé.

LIBRAIRIE DES BAUGES

104, rue de la République
✆ 04 79 32 00 91
www.librairiedesbauges.fr
Ouvert le lundi de 14h à 19h ; du mardi au samedi de 9h à 19h.

Une institution créée en 1953 qui nous accueille au cœur d'Albertville. La librairie a pris un second souffle pour mieux nous recevoir et nous proposer la meilleure sélection de livres. Plus qu'une librairie, vecteur de culture, de richesse intellectuelle, de créativité, le lieu abrite aussi restaurant, avec sa Cantine du Garage, et lieu culturel où conférences, dédicaces, spectacles, expo et toutes sortes d'événements favorisent la rencontre. 350 m² en plein cœur de la ville, pour lire, découvrir ou se laisser embarquer dans quelques aventures dépaysantes.

GRÉSY-SUR-ISÈRE

Veillant sur la Haute-Combe de Savoie, Grésy-sur-Isère est une charmante petite ville entourée par les montagnes. Elle est une étape sur la route des vacances et peut agréablement devenir un lieu de villégiature, notamment grâce à son lac où l'on peut se baigner en été. La base de loisirs du lac de Grésy, et son plan d'eau ouvert à la baignade et sur lequel flotte le Pavillon Bleu pour sa politique de développement durable, accueille les visiteurs sur un site très agréable en période estivale. Au pied des Bauges, le village propose également des circuits de randonnée pour découvrir la variété de la Combe de Savoie. Visite également de l'Ecomusée.

VILLAGE MUSÉE DE LA COMBE DE SAVOIE ★

530, chemin des Carrières du Salin
✆ 04 79 37 94 36
lescoteauxdusalin.fr
Billetterie ouverte de 14h à 17h, tous les jours, toute l'année (juillet et août de 10h à 17h).

Dix siècles d'histoire de la Savoie sont répertoriés dans ce village Musée de la Combe de Savoie. La comparaison entre la vie difficile et les inventions de l'époque avec la nôtre est assez impressionnante. Vous découvrirez des maisons, une salle de classe, et même une forge d'époque reconstituée par des objets oubliés. Le musée des sapeurs-pompiers de la Savoie s'est invité à l'imposante collection. C'est une découverte ludique et enrichissante sur les traces de nos ancêtres.

SAVOIE

MERCURY

Intégrée dans le périmètre du Parc naturel régional du Massif des Bauges, la commune de Mercury est particulièrement étendue. C'est la deuxième commune la plus grande de Savoie avec 2 233 hectares et une trentaine de hameaux dispersés sur les coteaux. Au départ de Mercury, des sentiers balisés pour découvrir les producteurs locaux, notamment dans les vergers, mais aussi les forts de Mercury : le fort de Tamié qui offre une visite intéressante et un beau panorama sur la Combe de Savoie, ainsi que le fort du Villard, moins connu, qui se situe dans le bas de la commune. Le château des seigneurs de Chevron, construit au XIVe siècle, ne se visite pas.

ÉGLISE SAINT PIERRE DE MERCURY ✝

Place de l'Eglise
✆ 04 79 32 04 22
www.pays-albertville.com
Ouverte toute l'année.

Construite vers le Ve siècle sur les ruines d'un temple dédié à Mercure, l'église de Mercury fut agrandie en 1681, puis en 1834 par l'architecte Ernest Mélano pour prendre sa forme actuelle de style néoclassique sarde. L'artiste piémontais Casimir Vicario en réalisa la décoration en trompe-l'œil, tels la descente de la croix, les portraits debout de saint André, la chaire de saint Pierre et le baptême de Jésus. À découvrir également 54 statues en bois doré et le tabernacle d'Arcabas.

MOÛTIERS

Moûtiers se trouve dans la partie basse de la vallée de l'Isère, sur les contreforts du massif de la Vanoise et du Beaufortain auxquels elle donne accès. Un passage obligé pour se rendre en station, notamment vers les 3 Vallées, mais une ville qui mérite aussi que l'on y fasse halte pour découvrir quelques-uns de ses trésors. L'un des premiers habitants des lieux a déposé un jour sa hache-spatule : il vivait alors à l'âge du bronze moyen… L'objet retrouvé par les archéologues des temps modernes atteste d'une occupation qui remonte à bien longtemps. C'est dire si Moûtiers a une riche et longue histoire à raconter. Car bien plus tard, durant l'Antiquité, c'est le peuple des Ceutrons qui occupa ces terres. Puis les Romains s'imposèrent, puis encore différents rois et seigneurs au fil des guerres et conflits des époques médiévale et révolutionnaire ensuite… Les vestiges de ce passé en disent plus long aux visiteurs les plus curieux et les visites guidées seront parfaites pour ne rien manquer. Trois de ses monuments sont répertoriés à l'inventaire des Monuments historiques, notamment la cathédrale Saint-Pierre et le pont Saint-Pierre. A l'époque moderne, entre industrie et or blanc propulsé par l'olympisme, on s'acheminait donc vers le Moûtiers d'aujourd'hui, touristique et sportif. Pour les amoureux du vélo, une piste cyclable relie Moûtiers au barrage d'Aigueblanche. Une autre suit l'ancien tracé de la RN 90 dans les gorges de Ponserand.

CATHÉDRALE SAINT-PIERRE ✝ ★

Place Saint-Pierre
✆ 04 79 24 20 08
Ouverte de 9h à 18h. Gratuit. Visite guidée (pour les groupes sur demande à l'office de tourisme).

Située à proximité de l'office de tourisme, la cathédrale de l'ancien diocèse de Tarentaise a traversé le temps, se laissant marquer par diverses transformations au cours des siècles. Résultat : une architecture plurielle qui raconte son histoire, celle d'un diocèse fondé en 420 et celle plus largement de la région. Bien évidemment classée aux Monuments historiques (depuis 1862), elle est du plus grand intérêt. Un chœur roman du XIe siècle, des façades gothiques XVe siècle, des nefs néoclassiques, l'édifice compte aussi de nombreuses œuvres artistiques.

AUBERGE DE SAVOIE*** €€€

45, square de la Liberté
✆ 04 79 24 20 15
www.aubergedesavoie.com
Ouvert toute l'année. BS chambre double de 68 € à 135 €. HS chambre double de 109 € à 208 €. Restauration.

Située en centre-ville, l'Auberge de Savoie associe architecture alpine et style contemporain. Hôtel-restaurant idéalement situé aux pieds des grandes stations comme Méribel ou Courchevel. L'accueil, chaleureux et familial, vous invite à la détente et promet un séjour serein... Côté hôtel, les chambres sont sobres et bénéficient d'une déco cosy et traditionnelle. Côté restaurant, le chef pizzaiolo prépare des pizzas cuites au feu de bois devant nos yeux. Un bon rapport qualité-prix et une cuisine inventive aux accents italiens.

SAVOIE

LE COQ ROUGE €€€

115, place Aristide Briand
04 79 24 11 33
http://web-lecoqrouge.fr

Fermé en juillet. Ouvert du lundi au samedi midi, du mardi au samedi le soir. Menus de 36 € à 48 €. Terrasse.

Installé dans une bâtisse du XVIIe siècle, le restaurant Le Coq Rouge est situé en plein cœur du vieux Moûtiers. Ici le chef Patrick N'Guyen propose une cuisine traditionnelle influencée par la cuisine lyonnaise et ses origines asiatiques. De bons poissons au fil de l'eau, dont un omble chevalier à la citronnelle, des ris de veau, vinaigre de framboise, un gigotin d'agneau aux aromates ou un pavé de charolais, sauce gamay. Produits frais, plats faits maison, délicatesse des mets, accueil agréable. Le Coq Rouge est une adresse à retenir.

COOPÉRATIVE LAITIÈRE DE MOÛTIERS

20, avenue des XVIe Jeux Olympiques
04 79 24 03 65
www.beaufortdesmontagnes.com

Du mardi au samedi de 9h à 12h30 et de 15h à 19h. Visites libres et gratuites tous les matins de 9h à 12h sauf week-end.

Cette coopérative laitière propose à la vente sa production de fromage. Le beaufort est le produit vedette, mais d'autres fromages du terroir et produits gourmands sont proposés. Savez-vous que pour obtenir un beaufort de 40 kg environ il faut 400 à 450 litres de lait ? Lait collecté dans les villages de montagnes autour de Moûtiers où il est transformé. Des visites de l'atelier et de la cave d'affinage sont possibles afin de comprendre tous les rouages de la fabrication du fromage.

VALMOREL ★★

Dans la vallée d'Aigueblanche, on se surprend à découvrir Valmorel et ses stations voisines, Doucy et Celliers. Valmorel étonne par son architecture réussie. Née en 1976 sur un terrain vierge, point de grands ensembles, mais 4 hameaux : La Forêt, Le Bourg, Crève-Cœur et Le Mottet. Le Bourg attire l'œil par son rappel d'architecture d'inspiration sarde faite de bois et de lauzes. Arcades, trompe-l'œil, une rue piétonne unique apportent un air de convivialité. Valmorel c'est un savant mélange d'art de vivre montagnard couplé aux traditions. Dépaysement assuré. L'hiver, le Grand Domaine invite à découvrir la neige de Combelouvière à Saint-François Longchamp en passant par Valmorel bien sûr. Les 165 km de pistes sont très agréables et offrent des points de vue magnifiques entre 1 250 et 2 550 m d'altitude. En prenant le télésiège de la Madeleine, vous atteignez le col du même nom, bien connu par les cyclistes en mal de belles grimpettes. Bien sûr, à côté du ski et après avoir goûté aux 4 espaces freeride (zone de hors-piste sécurisée) de Valmorel, d'autres activités pour se dégourdir les jambes. Des balades à pied, des itinéraires nordiques (gratuits) mais aussi de la luge avec le snake-gliss et l'airboard (luge individuelle gonflable), parapente, randonnées en quad… L'été, place aux balades, VTT, sports en eaux vives, escalades dans un environnement naturel où il est bon de contempler les paysages. Valmorel prend le temps de vivre !

RESTAURANT LE PETIT PRINCE €€€

7, Bourg Morel
04 79 09 81 71
www.restaurant-lepetitprince.com

Ouvert en saison, tous les jours. Formule du jour : 16 €.

Immersion dans un décor typiquement savoyard, le restaurant est situé au cœur de Valmorel, dans un chalet. Les vieilles recettes de grands-mères savoisiennes y ont été remises au goût du jour. Les plats savoyards se déclinent selon plusieurs recettes comme la fondue 3 fromages ou celle aux morilles : à tenter ! La tartiflette au bleu d'Albertville sinon ? La carte des vins est large, il y a de quoi accompagner les mets préparés par le chef Jérôme et son équipe, d'un breuvage adapté.

STATION DE SKI DE VALMOREL

04 79 09 85 55
www.valmorel.com

De décembre à avril, tous les jours de 9h à 12h30 et de 15h30 à 19h. En été du 02/07 au 28/08/22.

La station de sports d'hiver est située sur les communes des Avanchers-Valmorel et de la Léchère. Le domaine est relié à celui de Saint-François-Longchamp, station de Maurienne, pour former le Grand-Domaine. La station offre 165 km de pistes de ski alpin, 4 espaces free-ride et 20 km de pistes de ski de fond. C'est là que l'on trouve une piste de luge connectée. 2,2 km de descente longeant la forêt, intégrant un jeu de piste via une appli. Loisirs, activités et détente en toute saison.

BOURG-SAINT-MAURICE ★

Bourg-Saint-Maurice est situé à 840 m d'altitude, donnant accès au Paradiski, le super domaine skiable des Arcs et Grande Plagne réunis. Par ailleurs, on trouve ici tout ce qu'il faut pour se divertir : cinéma, discothèques, bowling… Mais aussi des musées et monuments tels que la chapelle Saint-Grat au village de Vulmix, l'église Saint-Maurice de style néo-classique du XIXe siècle, le château ou tour de Bourg-Saint-Maurice, au lieu-dit La Bourgeat, la Tour du Châtelard (dite Sarrasine), la Tour de Rochefort… On trouve ici l'un des bassins de slalom de canoë-kayak les plus prestigieux et les plus difficiles au monde. Les sportifs de haut niveau liés à la ville sont nombreux. On peut citer Jean-Luc Crétier né en 1966, skieur champion olympique de descente en 1998, le pilote de bobsleigh Bruno Mingeon né en 1967, Jean-Frédéric Chapuis né en 1989, champion olympique 2014 de ski cross… Quelques médaillés olympiques aux JO de Sotchi : Chloé Trespeuch, née en 1994, médaillée de bronze en snowboard cross, Marie Martinod, née en 1984, médaillée d'argent en ski acrobatique, et Kevin Rolland, né en 1989, médaillé de bronze en ski acrobatique… Mais il n'y a pas que les sports d'hiver qui animent Bourg-Saint Maurice, qui est un véritable camp de base estival pour les cyclistes qui veulent gravir les cols alpins et les vététistes qui souhaitent se lancer sur les pentes. Par ailleurs, Bourg-Saint-Maurice est une petite capitale des sports d'eau vive : rafting, canoë, hydrospeed…

Col du Petit Saint Bernard.

MUSÉE DES MINÉRAUX ★

82, avenue Maréchal Leclerc
✆ 04 79 07 12 74
Ouvert l'été. Visite sur demande.

Une très belle collection minérale à découvrir, dont les pièces proviennent de la région de Bourg-Saint-Maurice et du massif du Mont-Blanc. Certaines d'entre elles sont particulièrement remarquables telles que ces imposantes épidotes avec byssolite ou même certains fossiles : une ammonite géante, un trilobite et une ammonite cristallière. Sédiments, roches volcaniques, quartz gris, tout le monde s'amusera à contempler ces magnifiques pierres. Le musée des minéraux est une source de connaissance non négligeable et un premier pas vers l'apprentissage de la géologie.

LA VOIE VERTE

✆ 04 79 07 12 57
Se renseigner à l'office de tourisme.

Le cyclotourisme est largement accueilli et favorisé sur ces terres du tour de France. Trois cols de renommée internationale sont largement fréquentés par les plus vaillants des cyclistes : l'Iseran (2 764 m), le Petit-Saint-Bernard (2 188 m) et le Cormet de Roselend (1 968 m). Vous pourrez choisir à vélo la Voie Verte Avenue de la Tarentaise, qui relie Bourg-Saint-Maurice à Aime. Toute cette jolie balade longeant l'Isère est couverte par les arbres, ce qui rend encore plus agréable cette sortie longue de plus de 14 kilomètres. Un jour mémorable.

HÔTEL LA PETITE AUBERGE €

Chemin du Reverset
✆ 04 79 07 37 11
11 chambres. Chambre double de 49 € à 69 €. Petit déjeuner : 7 €. Wifi gratuit. Restauration.

La Petite Auberge est une maison familiale authentique, située à 10 min à pied du centre-ville et à deux pas du funiculaire des Arcs. L'accueil y est bienveillant et chaleureux, les chambres sont simples et fonctionnelles, l'environnement est reposant, avec un jardin bordé de champs et une vue imprenable sur les montagnes environnantes. Dirigé par un couple d'Anglais, Robin et Becky, l'hôtel est très sympathique et accueille de la meilleure des manières tous types de touristes ! Ne passez surtout pas à côté du petit-déjeuner, un pur délice.

SAVOIE

L'ANGIVAL** €€

90, rue Jean-Moulin
✆ 04 79 07 27 97
www.angival.com
Ouvert toute l'année. 15 chambres. Chambre double à partir de 87 €. Location appartement.

Un hôtel au cœur de Bourg-Saint-Maurice qui profite du calme et du soleil. La terrasse et les balcons des chambres offrent détente appréciée. On aime son côté tyrolien avec les fleurs aux balcons et la façade claire. Entièrement rénové, il apporte tout le confort pour une nuit reposante. Des chambres sont mises à disposition pour accueillir toute la famille. Le petit déjeuner est un buffet bien copieux afin de démarrer la journée de bon pied. Vous aurez l'occasion de louer un appartement en groupe, jusqu'à huit personnes. Un lieu charmant et une équipe au top.

L'AUTANTIC*** €€

69, route d'Hauteville
✆ 04 79 07 01 70
www.hotel-autantic.fr
Ouvert toute l'année. 29 chambres. Chambre double de 70 € à 100 €. Relais motards. Sauna.

Quoi de plus charmant et reposant que cet hôtel situé à l'entrée de Bourg-Saint-Maurice. Une magnifique maison qui marie aussi bien le bois et la pierre que ce soit à l'extérieur ou à l'intérieur avec ses meubles rustiques apportant une touche traditionnelle savoyarde. Les chambres sont confortables, elles donnent sur un balcon ou sur les montagnes et le jardin. Les chambres « alpage » sont particulièrement raffinées. Un lieu à ne pas rater pour tous les sportifs ayant soif d'espace et de nature ! L'endroit est magique, aussi bien en hiver qu'en été !

L'ARSSIBAN €€€

253, avenue Antoine Borrel
✆ 04 79 07 77 35
Ouvert du mardi au dimanche le midi, mardi et du jeudi au samedi le soir. Formule : 29,50 €. Terrasse. Espace jeux.

A 5 minutes à pied de la gare de Bourg-Saint-Maurice, le restaurant l'Arssiban est devenu un incontournable de la ville grâce au talent de son chef. La façade de bois et de pierre apporte une ambiance toute savoyarde, alors que la terrasse est une invitation gourmande. La cuisine élaborée à partir de produits frais est faite maison, y compris les petits pains ! Savoureux et gourmand, les plats et recettes tiennent compte des saisons. Menu sympathique et service irréprochable. Un bel endroit où l'on mange bien. Parfait pour passer un bon moment.

AIME-LA-PLAGNE

En arrivant à Aime, à 700 mètres d'altitude, le visiteur se trouve aux portes d'un vaste espace dominé par Bellecôte et son glacier culminant à 3 417 mètres. Pourtant « plagne » est un mot régional qui désigne un lieu plat ou un plateau. Dans les années 1960, c'est ce nom qui a été retenu pour baptiser la station de ski. 11 sites constituent la Grande Plagne. Mais ça n'était pas encore assez vaste. En reliant ce domaine à celui des Arcs par l'un des plus gros téléphériques du monde (le Vanoise Express), est né en 2003, le domaine skiable de Paradiski. Les panoramas avec vue sur le mont Blanc et sur les massifs du Beaufortin sont époustouflants.

ESPACE ARCHÉOLOGIQUE PIERRE BORRIONE ★

Montée de Saint Sigismond
✆ 04 79 55 67 00
www.la-plagne.com
Visites libres en permanence. Visite guidée sur demande. Adulte : 6 € (visite guidée uniquement).

Un voyage dans le temps du Néolithique à nos jours, ça vous dit ? C'est en tout cas ce que Pierre Borrione, qui fut maire d'Aime et créateur visionnaire du musée, proposait en créant cet espace où outils préhistoriques, mobilier funéraire, architecture gallo-romaine, bijoux, céramiques et monnaies sont présentés au public pour mieux témoigner des premières occupations humaines en Tarentaise et des évolutions de cette occupation. Expositions temporaires l'été.

OFFICE DU TOURISME DE LA GRANDE PLAGNE

1355, route d'Aime
✆ 04 79 09 02 01
www.la-plagne.com
Ouvert toute l'année, les horaires varient selon la saison.

Été comme hiver, l'office de tourisme vous accueille afin de vous guider durant votre séjour à La Plagne. Événement exceptionnel, bons plans, lieux à visiter absolument, sports à pratiquer et renseignements divers : toute l'équipe se tient prête pour vous aider. Véritable petit paradis entre amis ou en famille, vous aurez la possibilité de découvrir de nouvelles choses, comme par exemple faire un petit tour en parapente ou alors les joies du bobsleigh.

L'ADRAY*** €€

11, route de Notre-Dame du Pré
© 04 79 09 77 11
www.ladray.com

Chambre double de 80 € à 129 €. Petit déjeuner buffet : 14 €. Jeux pour enfants. Restauration. Terrasse. Jardin.

Cet hôtel familial se situe à proximité de la station de ski La Plagne-Montalbert, dans un authentique village savoyard cerné de hauts sommets. Son restaurant propose une cuisine traditionnelle de terroir, produits locaux à l'appui. On apprécie le grand jardin à la belle saison. Vététistes et cyclistes, marcheurs et motards trouveront ici un point de départ vers de belles balades. Pratique en période hivernale car ici les remontées mécaniques sont seulement à deux pas en navette (2 minutes) ! Précisons que les navettes sont gratuites à l'Adray.

RÉSIDENCE LAGRANGE VACANCES - ASPEN €€

Plagne Village © 08 92 16 05 00
www.vacances-lagrange.com

48 logements. F2 (37 m²) de 245 à 805 € la semaine. Restauration (service boulangerie). Hammam, sauna.

À Plagne-Village, située à seulement 100 m des pistes et à 300 m des remontées mécaniques, la résidence Lagrange Aspen vous offre calme et sérénité au pied des pistes. Composée de 48 appartements (de 4 à 7 personnes) répartis dans un gros chalet de pierre et de bois, la résidence s'intègre au paysage. Côté hébergement, les appartements sont tout confort pour ne manquer de rien à l'intérieur. La décoration est plutôt réussie et le matelas assez confortable. Petit plus, le spa.

LA TOURMALINE*** €€€

175, route de la Fortune © 04 79 55 62 93
www.hotel-tourmaline.com

Ouvert toute l'année. 29 chambres. Chambre double de 68 € à 200 €. Restauration. Bain bouillonnant, sauna. Bain suédois.

La Tourmaline, hôtel et spa, offre un accès rapide au domaine de Paradiski, le deuxième plus grand domaine skiable du monde, ce qui fait le bonheur des skieurs et de tous les amoureux de la montagne. Dès l'arrivée des beaux jours, d'autres activités peuvent être envisagées très largement, à commencer par la randonnée. Ambiance chalet de montagne contemporain, chaque chambre combine moderne et ancien, bois et couleurs chaudes. Côté saveurs, les plats sont régionaux, et les ingrédients utilisés locaux. Un espace détente est accessible pour décompresser.

LES ARCS ★★★

Sur le territoire de la commune de Bourg-Saint-Maurice, au cœur de la Haute-Tarentaise, la station intégrée des Arcs est formée de quatre sites de 1 600 à 2 000 m, avec de magnifiques vues sur les massifs du Beaufortain (en face) et du Mont-Blanc (au nord). Elle est reliée à la commune de Bourg-Saint-Maurice par un funiculaire Arc-en-Ciel qui vous propulse en dix minutes de la gare SNCF à 800 m d'altitude jusqu'au site central des Arcs à 1 600 m ! Son domaine skiable est relié à la commune de Peisey-Vallandry qui accueille le Vanoise Express, le téléphérique qui rejoint le village de Montchavin-Les Coches sur le domaine de la station de La Plagne, avec laquelle elle forme le vaste domaine Paradiski.

Sports / Loisirs

Intégrée dans le domaine skiable Paradiski, ouvrant sur 425 km de pistes de ski alpin, la station des Arcs offre un vaste domaine entre les Arcs 1 600, le village relié par funiculaire à Bourg-Saint-Maurice, et les Arcs 2 000, ambiance haute montagne dominée par l'Aiguille Rouge culminant à 3 226 m. Toutes les glisses trouvent leur place dans une station qui ne chouchoute pas que les skieurs, la preuve avec un Pass Piétons+ qui permet aux non skieurs d'accéder au domaine et de profiter des panoramas ou d'une nouvelle tyrolienne survolant l'ancienne piste de Kilomètre Lancé, qui permet d'atteindre les 130 km/h dans les airs. VTT avec Bike Park et randonnées vers les sommets en été.

LA PASSERELLE DE L'AIGUILLE ROUGE

© 04 79 07 12 57

Accès par le téléphérique de l'Aiguille rouge.

Envie d'embrasser les Alpes du regard à 360° ? La passerelle, installée en haut de l'Aiguille Rouge, déroule un panorama exceptionnel perché à plus de 3 200 mètres d'altitude. Les skieurs et les piétons peuvent l'atteindre sans problème par la télécabine de l'Aiguille Rouge. La passerelle s'étend sur une longueur de 35 mètres. Elle est dotée d'un garde-corps en verre pour donner plus de visibilité et de sensations. C'est le moment ou jamais de sortir son appareil photo.

SAVOIE

CLUB BELAMBRA LA CACHETTE*** €€

Arc Pierre Blanche ✆ 01 77 70 91 50
www.belambra.fr
85 chambres. Formule demi-pension à partir de 454 €/semaine. Restauration. Sauna. Club enfants. Animations.

Installez-vous pour une semaine au pied des pistes et les pieds sous la table, puisque l'hôtel-club Belambra La Cachette vous propose des formules en demi-pension et en pension complète, idéales pour toute la famille. Détente au restaurant avec des buffets gourmands à savourer, et si le temps le permet sur la terrasse panoramique. Salle de fitness et sauna pour se relaxer après une journée passée sur les pistes de Paradiski. Clubs enfants pour un séjour en famille.

LA CABANE DES NEIGES €€

Place basse des Villards
✆ 06 62 06 21 13
Ouvert tous les jours en saison hiver et été. Réservation impérative. Menus de 21 € à 35 €. Terrasse. Animations.

A l'étage, fausse cheminée, pierres et bois et un joli luminaire contemporain. Dans les 2 salles, vous naviguez entre la Savoie et le Sud-Ouest, toujours dans les bons produits du terroir : la raclette et le confit. Pour les amateurs, fondue, tartiflette, mais aussi cassoulet, foie gras poêlé aux myrtilles. On adore le dynamisme de la patronne et de ses serveuses, leur humour tout en étant professionnelles et attentionnées. Alexandre est au fourneau. On passe un excellent moment aux Arcs dans cet endroit plein de charme. C'est une franche réussite. On recommande !

CHALET DE LUIGI €€

Pied des pistes
✆ 04 79 00 15 36
www.restaurantchaletdeluigi.com
Ouvert en saison hivernale, tous les jours 9h à 23h. Carte : 30 € environ. Terrasse. Boutique. Animations.

Le chalet de Luigi a bien sûr des accents italiens. Mais si vous cherchez une pizza à manger, vous vous trompez d'adresse. Ici, le chef prépare des spécialités italiennes et du Frioul. Des pâtes fraîches comme les taglioni au jambon San Daniele et pavot, mais aussi une côte de veau rôtie au jus de romarin, un tartare de bœuf maison. et des spécialités régionales pour les gourmands. Point positif, les prix sont très raisonnables. Un moment festif où il fait bon s'amuser un peu ! C'est l'hiver, c'est l'heure de décompresser avec tous ses amis. Merci Luigi !

LES CHALETS DE L'ARC €€

Piste des Marmottes - Arc 2000
✆ 04 79 04 15 40
https://maisonfalcoz.com
Ouvert en saison hivernale. Ouvert tous les jours de 9h à 17h. Carte : 30 € environ. Terrasse. Boutique.

Accessibles en ski et à pied, les Chalets de l'Arc vous accueillent dans une ambiance montagnarde, chaleureuse et typique. Vous pourrez y déguster une cuisine savoyarde maison et surtout les fameux chaussons déclinés en différentes compositions, réalisés avec du pain fait sur place et cuit au four à bois. Une spécialité de la maison ! Au milieu des pistes de ski, vous profiterez au choix d'une terrasse panoramique ensoleillée ou d'une salle avec cheminée. Si vous êtes pressé d'enfiler vos skis et de rider, vous pouvez aussi prendre à emporter ! Bon et rapide !

SAVOIE

Les Arcs 2000.

L'ARPETTE €€

Piste de l'Arpette, snowpark Arcs 1800
✆ 04 79 07 45 80
www.arpette.fr/fr/arcs-arpette
Ouvert en saison hiver. Service continu de 12h à 16h. DJ l'après-midi. Terrasse. Animations.

À la conjonction de plusieurs télésièges, un restaurant très tendance avec snow party et après-ski. Plusieurs ambiances selon l'état de fatigue : festive sur la terrasse, bien au chaud autour de la cheminée ou cocooning dans les transats. En été, on profite de la piscine chauffée. Côté cuisine, des plats faits sur place. En soirée, menu savoyard suivi d'une soirée dansante et descente en ski. Vue imprenable sur toute la chaîne de montagne, les cocktails sont bienvenus et l'ambiance est parfaite. Équipe soudée et chef respecté. Une chouette journée !

LA LÉCHÈRE

La Léchère est une station récente, elle naît en 1972 de la fusion de six communes (Celliers, Doucy-Tarentaise, Nâves, Notre-Dame-de-Briançon, Petit-Cœur et Pussy). Au creux de la vallée, elle distille des eaux thermales préconisées dans le traitement des troubles veineux, des rhumatismes et s'associent avec la phlébologie. L'hôtel Radiana, construit en 1930, garde son aspect architectural de l'époque, Art déco. Devenu très confortable, il offre un accès direct aux thermes et au centre de bien-être, le Spa Radiana. On préférera garder les yeux fermés sur le côté industriel de la Léchère pour se promener dans les jardins du cœur de village.

ESPACE MUSÉOGRAPHIQUE AQUACALIDA

Rive droite village 92
✆ 04 79 22 33 29
www.aquacalida.fr
Début avril à mi-octobre, tous les mardis et jeudis de 14h30 à 17h. Gratuit.

La Léchère propose à travers son espace dédié une découverte ludique des eaux thermales, de la géothermie et des énergies renouvelables. On y découvre l'histoire locale, car depuis 1859 le thermalisme a fortement contribué au développement touristique et économique de la commune. Vous pourrez aussi savoir pourquoi ces eaux sont bénéfiques pour la peau et pour la santé. Des visites guidées de la station thermale et de l'espace Aquacalida sont organisées.

LA CABRIÈRE** €€

Château Feuillet
✆ 04 79 22 63 04
lacabriere.com
44 chambres. Chambre double de 66 € à 80 €. Petit déjeuner : 9 €. Bar. Wifi gratuit.

Entre stations de ski et station thermale, une adresse toutes saisons. Côté restaurant, une cuisine maison simple et copieuse, élaborée à partir de produits régionaux et de saison, une ambiance bonne franquette sans prétention au niveau de la déco mais d'un bon rapport qualité-prix. On s'est fait plaisir sur le burger savoyard et le plaisir était intense. L'établissement est situé en face de la station thermale et proche de la rivière. Le petit plus, l'hôtel a fait peau neuve récemment, ce qui a permis d'améliorer le confort et l'intimité des chambres.

HÔTEL RADIANA*** €€€

Parc Thermal
✆ 04 79 22 61 61
www.hotel-radiana.com
Ouvert toute l'année. Chambre double à partir de 79 €. Restauration. Spa thermal. Parc arboré de 10 hectares.

Proche des stations de ski de Tarentaise et à 30 min des domaines prestigieux de Méribel et Courchevel... l'hôtel Radiana est très bien situé au cœur du complexe Thermal de La Léchère, à 440 m d'altitude dans son écrin de verdure (à la belle saison) et emmitouflé dans son blanc manteau en hiver. 110 chambres rénovées un accès direct aux thermes, un spa d'eau thermale... confort et détente sont ici proposés dans un panorama où trônent les montagnes. Même en hiver on peut profiter du bain à remous extérieur. Un séjour de bien-être.

THERMES DE LA LÉCHÈRE

Par la route : depuis la 2x2 voies en direction de Moûtiers, sortie 37 La Léchère-les-Bains.
Par le train : gare de Notre-Dame-de-Briançon ou de Moûtiers. ✆ 04 79 22 60 30
www.thermes-lalechere.com
Ouvert du 23/03 au 19/10. Fermé le dimanche.

Hôtel trois-étoiles, grand spa thermal et restaurant... Les Thermes de La Léchère, situés en Moyenne Tarentaise, à 6 kilomètres de Moûtiers et 22 kilomètres d'Albertville, sont dotés d'eaux réputées pour apporter des soins en phlébologie et en rhumatologie. Ils sont installés dans un lieu paisible cerné d'une verte nature, car à l'extérieur un grand parc aménagé est propice à la détendre et à la contemplation. Au Spa O des Lauzes, une succession d'espaces aqualudiques et de bien-être autour d'une collection de soins inspirés du thermalisme.

LA PLAGNE TARENTAISE

Sur le versant sud du Beaufortain dans la vallée de la Tarentaise, la Plagne Tarentaise est une commune très étendue avec une partie en vallée (Macôt La Plagne et Bellentre), des villages sur le versant du Soleil et des communes supports de station de La Plagne reliés au domaine skiable. En profitant d'une vue imprenable sur le glacier du mont Pourri, partez à la découverte des nombreux monuments religieux et bâtiments d'autrefois : église Saint-Laurent, chapelles, ruelles et maisons d'antan à Montméry, ancienne fruitière, école d'autrefois... Environnement naturel exceptionnel permettant randonnées, escalade, via ferrata, rafting, parapente.

Sports / Loisirs

Entre 1 250 m et 3 250 m d'altitude, le domaine skiable de Grande Plagne est déjà très étendu avec 225 km de pistes, mais il l'est plus encore en version Paradiski® et ses 425 km de pistes. Avec ses stations-villages à tous les étages, tous les skis sont possibles : acrobatique, nocturne, freeride, mais aussi le ski nordique. Avec le Mont-Blanc à l'horizon, la saison estivale offre de nombreuses activités outdoor. Randonnée en mode illimité sur les itinéraires balisés pour tous les niveaux, un Bike Park avec ses E-spots ludiques, des boucles, des montées et surtout des descentes pour les amoureux de VTT, du trail, de la via ferrata, de l'escalade, de l'accrobranche, du parapente, sans oublier les sports d'eau vive.

Coucher de soleil sur La Plagne Tarentaise.

ÉGLISE SAINT-FRANÇOIS-DE-SALES ✝

Valezan

✆ 04 79 07 66 41

En juillet et août, tous les mercredis de 15h30 à 17h30. Accès libre.

Cette église remarquable fait partie des Chemins du Baroque®. Édifiée entre 1727 et 1730, l'église Saint-François-de-Sales se situe à Valezan. À l'intérieur, le retable majeur met en valeur un tabernacle en bois doré rapporté d'Italie par un des desservants de la paroisse. On y trouve également de très belles choses, comme la magnifique statue de bois datant du XVIIIe siècle figurant Notre-Dame-de-l'Allée, ainsi qu'une superbe poutre signifiant l'entrée du chœur.

ARAUCARIA HÔTEL & SPA**** €€€

Plagne-centre

✆ 04 58 24 11 11

www.araucaria-hotel.com

Ouvert en été et en hiver. 84 chambres. Chambre double à partir de 140 €. Restauration. Spa.

L'hôtel Araucaria est situé sur le domaine de Paradiski au pied des pistes d'un des plus grands domaines skiables de France et du monde. Un espace détente de 450 m² qui ne plaisante pas avec le concept de bien-être conjugué sur tous les modes par Nuxe : tepidarium, ice-room, sauna, couloir hydromassant, piscine, espace relaxation, un restaurant pour des dîners avec cuisine à thème, la proximité des commerces et de l'école de ski. Grand confort et bien-être.

LES BALCONS DE BELLE PLAGNE**** €€€

Rue des Balcons

✆ 04 79 55 76 76

Ouvert saison d'hiver. Studio/appartement à partir 752 €/semaine. Club enfants. Restauration. Bain bouillonnant, sauna.

Les Balcons de Belle Plagne, c'est l'ambiance montagnarde que l'on recherche en hiver couplée à un standing irréprochable pour cocooner après une session de ski intensive. Au programme, vacances sportives avec location de matériel, casiers à skis et club pour les enfants, ou bien des vacances axées sur la détente à siroter des boissons et à profiter de l'ambiance chaleureuse et des montagnes enveloppées de neige. Le personnel est très professionnel et à l'écoute de la moindre demande.

LE FORPERET €€

Route de Montalbert
✆ 04 79 55 51 27
www.forperet.com
Ouvert en saison tous les jours de 9h30 à 19h. Menu unique 33 €. Carte : 30 €. Terrasse.

Le Forperet est un restaurant d'altitude installé dans une ancienne bergerie dont le cachet et l'authenticité ont été conservés. Jouissant d'une vue panoramique du Mont-Blanc au col de la Madeleine, la terrasse offre un véritable dépaysement. Cuisine simple et traditionnelle, réalisée avec de bons produits régionaux. Pendant l'été, il est possible de visiter la mini-ferme à proximité, de participer à la fabrication de la tomme à l'ancienne ou encore de louer ânes et poneys… Une belle sortie familiale conviviale alliant plaisirs gustatifs et activités ludiques !

AUBERGE DE CASSIEL €€€

284, rue du Villard La Côte d'Aime
✆ 04 79 09 24 83
www.aubergedecassiel.fr
Basse saison du mardi au samedi midi et soir. Haute saison 7j/7 midi et soir. Menus midi de 17 à 21 €, soir 39 à 48 €.

Cette auberge de Cassiel se trouve sur les hauteurs de Aime. Vous profiterez ici d'un point de vue exceptionnel sur les montages. Mais c'est avant tout pour la cuisine et les chambres de charme qu'on y vient. La carte mêle plats traditionnels inspirés du Sud (le chef Jean-Pierre Imbert est originaire du Vaucluse) et plats typiques savoyards. La cuisine fait la part belle aux produits, choisis auprès de fournisseurs de confiance. Tête de veau sauce ravigote, foie gras maison ou encore tartiflette maison au reblochon ont fait la réputation de cette bonne table.

UNION €€€

Immeuble Le Signal ✆ 04 79 55 51 07
www.unionmontalbert.com
Ouvert en saison du mardi au samedi midi et soir, dimanches midi. Carte : 45 €. Menu dégustation : 65 €. Terrasse.

L'union fait la force : Philip Howard, chef anglais étoilé, et Martin Cuchet, sportif de haut niveau, l'ont bien compris en ouvrant un restaurant au cœur de Plagne-Montalbert. Une cuisine gastronomique et moderne est proposée avec raffinement. Les visiteurs avec ou sans skis se pressent pour retenir leur table. Entre clin d'œil aux saveurs du terroir et inventivité aux accents anglais, les associations sont parfois surprenantes, offrent un dépaysement et donnent à découvrir des parfums subtils. On aime les plats à partager. Expérience gourmande convaincante.

LE BRIX

L'orée des pistes Plagne centre
✆ 09 52 55 24 47
https://le-brix.business.site
Du 08/12 au 25/04, tous les jours de 15h à 0h. Du 04/07 au 29/08, tous les jours de 18h à 22h.

Assis dans l'un des fauteuils club en cuir, on profite de la déco alliant bois, métal et brique, on savoure une bière accompagnée d'une délicieuse planche fromage et/ou charcuterie. L'ambiance est feutrée et intimiste, la vue sur le front de neige dépaysante, l'atmosphère jazzy typée pub. Prenons le temps de choisir, et du temps il en faudra car le choix est vaste : 8 bières pression et plus de 100 bières en bouteille venues de Belgique bien sûr mais également de Tahiti, d'Argentine ou encore de Chine ! Prenons le temps et savourons…

DOMAINE SKIABLE LA PLAGNE

Station
http://www.la-plagne.com

Le domaine skiable de la Grande Plagne, ce sont des stations-villages à tous les étages de 1 250 m à 3 250 m d'altitude. Avec le téléphérique Vanoise Express, le domaine est relié à celui des Arcs pour former le Paradiski® : 425 km de pistes, dont 225 km sur le massif de la Plagne. La piste de bobsleigh, luge et skeleton est l'une de ses particularités. On y pratique aussi le ski acrobatique ou nocturne, la motoneige, le snowboard, le free-ride, le ski de randonnée ou le ski nordique.

PISTE OLYMPIQUE DE BOBSLEIGH

La Roche
✆ 04 79 08 82 23
http://bobsleigh.la-plagne.com
Ouvert de mi-décembre à début avril. Selon ouverture station. Bob Raft 48 €/pers. Réserver son horaire.

Sensations fortes garanties. 19 virages et 1 500 m de glisse, la piste de bobsleigh de La Plagne offre la possibilité d'activités à sensations fortes. Construite pour les Jeux olympiques d'hiver d'Albertville, en 1992, elle est une des pistes les plus techniques au monde. Bobsleigh, luge ou skeleton… seul ou à plusieurs, 3 engins possibles et des initiations qui permettent d'atteindre 80 à 130 km/h selon les formules proposées. Une activité à tenter en hiver.

SAVOIE

SAINTE-FOY-TARENTAISE

Sainte-Foy-Tarentaise est un village-station intégré dans un lieu fabuleux. Il présente tous les attraits d'un village savoyard qui a su garder une dimension humaine, situé à 1 040 m d'altitude, tandis que le domaine s'étend pour sa part entre 1 550 m et 2 620 m d'altitude, avec un point culminant à la Grande Sassière (3 746 m d'altitude). Le domaine de Sainte-Foy-Tarentaise saura vous charmer par son calme absolu et son authenticité. Son domaine hors piste phénoménal reste son atout premier. Avec son rapport qualité-prix plus que satisfaisant, il serait dommage de laisser cette charmante station dans l'ombre de ses grandes voisines !

LE MONAL HÔTEL*** €€€

Route de Val d'Isère

✆ 04 79 06 90 07

www.le-monal.com

Ouvert toute l'année. 20 chambres. Chambre double à partir de 100 €. Restauration. Animations.

Hôtel et restaurant, le Monal était en 1888 un relais de diligences. Il a été tenu par la famille Arpin, très connue dans la région, et ce durant cinq générations. Le propriétaire actuel est Yves Marmottan qui dirige le Monal avec sa fille Hélène. Ils souhaitent que l'hôtel perpétue la longue tradition du bien recevoir à la montagne. Idéalement placé, le Monal donne accès à de prestigieux domaines skiables de Tarentaise : Tignes, Val d'Isère, les Arcs, la Rosière (Italie), et Sainte-Foy Tarentaise. Atmosphère chaleureuse et conviviale.

LA MAISON A COLONNES €€

Bon Conseil Dessous

✆ 04 79 06 94 80

Ouvert tous les jours été et hiver. Le soir sur réservation. Au pied du télésiège du Grand Plan. Terrasse.

La Maison à Colonnes, une vieille ferme de 250 ans avec deux colonnes en pierre qui soutiennent la charpente. L'histoire est là, laissant des traces comme à l'intérieur avec ces objets d'un autre temps d'une agriculture bien présente. Le grenier accueillait encore des foins. Le patron nous propose de nous immerger dans son univers gourmand, de profiter de la belle terrasse panoramique et de prendre le temps de manger. En dessert, goûtez le pain perdu à la crème de miel. Bien sûr des spécialités savoyardes. Une adresse conviviale, hors du commun.

PEISEY-NANCROIX

Peisey-Nancroix est une succession de hameaux. La station est à Plan-Peisey. De nombreuses chapelles parsèment le paysage. Faites un détour jusqu'à celle de Notre-Dame-des-Vernettes. Un pèlerinage s'effectue autour de cette chapelle entourée par les pâturages et les montagnes. Peisey est aussi connue pour ses mines de plomb argentifère, filons découverts en 1644, mais dont l'exploitation commença au XVIIIe siècle. Le domaine skiable est relié à Paradiski® par le Vanoise Express en direction de La Plagne ou de l'autre côté vers les Arcs, avec 425 km de pistes. Magnifique vue sur le mont Blanc, le massif du Beaufortain et la Tarentaise.

PALAIS DE LA MINE

Centre nordique de Pont Baudin

✆ 06 14 94 49 76 2

Ouvert toute l'année, tous les jours. Visites libres. Visites guidées de mai à novembre. Animations.

Le Palais de la Mine est un espace dédié aux mines de plomb et d'argent datant des XVIIIe et XIXe siècles. Le Mont-d'Argent, tel était le nom de la commune de Peisey à cette époque. Un sentier muséographique permet de suivre cette étonnante histoire et de découvrir certains vestiges témoignant des installations permettant d'extraire ces précieux minerais. Sentier muséographique accessible librement, animation pour les enfants et sorties thématiques ponctuelles sont proposées. Il suffit de s'adresser à l'office de tourisme pour en savoir plus.

LA VANOISE*** €€€

Plan Peisey

✆ 04 79 07 92 19

www.hotel-la-vanoise.com

Ouvert juillet/août et mi-décembre à avril. 32 chambres. Chambre double demi-pension de 118 à 132 €. Restauration. Spa.

L'hôtel de la Vanoise se situe au départ des remontées mécaniques. Un très beau panorama s'offre à vous, le Versant du Soleil, Bellecôte et votre regard rencontre les pistes de ski. Un hôtel plein de charme où les balcons s'ouvrent sur les montagnes. Les chambres sont rénovées et offrent le confort, dans un décor de bois blond. Un bar vous attend avec un joli salon et sa cheminée. 400 m² de bien-être. Piscine extérieure chauffée pour l'été. Cuisine traditionnelle faite maison. L'accueil est chaleureux et professionnel. Un très bel établissement !

PRALOGNAN-LA-VANOISE ★★

Pralognan-la-Vanoise est située dans le périmètre du Parc national de la Vanoise et ses espaces naturels remarquables. Pralognan veut dire « pré éloigné » en patois local. Le village est une station de sports d'hiver très active en hiver et désormais de plus en plus en été, mais c'est aussi un village vivant de fond de vallée que seule la D915 dessert. Lorsque c'est possible, de là, on peut basculer sur la Maurienne par le col de la Vanoise (2 522 m) et le col de Chavière (2 796 m), situés tous deux sur le GR® 55, et le col d'Aussois (2 914 m), par les sentiers de muletiers devenus ceux des randonneurs. Un emplacement convoité et un passage stratégique sur la route du sel et du Beaufort. Dès les années 1860, les alpinistes s'intéressent à cette lointaine contrée, car la Grande Casse qui culmine à 3 855 m est un sommet à défier. Il faudra attendre 1876 pour qu'une ascension soit réalisée. La compagnie des guides de Pralognan date de 1881 ! C'est dire si l'alpinisme a élu domicile très tôt ici. Dès 1920, un tremplin de saut est inauguré et en 1930 s'installe une patinoire naturelle avec un anneau de vitesse. Autant de preuves de son dynamisme et de cette habitude qu'a ce village à innover et à être toujours prêt à se mettre en mouvement parmi les premiers de son temps. Trouvant sa place dans un paysage de plus en plus concurrentiel, en 1992 la petite station a accueilli notamment les épreuves de curling lors des Jeux olympiques d'Albertville !

REFUGE LE ROC DE LA PÊCHE €€

La Motte
✆ 04 79 08 79 75
www.lerocdelapeche.com

Ouvert saison été et hiver. Dénivelé depuis le parking : 147 m. Demi-pension 90 € chambre double. Restauration. Spa.

Construit en 1996 sur les ruines d'un ancien alpage tenu par des moines, le Refuge Le Roc de la Pêche se situe au cœur de la vallée de Chavière à 1 911 m d'altitude. Randonnée tranquille de 3h depuis Pralognan en hiver (compter 1h depuis le parking du pont de la Pêche). Après ce petit effort, le réconfort d'un refuge spacieux, de sa terrasse au soleil, des marmottes sifflantes en été… et des panoramas à couper le souffle. Spa pour la détente après la randonnée.

CHALET HOTEL LES AIRELLES*** €€€

418, rue des Darbelays
✆ 04 79 08 70 32
www.hotel-les-airelles.fr

Fermeture mi-avril à début juin et mi-septembre à mi-décembre. Chambre double à partir de 100 € Restauration.

L'été, on profite des sommets de la Vanoise les pieds dans l'eau de la piscine. L'hiver, c'est tout l'univers de la montagne qui s'ouvre à vous. A la lisière d'une forêt, ce chalet-hôtel offre un accueil adorable et des chambres spacieuses, même pour les familles qui sont les bienvenues. Salon avec cheminée, salle de jeux, sauna, bain bouillonnant, piscine chauffée pour se détendre... Sans oublier les plaisirs de la table à partager. Une adresse pour se ressourcer.

SAVOIE

HÔTEL DU GRAND BEC*** €€

291, avenue de la Grande Casse
✆ 04 79 08 71 10
www.hoteldugrandbec.fr

Ouvert en saison. 39 chambres. Haute saison, chambre double de 156 € à 186 €. Restauration. Bain bouillonnant, sauna.

L'Hôtel-restaurant du Grand Bec, tenu depuis 3 générations par une famille de passionnés, est un immense chalet-hôtel doté d'une piscine extérieure chauffée et d'un espace détente. Offre confort et bien-être, que l'on ait en tête un séjour sportif ou relaxant. Côté gastronomique, c'est un Maître Restaurateur, le chef Dominique Briquet, qui est aux commandes. Cuisine de qualité au rendez-vous. L'établissement est géré par la même famille depuis trois générations, qui aime son métier. Location également d'appartements dans des chalets indépendants.

LA BERGERIE €

Les Prioux
✆ 06 83 58 21 73
www.refuge-repoju.com

Ouvert fin mai à fin septembre 9h30 à 23h. Menu Bergerie : 21,90 €. Terrasse. Refuge le Repoju, nuitée à 22 €.

Il faudra attendre les beaux jours pour se rendre aux Prioux. D'un côté, de la Bergerie vous avez un refuge le Repoju, de l'autre, un restaurant. Et tout autour des pâturages, des glaciers. Pas de chichis ici, la cuisine est simple. Omelettes, raclette au feu de bois (le soir), diot et pormoniers servis avec la polenta et les crozets, pela, fondue... L'assiette du berger se compose de sérac (le fromage que les bergers mangeaient, le beaufort étant réservé aux riches), tomme de chèvre fermière, beaufort, jambon de Savoie et pommes de terre. Incontournable.

LE PACHU 2000 €

Plateau du Mont-Bochor
✆ 04 79 08 72 11
www.pachu2000.fr
Ouvert en saison tous les jours à midi. De 13 à 25 €. Menu enfant : 10 €. Accueil des groupes. Jardin. Terrasse.

Ce restaurant a été créé il y a plus de 50 ans en haut du mont Bochor, en plein cœur du domaine skiable de Pralognan-la-Vanoise. Là-bas, vous profiterez d'une vue panoramique magnifique sur le Grand Marchet et sur l'Aiguille du Mey. Le restaurant est ouvert tous les jours en saison. L'ambiance y est décontractée, chaleureuse et conviviale. Pour se relaxer, le Pachu met à disposition des chaises longues pour faire le plein de vitamine D. C'est un endroit parfait pour se retrouver le temps d'un après-midi en famille ou entre amis. Reposant et relaxant. À faire.

LIQUORISTERIE DE LA VANOISE

420, avenue de Chasseforêt
✆ 04 79 08 70 05
www.liquoristeriedelavanoise.com
HS : tous les jours 9h-12h et 15h-19h. La Liquoristerie de la Vanoise et l'épicerie fine Les Clarines sont un seul lieu.

Deux en un : la Liquoristerie de la Vanoise (labellisée Ecocert) et l'épicerie des Clarines. Les liqueurs artisanales de plantes et fruits sont réalisées selon des recettes et un savoir-faire ancestraux. Le génépi fait partie de ces plantes emblématiques composant nombre des breuvages et desserts. Du côté des Clarines, on complète avec fromages et miel de Pralognan, vins, tisanes, bières et confiseries. Parfait pour faire le plein de bonnes choses à partager dans la convivialité.

TÉLÉPHÉRIQUE DU MONT-BOCHOR

140, avenue de Chasseforêt
✆ 04 79 08 70 07
Ouvert en saison tous les jours. Tarif : à partir de 10 €/trajet.

Le Téléphérique du Mont-Bochor permet de monter à 2 010 m d'altitude en 3 minutes. Une pente pouvant aller jusqu'à 92 %, un dénivelé de 586 m... Une fois là-haut, la table d'orientation installée sur le promontoire du Mont-Bochor permet de lire le paysage à 360°. En été, les VTTistes apprécient les sentiers et les randonneurs trouvent leur bonheur sur les chemins balisés. En hiver, les skis permettent de rejoindre le haut du domaine skiable de Pralognan-la-Vanoise.

SÉEZ

Territoire proche de la frontière italienne, avec ses nombreux hameaux, Séez propose un regard différent sur la montagne. La belle église date des années 1680 avec poutre de gloire et retable en bois polychrome dans le style baroque. La fabrique de la laine remonte au début de 1815. Au début, le drap était troqué contre la laine puis sa renommée fit que le drap de Séez équipa les expéditions au Groenland et en Himalaya. Séez est le point de départ des amateurs de cyclotourisme qui trouveront de nombreux circuits en fonction de leurs mollets. Le col du Petit-Saint-Bernard, le col de l'Iseran ou le cormet de Roselend, choisissez le bon braquet !

ESPACE SAINT-ÉLOI ★

5, rue Saint-Pierre
✆ 04 79 40 10 38
www.seez.fr
Horaires variables en fonction des saisons.

À Séez, l'Espace Saint-Eloi, nom qui rend hommage au saint patron des forgerons, est une ancienne forge devenue musée. On y découvre trois thématiques distinctes : le travail de la forge, ce qui peut sembler logique étant donné le lieu où l'on se trouve, celle de la bijouterie qui permet d'admirer les 200 joyaux (croix, cœurs et broches…) de l'unique collection de bijoux de Savoie, et enfin l'art baroque savoyard qui, il faut bien le dire, est particulièrement riche et présent sur le territoire. Il y a aussi un espace d'exposition temporaire.

FILATURE ARPIN

2, rue de la Filature
✆ 04 79 09 49 27
www.arpin1817.com
Fermé du 23/04 au 30/06 et du 01/09 au 22/12. Visite guidée sur résa juillet/août. Adulte : 7 €. Boutique toute l'année.

L'établissement bicentenaire tisse et file dans la fabrique de Séez-Saint-Bernard, proposant de nombreuses créations de décoration d'intérieur (tapis, rideaux, coussins) et de mode. Découvrir les dernières collections de décoration et de prêt-à-porter, mais aussi les tissus au mètre. Pour les bonnes affaires, il y a un espace dédié aux fins de séries et tissus hors collection : il y a de quoi trouver son bonheur. Deux fois par an (fin de l'été et fin d'année), une grande braderie est organisée. La visite guidée est dûment recommandée.

CAMPING LE RECLUS*** €€

Pont du Reclus
✆ 04 79 41 01 05
www.campinglereclus.com

Ouvert toute l'année. Forfait 16,90 € à 19,90 €. Locations à partir de 420 €/semaine. Yourtes. Restauration. Animations.

Hiver comme été, les sportifs et amoureux de la montagne seront contents de pouvoir compter sur un hébergement « camping », voire insolite si l'on considère que yourtes et roulottes sont proposées ici. Les cyclistes et motards apprécient particulièrement l'accueil spécifique puisqu'un garage est mis à disposition. Le garage peut abriter jusqu'à 20 vélos. Une pièce est mise à disposition pour faire sécher les vêtements. En hiver, on est à portée des activités de glisse en tous genres et le rack chauffant pour les chaussures de ski est un plus !

HÔTEL BELVÉDÈRE*** €€

Route du Petit-Saint-Bernard
✆ 04 79 06 83 00
www.hotelbelvedere.fr

20 chambres. Chambre triple de 65 € à 85 €. Restauration. Parking motos. Parking gratuit. Sauna.

Cet ancien relais de diligence, construit en 1870 sur un promontoire naturel, offre une vue panoramique magnifique. Vous êtes sur la route du mythique col du Petit Saint-Bernard, franchi à plusieurs reprises par les coureurs cyclistes du Tour de France. Base idéale pour rayonner dans la région et profiter hiver comme été des activités. Les motards se régalent particulièrement. Si elle est disponible, optez pour la chambre côté vallée pour profiter d'une vue magnifique. Une cuisine maison copieuse et de qualité et un bon rapport qualité-prix.

LE PÈRE RULLIER

30, rue Célestin Freppaz
✆ 04 79 41 04 43
www.lepererullier.fr

Ouvert lundi au vendredi 9h30-16h. Entrée gratuite visite accompagnée juillet et août. Reste de l'année sur réservation.

La conserverie artisanale dirigée par Bruno Parisio et Céline Charignon, propose une vaste gamme de produits du terroir français et spécialités savoyardes.Il s'agit de produits fabriqués à Séez à partir de matière première d'origine française. Les crozets artisanaux, incontournables trésors culinaires de la région, petites pâtes qui doivent leur nom au mot patois *croé* qui veut dire « petit », sont sans doute les vedettes de l'établissement. Dans le panier gourmand l'on pourra ajouter des confitures, terrines, biscuits, etc. De quoi se régaler.

TIGNES

Tignes et ses 5 villages, fleuron de la Haute-Tarentaise perché à 1 440 mètres d'altitude au plus bas, son barrage du Chevril, habité par son géant, gardien infatigable, peint par Jean-Marie Pierret en 1989, son col de l'Iseran, et celui de la Madeleine… sont autant de symboles forts marquant les esprits des amoureux de la montagne. Reliée à Val-d'Isère pour offrir un vaste domaine couplé, station familiale par excellence, Tignes-Val d'Isère est une terre de sportifs. Fief de Jean-Claude Killy, célèbre skieur alpin, et d'autres champions de renom, qu'ils glissent ou pédalent – d'ailleurs la station a encore accueilli une arrivée du Tour de France cette année ! Véritable stade naturel, Tignes offre un max d'activités hiver comme été. A la belle saison : bikepark, randonnée, golf, yoga, tir à l'arc… Il y en a pour tous les goûts, sans oublier le glacier de la Grande Motte avec le ski d'été et une expérience insolite : Altitude Expériences depuis la terrasse panoramique installée sur 2 cabines du téléphérique montant vers le glacier ! Autre atout, le lac de Tignes, sur lequel vous pourrez pratiquer water ball, canoë, kayak, stand-up paddle... Au cœur du Parc national de la Vanoise, la station de Tignes compte de nombreux chemins de randonnée sur des tracés plus ou moins escarpés, ce qui ravira les amateurs de trail et tous les passionnés d'une nature préservée. Skatepark, via ferrata, tennis, parapente, escape game, laser game, escalade... : les activités se multiplient à Tignes où vos vacances prennent une autre dimension.

BARRAGE DE TIGNES

Barrage du Chevril
✆ 04 79 40 04 40
www.tignes.net

Le barrage du Chevril, que l'on désigne plus couramment comme le barrage de Tignes, est un ouvrage béton type voûte. C'est aussi l'un des plus hauts du monde avec ses 181 m. A l'époque de sa construction, les Tignards n'ont pas vu d'un bon œil que l'on immerge sous les eaux le vieux village de Tignes. Mais il a finalement été mis en service en 1953 et fait partie du paysage. Peinte à la fin des années 1980, la fresque gigantesque d'un Hercule a été réalisée par Jean-Marie Pierret. L'histoire du barrage est relatée à l'Espace Patrimoine le Cœur de Tignes.

SAVOIE

Tignes.

HÔTEL LA VANOISE** €€

Val Claret
✆ 04 79 06 31 90
www.hotelvanoise.com
23 chambres. Chambre double à partir de 99 €, suite à partir de 199 €. Bar-lounge. Restauration.

Le calme, le cadre, l'accueil et le confort : tout est compris à La Vanoise, même le solarium pour se détendre au soleil. Depuis cet hôtel au centre des activités de la station, à la belle saison, on apprécie de rayonner afin de découvrir le patrimoine naturel et culturel, mais aussi les activités proposées qui sont variées. En hiver, évidemment, un départ skis aux pieds, ça n'a pas de prix. Cuisine variée, équilibrée et suffisamment copieuse au restaurant, pour ceux qui voudraient rester cocooner un peu sur place certains jours.

LE GENTIANA*** €€€

Montée du Rosset
✆ 04 79 06 52 46
www.hotel-gentiana.com
Ouvert en saison. 40 chambres. Chambres double été 99 € avec petit déjeuner. Restauration. Spa.

En surplomb du lac de Tignes, le Gentiana reçoit les amateurs de montagne depuis 1964. Au fil des hivers et des étés, cette grande maison en pierres et bois a su s'adapter aux nouvelles demandes et normes. Les chambres sont entièrement rénovées, spacieuses, s'ouvrent pour la plupart sur un balcon et une vue imprenable sur le glacier de la Grande Motte, le lac de Tignes et les montagnes. Spa et piscine intérieure chauffée avec vue sur les pistes. Établissement à l'accueil convivial et familial où vous pourrez trouver toutes les informations pour vos activités.

HÔTEL LE SKI D'OR**** €€€

Val claret
✆ 04 79 06 51 60
www.hotel-skidor.com
Ouvert de la Toussaint à la mi-avril. 27 chambres. Chambre double de 200 € à 380 €. Restauration. Spa.

Déco esprit chalet, accueil chaleureux, pistes à portée de spatules et une situation idéale au centre de Val Claret. L'Hôtel Le Ski d'Or est un établissement qui permet aux voyageurs et touristes de profiter du cadre, du site et de la gastronomie avec de nombreuses bonnes tables à proximité. Les chambres sont petites mais bien insonorisées et joliment décorées. Le seul bémol, comme pour beaucoup d'autres hôtels : pas de parking gratuit sur place, mais l'on peut garer sa voiture à proximité, il suffit de s'organiser un peu pour décharger et charger les valises.

LE LEVANNA*** €€€

Le lac ✆ 04 79 06 32 94
www.levanna.com
Ouvert de mi-octobre à mai. 31 chambres (9 suites). Demi-pension de 99 € à 178 €. Restauration. Spa.

Récemment rénové, ce chalet de bois et pierre bénéficie d'un emplacement incroyable, au bord des pistes. L'intérieur de l'établissement est contemporain et de style montagnard. Les chambres sont grandes, possèdent toutes le nécessaire pour passer un excellent séjour. Spa ou massage et toutes les activités été-hiver de la station immédiatement accessible. Pour se restaurer, une carte de brasserie le midi à savourer en terrasse « skis aux pieds », alors que la soirée nous apporte les saveurs authentiques de la Savoie dans une salle douillette au coin du feu.

MAISON CHEVALLOT « LES CLARINES »

Avenue Olympique
VAL-D'ISÈRE
✆ 04 79 06 02 42
http://maisonchevallot.com
Ouvert tous les jours de 6h30 à 19h45.

Si vous avez besoin de sandwichs, quiches et autres desserts comme l'incontournable tarte aux myrtilles, vous devriez aller jeter un coup d'œil à la boulangerie Chevallot. Cette boulangerie est un partenaire d'aventure indispensable pour tous les randonneurs. Mention spéciale au sandwich jambon, crème d'emmental et courgettes ainsi qu'aux quiches. Si vous êtes un gourmand axé sur la détente, vous pouvez aussi déguster sur place l'un des délicieux chocolats chauds.

LE GARAGE €€

Avenue Olympique
VAL-D'ISÈRE
✆ 06 08 11 37 27
https://restaurant-valdisere.fr
Saison été et hiver. Service restauration de 12h à 14h30 et de 18h à 22h. Fermé le lundi.

Le Garage est, comme son nom l'indique, un ancien garage avec ses grandes entrées coulissantes et son espace intérieur immense et haut de plafond. L'équipe est jeune, sympa et énergique. Ce restaurant a su conquérir en peu de temps le centre de Val-d'Isère et s'imposer comme un lieu incontournable de la ville. Côté cuisine, c'est copieux et très (très) bon ! Les tenders étaient délicieux à partager, et la pizza à la truffe à mettre entre toutes les mains. Un passage obligatoire pour tous les amoureux de bonne ambiance et d'une cuisine parfaite.

LA FERME DES TROIS CAPUCINES €€

Route de la Ferme
✆ 04 79 06 35 10
www.ferme3capucines.com

Ouvert en saison midi et soir. Réservation impérative. Carte : 30 € environ. Terrasse. Boutique.

Le restaurant les Trois capucines est un restaurant à la carte originale qui propose des spécialités savoyardes à base de fromages et de produits frais, mais aussi une carte plus raffinée où le chef exprime tout son savoir-faire culinaire. Ce lieu dispose d'une terrasse pour les beaux jours et pour les jours plus frais un coin du feu. L'équipe est jeune et dynamique. Boutique sur place pour des souvenirs gourmands : le beaufort d'alpage, la tomme, et la raclette.

GLACIER DE LA GRANDE MOTTE

Glacier de La Grande Motte
✆ 04 79 40 04 40
www.tignes.net

Au sommet de Tignes, le glacier de la Grande Motte culmine à 3 656 m d'altitude. Il se pratique l'hiver mais aussi l'été. Skiez sur de la neige… presque éternelle avec 20 km de pistes et 750 m de dénivelé. Les plus hardis s'essaient aux bosses ou au snowpark. Les vététistes empruntent le funiculaire pour redescendre jusqu'au Val Claret. Les piétons peuvent accéder aux différents points de vue, via le téléphérique ou le télésiège et profiter du restaurant d'altitude.

URSUS €€€

Rue du Val Claret
✆ 04 79 01 11 43
www.les-suites-du-nevada.com

1 Michelin. Haute saison : ouvert tous les jours le soir. Menus de 98 € à 148 €.*

Une balade en forêt, ça vous tente ? Direction Tignes où se tient l'une des sensations savoyardes du moment : Ursus. Déjà, le décor original. Vous voilà installé dans une véritable forêt composée de 380 arbres venus tout droit des massifs des Bauges. Si vous ne risquez pas de croiser un ours, vous allez savourer la cuisine créative du jeune et talentueux chef Clément Bouvier. Les produits locaux - issus de producteurs clairement identifiés - et de saison sont la base de sa cuisine, résolument moderne, raffinée et innovante. Carte des vins en parfaite harmonie.

GOLF DE TIGNES

Le Val Claret
✆ 04 79 06 37 42

Ouvert de juin à septembre selon conditions. Distance : 5 km. Dénivellation positive : 350 m. Altitude moyenne : 2100 m.

Le Golf 18-trous (5 005 m par 68) de Tignes dispose d'un cadre magnifique entre lac et montagne. C'est aussi le golf le plus haut d'Europe, du haut de ses 2 100 mètres d'altitude. Il s'étend au bord du lac de Tignes et dans un cadre montagnard. Novices comme joueurs expérimentés y trouvent leur lot de sensations fortes. Qui sait, les marmottes siffleront peut-être pour saluer vos performances ? Notons qu'il y a aussi un mini-golf et un simulateur pour ceux qui préfèrent se faire un peu la main avant de se lancer dans le vif du sujet.

L'AIGUILLE DE LA GRANDE SASSIÈRE

Randonnée en été.

L'Aiguille de la Grande Sassière (3 747 m) est la plus haute randonnée de France et praticable en été (en août idéalement) jusqu'au sommet et le tout uniquement à pied ! Attention toutefois, ce sont 1 550 mètres de dénivelé positif qui vous attendent et plus de 10 kilomètres au total. Il est nécessaire de bien se renseigner sur le déneigement avant de s'engager et d'avoir une excellente condition physique. Une sortie indispensable pour tous les amoureux de la nature.

LE TOUR DU MONT ROUP

VAL-D'ISÈRE

Randonnée à faire en été.

Le tour du Mont Roup est une randonnée à Val d'Isère de difficulté moyenne, avec environ 900 mètres de dénivelé positif. Faisable en juillet, c'est en août et en septembre qu'elle révèle toute sa beauté. Aucune difficulté particulière pour se repérer, le chemin du Charvet est balisé et assez simple à suivre. Il y a un lac, une belle cascade et c'est l'endroit rêvé pour croiser le chemin de nombreuses marmottes. Enfin, ce n'est pas une randonnée très fréquentée, alors à vous la montagne ! À noter que les chiens ne sont pas admis dans la réserve naturelle.

SAVOIE

BRIDES-LES-BAINS ★

Étendue le long du tumultueux Doron de Bozel, la ville thermale de Brides-les-Bains apporte tous les bienfaits de ses eaux aux nombreux curistes qui souffrent de problèmes de rhumatismes ou de surpoids. Docteurs et spécialistes se retrouvent aux côtés des commerçants et restaurateurs pour enseigner l'équilibre alimentaire. Pour élargir son offre tout en profitant de son savoir-faire thermal, Brides-les-Bains s'est dotée d'un Grand Spa des Alpes. Une station thermale qui est aussi un véritable « bon plan » en saison hivernale. Ancrée dans la vallée, Brides-les-Bains dispose d'une liaison directe avec la station de Méribel et le domaine des 3 Vallées.

HÔTEL AMÉLIE*** €€

Rue Emile Machet

✆ 04 79 55 30 15

www.hotel-amelie.com

41 chambres. Chambre double à partir de 94 €. Restauration.

Que ce soit en été ou en hiver, l'hôtel Amélie vous accueille pour un séjour exceptionnel. Chambres cosy divisées en trois catégories, lounge bar et restaurant sauront prendre soin de vous lors de votre passage. Côté activités, que vous soyez branché ski ou snowboard, vous profiterez de plus de 600 km de pistes damées. En été, Brides-les-Bains sera votre point de chute pour découvrir de multiples activités sportives : randonnées, canoë, hydrospeed, canyoning, via ferrata, parapente, golf. Elle est pas belle la vie à Brides-les-Bains ?

GRAND HÔTEL DES THERMES**** €€€

Parc Thermal ✆ 04 79 55 38 38

www.gdhotel-brides.com

Ouvert de mi-décembre à novembre. 102 chambres (plus 4 suites). Chambre double à partir de 76 €. Spa. Animations.

L'hôtel 4 étoiles Mercure Brides-les-Bains est perché au cœur même des trois vallées. Ce Grand Hôtel des Thermes, niché au sein du plus grand domaine skiable du monde, vous accueillera pour votre séjour, que ce soit en période estivale ou hivernale. Avec vue sur la Vanoise, vous pourrez profiter de son restaurant dont la réputation n'est plus à faire ainsi que de son spa. Massages, soins, hammam, vous ressortirez de cet hôtel détendu et avec des souvenirs plein la tête.

SAVOY HÔTEL*** €€€

33, place de l'Église

✆ 04 79 55 20 55

www.savoy-hotel-brides.com

44 chambres. Chambre double à partir de 98 €. Petit déjeuner inclus. Restaurant diététique et traditionnel. Spa.

Double atout, l'hôtel situé au centre du village de Brides-les-Bains se trouve non seulement à quelques pas des thermes et du Grand Spa des Alpes mais aussi de la télécabine de l'Olympe qui relie directement le domaine des 3 Vallées. Vous profiterez de chambres confortables, d'un espace solarium équipé de chaises longues et d'un restaurant proposant au choix des menus diététiques, végétariens ou de cuisine traditionnelle pour un bon rapport qualité-prix. C'est l'endroit parfait pour se remettre en forme et découvrir des lieux magnifiques en pleine montagne.

THERMES DE BRIDES-LES-BAINS

2, rue des Thermes

✆ 04 79 55 23 44

www.thermes-brideslesbains.fr

Thermes ouverts de mi-mars à mi-octobre. Grand Spa Thermal ouvert dès fin décembre.

Brides-les-Bains est connue depuis l'Antiquité pour ses eaux. Suite à une catastrophe naturelle, la source actuelle émerge en 1818 avec une eau aux propriétés diurétiques, laxatives et anorexigènes. Cure d'amaigrissement ou traitement des rhumatismes, le centre thermal s'est spécialisé dans ces domaines. Adieu rondeurs : une large palette d'offres bien-être et diététique pour une vie plus saine et équilibrée. En cure thermale ou en visiteur libre au Grand Spa Thermal.

CASINO DES 3 VALLÉES

4, rue des Thermes

✆ 04 79 55 23 07

www.casino3vallees.com

Ouvert toute l'année. Casino ouvert tous les jours 20h30 à 3h. Jeux de table 20h30 à 3h. Restaurant. Dancing.

Machines à sous, tables de roulettes, black-jack... Le casino propose les grands classiques dans un salon chaleureux. L'établissement propose une discothèque, le Blue Night, qui organise, entre autres soirées, des karaokés suivis de disco ! Enfin, le casino vous accueille également dans son restaurant lounge-bar, l'Héliantis. Une cuisine traditionnelle aux saveurs savoyardes avec, en hiver, un menu Skieur et un menu Gourmet. Alors si vous vous sentez l'âme chanceuse, n'hésitez pas à tenter votre chance ! N'oubliez pas, 100% des gagnants ont joué !

SAVOIE

SAVOIE

COURCHEVEL ★★★

Courch' pour les intimes et ils sont nombreux à venir dans cette station réputée pour son grand standing, mais aussi très sympathique et ouverte à plusieurs niveaux. Un très beau domaine skiable qui englobe Courchevel dans les Trois Vallées. Côté animations, la station offre une large gamme avec bars, pianos-bars, discothèques et ski de nuit avec ouverture de la télécabine des Verdons.

Quartiers

Courchevel est une station qui possède plusieurs quartiers selon les étages (l'altitude), véritables Après la commune de Saint-Bon à 1 100 m, on commence par le village du Praz à 1 300 m. C'est là que se trouvent les tremplins olympiques qui accueillent chaque année des compétitions internationales été comme hiver. Courchevel Village à 1 550 m bénéficie, elle, d'un environnement boisé, la plupart des immeubles, appartements ou hôtels ont été rénovés, habillés de bois. Ils sont tous situés au pied des pistes. Cette altitude qui bénéficie, en effet, d'un très bon ensoleillement est particulièrement appréciée par les jeunes et les familles. Aux portes du parc de la Vanoise, c'est le départ de randonnées en raquettes. A l'étage supérieur apparaît Courchevel 1 850, le niveau le plus connu de la station avec ses chalets de luxe et appartements de prestige. C'est là que l'on peut croiser les *people*. Ses palaces et restaurants étoilés, une des plus grandes concentrations d'Europe, n'y sont pas étrangers.

CHEVAL BLANC COURCHEVEL***** €€€

Le Jardin Alpin
✆ 04 79 00 50 50
Ouvert de décembre à avril. 36 chambres (et suites). Spa. Piscine. Bar-lounge. Restauration.

Le Cheval Blanc est un magnifique hôtel qui se veut tendance et délicat. Le client est au centre de toutes les attentions dans une ambiance chaleureuse où la couleur rouge est à l'honneur. Le tout fait son effet, à l'image du lieu qui nous entoure, dans un style contemporain qui flirte parfaitement avec le prestige du lieu. Pour ce qui est du restaurant, le niveau est très élevé, amis épicuriens, faites-vous plaisir, le chef Yannick Alléno s'occupe de vous ! Divin.

LES PEUPLIERS**** €€€

Le Praz
✆ 04 79 08 41 47
www.lespeupliers.com
Ouvert toute l'année, sauf mai et juin. Chambre double de 260 € à 300 €. Restauration. Spa

Des Peupliers 4 étoiles qui ont grandi avec la station de Courchevel. Ouvert en 1938, l'hôtel a évolué grâce à la passion d'une famille qui s'est transmis le flambeau de génération en génération. A deux pas du lac des Praz, profitant des installations de l'Alpinium, les Peupliers ont su conserver tout leur charme. Chambres dans l'esprit montagne avec balcon. Le salon-bar abrite une belle et grande cheminée allumée en hiver. Un endroit chaleureux où il fait bon partager de précieux moments avec sa famille autour de plats traditionnels et régionaux.

LE CHABICHOU €€€

90, route des Chenus
✆ 04 79 08 00 55
www.chabichou-courchevel.com
Ouvert de mi-décembre à mi-avril. 41 chambres à partir de 490 €. Restaurant 2 Michelin. Spa.*

The Chabichou, tout le monde connaît. De nom au moins. Un nom indissociable de Courchevel 1850, repris par le groupe Lavorel, totalement rénové et modernisé tout en respectant son histoire et son âme. Au pied des pistes du domaine de Courchevel, cet établissement d'une élégance rare propose des chambres raffinées dans un style de chalet savoyard. Deux étoiles honorent depuis longtemps le restaurant gastronomique tenu aujourd'hui par le chef Stéphane Buron. Si l'on pouvait n'en choisir qu'un, le Chabichou serait probablement le grand gagnant. Tout est parfait.

LE 1947 €€€

Le Jardin Alpin
✆ 04 79 00 50 50
www.chevalblanc.com
3 Michelin. Haute saison : ouvert du mardi au dimanche le soir. Menu 395 €.*

Là, tout n'est que luxe, calme et volupté... pour le palais. Dans le cadre luxueux de Cheval Blanc – propriété du groupe de Bernard Arnaud –, le chef (exécutif) Yannick Alléno et son équipe réalisent de la haute cuisine gastronomique comme d'autres font de la haute couture. Du sur-mesure pour un petit nombre de convives, 25 maximum, attablés dans un espace plein de douceurs et de mille attentions. À ce niveau on parle d'art culinaire. Les produits, les plats et l'ambiance, absolument tout est pensé pour un voyage gustatif inoubliable. Mémorable.

RESTAURANT AZIMUT €€€

273, rue de la Madelon
© 04 79 06 25 90
http://restaurantazimut.com
1 Michelin. Ouvert déc à fin avr, du mar au dim le soir, mar et du jeu au dim midi. Menus 65 € à 108 €.*

Le bonheur se trouve à l'intérieur de la maison du chef François Moureaux. Lui, qui l'été exerce sa passion dans son Jura natale, passe la saison d'hiver à l'Azimut. Cuisine raffinée de produits du terroir de haute qualité qui sait aussi revisiter la tartiflette avec plaisir. Subtiles harmonies de saveurs dans des assiettes particulièrement belles : pièce de veau cuite basse température puis rôtie, mousse de panais et truffe, polenta à la casette ou Pavé de bar cuit au four, endives braisées à l'orange et crème de Porto. Adresse passionnante à partager.

RESTAURANT LE CAVEAU €€€

Rue des Rois
© 04 79 08 09 42
www.caveaucourchevel.com
Haute saison : ouvert tous les jours le midi et le soir. Carte : 30 € environ. Plats végétariens.

À Courchevel 1550, la carte du Caveau propose de découvrir les nombreuses spécialités traditionnelles régionales et une cuisine plus moderne. À tester les brochettes de viande suspendues, la poêlée des alpages avec fondue d'oignons au vin blanc, gratinée au reblochon accompagnée de viande des Grisons et jambon cru.. Pour les autres, filet de bœuf Rossini avec son foie gras poêlé. Pour les gourmands, la fameuse tarte aux myrtilles vous attend ! Côté vins, vous pouvez choisir vous-même ou vous faire conseiller par le maître des lieux. Un excellent moment !

SARKARA €€€

238, rue des Clarines
© 04 79 40 08 80
www.lek2palace.com
2 Michelin. Ouvert de décembre à avril. Ouvert du mercredi au dimanche le midi. Menu unique à 110 €.*

Avec ses deux restaurants étoilés, le Kintessence et le Sarkara, le K2 est un palace d'exception. Mais si nous avons décidé de nous intéresser au Sarkara, c'est qu'il a une particularité gourmande totalement unique, puisqu'il est le premier restaurant gastronomique de... desserts. Décor bien pensé, vue sur les montagnes pour un déjeuner inoubliable à la table du chef Sébastien Vauxion. Un chef pâtissier merveilleux qui donne une nouvelle dimension aux desserts. Céleri/clémentine ou champignon/noix de coco et carte des desserts à se damner. Unique.

BOZEL AVENTURE

Route du Camping - BOZEL
© 06 24 49 05 81
https://bozelaventure.com
En juin et septembre : week-end 10h-18h, mercredi 13h-18h. En semaine en groupe sur réservation. L'été : 10h-19h.

Tout nouveau cette saison, Bozel Aventure s'est installé au bord de la rivière juste à côté d'Huttopia. Un parc aventure – dans une forêt d'épicéas – adapté pour tous les âges. Et c'est à partir de 3 ans que les enfants pourront s'initier avec 3 parcours à leur portée. Pour les plus téméraires et les plus grands, 6 autres parcours sont possibles avec de nombreuses tyroliennes dont une qui passe juste au-dessus de la rivière. Frissons garantis ! Ambiance décontractée et cadre sécurisé. L'équipe est attentive et chaleureuse, de beaux moments vous attendent

MÉRIBEL ★★★

Méribel « Mirare Bellum », point d'où la vue est belle en patois, possède une histoire attachée aux peuples des Alleux, habitants de la vallée au XIIIe siècle. Il en est resté les Allues, ses villages et hameaux typiques. Vers 1930, l'Ecossais Peter Lindsay tombe amoureux du site. Il imagine créer une station de ski sur ce plateau dominant la vallée. Pour cause de guerre, les travaux commencent en 1946. La condition : garder les caractéristiques locales, bois, pierres apparentes, balcons et toits de lauze. Aujourd'hui, la station se compose de Méribel Village à 1 400 m d'altitude, Méribel 1 450, Méribel Mottaret 1 750, intégrée au cœur du Domaine skiable des 3 Vallées. Vous rejoignez ses 600 km de pistes en embarquant au centre de Méribel à la Chaudanne.

Faune et Flore

La Réserve naturelle Plan de Tuéda, entre 2 000 et 3 153 m d'altitude, permet de protéger une magnifique forêt de pins cembro, un bois trop souvent utilisé en ébénisterie et qui demande à être sauvegardé. Véritable relique des ères glaciaires, la cembraie abrite une plante rare, la linnée boréale, qui ne survit qu'en Savoie. Dans la réserve, vous pourrez peut-être voir des tétras-lyres, oiseaux rares à la parade amoureuse spectaculaire. Accès à la réserve, sur les hauteurs de Méribel, le lac de Tuéda permet aux pêcheurs de s'adonner à leur sport favori en sortant quelques truites fario ou arc-en-ciel.

HÉLIOS HÔTEL***** €€€

Route de la Renarde
✆ 04 79 24 22 42
www.lhelios.com
Ouvert mi-décembre à mi-avril, juillet/août. 18 suites. Chambre double à partir de 330 €. Restauration. Spa.

L'hôtel Hélios domine le village station de Méribel, captant la lumière et le soleil dont on peut profiter depuis la terrasse de l'hôtel ou le balcon privatif de chambres comme de véritables cocons posés sur les pistes. Et si vous voulez sortir, direction la piste du Doron en chaussant directement les skis avant de profiter de la vue panoramique. Décor épuré et chic, accueil chaleureux, chambres élégantes et confortables pour un séjour qui séduira les sportifs et les épicuriens ! Séjour haut de gamme et prestations remarquables.

LE MARTAGON €€

Le Raffort ✆ 04 79 00 56 29
www.restaurant-martagon.com
Ouvert toute l'année. En été et hiver, ouvert midi et soir, fermeture dimanche soir. Carte : 40 € environ. Terrasse.

Pause gourmande loin de l'agitation de la station. Ce grand chalet est situé à quelques mètres de la télécabine de l'Olympe. L'intérieur de la bâtisse laisse voir une jolie charpente et une grande fresque montagnarde. La salle s'ouvre sur la vallée et la terrasse permet de profiter du soleil. Le chef est derrière la belle cheminée à griller andouillette 5A, côte de bœuf... A la carte également, un foie gras maison et des spécialités savoyardes. Vous aurez la possibilité de garer votre caravane dans les alentours, un des seuls endroits disponibles. Profitez-en !

LE CÈPE €€€

Route du Plateau
✆ 04 79 22 46 08
Ouvert en saison. Ouvert tous les jours midi et soir. Menus de 34 € à 90 €. Terrasse.

Cette adresse est un vrai coup de cœur dans la station de Méribel en direction du golf. Un cadre plaisant, un service impeccable sans prétention, un personnel accueillant et souriant jusqu'à l'assiette : rien à redire. Au menu, des mises en bouche originales, suivies de plats mitonnés et très goûteux, de beaux poissons frais des lacs et des océans, et bien entendu quelques recettes à base des fameux cèpes de montagne. Pour finir les desserts sont succulents. En somme une très bonne adresse et un rapport qualité-prix excellent.

LES MENUIRES ★★

Station « skis aux pieds » familiale, labellisée Famille Plus Montagne et positionnée Grand Domaine et nouvelles glisses, située à 1 850 mètres d'altitude, la station des Menuires est divisée en plusieurs quartiers entre lesquels on peut circuler grâce à des pistes de ski, des chemins piétonniers, des navettes ou des remontées mécaniques. Elle se situe au-dessus de Saint-Martin-de-Belleville (1 430 mètres d'altitude), commune dont elle fait partie, et sous Val-Thorens (seconde station alpine de la commune). Cette dernière et Les Menuires forment le domaine de la Vallée des Belleville qui, lui-même, fait partie des 3 Vallées. Le nom de la station doit bien se prononcer « Menuires » et non « Ménuires ». Cette appellation vient des mines de charbon jadis exploitées par les habitants du village voisin du Bettex pour le reste de la vallée. Créée en 1964, la station des Menuires présente à la fois des bâtiments construits dans un style résolument moderne et des constructions récentes (chalets et résidences de standing) se rapprochant plus de l'architecture traditionnelle savoyarde en pierre et bois. Avec Val-Thorens, la station a été un site olympique lors des JO d'Albertville en 1992, en accueillant les épreuves du slalom spécial messieurs. Petite curiosité : la poste dispose d'un cachet Les Menuires et c'est ainsi l'une des rares stations n'indiquant pas la commune où elle est située, en l'occurrence Saint-Martin-de-Belleville...

HILLARY HÔTEL €€

Reberty 2000
✆ 04 79 00 60 57
www.hillary-hotel.com
Haute saison : chambre double à partir de 150 €. Petit déjeuner inclus. Wifi gratuit. Restauration.

Voici un établissement qui a beaucoup de cachet. On apprécie ce beau et grand chalet en pierre qui possède une splendide terrasse ouverte sur une vue panoramique et sur la vallée des Belleville. Un cadre cosy et 17 chambres pour entretenir l'ambiance familiale et intime. L'hiver, vous partez et rentrez skis aux pieds. Au restaurant, une belle carte comme cette broche de magret de canard, sans oublier les spécialités de la région. Une jolie terrasse se présente sous vos yeux, utile pour prendre l'air, avec une splendide vue sur les belles montagnes environnantes.

L'OURS BLANC**** €€€

Quartier Reberty
✆ 04 79 00 61 66
www.hotel-ours-blanc.com
Ouvert mi-décembre à mi-avril. 49 chambres. Chambre double de 95 € à 140 €. Restauration. Spa.

Un hôtel en arrivant dans le quartier de Reberty, facilement reconnaissable avec son immense ours blanc ornant la façade. Départ skis aux pieds, un local privé attend d'ailleurs vos spatules. La terrasse et les chambres avec balcon plein sud vous font profiter du paysage et du soleil. L'hôtel est familial et des petites attentions parsèment le séjour pour un maximum de confort. Gros point positif pour les familles nombreuses, notamment grâce aux chambres confortables et à la présence de prix sur mesure. Le restaurant de l'hôtel est fabuleux.

LA BRASSERIE DES BELLEVILLE €

La Croisette
✆ 04 79 00 68 93
Pizzas à emporter. Pizza à partir de 9,20 €. Salade géante à partir de 12,50 €. Menu enfant 10 €.

Ici pizzas et salades géantes se partagent la carte avec les spécialités savoyardes : tomiflette (tartiflette à la tomme de Savoie), tartiraclette, et autre tartiflette qui fait du fromage fondu le roi dans les assiettes... La terrasse au soleil, pour un café ou un rafraîchissement, est absolument incontournable lorsqu'il fait beau. Mais que vous en ayez envie ou pas, il ne faut sous aucun prétexte repartir sans avoir fait un tour aux toilettes. Mais vraiment. #nospoil.

LA FERME DE REBERTY €€

Village de Reberty 2000
✆ 04 79 00 77 01
lafermedereberty.com
Ouvert de début déc à fin avr midi et soir, tous les jours de 9h à 1h. Menus de 28 € à 32 €. Terrasse.

C'est dans un cadre authentique que se trouve ce restaurant qui sert une cuisine traditionnelle et familiale. On apprécie sa terrasse en plein soleil au bord de la piste et ses chaises longues. A l'intérieur, plusieurs grandes salles, un bar, une belle cheminée au centre. Au dîner on débute par un poêlon d'escargots aux girolles et à la tome de Savoie suivi d'un magret de canard gourmand fourré au foie gras. Puis une sélection de fromages secs de la ferme et on termine par un cèpe savoyard. Le personnel est accueillant et souriant, le service rapide.

LA TABLE DES MARMOTTES €€

Quartier de Preyerand ✆ 04 79 08 16 74
https://table-marmottes.fr
Ouvert en été et en hiver, tous les jours midi et soir. Carte : 30 € environ. Terrasse. Animations.

A La Table des Marmottes, on boit, on mange et on rit à de larges horaires. D'un côté, le restaurant avec une cuisine de qualité à base de bons produits : assiette d'escargots de Savoie, salades bien composées, tartiflette paysanne et cuisine savoyarde à base de produits régionaux. De l'autre côté, à l'étage au-dessus du restaurant, des soirées à thèmes. En après-midi, des retransmissions sportives ou de concerts. Côté déco, laissez-vous transporter par toutes les choses qu'il y a à regarder, peut-être y trouverez-vous de l'inspiration pour chez vous ?

LES BELLEVILLE

Quelques virages après Moûtiers et avoir pris la bifurcation pour se rendre vers les Trois Vallées et la vallée des Belleville, on aborde le village de Saint-Martin-de-Belleville et ses hameaux éparpillés le long du tumultueux Doron de Belleville. Perdez-vous dans les ruelles et les hameaux pour bien se représenter la vie d'autrefois, il subsiste de nombreux chalets anciens, et une forge en activité, pour sentir la vie loin de l'agitation des stations. Partez sur le sentier menant à la vallée des Encombres où vous pourrez apercevoir des chamois de bonne heure le matin. Saint-Martin-de-Belleville est relié au domaine skiable des Trois Vallées.

MOULIN DE BURDIN

Saint Marcel
✆ 04 79 00 20 00
Ouverture juillet et août. Visites commentées gratuites. Aire de pique-nique. Parking à proximité. Gratuit.

Le moulin de Burdin est un ancien moulin à grains, activé par un système de roues horizontales ou de roues à ailettes. Ce type de moulin est assez typique des zones de montagnes. Le mécanisme, qui a été entièrement restauré, permet de moudre le blé ou le seigle afin de fabriquer la farine, comme on pouvait le faire jadis. Les visites commentées sont là pour mettre en relief tout cela et une exposition apporte des informations techniques sur le fonctionnement des moulins et de toute la chaîne, du grain jusqu'au pain. À faire en famille, assurément.

SAVOIE

CHEZ PÉPÉ NICOLAS €€

Route de Val Thorens - D117
✆ 06 09 45 28 35
www.chezpepenicolas.com
Réservation impérative. Menu enfant 12 €. Plat à la carte entre 20 et 40 €. Terrasse. Animations.

Paysage magnifique, décors typiques, accueil chaleureux, produits de qualité et une cuisine entre tradition et inventivité... Le chef, Martial Vuillemin, travaille à partir de produits frais, locaux et transformés sur place. Plats végétariens, sans gluten et sans lactose sont proposés à la carte. Nous avons opté pour la Planche Bellevilloise à partager (polenta, terrine de Gaston et tomme d'alpage de Valentin) et apprécié la Racletine au lait de chèvre accompagnée de charcuterie, pommes de terre et salade. Toute une histoire gourmande, ce chalet de Pépé Nicolas.

LA BOUITTE €€€

Hameau de Saint-Marcel
✆ 04 79 08 96 77
www.la-bouitte.com
3 Michelin. Ouverture déc à fin avr, juil/août. Menus 239 € à 389 €. Chambres à partir de 265 €. Spa. Jardin. Terrasse.*

Certainement l'un des meilleurs restaurants français grâce aux talents conjugués de toute la famille Meilleur. L'histoire commence en 1976 quand René Meilleur achète un champ pour construire une bouitte (petite maison en patois) avec son épouse Marie-Louise. C'est avec son fils Maxime, qui le rejoint en 1996, que La Bouitte atteint les 3 étoiles. Carte blanche aux chefs dans un menu surprise, véritable expérience de tous les sens. Cuisine magnifique et carte des vins exceptionnelle. Séjour gourmand à prolonger à l'hôtel. Plaisirs rares.

VAL-THORENS ★★

La station de Val-Thorens, plus haute station d'Europe et point culminant du domaine des 3 Vallées, ouvre le plus grand domaine skiable du monde avec plus de 600 km de pistes pour tous les niveaux. Celle qui a vu le jour dans les années 1970, qui a installé ses premiers téléskis en 1971, voit les choses en grand. La preuve, le téléphérique de Caron qui se voulait à l'époque le plus grand du monde. Vient le Funitel, reliant le glacier de Péclet, premier dans son genre. Changement de donne avec l'ouverture du côté d'Orelle, en Maurienne, pour éviter les encombrements et les virages pour monter à Val-Thorens. Côté architecture, la station skis aux pieds joue entre grandes barres et chalets de résidence touristique avec les Montagnettes. Perchée à 2 300 m d'altitude, entourée de 6 glaciers, au cœur du domaine des 3 Vallées, la station offre une partie du plus grand domaine skiable au monde avec des points de vue exceptionnels, notamment depuis la Cime de Caron d'où l'on peut voir plus de 1 000 sommets alpins ! En saison estivale, de belles descentes en VTT sur neige ou sur herbe et de nombreuses activités, dont une double tyrolienne – La Bee – dévalant la pente sur 1 800 m. Les randonneurs pourront observer la faune et la flore préservées, ainsi que la vue depuis les sommets des glaciers et sur le massif de la Vanoise.

HÔTEL 3 VALLÉES**** €€€

Grande Rue
✆ 04 79 00 01 86
www.hotel3vallees.com
Ouvert de fin nov à mi-mai. Chambre double à partir de 149 € demi-pension. Spa. Restauration.

L'établissement est tenu par la même famille depuis près de 40 ans. Au premier contact, vous savez que vous allez passer un bon moment grâce à la gentillesse du personnel. Ambiance cocooning et un service qui s'apprécient pour s'accorder un temps de repos et de calme. Les chambres spacieuses et confortables offrent une très bonne qualité d'équipement, la décoration est contemporaine. Espace bien-être. Cuisine gastronomique créative de qualité avec des produits de saison. Un repas passé à admirer la vue sur la cime Caron... Lieu parfait pour les vacances.

KOH I NOR***** €€€

Rue de Gebroulaz ✆ 04 79 31 00 00
www.hotel-kohinor.com
63 chambres. Chambre double à partir de 475 €. Wifi. Restauration. Hammam, bain bouillonnant, sauna.

Impossible de mettre en lumière toutes les splendeurs de ce joyau, complexe hôtelier de luxe qui nous emmène vers les sommets. Un écrin où tout devient possible le temps d'un séjour d'exception. 63 chambres et suites de grand standing, toutes avec balcon et décorées comme de véritables cocons chaleureux, trois restaurants - dont la table gastronomique Le Diamant Noir du chef Eric Samson -, deux piscines, un bar lounge et un spa. Vue imprenable sur les montagnes et la station depuis ce bâtiment inondé de lumière grâce à sa magnifique verrière en forme de diamant.

SAVOIE

PASHMINA***** €€€

Place du Slalom
✆ 04 79 00 09 99
www.hotelpashmina.com
43 chambres. Chambre double à partir de 335 €. Wifi. Restauration. Hammam, bain bouillonnant, sauna, piscine intérieure.

Un refuge de luxe, un haut lieu de vie et de bien-être sur le thème de l'aventure. Une déco réussie pour ce 5 étoiles qui propose 43 chambres et suites, ainsi que des hébergements plus insolites avec un Igloo Pod posé sur le toit de l'hôtel pour passer une nuit plus près des étoiles ! Spa au niveau. L'autre grand bonheur du Pashmina, ce sont ces tables, dont une étoilée intitulée Les Explorateurs par le chef Josselin Jeanblanc. Base Camp pour le déjeuner et Lounge Bar pour de belles soirées. Un hôtel de rêve pour un séjour loin du quotidien.

LE CHALET DE LA MARINE €€

Télésiège des Cascades ✆ 04 79 00 01 86
www.chaletmarine.com
Ouvert de fin novembre à mi-mai midi et soir. Carte 30 € environ. Terrasse. Animations.

Mélange de la mer et de la montagne avec le Chalet de la Marine. La mer s'est métamorphosée en un petit lac, celui de la Tête ronde, juste en dessous de ce beau chalet en bois. On y accède en skis, raquettes et motoneige. Le cadre est magnifique. D'ailleurs le patron vous indiquera de belles sorties à skis ou à pied. Les lieux sont agréables. Réservez vos soirées mercredi et jeudi avec repas traditionnel au coin du feu, soit pot-au-feu soit fondue, ou encore plus inoubliable : manger dans une yourte avec une descente aux flambeaux...

AU MAZOT €€

1, rue Caron
✆ 04 79 08 63 95
www.au-mazot.com
Ouvert en hiver. Ouvert tous les jours le soir, samedi midi. Menus de 20 € à 30 €.

Un Mazot bien agréable au bout de la rue Caron. C'est dans un cadre intimiste et chaleureux que le restaurateur vous accueille pour une cuisine traditionnelle savoyarde. Si le samedi c'est raclette, histoire de bien démarrer votre séjour, le soir vous choisirez entre fondue aux fromages râpés sur place, planchette aux trois viandes (bœuf, canard, volaille) mais aussi l'assiette du Mazot. A la carte salade de boudin aux pommes et gâteau tiède de poireau suivis d'une belle selle d'agneau et pour finir un crumble aux myrtilles. Excellent endroit !

LES EXPLORATEURS €€€

Place du Slalom
✆ 04 79 00 09 99
www.hotelpashmina.com
1 Michelin. Haute saison : ouvert du mardi au dimanche le soir. Menus de 95 € à 180 €.*

Une table remarquable au sein de l'hôtel, lui aussi remarquable, Le Pashmina. Dans un cadre mêlant boiseries traditionnelles et notes colorées plus contemporaines nous renvoyant aux grandes expéditions de haute montagne, Les Explorateurs est la table du chef étoilé Josselin Jeanblanc. Voyage gastronomique qui nous emmène en hors-piste vers des saveurs d'ici et d'ailleurs. Bel emploi de la truffe avec un faux filet de bœuf Wagyu japonais. Desserts de même niveau et carte des vins dans le même esprit de découverte. Le midi, cuisine bistronomique au Base Camp.

COSMOJET

Chalet Luge
✆ 04 79 00 07 08
www.valthorens.com/fr/activite/luge
Ouvert de mi-décembre à début mai. 17,30 € la descente. Luge en soirée 25,50 €.

Il s'agit de la plus longue piste de luge de France. 6 km de long pour un dénivelé de 700 m. Elle est balisée et son arrivée se situe au cœur de la station, C'est parti pour 45 min de descente et de montée d'adrénaline avec quelques tête-à-queue possibles. Des virages parfois relevés, des points de vue magnifiques, un tunnel... Il vaut mieux garder un bon élan si l'on ne veut pas trop pousser et il faut rester prudent car la piste dédiée à la luge croise à quelques reprises celle des skieurs. Une fois en bas, on n'a qu'une envie : y retourner.

DOMAINE SKIABLE DE VAL THORENS

Station
✆ 04 79 00 08 08
www.valthorens.com
Station hiver/été.

La plus haute station d'Europe, dont 99 % du domaine se trouve au-dessus de 2 000 m, ouvrant les 600 km de pistes des 3 Vallées. Zones ludiques pour toutes les glisses et 4 sentiers piétons. Remontées mécaniques high-tech, activités innovantes, animations et événements... mais aussi bistronomie des neiges. Ça bouge à « Val Tho » (pour les intimes.) En été, le village reste bien vivant et les propositions d'activités et loisirs sont nombreuses. Impossible de s'ennuyer !

SAVOIE

SAINT-JEAN-DE-MAURIENNE

Capitale de la vallée de la Maurienne depuis le VIe siècle, Saint-Jean-de-Maurienne ne doit pas sa notoriété qu'aux reliques de saint Jean-Baptiste rapportées d'Alexandrie par sainte Thècle. En plein cœur de la vallée de l'Arc, passage entre Italie et France, haut lieu de production d'aluminium, terre de l'Opinel, et plaque tournante vers les cols alpins mythiques empruntés par le Tour de France cycliste, la ville est aussi très liée aux stations de sports d'hiver nombreuses qu'elle dessert. Été comme hiver, randonneurs, skieurs, amoureux de la montagne et de la nature passent par Saint-Jean-de-Maurienne. Plutôt que de ne faire que passer, nous vous suggérons de faire une halte quelques heures au moins pour découvrir selon vos goûts et centres d'intérêt : le Musée de l'Opinel qui est totalement incontournable, le Musée des costumes et des traditions populaires, certes petit mais qui vaut le coup d'œil, la cathédrale Saint-Jean-Baptiste, l'église Notre-Dame et le Palais épiscopal de Maurienne, ces trois édifices religieux étant classés et sont des joyeux architecturaux au cœur de la ville… Rien de tel pour pleinement s'immerger et optimiser la visite que de se faire guider, car la ville est chargée d'histoire et l'on peut facilement passer à côté de bien des choses sans les commentaires d'un professionnel qui contextualise et attire votre attention sur des petits détails qui en disent long.

CATHÉDRALE SAINT-JEAN-BAPTISTE ✝ ★

Place de la Cathédrale ✆ 04 79 83 51 51
www.saintjeandemaurienne.com

Accès libre et gratuit. Le cloître est ouvert toute l'année et tous les jours de 8h à 20h. Visite guidée de la crypte.

Édifiée au VIe siècle, reconstruite au XIe, la cathédrale catholique romaine est admirable. L'intérêt architectural ne fait aucun doute, mais la légende autour de l'origine de l'évêché et de sainte Thècle rapportant les reliques de saint Jean-Baptiste ne manque pas de piment. La crypte est un élément remarquable. Ajouts, reconstructions, rénovations au fil du temps et c'est ainsi que l'on peut admirer le cloître gothique, des chapelles et vitraux d'époques et de styles différents.

MUSÉE DES COSTUMES, ARTS ET TRADITIONS POPULAIRES 🏛 ★

Place de la Cathédrale ✆ 04 79 83 51 51
https://montagnicimes.com

Ouverture uniquement pendant les vacances scolaires. Gratuit. Parking. Visite guidée (sur réservation).

Le musée des Costumes, Arts et Traditions Populaires annonce la couleur. Ici, on découvre l'univers riche des costumes mauriennais. Chaque vallée, et parfois chaque village, avait ses propres spécificités au niveau des costumes. Broderies à la main, dentelles et coiffes : un travail minutieux étonnant et complexe. Une des salles du musée présente des collections d'archéologie tandis qu'une autre est dédiée à l'art religieux et une dernière à l'histoire de la Maison de Savoie.

MUSÉE OPINEL 🏛 ★

25, rue Jean-Jaurès
✆ 04 79 64 04 78
www.opinel.com/musee

Ouvert toute l'année. Tous les jours en juillet et août de 9h à 18h30. Gratuit. Espace bar, salon de thé.

C'est à la fin du XIXe siècle qu'Opinel s'est mis à faire de la coutellerie un véritable art de vivre. Ici, ce sont 700 m² totalement dédiés à la légende savoyarde qu'est devenu Joseph Opinel. Voyagez dans son histoire à travers ce musée via des expositions permanentes et temporaires. Le musée est gratuit et tout public (adapté aux personnes à mobilité réduite), cependant il est à noter que nos amis les animaux ne sont pas autorisés dans l'enceinte du musée. Alors, prêt à découvrir la fantastique histoire qui se cache peut-être dans votre poche ?

MAURIENNE TOURISME 📷

Avenue d'Italie
www.maurienne-tourisme.com

Ouvert du lundi au vendredi de 8h30 à 12h et de 13h30 à 17h30.

L'office de tourisme vous accueille tout au long de l'année pour vous faire découvrir les secrets et les lieux de la ville à visiter absolument. La jeune et belle équipe est disponible pour vous proposer différentes activités, et si la discipline phare ici reste le vélo avec l'un des plus grands domaines cyclables de France, les randonnées ne sont pas en reste. Pour ceux qui préfèrent se détendre, des acteurs locaux vous feront découvrir leurs passions et leurs traditions. Enfin, renseignez-vous sur les événements à venir lors de votre séjour !

CAMPING MUNICIPAL DES GRANDS COLS*** €€

422, avenue du Mont-Cenis
✆ 09 52 17 46 55
www.campingdesgrandscols.com

Ouvert mi-mai à septembre. Atelier, abri cycles. Forfait de 15 à 23 €. Mobil-homes 300 € à 580 €/semaine. Restauration.

Les cyclistes prêts à partir à l'assaut des grands cols, les motards tout aussi gourmands d'enchaîner les virages ou les randonneurs motivés à l'idée d'arpenter les sentiers de montagne : tous seront ravis, à la belle saison, d'avoir une place au camping des Grands Cols. Également des logements insolites sous formes diverses : Tonneau, Pod, Kota... entre bois et nature, faites votre choix ! La meilleure adresse pour un séjour en famille, un séjour sportif.

HÔTEL SAINT-GEORGES*** €€

334, rue de la République
✆ 04 79 64 01 06
www.hotel-saintgeorges.com

38 chambres. Chambre double 88-94 €. Petit déjeuner 11 €. Parking voitures et motos.

Créé en 1866, cet hôtel est toujours autant apprécié des visiteurs. Accueil familial, chaleureux et convivial. Trente-huit chambres rénovées, réparties sur deux étages offrent des modularités intéressantes. Si le distributeur de plats préparés à faire réchauffer au micro-ondes n'est pas à votre goût, de nombreux restaurants se trouvent à proximité. Confort et ambiance cosy, rien de tel qu'une halte ici avant de gravir la montagne. Les conducteurs de deux-roues (motorisés ou pas) apprécieront l'accueil. Une adresse historique offrant de réelles commodités.

LES 5 SENS €€

Rue Louis Sibue
✆ 04 57 17 98 46

Ouvert du mardi au dimanche midi, mardi, mercredi, vendredi et samedi soir. Menus de 26,50 € à 36,50 €. Terrasse.

Le restaurant Les 5 sens est doté d'un très bon accueil grâce aux serveurs très serviables, compétents et de bonne humeur. Ici, la cuisine se veut familiale, c'est bon et généreux. Le chef, très sympathique au demeurant, peut venir en salle afin de savoir si tout se passe bien dans son domaine. Côté vins, les conseils sont avisés et très professionnels, ce qui a été une très bonne chose à l'apéro avec les terrines que nous avons choisies. Le poisson était très bien cuit et le dessert (un crumble) était parfait. Une adresse à retenir, pleine de bons sentiments.

HÔTEL DU NORD €€

64, impasse Jean Jaurès
✆ 04 79 64 02 08
www.hoteldunord.net

Ouvert tous les jours sauf les dimanches soir et lundis midi. Menus 35,50 € à 51,50 €. Chambres doubles 83 € à 86 €.

Ce restaurant, réputé à Saint-Jean-de-Maurienne, est un passage obligatoire pour tous les amoureux de la bonne cuisine traditionnelle savoyarde. L'intérieur du bâtiment est composé de jolies voûtes en pierre (ce lieu était une écurie.). Dans les murs résonne l'ambiance terroir des repas passés et la saisonnalité des produits. Le chef Philippe Denis sublimera ses produits pour vous faire voyager en terre savoyarde, que ce soit avec le foie gras maison ou bien la ballottine de volaille au beaufort. Belle carte des vins, et délicieux vins régionaux. Un régal.

LA TAVERNE SAINT ANTOINE €€€

Rue Joseph Perret
✆ 04 79 59 96 96
www.brasserie-saint-antoine.fr

Ouvert tous les jours. Carte : 20 € environ. Menu du jour 28 €. Terrasse.

Situé sur une place piétonne, cette brasserie est une bonne adresse. La terrasse ombragée offre une très jolie vue sur la tour, la cathédrale et les montagnes. Une cuisine traditionnelle bien sûr, avec les spécialités savoyardes et alsaciennes, mais aussi des produits frais de la mer, dans une ambiance conviviale. Un menu qui tient toutes ses promesses. Il est bien sûr possible d'y faire une simple pause pour profiter de la même vue. Sa situation et la qualité de ses produits en font une adresse très appréciée des Saint-Jeannais.

FROMAGERIE « AUX PRODUITS SAVOYARDS »

8, rue Saint-Antoine ✆ 04 79 64 23 14
www.beaufortdesarves.com

Ouvert toute l'année : lundi-jeudi 8h30-12h30/14h30-18h, vendredi-samedi 8h-13h/14h-18h, dimanche 9h-12h.

Porte ouverte sur les produits du terroir local et régional. Le magasin propose de la vente directe. Une manière de soutenir un savoir-faire local et de passer par un circuit court. Le beaufort A.O.P. des Arves est le fromage phare du magasin, mais il est très loin d'être le seul : tommes fermières de vache, de chèvre et de brebis, bleu de Termignon sont aussi en bonne place. Pour accompagner, vins de Savoie AOP, miel de montagne, liqueurs, divers produits régionaux sont proposés.

ALBIEZ-MONTROND

Un paysage grandiose s'offre à notre regard. Du Crêt du Châtel (1 758 m), dressé au centre de la commune d'Albiez-le-Vieux, on découvre un magnifique cirque de montagnes avec un très beau point de vue sur les aiguilles d'Arves. Voici donc Albiez-Montrond, l'addition d'Albiez-le-Vieux et de Montrond. Les visiteurs apprécient son caractère rural et agricole ; ils aiment flâner pour découvrir les chalets en bois au gré des rues, visiter les églises et chapelles. L'hiver, on pratique le ski alpin, notamment les nouvelles glisses, mais aussi et surtout le ski de fond (accès libre et gratuit) sur un vaste espace nordique, le plateau de Montrond.

OFFICE DE TOURISME SAINT-FRANÇOIS-LONGCHAMP

Maison du Tourisme
✆ 04 79 59 10 56
www.saintfrancoislongchamp.com
Haute saison : ouvert tous les jours de 9h à 18h. Hors saison, se renseigner.

Première station à l'entrée de la Maurienne, Saint-François-Longchamp vous offre un grand bol d'air pur et toutes les activités des plus belles montagnes des Alpes été comme hiver. Avec 3 villages dans les alpages, 4 lacs de montagne pour les randonneurs, des routes qui grimpent vers les plus beaux cols pour les cyclistes, Saint-François-Longchamp offre un terrain de jeu illimité. En hiver, la station ouvre son domaine vers Valmonrel pour 165 km de pistes entre Maurienne et Tarentaise.

ÉCOMUSÉE LE TEMPS D'ANTAN

Chemin de l'Adret
✆ 04 79 59 31 38
Ouvert en saison été et hiver. Gratuit jusqu'à 4 ans. Adulte : 5 €. Enfant (de 4 à 14 ans) : 4 €. Payant.

À l'écomusée Le Temps d'antan, on revient en arrière pour plonger dans une époque (pas si lointaine) où le smartphone n'existait pas. Grands et petits vont découvrir les modes de vie en montagne au siècle dernier, avant même l'apparition de l'ampoule électrique. Pour se mettre en condition tout y est : ustensiles de cuisine, jouets d'enfants, costumes, métier à tisser, mobilier… Des ateliers peuvent être organisés, pour apprendre à fabriquer le beurre par exemple.

LA PERELLE €€

La Perelle
✆ 04 79 59 12 27
www.hotellaperelle.com
Ouvert en saison été et hiver. 28 chambres (et un appartement). Chambre double de 69 € à 119 €. Restauration. Sauna.

Excellente tartiflette, situation idéale avec vue magnifique et terrasse au soleil, une belle carte des vins de Savoie… Tout est mis en œuvre pour notre bonheur à la montagne. La Perelle est située au pied des pistes et le Grand Domaine (Valmorel et Saint-François-Longchamp), s'étend autour de lui, offrant hiver comme été, de nombreuses activités de pleine nature. Pour les cycliste courageux, le col de la Madeleine est tout proche. Vous pourrez reprendre des forces au restaurant, vous détendre dans la piscine ou dans le sauna.

SAINT-FRANCOIS-LONGCHAMP

La station de ski, située entre 1 650 et 2 550 m d'altitude, est reliée au domaine skiable de Valmorel, ce qui constitue le Grand Domaine. Elle est à proximité du col de la Madeleine, incontournable pour les cyclistes, et son point culminant, le Cheval Noir (2 832 m), est accessible à la belle saison en randonnée pédestre, une occasion de faire une belle balade. Fanny Cottençon, actrice et productrice, est coutumière des lieux si bien que le cinéma, Le Fanny, porte son nom... On notera que Jean-Claude Killy, triple champion olympique de ski alpin, résida un temps dans la commune et s'entrainait sur les pistes de la station.

SAINT-GEORGES-DES-HURTIÈRES

Au cœur de la Savoie, aux portes de la Maurienne, un village intéressant non seulement par les paysages de montagne qu'il propose aux randonneurs, mais qui en passionnera plus d'un grâce aux richesses de son sous-sol. En effet, depuis plus de 700 ans, l'homme exploite à Saint-Georges-d'Hurtières des filons d'argent, de cuivre et de fer, faisant la fortune de quelques-uns et donnant un travail, souvent pénible, à beaucoup d'autres. Le sentier des mines permet de découvrir de nombreux vestiges matériels et paysagers de l'activité. Côté randonnées, le massif des Hurtières, très boisé, offre une grande diversité, permettant d'observer faune et flore.

LE GRAND FILON ★

La Minière

✆ 04 79 36 11 05

www.grandfilon.net

Ouvert d'avril à fin octobre. Visite autonome avec audioguide, adulte à partir de 7 €. Ateliers, bistrot, boutique.

Perché à 900 mètres d'altitude, le site du Grand Filon est un espace atypique. Il permet de découvrir l'univers minier dans le temps (700 ans d'exploitation minière défilent sous les yeux des visiteurs) et dans l'espace, puisque l'on chemine et que l'on découvre d'un espace à l'autre outils, techniques, histoire... La Galerie Saint-Louis, l'école d'autrefois, l'exposition permanente, le parc métallurgique et un étonnant escape game ! Selon la légende, c'est même avec ce minerai que Durandal, l'épée de Roland, a été forgée au XIIe siècle.

AUBERGE DES HURTIERES €€

Chef lieu

✆ 04 79 36 10 19

www.auberge-des-hurtieres.com

Ouvert toute l'année. Fermé mercredi soir. Menus de 16 € à 30 €. Parking. Accueil des groupes. Terrasse.

À découvrir, cette auberge où le patron Lulu propose une cuisine du terroir, faite sur place avec des produits de qualité. L'ambiance est conviviale, et bien sûr aux commandes on retrouve aussi Josette. Les années se suivent et Lulu et Josette restent fidèles au poste, toujours aussi accueillants et serviables. Très belle terrasse pour profiter de l'été et une salle au décor rustique avec cheminée et vieux objets. À tester : le magret de canard au miel et aux airelles et des desserts maison. Les spécialités savoyardes sont à réserver à l'avance.

SAINT-MICHEL-DE-MAURIENNE

Saint-Michel-de-Maurienne se trouve sur le départ de la route du col du Galibier, que cyclistes et motards apprécient largement. La ville fut marquée par son passé industriel lié à la houille blanche. On peut y découvrir un riche patrimoine retraçant son histoire comme l'espace Alu au Dolmen du Thyl. La communauté de communes Maurienne-Galibier est accessible notamment par les célèbres cols du Galibier et du Télégraphe. Elle se trouve entre le Parc national de la Vanoise au nord et le Parc national des Écrins au sud et regroupe les communes de Saint-Michel-de-Maurienne, Orelle, Saint-Martin-d'Arc, Saint-Martin-de-la-Porte, Valloire et Valmeinier.

ÉGLISE NOTRE-DAME-DE-L'ASSOMPTION DE BEAUNE ✞

✆ 04 79 56 52 54

Juillet-août, tous les mercredis de 15h30 à 18h.

Bâtie en 1518, cette superbe église est dotée d'un clocher et d'une longue flèche entièrement en maçonnerie de tuf, chose qui n'est la règle que bien plus tard dans la vallée. Au sein de cette église, dans le vestibule, il y a un tronc très particulier, en effet, vous pouvez donner des pièces pour soutenir l'église, mais également faire des dons plus naturels, comme de la nourriture (céréales). À l'entrée, il est écrit : « tremblez à l'approche de mon sanctuaire ».

MUSÉE ESPACE ALU

Place de l'Église ✆ 04 79 56 69 59

www.espacealu.fr

Haute saison tous les jours 10h-12h30 et 13h30-19h. Intersaison se renseigner. Adulte 8 €. Visite guidée 9 €.

Espace Alu est le premier musée au monde entièrement dédié à l'aluminium. 600 m² et 3 niveaux consacrés à la découverte de l'histoire de la Maurienne, à travers l'activité industrielle liée à l'aluminium. Des espaces ludiques, une muséographie interactive, des expositions temporaires et permanentes, une chasse au trésor, des animations et ateliers. Comment fabriquer l'aluminium et que fabriquer avec l'aluminium ? Visite autonome possible, visite guidée ou animée à conseiller ! Escape game « Cambriolage au musée », possibilité d'un anniversaire « Alucinant ».

LE MARINTAN*** €€

1, rue de la Provalière

✆ 04 79 59 16 91

https://le-marintan.com

Ouvert toute l'année. Chambre double de 53 € à 83 € (camping + chalets + appart'hôtel). Accueil vélo, local à skis.

Liberté de choisir son hébergement – hôtellerie, camping ou chalet – au cœur de la Maurienne, « plus grand domaine cyclable du monde », avec vue sur les montagnes. En été, le Marintan offre le lieu de séjour idéal pour cyclistes et motards qui s'élanceront à l'assaut du Télégraphe ou du Galibier, mais aussi pour tous ceux qui veulent faire une pause détente dans une ambiance familiale. L'hiver, le domaine des 3 Vallées ou de Valloire sont en accès rapide. Accueil de toute l'équipe de Noémie et Franck Duchatel. Vos vacances sont plus grandes au Marintan.

SAINT-SORLIN-D'ARVES

Saint-Sorlin-d'Arves fait partie des stations-villages du domaine skiable des Sybelles. Perché à 1 600 m d'altitude au pied du col de la Croix-de-Fer, le village a su garder son cachet traditionnel. Si vous décidez de faire la balade des Balcons de Saint-Sorlin, vous ne serez pas déçu. La balade est assez courte (150 m de dénivelé seulement et 1h30 de montée environ) et facile d'accès, donc à faire en famille (bien se chausser et avoir de l'eau reste indispensable comme toujours en montagne). La récompense, tout en haut, est une vue magnifique sur les deux vallées et peut-être ferez-vous une visite à la fromagerie au retour ?
Le tourisme commence dès la fin du XIXe siècle à Saint-Sorlin-d'Arves avec le développement de l'alpinisme autour des mythiques Aiguilles d'Arves, trois pointes rocheuses culminant à plus de 3 000 mètres, ou du glacier ainsi que du pic de l'Étendard, qui culmine à 3 464 m. Après la Seconde Guerre mondiale, vers 1948, le développement touristique s'est accentué avec l'ouverture du premier téléski (La Loze) de Saint-Sorlin. Aujourd'hui, le tourisme se développe très logiquement été comme hiver du côté du domaine des Sybelles. Les cyclistes ont en vue le col de la Croix-de-Fer qui surplombe le village de Saint-Sorlin-d'Arves. C'est aussi un point de départ pour randonner sur les nombreux sentiers de montagne.

FROMAGERIE COOPÉRATIVE DE LA VALLÉE DES ARVES

Belluard ✆ 04 79 59 70 16
www.beaufortdesarves.com
Haute saison : ouvert tous les jours de 9h à 12h et de 15h à 18h30. Hors saison d'été et d'hiver, se renseigner.
La Coopérative Laitière est ancrée dans le paysage local depuis 1965. Sa mission, valoriser le savoir-faire agricole local pour le pérenniser. La Fromagerie Coopérative de la Vallée des Arves fabrique et vend du beaufort AOP (médaille d'or 2022). Sur les étals, d'autres fromages régionaux, yaourts fermiers, beurre, vins de Savoie... Visite gratuite pour assister à la fabrication ou découvrir l'ambiance des caves d'affinage. Achat en ligne, distributeur automatique 24h/24. Authentique !

LA TOUSSUIRE

La Toussuire avec ses 310 km de pistes fait partie du domaine skiable des Sybelles mais aussi du village de Fontcouverte, que vous aurez l'occasion de traverser avant d'arriver à la station. A la place des anciens chalets d'alpage, une station est née sur ce site vierge avec l'organisation du premier concours officiel de ski en 1923. Dès les années 1950, la station s'agrandit et adopte son style moderne. Un panorama à couper le souffle sur les aiguilles d'Arves et sur les pics environnants. En hiver, une station de ski qui fait partie du 4e domaine français de ski alpin, et en été, des randonnées et des activités à décliner à l'infini.

DOMAINE DU TRAPPEUR €€

Route Du Col de La Croix de Fer
✆ 04 79 59 54 36
www.domainedutrappeur.com
Ouvert mai-sept. Formule midi 19 €. Camping, location chalets et huttes. Tarifs selon la saison et la formule.
Le Domaine du Trappeur est situé au pied du col de la Croix-de-Fer, dans un écrin de verdure cerné de montagnes, à seulement 2 km du village de Saint-Sorlin-d'Arves. C'est un cadre idéal pour une halte, d'autant plus que l'établissement est référencé comme relais motard. Son bar-restaurant permettra à chacun de trouver un plat simple et copieux avant de reprendre la route ou de poser les bagages pour la nuit (des chalets sont notamment en location). Au menu : fondues, tartiflettes, planches, salades complètes, hamburgers et de très bons desserts.

LE GRAND TRUC** €€

Rue Sylvain Truchet
✆ 04 79 56 73 28
www.hotel-legrandtruc.com
Ouvert été et hiver. 15 chambres. Chambre double de 105 € à 130 €. Garage motos et vélos. Restauration.
Cela fait 3 générations que la famille Truchet gère l'établissement Le Grand Truc qui accueille été comme hiver, les visiteurs, skieurs et randonneurs qui ne manquent pas de se délecter de la vue imprenable sur les Aiguilles d'Arves. Truc, en patois savoyard, signifie sommet arrondi, il ne vous reste qu'à chercher des yeux celui qui correspond le plus à cette description. Menu unique chaque jour, à base de produits frais autour d'une cuisine familiale et traditionnelle, ambiance montagnarde et accueil convivial donnent envie de rester.

SOPAR RESTAURANT €€

Rue des Chasseurs Alpins
✆ 04 79 05 51 60
https://sopar-restaurant.com
Haute saison : ouvert du lundi au samedi le soir. A partir de 15 €. Menu enfant.

Soyons francs, ce n'est pas toujours facile de trouver un bon restaurant en station. C'est incontestablement chose faite avec le Sopar, une table tendance cosy avec sa terrasse estivale et son élégante et chaleureuse salle boisée. C'est beau et c'est bon, grâce aux talents conjugués de deux passionnés de la cuisine : tataki de bœuf de Savoie, Lagarto de pata negra, purée de poivrons, fondue maison pour ne pas déroger à la tradition tout en la revisitant, avant de terminer avec les desserts maison. Cave étonnante. Une découverte absolument délicieuse.

VALLOIRE ★

Village-station d'altitude perché à 1 405 mètres, Valloire est proche du mythique col du Galibier. On y pratiquait le ski déjà un peu avant 1940. Depuis 25 ans, on y organise le concours international de sculptures sur glace et sur neige. Parmi les nombreux autres événements, on notera le Festival national du court-métrage, ou encore le passage régulier du Tour de France. Elle collectionne aussi les labels : « Station village de charmes », « Grand domaine », « Montagne douce » et « Étape de montagne » ou encore « Station verte ». Le domaine skiable de Valloire est relié à celui de Valmeinier, pour former le domaine skiable Galibier-Thabor.

COL DU TÉLÉGRAPHE

✆ 04 79 59 03 96
Ouvert selon les conditions météo. Aire de pique-nique. Parking. WC publics.

Perché à 1 566 mètres d'altitude dans le massif des Cercles, moins célèbre que son voisin le Galibier, le Col du Télégraphe doit son nom au fort jadis édifié ici entre 1885 et 1893. Il fait partie des cols appréciés des cyclistes dominant la Vallée de la Maurienne. Cet endroit est chargé d'histoire, car il occupait il y a bien longtemps, une place militairement stratégique. Il relie aujourd'hui Saint-Michel de Maurienne à Valloire. Paysages montagnards magnifiques et balades sur les sentiers... à pied, moto, vélo... il suffit de suivre son inspiration.

CHRISTIANIA HÔTEL*** €€€

Avenue de la Vallée d'Or
✆ 04 79 59 00 57
www.christiania-hotel.com
Ouvert en saison. 20 chambres (et 3 suites). Chambre double à partir de 90 €. Terrasse.

L'établissement se situe au cœur du village. C'est ce grand chalet au style savoyard dont vous remarquerez les grands balcons qui entourent la façade, magnifiquement fleuris lors de la saison estivale. Les chambres sont contemporaines et douillettes avec de belles salles de bains bien équipées. L'esprit familial de l'établissement y est apprécié. Les grandes familles ou groupes pourront bénéficier de chambres communicantes. Parking couvert pour voitures, vélos ou motos sur réservation. Terrasse plein sud. C'est à table que le plaisir atteint d'autres sommets.

BISTRONOMIQUE CHEZ FRED €€

Avenue de la Vallée-d'Or
✆ 04 79 59 08 32
Haute saison, ouvert du mardi au dimanche midi et soir. Carte : 25 € environ. Terrasse.

Frédéric Fargeas est Maître Restaurateur, d'où sa formule bistronomique proposée au cœur de Valloire. Une valeur sûre à fréquenter en saison pour partager des plats locaux, comme ce diot de Savoie sauce colporteur, mais aussi des plats plus exotiques. Des produits frais, qui parfois manquent à la carte, mais c'est aussi le jeu d'une bonne cuisine de saison. Une belle carte des vins. Un accueil qui ne se prend pas la tête. Pour les amateurs, les incontournables spécialités fromagères, dont une fondue aux cèpes ou aux truffes.

LE CHALET DES SAVEURS €€€

Place de l'Église
✆ 04 79 59 21 44
Fermeture annuelle mi-nov à mi-déc. Réservation recommandée. Carte : 30 € environ.

Le Chalet des Saveurs est à la fois un restaurant gastronomique, une épicerie fine proposant des produits du terroir spécialement sélectionnés et un salon de thé et café. En cuisine Sylvie Magnin fait merveille. Son époux, qui assure le service avec un enthousiasme et une passion communicative, sera de bon conseil en matière de vins sélectionnés avec soin, notamment en Savoie. La terrasse ensoleillée s'apprécie aux beaux jours. Produits frais, circuits courts, plats copieux et généreux. L'adresse est incontournable. Surprise au digestif.

Randonneur près de Valloire.

BRASSERIE GALIBIER

Rue de la Bonne Eau ✆ 04 79 59 04 95
www.biere-galibier.com
Vente directe, dégustation, bar et terrasse à la Brasserie : tous les jours de 16h30 à 18h30. Livraison possible.

Perchée au cœur des Alpes à 1 450 m d'altitude, la brasserie Galibier est la plus haute brasserie artisanale de France. Les bières sont traditionnellement et artisanalement composées d'eau de source et de matières premières de grande qualité. Leurs noms sont évocateurs : l'Alpine (blonde de haute fermentation), la Machut (ambrée à 6 %), l'Avalanche (blanche aux parfums subtils) ou encore la Snowball (aux notes maltées et à l'amertume légère et fruitée). Elles sont 100 % naturelles, sans conservateur ni gaz carbonique, ce qui leur a valu plusieurs récompenses.

FROMAGERIE COOPÉRATIVE DE VALLOIRE

Rue des Grandes Alpes
✆ 04 79 05 62 63
www.beaufortdesarves.com
Ouvert du lundi au samedi de 10h à 12h et de 16h à 19h.

La Fromagerie Coopérative de la Vallée des Arves a deux points de vente, celui de Valloire et les Granges du Galibier. On y trouve le fameux Beaufort AOP, mais aussi les Tommes fermières de vaches, des fromages fermiers de chèvre et brebis, ainsi que de la charcuterie artisanale du terroir et vins de Savoie AOP. Un choix judicieux et délicieux notamment pour vous, mais aussi pour la planète, puisque les produits viennent des agriculteurs, éleveurs et producteurs locaux.

VALMEINIER

Sur le versant méridional de la Maurienne, à 1 500 m d'altitude mais culminant au mont Thabor à 3 178 m, Valmeinier a su conserver son caractère de village de montagne tout en s'ouvrant au tourisme. Ce bout du monde (la route est un cul-de-sac) est composé d'un grand nombre de hameaux à visiter pour découvrir des fermes d'alpage authentiques, maisons de pierre aux toits de lauze. Station-village, labellisée Station Club et Nouvelles Glisses, Valmeinier est reliée au Grand Domaine. De nombreuses randonnées estivales, notamment vers les lacs d'altitude. Le vélo se pratique sur route au cœur du plus grand domaine cyclable du monde ou à VTT sur les pistes.

LA FROMAGERIE

Résidence chalet des alpages
✆ 06 26 66 64 96
www.la-ferme-du-mont-thabor.com
Ouvert tous les jours de 9h à 19h.

Au cœur de la Maurienne, la station de Valmeinier abrite une boutique qui fera le bonheur de tous les gourmands : la Fromagerie. Les produits fermiers issus des filières locales, notamment les fromages de la Ferme du Mont Thabor et autres produits locaux, y sont mis en avant. Vous trouverez bien évidemment du beaufort, de la tomme, du chèvre de Valmeinier, mais aussi de la charcuterie, de la liqueur, du vin, de la bière, de la confiture, du miel. Une formule raclette est aussi proposée avec le prêt du fameux appareil pour partager de belles soirées.

Le village de Valmeinier.

MODANE

Modane, ville frontière, est de longue date en position stratégique. Elle ouvre la porte vers la Haute-Maurienne et ses fabuleux paysages, ses stations, ses villages. La gare draine des milliers de touristes qui se déploient dans les nombreuses stations de sports d'hiver alentour. La ville cache certains trésors qui méritent une visite : la maison penchée, le fort du Replaton, l'entrée monumentale du tunnel ferroviaire, la chapelle Saint-Jacques, les ouvrages de Saint-Gobain, le Muséobar, le musée de la liaison ferroviaire Lyon-Turin, le Carré Science… Eh oui, ça fait beaucoup pour une ville qui ne paie pas de mine au premier abord !

FORT SAINT-GOBAIN ★

Route d'Aussois
✆ 04 79 05 01 50
www.fortifications-maurienne.com
15/06 au 15/09, lundi, jeudi, vendredi et week-end 14h-18h30. Mercredi 9h-12h/14h-18h30. Adulte 8 €, groupe 6 €.

Il s'agit de l'un des rares vestiges historiques militaires de la Seconde Guerre Mondiale ouvert au public dans la région. Le front des Alpes possédait aussi sa ligne Maginot pour protéger la France des troupes italiennes. Cette construction datant de 1933, faisait partie d'un dispositif de défense des voies ferrées et route nationale. Les équipements des 4 blocs de combats en disent long sur le système défensif du Fort tenu par 149 sous-officiers et hommes de troupes du 71e BAF (Bataillon Alpin de Forteresse). Une visite étonnante.

MAISON PENCHÉE ★★

Route de Bardonnèche
✆ 04 79 05 99 06
Entrée libre. Gratuit.

Une tour de Pise version Haute-Maurienne, voilà qui mérite le détour sur la route de la station de Valfréjus ! La maison penchée de Modane est une curiosité qui amuse plus d'un photographe et constitue une attraction à l'échelle européenne. On pourrait croire à un décor de cinéma ou celui d'un plateau de télévision (un célèbre plateau penché…), mais il n'en est rien. Construite en 1939 sur une poudrière reliée au tunnel ferroviaire du Mont-Cenis, il s'agit à l'origine d'un *blockhaus* d'observation et de défense mis en service en 1881 pour surveiller ce passage stratégique entre la France et l'Italie. En 1944, l'armée allemande lors de son repli détruisait systématiquement tous les ouvrages routiers et ferroviaires pour ralentir les Alliés. C'est ainsi que les Allemands placèrent, à l'entrée du tunnel ferroviaire côté français, deux wagons bourrés d'explosifs. La puissance de l'explosion obstrua la galerie et pulvérisa la poudrière, mais projeta seulement à plusieurs dizaines de mètres de son emplacement initial le *blockhaus* en béton armé, sans pouvoir le détruire ! Depuis le *blockhaus* est planté là, intact mais incliné selon deux angles totalement improbables, plongeant dans le sol et penchant sur le côté. il est possible d'entrer dans cette maison penchée – qui n'est pas vraiment une maison et qui est recouverte régulièrement de graffitis… – dont un panneau explique l'histoire pour le moins insolite au bord de la route. C'est l'occasion de faire quelques photos amusantes défiant les lois de la gravité.

MUSÉOBAR - MUSÉE DE LA FRONTIÈRE ★

42, rue de la République
✆ 04 79 59 64 23
www.museobar.com
Haute saison : mar-sam 15h-19h. Autres périodes, se renseigner. Adulte 4,50 €.

De 1860 à 1935, Modane avait des airs de ville du far-west américain. Le Museobar permet de se plonger dans cette époque florissante, à travers les cafés d'une ville prospère où se croisaient les personnes de toutes les provenances, les militaires, les marchandises… Le son des pianos mécaniques de facture locale, des témoignages audio et des espaces pour danser dans différentes ambiances. Voyage dans le temps vers la Belle Epoque, les Années folles, les années fastes…

TUNNEL FERROVIAIRE DU MONT-CENIS

Route du Replat
✆ 04 79 05 26 67
www.haute-maurienne-vanoise.com
Du 01/07 au 31/08 de 14h à 18h30. Fermé mardi et vendredi. Adulte : 2 €. Gratuit pour les moins de 15 ans.

Bâti au cours de la première percée des Alpes au XIXe siècle, cet ouvrage monumental se découvre par l'installation d'une locomotive à vapeur avec son convoi. Cette exposition retrace ainsi l'histoire du tout premier tunnel alpin percé et des conséquences malheureusement bien connues. Ce tunnel long de 12,5 kilomètres a été aménagé par les autorités piémontaises. Ouvert en été, on vous conseille de les appeler pour effectuer la visite de l'installation.

SAVOIE

COOPÉRATIVE LAITIÈRE DE HAUTE-MAURIENNE VANOISE

18, place Sommeiller ✆ 04 79 64 00 24
www.coophautemaurienne.fr
Ouvert du mardi au samedi de 8h45 à 12h et de 15h à 18h.

Créée en 1954, la Coopérative Laitière de Haute-Maurienne Vanoise transforme en beaufort plus de 5 millions de litres de lait par an. Une production de 11 000 meules chaque année, mais aussi de 40 tonnes de bleu de Bonneval-sur-Arc. Circuits courts obligent, une belle proportion de la production est vendue via les 8 magasins de vente déployés de Modane à Bonneval-sur-Arc. Les producteurs passionnés d'un fromage de caractère sont les ambassadeurs des traditions et du terroir.

AUSSOIS

Village-station perché à 1 500 m d'altitude situé aux portes du Parc national de la Vanoise, en versant sud. Authentique village savoyard dont la fête traditionnelle du 15 août constitue une véritable attraction. Point de départ idéal pour des randonnées et découvertes, espace de détente et de loisirs, lieu de rencontre et de culture, vaste terrain de jeu pour les sportifs. Son télésiège fonctionne aussi l'été, permettant notamment aux parapentistes de décoller. Aussois est une station labellisée « Famille Plus ». La Grande Odyssée Savoie Mont-Blanc, course internationale de chiens de traîneau qui se déroule au mois de janvier, fait étape sur le domaine.

PARC ARCHÉOLOGIQUE DES LOZES

43, route des Barrages
✆ 04 79 20 30 80
www.haute-maurienne-vanoise.com
Ouvert toute l'année, tous les jours. Accès hors périodes d'enneigement. Visites guidées chaque jeudi juillet/août.

Le parc archéologique des Lozes est un témoin précieux de la période allant du néolithique à l'âge du fer. Remonter le temps pour partir sur les traces de nos ancêtres se fait à travers les gravures laissées sur les roches polies par le glacier de l'Arc, et qui ont été découvertes en 1977. Parcours pédagogique ponctué de tables de lecture. Il est conseillé de se rendre sur le site en fin d'après-midi, la lumière rasante du soleil faisant ressortir les gravures.

LES FORTS OU BARRIÈRE DE L'ESSEILLON ★★

✆ 04 79 20 30 80
www.aussois.com
Ouvert toute l'année. Accès et animations selon chaque site. Visite guidée. Animations.

La barrière fortifiée de l'Esseillon, véritable rempart alpin sur la largeur de la vallée, est constitué de 5 forts construits au début du XIXe siècle, et qui portent les prénoms de la famille royale de Savoie qui voulait se défendre contre une invasion française. **Le Fort Marie-Christine :** à 1 500 m d'altitude, accessible notamment via le sentier « du plateau d'Aussois », qui se visite et abrite des expositions temporaires. L'on peut aussi s'y restaurer et y dormir. **Le Fort Victor-Emmanuel**, à 1 354 m d'altitude, le plus imposant de la barrière de l'Esseillon, de par la succession de 8 bâtiments à doubles niveaux accrochés au sommet d'une falaise. Un jeu de piste y est proposé pour partir sur les traces du soldat Alessandro. **Le fort Charles-Albert**, construit après les quatre autres et inachevé. Il ne se visite pas. **Le Fort Charles-Félix**, détruit au moment de l'Annexion et classé comme Ruine Historique. Il ne se visite pas. **La Redoute Marie-Thérèse**, à 1 258 m d'altitude, qui abrite un centre d'interprétation du patrimoine fortifié et un jeu de piste pour les enfants avec petite restauration sur place. Ces constructions, classées monuments historiques, d'abord propriété du royaume de Piémont-Sardaigne puis lorsque la Savoie a été rattachée à la France, devenues propriétés françaises, n'ont finalement jamais eu à subir l'épreuve du feu. Chacun des forts a sa personnalité, ces constructions qui valent le coup d'œil, et inspireront les photographes.

LOGIS HÔTEL LES MOTTETS*** €€

6, route des Mottets ✆ 04 79 20 30 86
www.hotel-lesmottets.com
Fermé nov à mi-déc et mai. 23 chambres. Pension complète de 104 à 112 €/pers/nuit. Restau. Bain bouillonnant, sauna.

Situé à 250 m des pistes (avec navette gratuite), au cœur du village d'Aussois, l'hôtel-restaurant vous accueille dans un cadre rustique et chaleureux. Labellisé Famille Plus, l'établissement Les Mottets dispose de chambres communicantes et de chambres quadruples pour recevoir les familles. Pour parfaire l'immersion alpine, vous vous endormirez dans de jolis espaces aménagés avec des meubles en bois signés de l'ébéniste local Yves Couvert. Cuisine traditionnelle

REFUGE DE LA DENT PARRACHÉE €€

24, route de Cottériat
✆ 04 79 20 32 87
https://refugeladentparrachee.ffcam.fr
Gardiennage mars et juin à fin sept, reste de l'année sur réservation. Période gardée 24,50 €/nuit/pers. Repas 19 €.

Ce refuge de la Fédération Française des Clubs Alpins et de Montagne a été rénové pour offrir plus de confort aux visiteurs. À 2 520 m d'altitude, il est en balcon-terrasse au-dessus du Grand Lac de Plan d'Amont. De là un panorama s'ouvre sur le tour des Glaciers. Pour se rendre au refuge, il suffit de se garer sous le barrage du Plan d'Amont et de suivre le sentier fléché. En hiver, avec le forfait randonneur, il est possible de prendre les remontées mécaniques.

REFUGE DU FOND D'AUSSOIS €€

✆ 04 79 20 39 83
https://refugefonddaussois.ffcam.fr
Gardiennage mi-mars à mi-mai et juin à fin-septembre. 52 places, 5 dortoirs. 25 €/nuit/personne. Dîner 20 €.

Le Refuge du Fond d'Aussois est perché à 2 350 m d'altitude, avec une vue depuis la crête sur la pointe d'Ambin, l'Aiguille de la Scolette et la pointe de Longe Côté. Pour s'y rendre, partir du parking du Plan d'Amont. Son architecture contemporaine avec toiture de forme arrondie le rend reconnaissable. De là, il n'y a que l'embarras du choix : de la grande course alpine à 1 500 m de dénivelé à la petite course vers la Pointe de l'Échelle, massif apprécié des bouquetins, par la voie normale. Restauration élaborée à partir de produits bio et issu du circuit court.

REFUGE DU PLAN SEC €€

1, rue de l'Artisanat
✆ 04 79 20 31 31
www.plansec.refuges-vanoise.com
52 couchages. Gardiennage de mi-juin à mi-septembre. Nuitée 21,50 €. Repas 21 €. demi-pension 52 €.

Situé à 2 320 m d'altitude, les chalets de pierres, bois et lauzes, plantés au milieu des alpages constituent une étape idéale sur le tour des Glaciers de la Vanoise par le GR5. Crêpes, omelettes, fromages et charcuterie du pays, apéritif ou dessert originaux... tout est fait maison avec des produits locaux. Accueil chaleureux, déco soignée. À la nuit tombée, admirez la Voie lactée si belle sous le ciel du refuge de Plan sec. Les rhododendrons et épilobes en fleurs qui tapissent les prairies en été mettent de la couleur dans les paysages déjà magnifiques.

STATION DE SKI D'AUSSOIS

station
Du 17 décembre 2022 au 10 avril 2023.

La station d'Aussois, ce sont 21 pistes balisées situées entre 1 530 et 2 675 m d'altitude pour 55 km de pistes au pied de la Dent Parrachée qui culmine à 3 697 m. Exposée au sud, la station est équipée d'enneigeurs. On y pratique le ski alpin avec tous les niveaux de difficulté. Le ski nordique y est aussi possible, sur le domaine dit du Monolithe, qui permet la pratique du skating ou ski classique sur 30 km. L'on peut aussi faire du ski de randonnée mais également de la luge, des raquettes à neige, des chiens de traîneau, ou du snowtubing en hiver.

VIA FERRATA DU DIABLE

43, route des Barrages
✆ 04 79 20 31 16
www.guides-savoie.com
Avec accompagnateur professionnel à partir de 26 €/personne.

La via ferrata du Diable s'étire sur les rives vertigineuses de l'Arc, qui coule 200 mètres plus bas, le tout dans un décor à couper le souffle mais pas les jambes qui doivent rester fortes ! 7 tronçons indépendants que l'on peut choisir ou pas d'enchaîner d'un niveau allant de difficile à extrêmement difficile suppose d'être soit encadré d'un professionnel soit déjà très à l'aise sur ce type d'activité et équipé. Sensations fortes à la clé, mais règles de sécurité impératives. Parcours initiation sous le rempart du Fort Victor-Emmanuel.

BESSANS ★

La plaine de Bessans, dédiée au ski de fond, contraste avec les majestueuses montagnes qui entourent le village. Bessans, c'est une histoire à se laisser raconter lors des veillées de l'association Bessans d'hier et d'aujourd'hui qui valorise le patrimoine. Incendié pendant la Seconde Guerre mondiale, il ne reste de Bessans que quelques maisons d'origine, qui se cachent dans des ruelles. A vous de les découvrir ! Ses nombreuses chapelles rappellent que vous êtes sur le Chemin du Baroque. Village d'artistes depuis des siècles, Bessans fait perdurer cette tradition. Une dernière anecdote que nous vous laissons découvrir sur place, le diable de Bessans, que vous verrez un peu partout.
Essayez le séculaire Sentier des Refuges qui desservait les alpages. La partie entre Saint-Pierre-d'Extravache et le Vallon Savine emprunte l'ancien passage menant en Italie. Sur peu de distance, ce sentier montre la diversité de la montagne. Petits lacs d'altitude, falaises abruptes, moraines glaciaires, alpages, caillasses rappellent l'histoire géologique mouvementée des vallées traversées. Les refuges typiques des alpages demeurent un livre ouvert sur la vie d'autrefois. Chamois, bouquetin, aigle royal, marmotte voisinent avec des espèces endémiques de la flore du Mont-Cenis. Suivez le balisage pour un ou plusieurs tronçons du Sentier des Refuges.
En hiver, les sportifs nationaux et internationaux s'entraînent régulièrement sur le site nordique de Bessans. En été, 150 km de sentiers balisés dans le Parc national de la Vanoise et une multitude d'activités et de loisirs.

PARROUR FORGE

✆ 06 78 91 37 16

www.parrour-forge.com

Fermé du 1er décembre au 15 mai. Ouvert du lundi au vendredi de 8h à 12h et de 13h à 18h.

Thibaut Parrour propose une collection de couteaux forgés à la main, des pièces uniques vendues dans son atelier ou sur des marchés de la région. Du couteau pliant au couteau à lame fixe, en passant par les pierres à aiguiser naturelles, tout est choisi, façonné et assemblé avec talent et passion. Les manches des couteaux existent en différentes matières, du bois de cerf au genévrier. Les lames, quant à elles, sont forgées en acier au carbone ou en acier de Damas. La forge se visite sur rendez-vous, permettant une découverte exceptionnelle du métier de forgeron.

LA BESSANNAISE €€

Centre de montagne et bien-être

✆ 04 79 05 95 15

www.labessannaise.com

Centre de montagne et de bien-être. Ouvert toute l'année.

Ski de fond en hiver et randonnées pédestres en été. Tout cela se fait avec le confort de formules tout compris, pour un accès à l'évasion accessible même aux petits budgets. La résidence de vacances La Bessannaise a prévu d'offrir aussi aux vacanciers, un espace bien-être, pour que la détente puisse s'inviter au programme. Danses, bridge, contes et balades permettent de varier les plaisirs. Quand aux excursions à pied, elles s'adaptent au rythme des randonneurs. Le ski de fond et son approche seront de la même façon adaptés aux skieurs.

HÔTEL RESTAURANT LA VANOISE** €€

Rue de l'Ilette

✆ 04 79 05 96 79

www.hotel-vanoise.com

Chambre double de 92 € à 94 €. Restauration. Sauna. Abris pour vélo ou VTT. Salle de sport.

Situé à l'entrée du village, au cœur du parc de la Vanoise, cet hôtel familial authentique ravira les sportifs par son accès skis aux pieds et sa proximité immédiate du départ des pistes de ski de fond. Les chambres spacieuses, propres et confortables au décor montagnard offrent une très belle vue sur les montagnes. Cuisine traditionnelle et spécialités savoyardes. Petit déjeuner complet, sauna et petite salle de gym, belle terrasse ensoleillée, bar panoramique...

LE CHALET DE SÉRAPHIN €€

Rue des Conchettes

✆ 04 79 05 37 08

www.lechaletdeseraphin.fr

Ouvert en saison, le soir uniquement et samedi midi. Menus de 24 € à 35 €. Terrasse.

Le restaurant se situe au sommet du village, en face du départ des pistes de ski de fond et du stade de biathlon. Le chef utilise des produits de qualité et locaux, dont les charcuteries Personnaz. Ici, vous goûterez les spécialités de Bessans, dont le farci, les agnelos bessanais le farcement (ou farçon). Le soir, vous pourrez déguster la raclette ou encore la fondue savoyarde classique ou aux cèpes. Mousse myrtille et violette, un délice à commander au début du repas. Belle carte des vins ! Pour sortir des sentiers et des pistes battus.

SAVOIE

LA LODZE €€

Rue Plan Fenette ✆ 04 79 83 12 53

http://lalodze.e-monsite.com

Ou vert de janvier à avril du lundi au samedi, midi et soir De 17 € à 28 €. Spécialités savoyardes sur réservation.

La Lodze est une enseigne qui mérite qu'on se fasse raconter son histoire avant de commander son plat... Cela promet d'être passionnant, installé à l'intérieur d'une ancienne grange du XVIIe siècle entièrement rénovée. Son décor très rustique et chaleureux offre un espace qui met en condition pour déguster les recettes bessanaises. Produits frais et de saison, cuisine locale et spécialités savoyardes se découvrent d'autant plus si l'on pense à réserver son plat préféré au moment de la réservation de sa table, car certains plats demandent une préparation longue.

L'ÉCURIE DE PANINO

Rue de Septembre 1944

✆ 04 79 59 50 37

www.ecuriedepanino.com

Ouvert selon saison. Tous les jours en hiver. Fermé le jeudi en été.

L'Écurie de Panino est une fromagerie qui permet d'acheter en direct les fromages produits sur la ferme et en alpage de façon artisanale. Beaufort fabriqué en alpage, tomme, raclette, yaourts et fromages blancs... Tout est fabriqué uniquement à partir du seul lait de la cinquantaine de vaches laitières de l'exploitation agricole. Entre respect des traditions et modernité, la passion est là et acheter en direct auprès des producteurs est un régal dans l'échange et la qualité des produits. Et c'est aussi une façon de soutenir une démarche paysanne engagée.

FROMAGERIE DE BESSANS - COOPÉRATIVE LAITIÈRE

Rue du Petit-Saint-Jean

✆ 04 79 59 15 79

www.coophautemaurienne.fr

Horaires : ouvert en saisons d'hiver et d'été (horaires variables voir site) 9h30-12h et 16h-19h.

La fromagerie de Bessans reste le cœur d'activité de l'agriculture du village. La Coopérative laitière de Haute-Maurienne Vanoise en a repris la gestion en 2008. Elle regroupe 40 exploitations en Haute-Maurienne, dont 5 sur Bessans. Elle transforme le lait cru en beaufort et bleu de Bonneval-sur-Arc. Beurre, lait cru, crème fraîche et des produits fermiers fabriqués en Haute-Maurienne : fromages de chèvre et brebis, yaourts fermiers, ainsi qu'une gamme de produits de Savoie.

STATION DE SKI DE BESSANS

✆ 04 79 05 99 06

www.haute-maurienne-vanoise.com

Station hiver/été.

La station de ski de Bessans, en bordure du Parc national de la Vanoise, s'étend de 1 750 m à 3 257 mètres d'altitude. Installée sur un vaste plateau, Bessans offre un magnifique domaine de ski nordique cerné par les glaciers et les sommets de plus de 3 000 mètres. Un panorama fabuleux et un domaine devenu l'une des références du ski de fond et du biathlon. Hiver comme été, une multitude d'activités : alpinisme, course, escalade, cascade de glace, canyoning, via ferrata, randonnée...

BONNEVAL-SUR-ARC ★★

L'histoire de ce petit village regorge d'authenticité et de savoir-faire perdu au fil du temps. Cette vallée somptueuse se découvre comme un livre, où le temps qui passe n'est qu'un chapitre en ces lieux magiques. Minéralité, Préhistoire et légendes, hameaux typiques, édifices religieux se conjuguent encore au présent. A Bonneval-sur-Arc, l'histoire s'est arrêtée. Pénétrez dans le village à pied et laissez-vous aller à imaginer les traditions de ce monde pastoral. 247 habitants à plus de 1 700 m d'altitude. Pays âpre et rude, ancien pays d'avalanches, il s'adoucit par la chaleur de l'accueil et sa beauté enchanteresse. À vous de l'apprivoiser ! Le premier téléski est inauguré en 1968. Bonneval, site classé, est l'un des plus beaux villages de France. Il a su garder intact ses vieilles demeures en pierres sèches couvertes de toits en lauzes, de grosses ardoises de près d'une tonne superposées. Sur les balcons, la bouse séchait pour en faire du combustible. Le hameau de Bonneval, site classé de l'Ecot, ne vit que l'été. Partez à pied le découvrir ainsi que sa chapelle du XIIe siècle. Le Skibus et le Allo P'tit Bus desservent gratuitement tous les villages de la Haute-Maurienne Vanoise. Le Skibus assure les liaisons entre Bramans et Bonneval, Termignon et Aussois, Bramans et Le Cerney (Domaine du Planay). Hors saison, le Allo P'tit Bus rend les mêmes services, mais il est nécessaire de réserver la veille avant 18h.

L'ÉCOT ★

✆ 04 79 05 94 94

www.mairie-de-bonnevalsurarc.fr

Se renseigner. Parking payant 1 € par heure.

Si Bonneval-sur-Arc est un joyau, le hameau de l'Ecot est sans doute le plus pittoresque et le plus magnifique hameau de Savoie. Perché à 2 000 m d'altitude, une balade à pied sur 5 km en remontant l'Arc vous permettra de découvrir l'Ecot et sa chapelle Sainte-Marguerite qui date du XIIe siècle. Quelques maisons en pierre et lauze desservies par une route agricole. Un hameau perdu au bout du bout de la vallée. Il ne faut pas se priver d'une si jolie balade car la récompense est immense, le lieu est fabuleux et le paysage tout simplement magique.

CHEZ MUMU €€

L'Ecot

✆ 06 87 83 90 62

En saison, ouvert tous les jours, sauf samedi, de 11h à 18h. CB non acceptée.

Chez Mumu, ça se mérite. Tout au bout de la vallée de Haute-Maurienne, dans l'un des hameaux les plus jolis des Alpes : L'Écot. On y va à pied, skis ou raquettes... Une fois arrivé, c'est la récompense (il vaut mieux réserver, c'est plus prudent). Quand on se retrouve Chez Mumu dans le cadre authentique d'une vieille ferme, on déguste la cuisine faite maison, que du bonheur ! Et tout le monde est aux petits soins ! Murielle Anselmet et son équipe sont adorables. Simple, mais tellement bon. La tarte aux myrtilles maison est un délice. Incontournable.

© L'ÉCOT

Hameau de l'Ecot.

SAVOIE

OFFICE DE TOURISME

✆ 04 79 05 95 95

www.haute-maurienne-vanoise.com

Ouverture et horaires selon la période.

Bienvenue à Bonneval-sur-Arc, véritable ville-joyau préservée ! Poussez la porte de l'office de tourisme où toute l'équipe d'accueil sera à votre disposition afin de vous aider à préparer votre séjour du mieux possible. Activités indoor et outdoor, en fonction des saisons et des envies, l'office vous guidera également sur les événements à ne pas surtout pas manquer. En bref, tout ce dont vous aurez besoin de connaître lors de votre passage à Bonneval vous sera révélé par la chouette et compétente équipe de l'office de tourisme.

FROMAGERIE COOPÉRATIVE DE BONNEVAL-SUR-ARC

Vieux village ✆ 04 79 05 93 10

www.coophautemaurienne.fr

Ouvert tous les jours en saison. Lundi au jeudi 10h-12h et 15h30-19h, vendredi au dimanche 9h30-12h et 15h30-19h.

La Fromagerie coopérative de Bonneval se trouve dans le vieux village à proximité de l'église. On y trouve le fameux « Bleu de Bonneval sur Arc ». Produits locaux présents sur les étals, le circuit court est bien le maître mot. On y trouve aussi l'incontournable Beaufort AOP. Pour compléter le panier : yaourts, fromages fermiers, vin, miel, génépi, biscuits, tisanes artisanales, confitures et autres charcuteries artisanales sont aussi proposés selon une large palette.

LAC GLACIAIRE DU GRAND MÉAN

Randonnée en été. Parking de l'écot payant 1 € de l'heure. CB.

Randonnée longue de 14 km et d'un dénivelé positif de 1 050 mètres : le lac glaciaire du Grand Méan vaut le détour ! Comptez 6 heures pour y parvenir. Garez-vous au parking de l'écot (payant) et commencez à grimper ! Une fois arrivé au refuge des Évettes, appréciez le cirque et l'espace magnifique. Continuez après le petit pont de pierres, et, une heure plus tard, vous arriverez au sublime lac à 2 880 mètres d'altitude. Une randonnée 5 étoiles que tout bon randonneur se doit de faire !

LA NORMA ★

La Norma est une station piétonne familiale à taille humaine créée en 1971 et dont le domaine skiable est installé à 1 400 m d'altitude sur un vaste plateau arboré ouvert sur le massif de la Vanoise. Paradis des freeriders en hiver, c'est un terrain de jeu idéal à la belle saison. Une carte multiactivités donne un accès illimité à certains sites et réductions lorsqu'il s'agit de s'éloigner un peu plus. Parmi les idées de balade, on pourra retenir le sentier de découverte du vallon de L'Orgère, facile et permettant d'accéder au refuge de l'Orgère, en fond de vallon. Les plans d'eau, un pour la pêche et l'autre pour la baignade, sont appréciés.

DOMAINE SKIABLE LA NORMA

Maison de la Norma
✆ 04 79 05 99 06
www.haute-maurienne-vanoise.com
Ouvert de décembre à avril.

Perchée entre 1 350 et 2 726 m d'altitude, La Norma se situe dans le massif du Mont-Cenis. Elle tire son nom de son point culminant, la pointe de la Norma, perchée à 2 917 m. La station est piétonne, un parking couvert permet de laisser la voiture à l'entrée, mais elle est aussi accessible par navette depuis la gare de Modane. 1 400 m de dénivelé et 65 km de pistes permettent de profiter pleinement des joies des sports d'hiver. Avec le forfait de ski commun, il est possible d'aller s'essayer sur le domaine de Valfréjus, ouvrant 135 km de pistes.

VAL-CENIS

Val-Cenis est une nouvelle commune du Parc national de la Vanoise, créé en 2017 en regroupant les anciennes communes de Bramans, Sollières-Sardières, Termignon, Lanslebourg-Mont-Cenis et Lanslevillard. Il est important d'avoir conscience qu'il s'agit donc d'un vaste territoire et de bien savoir où l'on va lorsque l'on souhaite visiter Val-Cenis, car on aurait vite fait de faire des kilomètres. Elle est devenue l'une des plus grandes communes de France. Son chef-lieu et sa Mairie se situent à Termignon. Sur son territoire se trouvent la station de ski Val Cenis ainsi que le col du Mont-Cenis (fermé en hiver), le col de l'Iseran (fermé l'hiver) et le Mont-Cenis. Cette vaste commune est labellisée « Station verte » et adhère au réseau Perles des Alpes...

- À Termignon : se trouvent l'église Notre-Dame-de-l'Assomption et la chapelle Notre-Dame de la Visitation, toutes deux inscrites aux Monuments historiques, mais aussi les chapelles Saint-Roch et Saint-André.
- À Bramans : se trouvent l'église Saint-Pierre d'Extravache (classée Monument historique), l'église baroque de l'Assomption. Le Vallon de Savine et le col Clapier sont des lieux de passage supposés d'Hannibal Barca.
- À Sollières-Sardières : se trouvent le Rocher, dit des Balmes, et la grotte des Balmes, sites inscrits aux Monuments historiques, les églises Saint-Laurent de Sardières et Saint-Étienne de Sollières, le monolithe de Sardières, le relais du télégraphe Chappe, au site du Mollard-Fleury, le Musée archéologique de Sollières-Sardière, l'aérodrome de Sollières-Sardières et la pointe de Bellecombe.
- À Lanslebourg-Mont-Cenis : se trouvent l'église de l'Assomption-de-la-Vierge, l'église Notre-Dame-de-l'Assomption, le Fort de Ronce près du col du Mont-Cenis.
- À Lanslevillard : se trouvent l'église Saint-Michel, classée Monument historique, et une douzaine de chapelles classées : chapelle Saint-Antoine, chapelle Sainte-Anne, chapelle Saint-Roch, chapelle de la Madeleine, chapelle Saint-Étienne, chapelle Sainte-Agathe, chapelle Saint-Genix, chapelle Saint-Pierre et le pont sur le ruisseau de l'Arcelle Neuve, chapelle Saint-Laurent, chapelle Notre-Dame-de-la-Salette, chapelle Saint-Jean-Baptiste, Chapelle Saint-Sébastien... On peut aussi découvrir la Pierre à cupules dite Pierre de Chantelouve, la Pierre aux Pieds, un rocher blanc gravé de nombreuses cupules.

Ski dans le Val-Cenis.

LE JARDIN ALPIN DU MONT-CENIS

Plan des Fontainettes ✆ 04 79 05 86 36
www.haute-maurienne-vanoise.com
Ouvert de mi-mai à novembre. Stages estivaux pour l'entretien du jardin. Visite guidée gratuite sur inscription.

Les botanistes savent que le mont Cenis est riche d'un patrimoine naturel remarquable. L'appellation cenisia (mont Cenis en italien) se retrouve sur certains des noms de fleurs, telle que la Pedicularis cenisia (Pediculaire du mont Cenis). Campanule, Pensée, Pâturin, Koel érie, Brugane figurent aussi sur la liste. Dans ce jardin alpin situé entre 2 200 et 3 000 mètres d'altitude, des panneaux à thèmes, des bornes et un sentier nature sont là pour assouvir votre soif de réponses.

COL DU PETIT MONT-CENIS

✆ 04 79 05 99 06
www.haute-maurienne-vanoise.com
Ouvert selon les conditions météo.

Perché à 2 183 mètres d'altitude, le Col du Petit Mont-Cenis permet le passage entre la France et l'Italie. Il se situe au-dessus de la vallée de la Maurienne côté français et du val de Suse du côté italien, au sein du massif du Mont-Cenis. Autrement dit, il relie Bramans à Moncenisio et Suse en Italie. La route, en bon état mais étroite, est peu fréquentée par les voitures, davantage par les cyclistes. Elle contourne le lac du Mont Cenis en offrant un panorama magnifique sur ses eaux turquoise. Ce secteur est très propice aux randonnées.

MAISON DE LA VANOISE ★

Place de la Vanoise
✆ 04 79 20 51 67
Ouvert toute l'année. Visite libre de l'exposition.

Termignon est l'une des portes d'entrée du Parc national de la Vanoise. Située au cœur du village c'est donc une bonne entrée en matière pour se familiariser avec cet espace naturel protégé à travers l'exposition permanente, intitulée La Nature en projet, accessible via l'office de tourisme. Boutique et expositions temporaires viennent s'ajouter à cet ensemble. Le virtue permet d'effectuer un grand survol sur les Alpes à l'instar du gypaète barbu, oiseau mythique de ces lieux, et de voir toute la faune sauvage présente sur ce territoire riche en biodiversité.

FORT DE RONCE

59, rue du commandant Perceval
✆ 04 79 05 91 57
www.fondation-facim.fr
Accès libre. Visites guidées ponctuellement, se renseigner à l'office de tourisme.

Le Fort de Ronce est perché à 2 286 m d'altitude et peut être un joli but de randonnée (distance assez courte, mais pente assez forte pour atteindre le fort qui domine le lac du Mont-Cenis). Il s'agit à l'origine d'une fortification de défense italienne – il existe plusieurs forts au Mont-Cenis – édifiée entre 1877 et 1880 pour se prémunir de toute invasion française au passage stratégique du col du Mont-Cenis. Il se trouve à une demi-heure de marche du plan des Fontainettes. Une balade qui offre de très beaux panoramas au passage.

MUSÉE D'ARCHÉOLOGIE

Rue du Châtel
✆ 04 79 20 59 33
Vacances scolaires hiver, ouvert lundi au vendredi 14h à 18h. Juillet/août tous les jours. Adulte 4,70 €, enfant 3,20 €.

La visite guidée dure environ une heure. Le temps qu'il faut pour mesurer qu'il y a environ 5 600 ans de cela, au Néolithique, les premiers agriculteurs-éleveurs de Haute Maurienne s'installaient dans la grotte des Balmes. Découvert dans les années 1970, ce site archéologique est un lieu de référence de l'archéologie alpine. Les objets de la vie quotidienne exposés illustrent la richesse de ces cultures et une reconstitution de la grotte plonge le visiteur dans l'ambiance d'un habitat du Néolithique. Les pièces exposées sont bien éclairées.

LE PLATEAU DU MONT-CENIS

Randonnée facile en été.

Perché à 2 082 m d'altitude, le plateau du Mont-Cenis est un espace transfrontalier entre France et Italie, vallée de Maurienne et Val de Suse. A 1974 m se trouve un lac de barrage. Le barrage du Mont-Cenis est le plus grand de Savoie. Sur ce plateau d'exception, la flore et la faune sont protégées depuis 1991. Ce vaste plateau accueille les alpagistes et les nombreuses vaches laitières, dont le lait sert à la fabrication du beaufort. Le VTT se pratique sur des sentiers dédiés autour du lac. Pour les randonneurs ou les pêcheurs, le bonheur est complet.

CAMPING LE CHENANTIER** €€

Sollières Envers ✆ 06 86 85 76 98
www.camping-lechenantier.com

Ouverture du 27/04 au 30/09. 54 emplacements. Forfait 15 €. Restauration.

Situé aux portes du Parc de la Vanoise, le camping Le Chenantier, au bord du lac de Sollières, propose des hébergements insolites : Ma cabane en Montagne. Ces hébergements en rondins de bois donnent l'impression de rentrer dans une cabane de trappeur : toilettes sèches, lampes à pétrole et poêles à bois... Mais qu'on n'en oublie pas pour autant les randonnées, balades en VTT, visites culturelles. Une vraie halte pour se dépayser, une aventure pour les enfants. Et avec un accueil aussi chaleureux, le séjour est insolite et agréable.

LES ALPAGES DE VAL CENIS**** €€

Plan des Champs
✆ 04 79 59 18 80
www.lesalpagesdevalcenis.com

Ouvert en saison. 190 chambres. Appartement à partir de 92 €/nuit. Spa.

Dans une atmosphère familiale et conviviale, la résidence-spa les Alpages de Val Cenis 4-étoiles se trouve dans un très beau cadre naturel, avec accès direct aux pistes de ski. Les appartements sont confortables avec terrasse ou balcon. Piscine extérieure chauffée, sauna, hammam, fitness. L'été, place au tennis et à la pétanque après de belles randonnée dans le Parc de la Vanoise. Un arrêt navette est à votre disposition gratuitement vers le centre de la station. Bonnes vacances !

LES GLACIERS** €€

1, place Saint-Colomban
✆ 04 79 05 22 32
lesglaciers-bramans.com

Ouvert toute l'année. Chambre double à partir de 65 €. 2 dortoirs 25 €/pers/nuit. Restauration. Parking vélos motos.

Au cœur d'un village typique de Haute Maurienne, bien ancré dans la tradition montagnarde et son histoire locale, le relais des Glaciers regarde la Dent Parrachée, qui culmine à 3 697 m. Les services s'accumulent dans cette maison du XIXe siècle : chambres confortables, restaurant traditionnel, épicerie de producteurs locaux... Les patrons ont à cœur de répondre aux besoins des clients : du plat à emporter à l'espace vélo, du menu végétarien à l'accueil des animaux. Cette auberge familiale mérite que l'on s'y arrête tant elle a à raconter.

LES BALCONS DE VAL CENIS LE HAUT*** €€

Rue sur l'Eva
✆ 04 79 05 55 55
www.les-balcons.com

Résidence 3. Ouvert en saison. A partir de 390 €/semaine. Fitness. Sauna.*

Installée face à la Dent Parrachée, cette résidence se situe dans un quartier calme, à proximité du centre et des commerces et du départ des pistes. Les appartements, chaleureux et fonctionnels peuvent accueillir de 4 à 14 personnes et offrent chacun un balcon privatif, dont certains avec vue sur les montagnes. Tout en bois à l'extérieur, Les Balcons s'inscrivent dans leur environnement. L'hiver, départ skis aux pieds pour pratiquer facilement les 125 km de pistes de la station.

HÔTEL LA CLÉ DES CHAMPS*** €€

Hameau des Champs ✆ 04 79 05 94 10
www.hotel-lacledeschamps.com

Ouvert en saison tous les jours. 9 chambres. Chambre double de 72 à 80 €. Abris pour vélos ou VTT. Local à skis.

L'Hôtel La Clé des Champs, ancienne bergerie reconvertie, est situé à Lanslebourg, à 200 m des pistes du domaine de Val Cenis. Ambiance familiale, chambres spacieuses et agréables. L'été, motards et cyclotouristes mais aussi randonneurs l'apprécieront comme point de départ vers de nombreuses escapades entre cols et sentiers... De là, le panorama est fabuleux en toute saison. Les commerces sont à 300 mètres et une navette passe à 200 mètres pour la télécabine du Vieux Moulin.

L'OUTA -HÔTEL RESTAURANT €€

2, rue de Savoie ✆ 07 82 23 61 22
www.hotel-outa.com

Ouvert en saison. Chambre double à partir de 70 € (80 € HS) Restauration. Accueil vélo.

Charlotte et Stéphane ont repris l'Outa, qui signifie maison, chalet de montagne en savoyard. L'établissement a fait peau neuve au cœur du village de Termignon et au pied du domaine skiable de Val Cenis. Leur souhait, c'est de proposer un lieu chaleureux et authentique dans lequel il fat bon se détendre au coin du feu, dans l'espace salon ou autour d'un bon plat fait maison. Pour que le repos soit total, Charlotte et Stéphane ont également prévu un espace bien-être et un coin jeux pour les enfants. Restaurant avec une vue sur le Parc de la Vanoise.

REFUGE DE LA LEISSE €€

Refuge de la Leisse
✆ 04 79 05 45 33
refuge-leisse.vanoise.com

32 couchages. Gardé de mi-juin à mi-septembre et au printemps. Adulte 21 €. Dîner 20 €. Petit-déjeuner 10 €.

Le Refuge de la Leisse est perché à 2 487 mètres d'altitude dans le parc national de la Vanoise et sur le tracé du GR55 et de la Via Alpina. Trois chalets à l'ancienne au pied de la Grande Motte... le refuge est accessible en 3h environ depuis le parking (500 m de dénivelés). Son petit lac, ses alpages, ses panoramas et sa faune sauvage... l'endroit est idéal pour une déconnexion totale du monde moderne, pour une escale reposante... pour se reconnecter avec l'essentiel. Hors période de gardiennage, seule la salle commune est ouverte, l'eau est coupée.

LE RELAIS DES DEUX COLS*** €€

66, rue du Mont Cenis ✆ 04 79 05 92 83
www.relais-des-2-cols.fr

28 chambres. Chambre double de 55 € à 90 €. Restauration. Sauna. Animations. Garage vélo et moto.

Situé en plein cœur de Lanslebourg, cet hôtel-restaurant offre un accueil des plus agréables. Les chambres sont confortables, avec un décor montagnard pour certaines. Celles donnant sur le torrent et sur le versant sud sont plus calmes. L'établissement dispose de nombreux aménagements (salle de remise en forme, sauna, billard...) et d'un coin salon avec une cheminée. On aime la terrasse sur l'arrière, la piscine chauffée en été et les soirées animées autour d'un plat de spécialités.

LA BERGERIE €€

Planchand
✆ 04 79 20 64 05

Ouvert de mi-décembre à mi-avril, tous les jours. Menus de 12,90 € à 29 €.

Situé au pied des pistes, La Bergerie pourrait se contenter d'être un restaurant savoyard au décor montagnard mais il a su se créer une dentité bien au-delà des clichés. A commencer par sa déco, dans un esprit moderne et design, tout en conservant sa chaleur et son authenticité dans un style cosy. Accueil adorable. La carte allie plats traditionnels et spécialités italiennes permettant à chacun de trouver son bonheur. Pour un goûter au soleil en terrasse, un repas ou le temps d'un verre au pub, La Bergerie vous fait monter vers les sommets de la gourmandise.

L'ESTANCO - RESTAURANT €€

92, rue du Mollaret
✆ 06 19 46 28 18
www.estanco-valcenis.fr

Fermé de mi-avril à mi-décembre. Ouvert mardi au dimanche le soir. Menus 30 à 35 €. Terrasse. A emporter. Boutique.

Avec Olivier et Neige, l'Estanco poursuit son histoire avec la même passion : le fait maison, le travail des bons produits, le partage d'un moment de convivialité. Originaires de la vallée mauriennaise, Olivier et Neige ont à cœur de partager avec vous leurs recettes et leur bonne humeur. Les déjeuners sont proposés au food-truck Les Flocons et les dîners au restaurant. Au menu, des plats traditionnels dont l'incontournable fondue de l'Estanco. Si le temps le permet, profitez de la terrasse ensoleillée qui face au glacier de l'Arcelle, un vrai moment de douceur.

LE SABOT DE VÉNUS €€

9, rue de la Parrachée
✆ 04 79 20 51 76

Ouvert en saison. Ouvert tous les jours en hiver, fermé lundi midi en été. Menus 17 € à 26 €. Terrasse.

Dans une ancienne étable, le long d'un ruisseau, il faudra descendre quelques marches pour atteindre ce petit restaurant niché dans une vieille demeure en pierres. Le cadre est typique et l'accueil familial. La cuisine est créative, faite sur place avec des produits de qualité. Dégustez un flan au beaufort avec ses pommes. En plat vous avez le choix entre des recettes italiennes comme les raviolis au pesto ou le Parmentier de joue de porc. Desserts maison avec une nougatine glacée. Bien entendu, vous retrouvez également à la carte les spécialités savoyardes.

SAVOIE

LA FERME SAVOYARDE

54, rue du Mont Cenis
✆ 04 79 05 46 40
www.chalet-les-melezes.com

Traiteur et produits régionaux. Ouvert en hiver et en été tous les jours de 8h à 19h30. Chèque Restaurant.

Dans cette boutique-traiteur à l'angle de rue principale de Val-Cenis (tout à côté de la fromagerie), les produits régionaux sont les rois. On trouve ici une sélection de petits producteurs locaux représentée sur les étals. Le tout offre une palette de choix en matière de salaisons artisanales (saucissons, noix de jambon…), vins de pays, de fromages AOP tels que l'incontournable beaufort, miels et super confitures artisanales ! Tout ce qu'il faut aussi pour se préparer une raclette, fondue et autre reblochonnade sur réservation. Adresse gourmande au top !

FROMAGERIE COOPÉRATIVE DE HAUTE MAURIENNE VANOISE

36, rue de l'Arc ✆ 04 79 05 20 36
www.coophautemaurienne.fr

Ouvert toute l'année, tous les jours de 9h à 12h et de 16h à 19h. Livraison possible (commande en ligne).

La Fromagerie Coopérative de Haute Maurienne Vanoise est installée à Lanslebourg depuis plus de 60 ans. Elle récolte et transforme chaque jour le lait des 40 exploitations afin de fabriquer les fameux Beaufort AOP et Bleu de Bonneval-sur-Arc. Toute l'année chaque matin, il est possible de visiter gratuitement l'atelier de fabrication de Beaufort au premier étage. Les visites guidées sont possibles, mais sur demande et elles sont alors payantes. Pour se régaler toute l'année.

FROMAGERIE COOPÉRATIVE DE LANSLEBOURG

84, rue du Mont Cenis ✆ 04 79 05 83 44
www.coophautemaurienne.fr

Du 05/07 au 31/08, tous les jours 9h-12h et 15h30-19h. Du 21/12 au 29/03, tous les jours 9h30-12h et 16h-19h.

Cette Fromagerie est située au centre du village de Lanslebourg. Autre point de vente 300 m plus loin. Les deux se complètent à travers leurs propositions. On y trouve l'incontournable Beaufort AOP et le fameux Bleu de Bonneval sur Arc. Si vous êtes gourmand, vous trouverez forcément votre bonheur tant l'offre est diverse et variée. Vous pouvez aussi vous amuser à confectionner un délicieux panier gourmand à offrir à vos amis, à votre famille ou tout simplement pour vous.

FROMAGERIE COOPÉRATIVE DE LANSLEVILLARD

54, rue de Plan Champ
✆ 04 79 05 82 64
www.coophautemaurienne.fr

Du 06/07 au 31/08, tous les jours 9h30-12h et 16h-19h. Du 22/12 au 18/04, tous les jours 9h-12h et 15h30-19h. Parking.

Cette petite fromagerie pleine de charme est assez simple d'accès. Une fois arrivé au pont proche de l'office de tourisme, il vous faudra prendre la route qui monte sur votre gauche et aller jusqu'au bout. Sur place, la gourmandise est de mise via le délicieux beaufort depuis 1968 ou bien le bleu de Bonneval-sur-Arc et sa pâte persillée, et des produits régionaux sont aussi présents dans la boutique. Vous pouvez visiter les ateliers de fabrication.

FROMAGERIE COOPÉRATIVE DE TERMIGNON

Rue de la Parrachée ✆ 04 79 05 20 36
www.coophautemaurienne.fr

Du 04/07 au 31/08, tous les jours 9h30-12h et 16h-19h. Du 20/12 au 12/04, tous les jours 9h-12h et 15h30-19h.

La Fromagerie coopérative de Termignon est située juste en face de la mairie. Le magasin est ouvert en saison, mais comme il fait partie de la Coopérative laitière de Haute-Maurienne Vanoise, ses fromages sont disponibles toute l'année aux autres points de vente. Ateliers de fabrication de beaufort ouverts au public sur Lanslebourg. Ici, l'on trouve en circuit court et équitable le beaufort et bleu de Bonneval-sur-Arc, ainsi que de nombreux autres produits du terroir.

ANTIPODES

16, La Croix
✆ 06 18 23 69 05
www.antipodeszeb.com

Ouvert toute l'année. Parapente : tarif vol 80 €/pers.

Zeb et son équipe vous proposent de vivre des sensations inédites à ski, en parapente ou en hélico ! En parapente, Antipodes vous propose le biplace pour la découverte. Vous pouvez également être accompagné pour des sorties de ski hors-piste, ski de randonnée ou encore cascade de glace à la journée ou la demi-journée, dans toutes les stations de Haute Maurienne. Nombreuses activités montagne en été avec le canyoning, la via ferrata sur les sites du Parc naturel de la Vanoise, l'escalade ou l'alpinisme pour apprendre à grimper en cordée

SAVOIE

ORGANISER SON SÉJOUR

Cela fait à peine plus d'un siècle que les voyageurs visitent les Alpes. Les deux plus grands aéroports qui desservent le massif se trouvent à Genève et à Lyon. Pour les gares, on se rapproche des stations avec les capitales régionales que sont Annecy, Grenoble et Chambéry. Au sud, c'est un peu plus délicat pour les transports en commun, mais les cars régionaux font bien le travail sur toutes les Alpes. En été, il est encore possible « d'improviser » son séjour en profitant des places disponibles sur les aires de camping-cars, dans les campings, dans les gîtes, refuges et hôtels. L'hiver, il est fortement conseillé de réserver pour ne pas faire un aller-retour rapide vers les sommets. Toutes les stations, toutes les villes touristiques proposent une centrale de réservation et il existe forcément un hébergement qui vous correspond. Et pour bien organiser votre séjour sur mesure, inspirez-vous du guide *Alpes* du *Petit Futé*.

S'Y RENDRE

Se rendre dans les Alpes, ce n'est pas la même chose que l'on veuille passer un week-end au bord du lac d'Annecy en été, monter en station en hiver ou traverser le massif avec son camping-car hors saison. En avion, les aéroports internationaux sont plutôt en périphérie (Genève, Lyon, Nice), même si Chambéry et Grenoble offrent des alternatives en haute saison. Pour les gares, on se rapproche des sommets avec le TGV qui nous amène dans certaines vallées fréquentées (Maurienne, Tarentaise). Les cars régionaux restent des moyens sûrs pour atteindre son objectif quelle que soit la période. Mais le moyen le plus utilisé pour se rendre dans les Alpes reste la voiture. Si les grands équipements routiers se sont développés dans les Alpes, permettant d'atteindre sa destination rapidement et en toute sécurité, la Loi montagne impose désormais aux automobilistes de disposer d'équipements spéciaux pour circuler dans toutes les Alpes.

AÉROPORT NICE-CÔTE D'AZUR

Rue Costes-et-Bellonte
NICE
✆ 08 20 42 33 33
www.nice.aeroport.fr

Aéroport international. Terminaux T1 et T2. Ouverts 7j/7. Accès Gare SNCF Saint-Augustin, tram T2, bus 12.

Situé à côté du quartier d'affaires de l'Arénas sur une zone partiellement gagnée sur la mer, c'est le 3e aéroport français après ceux de Paris et le 2e aéroport français d'aviation d'affaires après celui du Bourget. Ses vols relient la Côte d'Azur à de nombreuses destinations en France et dans le monde. Le Terminal 1 est pour l'international (hors Schengen) et le Terminal 2 pour les vols nationaux, tous deux desservis par le tram T2. De nombreuses compagnies y possèdent un comptoir.

GENÈVE AEROPORT

21 route de l'Aéroport
GENÈVE
✆ +41 848 192 020
www.gva.ch

L'aéroport de Genève-Cointrin est desservi en transports en commun par trains ou bus. Le train est le meilleur moyen pour relier l'aéroport au centre-ville et la gare de Genève Cornavin en 7 minutes. Les lignes de bus 5, 10, 23, 28, 50, 56, 57, 59 et 66 peuvent aussi vous y emmener (le 66 part de Ferney-Voltaire, à la frontière, et relie l'aéroport en 15 minutes). La Geneva Pass, zone 10, inclut un transport gratuit de/vers l'aéroport.

Les lignes A 1 et A 6 permettent aux passager de Genève ou basés en France voisine de se rendre à l'aéroport avant 6h du matin.

ANNECY MONT-BLANC AEROPORT

8, route de Côte-Merle
EPAGNY METZ-TESSY
✆ 04 50 32 23 22
www.annecy.aeroport.fr

L'aéroport d'Annecy Mont-Blanc se trouve à Metz-Tessy, à deux pas de la ville -un petit quart d'heure-avec un parking de 250 places gratuites. Idéalement situé pour l'aviation de loisirs et d'affaires, l'aéroport Annecy Mont-Blanc est une porte d'accès aux Alpes, avec notamment des transferts possibles en hélicoptère vers les stations. Vous aurez également accès à un restaurant de qualité, l'Envol qui propose aussi de la restauration rapide si vous êtes pressé.

LYON AEROPORT

✆ 08 26 80 08 26
www.lyonaeroports.com

L'accès à Lyon Aéroport, appelé Saint-Exupéry, se fait de la façon la plus convenable par le tram express « Rhônexpress », au départ de la gare Lyon-Part-Dieu (comptez 30 min de trajet). Il est aussi possible de s'y rendre directement par TGV, la gare Lyon-Saint-Exupéry TGV desservant directement le site. Enfin, plusieurs autocars relient l'aéroport aux villes alentour si besoin est. Un aéroport qui ne cesse de se moderniser pour accueillir les passagers qui profitent de plus de 100 destinations directes au départ de Saint-Exupéry. Prenez l'air à Lyon Aéroport.

GARE D'ANNECY

Place de la Gare
ANNECY
✆ 04 50 33 81 00
www.oui.sncf
Ouvert du lundi au samedi de 5h à 23h30 ; le dimanche et les jours fériés de 6h15 à 23h30.

Une gare moderne et lumineuse pour une arrivée en beauté en plein centre d'Annecy. Desservie en moyenne par 5 trajets directs à bord d'un TGV (et bien d'autres avec correspondance), Annecy est à seulement 3h42 de la capitale au départ de la gare de Lyon. Le train est donc une solution rapide, confortable et écoresponsable pour relier Annecy à Paris. Gare routière à la sortie de la gare pour monter dans un car qui monte en station. Si vous voulez visiter ou séjourner à Annecy, on vous conseille plutôt de louer un vélo ou d'emprunter les transports en commun.

GARE SNCF DE GRENOBLE

1, place de la Gare
GRENOBLE
✆ 36 35
www.sncf.com

Avec la SNCF, il y a mille et une façons de voyager à tarif réduit, selon l'âge, la situation professionnelle, la durée, seul ou accompagné d'un adulte ou d'un enfant, deux ou trois mois à l'avance, etc. Pour connaître la formule qui vous avantage le mieux, il vous suffit seulement de téléphoner ou de vous rendre au guichet de la SNCF. Depuis Grenoble, deux grandes liaisons TGV (Grenoble - Lyon - Paris Gare de Lyon / Annecy - Grenoble - Marseille Saint-Charles) et une dizaine de liaisons régionales à retrouver sur le site Internet : www.ter.sncf.com

GARE DE GAP

2, place de la Gare
GAP
www.ter.sncf.com
Ouvert tous les jours.

Ce n'est certes pas la plus grande des gares de France, ni la plus centrale (un peu à l'écart du centre-ville) mais celle qui va vous permettre d'accéder à bien des sites d'exception dans les Hautes-Alpes. Si de nombreuses liaisons se font en car TER, la gare de Gap dessert aussi celle de Briançon, pratique pour atteindre le domaine de Serre-Chevalier Vallée. Un train TER fait la liaison avec la gare de Marseille Saint-Charles pour un accès par le sud. Les cars régionaux attendent juste en face pour vous emmener vers d'autres destinations dans les Hautes-Alpes.

GARE SNCF DE CHAMBÉRY - CHALLES-LES-EAUX

Place de la gare
CHAMBÉRY
✆ 04 79 60 90 00
Ouvert tous les jours et les jours fériés de 5h à 23h30. Le vendredi, ouverture jusqu'à 23h50.

Une gare au coeur des Alpes qui permet de faire facilement le lien entre les grandes métropoles régionales – Lyon, Valence, Annecy, Grenoble... –, Paris en TGV en 2h52 et les nombreuses stations savoyardes. A noter que les cars de la région prennent leur départ face à la Poste de Chambéry. Services en gare avec vélostation, loueurs de voitures pour partir vers les sommets, autopartage avec Citiz, taxis, ligne de bus et gare routière (Parc du Verney) à proximité.

LE TRAIN DES PIGNES

PUGET-THÉNIERS
✆ 07 81 92 67 75
www.traindespignes.fr
En circulation les dimanches de mai à octobre. Autres jours en juillet et août, se renseigner.

Une autre façon de découvrir l'arrière-pays niçois en direction des Alpes. Un voyage formidable au départ de Nice avec les Chemins de Fer de Provence et un autorail qui vous conduit à travers les collines du pays Niçois avant de remonter la vallée du Var. Correspondance avec le Train des Pignes à vapeur à Puget-Théniers, direction Entrevaux pour un saut dans le temps à bord de la vaillante locomotive vapeur « Portugaise » E211. Le voyage n'a lieu que de mai à octobre, les dimanches et vendredis en juillet et les jeudis, vendredis et dimanches en août.

SÉJOURS ET CIRCUITS

Les séjours thématiques sont bien plus nombreux que les circuits dans les Alpes. En effet, il est rarissime que l'on parte faire un circuit complet dans un massif qui n'est pas si facile à traverser. Seule exception notable, la Grande Traversée des Alpes qui permet de relier le Léman à la Méditerranée. La saisonnalité des séjours est très forte, et pour cause, dans nos montagnes. L'été, ce sont le thermalisme et la randonnée qui remportent tous les suffrages avec des agences et des destinations spécialisées. L'hiver, les séjours de ski amènent naturellement les visiteurs vers les stations des Alpes. Là aussi, de nombreuses agences proposent des séjours clés en main, de l'hébergement aux forfaits en passant par la location du matériel. Mais un séjour dans les Alpes ne se limite pas à ces thématiques populaires. Le patrimoine religieux et militaire ou encore l'oenotourisme offrent des alternatives pour découvrir les Alpes autrement.

ANNECY A LA CARTE

✆ 06 34 47 78 81
https://annecyalacarte.fr
Infos et réservation sur le site web. Appel de 10h à 20h du lundi au vendredi.

Vous souhaitez visiter Annecy, son lac et ses montagnes en suivant un programme adapté à vos envies et contraintes, sans passer du temps et de l'énergie à faire toutes les recherches ? Noémie, passionnée par sa région, vous prépare un carnet de voyage sur mesure et très détaillé. Balade, aventure, culture ou événement, tout est expliqué jour après jour pour vous permettre de découvrir Annecy en toute simplicité. Vous n'avez plus qu'à réserver les activités conseillées ! Pour les plus pressés, un programme « minute » est également disponible en version 3 ou 7 jours.

CHAMINA VOYAGES

✆ 04 66 69 00 44
www.chamina-voyages.com
Ouvert du lundi au vendredi de 10h à 12h30.

Chamina Voyages est un spécialiste dans l'organisation de randonnées en France et à l'étranger, des itinéraires accompagnés d'un professionnel de la marche. Consciente que certains préfèreront partir en autonomie, Chamina propose des circuits « sac à dos en main » avec demi-pension, carnet de route avec carte, documentation nécessaire et solution de transport des bagages. L'agence édite aussi des brochures très prisées, toujours autour de la randonnée, qui contiennent infos et bons plans. Au total, l'enseigne vous guide sur près de 500 randonnées nature.

SAVOIE MONT BLANC €€

✆ 08 20 00 73 74
www.savoie-mont-blanc.com
Ouvert toute l'année.

Savoie Mont Blanc, la première destination mondiale ski et outdoor ! Unissant leurs forces, Savoie et Haute-Savoie ont composé l'une des plus belles offres touristiques au monde. 112 stations de sports d'hiver, 4 grands lacs, des paysages époustouflants, des kilomètres de sentiers, des descentes à VTT, des cols mythiques à gravir à vélo, sans oublier un patrimoine d'une richesse insoupçonnée, une gastronomie pour toutes les envies, du bien-être à partager et des hébergements adaptés à votre séjour. Vivez plus grand avec Savoie Mont Blanc.

SKIMANIA LYON

17, quai Jean Moulin - **LYON** (2e)
✆ 04 72 72 59 59
www.skimania.com
Ouvert lundi et mardi de 14h à 18h, mercredi et jeudi de 11h à 13h et de 14h à 19h, vendredi de 9h à 15h.

Ecologique, économique et 100 % pratique, Skimania reste la meilleure façon de partir vers les stations des Alpes. Avec Skimania, vous pouvez prendre le métro jusqu'à l'un des 7 points de départ dans la métropole de Lyon et vous laisser conduire vers les sommets enneigés dans un car Grand Tourisme. Skimania vous fournit le forfait de ski, un en-cas petit déjeuner. Direction les plus belles stations - Alpe d'Huez, Chamrousse, Courchevel, La Clusaz, La Plagne, Les 7 Laux, Les Arcs, Les Saisies, Méribel, Tignes et Valmorel - dans les meilleures conditions.

SE LOGER

Les Alpes offrent mille et une façons de se loger. Du palace en station au refuge de montagne, il y a forcément l'hébergement qui correspond à vos goûts, à votre budget, à votre tribu... Attention, les tarifs varient fortement selon les périodes, grimpant pendant les vacances scolaires. En saison hivernale bien sûr, mais aussi en été désormais. En plus des hébergements traditionnels - hôtels, campings (dont le caravaneige), résidences de tourisme -, les Alpes abritent un large choix de gîtes (et nous ne parlons pas des locations particulières...) qui vous attendent sur tout le territoire. Des gîtes dans les grandes villes ou dans les stations, des gîtes pour skier ou pour se baigner, des gîtes insolites, des gîtes romantiques... Les Gîtes de France couvre parfaitement le massif alpin avec une offre variée et toujours de qualité. Cabanes perchées, bulles transparentes... : les hébergements insolites ont la cote.

GÎTES DE FRANCE HAUTE-SAVOIE €€

16, rue Guillaume Fichet - **ANNECY**
✆ 04 50 10 10 10
www.gites-de-france-haute-savoie.com
Service réservation ouvert du lundi au vendredi de 9h à 17h30, le samedi 9h-12h et 13h30-18h.

Gîtes de France garantie une sélection d'hébergement de qualité, dans toute la Haute-Savoie et une garantie de service pour réserver et séjourner en toute sérénité. Avec plus de 1 400 gîtes, 175 chambres d'hôtes et 19 gîtes de groupe, la Haute-Savoie est le 1er département du réseau Gîtes de France sur l'hiver et le 4e sur l'été. Lac, montagne ou campagne, faites de belles rencontres avec des hôtes qui sont là pour vous accueillir et vous guider dans vos découvertes et vos activités !

GÎTES DE FRANCE ISÈRE €€

2, rue Georges Maeder
SEYSSINET-PARISET
✆ 04 76 40 79 40
www.gites-de-france-isere.com

La garantie d'un séjour réussi en Isère commence par la réservation d'une des 700 locations et 70 chambres d'hôtes proposées par les Gîtes de France. Choisissez votre destination, votre séjour à thème – au pied des pistes, villes historiques, au bord des lacs ou télétravail... – et réservez sur le site officiel avec des versions adaptées pour smartphones et tablettes. A Grenoble, les offres urbaines permettent de séjourner en ville à des niveaux de confort élevés pour des prix tout doux. Coups de cœur et promotions pour découvrir l'Isère.

GÎTES DE FRANCE HAUTES ALPES €€

1, place du Champsaur - **GAP**
✆ 04 92 52 52 92
www.gites-de-France-hautes-alpes.com
Ouvert toute l'année. Service client du lundi au samedi de 8h à 18h. Terrasse.

L'une des meilleures façons d'aller à la découverte d'une région et d'aller à la rencontre d'un terroir, c'est encore un séjour avec les Gîtes de France des Hautes-Alpes. Des idées qui se déclinent à la carte sur le site Internet et des modes d'hébergement adaptés à chaque envie avec plus de 900 locations proposées. Neige ou vélo, silence ou ville, en amoureux ou avec toute votre tribu, sans oublier les gîtes insolites. Faites vite vos réservations pour vos prochaines vacances !

GÎTES DE FRANCE SAVOIE €€

17, rue Arthure Haulotte
CHAMBÉRY
✆ 04 58 14 12 12
www.gites-de-france-savoie.com
Service client disponible 7j/7 de 9h à 20h.

L'association propose plus de 1 800 hébergements sur le territoire. À vous de faire le choix entre gîtes, chambres d'hôtes, campings à la ferme, chalets d'alpages, hébergements insolites.... Le choix est vaste entre la montagne, la campagne, les lacs, les parcs naturels régionaux ou la ville. Dépaysement, accueil, patrimoine à portée de main, activités diverses et variées, des circuits, des bonnes adresses et un service client qui garantit votre satisfaction avec une qualité labellisée. Demandez le guide des gîtes de France Savoie.

SE DÉPLACER

Pour se déplacer d'un point à l'autre des Alpes, la meilleure solution reste la route. En effet, si les voies ferrées relient les grandes villes et quelques vallées des Alpes, la route reste le moyen le plus pratique pour se déplacer (attention toutefois aux dates d'ouverture/fermeture des cols alpins), soit avec votre voiture particulière, mais c'est encore mieux en transport en commun. Au départ des grandes métropoles des Alpes, des gares et des aéroports, des services de taxi (mais onéreux si seul, intéressants à plusieurs), et le maillage régional des transports avec les cars régionaux qui est particulièrement dense et efficace. De nombreuses lignes vous transportent vers les stations à moindre coût avec votre encombrant matériel de ski et même parfois avec votre vélo/VTT. Si le vélo permet de se déplacer dans les Préalpes, autour des lacs par exemple, il est plus difficile à utiliser comme moyen de transport en haute montagne.

ALTIBUS

926, avenue de la Houille Blanche - **CHAMBÉRY**
✆ 04 79 68 32 96
www.altibus.com

80 stations de ski des Alpes et des Pyrénées reliées aux vallées, gares, aéroports tels que Chambéry, Lyon, Genève.

Une fois que l'on est arrivé à Chambéry par le train, direction les stations avec Altibus qui dessert plus de 80 stations françaises. Altibus, est un service d'autocars reliant les stations. En quelques clics sur le site, il est simple de réserver son trajet vers Méribel, La Plagne, Val Thorens, Courchevel, Saint-François-Longchamp, La Rosière, Valmorel ou Les Karellys. Fatigue et galères de conduite sur neige en moins, une solution économique qui permet de se réserver pour les randonnées en été et les descentes sur les pistes de ski l'hiver.

CARS RÉGION

11, place de la Gare
GRENOBLE
✆ 04 26 16 38 38

Centrale téléphonique du lundi au samedi de 7h à 19h.

On a tout à gagner avec Cars Région. Plus de 1 000 cars, dont certains équipés de porte-vélos, offrent un maillage complet du territoire pour faciliter les déplacements entre les 521 communes du département. Et c'est facile d'acheter son titre de transport depuis son smartphone en envoyant un SMS au 93038 ou par l'appli Pass'Mobilités pour le Grand Grenoble qui permet de voyager en correspondance sur les réseaux du Pays Voironnais, TouGo, TAG ainsi que sur 5 lignes du réseau. Pour connaître les perturbations, inscrivez-vous sur le site Internet.

LIGNES RÉGIONALES ZOU !

✆ 08 09 40 00 13
https://zou.maregionsud.fr

Réservations, horaires et tarifs sur le site internet ou en gare.

Depuis 2018, tous les transports régionaux ont été rassemblés sous une seule et même dénomination : Zou ! On ne parle donc plus à proprement parler de TER ou de LER, ou encore de bus Cartreize et Varlib. Désormais, c'est le logo Zou ! qui orne la flotte de bus et les nombreux trains qui sillonnent la région provençale. Des dizaines de connexions entre les villes principales, avec des arrêts dans les villes secondaires. Le territoire est bien quadrillé. Les bus vous permettront d'accéder à des localités non desservies par les trains. Tarifs très attractifs.

TRANSALTITUDE

GRENOBLE
✆ 04 26 16 38 38
www.transaltitude.fr

Ouverture des ventes à partir de novembre.

Monter vers les stations sans se fatiguer ? Arriver en train à Grenoble pour skier (correspondance horaires sur les lignes principales, départ de la gare routière) ? La meilleure solution pour rejoindre rapidement et sereinement 14 stations en Isère, c'est de monter dans un car Transaltitude. Pack bagages compris pour transporter sa valise, son bagage à main, ses chaussures et ses skis (ou son surf). Offre Ski-ligne avec transport et forfait à tarif promotionnel. Achat de billets en ligne ou en boutique à la gare SNCF (50 m de la gare routière) ou à bord.

S'INFORMER

Pour s'informer quotidiennement, il existe deux grands titres de presse écrite qui divisent les Alpes en deux. Au nord, c'est *Le Progrès* (originaire de Lyon) Au sud, c'est *Le Dauphiné* (originaire de Grenoble). Très au sud, rajoutons tout de même *La Provence* et *Nice Matin* qui couvrent davantage le littoral que l'arrière-pays. Pour les télévisions locales, le choix est encore plus restreint, excepté France 3 qui divise à son tour les Alpes entre ses antennes régionales Auvergne-Rhône-Alpes et Provence-Alpes-Côte d'Azur. Pour les radios, le choix est plus vaste et plus local avec des stations couvrant certains bassins de population ou une seule station ! Les radios numériques permettent de suivre l'actualité locale sans problème dans toute la France. Enfin, la presse magazine s'intéresse particulièrement aux montagnes des Alpes. *Alpes Magazine* nous permet de voyager et de découvrir toutes les richesses de nos montagnes.

FRANCE BLEU PAYS DE SAVOIE

✆ 04 50 52 97 50
www.francebleu.fr

Intégrée au groupe Radio France, France Bleu s'appuie sur ses antennes régionales réparties sur le territoire. Grille de programmes mêlant informations nationales, régionales et locales,. En semaine, les émissions déclinent l'essentiel de l'actualité complétés de chroniques. On aime France Bleu Pays de Savoie pour ses émissions telles que *Passion Montagne, ILAssiette Savoyarde* ou *Circuits courts en Pays de Savoie*. Toute l'information de proximité des Alpes.

8 MONT-BLANC

✆ 04 50 51 69 69
www.ledauphine.com
Chaîne de télé locale.

La chaîne qui fut parmi les pionnières des télévisions locales, créée il y a un peu plus de 30 ans par le journaliste André Campana, 8 Mont-Blanc continue de diffuser ses ondes régionales en France et dans le monde entier grâce aux canaux de réception satellitaires et numériques. Tous les jours le JT régional (Savoie Mont-Blanc et Suisse Romande), la météo, des débats avec le Grand 8 et des émissions pour découvrir la région et des belles initiatives, voir et faire du sport en montagne. Reportages à revoir en rediffusion à la demande sur le site Internet.

RADIO CHRÉTIENNE FRANCOPHONE (RCF)

7, place Saint-Irénée
LYON (2e)
✆ 04 72 38 20 22
www.rcf.fr

C'est à Lyon, il y a 40 ans, que tout a commencé à l'initiative de Monseigneur Decourtray et du Père Emmanuel Payen. Radio Fourvière deviendra RCF et étendra son réseau au-delà de la Métropole pour être aujourd'hui le 1er réseau indépendant de radios de proximité avec 64 antennes en France et Belgique. Des fréquences qui portent une parole de joie et d'espérance. Découvertes, dialogue, actualité et temps de respirations spirituelles : RCF, c'est la radio chrétienne pour aimer le monde.

ALPES 1

45, avenue Félix-Viallet
GRENOBLE
www.alpes1.com
Fréquence : 101.6.

Habile mélange de musiques actuelles et d'infos locales, Alpes 1 Grenoble est devenue incontournable sur la bande FM alpine. Émettant sur le Grand Grenoble et les Alpes du Sud (Gap 90.9 FM et Digne-les-Bains 91.5 FM), cette radio diffuse une musique assez variée et des informations précises sur la Métropole et les montagnes qui l'entourent. Avec son 6h/10h du lundi au vendredi, Christian Daubarède sort Grenoble du lit. Le reste de la journée, de l'info et de la musique non-stop. Appli disponible sur toutes les plateformes pour ne rien manquer des programmes.

ALPES MAGAZINE

12, allée du Lac-de-Garde
LE BOURGET-DU-LAC ✆ 08 26 20 00 00
www.alpesmagazine.com
Bimestriel. Prix au numéro : 6,90 €.

Depuis 1990, *Alpes Magazine* fait partager à ses lecteurs une passion sans limites des Alpes et de la montagne. Plus de 200 numéros et hors-séries, des milliers de pages, de textes et de photos. Consacré aux territoires alpins, tous les numéros d'*Alpes Magazine* nous offrent de magnifiques pépites, parfois inconnues, et nous dévoilent les secrets historiques, patrimoniaux, culturels mais aussi sportifs, etc., d'une région qui, été comme hiver, a su se renouveler afin de répondre aux touristes de plus en plus adeptes de la destination.

BFM PARIS

PARIS (15e)
www.bfmtv.com/paris
La chaîne est accessible depuis les box.

Déclinaison francilienne de la célèbre chaîne, *BFM Paris* est, depuis son lancement il y a plus de trois années maintenant, devenue petit à petit un canal dédié très utile et apprécié des franciliens – c'est l'une des versions provinciales du groupe. Outre les sports et les informations générales, ici, on vous donnera de nombreuses astuces et informations pratiques : circulation (et c'est bien utile !), qu'il s'agisse sur les routes et les transports, météo, culture. Ainsi, vous disposez en temps réel du trafic sur chaque ligne de transport.

CARNETS DE VOYAGE

36, Boulevard de la Bastille
PARIS (12e)
phoenix-publications.com
Trimestriel consacré à des destinations de voyage avec des focus dédiés à la découverte des régions.

Trimestriel consacré à des destinations de voyage avec des focus dédiés à la découverte des régions, *Carnets de Voyage*, le magazine des voyages réussis. Tous les 3 mois, la revue vous invite à découvrir à travers ses reportages le meilleur des destinations. Grande ou petite escapade à la découverte d'une ville, d'une région, en France, en Europe ou dans le monde à travers des reportages photo uniques complétés de conseils pratiques et de bonnes adresses pour nous faciliter le voyage avec enfin, un agenda des rendez-vous à ne pas manquer.

LE DAUPHINÉ LIBÉRÉ

40, avenue Alsace-Lorraine
GRENOBLE
✆ 04 76 88 71 00
www.ledauphine.com
Nombreuses formules d'abonnement papier et numérique.

Ce quotidien régional, avec 22 éditions couvrant 9 départements de la Haute-Savoie au Vaucluse, de l'Isère à l'Ardèche, a fait bien du chemin, s'imposant naturellement comme notre première lecture du matin pour tout savoir de ce qui se passe à Grenoble, dans la Métropole et dans la région. Abonnement indispensable en version papier ou digitale ou les deux pour tout savoir des nouvelles locales et se voir, pourquoi pas, dans un journal proche de ses lecteurs. Des suppléments et des magazines passionnants avec les hors-séries du *Dauphiné.*

DESTINATION FRANCE

3, rue Chateaubriand
CHAMALIÈRES
La France fait rêver les voyageurs du monde entier. Découvrez Destination France, le magazine de voyage 100 % France…

Il y a Paris, bien sûr, la Provence et la Côte d'Azur, les châteaux de la Loire, les massifs montagneux en été comme en hiver, mais aussi des destinations moins connues, et pourtant tout aussi magiques… Notre patrimoine, nos paysages, notre gastronomie, nos vins, notre art de vivre attirent toujours autant de visiteurs étrangers. Quant à nos régions, elles constituent la principale destination touristique de nos compatriotes. En ce sens, *Destination France* s'adresse aussi bien aux lecteurs français qu'aux touristes étrangers.

DETOURS EN FRANCE

✆ 01 43 23 45 72
www.detoursenfrance.fr
Magazine dédié au tourisme en France qui propose de faire découvrir à chaque numéro, une région de France.

Depuis 1991, *Détours en France* est au nombre des rares magazines (bi-média) tourisme et évasion consacrés aux régions de France. Titre de référence en son secteur, *Détours en France* invite ses lecteurs, à chacun de ses numéros, de partir à la découverte ou redécouverte d'un petit bout de France à travers son patrimoine culturel avec des idées de balades, des itinéraires ainsi qu'une sélection de bonnes adresses (hôtels, restaurants, artisanat, produits locaux, etc.) sans oublier des pages shopping, livres, etc. à consommer sans modération.

ÉCHAPPÉES BELLES

Sur Internet : www.france.tv/france-5/echappees-belles

Deux animateurs/aventuriers se partagent la tâche de nous faire découvrir des cultures et des pays du monde pour le compte de *France 5*. Comme toujours avec cette chaîne, le résultat est intéressant, éducatif et bien monté. Vous pourrez visiter la Guadeloupe, Tahiti, l'Argentine, le Canada, les îles Canaries, le Portugal, la Mongolie ou la Thaïlande... Et ainsi découvrir leurs art culinaire, gastronomie, paysages, culture, littérature, et traditions. Un vrai puits de connaissance. Depuis peu des émissions sont aussi consacrées aux régions et départements français.

FRANCE 3

✆ 04 76 01 40 00

Créée en 1982, France 3 Alpes est la chaîne du service public qui nous montre l'Isère, la Savoie et la Haute-Savoie de plus près. Avec ses rendez-vous quotidiens d'actualité locale et régionale – JT 12/13 Alpes tous les jours de la semaine à 11h50 et JT 19/20 Alpes à 18h50 –, France 3 Alpes couvre un maximum de sujets en direct à l'antenne ou en replay. D'excellentes émissions en région, notamment dans notre département avec les excellentes « Chroniques d'en Haut » de Laurent Guillaume. Tout voir, tout savoir près de chez vous, c'est sur France 3.

ECHAPPEES BELLES

8, rue Buffon - **CLERMONT-FERRAND**
✆ 04 73 14 03 00
www.turbulencespresse.fr

Trimestriel inspiré de l'émission éponyme diffusée sur France 5.

Le nouveau magazine *Échappées Belles*, inspiré de l'émission éponyme, met en lumière la rencontre et la découverte de l'autre par le voyage. Curiosité, tolérance, partage et respect des autres cultures sont les valeurs clés de ce trimestriel. Avec la participation des animateurs Sophie Jovillard, Ismaël Khelifa et Jérôme Pitorin, *Échappées Belles* fait découvrir de superbes destinations en France et dans le monde, via de nombreuses rubriques dédiées au patrimoine, à l'artisanat, à la gastronomie et à la nature. À retrouver en kiosque et sur www.turbulencespresse.fr

ODS RADIO

51, route de Thônes
ANNECY
✆ 04 50 52 15 15
www.odsradio.com

Les 2 savoies. Radio n° 1 à Annecy. Annecy et Bassin Annécien 101.5

Créée en 1996, ODS (Ondes Dauphiné Savoie) radio émet dans toute la région en faisant la part belle à l'actualité locale, les bons plans et les jeux. Tout au long de la journée, la musique pop-rock domine et se diffuse dans les 2 Savoie et dans l'Ain. ODS Radio est une radio généraliste créée en 1996 par Constance Kiral et Jean Philippe. Egalement webradio ainsi que nombreux podcasts. Sur le site, des infos locales, de la météo à l'horoscope en passant par des podcasts intéressants et une rubrique bons plans, avec l'annonce d'événements locaux.

ESPRIT CAMPING-CAR

16, rue de la Fontaine au Roi
PARIS (11e)
✆ 01 40 21 82 00
www.espritcampingcar.com

Abonnement : 10 n° et 2 hors-séries pour 39 €.

Sur ce site, des milliers d'annonces et bien des idées à piocher. *Esprit camping-car* donne encore des conseils pratiques et raconte des récits de voyage.Vous y retrouverez une rubrique Essais, mettant à l'épreuve les dernières nouveautés du marché ; une rubrique Comparatifs qui vous propose de comparer des véhicules aux critères similaires afin de vous aider dans la sélection d'un modèle ; une rubrique Technique riche d'astuces pour réparer ou protéger votre camping-car ; enfin une rubrique Témoignages. Un magazine papier mensuel est disponible sur abonnement.

LE PROGRES

✆ 04 72 22 23 23
www.leprogres.fr

Lyon et *Le Progrès*, c'est une histoire qui remonte à 1859 ! Toujours proche de ses lecteurs, *Le Progrès* est le reflet de l'actualité lyonnaise, régionale - avec 17 éditions dans 5 départements - et nationale. Rien n'échappe aux plus de 260 journalistes, 1 800 correspondants locaux qui vérifient et font remonter l'information sur le papier, mais aussi sur les supports numériques. Avec ses suppléments *TV Mag* et *Version Femina*, sa version gratuite *Lyon Plus*, *Le Progrès* offre une information 100 % réactive et interactive. *Le Progrès* tous les jours.

RADIO FG

✆ 01 40 13 88 00

www.radiofg.com

Fréquence : 98.2 FM.

Radio FG est la radio musicale de référence électro. Elle propose un programme axé sur la deep et la house-music. Acteur unique du paysage radiophonique français, Radio FG est la radio « Feel Good ». FG diffuse son programme dans 28 villes françaises. Radio FG est à l'origine du mouvement French Touch. C'est le découvreur et l'incubateur des nouveaux talents, pionnier dans la diffusion et le rayonnement de l'électro en France et dans le monde depuis 1992. Ecoutez FG en FM, DAB+, sur radioFG.com, Applis, Boxes, Satellite et 4G.

LA RADIO PLUS

51, route de Thônes

ANNECY

✆ 04 50 66 12 12

www.laradioplus.com

De Thonon à Annecy.

Créée à Thollon-les-Mémises en 1982, cette radio franco-suisse appartient à Espace Group depuis les années 2000 et rayonne sur les Alpes du Nord. La Radio Plus diffuse une programmation musicale, faisant la part belle à la musique électro avec notamment les meilleurs DJ de la région en live, tout en transmettant une information locale suisse et française avec plus de 20 flashs infos par jour ainsi que 3 grands rendez-vous quotidiens. Des rendez-vous 100 % bonne humeur qui passent en revue l'actu locale, et nationale, people et musicale.

RADIO NOVA

www.nova.fr

Depuis 1981, *Radio Nova* est libre, curieuse et créative. Et même avec la quarantaine, elle reste une radio musicale de référence, qui révèle à ses auditeurs ce que la production musicale recèle comme trésors cachés du soir au matin. De la world music à l'électro en passant par le hip-hop, *Radio Nova* s'est imposée comme un média musical d'avant-garde, qui poursuit son travail de défrichage et de prescription en soutenant les nouveaux talents en leur ouvrant son antenne et les scènes de ses événements live comme « Les Nuits Zébrées ».

RMC INFO [103.1]

PARIS (15e)

www.rmcinfo.fr

Talk-shows et interactivité permanente, *RMC Info* fait reposer une bonne partie de sa grille sur ces deux piliers. Outre l'actualité, la station propose une grille de programme variée allant de la vie pratique (maison, auto, internet...) au monde du poker en passant par les rendez-vous bien connus comme la matinale de Jean-Jacques Bourdin, qui passe chaque jour une personnalité politique sous le feu de questions. *RMC Info*, c'est aussi la radio n° 1 sur le sport avec des dizaines d'heures d'antenne chaque semaine, avec créneaux animés par d'anciens sportifs.

RADIO OXYGENE

63, impasse du Moularet

LE BOURG-D'OISANS

✆ 09 83 60 15 14

www.radiooxygene.com

Fréquence : 90.4 FM.

Prenez de l'altitude en écoutant la première radio consacrée à la « culture de la montagne ». Respirez mieux à l'écoute de Radio Oxygène. L'esprit de la montagne diffusé à travers les Alpes : 16 fréquences en FM sur 5 départements (04, 05, 06, 38 et 73) de Nice à Val-d'Isère, à Grenoble, l'Alpe d'Huez, Les 2 Alpes et Villard-de-Lans en DAB+, partout dans le monde sur Internet. Tous les jours, l'information des stations et des massifs : infos domaines skiables, actu locale et départementale, actu montagne, le sport, le tourisme.

TREK MAGAZINE

www.trekmag.com

Né en 1999, le mensuel *Trek magazine* est accessible en kiosques et sur abonnement. À ce jour, il reste la référence incontestée en matière de magazine sur la randonnée et principalement sur le trek. Avec une image de défricheur de nouveaux terrains, le magazine vous invite à la découverte de destinations à l'étranger et en France. Au fil des numéros et à travers des dossiers spéciaux, découvrez les tests d'équipements et de matériels, des dossiers pratiques, des idées de séjours, des carnets de route illustrés par de très belles photographies.

FG.
radioFG.com
FeelGood.

INDEX

D

E

F

M

EDITION

Directeurs de collection et auteurs : Dominique AUZIAS et Jean-Paul LABOURDETTE

Avec la collaboration de : Régis BRUGERE, Lætitia GRANGE, Dorian LABBEZ

Auteurs : Anthony SEREX, Noémie VARLEZ, Carole MAHAIE, Nathalie BALDJI, Muguette BERMENT, Jean-Paul LABOURDETTE, Dominique AUZIAS et alter

Directeur Editorial : Stéphan SZEREMETA

Rédaction France : Briséis CREAC'H-MENUT, Audrey VEDOVOTTO, Marie VIGNERON, Nicolas WODARCZAK, Mélanie PEILLET

Rédaction Monde : Laure CHATAIGNON, Morgane VESLIN, Pierre-Yves SOUCHET, Natalia COLLIER

FABRICATION

Maquette et Montage : Romain AUDREN, Julie BORDES, Delphine PAGANO

Iconographie et Cartographie : Anne DIOT, Julien DOUCET

WEB ET NUMERIQUE

Directeur Web : Louis GENEAU DE LAMARLIERE

Technical Project Manager : Hervé MARION

Développeurs : Guillaume BARBET, Adeline CAUX et Elias MIHOUBI

Intégrateur Web : Mickael LATTES, Antoine DION

Webdesigner : Caroline LAFFAITEUR

Community Traffic Manager : Alice BARBIER, Mariana BURLAMAQUI et Noémie LE SAUX

DIRECTION COMMERCIALE

Directeur commercial : Guillaume VORBURGER

Coordinatrice des Régies commerciales : Manon GUERIN

Account Manager Marketplace : Leila ROUGEOT

Business Developer Marketplace : Rachel RECARTE

Responsable Régies locales : Michel GRANSEIGNE

Animatrice commercial Régie locale : Nadia IDSASSI

Responsables Développement régie inter : Jean-Marc FARAGUET et Guillaume LABOUREUR et Camille ESMIEU

Assistante commerciale Régie internationale : Leila ANTRI-BOUZAR

Chefs de Publicité Régie nationale : Caroline AUBRY, François BRIANCON-MARJOLLET, Perrine DE CARNE MARCEIN, Jonathan TOUTOUX et Amélie NOEL

DIFFUSION ET PROMOTION

Directrice des Ventes : Bénédicte MOULET assistée d'Aissatou DIOP

Responsable des ventes : Jean-Pierre GHEZ assisté de Nelly BRION

Relations Presse-Partenariats : Jean-Mary MARCHAL

ADMINISTRATION

Président : Jean-Paul LABOURDETTE

Directrice des Ressources Humaines : Dina BOURDEAU assistée de Sandra DOS REIS et Eva BAELEN

Directrice Administrative et Financière : Valérie DECOTTIGNIES

Comptabilité : Guillaume PETIT, Aminata BAGAYOKO, Jeannine DEMIRDJIAN

Recouvrement : Fabien BONNAN assisté de Sandra BRIJLALL

Responsable informatique : Elie NZUZI-LEBA

PETIT FUTÉ ALPES

LES NOUVELLES EDITIONS DE L'UNIVERSITE
18, rue des Volontaires - 75015 Paris.
✆ 01 53 69 70 00 - Fax 01 42 73 15 24
Internet : www.petitfute.com
SAS au capital de 1 000 000 € - RC PARIS B 309 769 966
Couverture : Randonnée sur le célèbre Tour du Mont Blanc près de Chamonix
© sanderstock - stock.adobe.com
Impression : IMPRIMERIE CHIRAT - 42540 Saint-Just-la-Pendue
Achevé d'imprimer : décembre 2022
Dépôt légal : 29/01/2023
ISBN : 9782305083094

Pour nous contacter par email, indiquez le nom de famille en minuscule suivi de @petitfute.com
Pour le courrier des lecteurs : info@petitfute.com

IMPRIMÉ EN FRANCE